江西省社会科学规划项目『朱子学学术史』［编号13ZX04］课题成果

江西省2011朱子文化协同创新中心资助

朱子门人学案

徐公喜 著

江西人民出版社
Jiangxi People's Publishing House
全国百佳出版社

目录

第一章　安徽门人

一、徽州门人

二、其他州府门人

第二章　福建门人

一、福州门人

程深父　**古田** / 34　程若中　**古田** / 34　程伯荣　**古田** / 35

蒋康国　**古田** / 35　黄有开　**古田** / 35　林用中　**古田** / 36

林允中　**古田** / 37　林师鲁　**古田** / 37　林大春　**古田** / 38

林夔孙　**古田** / 38　苏龟龄　**古田** / 39　余范　**古田** / 40

余隅　**古田** / 40　张械　**古田** / 41　陈孔硕　陈孔夙　**侯官** / 41

林宪卿　**怀安** / 42　潘植　**怀安** / 43　潘柄　**怀安** / 44

赵师恕　**怀安** / 45　林薯　**连江** / 46　陈士直　**闽清** / 46

陈彦孝　**闽清** / 47　郑性之　**闽清** / 47　黄斡　**闽县** / 48

黄杲　**闽县** / 50　黄东　**闽县** / 51　唐晔　**闽县** / 52

萧长夫　**闽县** / 52　曾逢震　**闽县** / 52　郑文通　**闽县** / 53

陈骏　**宁德** / 54　龚郊　**宁德** / 55　郑师孟　**福安** / 55

林学蒙　**永福** / 55　林学履　**永福** / 57　林仁实　**永福** / 57

陈梦良　**长乐** / 57　陈枅　**长乐** / 58　刘砥　**长乐** / 58

刘砺　**长乐** / 60　郑申之　**长乐** / 60　郑昭先　**长乐** / 60

高松　**长溪** / 62　林守道　**长溪** / 63　孙调　**长溪** / 63

杨复　**长溪** / 64　杨楫　**长溪** / 66　张泳　**长溪** / 67

二、建宁府门人

蔡元定　**建阳** / 68　蔡渊　**建阳** / 71　蔡沉　**建阳** / 72

蔡沆　**建阳** / 73　蔡模　**建阳** / 74　蔡杭　**建阳** / 75

陈总龟　**建阳** / 76　范念德　**建阳** / 76　范元裕　**建阳** / 78

江嗣　**建阳** / 79　刘玶　**建阳** / 80　刘学古　**建阳** / 81

刘学博　**建阳** / 81　刘琭　**建阳** / 82　刘崇之　**建阳** / 82

刘淮　**建阳** / 83　刘居之　**建阳** / 84　刘爚　**建阳** / 84

刘炳　**建阳** / 86　刘炯　**建阳** / 87　刘子寰　**建阳** / 87

吕胜己　**建阳** / 88　丘膺　**建阳** / 89　魏应仲　**建阳** / 90

魏椿　**建阳** / 90　吴居仁　**建阳** / 91　吴稚　**建阳** / 91

吴翌　**建阳** / 92　熊节　**建阳** / 92　熊以宁　**建阳** / 93

严士敦　**建阳** / 93　游九言　游九功　**建阳** / 94

三、南剑州门人

四、泉州门人

五、邵武军门人

第三章 江西门人

第四章 浙江门人

第五章　湖湘门人

第六章　四川门人

第七章　岭南门人

第八章　江苏等门人

第九章　里籍不明门人

绪　论

关于朱熹的门人，宋陆游在《渭南文集》卷三十六《方伯谟墓志铭》有言"朱公之徒数百千人"，虽未明指门人人数，为约数，然数百千，当不为少数。继而宋黎靖德编成《朱子语类》，记录朱熹语录的93位门人。《宋史》列传第一百八十九《道学传》道学四列有《朱氏门人》。

对于朱熹弟子的名录，明清代整理著作最多。戴铣《朱子实纪》卷之八中列319位朱子门人。宋端仪著《考亭渊源录》二十四卷，卷六至卷二十四均为296位门人的史料。明万历朱世泽《考亭志》卷五《及门造士》，尤为详细，辑录朱熹及门弟子共338人。其中福建142人，南京24人，山西2人，河南2人，陕西1人，浙江40人，江西56人，湖广4人，四川6人，广东2人，广西1人，外府县无考者58人。各门人的姓名于各县名之后，而对"各门人之字号爵里、著述，及文公之与序、文、记、说、诗、铭、书启等事"亦有少许著述。

有清一代对朱熹门人考证最为精实者当属黄宗羲撰、黄百家续、全祖望补的《宋元学案》，朱子门人分见于卷四十九和卷六十九，列有"晦翁学案"和"沧洲诸儒学案"。后王梓材、冯云濠又编《宋元学案补遗》百卷，其中卷四十九为《晦翁学案补遗》。万斯同《儒林宗派》、朱彝尊《经义考》均有朱子门人名录，以及张伯行改订《道南源委》、李清馥《闽中理学渊源考》、朱玉《朱子文集大全类编·及门姓氏》等等亦有朱子门人之卷。但所有这些考录在关于朱子门人的具体人数、所属地域等方面均存较大差异。

至民国，《紫阳朱氏建安谱》之"朱子门人"项，开列 321 人。《适园丛书》本查慎行《得树楼杂钞》据元董真卿《周易集解》附录纂注，列有朱子门人姓名 83 人。汪师韩《韩门缀学》卷二《朱学源流》载"朱子集周程张邵之大成，其门弟子可考者约五十人"，列举了具体名录。另有清道光十年芳椒堂刻本王玉树《退思易话》①、清刻潜园总集本陆心源《仪顾堂题跋》卷一②均有附录朱子门人名录。

美籍华人学者陈荣捷先生于 1982 年出版的《朱子门人》③，列有朱子门人 467 人，私淑弟子 21 人，讲友 72 人，对朱子门人的人数构成、地理关系、有无官职、社会背景、学术贡献等详加考证研究，有官职者 142 人，占 29%；讲友 72 人，有官职者只有 33 人，占 46%。陈荣捷书前言以为"诸书志在夸大朱门，便从文集方志等处，大量收罗，多多益善。于是朱子门人人数，逐渐膨胀"，立足于是否朱子门人考辨，在"是"或"非"朱子门人上纠正了史籍记载众多错误。无疑，陈荣捷《朱子门人》是门人考据性研究最重要的著作。

此后，围绕朱熹门人的姓名字号、里籍、数量、身份、真伪等问题又有不同视角的考证研究。

一是对朱熹与师友门人往还书信进行史实考证，旁涉门人生平以及门人与朱子往来授受的事迹。主要有陈来先生《朱子书信编年考证》④，以及顾宏义《朱熹师友门人往还书札汇编》⑤。此外，在编辑朱子年谱过程中亦涉及其门人

---

① 王玉树：《退思易话》，清道光十年芳椒堂刻本，第 53 页。
② 陆心源：《仪顾堂题跋》卷一，清刻潜园总集本，第 26 页。
③ 陈荣捷：《朱子门人》，华东师范大学出版社，2007 年。
④ 陈来：《朱子书信编年考证》，上海人民出版社，1989 年。后文中简称《书信编年》。
⑤ 顾宏义：《朱熹师友门人往还书札汇编》，上海古籍出版社，2017 年。后文中简称《书札汇编》。

的事迹，如束景南《朱子年谱长编》①。

二是有学者从书院与教育历程进行朱子门人研究。这方面，方彦寿的《朱熹书院与门人考》②是一部较为重要的著述，此书在考察朱熹书院与门人的关系过程中重点考证了朱熹所创建的寒泉精舍、云谷晦庵草堂、武夷精舍与考亭沧洲精舍四所书院中及门弟子276人。书中未涉及从学朱熹于白鹿洞、岳麓等书院，或在同安、婺源、长沙、漳州等地从学的门人，而且更侧重于对及门弟子的从学时间和地点的考辨。陈国代等《大教育家朱熹：朱熹的教育历程与思想研究》③，"详细地讲述朱熹生平近五十年的教育实践活动之过程及受学者之资料"，尤其涉及"朱熹教育生涯与书院的关系""朱熹在福建各地的讲学活动""朱熹在皖赣浙湘的讲学活动"，对于朱子门人有部分介绍。

三是有一部分学者重点关注朱子门人的数量与籍贯分布情况。杨金鑫经过统计，认为"朱熹门人来自福建的最多，次则江西、浙江、江南、湖广、四川、河南，可以说当时他的门人遍布全国"④。高令印、高秀华《朱子学通论》统计为514人，朱子门人的籍贯分布为：福建籍175人，浙江籍75人，江西籍81人，安徽籍13人，湖南籍31人，江苏籍7人，四川籍7人，广东籍4人，河南籍1人，山西籍2人，有名而籍贯不可考者112人。⑤邓庆平《朱子门人与朱子学》依据不同的标准对这些朱子门人进行分类，考定留有姓名的朱子门人共计494人。并揭示出朱子门人这一学术群体的整体特征。其中："一、聚集过程分阶段。第一是早期门人，时间为从绍兴十九年（1149）到朱熹创立中和新说标志着理学思想真正成熟的乾道五年（1169）。第二是中期门人，时间为从乾道六年（1170）到绍熙五年（1194）庆元党禁之前。第三是晚期门人，时间为从绍熙六年（1195）直到庆元六年（1200）朱熹去世。五、重视讲学著述。《朱子实纪》曾记载朱子门人中有著述的为58人，而据邓庆平《朱子门人与朱子学》考证为91人。六、兼学现象普遍。七、学派贡献的差异化统

① 束景南：《朱子年谱长编》，华东师范大学出版社，2001年。
② 方彦寿：《朱熹书院与门人考》，华东师范大学出版社，2000年。
③ 陈国代、姚进生、张品端：《大教育家朱熹：朱熹的教育历程与思想研究》，中国社会科学出版社，2010年。后文中简称《大教育家朱熹》。
④ 武夷山朱熹研究中心：《闽学通讯》1989年第13期，第7页。
⑤ 高令印、高秀华：《朱子学通论》，厦门大学出版社，2007年，第98—121页。

一。朱子学体系庞大而复杂，朱子门人群体的学派贡献各有侧重各有差异"。①程继红主要依据黄宗羲等《宋元学案》和王梓材等《宋元学案补遗》，并参考陈荣捷《朱子门人》、方彦寿《朱熹书院与门人考》编定统计朱子部分门人籍贯，籍贯所依区域以今省级行政区划为框架进行勾勒。②

四是还有学者通过对《朱子语类》《朱子语录姓氏》的研究视角考辨朱子门人。如杨永龙《〈朱子语类〉完成体研究》统计，"这97人中，《朱子语录姓氏》标明籍贯者80人，未标明籍贯但据《朱熹书院与门人考》可以考知者6人，籍贯无考或'不知何氏者'11人"，"在已知籍贯的记录者中，福建人最多，共33人，约占34%，又主要集中在闽北的建宁、邵武、南剑、福州四州（府、军），共28人。与闽北接壤的江南西路、江南东路、两浙东路的记录者也是相对较多的，总数达41人。其他地方的很少，长江以北的记录者只有河北西路相州临漳（今河北临潭）人陈淳、石洪庆两个"。认为"记录者的地域分布与朱熹一生的主要活动区域一样，主要是闽北周围"。③胡秀娟通过对比朝鲜古写徽州本《朱子语类》与黎靖德本《朱子语类》，进行互证史实。其书中第一章列有朝鲜古写徽州本《朱子语类》卷首"朱子门人姓氏考订"专节，各章散见有对门人生平事迹考证。④

五是主要对朱子门人哲学与思想内涵的研究。陈代湘、朱理鸿等《朱子门人哲学》对朱子及其门人黄榦、陈淳、蔡元定、真德秀、魏了翁的哲学思想等进行了概述。⑤台湾师范大学国文学系王奕然博士论文《朱熹门人考述及其思想研究——以黄榦、陈淳及蔡氏父子为论述核心》重点"考述朱熹门人事迹，并且阐明其义理思想"，内容上，"主要以黄榦、陈淳与蔡元定、蔡沈父子为讨论核心，旁及詹体仁、江默、陈文蔚等人。正文提到的其他弟子，亦会在附录中介绍其生平事迹与思想要旨"。其中"第五章以其余重要门人为

---

① 邓庆平：《朱子门人与朱子学》，中国人民大学博士论文，2011年。
② 程继红：《宋元朱熹门人及后学籍贯地理分布与朱子学传播区域》，《朱子学刊》2008年第一辑，总第十八辑。
③ 杨永龙：《〈朱子语类〉完成体研究》，河南大学出版社，2001年，第11—12页。
④ 胡秀娟：《朝鲜古写徽州本〈朱子语类〉研究》，华东师范大学出版社，2013年。
⑤ 陈代湘、朱理鸿等：《朱子门人哲学》，海南出版社，2009年。

探讨对象，以南宋的地域予以划分"①进行研究。

此外，一些学者通过单篇论稿对《朱子门人》进行了补充考证，丰富了朱子门人研究。如许家星《朱子门人补正》"补充相关门人姓名字号 11 条，里籍生卒 21 条，辨析 14 条，另论若干弟子学术特色及笔误各数条"②。石立善《朱子门人丛考》针对前人研究尚有不足之处，考证举例三十问。③

海外亦有对朱子门人研究。明代时期朝鲜有李滉《宋季元明理学通录》，其中卷一至卷八为朱子门人。日本田中谦二于 1972 年和 1975 年分别发表于《东方学报》的《朱门弟子师事年考》籍贯所依区域以今省级行政区划为框架进行勾勒。还有冈田武彦《朱子学大系》，佐藤仁《朱子语类词句索引》《朱子语类人名地名书名索引》(采华书林出版社 1975 年版)。此部分资料来源欠缺。

二、《朱子门人学案》的学术意义

朱子学包括朱熹本人及其后学的学术思想。朱熹的整个学术并不是在他自己的时代就完成了的。他的继承者包括他的及门弟子、门人弟子，以及虽然不是他的弟子却信仰他的学问的人，这样的人群构成了整个朱子学群体。朱子学一直流传到清代都没有湮灭，也就是说，宋、元、明、清四个朝代对于朱子学的研究整体地构成了现如今我们所研究的朱子学。自朱子学说产生起，就有了对朱子学包括以他为主的理学思想体系，进行序定或阐发的所谓"朱子学"研究活动。八百多年来，朱子学的内涵（对文本的诠释以及对以朱熹为主的整个理学思想精髓的弘扬）已经超过了原有的领域，逐渐变得越来越丰富。朱子学的学术地位是一个不容置疑的问题。直到朱子逝世之时，朱子学并没有得到一个合法化的地位，甚至还被斥为"伪学"，幸赖朱子有一批得力而忠心耿耿的门人弟子："朱子传之蔡西山（元定）、九峰、黄勉斋、陈北溪、

---

① 王奕然：《朱熹门人考述及其思想研究——以黄榦、陈淳及蔡氏父子为论述核心》，台湾师范大学博士论文。
② 许家星：《朱子门人补正》，《中国哲学史》2011 年第 5 期。
③ 石立善：《朱子门人丛考》，《湖南大学学报（社会科学版）》，2014 年 5 月。

李果斋诸先生，有宋闽儒甲天下。"① 可以说，朱子门人为朱子学的兴起与传衍做出了巨大的贡献。对于朱子门人的研究无疑具有重要的积极意义。《朱子门人学案》将研究视域定位于"朱子门人"，梳理朱子门人事迹与理论贡献，以此拓展朱子学的思想内涵、义理精神研究。对朱子门人之学整体与个案进行深入的结合研究，是全面、完整、准确地把握朱子之学思想理论体系及其发展脉络的重要前提，这是朱子学研究向更广领域与更深层次发展的需要，是深化朱子学研究之必然。

朱子学的研究需要不断探究其在哲学、史学、教育学等不同领域的理论发展，尤其是检阅朱子学在中国哲学史中的成就与地位，然犹如日本学者吉田公来所言："朱子学以至宋明理学的研究领域往往存在着轻视考证工作而偏重理论研究的倾向，但实际上只有在确切考证基础上，理论研究才能深入。"② 故而，北京大学杨立华就曾指出："一般读者往往只看到陈来先生《朱熹哲学研究》等著述中义理辨析的精微，殊不知《朱熹哲学研究》的基础其实全在《朱子书信编年考证》。"③ 朱子学界对此亦有了深刻的感悟。"朱子学文献整理与研究""朱子门人后学研究"分别被列入国家社科基金重大项目。从文献整理与考据方面，搞清朱子学派与学谱的脉络无疑是朱子学研究所必要的。如前所叙，已经有了许多关于朱子门人的研究成果，尤其是陈荣捷先生《朱子门人》影响最大。正因如此，《朱子门人学案》将沿着前人开辟的研究方向，对于所考据的门人标准更加严格规范，考据的人数量更多、内容更广泛。尤其从门人不同视角，如姓名字号、里籍、从学时间、地点以及是否为门人等进行了详细考辨，既有门人生平以及门人与朱子相互往来授受的事迹，更有对门人从学时间和地点等的考辨。在对待前人在门人、弟子、私淑从学朱门、亲炙师教标准等，更具有科学性、学理性。

例如各史籍对门人里籍表述不一，观点甚多，而疏其分析，究其主要原因是里籍认定的标准不一。不仅对于门人里籍问题说法诸多，就是对朱子本人"哪里人"问题，史志与辞书等文献里有关朱熹的就有如下记载：一、清代《福

---

① 蓝鼎元：《鹿洲全集·送谢古梅太子回闽序》，厦门大学出版社，1995年。
② 转引查明昊：《迥出同时学人的朱子、阳明研究》，《中华读书报》2013年01月30日14版。
③ 参见杨立华的博客：《中国近世思想研究》书评《有心之实，无心之实》。

建通志·列传》卷十二记载："朱熹，字仲晦，建阳人。"二、民国十一年（1922），上海商务印书馆出版的《中国人名大辞典》说："朱熹，字元晦，一字仲晦。父朱松为福建政和县尉。朱熹因而侨寓建州（今建瓯）。"三、1980年上海辞书出版社《辞海》："朱熹（1130—1200），南宋哲学家、教育家，字元晦，一字仲晦，别称紫阳，徽州婺源（今属江西省）人，侨寓建阳（今属福建）。"四、1983年出版《闽北纪略》："朱熹，字元晦，号晦庵，祖籍徽州婺源（今江西婺源县）。南宋建炎四年（1130），出生于福建南剑州（今南平地区）的尤溪县城外毓秀峰下，庆元六年（1200）卒于建阳。"综观以上著作对朱熹籍贯的说法，其实没有什么大的矛盾。对"故里"解释没有太大歧义，"故里"指的是故乡、家乡。住过的地方应称"故地"，住过的居室应称"故居"，三省四地都可以称是朱熹故里。问题在于对"籍贯"如何理解。现在说的"籍贯"，是指本人的出生地或其祖辈的居住地。而明清以前，"籍贯"其实是两个概念，即籍是籍，贯是贯，非一回事。"籍，祖先户籍；贯，乡贯，如言某省某县某乡人。""籍"有两指，一是指原籍祖籍；二是役籍，即一个人及其祖先所从事的民、军、商、匠、儒、医、盐、乐、役等的职业类别（籍别），不同的"籍"具有等级区别，因而非法定原因不得更改。由原籍祖籍迁居一地，分别由不同的部门管理与登记户籍。迁居不同籍别的登记地就成为其"户籍所在地"。故而，宋时"籍""祖籍""原籍"与现代概念所指非同一的含义。而古代的"贯"，亦称"乡贯"，才是与现在"籍贯"具有相近的概念，是指一个人的出生地或祖辈居住地。南宋前期，乡贯普遍用州、县、乡和里。科举考试报名，就要规范登记他的"贯"："某省某府某县某乡某里。"这种"贯"登记不可随意改变，这样就有乡贯及户籍之分。明清参加科举考试时，多以户籍所在地申报，官方档案所记多为进士的户籍所在地。参照明清《题名录》之例：凡仅有乡贯者则直录乡贯地名；户籍、乡贯并有者，则先录户籍地方，再将乡贯出注于表末。另外还有移籍、寄籍或占籍、著籍的说法。移籍与流寓含义大致相同，就是一般意义上的"移民"，迁出原籍后不再迁回；而寄籍或占籍、著籍特点是临时性。到明清时期，"籍贯"二字连用时其含义偏向"贯"的意义，直至现代"籍贯"完全等同于古代"贯"的含义和用法。古代一般说"哪里人"是指原籍祖籍，不是户籍所在地，如崇祯四年进士韩如愈："兴化籍，黟县人。"这就表明，他祖籍是徽州府黟县，户籍是浙江衢州府兴化籍，其乡贯也在兴化,因而他科举报名考试地点在兴化。同时,史籍在著录人物籍贯时标准不一,官府文书往往以户籍所在地为"哪里人",地方志书所载则多为乡贯,往往随意取舍。造成籍贯问题比较混乱还有多种原因。由于某人或其祖、父辈就流寓、寄籍某地,未明其官府所记而被视为"某地人";有些是以占籍地为其籍贯,有些则以原籍地为其籍贯;里籍所属府、州、县等行政区划名称历代变更较繁,也就会导致所记载的"里籍"不一;又因各史籍所记"里籍"行政级别差异,有的是记"某府、州、军或郡",有的则是记"某县",有的州(郡)县同名,没有作区分;因不同朝代史籍习惯用本朝行政地名,而某县在前代实辖于某府,岁久不分而致混乱;有的志史文集所记,如墓志铭等喜欢使用先人望族所在地为其里籍之所;史籍传抄刊刻过程传讹、笔误等致误。等等不一。

而现在的籍贯一般指祖居祖籍地或原籍,即一个家族族群认定的某祖父的出生地或长期居住地,籍贯一般与父亲、本人的出生地没有关系。古人所说的"贯""乡贯""贯址""祖贯""原贯""本贯"等词汇绝大多数场合都是指祖居地,延续现在,依照在日常生活习惯,人们心目中往往更认同自己的祖籍。按照国家档案局1991年颁布的《干部档案工作条例》中规定:籍贯填写本人的祖居地(指祖父的长期居住地)。这种民间与官方认定标准的一致性,说明以三代为准即以祖籍为原籍来作为"哪里人"的标准确定是适合的。只有在不知道或者不能够确定祖籍的情况下才以父亲出生地或本人的出生地作为籍贯。因而,在说到朱熹是"哪里人"时,以先人祖籍地在歙县篁墩,朱熹以上九世至三代均居古代徽州的新安郡婺源县,故而,朱熹也一再承认新安是他的祖籍,自称"新安朱熹"。朱熹出生于福建尤溪,他的一生大部分时间也是在福建度过的,最后又逝世于斯,葬于斯。其科举也是以闽籍报名,从这方面看,才认为说朱熹里籍是"福建"。由此,本著作在确定"哪里人"时,优先以三代为准,即以祖籍为里籍标准。

《朱子门人学案》围绕朱熹门人的姓名字号、里籍、身份、真伪等问题进行了翔实而又全面考辨。并充分利用近35年来朱子门人研究的最新成果,极大地丰富了陈荣捷《朱子门人》以来朱子门人的史实与评价。以项世安为例,《朱子门人》肯定《渊源录》与《宗派》不应以为弟子,《宋元学案》以为朱子学侣。就此详考其生平。通过《陆九渊集》卷三十六《年谱》、《平庵悔稿》卷三《至竹客岭却寄金山闻老》考知其生年为绍兴二十三年,否定《全宋诗》建炎三年（1129）生之说。以大量史料分析项世安祖籍地处州松阳县、父辈迁江陵，又以元柳贯《待制集》卷十八《跋江陵项平甫为李文定公作〈盘居〉诗》等，确定世安为朱子及门弟子。

《朱子门人》主要依据《朱子文集》《朱子语类》《象山全集》《勉斋集》《宋史》《大明一统志》《朱子纪实》《考亭渊源录》《宋季元明理学通录》《万姓统谱》《经义考》《道南源委》《儒林宗派》《宋元学案》《宋元学案补遗》《朱子年谱》《尤溪县志》等典籍。而《朱子门人学案》充分利用现代古籍数据资源普及的优势，全面挖掘史料，收集与运用不同文献，占有了陈荣捷时代不曾有的史料，材料更为完备、翔实，既有传统正史、学案体典籍史料，也充分利用地方志、文集等相关文献，以丰富的新颖史料补充朱子门人的研究。例如，《宋元学案·沧洲诸儒学案》载"曹彦约"有："初事朱子于白鹿书院，又十四年复见于岳麓书院。"而这样记载的最原始资料源于魏了翁所作《曹公墓志铭》，有言："朱文公守南康，兄弟亲炙之，为白鹿洞书院诸生。后十四，见文公于长沙，又述所知行而请益焉。"又以彭蠡、彭寻兄弟为例。彭蠡字师范，彭寻，一名楼，字师绎，又字子应，号东园，彭蠡长兄。《朱文公别集》卷七《题寻真观》题记淳熙辛丑（1181）后三月丙戌有："新安朱某仲晦、永嘉薛洪持志、永嘉张卿清叟、缙云王仲杰之才、会稽陈祖永庆长、临江刘清之子澄、长乐林用中择之、乐阳赵希汉南纪、宜春彭楼子应、宜春彭凤子仪、温陵许子春景阳、庐陵郭植廷植、长乐余隅占之、临淮张彦先致远，淳熙辛丑后三月丙戌至此。莆田傅公弼梦良、长乐陈士直彦忠先归。"此处所提及"宜春彭楼子应、宜春彭凤子仪"，而《朱子门人》《朱子实纪》《考亭渊源录》《儒林宗派》《宋元学案补遗》等不考，以为朱子门人另有宜春彭楼子应、宜春彭凤子仪。而参以曹彦约《梅坡先生彭公墓志铭》言"避大川名，改讳凤，以小字子仪行。彭氏世宜春望族，自大中祥符以后，三徙而居都昌，遂为南康都昌人"。可知朱子实以"用范"之说，宜春彭楼子应、宜春彭凤子仪即为彭寻、彭蠡兄弟。同时对于朱子门人区域分布与学行等特定问题也有所考据，从历史细节去考释，促使朱子门人研究更加细化。

《朱子门人学案》按语部分主要着眼于对门人的评价，使读者更加清晰地理解门人在朱子或其他学者心中的地位，传统文献对此也是多有议论的。清汪绂《理学逢源》卷之十二就指出："朱子之门若蔡季通之英迈而该洽，智深而行谨，朱子所称老友，而其弟子则节斋之于《易》，九峰之于《书》，皆有以胜父师之托而无陨；黄勉斋志坚思苦，朱子托以礼经而望之任道；辅汉卿淳谨勤恪、闭门自守，纂疏《四书》；陈安卿义理贯通、恬退自践；陈才卿一室萧然，工夫精进；李弘斋进学可畏，处事不苟；刘云庄发明道学，为诸儒倡；刘韬仲一以谋道明理为心；张元德用力于敬勇于为义；李弘斋大本有见此心泰然；廖德明学有根据，学道爱人；徐子融志气刚决；郑子上仔细精密；方宾王亲切得当；晏亚夫意气激昂；徐方叔道德稳实。此皆有以与于斯道，而他若余大雅、叶贺孙、董铢、李季札、万人杰、杨道夫、黄义刚、潘履孙、刘砥、刘砺、黄灏、滕璘、滕珙之徒，皆有以反复辨论讲明斯道，而陆学不能以与之争。"①

现代学者也给予了朱子门人以不同的评价。陈荣捷《朱门之特色及其意义》又谓："朱子学系之能在元、明、清大树旗帜者，固非幸运而实有其因素也。因素不一，而门人乃其极重要者。……然《儒林宗派》有朱子学派五代传受表甚详，门人传之者众，皆其尤者，而能满播全国，则无数门人之力也。门人大都以传道为职志，继朱子而教学者大有其人，且从游以数百计者有柴中行、陈埴、杨履正，其他门徒之众，可以想见。彼等或筑书院、或掌教、或会讲于此，当时书院林立，只《朱子实纪》所述与朱子有关之书院已二十有七，《大明一统志》几每县有之。朱子之徒，实专其利，结果朱子之徒盈天下，于是在上有经筵之设，在中有考试之制度，在下有书院之宣教，皆以朱子所定之《四书》及其《集注》为基础。"② 高全喜曾谓："他们的贡献与其说是学问本身，不如说是建派立宗、广播遥传的努力。"③ 徐洪兴亦谓："他们的主要功绩不外乎两点：一是聚徒讲学，宣扬程朱的思想学说，批评乃至攻击当时其他学派的思想，在思想学术界形成一股很强大的势力。二是为道学平反，抬高其地位。"④ 方彦寿《朱熹书院与门人考》提出："朱熹在世时，闽学已形成了比较严密的学术派别。数百名朱熹门人分别来自福建、浙江、江西、安徽、湖南、江苏、四

① 汪绂：《理学逢源》卷之十二，清道光十八年俞敬业堂刻本，第1047页。
② 陈荣捷：《朱子门人》，华东师范大学出版社，2007年。
③ 高全喜：《理心之间——朱熹与陆九渊的理学》，台北锦绣出版事业股份有限公司，1992年，第214页。
④ 徐洪兴：《中国学术思潮史》第五册，上海社会科学院出版社，2006年，第457页。

川、湖北、广东、河南、山西等地。在朱熹死后，他们大都回到原籍，分散到各地传播闽学。……朱熹门人大都像辅广、李燔这样在各地传播闽学，从而闽学流传至全国，并形成为朱子学的不同派系，如江西系、浙江系、四川系、湖南系等。"① 蔡方鹿又谓："朱熹虽未曾涉足四川，但朱子学在南宋巴蜀地区却大大地流传开来，成为蜀地学术文化发展的主流而取代了过去蜀学对巴蜀学术文化的主导地位。朱子学在南宋巴蜀地区的传承和开展主要是通过朱熹好友张栻、赵汝愚、刘光祖等的学术活动，朱熹弟子度正、晏渊等在巴蜀传播朱子学及开展讲学活动，以及南宋中后期著名理学家魏了翁在蜀地大力传扬朱熹思想等活动，得以在蜀地盛行并传播开来。"② 而邓庆平《朱子门人群体特征概述》也认为："朱熹之后在几个地方形成了朱子学的聚会讲学中心，包括以李燔、胡泳为首的南康；以甘吉甫为首的临川；以黄榦、郑文通等为首的建阳；还有杨楫常与杨复聚会讲学。朱子学的推广者除了各地聚会讲学者之外，还有在四川传播朱子学的度正、在永嘉地区推广朱子学的叶味道与陈埴等。在朱子学的制度化过程中通过上述等途径发挥直接推动作用的弟子，如刘爚、任希夷等。"③

三、本书的基本体例与内容

就本书体例而言，从形式上按照朱子门人的里籍，分为安徽、福建、江西、浙江、湖湘、四川、广东、江苏以及其他省份，再按照门人所属州府军、县域依次归纳搭建结构。对不同省、州府军、县域等地理区域的理学发展的特点则通过按语形式进行综合的学术评介概况。然后再对于每个案主依照按语（评述每个学案的特点，阐明立案的宗旨、对所写人物做综合的学术评介概况，附时人及后学之评论）——小传（案主均立小传，考证叙其生平概况）——著作，

---

① 方彦寿：《闽学的传播衍变及其在中国思想文化史上的地位和作用》，《厦门大学学报（哲学社会科学版）》1989年第1期，第115页。

② 蔡方鹿：《朱子学在南宋巴蜀地区的传承与开展》，《政大中文学报》第13期（2010年6月），第46页。

③ 邓庆平：《朱子门人群体特征概述》，《中国哲学史》2012年第1期，第78页。

对所列书目不做评述。

在内容上，重点对于姓名字号、里籍、数量、身份、从学时间和地点等进行了考辨，通过考析每个朱子门人生平以及学术形成条件、分布、学术传承特征，以窥其全貌。尤其补充与修正了《朱子门人》对门人的选取、史实以及评价。从而发现在朱子学流延传布的发展历程中，地域性与家族性等特征凸显，朱子学传承的地域性在各地接受与传播朱子学中又有特定的行动模式。朱子学是在理学学派众多，各学派相互交融与碰撞中传承与发展，呈现出鲜明的时代特色，交融与碰撞方式多样且有创新；交融与碰撞打破了地域和时空界限；在交融与碰撞中更注重相互吸收与发展，交融与碰撞促进了学术与政治理念的统一，构建了不同的道统理论。如江西朱子后学受"江西之学"影响，在学术思想层面上心学倾向相当明显。限于篇幅，对于朱子学传承的地域性特征与传播不做进一步分析，留待日后的研究深入。同时，由于时间所限，能力不足，尚有许多史实论证错误，恳请学界同仁批评指正。

主要凡例有：

一、陈荣捷《朱子门人》简称《门人》，一般所引《门人》文献在该当事门人条目之下，不再标注页码。

二、当事传主作为主语时，省略传主姓名，以减少不必要的篇幅。

三、主要古籍文献源自《鼎秀古籍数据库》，对于一般古籍文献只标注到卷数，部分延及篇名，不再标注《鼎秀古籍数据库》引用的版本及页码。

四、门人目录次序按照宋代省、州府军、县排列，故将婺源置于徽州之下。同一州县内门人再按拼音次序排列。

五、引用朱子言论，未注明者，均采自《朱文公文集》《朱子语类》。

常引文献版本与简称有：

《晦庵先生朱文公文集》，朱杰人等主编《朱子全书》第20—25册，上海古籍出版社、安徽教育出版社，2010年，简称《朱文公文集》。

《朱子语类》，朱杰人等主编《朱子全书》第14—18册，上海古籍出版社、安徽教育出版社，2010年，简称《语类》。

《陆九渊集》，钟哲点校，中华书局，1980年。

《考亭渊源录》，明宋端仪著，明隆庆刻本，简称《渊源录》。

《朱子实纪》，明戴铣著，明正德八年鲍雄刻本，简称《实纪》。

《道南源委录》，明朱衡撰，明嘉靖四十二年杨一鹗建宁大儒书院刻本，简称《源委录》。

《宋诗纪事》，清厉鹗、马曰琯辑，清乾隆十一年厉氏樊榭山房刻本。

《经义考》，清朱彝尊撰，据扬州马氏刊本排印。

《宋元学案》，清黄宗羲辑，全祖望订补，冯云濠、王梓材校正，清抄本。

《闽中理学渊源考》，清李清馥撰，凤凰出版社，2011年，简称《闽中》。

《儒林宗派》，清万斯同撰，四明丛书本，简称《宗派》。

《宋元学案补遗》，清王梓材、冯云濠撰，沈芝盈、梁运华点，中华书局，2011年，简称《补遗》。

陈来：《朱子书信编年考证》，上海人民出版社，1989年，简称《书信编年》。

顾宏义：《朱熹师友门人往还书札汇编》，上海古籍出版社，2017年，简称《书札汇编》。

方彦寿：《朱熹书院与门人考》，华东师范大学出版社，2000年，简称《书院门人》。

第一章　安徽门人

【按语】《同治祁门县志》据《淳熙新安志》以为新安"其人自昔特多以材力保捍乡土为称，其后寝有文士，黄巢之乱，中原衣冠，避地保于此，后或去或留，俗益向文雅，宋兴则名臣辈出"。以赵吉士《寄园寄所寄》卷十一所说："新安自紫阳峰峻，先儒名贤比肩接踵，迄今风尚醇朴，虽避材陋室，肩圣贤而躬实践者，指盖不胜屈也。"朱子回徽省亲，收授门生，门徒多又赴闽追随。清程瞳《新安学系录》亦记言："昔乡先正授学于朱子者，凡三十人。"然以朱子门人而言，因朱子经往不多，及门者相对闽浙赣人数为少。其中优异者十二人为：程洵、程先、程永奇、汪莘、滕璘、滕珙、汪清卿、许文蔚、吴昶、谢琎、李季子、祝穆。

新安受朱子过化与学术影响，文风更为昌盛，夏炘《述朱质疑》卷之十六《新安理学自朱子再至婺源始有传人说》详有论说："濂洛之学，自朱子以前不传于宣歙。朱子十九岁登第，二十一岁至婺源省墓，其时学未成、德未尊，乡里空有从之者。程允夫洵为朱子内弟，年甫十四，朱子拜其父韩溪翁而见之，仅贻书论诗而已。及淳熙三年丙申，朱子四十七岁，学成德茂，蔚为儒宗，再至婺源省墓，乡人兴起而从游者甚多。婺源则滕溪斋蒙斋兄弟、汪子卿清卿兄弟、李明斋季札，歙则吴友堂昶，海阳则程传之次卿父子，皆极一时之选。其余不可考者尚多。历宋末元明代多名儒，新安之号比于邹鲁，皆足以衍考亭之绪，绍濂洛之传。"新安门人广为传播朱子之学，然新安理学非独新安徽州人士传习，如《宋元学案·沧洲诸儒学案上》："新安为朱子之学者不乏人，而以程蒙斋为首。蒙斋之后，山屋以节著，双湖以经术显，其后文献蒸蒸矣。"以此而言，可知俨然自成一派，故而赵汸《东山存稿》卷十四《商山书院学田记》就已经概括"其学所本，则一以郡先师子朱子为归，凡六经传注、诸子百家之书，非经朱子论定者，父兄不以为教，子弟不以为学也。是以朱子之学虽行天下，而讲之熟，说之详，守之固，则惟新安之士为然"。造就新安之学"唯朱是宗""从经文中寻求义"，而立身行事又修省心性，讲经世致用之方。至明时朱升《朱枫林集》始记"新安理学名儒"，方见"新安理学"之名，嘉靖程曈编《新安学系录》则可谓首定新安理学之统绪。《紫阳书院志》卷十六载明末汪佑曾对徽州之学的变化进行了阐发："自阳明树帜宇内，其徒驱煽薰炙，侈为心学，狭小宋儒。嗣后新安大会，多聘王氏高第阐教，如心斋（王艮）、绪山（钱德洪）、龙溪（王畿）、东廓（邹守益）、师泉（刘邦采）、复所（杨起元）、近溪（罗汝芳）诸公，迭主齐盟。自此新安多王氏之学，有非复朱子之旧者矣。"

一、徽州门人

方有开　歙县

【按语】　方有开事亲极孝，正身率下竭力报国。端静嗜学，思六经绅绎关洛诸儒之说。可谓忠孝兼备。考评问学源流孜孜不怠。

【小传】　方有开，以孙应时《烛湖集》卷十一《承议郎淮南西路转运判官方公行状》其生卒 1127—1189 年。字躬明，号溪堂。清沈辰垣等《御选历代诗余》卷一〇七《词人姓氏》，《新安文献志》《弘治徽州府志》均作"歙人"。而《宋诗纪事》卷五十三、《嘉靖淳安县志》《嘉靖浙江通志》作"淳安人"。孙应时《行状》作"新安歙县人"，言自东汉始祖，"曾祖颜、祖良皆潜德里闬。还至吴中与诸寓公游，而乐之将卜居焉。子将以今年三月日奉公归葬于严州淳安县安福乡武陈原。以公行实属某状，某与公少同邑、长同学校、同年，又姻家也"。又宋罗愿《新安志》卷八"进士榜"载"方有开，歙"。知歙县为祖籍，当作"歙县人"。《淳安县志》录方有开撰《方仙翁祠》诗、《修古渠记》等，方曾游历或移居，淳安县为墓葬所在地。宋人如朱子等多讲卜居而非讲归葬祖籍地，"归葬于严州淳安县"亦非此地人士。登隆兴元年（1163）进士，累官宣教郎。《朱子门人》不以为门人。《万姓统谱》《补遗》等列朱子门人。孙应时《行状》载方有开"少出入忠肃刘公之门……复从晦翁朱公游，考评问学源流，孜孜不怠"。以同为门人孙应时《行状》当视为门人。据《行状》约乾道六年（1170）至九年间，任建宁府政和县主簿，《浙江通志》卷一百八十二、《明一统志》卷四十一言"朱文公尝为书'万溪书堂'四字，故自号溪堂云"。方有开还遣其子执经事东莱。

【著作】《溪堂集》《屯田详议》二十二篇。孙应时《行状》载:有诗十卷、奏议五卷、《淮西屯田详议》三卷、《杂文》三卷、《集验方》八卷藏于家。

吴昶　**歙县**

【按语】　党禁之际，吴昶依然从师不止，《新安文献志》:"文公深嘉之，书翰往来不辍，待之与滕德粹、德章、程允夫相等。"其"终身守其师说，造诣愈深"。

【小传】　吴昶（1155—1219），字叔夏，号友堂。《新安学系录》卷十六"吴友堂"条有"歙向杲人"。《万姓统谱》作"歙人"。而《宋元学案》《实纪》《经义考》作"休宁人"。故作"歙县人"。施璜《还古书院志》言及宋代朱子学术，以为"朱子之门云蒸龙变，其在新安从游最著者凡十有八人，吾休居其六"，然不载其名。昶之侄孙吴龙翰《古梅吟稿》卷二诗原题言，载"淳熙丙申二月晦翁归婺源先曾大父因随杖屦，遂挂名于弟子之列，以所著《书说》以求正，晦翁可之。又尝投书论《易》甚详"。《宋元学案》《万姓统谱》《新安学系录》《新安文献志》《歙县志》《紫阳书院志》均记载:淳熙三年夏，朱熹归婺源省先茔，昶首执礼馆下受学，因随杖屦，获闻伊洛至论。《新安文献志》卷六十九《友堂吴先生昶小传》载淳熙三年（1176），昶"幡然悟俗学之陋，率先执经馆下，获闻伊洛至论。久之伪学党作，弟子多更名他师，而先生志益坚，徒步走寒泉精舍，就正所学，得文公心印。文公深器之，书翰往来不辍，待之如滕德粹、德章、程允文相等"。吴昶请得朱熹亲书《四书注稿》。与洪迈、程大昌友。曾以征荐为郡校书，未赴。

【著作】 著有《易论》及《书说》八十卷，《史评》七卷，诗文五十卷等。其《书说》直评四书经传，抛开传注，借助经文，参以己见，探求性命义理之说。

汪义和 　黟县

【小传】 汪义和，依袁燮《絜斋集》卷十八《宋侍御史赠通议大夫汪公墓志铭》及《夷坚志》卷六《汪会之登科》，生于绍兴辛酉，卒于庆元六年，即1141—1200年，而清钱保塘辑《历代名人生卒录》"汪义和庆元四年六月六日卒"为误。字谦之，又字"会之"。袁燮墓志铭、《夷坚志》《弘治徽州府志》《同治新建县志》《光绪江西通志》、陆心源《宋史翼》均作"徽州黟县人"。独民国《重修婺源县志》作"婺源人"，不知何据。黟县汪作砺娶歙县祝景先孙女为妻，作砺生三子：汪义和、汪义荣、汪义端。作砺与朱熹父亲互为连襟，故兄弟三人与朱熹为姨表兄弟。淳熙八年（1181）登第，官至侍御史兼侍讲。《朱文公文集》卷六十四《答汪会之》："所寄《大学》，愧烦刊刻，跋语尤见留意。千圣相传，门户路径不过如此。"淳熙十六年（1189）汪会之二刻《大学章句》《中庸章句》。朱子与汪会之书信教训之意甚明，如"更顾益深考之而实从事焉，使其次第功程，日有可见之验，则其进步自不能已矣"。

谢琏 　祁门

【按语】 静海刘汝骥《陶甓公牍》卷十二提出"祁门为文公礼教之邦，如方岳、汪克宽、余光、谢芊、谢琏、汪时中、谢复、叶琦诸大儒类，皆继绳紫阳，相与发明孔教"[1]。而元汪克宽《环谷集》存谢公墓表称"当朱夫子倡道之时，海内豪杰之士闻而从之者日众，而祁之人士得及其门者惟公一人而已"[2]。《祁门县志》载："阐紫阳之道，俾龚人士流衍浸灌风一道同媲美中土，琏之功也。"其学行醇正，为时名儒。

① 刘汝骥：《陶甓公牍》，宣统辛亥（1911）安徽印刷局校印。
② 汪克宽：《环谷集》，文渊阁四库全书本，第137页。

【小传】 谢琏，据陈国代《大教育家朱熹》考，生卒为 1162—1238 年。字公玉，号竹山，谢琏《竹山遗略》附录方岳《三彦友会记》载，"竹山乃朱子门第，不以道学自高，榆垣学识有源不以自足。日其谈论于竹山之耐久轩，时之人识与不识皆称耐久先生"①，故亦号"耐久先生"。祁门人。宋宝庆二年（1226）中进士，授迪功郎、龚州（今广西平南县）助教。《朱子实纪》《宗派》《宋元学案补遗》《万姓统谱》均以为朱熹弟子。元汪克宽《环谷集》卷八《宋故迪功郎敕授龚州助教谢公墓表》记载，谢琏之五世孙谢子温曰"余祖常游紫阳朱夫子之门"，"尝考诸先世遗录及宋元间邑乘，公尝从朱夫子，讲性命之旨。盖其学始于格物致知而继之诚意正心，以修其身始于齐家而终于治国平天下，始于成己而终至于成物，其才识学行足臻远大"。《同治祁门县志》载有宋张应龙《虚直楼记》记言："先生刻志问学，气质不凡。从游朱子之门，与信斋杨氏、勉斋黄氏、毅斋郑氏、庸斋赵氏同游。"陈国代《大教育家朱熹》言"淳熙三年执礼受学于婺源"，未见所源。清夏炘《述朱质疑》及《紫阳书院志》卷十六《会纪》："宋宁宗庆元二年丙辰九月，新安大会于郡城天宁山房，主教晦庵朱夫子，时乡先正受学者凡三十人。其学行最著及有纪述文字之可传者凡十有八人。……祁门则谢公玉。"虽有江永之质疑，然亦可知其从朱子学。得紫阳之心传，契圣贤之要旨。绍定二年致归里，讲学虚直楼，与同邑张柏府、李榆垣、方岳友善，以"虚直"名楼，欲学者敬以治内，虚以应物，穷理切磋，务止至善，继先生之理学以延道脉于无穷。

【著作】《语录》《日录》。后人辑《竹山遗略》。

程大昌　休宁

【按语】 南宋《淳熙新安志》："休宁俗亟多学者。"休宁"其间翙运而生者，代不乏人，至宋为特盛，称为东南邹鲁，勋业文章，班班可纪"。道光二十三年刻本施璜《还古书院志》言及宋代朱子学术，以为"朱子之门云蒸龙变，其在新安从游最著者凡十有八人，吾休居其六，时则有汪太初先生楚材，程传之先生先，汪叔耕先生莘，程次卿先生永奇，许衡文先生文蔚之数君子者，

---

① 谢琏：《竹山遗略》，咸丰蛾术斋刻本，第 57 页。

朱子或称其德学之盛，或称其制行之严，或称其文学之宏，或称其节概之卓，皇皇巨儒"。休宁朱子门人后学好于著书立说，行文记述，传习讲授之风日盛，"皆性命道德之要"，且述原传播朱熹旧说，发明朱熹本义。《道光休宁县志》有载，"自井邑田野，以至远山深谷，居民之处，莫不有学有师，有书史之藏"。

以清照旷阁刻本《演繁录》跋，程大昌学问渊博，"为时所宗，虽朱子亦加敬重"。《朱文公文集》卷三十七《答程泰之》以为其所作"《易老新书》之秘，有以见立言之指深远奥博，非先儒思虑所及矣"，朱子及其门人编纂《尚书》集注参以大昌之学。《四库全书总目》则言大昌所著"精深明确，足为典据"。

【小传】程大昌（1123—1195），字泰之，谥文简公。休宁会里人。绍兴二十一年（1151）登进士，绍熙五年（1194）以龙图阁学士，封新安侯，曾献十论，言当时之事。《朱文公文集》卷三十七《答程泰之》三通，论及《易原》《禹贡论》《易老通言》。《朱文公别集》卷四《与刘共甫》言及旧瓯宁宰刘元升者，"近宰新喻，无故为程泰之按罢，客于临江，贫甚，几不能自食，江西人士皆称而怜之"。顾宏义《朱熹师友门人往还书札汇编》考撰于淳熙三年（1176）春。《东莱集》别集卷八《与朱侍讲元晦》载"程泰之《禹贡图》如欲写，当一面为钞"。庆元四年（1198）冬，朱熹分委李方子、李相祖诸人编纂《尚书》集注，《朱文公文集》卷五十五《答李时可》言及"诸家说见今方寻检，元祐《说命》《无逸》讲义及晁以道、葛子平、程泰之、吴仁杰数书先附去，可便参订序次"。程敏政《篁墩文集》卷三七《书朱子所与先世二书后》曰："考《程氏谱》，友朱子者二人：休宁会里房大昌字泰之；乐平石城房起宗，尝知建阳县。"可知，程大昌与朱熹为讲友。程大昌创西山书院并讲学，其精通经史和其他诸子百家之学。

【著作】《康熙徽州府志》著录载：《易原》四卷、《易老通言》十卷、《书谱》二十卷、《禹贡论》五卷、《山川地理论》五卷、《禹贡后论》十卷、《文集》二十卷。另有《考古编》《演繁录》《续演繁录》《文简公词》《雍录》《北边备对》《毛诗辩证》《诗论》等。而《直斋书录解题》卷一载"《易原》十卷"、卷八载"《雍录》十卷"、卷十八载"《程文简集》二十卷"。《四库全书总目》卷三《经部》录"《易原》八卷"。

程先 休宁

【按语】 程先"刻意问学",朱子认为前见《易》解说"不若程传之厌饫充足"。以年近七十余师事朱子,不耻下问,与朱子当为亦师亦友,可谓典范。赵吉士《寄园寄所寄》以为"休宁理学九贤坊,以程文简公（大昌）为首,盖朱子而外皆卓卓者也"。程先、永奇世有家学,以父子同追随朱子,恪守朱子之学。程永奇闻朱子之讣,作"此道终难绝,他年有是非"之诗句铭志。著作宏富,有功于新安理学。

【小传】 程先,字传之,《朱子门人》《朱熹师友门人往还书札汇编》以方回《东隐程先生先墓表》证文集《答程傅之》与《万姓统谱》误抄为"傅之"。隐居东山,号东隐,自号"东山隐者",谥履正。休宁人。《补遗》《朱子门人》列为学侣讲友。而陆心源《宋史翼》卷三十六附录方回《桐江集补遗·东隐程先生墓表》谓程先"尝以书问道于朱子,朱子嘉之。闻朱子来婺源,挈子永奇见之,以老病不能卒业,因遣永奇从学于闽"。《新安文献志》卷六十九有宋人叶秀发《格斋先生程君永奇墓志铭》亦谓:"文公先生省墓婺源,履正公挈君往拜,请受教焉。因令君侍归建安,问难究诘,所造益邃,踰年而归。"程瞳《新安学系录》"程东隐"条则载:"墓表谓晦庵夫子还婺源,担簦见之,夫子示以圣学大要。时年七十余,不能从,遣其子永奇事入闽。而文公《大全集》亦有答书。然恐其未必在弟子之列也。"而《宋诗纪事》卷六十三、《宋史翼》卷三十六《隐逸传》等诸史均记有程先"尝以书问道于朱子,朱子嘉之。闻朱子来婺源,挈子永奇见之"。《紫阳书院志》载程先"闻晦庵夫子为世儒宗,以归墓还婺源,担簦见之。夫子示以圣学大要。时先生年已七十余,不能追随入闽,遣其次子永奇侍朱子归建安其学也"。《道光休宁县志》言"以老病不能卒业,因遣永奇从学于闽"。《全宋文》:"因老病不能从,遣其子永奇侍入闽受学焉。"由此可知,诸文献所言"不能从"之意,非程先不师从朱熹,而是因"老病"不能追随入闽,有师从之心,无追随相伴之力,因而遣其子永奇事入闽。程先未见朱子之前,有书信请教朱子,闻朱子还婺源,又"担簦见之,夫子示以圣学大要"。参之以朱熹《答程传之》所言,似教导之词,为弟子之实居多,故程瞳等亦只说"恐其未必",而明程敏政《篁墩文集》卷三十七《书朱子所与先世二书后》载,"考《程氏谱》,友朱子者二人:休宁会里房大昌字泰之；乐平石城房起宗，尝知建阳县。师朱子者五人：婺源环溪房洵字允夫，德兴新建房端蒙字正思，与其从曾孙珙，字仲璧，其二则传之与次卿也"。以诸史记载，知程先与其子永奇始见朱子于淳熙三年夏省亲之时。由朱子答程先书信，知程先主张排佛老的，"以为夫佛老之言，不得以道名"。而《朱文公文集》卷四十一《答程允夫》言"《龟山易传》传出时已缺乾、坤，只有草稿数段，不甚完备。《系辞》三、四段不绝笔，亦不成书。此有写本，谩附去。然细看亦不甚满人意，不若程传之厌饫充足"。程先于易学多有见解。

【著作】 程敏政《新安文献志》有程先《论方士》《跋地理书》，反对惑众之术，发扬《礼》"卜其宅兆是中行者也"。除县志著录外，厉鹗《宋诗纪事》、民国二十三年安徽通志馆铅印本《安徽通志稿·艺文考》均言程先有《东隐集》，《皖人书录》："《东隐集》毁于兵燹。"

程永奇　休宁

【小传】 程永奇（1151—1221），字次卿，号格斋，喻以大学工夫始于格物也。程先次子。休宁人。自幼聪颖，有受道之资，程先授之。《新安学系录》卷八言程永奇"亦励志于诸经子史，悉含英咀华而卒以反躬实践为事"。据叶秀发《格斋先生程君永奇墓志铭》所载，淳熙三年夏朱子归婺源，程先已带领永奇拜见晦庵而受教，而后又前往建阳考亭。《新安学系录》卷八录真德秀《敬义堂铭》有"新安程君次卿，从学晦庵夫子于考亭"。绍熙间续学于建阳考亭，文公手书"持敬明义"之说百余言勉之。后以"敬义"名其堂，收徒授学，"信从者云集，郡县大夫稽古礼文悉来咨访"。居家尝效仿伊川宗会法以合族人，又行《吕氏乡约》，冠昏丧祭悉用朱氏礼。庆元禁学，永奇遂归隐邑之东山。值文公讣至，合同志设位，恸哭，或传其挽章于有司，被系数月乃免。后为庐山白鹿洞书院山长。以《朱子语类》卷一二〇载叶贺孙所记与《朱文公文集》卷五九答书，可观朱子纠正程永奇对理事关系之认识。朱子答程永奇"思不出其位"之问，以为"又陷于所谓'出位而思，念虑纷扰'之病"。朱子又以"未发之前气不用事，所以有善而无恶"作为程永奇"未发之前天地之性纯粹至善，而子思子所谓中也"之答复。程敏政《新安文献志》存有程永奇《性原》，发挥孟子性善说，恪守程、朱人性二分之法，以天地之性与气质之性兼论。程永奇自闽归建敬义堂,《安徽通志稿·艺文考·子部》:"邑子弟从者云集,郡县大夫有稽古礼文之事,悉来咨访。"

【著作】《安徽通志稿·艺文考》载其著作有《太极图说注释》《西铭注释》《定性书注释》《好学论注释》各一卷,《格斋稿》四十卷《六经疑义》二十卷《四书疑义》十卷,"以文公语录出于众手,纯驳不一,乃加诠择,为《朱子语粹》十卷","永奇以中和之说文公盖有遗憾,因集其语为《中和考》三卷"。程敏政言其"父子著述多毁于兵燹"。

金朋说　休宁

【按语】　金朋说之学承续朱子之学,以性理史诗为著。《朱子遗集》卷二《与金希传书》谓:"希传实吾乡古博君子,不当在弟子之列。至于论辨义理,穷极精微,吾甚重之。"陈梦雷《古今图书集成·经籍典》录程若庸言,谓"孰谓增光吾道,无愧朱门,有如希传金先生者乎!是盖中流之砥柱、百炼之精金,一代殊绝之人物也"。

【小传】　金朋说(1147—1199),又作"朋悦",字希传,号碧岩。休宁人。淳熙十四年(1187)进士。知鄱阳县。曾从学于程大昌。《补遗》以《雍正江南通志》卷一百六十四"时厉伪学之禁,凡荐举改官,悉令漕帅取状,方得擢用,朋说应荐,上状言素师朱熹讲孔、孟及程氏遗书,实不知为伪,遂解职归"。称朱熹素师。后归隐于碧岩山。《古今图书集成明伦汇编·氏族典》载陈栎《汪溪金氏族谱序》,有言:"过信州,游秘书朱元晦先生之门。间尝质之,先生叹曰:'吾家谱亦残缺,自九世祖茶院府君以下渐失,其坟墓今不敢必信,其地亦传其旧而已。'朋说仰惟二先生文章司命道学指南,然于先世谱乘阙疑传旧,谨书备录,不敢附会,以误后世。""若进士朋说,讲学于朱子,直道从仕,不负师门。"《古今图书集成·经籍典》又谓"闻朱子讲学信州,奉父命往师之,晨夕侍侧,论辨义理,穷极精微"。指金朋说淳熙六年(1179)二月过信州时为朱子及门弟子。金朋说作《诚意吟》"正心谨独时,笃实惟精一。克念雨不欺,充然四端立"。《修身吟》"克己工夫熟,磋磨日日新。形端仪表正,汤圣自盘铭"。

【著作】《碧岩诗集》二卷。

许文蔚　休宁

【小传】 许文蔚,《南宋馆阁续录》卷八《官联》二、《宋诗纪事续补》卷十七"许文蔚"条作"字行父";《新安文献志》卷首《先贤事略上》及卷七十程振《许著作文蔚墓志》作"字衡甫"。从《新安文献志》《弘治徽州府志》知"号环山"。休宁人。光宗绍熙元年(1190)进士。累迁户部架阁、国子博士、著作佐郎兼兵部郎官。卒于官。又事见程珌《洺水集》卷十《许郎中墓志铭》。《补遗》以为"从朱文公、吕成公游"。《朱子门人》以名不见文集、《语类》,疑《万姓统谱》认定为朱子门人牵强附会。

吴垕　**休宁**

【按语】《新安文献志》卷八十七引吕午《吴益谦自牧墓志铭》:"新安文风尚矣。至近世程文简公大昌,棣华二吴俯、儆,皆学博才高,文追古作。"程卓《竹洲先生吴公儆行状》:"吴自泰伯以国得姓,其子孙散四方,谱牒不可考,独居歙之休宁者最盛。"《弘治徽州府志》卷七载,休宁吴氏又以吴俯、吴儆兄弟"俱驰声太学,时为之语曰'眉山三苏,江东二吴'"。吴儆与朱熹、张栻、吕祖谦等友善。吴垕深得吴儆之传,究心家学,习性理之学。程珌《洺水集》卷八《吴基仲诗集序》称吴垕"笃学嗜文短波。然天次孝友,诚确温恭,乐天知使。恬于势利,退然中古人"。

【小传】 吴垕,生于绍兴辛未(1151),卒嘉定戊寅(1218)。《新安学系录》卷八据吴垕之子吴浩作《家谱》以"吴自胜"名其传记。而另有以为吴自胜,字元寿。吴垕,字基仲,吴俯之子,文肃公儆从子。休宁人。登嘉定四年榜。从吴儆学,儆极为器重,传授大儒之学,感叹而言:"能世吾学者,是子也。"《朱子门人》附和《补遗》据《万姓统谱》所云"私淑朱子之说,深于性理之学。隐居不仕"。《弘治徽州府志》载《吴氏亲茔表》言吴儆"从学南轩,受知考亭、东莱,为时硕儒。俯生四子,长垕,私淑考亭","为学有源委,私淑考亭之说。虽党事起,笃好不移。与程若庸、范弥发友善"。研究性命之学,探考亭之绪,当为朱子私淑弟子。吴垕之子吴锡畴,师从程若庸,叶闾拟聘为白鹿洞书院堂长,未赴。

【著作】《新安学系录》以为"有《自胜斋集》六卷,《雪窗十二咏》,皆性命道德之要",《嘉靖徽州府志》则言,著《吴基仲诗集》,程端明序其集。

汪楚材　休宁

【按语】《朱子实纪》载"朱子称其德学之盛",朱子答书言汪楚材"论说甚富……足以见相道之勤,卫道之切"。

【小传】汪楚材,字太初,又字南老。朱熹《文集》卷四十六《答汪太初》"复书汪君太初茂材足下"。汪焕章文振从兄弟。休宁人。绍熙元年进士,官至广西运司干官。《补遗》据《万姓统谱》云"曾以书通朱晦庵",列为学侣。《朱子门人》以为非弟子非讲友。《朱子纪实》以为弟子。宋方岳《秋崖集·跋赵漕元文稿》明确指出"今子之先君子学于汪太初,太初学于紫阳"。《新安文献志》卷首《先贤事略上》、《宋诗纪事补遗》卷五十九作"师朱熹"。《朱熹师友门人往还书札汇编》考定淳熙七年(1180)四月八日朱熹《答汪太初》,虽言"未即会晤""及属随宦牒,来官庐阜,同郡诸生间有肯相过者,而足下乃以手书先之,三复诲谕",未论及面见。然以汪楚材"以手书先之,三复诲谕",又"承示以文编",以及程敏政纂修《弘治休宁志》与彭泽修、汪舜民纂《弘治徽州府志》等均载"楚材喜问学,朱晦庵、吴竹洲二公俱器重之,告以圣门为学工夫次第及佛老之弊","惟进学自爱为祷"等语,可视汪楚材为朱子讲友,而以当世学人所指,将汪楚材列为弟子亦不为过。

汪莘　休宁

【按语】象山弟子杨简评价汪莘上书,以为"真爱君忧民之言也"。《紫阳书院志》以为"方壶先生在紫阳弟子之列,于朱子赴经筵日遮道陈词数千言,朱子入朝果再三奏请,是用其言也。则方壶一生莫此为大"。孙嵘叟《方壶存稿序》云"夫以方壶之望,受知于文公、慈湖、西山三先生,实绰绰自足以名世矣,方壶居士抱迈往轶群之气,遗神天隐,高蹈物表,不屑习举子业,以绁名利之网。发为文章,雄壮奇伟,飘飘然如御风骑氖,与造物者游,无一点烟火气,古赋似宋玉,诗歌似太白,长短句似坡翁,不受音律束缚者"。

【小传】 汪莘（1155—1227），以唐圭璋《宋词四考》之《两宋词人时代先后考》作"绍兴二十五年生"。[①]字叔耕，自号方壶居士，学者称柳塘先生。休宁人。幼不羁，长卓荦有大志，不屑习举子业。嘉定时，三论天变、人事、民穷、吏污之弊，行师布阵之法。而不用，退居柳溪。徐谊知建康以遁世隐士荐举，但未成，布衣而终。早年屏居黄山，精研《周易》，旁及释、老，"韬钤之书、释老之典，靡不究习"。汪莘初兴趣"文词"，但不屑降意场屋之文。明程曈《新安学系录》新安学系图，将汪莘列入朱子及门弟子。以《方壶存稿序》知从朱子，转向理学。再"朱子召赴经筵未至，莘逆通书"，知此时已从学朱子，而《年谱长编》卷下以朱熹《朱文公文集》卷五九《答汪叔耕》"十月二十三日熹扣首启叔耕茂林乡友"，以为在绍熙四年（1193）。台湾师范大学国文学系王奕然学位论文《朱熹门人考述及其思想研究》质疑"受知"能否等同于从学。其主要依据为文集《答汪叔耕》"叔耕茂材，乡友辱书""奉书草草，深以未得面论为恨"。又以《方壶存稿·怀朱晦庵先生》"自怜晚辈服膺久，亦许杖履来相寻"、《方壶存稿·辞晦庵朱侍讲书》"莘生平闻先生之风，慕悦之父母如也，尊敬之神明如也，想象愿见而不获者凡二十年，具有本末"，提出"可知两人昔日并未相见"。朱熹答汪叔耕，"一是劝其人弃文词之学而习操存之道，二是阐明《大学》用力的次第"，以及《方壶先生集》《方壶存稿·辞晦庵朱侍讲书》"敢复以告，此所谓先生事也，先生责也，于莘何有哉？冒渎师严，无任激切恐惧之至"等语，提出"究竟汪莘是否曾从学于朱门，实难判断"。其实，王奕然之言已明汪莘门人身份重矣。另朱子又解汪莘关于周敦颐、二程《太极图》之问，汪莘"诗源太虚说"。汪莘建休宁柳溪书院。

【著作】 《柳溪诗词》《方壶存稿》等。

詹初　休宁

【按语】 以詹初所著《寒松阁集》，可知其学见于朱陆尊德性道问学，有调和朱陆之意义，深论德性之说颇明而尽。

【小传】 詹初，《宋元学案》《四库全书总目》《康熙休宁县志》作"初字

① 唐圭璋：《宋词四考》，江苏文艺出版社，2009年。

以元"《宋诗纪事》卷六二《詹初》条作"初字子元"。号流塘。《寒松阁集》
附詹体仁《送族侄以元还家序》及章节夫《与王阮书》，明詹初为詹体仁族侄。
休宁人。为太学录，罢归，遂入庐山，不仕。家居之日，与海内名贤以讲明
斯道为己任，日以著书立说为乐。《宋元学案》卷六十三曰："詹体仁是朱学，
章是陆学，先生盖往其间。"为学崇奉朱熹。不见其及门史籍。嘉靖宛陵周怡
跋《寒松阁集》以为"先生笃信紫阳夫子，紫阳出延平之门，其私淑斯人乎？"《朱
子门人》不以为门人。《四库提要》言其文集既稍涉于禅，又力辟释老，载"或
问尊德性道问学朱子本来自全，陆子前面只尊德性一边，因朱子方走道问学，
曰此非学者所可轻议。则所学实介于朱陆之间，似明代调停之说，其书晚出，
真伪盖不可知"。

【著作】《寒松阁集》三卷，又名《流塘集》。

程洵　婺源

【按语】　元郑玉《师山遗文》卷一《送汪德辅赴会试序》："新安士习，
惟婺源为盛，每三岁宾兴，州县望烟而举，士子云合响应。休宁次之，歙次之，
绩溪又次之，祁门与黟其最下者也。"《光绪婺源县志》所述"贤才间出，士
大夫多尚高行奇节，在朝在外，多所建树。其潜心性命之学，代不乏人。厥
土坚刚，故用之善，则为正直、为高明、为风节"《紫阳书院志》卷十六《会
纪》："宋宁宗庆元二年丙辰九月，新安大会于郡城天宁山房，主教晦庵朱夫
子，时乡先正受学者凡三十人。其学行最著及有纪述文字之可传者凡十有八人。
婺源则李明斋（季札）、滕溪斋（璘）、蒙斋（珙）、德玉（玶）、程克庵（洵）
及其从子翠林（垣）、汪湛仲（清卿）、季英（端雄）；歙则祝和甫（穆）并弟
癸、吴友堂（昶）、程士华（实之）；休宁则程东隐（先）及子格斋（永奇）、
汪方壶（莘）、汪太初（楚材）、许衡父（文蔚）；祁门则谢公玉（琏）；其守
令之师事文公者三人：徽守赵师端、余杭令赵师恕、休宁令祝汝玉。"婺源有
"滕氏三桂"（滕璘、滕珙、滕玶）；汪子卿、汪清卿昆仲；李明斋、李季札父
子，还有表弟程洵、程垣叔侄，内侄祝穆（祝穆实婺源祝家庄人，言其歙县人，
实明代《徽州府志》之谬），汪端雄等；程永奇父子，吴昶，汪莘，汪楚材，
许文蔚及知县祝汝玉；从学人众，学行最优，而为朱子理学新安分支之先导。

宋元以降，其后进诸儒，承绪其后，私淑，再传，发扬光大。

《紫阳书院志》记载"文公归里，乡先正受学者甚众，今论定高弟子十二人列于从祀"，而《歙县金石志》卷七汪佑《紫阳书院建迁源流记》以为"朱子迟留数月，教泽所振兴起，郡从执礼者三十人"，程洵为其一。朱熹《韩溪翁程君墓表》称程洵"好学而敏于文"，尤号同志，但少缺玩味践履工夫。朱熹又评曰"意格超迈，程度精当"。《新安文献志》有汪师泰《程知录洵传》引王炎（1138—1218）谓："予与程君允夫居同邑、学同术，允夫在辈流中藉藉有声。大抵理胜而词采附之，陶炼隐括，俱不苟作。"称赞其作品有补于世。《尊德性斋集》卷首又引方直孺《序》称其文"简而深，粹而雅，优游恬淡，而无毕露之华"。周必大《克庵先生尊德性斋小集序》认为："议论平正，辞气和粹。"① 知州刘清之敬重，讲求精义，属辞比事，更倡迭和。

【小传】 程洵（1135—1196），字允夫，初字钦国，号克庵，晚号翠林逸民。婺源人。程洵之父程鼎是朱熹父朱松妻弟。特恩授信州文学，寻主衡阳簿。朱熹回婺源省墓，程洵相从。故《新安学系录》卷七《程克庵》："就学于晦庵。文公自闽还，一见爱之甚笃，而所以启迪之者亦甚力。"《新安文献志》载宋人汪师泰《程知录洵传》亦谓："洵初以诗文求教文公。"《朱文公文集》卷九十《韩溪翁程君墓表》所谓："有子曰洵，好学而敏于文，君奇爱之，曰：'是足以成吾志矣。'……然洵故尝从熹论为学大要，意其所以成君之志者，在此而不在彼也。今又三十余年，洵乃以书，奉君学徒李君绘之状，请表君墓。"直言"洵故尝从熹论为学大要"。《尊德性斋小集》录有绍熙五年（1194）程洵作《钟山先生行状》："初，先生之少也尝从洵先君子学，后，洵复受业先生之门。"《朱文公文集》卷五十一《答董叔重》有谓："允夫所作令祖墓表尤佳，近岁难得此文也。"绍兴二十年春，朱熹初回故里，劝允夫熟观《论语》《孟子》等，务求学问之根源，后程洵"欲尽弃举业，一意学问，以求进于圣贤之域"。绍兴三十年针对程洵"初慕苏氏之议论，复谓程苏之道同"，朱熹答书所千百言，程洵认同朱熹，致力于孔、孟和濂洛之书，剖析推明，入圣学之门。淳熙三年朱熹二度回婺源，将程洵"道问学"斋更名为"尊德性"。淳熙十四年十一月，程洵与程端蒙、董铢同到武夷精舍问学。庆元党禁，诬"吉州知录程洵，

① 周必大：《克庵先生尊德性斋小集序》，《续修四库全书》，上海古籍出版社，2002 年。

亦是伪学之流"等语，程洵不以为惧，致信朱熹说："滥得美名，恐为师门之辱。"朱熹答书曰："今日方见吾弟行止分明"，"以吾弟之才，少加勉励，自应不在人后。"任衡阳簿，"士友云集，登其门者如出文公之门"。庆元元年（1195）程洵曾将杨万里书信，转交朱熹。庆元二年（1196），程洵以伪学之流归返婺源，卒，朱熹作《祭程允夫文》。程洵之学，早年肯定苏学，批评程学，杂佛学与儒学价值观，倾向张载以鬼神为外在气化对象，后宗朱子之学，留心义理，渐肯认二程、苏轼之说，后则契入孔、孟、濂、洛之学。朱熹称道其著"意格超迈，程度精当，虽诸老先生犹抚手降叹"。又以为其学术"少缺玩味践履工夫"。程洵与朱子常以诗作，相互交流。

【著作】《克庵先生尊德性斋小集》三卷、补遗一卷，《三苏纪年》。

程垝　**婺源**

【小传】 程垝（程檺），字文伯，以《补遗》又字伯文，自号翠林逸民。婺源人。朱子表弟程洵侄子。淳熙三年（1176）二月朱熹又返婺源省先人墓期间，程洵、程垝叔侄与乡人从游。天一阁《徽州府志》言其又"谒晦庵于精舍，相与讲明道学。晦庵语曰：学问之道无他，求其放心而已"。后又学于武夷精舍，遂笃意家学，不事举子业，修身立德，化育一乡。曾与张南轩等游。

【著作】《原化论》。

胡师夔　**婺源**

【按语】 婺源考水明经胡氏，子孙世以经学传家，尤以《易》传，《新安学系录》卷十《胡孝善墓志铭》有"一门十余叶缃素相传"，胡师夔祖孙精于《易》学，多有造诣，笃志家学，又潜心朱子之学，上溯伊洛，以达洙泗渊源，靡不推究，名列"明经胡七贤"。其学术与朱子乃一脉相承。

【小传】 胡师夔，字舜卿，号易简居士。婺源考水人。子胡斗元，孙炳文。《新安学系录》卷八《胡舜卿》载："先正谓其尝登朱子之门，《郡志》称其通五经，尤精于《易》。然其学一传为朱子之从孙小翁，再传为公之子斗元及程复心，三传为公之孙炳文。"胡师夔为朱子第二次返徽受学。《宋元学案》

卷八十九列朱小翁先生洪范《介轩学案》，附及师胡师夔。《古今图书集成》《弘治徽州府志》文公从孙朱洪范条："常馆于胡舜卿之门，舜卿深于《易》，洪范得其传。未几，舜卿卒，子幼，洪范以易授之，尝语人曰：学不可私，教不可吝。使胡舜卿不授予《易》，其子能世《易》邪？"

【著作】《易传》《史纂》。

李缙　婺源

【按语】《朱文公文集》卷八十三《跋李参仲行状》赞婺源："大抵数十年来，乡人子弟多自好而善于文词，亦其师友，渊源之有自也。"李季札多有著述，恪守师训，为护卫师门有功之人。以程洵《尊德性斋集》卷三言其"出入释老，求之者数年"。

【小传】李缙，字参仲。《民国婺源县志》作"号钟山"，而以《新安文献志》所录李缙《婺源义役记》末署名"钟山园翁"。婺源人。《朱子门人》不列。《年谱长编》列首位。绍兴庚午，朱子归婺源首识李缙而听其余论。淳熙三年（1176）四至六月朱子第二次回婺源省墓，再见李缙。"既别而归，书疏不绝。"《语类》卷四十九有李季札记先生游钟山书院，见书籍中有释氏书，因而揭看。先君问其中有所得否。曰：幸然无所得，吾儒广大精微本末备具，不必他求。庆元元年，朱子《跋李参仲行状》，言李缙文词"高古奇崛而深厚严密如其为人"。临别书斋题写匾额"乡文人"颂之。做讲友为妥。

【著作】《论语解义》《西铭解义》《山窗业书》。

李季札　婺源

【小传】李季札，又作季扎，字季子。号明斋。李缙之子。婺源人。明斋本有家学。朱子再回婺源省墓，季札执礼问学。《朱子语类》第十六卷为李季札所记。《池录语类》言李季札为丙申（1176）所录。又《新安文献志》卷三十三《录所闻晦庵先生语》。所学多及四书。庆元元年（1195）十月，往建阳考亭竹林精舍请朱熹为其父作墓志铭及《跋李参仲行状》。

【著作】季札著述甚丰，史记有《明斋蛙见录》《肤说》《仁说》《近思续录》

《字训续录》《会遇集》《家塾记闻》等。

滕璘　婺源

【按语】《婺源县志》记载，"文公归里，乡先生受正学者甚众，今论定高第弟子十二人"。此所列有婺源有名姓者八，然无名之士"生于文公之乡，亲受业于文公之门"亦不为少数。而闻名者，滕德粹璘其中之一。《朱文公文集》卷四十九《答滕德粹》说："彼中朋友书来，多称德粹之贤，然鄙意所望者，则不止此，愿更努力，益加探讨之功，勿令异时相见无疑可问，乃所望耳。"真德秀《西山文集》卷四十六《朝奉大夫赐紫金鱼袋致仕滕公墓志铭》云："公初为《论语说》，子朱子善之，因谓'为学以变化气质为功，而不在于多立说'，公为悚然，自是不敢轻论著，终其身。"然滕璘颇为热衷佛教，以致朱熹认定"德粹毕竟昏弱"。朱熹称其"学问精敏，深造有道"。

【小传】　滕璘，以《墓志铭》载"既年八十以朝奉大夫致仕，赐紫金鱼袋考，终于家，实绍定二年六月丁巳"，则其生卒为1150年—1229年，方彦寿《朱熹书院与门人考》误作"1154—1233"。字德粹，号溪斋。婺源人。登淳熙八年进士。幼受学家庭，闻伊洛之学。《新安文献志》录有滕璘《题晦庵先生真迹后》云："晦庵先生世家吾乡，中徙于闽，倡明道学，户外履满而乡人未有至者。淳熙乙未（1175），先君始命璘兄弟修书辞以请教，先生报书，示以为学之要。明年先生来归，始克谒见而请益焉。自后通书，悉蒙见答，训迪备至。"许月卿《婺源朱塘晦翁词碑记》载："二十有三年，滕和叔以书来曰：'先君（滕璘）从游于朱塘之上。'璘有《论语说》，朱子善之。"朱绯塘在婺源。真德秀《朝奉大夫滕溪斋墓志铭》则有说：乾道、淳熙间，子朱子倡道南方，海内学士至者云集。新安滕公德粹时甚少，与弟德章奉其尊君之命，以书自通而谒教焉。……后数年，子朱子自寓里来归，始以弟子礼见。于是得《大学中庸章句》而熟复焉。既而往仕四明，又教之以亲仁择善，为讲学修身之助，且曰"杨敬仲、吕子约、沈叔晦、袁和此四人者，皆子所宜从游者也。居数年，子朱子于潭溪之上留止四旬，问辨弥笃"。朱熹《答滕德粹》云"仆与足下虽幸获同土壤，而自先世已去乡井，中间才得一归，扫丘墓，省族姻，今又二十余年"。方岳《秋崖集》卷十二《滕和叔尚书大意序》《尊德性斋集》卷三《滕府君行状》亦有此说。故知淳熙二年(1175)璘、珙兄弟已书信求学,次年朱熹再次婺源省亲,璘、珙兄弟面见师从。淳熙十四年九月,问学武夷精舍,《朱文公文集》卷八十二《跋滕南夫溪堂集》记请朱熹作跋,有云"淳熙丁未(1187),其兄孙璘访予崇安"。又《朱子语类》卷一一八有云"德粹云:'初到明州,问为学于沈叔晦,叔晦曰:若要读书,且于婺源山中坐。既在四明,且理会官事。'先生曰:'县尉既做了四年,滕德粹元不曾理会。'"1186年求学明州。次年,与黄榦、蔡元定、滕珙等人助朱熹修订《四书章句集注》。《朱子门人》以为"滕璘辛亥(1191)所闻百余条,颇重历史,此即朱子知漳州之时也"。而方彦寿《朱熹书院与门人考》"通考滕璘所录语录,却看不出滕氏曾在漳州从学的痕迹……更可证滕璘确为建阳考亭诸生"。就绍熙二年(1191)求学建阳考亭,真德秀《墓志铭》云:"居数年,子朱子于潭溪之上,留止四旬,问辨弥笃。盖公于师友渊源所渐如此,故终身践行不离名教之域,至其用之而弗究,则君子以为有命焉。"潭溪位于建阳,绍熙四年七月到建阳考亭,请朱熹为其父作墓志铭。自述平生:"居家孝悌,居乡善良,居官廉洁;少年勤学,晚年静退;斯足矣。"方岳《秋崖集》卷三十六《滕和叔〈尚书大意〉序》云:"吾州以经名家者多矣,《书》为最。以《书》名家者加多矣,滕为最……天下所谓程泰之《禹贡图志》,王晦叔《尚书小传》者也。至溪斋先生与其弟合肥令君同登晦翁之门,学者谓之新安两滕……出其所著书曰《尚书大意》者十二万言。"朱子答滕璘书信十二通,告诫"知科举之夺志、佛老之殊归皆不足事",纠正滕璘泛观庄周书之病。朱熹尤善称其所作《论语说》一书。然滕璘颇为热衷佛教,以致朱熹认定"德粹毕竟昏弱"。以《墓志铭》所载"公既从子朱子得为学大方,异时至永嘉,又从故中书舍人陈公傅良问左氏要义,陈公告语甚悉大略",亦从陈傅良学。

【著作】《溪斋类稿》三十卷、《论语说》。明赵滂《程朱阙里志》称滕璘尚有《尊所闻》。

滕珙　婺源

【小传】滕珙,字德章,号蒙斋。德粹之弟。婺源人。入太学,登淳熙十四年(1187)进士,终合肥令。程洵《滕府君行状》谓:"时晦翁先生朱公方倡道闽中,即使璘珙以书,自言愿受业于门,朱公见书喜……及朱公还里中,二子日往从之质疑问难，归辄疏所论于纸。"真德秀《朝奉大夫赐紫金鱼袋致仕滕公墓志铭》亦同。故知淳熙三年（1176），奉父命与其兄璘同受学于回婺源展墓的朱熹。而方彦寿《朱熹书院与门人考》以《朱文公文集》卷三十四《答吕伯恭》所谓"偶婺源滕秀才珙在上庠，其兄来为求书请见，因得附此致谢。滕生未相见，闻资质颇佳，亦知向学，得与其进为幸"，以为滕珙见朱子在后。并以《朱文公文集》卷四十九《答滕德章》论及编南轩之文的淳熙十一年（1184）为其从学时间。《新安学系录》卷八《滕和叔遗事》言和叔"公之先大夫璘、珙为徽国文公之高第嫡嗣，学之有源委者也"。《新安文献志》卷二十二录滕璘《题晦庵先生真迹后》，又记滕氏兄弟自淳熙初朱熹归省之后，"通书悉蒙见答，训迪备至。今老矣，无以仰副先生期待之意，而弟珙不幸早逝，所藏真迹散逸之余，仅存三十纸，每一览之，悚然起敬，恨先生不可复见也。刻之博雅堂，以示子孙，俾知先生不忘故乡，私淑诸人者如此。先生尝铭先君墓，又尝跋叔祖溪堂先生传与弟珙《景吕堂诗文》，并附于后云。门人新安滕璘书"。《朱文公文集》卷四十九《答滕德章》："学问别无他巧，虽要持守纯固、讲诵精熟耳。两事皆以专一悠久为功，二三间断为败。"淳熙十五年与诸同门友助朱熹修订《四书章句集注》。绍熙四年请朱子为其父作墓志铭，中称"二子皆有声州县间"。又称珙廷对甚佳。滕珙为文以义理为主，不事绮靡。德章释朱子《学庸章句》《论孟集注》，朱子以为"示喻《大学》之说甚善。熹旧所为书，近加修订，稍有条理，补缺处正如来喻"。

【著作】 分朱子语类与文集，编《经济文衡》前后集各二十五卷、续集二十二卷，今《四库全书》存有《蒙斋集》若干卷。朱熹刻印临漳板四经四子《古易音训》后，滕珙又在合肥以临漳本为底本重刻。《朱文公文集》卷四十九《答滕德章》书七专门为之指正临漳板误字。

滕铅　婺源

【小传】 滕铅，《宋元学案》载"县令滕万菊先生铅。滕铅，字和叔，合肥令德章（滕珙）之子"，而《经义考》引《姓谱》也以为合肥令德章之子。程曈撰《新安学系录》则称"滕文叔，名武子，溪斋从子，号万菊。滕和叔，名钲，溪斋之子"。婺源人。程敏政《新安文献志》录许月卿《婺源朱塘晦翁祠碑》记载，滕和叔以书来曰"先君从游于朱塘之上，钲兄弟子侄既沿文公昨梦之语，作晦庵亭，又立祠其西，为屋若干楹。文公南向坐，先父溪斋先生告院君、季父蒙斋先生合肥令东西向，以侑焉"。又据方岳《秋崖集》卷三十六存有《滕和叔〈尚书大意〉序》①。据《新安学系录》，"黄公常甫之学，出于星溪万菊滕先生，滕之先，璘、珙二伯仲皆为朱子高弟，由此可明，滕和叔即滕钲，非滕铅。为溪斋之子，非德章（滕珙）之子"，万菊为星溪的号，亦非滕铅之号。据《新安学系录》中"遗事二条"，"程棒严撰《草窗行述》曰：和叔、文叔二滕公讲明理学，户外之履常满。公之先人，夫磷、珙为徽国文公之高弟嫡嗣，学之有源委也"。故无史籍证明滕铅为朱子门人。

【著作】《书传注》行于世。

滕玶　**婺源**

【小传】　滕玶，字德玉。滕璘从弟。婺源人。《紫阳书院志》卷十六《会纪》据《朱子实纪》《南溪书院志》以为门人："宋宁宗庆元二年丙辰九月，新安大会于郡城天宁山房，主教晦庵朱夫子，时乡先正受学者凡三十人。其学行最著及有纪述文字之可传者凡十有八人。婺源则李明斋（季札）、滕溪斋（璘）、蒙斋（珙）、德玉（玶）、程克庵（洵）及其从子翠林（桓）、汪湛仲（清卿）、季英（端雄）。"江永《考定朱子世家附天宁寺会讲辩》"谓出《朱子纪实》及《南溪书院志》，亦皆妄作"。以璘、珙皆为朱子高弟，亦可推知滕玶为门人。

汪端雄　**婺源**

【小传】　汪端雄，字季英。婺源人。《朱子门人》疑议与汪季良（字子驷）为兄弟，显不妥。《朱子门人》并不以为门人或讲友。《朱子实纪》《弘治徽州府志》《民国重修婺源县志》等均载："婺源冲山人，以《易》学鸣当时。建东山九曲亭，

---

① 方岳：《秋崖集》卷三十六《滕和叔〈尚书大意〉序》，文渊阁四库全书本，第1182册，第588—589页。

尝与朱晦庵熹、王双溪炎讲道其间。"汪端雄以《易》学名闻乡里。淳熙三年（1176）春二月，朱子二次归婺源省墓，与邑士汪端雄和王炎等讲道"东山九曲亭"。《紫阳书院志》卷十六《会纪》载"宋宁宗庆元二年丙辰九月，新安大会于郡城天宁山房，主教晦庵朱夫子，时乡先正受学者凡三十人。其学行最著及有纪述文字之可传者凡十有八人。婺源则李明斋（季札）、滕溪斋（璘）、蒙斋（珙）、德玉（玶）、程克庵（洵）及其从子翠林（枟）、汪湛仲（清卿）、季英（端雄）"，无其他史料可证汪端雄为朱子门人，但当视为讲友，不可以"偶讲"而不认。

汪庭佑　**婺源**

【按语】　《朱文公文集》卷五十四《答汪子卿书》以为汪子卿"言仁甚悉，而所论反复亦不为不详"。

【小传】　汪庭佑，字子卿。婺源人。无史料可证汪子卿、汪清卿为昆仲。《万姓统谱》卷四十六："复预荐会，质疑于朱晦庵先生。"陈梦雷《明伦汇编·氏族典卷·诸姓部汪姓部列传》："按《万姓统谱》，庭佑，字子卿，受业于朱晦庵先生。"朱熹知南康，程端蒙携庭佑书信两通问学，朱子作答。《朱子门人》不录。

汪清卿　**婺源**

【小传】　汪清卿，字湛仲，号复庵。婺源人。《朱子门人》以为讲友。淳熙三年夏，朱熹归故里省墓，常住其家，讲学于其家之敬斋。施璜《紫阳书院志》载乡人子弟日执经请问，随其资禀，诲诱不倦。《万姓统谱》卷四十六言朱熹嘉其事亲孝至，匾其斋曰"爱日"，手书《敬斋箴》以铭。朱熹作《婺源县学藏书记》。淳熙七年三月汪清卿访南康军朱熹，陪朱熹等人游星子县落星寺。《朱文公文集别集》卷七《题落星寺》"朱公永、仲晦、蔡季通、汪清卿、程正思、邓邦老、陈彦忠、万正淳、俞季清来，朱氏子在侍。淳熙庚子三月丁卯"。蔡季通以下皆门人，汪清卿亦应为门人。汪清卿居乡不仕，秉承理学之道。与朱熹书信往来。《朱文公文集》卷五十《答程正思》曾言及"清卿省处恐靠不得,不知他日来如何做功夫？"汪清卿之子汪幡然建房城南,朱熹为其题额"快楼",并赋《题汪氏快楼》诗一首,诗曰:"傍檐古木绿阴阴,下有清溪可洗心。燕坐红尘飞不到,清风时至喜披襟。"

张珍卿　婺源

【小传】　张珍卿,张珏之子。婺源人。《朱子门人》未列。《新安续志》有"张珏,字公予,婺源人。进朝请郎。建炎三年,从朱弁使金还。高庙优诏迎劳,珏以病,累章乞归,世居溪之东,环宅多竹。其归也,上书'竹溪逸士'赐之,一时名士推重焉"。《朱文公文集》卷八十一《跋张公予竹溪诗》言"淳熙丙申,予自建安归故里,公予之子珍卿持以见示",据此可证,张珍卿于淳熙三年夏婺源执礼拜师为门人。朱子作跋,誉其诗"精丽宏伟,至其得意,往往亦造于闲澹"。

祝直清　婺源

【小传】　祝直清,朱熹外祖父祝确胞弟之孙。婺源中山人。应乡试为解元,知无锡。顾宏义《朱熹师友门人往还书札汇编》以为《新安志》卷八所云乾道二年萧国梁榜下第二甲进士祝浩或即此人,无考。朱熹回婺源,与祝直清多次相见。朱熹回崇安,还给祝直清寄来《二程先生语录》。1167年秋,朱熹从崇安来到潭州与张栻讨论"中和",以倡明道学。《新安文献志》卷九存朱熹《与祝直清书》,有言:"人能勉励学古人着工夫,把做一件事深思力行,不患不到圣贤之域。"朱子在给祝直清的信中表明了此行的目的:"近得张魏公子钦夫者一二文字,观所见正当尽有发明。欲往见,相与讲释所疑。而千有余年道学不明,士之陋于耳闻目见,无以知道入德。"在乾道二三年间,与祝直清、何叔京、张敬夫、范伯崇、柯国材等人共同商订《孟子集解》。《朱子门人》等诸书未列。

祝穆 婺源

【按语】 吴英伯和氏撰《四书章句集注定本辨》提出《方舆胜览》一书，则其人近于风华淹雅，未必内专性学者"，郡志赞其"性温行醇，学富文赡"。祝穆《方舆胜览》为南宋地理总志，其结构成为《大元大一统志》及其之后编纂全国总志的范本。《四库全书总目提要》评《方舆胜览》"名为地记，实则类书也"。而其所著《事文类聚》将天下的事物和词章，比类相从，汇为一编。《四库全书总目提要》认为该书"每集各分总部，而附以子目，条列件系，颇为赅备"。且"独是书所载必举全文，故前贤遗佚之篇，间有籍以足征者"。具有保存文献之价值，故而"在宋代类书之中，固犹为可资检阅者矣"。

【小传】 祝穆（？—1256），初名丙，字伯和，又字和甫、和父，晚年自号"樟隐老人"，谥"文修"。方回《左史吕公家传》曾谓："祝穆和甫，文公表弟之子，撰《方舆胜览》，公为之序。"《宗派》《实纪》作"建安"（今福建建瓯）人，《四库全书总目》卷六十八录吕午《方舆胜览·序》作"建阳人"，《朱子门人》作"建宁府崇安县人"。《闽中理学渊源考》、《一统志》七十六作"其先新安人"，《补遗》以为徽州歙县人。《新安文献志》卷首《先贤事略上》："祝和父穆，歙人。因从学，家建阳。"《宋诗纪事》卷六十四："穆字和父。曾祖确，歙之名士，于朱文公为外祖。父康国，始从文公居崇安。穆少与弟举同事文公于云谷，得其绪论。"谭其骧《宋本方舆胜览》前言《论方舆胜览的流传与评价问题》："祝穆字和父，建宁府崇安县人。先世徽州歙县人。曾祖确，是朱熹的外祖父。父康国，始移家入闽。……穆父康国居建之崇安。"《朱文公文集》卷九十八《外大父祝公遗事》下注："其二子丙、癸相从于建阳，因书界之，俯仰今昔，为之流涕不能已。"丙、癸二人到建阳受业于朱熹，非祝氏为建阳人。《方舆胜览》祝穆自序署乡贯作"建安"，各卷卷端署"建安祝穆和父编"，"建安"也是郡名。以上史籍以及《建宁府志》《乾隆歙县志》均载，穆父康国从朱子居崇安。朱熹《外大父祝公遗事》有云今唯伯舅之子康国居建之崇安。"康国二子丙、癸相从于建阳。"通常所言何地人是指该人籍贯，为本人出生时祖父的居住地即户籍所在地，故当以祝穆祖父祝确户籍所在地为准。以此，祝穆当属于新安范围。其祖籍实为婺源，言其歙县人，始于明代《徽州府志》之谬。以此故有《宋宝祐四年登科录》卷二"祝洙"条云："本贯建宁府建阳县。"祝穆隐德弗仕。后为兴化军涵江书院山长。《新安文献志》录有祝穆《题古今事文类聚后》谓："幼失所怙，紫阳朱夫子以母党予，秩实教育于考亭书院，粗闻绪论。"祝穆《古今事文类聚》前集卷五十一《朱子易箦私识》亦言"愚以幼孤，先生念其外家子，教育于家塾。方易箦时，实与童子执烛之列"。其子祝洙作《古今事文类聚续集附记》，谓："先君子幼孤，文公朱先生重渭阳之念，实教育于家塾，犹及亲炙当时讲论之益，西山蔡先生、勉斋黄先生特加敬爱，先君子师事之。晚年卜居建阳麻沙之南溪上，匾于室曰：'南溪樟隐'，盖朱夫子之大书也。"乾道初，祝穆与其弟癸同事文公于云谷，受黄榦、蔡元定教诲。《四书章句集注定本辨》言"诸儒或多从祝氏者，只以其父讳穆，字和父，为朱子母党，尝受业于朱子"。《方舆胜览·吕午序》中如是说："幼从文公诸大贤游，性温行淳，学富文赡，雅有意于是书。尝往来闽、浙、江、淮、湖、广间，所至必穷登临。与予有连，每相见必孜孜访风土事。经史子集、稗官野史、金石刻列、郡志，有可采摭，必昼夜抄录无倦意，盖为记载张本也。""博涉经史"，勤于著述。

【著作】《事文类聚》一百七十卷、综合性地理志《方舆胜览》七十卷等。《四六宝苑》若干卷。

祝癸　**婺源**

【小传】祝癸，祝穆弟。婺源人，《宗谱》等作"建安人"，不妥。《宋诗纪事》卷六十四"祝穆"条："穆少与弟癸同事文公于云谷，得其绪论。"《闽中理学渊源考》卷二十、《八闽通志》卷六十五均载"穆少名丙，与弟癸同事文公于云谷，得其微言绪论"。

朱塾　**婺源**

【按语】明建宁知府刘钺《新建朱文公祠记》述："盖建安古郡，名总各邑而通诸道，先生往来，始终寓于斯；后嗣嫡长，累世居于斯；前朝颁封制命，藏于斯；我朝录荫后人，褒崇明祀，实在于斯。"吕祖谦致书朱熹称誉"令嗣（朱塾）气质甚淳"。叶绍翁《四朝见闻录》载："考亭之子在，趋媚时好，遂阶法从，视其父忤淮者异矣！""在尽根尽骨卖了武夷山。"《四库全书提要》评议曰"卖武夷山一条，乃深惜朱在之颓其家声，无所隐讳"。而全祖望《石坡书院记》亦有微辞以为"侍郎有惭其父"。

【小传】 朱塾（1153—1191），字受之，自幼"开爽""秀慧"，"不类常儿"，朱熹对其"意甚望之"。朱塾早年拜建阳陈婷、武夷欧阳光祖和建阳蔡元定为师。乾道九年（1173）朱塾拜金华吕祖谦为师，朝夕潘叔度叔昌兄弟相与切磨。临别前，朱熹作《训子从学贴》。淳熙七年（1180）秋，朱塾遵父命从金华到南康受教。

朱埜　　**婺源**

【小传】 朱埜（1154—1211），字文之，朱子次子。早与兄受业于陈焯、欧阳光祖和蔡元定等，朱子以为当"量其材而诱之"。淳熙七年（1180），与兄同应试，均不第，后以荫补迪功郎，官户部瞻军酒库。朱埜协助朱子管理其家为重。

朱在　　**婺源**

【小传】 朱在（1169—1239），字叔敬，一字敬之，号立纪，朱子季子。以父荫补承务郎。嘉定初，知南康军，官至工部侍郎。《考亭渊源录》载其："既受教家庭，又从黄榦学。"淳熙十四年（1187），朱熹命朱在往沙县从学于黄榦。淳熙间，朱熹知南康军，兴复白鹿洞书院，朱在侍行。嘉定十年（1217），朱在以大理寺正知南康军，新修白鹿洞书院，黄榦为之记。以进问学振纪纲求放心为言，《语类》又其问答。朱熹临终遗书朱在"收拾遗文"。朱在不负父望，在府"筑室承先志，卜宅本贻谋"，"时与善类从容讲学，深造阃奥"。

【著作】 朱在编《大全前集》一百卷。

二、其他州府门人

何巨源　**贵池**

【按语】《朱文公文集》卷五十九《答何巨元进之》[①]赞成何巨源以为邵子雍诗"以阴阳分之，似亦有理"。

【小传】　何巨源，顾宏义《朱熹师友门人往还书札汇编》则作名"何进之，字巨元，一作字巨源"。《语类》卷一百有"何巨源以书问邵子诗"，然《诚斋集》卷八十三《澹庵先生文集序》有"郡文学周南、董振之、学录何巨源校雠之"。周南，字南仲，序并称"何巨源"，"巨源"亦为名。《理学通录》"作巨元，字进之"。许家星《朱子门人补正》以《文公易说》卷一"池阳士人何巨源以书问邵子诗"，《澹庵先生文集序》"舟过池阳，太守蔡侯必胜相见，因问家集，慨然请其书刻之，命郡文学周南、董振之、学录何巨源校雠之"以为"池阳（今安徽池州）人"，然此过于宽泛。唐武德四年，于秋浦县设"池州"，治所贵池（今池州市区），时秋浦县治所在今灌口乡石城村。五代时期，秋浦县改称贵池县，治所亦在贵池。贵池在池州池北，故曰"池阳"，宋沿设贵池县，当为贵池县人。《语类》"何巨源以书问邵子诗"为辅广所记，依《朱子语类·姓氏》辅广所记乃绍熙五年（1194）以后求学问答。顾宏义《朱熹师友门人往还书札汇编》以朱熹《答何巨元进之》有言"杜门读书，固为可乐，而入居学校，又可推以及人，想贤者于此亦不惮应接之烦也"，似撰于朱熹在潭州时，然纯属推测而无据。

【著作】　据《绘事琐言》卷七，其著有《印苑》。

---

① 采用《晦庵先生朱文公文集》，朱杰人等主编《朱子全书》，上海古籍出版社、安徽教育出版社，2010年，简称《朱文公文集》。

张彦先　临淮

【小传】 张彦先，字志远，又作字致远。泗州临淮县人（今属安徽凤阳）。淳熙八年（1181）四月初，朱熹卸任南康军，张彦先与刘清之、黄榦、张扬卿、王阮、周颐等十余人随朱子至江州濂溪祠，共拜谒濂溪先生像。其时，周敦颐的曾孙周正卿、周彦卿设席于光风霁月亭，朱熹《朱文公别集》卷七《题寻真观》云"新安朱某仲晦……温陵许子春景阳、庐陵郭植廷植、长乐余偶占之、临淮张彦先致远，淳熙辛丑后三月丙戌至此"。《书濂溪光风霁月亭》亦记其事。朱子讲《太极图》说。《朱文公文集》卷七《山北纪行》："朱某奉处士叔父同王南卿、俞子寿、吴唐卿俱来观故张紫薇安国题字，为之太息。"明确为朱熹白鹿洞书院门人。

陶旸　芜湖

【小传】 陶旸，《民国当涂县志》作"自号敬斋"。芜湖县人。授太平知州。《嘉庆芜湖县志》记载陶氏世系，其先祖旺生三子，次文应生子邦镇，镇长子旸，旸子汝励，龙图阁学士炽之父也。《补遗》《光绪重修安徽通志》《嘉庆芜湖县志》均记："从朱子游，朱子为作《敬斋铭》。"而《民国当涂县志》以为"陶旸，谦之后，与朱晦庵友善"。

吴柔胜　宣城

【按语】 吴柔胜与子吴渊、吴潜皆南宋要臣，时称溧水"三贤"。《溧水县志》谓"三贤祀于溧者有年矣"。党论之际，吴柔胜维护朱学，以其都昌簿经历当为及门弟子。

【小传】 吴柔胜，曹彦约《昌谷集》卷二十《秘阁修撰吴胜之墓志铭》载吴柔胜"生于绍兴甲戌，卒于嘉定甲申"，即1154—1224年。字胜之，号壹是先生。谥正肃。《宋史》《光绪重修安徽通志》《刘氏嘉业堂刻吴兴丛书·吴兴备志》作"宣州人"。《万历应天府志》作"溧水（今江苏）人"。《至正金陵新志》作"溧水永宁乡茅城人"。《中国历代人名大辞典》作"宁国宣城人"。[1]《宋人传记资料索引》作"宣城人,徙溧水永宁"。[2]《同治宁国县通志》云:"今考一统志及嘉庆府志,皆云柔胜本宁国县人也,长游郡学,遂徙宣城。父丕(承)尝赘金陵,柔胜因用溧水贯登淳熙辛丑(1181)进士。……居宣不过因游学暂时流寓而潜复返原籍矣。"《高淳县志·乡贤传》云:"柔胜父丕(承),宁国人,赘高淳之永宁乡茅城刘绛女,生柔胜。"另唐初置宣州,南宋乾道二年(1166)属宁国府(治宣州,今安徽宣城市宣州区),元至元十四年(1277)改宁国府为宁国路、宣州府。元至正二十七年(1367)复称宁国府,直至清末。隋开皇十八年(598)溧阳县并(古)丹阳县(县治在今江宁小丹阳镇)东部区域,改称溧水县,县治在今高淳开化,后迁至今溧水县永阳镇。明朝弘治年间从溧水县分出置高淳县至今。考曹彦约《昌谷集》卷二十《秘阁修撰吴胜之墓志铭》载:"家本姑苏,八世祖徙宣城,……崇观中有讳时者,应制举,为宗忠简公泽所深识。后徙建康之溧水。……后得归故里,家宣城西门。"此最为可靠之依据。由此,梳理析出,知吴柔胜八世祖徙宣城,直至崇观年间(1101—1113)其父丕(承)赘建康溧水县刘氏,曹彦约墓志铭"有讳时者,应制举,为宗忠简公泽所深识"隐讳,故而徙建康之溧水。吴柔胜以溧水贯登淳熙辛丑(1181)进士。后吴柔胜携子吴渊、吴潜等全家归故里,居宁国府治所宣城西门,今安徽宣城市宣州区。康熙《徽州府志》《休宁县志》皆谓吴渊、吴潜以宁国籍登第。故以祖籍,吴柔胜为宣城(今安徽宣城市宣州区)人,以考籍为溧水(今高淳县)。宛敏灏《吴潜年谱》认为《宋史》"宣州宁国人"之"宁国"指宁国府,不误。幼听其父讲伊、洛书,已知有持敬之学,不妄言笑。登淳熙八年(1181)进士,官至秘阁修撰。其生平行实,具见《宋史·吴柔胜传》及《墓志》。《光绪宣城县志》言"登淳熙辛丑进士,调都昌簿,从朱子游",时朱子知南康军,白鹿洞书院授学。柔胜为其部属,当有面议。墓志铭记载"党论已起,诸言学问者皆咋舌不复道,独胜之鲠鲠如前日,无所阻扰",故而《宋史》传有:"御史汤硕劾柔胜尝救荒浙右,擅放田租,为汝愚收人心,且主朱熹之学,

————

① 沈起炜等:《中国历代人名大辞典》,上海古籍出版社,2006年,第1157页。
② 昌彼得、王德毅等编:《宋人传记资料索引》(增订再版),台北鼎文书局印行,1977—1980年版。

不可为师儒官。"明确吴柔胜"主朱熹之学",与赵汝愚、朱熹等五十九人被罢官。自是闲居十余年。嘉定初年,迁国子监时,柔胜始以朱熹《四书》与诸生诵习,讲义策问。嘉定十年(1217),吴柔胜在当涂郡斋主持刻印《四书章句集注》。《宋元学案》及《朱子门人》引以为私淑弟子,而以其都昌簿经历,视为及门更妥。

【著作】《宗泽行实》十卷。

孙自修 **宣城**

【按语】《朱子文集》卷六十三《答孙敬甫》云"所示《大学》数条皆极精切,由是充之,使存养讲学之功各尽其极"。又言"所论至善之意甚善,其终《烈文》一章尤有力"。而卷六十三《答孙敬甫》以为孙自任"所论今世讲学之士愈众而圣人之道愈隳,此切至之论也","所论太极之说,亦为得之"。

【小传】孙自修,字敬甫,也作敬父、敬夫。宣城人。《江南通志》作"宁国孙自修",宣城县属宁国府。《学案补遗》王梓材按语以为:"朱子答先生书云,未及识面云云。则先生于朱子恐希私淑弟子",然《朱子语类》卷一〇七《宁宗朝》孙自修录云:"初见先生,即拜问云:'先生难进易退之风,天下所共知。今新天子嗣位,乃幡然一来,必将大有论建。'"指明"初见先生,即拜问",当为及门弟子。嵇璜《续文献通考》等言"偕其弟自新、自任从朱子"。[①]宁宗嗣位为绍熙五年(1194),朱熹知潭州除焕章阁待制兼侍讲,十月初入行在供职,故而以此亦可知,孙自修初受学见于宁宗嗣位至朱熹赴行在考亭书院期间。朱子尝贻书商确传训。孙自修参与《晦庵先生语录》四十三卷池本,《朱子语录·姓氏》载孙自修"甲寅所闻。池录三一"。孙自修录祭义与叶贺孙录同时,为朱子晚年门人。朱子答孙敬甫多通,论及为学、陆学以及"朋友麻"等。明程敏政辑《新安文献志》录有程次卿作《与孙自修祝和甫读宛陵山谷诗》等。能发明朱子之学。《宁国府志》卷二十八载,时宣州正学久衰,先生兄弟独知尊向,时论韪之。自修独卓然以儒者自命,谓儒者之立立于义理而已,欲胜则义不立,不淫不溺所以立义也。

① 嵇璜:《续文献通考》,文渊阁四库全书本,第5371页。

孙自新　宣城

【小传】　孙自新，字号生平待考。《宋元学案》言孙自修从弟，随兄自修从朱子游。宣城人。佟赋伟《二楼纪略》卷一："《朱子语类》有池录一卷，宣城孙敬夫先生自修所记也。偕从弟自新、自任从朱子游。"①

孙自任　宣城

【小传】　孙自任，字仁甫。宣城人。《儒林宗派》卷一〇列为门人。孙自修从弟。随兄自修、自新从朱子游。《朱文公文集》卷六十三《答孙仁甫自任》告诫其读书"不循序而致谨焉，则亦未有益也"。

祝禹璪　新安

【小传】　祝禹璪，《朱子实纪》列为朱子门人。新安人。"为政清简，下民安之，尝著《东西铭解》，朱文公为作《新安道院志》。"《朱子门人》未列。

胡莘　新安

【小传】　胡莘，字尹仲。新安人。淳熙八年（1181）《朱文公文集》卷七《北山纪行十二章》记言，四月十三日："与清江刘清之子澄、永嘉张扬卿清叟、寻阳王阮南卿、周颐龟父、长乐林用中择之、洛阳赵希汉南纪、会稽陈祖永庆长、武当祁真卿师忠、温陵吴兼善仲达、庐陵许子春景阳、新安胡莘尹仲、建安王朝春卿、长乐余偶占之、陈士直彦忠、黄榦季直、临淮张彦先致远、会稽僧志南明老俱行。"所并列其他人均为弟子，胡莘亦当为弟子，为白鹿洞书院门人。《朱子门人》未收录。生平待考。

① 佟赋伟：《二楼纪略》，清康熙刻本，第18页。

第二章　福建门人

【按语】　宋代福建称"八闽"，南宋分为八府、州、军，即福、泉、漳、汀、南剑五州，建宁府，邵武、兴化二军。唐以前，因远离中原政治与文化中心，相对落后。而中唐以降，随文化中心逐渐南移，闽中文化亦得以发展。《欧阳行周集·李贻孙序》载，闽中晋江人欧阳詹（字行周）与莆田人林蕴（字复梦，唐德宗贞元四年进士）"志在周孔堂，道适尧舜门"，与韩愈共同倡导儒家道统，尤其欧阳詹于闽中传播儒家之学更是功不可没。李清馥《闽中理学渊源考》卷首《原序》："闽中儒学开先始于唐欧阳四门。"两宋以后，闽中文化频繁接触外来文化交流更加。闽中"海滨四先生"陈襄、陈烈、周希孟、郑穆与理学先驱胡瑗、孙复、石介三先生交往，并倡道于闽中，成为闽中理学的开创者。故而全祖望《宋元学案》卷五《古灵四先生学案》有言："安定（胡瑗）、泰山（孙复）并起之时，闽中四先生亦讲学海上，其所得虽未能底于粹深，然而略见大体矣。""闽海古灵先生于安定稍后，其孜孜讲通，则与之相埒。安定之门，先后至一千七百余弟子，泰山弗逮也，而古灵亦过千人。"《闽中理学渊源考》卷一亦说："宋初所谓'海滨四先生'与安定、泰山、徂徕（石介）同时，其学已有近里之功，彼时未孚也。"《八闽理学源流》卷一："沙县陈渊、陈瓘，崇安游酢皆从二程受业。濂、洛之教入闽，由此而盛。"周敦颐、二程之后，道学南传，将乐杨时、建阳游酢传播发展闽中理学，尤其杨时声势浩大，成为道学南传的关键。由杨时而罗从彦继而（延平）李侗，道脉不断。朱熹曾称赞游酢、杨时之贡献："道南首豸山（游酢字号），学共龟山同立雪；理窟从洛水，本归濂水引导源。"又有崇安胡安国（文定）为首的"胡氏五贤"

形成建州理学。闽北已形成道南龟山学派、武夷学派、艾轩学派等理学学派。正是在此基础上，朱熹得以集理学之大成，组成一个区域性的文化中心，进而，由闽而及南方乃至全国。宋张守《毗陵集》卷六《谢徐知福州到任表》："惟昔瓯越险远之地，为今东南全盛之邦。"《朱文公文集》卷八十三《跋吕仁甫诸公帖》指明此时"天旋地转，闽浙反居天下之中"。福清叶向高则更深刻闽中文化奥端，《康熙福清县志》载叶向高《重修福清县儒学记》说"海内皆离秦之苦而闽独未蒙汉之化文教阙矣"，但"海内皆蒙宋之化，而闽独得宋之宗"。朱熹长期教化八闽，播种理学，门人后学，接踵而至，薪火相传。闽中泉州同安、建阳、漳州以及福州呈现其门人后学集群。以建阳崇安为例，朱熹以书院为阵地，广收门徒，颇有声势。董天工《武夷山志》卷五载清人何瀚言，"迄朱文公开紫阳书院，四方响道者云集，诸贤儒相继星拱，如蔡氏之咏归堂、南山书屋，游氏之水云寮，熊氏之洪源书院，真氏与詹氏筑室幔亭锋，其为最著者。且与文公前后主管（武夷）冲佑观者，共二十有四人，皆时名儒，是终宋之世，诸名贤之行藏出处，皆名山所托重者也"。林拓《文化的地理过程分析——福建文化的地域性考察》亦谓："朱熹离开漳州之后，在漳州以李唐咨，在泉州以杨至，在莆田以郑可学为中心，形成三个闽学的分支群体。……朱熹在世之时，门人的学派衍化已初见端倪，黄榦重道统，蔡元定主象数，陈淳喜释义等等。……思想分化所导致的学派衍化一旦成为现实，那么，闽学内部的地域格局也就相应形成。黄榦、蔡沈讲学于闽北。……使闽学扎根于福州。朱熹门人祝穆之子担任莆田涵江书院山长，极力倡学。陈淳在闽南漳州，与泉州的蔡和共讲学，时人之为紫阳别宗。这些都标志着闽学学派地域格局的初步形成。应该说，闽学的地域展开是以朱熹及其门人重视州县学、倡导书院及任官、出游讲学为主要途径的。"[①] 闽中因朱熹而为理学中心，哲学家张岱年说"朱熹的学说称为闽学，这是因为朱熹的学术活动是在福建一带进行的。闽学和北宋的濂、洛、关之学并称为'濂、洛、关、闽'，这是宋明时代占统治地位的思想"[②]。

---

① 林拓：《文化的地理过程分析——福建文化的地域性考察》，上海书店，2004年，第70—74页。

② 高令印、陈其芳：《福建朱子学·序》，福建人民出版社，1986年，第1页。

一、福州门人

【按语】 三山榕城兼收并蓄，文风昌盛，甲于东南。宋初儒学复兴，诸贤踵起，于时海滨四先生为之倡，而刘氏执中、陈氏祥道亦皆以经学名家，嗣是洛学兴。王氏信伯亲承指授，林氏少颖亦师溯同源。《朱文公文集》卷八十《福州州学经史阁记》云："福州府学于东南为最盛，弟子员常数百人。"朱子丕振道南统绪，讲学于紫阳讲堂等，四方学子一时云集，黄榦、林择之、杨复、余范等十八门人会集蓝田书院，正学渊源。朱熹及其门生后辈开办书院，孜孜不倦，开启民智，传播文化，过化之功不可言语。勉斋黄氏传承道统，为朱子学的第一传人。传于金华推行浙江。传弟子于饶鲁等，繁衍朱学，江西源流。众多门人，"朱学北传"，遂成元初独尊之势。若陈北溪、潘瓜山、林正卿、林子武诸公皆粹然正学渊源。

【按语】 闽东朱子门人中黄榦、林谟、用中、允中、学蒙、学履、夔孙、师鲁、大春、宪卿、刘砥、刘砺、潘植、潘柄、程若中、余偶、蒋康国、陈枅、孔硕、孔凤、曾逢震、郑文遹、性之、昭先，黄榦皆其著者也，非独古田人籍。据考，朱熹三次到古田，从师者众多，号为"蓝田十八门人"，然各有不同，刘树勋《闽学源流》以为古田的林用中、余隅、余范、林大春、林充之、林师鲁、林夔孙、程若中、程深文、赵汝腾，霞浦的林湜，宁德的陈骏、龚郏、郑师孟，福鼎的高松、杨楫，福安的杨复、黄榦。《福建通志》称，古田邑民"往往逋赋，好斗喜讼，颇易动难安"。而"至朱晦翁避地至此，羲文周孔之道，洋溢溪山，理学文章甲于他邑；而忠孝义烈之风至明季而大畅"。《乾隆古田县志》亦言，自朱熹古田讲学后，"自是名贤继起……教泽之渐渍玉田者渥矣"！以县志及族谱所云，古田另有张栻、程伯荣、林好谷、林充之、苏龟龄、黄有开、余亮、余昙、李言可、李昂等为朱熹门人。中有不可考者。又，宋时三山诸贤踵起，紫阳文公丕振道南，《闽中》以为"陈北溪、潘瓜山、林正卿、林子武诸公皆粹然正学"，又转引慈溪黄氏尝言晦庵没后，闽中门人如潘谦之、杨志仁、林正卿、林子武、李守约、李公晦皆在高弟之列。王遂《节斋先生墓志铭》有所区分，以为"文公高弟黄榦、廖德明、张洽、万人杰、辅广、陈孔硕，既折年辈以从之（蔡渊）游。学徒包杨、陈文蔚、潘柄、杨复、李燔、林夔孙、李闳祖、李方子、叶采、沈涧、戴蒙、刘弥邵，皆执经抱疑以质其学"。其中林氏一族更为踊跃，中有林用中、林允中、林师鲁、林夔孙、林好谷等。林用中号为朱子高弟，林夔孙则为晚年朱熹最坚定者之一。理学薪传，人才辈出。古田杉洋《余氏族谱》《李氏族谱》载，尚有余亮、余旻、李言可、李昂等为朱熹门人，然皆不可考。

程深父　古田

【小传】　程深父，《朱文公文集》卷四十三《答林择之》有"深父遂死客中，深为悲叹"。《答林择之》作于乾道八年（1172），知其卒于此年。深父为字。《宗派》《补遗》作"深夫"。古田人。家世宗尚理学，子孙以文行世其家。《朱子门人》以为讲友。朱熹《答林择之》有"劝深父且看《语》《孟》《大学》，其意亦如所示也"，明为教训之语。朱熹《与林师鲁书》中说"去年择之不鄙过门，……因扣其师友渊源所自，而得三人者焉，曰程深父，曰林熙之"，可知乾道二年（1166）与林大春、林师鲁被林用中一同邀至朱熹门下。朱熹《答林择之》云"师鲁、深父皆有书来，相属勤甚"。深父早逝，朱子"有状及香茶在其弟处，烦为于其灵前焚香点茶，致此微意"。其学以四书之学为长。又以《答林择之》所言"深父遂死客中，深为悲叹。其弟已为了后事过此，无以助之"，疑其弟或为门人，名字待考。

程若中　古田

【小传】　程若中，《实纪》《民国古田县志》作"字宝石"，陈鸣鹤《东越文苑》作"字熙之"。《实纪》作"号盘涧"，《考亭渊源录》作"自号盘涧居士"。诸史籍多以"古田人"。《宗派》误作"闽县人"。嘉定十六年特奏名，《弘治八闽通志》《正德福州府志》则载其为本州解魁。尝从朱文公学，为朱子亲撰的蓝田书院十八"门人录"之一。躬行无伪，终身谨礼，子孙侍侧，虽盛暑冠服肃然。继善成性之说，又程若中与同邑余隅、林夔孙为心友。

【著作】　有《盘涧集》行世。

程伯荣　**古田**

【小传】　程伯荣，字良弼。古田人。《朱子门人》未列。《正德福州府志》载与同邑苏龟龄、黄有开、傅子渊皆游于朱子之门。《乾隆古田县志》载"义学在县治学宫之左、奎光阁之后。乾隆四年，邑令姚廷格捐俸，邑绅陈勤宣、翁文达等募建，祀朱子，以门人……程伯荣、黄有开、苏龟龄、傅子渊配"。而《闽中》依《闽书》《三山新志》及《弘治八闽通志》《万历福州府志》卷之二十一，则言当时为文公所友者又有古田程伯荣、苏龟龄、沈有开（原文如此）、傅子渊。

蒋康国　**古田**

【小传】　蒋康国，字彦礼，学者称鼎山先生。古田人。登绍兴二十七年（1157）进士，《淳熙三山志》等言终从政郎饶州司法。乾道初年，蒋康国恰任尤溪县尉，与朱熹相识，于古田溪山书院受学朱熹，为古田十八门人之一，蒋康国诸君亲炙儒教。蒋康国年龄与朱松相仿，故朱熹尊称他为"蒋丈"。《别集》卷七有朱熹通过蒋康国了解林芸斋近况，"鼎山蒋丈来尉兹邑，因得从容请问，以访先君子之旧游，然后知芸斋公之没亦既久矣"。《万历福州府志》《八闽通志》载，"蒋康国尝从朱文公讲论文公《楚辞集解》，凡《楚集》皆质之康国，学者称鼎山先生。同时有罗源人陈缜亦有志于学"。庆元三年，朱子讲学蓝田书院，自称可教孺子"东有余李，西有王魏"。"十八门人"护送朱熹回武夷山并护理至其逝世，重返古田，传播先师之学。而《朱子门人》视为讲侣。

黄有开　**古田**

【按语】　以朱鉴《朱文公易说》、董真卿《周易集解附录纂注》、陆心源《仪顾堂题跋》皆言张清子《周易本义附录集注》附录黄有开之说，明黄有开于易学多有造诣。

【小传】　黄有开，《朱子门人》等诸史籍未载里籍。《乾隆古田县志》载"义学在县治学宫之左、奎光阁之后。乾隆四年，邑令姚廷格捐俸，邑绅陈勤宣、翁文达等募建，祀朱子，以门人程若中、林好古、林大春……黄有开、苏龟龄、傅子渊配"，所配门人程若中、林好古等皆古田人。《正德福州府志》载黄有开与同邑苏龟龄、程伯荣、傅子渊皆游于朱子之门。而《闽中理学渊源考》卷十七据《闽书》《三山新志》则作"同邑苏龟龄、黄有开、傅子渊皆友于朱子"，万历及乾隆版《古田县志》均载有黄有开与程伯荣、林好谷、林充之、苏龟龄等人"皆游朱子之门"，故黄有开当为古田人。《语类》有黄有开问《易》乾坤之九二"成性存存是不忘其所存否"等，由陈淳所录，而陈宇同，则 1190 年底黄有开武夷在学。明《庐山纪事》、清《白鹿书院志》言及黄有开堂书等谕与诸生。朱鉴《诗传遗说》卷四引有黄有开记"曹叔遐又言陈氏说《关雎》，以美夫有谦退不敢自当君子之德"。

林用中　古田

【按语】　林用中与建州蔡元定、范念德及闽县黄榦为朱子高弟。朱熹《文集》卷三十六《林用中字序》赞誉其"志之高，力之久，所闻之深而所至之不可量也"。朱熹《别集》卷六《与林择之》说："择之所造想日深，累日不闻益论尘土满襟耳。"《文集》卷四十《与何叔京书》尝曰："其人操履甚谨，思索愈精大有所益。"《八闽通志》《万历古田县志》载："文公尝称其通悟修谨，嗜学不倦，谓为畏友。"而朱熹《文集》卷七十五表彰林允中"其为人盖晦于外而明于内，朴于外而敏于中者也"。林用中、林允中均尊朱学，世称"二林"："十德衣冠裔，二林理学家。"

【小传】　林用中，字择之、敬仲，号东屏，又称"草堂先生"。古田人。始从林艾轩光朝学，后登文公之门，与建安蔡季通齐名。《八闽通志》载："始从林光朝学，后闻朱文公授徒建安，遂弃举业往从焉。"《闽中》卷十七则以为林用中师事林师鲁。以朱熹《林用中字序》，明林择之于乾道元年（1165）春，初从朱熹。林择之从文公游最久，朱熹"岳麓会友""鹅湖论辩""鹿洞讲学"等等皆令林择之侍行。乾道丁亥秋，朱熹、张栻、林用中登南岳互相唱酬，编成《南岳唱酬集》。东归缭绕数千百里，首尾二十八日，师生唱和，"掇拾乱稿，才得二百余篇"，成《东归乱稿集》。毛德琦《白鹿书院志》载："文公守南康时，择之尝从讲学于洞。"淳熙元年正月，朱熹至建宁吊梁克家忧，适石子重知尤溪任满,许升(顺之)、林用中(择之)等来送至建阳。赵汝愚帅闽,日过其门,访以政事。邑宰洪天锡表其门曰"通德学者"。朱熹请林择之为其子私塾之师。故朱熹《遗集》卷一言"幸得古田林择之邀至家馆,教塾二人,其见明切"。由林择之打点日常事宜,协助测量日影等。绍熙末至庆元初(约1193—1195),林用中以授徒收入倾囊助朱熹在建阳同文书院刻印著作《论孟精义》《小学》《童蒙须知》和《近思录》。后回古田设馆授徒,主讲溪山书院,提出"涵养则其本益明,进学则其智益固,表里互相发也",以为"伊川《易》说得理也太多"。朱熹多有称赞,《朱文公文集》卷三十九《答许顺之书》:"择之所见日精,工夫日密,甚觉可畏。"《文集》卷四十二《答石子重》:"择之见趣操持愈见精密。"《文集》卷四十五《答李深卿》:"择之讲论精密,务求至当,似未为过。"诸如此类,不一而举。

【著作】 《东屏集》《草堂集》等,均已佚。

林允中　古田

【小传】 林允中,字扩之,林用中弟。《渊源录》以林大春传下附"林充中"而以为其弟,无考。《补遗》则以为因避讳又作"林充之"更为妥当。古田人。朱子有《答问》二书。林允中于乾道二年丙戌(1166),由其兄介绍初从朱熹。朱熹为之改字曰"扩之"。乾道八年(1172)九月与用中一同问学朱熹于崇安五夫紫阳楼,朱熹作《林允中字序》,言林择之从师第二年"扩之亦来,视其志与其才,信乎其如择之言也"。淳熙间又从学于寒泉精舍。同年"还自吴中,过予潭溪之上,留语三日"。《朱文公文集》卷四十三与林择之书中有"得扩之朝夕议论,相助为多。幸甚!"《朱文公别集》卷六又言"扩之来此相取,极有益。其专志苦学,非流辈所及"。

林师鲁　古田

【按语】 林师鲁父与朱熹父韦斋公友善,《朱文公文集》卷四十三《答林择之》中称赞"师鲁论解极佳","美才高志"。

【小传】 林师鲁(?—1169),别字鲁山,号芸谷。古田人。其父与韦斋公友善，朱子跋其遗文："先君子志尚高洁，不妄与人交。盖尝避地福之古田，得芸斋林公而与之游，爱其学识行谊有以过人，而惜其且将湮没无闻于世也。及仕于朝，为之延誉甚力。然竟不及试用，识者恨之。某侍侧，久闻大略。近得其临终手书数十百言，戒其家无用浮屠法，然后知其所学之纯、所守之固见于死生之际又如此。"林师鲁于乾道二年（1166）与林大春和程深父为林用中一同邀至朱熹门下。三年（1167）《朱文公文集》别集卷五《答林师鲁》："去年择之不鄙过门，……因扣其师友渊源所自，而得三人者焉，曰程深父，曰林熙之，而其一人则向所闻吾芸斋公之子也。"朱熹《祭林芸谷师鲁文》称"如师鲁之才之敏，乃不克究其业而止于斯，吾徒二三子失良友之助，徒不陨涕相吊？"明林师鲁为朱子门人，《朱子门人》作师友，不妥。林师鲁卒于乾道五年初，《朱文公文集》别集卷七《与林熙之书》曰"惜师鲁美才高志，未克有成朋从零落道学寡助"云。师鲁品行纯笃，讲学得朱子遗规。

【著作】《孟子说》《礼记文解》《易解》等。

林大春　古田

【小传】　林大春，字熙之，号憨斋。古田人。《朱子门人》以为讲友。《补遗》《万姓统谱》《实纪》《渊源考》等均列门人。《朱子门人》亦知朱熹书信多一并致林师鲁、林大春和程深父，其他为门人，独林大春非门人？林大春家世宗尚理学，子孙以文行世其家。以《答林师鲁》，知林用中初学于林大春，后从朱熹。乾道二年(1166)林用中邀林大春至朱熹门下。朱子题十六字云"仲尼再思，曾子三省，予何人也，敢不修整"以自励。师生情谊深厚，多有往来书信和诗文。党禁朋从零落，道学寡助之时，林大春探望朱熹。朱熹《别集》卷五以为"幸得数日款奉名理，感慰至深"。朱熹送林熙之诗五首，诗中有"天理生生本不穷，要从知觉验流通"之说。林熙之与林师鲁、程深父相从讲学。

林夔孙　古田

【小传】　林夔孙，字子武，号"蒙谷"。《朱子语类目录》《弘治八闽通志》作"三山人"。《闽中》《万历福州府志》作"古田人"。嘉定中，特奏名为县尉。

林夔孙既是门人，更为得力助手。《语类·姓氏》以林夔孙"丁巳，以后所闻"，似则为1197年以后问学。然《语类》载"林子武初到时，先生问义刚云在何处安下……及包显道等来，遂命子武做堂长，后竟不改"。明林子武在黄义刚后先于包显道求学。又据《语类·姓氏》，黄义刚所记为绍熙四年（1193）以后所闻，而石立善《朱子门人丛考》考证包显道亦于绍熙四年师从朱熹。故而林子武当在绍熙四年师从。以《补遗》知其考亭精舍时从学。《万历古田县志》载，"党禁起，学者更事他师，惟夔孙从文公讲论不辍。文公易箦之日曰：'道理是如此，但须做坚苦工夫。'"朱熹与黄榦亦言："亲旧皆劝谢绝宾客，散遣学徒。书院中只有古田林子武及婺州傅君定在此，读书颇有绪。"故当1197年前早已问学朱子，推为党禁前在绍熙四、五年（1193—1194）。追随朱熹最坚定。其学广泛，精易诗礼及孟子四端之学。庆元四年（1198）朱子委李方子、李相祖、谢承之、黄榦、林夔孙、陈埴诸生修撰《尚书》集注。然陈淳《北溪大全集》卷二十五《答郭子从》言"蔡仲默、林子武皆有《书解》，闻皆各自为一家"。林夔孙录有朱熹论太极。文公易箦之际，谓之曰："道理只是如此，但须做坚苦功夫。"《朱子语类》卷六十二论《中庸》，言"林子武以慎独为后，以戒惧为先。慎独以发处言，觉得也是在后"。曰："分得也好。"又《北溪大全集》卷三十《答梁伯翔一》评议："向闻先生亦曰：四子，六经之阶梯；近思，四子之阶梯。今子武不以为然，乃欲读四书，只参考此。"江万里尝师夔孙，为序其集以行于世。

【著作】《本义中庸章句》《蒙谷集》。

苏龟龄　古田

【小传】　苏龟龄，古田人。《朱子门人》等未列。《正德福州府志》载古田"同邑苏龟龄、黄有开、傅子渊皆游于朱子之门"。《乾隆古田县志》载古田义学祀朱子以门人苏龟龄等配。《闽中》卷十七据《闽书》《三山新志》则言"皆友于朱子"。《八闽通志》亦载"与王龟龄、沈有开、傅子渊皆友于朱文公。县志龟龄、有开、子渊俱不言姓，考之《朱文公文集》，文公与此三人皆有书往来，龟龄即王十朋，有开沈姓"。言龟龄即王十朋，显误，有开沈姓，亦误。

余范　**古田**

【按语】　古田杉洋有"二余"余偶、余范，《万历古田县志》言其"朱文公高弟也，与林用中齐名。尝与吕祖谦、黄榦书问往来，讲明义理"。

【小传】　余范，字彝孙。古田人。《年谱长编》据朱熹《答林择之》书十一载"二余在此日久，占之警敏，彝孙淳静"，以为余偶、余范乾道九年（1173）七月从学朱熹。而乾道九年七月初林择之方与朱子相聚二月告别，故《答林择之》不会告知林择之"二余在此日久"，故当在林择之五月来之前已经拜师。《万历古田县志》曾载，"朱晦翁书匾，盖其门人余范立也"。宋淳熙十一年（1184），朱熹应余范、余偶、林用中之邀讲学于溪山书院，二至古田杉洋。古田杉洋《余氏总谱志》载"子二度于尊师李讳侗祖籍地游学讲论"，杉洋《李氏总谱》也载朱子"二至杉洋蓝田书院讲学"，余偶追随左右。后随朱熹罢郡后游览庐山，游周敦颐的亭、院等。党禁之际，朱熹与余偶书要求"冬间能枉路一顾"。师从朱子"内省""先道德而后仁义之说"。于龙津境构兴贤斋，执教乡里，主兴贤书院，以寓其师。

余偶　**古田**

【小传】　余偶，一本作"偶"，字占之，号克斋。古田人。与余范同乡、同窗，乾道九年与余范同学于朱熹，问学甚敏。淳熙八年追随朱熹于九江濂溪书堂，同游南康寻真观。后朱熹卸任南康太守，其与清江刘清之等人陪同畅游庐山。庆元间，余偶将古田杉洋书余偶、余范读书处改擢秀书院。庆元三年，朱熹避难古田讲学。朱熹匾"擢秀斋"及题对联"碧海开龙藏，青云起雁堂"。杉洋《余氏族谱》中载有余偶《蓝田书院鳌鱼吐水水墨集》载称："朱文公庆元三年遭害，寓居乡间，集门人于蓝田……，挥如椽之笔，以鳌鱼所吐之水磨墨，题'蓝田书院'匾额。"

【著作】　有《克斋集》行世。

张栻　**古田**

【小传】　张栻，字先之。古田人。《朱子门人》未列。《乾隆古田县志》载"绍定二年进士（特奏名），游朱子之门"。《乾隆福州府志》："门人程若中、林好古、林大春、余隅、余范、林夔孙、林允中、林用中、蒋康国、林充之、林师鲁、程深父、张栻、程伯荣、黄有开、苏龟龄、傅子渊。"

陈孔硕　陈孔夙　**侯官**

【按语】　真德秀《西山文集》卷五十五《祭陈北山文》称叹陈孔硕："公世之伟人，有德有才有武有文。……公游其朱熹门见谓巨擘。溯流穷源研几探赜。蕴而蓄之既粹以精，发而舒之亦大以宏。非如世儒沉溺训诂。非如词人联缉毫缕。……勇于任道将扶微言。……紫阳之志，盖成厥终。"《宋史》卷一百六十载，理宗宝庆初，部郎官张忠恕上书称誉陈孔硕："当今名流虽已褒显，而搜罗未广，遗才尚多。经明行修如柴中行、陈孔硕、杨简，识高气直如陈宓、徐侨、傅伯成，金论所推，史笔如李心传，何惜一官，不俾与闻。"《勉斋集》卷三十九有《祭陈寅伯文》以为"人生斯世，切磋讲贯，不可无友，相知以心，相期以道，孰有过吾二三子耶？"勉斋与陈寅伯兄弟深交可知。

【小传】　陈孔硕，字肤仲，一云肤中，又字崇清。学者称为北山先生。疑寅仲为其字。据《宝安沙井陈氏族谱汇编》载，沙井义德堂陈氏，先世为洛阳人，后因中原战乱，迁徙到福建侯官，成为当地的望族。有北宋庆历陈襄后人，名义，讳孔硕者，字朝举，号野望，特授议政大夫。族谱言生于绍兴四年（1131）正月十五日，终于嘉定六年（1213），不知是否即北山先生？

陈孔夙，字寅伯，《道南源委录》《朱子实纪》作"陈孔夙，字仁仲，孔硕之兄，寓平江。庆元五年进士"。《考亭渊源录》为"字仲仁"。宋梁克《淳熙三山志》作"字寅伯，寄居平江，贯侯官，孔硕之兄、辂之叔"。勉斋《祭陈寅伯文》，"寅伯而止于此耶？……人生斯世，切磋讲贯，不可无友，相知以心，相期以道，孰有过吾二三子耶？……自吾仲氏之亡已，不胜索居之叹，今又失吾寅伯，使两家二弟，形影相吊，衔哀抱痛，何时而已耶？"以此，寅仲为陈孔硕字。《朱子门人》、许家星《朱子门人补正》、邓庆平《朱子门人与朱子学》亦以陈寅伯、寅仲为兄弟。《朱子门人》言"名里不详"。《宋元学案》作"侯官人",《民国闽侯县志》以为"陈孔夙、杨誉询、姚子才、齐琥、李大有,以上侯官人",《勉斋集》卷之二《复郑成叔书》"陈彦忠以九月廿四日死于建宁之客舍,无以为棺敛之资,尝率此间亲故助之矣。然后事可虑者甚多,鄙意欲得成叔为之纠率乡间朋友尝与彦忠往来者,如寅伯大哥、(赵)舜和、(潘)谦之、子立、履之、用之诸人,裒金以赗之。此已驰书恳潘溥之矣,彼中惟成叔与之最厚"。亦言寅伯为"亲故",其中潘谦之为侯官人,故陈孔夙当为"侯官人",以其弟孔硕亦为侯官人。许家星《朱子门人补正》、邓庆平《朱子门人与朱子学》以为皆为闽县人,当误。《宋元学案》孔硕"少即以圣贤自期。既从南轩、东莱学,后偕其兄孔夙事晦翁"。淳熙二年(1175)进士。官秘阁修撰。是朝廷参政卫泾帅闽与参议官陈孔硕、知院陈晔三人共议,以黄榦创高峰书院于山南。《语类》卷三十五有陈文蔚所记陈寅伯问"君子所贵乎道者三",《语类》卷一百二十有黄义刚录"陈寅仲问刘淳叟"条。而黄义刚记录陈寅仲问刘淳叟,曰:"刘淳叟,方其做工夫时,也过于陈正己;及其狼狈,也甚于陈正己。"陈寅伯、寅仲亦朱子晚年门人,淳熙十四年(1187)朱熹登福州鼓山,"同游者清漳王子合、郡人陈肤仲、潘谦之、黄子方、僧端友"。宋赵顺孙《四书纂疏》四库提要,"所旁引者惟黄榦、辅广、陈淳、陈孔硕、蔡渊、蔡沈、叶味道、胡泳、陈植、潘柄、黄士毅、真德秀、蔡模一十三家,亦皆为朱子之学者"。工书法,尤精于篆。嘉定七年(1214)篆书《卦德亭铭并序》,刻于桂林隐山。真德秀《跋陈北山帖》称"北山词章翰墨,为近世第一,笔势遒美"。其"求古今医书而穷其原",著作《伤寒泻痢要方》一卷,澄清南宋医学界《脉诀》与《脉经》区别。孔硕学有渊源,志在用世,雅不欲徒事空言。及归,不得志,乃谢绝宾客,键户著书。《乾隆浦江县志》中,收录陈孔硕《昭灵庙记》,提到仙华山轩辕氏传说,"图志传疑,他无载记可证"。

【著作】《中庸大学讲义》二卷,《陈北山集》三卷或《北山集略》十卷,《篆书》,《释奠仪礼考正》四卷,《篆书》《伤寒泻痢要方》一卷。

林宪卿　**怀安**

【按语】《黄氏日抄》言林宪卿亦在晦庵高弟之列。勉斋《祭林存斋文》

称 "栗山之阳，无百室之聚。家弦诵而人缝掖，又皆知义理之训，公之教也"。"吾乡之士游晦庵之门晚岁能自守者，不过三数人，如公之醇厚质直、乐善不倦，则又朋友之所敬爱。"

【小传】 林宪卿，以《勉斋集》卷三十八《林存斋墓志铭》知其生卒1148—1217 年。字公度，号存斋。福州怀安人。居大山长谷之中，与世异趋，不妄交游，慎择师友，醇厚质直，乐善不倦。《墓志铭》言 "受业朱文公，文公晚得君，称其忠信勉以学" "天资庄重，笃实渊粹"。黄榦文集多及林宪卿，其《吴氏夫人墓志铭》："宪卿遂受业于晦庵先生之门，而与东（案：黄东）及东之季弟榦交最厚。"《林存斋墓志铭》："闻濂、洛治心修身之学，欣然慕之，受业朱文公，与所尝从学者友，日以孔、孟、六籍、周、程之书，磨砻浸灌，克养其德性。……文公晚得君，称其忠信，勉以学，及属纩犹惓惓与君决。"林宪卿知所自守，以忠信见称于师门，诲人必以义理，乡邻化之，皆循雅饬。年七十犹嗜学不衰。黄榦有诗题《庆元己未冬至前二日，访林公度至栗山。翌日同访吴必大、林季亨容之偕行，爱其溪山池亭之胜为之赋诗》。

潘植　怀安

【按语】 瓜山九世潘立之植与潘谦之柄兄弟从师朱子，传播朱子之学。学者称潘柄为瓜山先生。《考亭渊源录》慈溪黄氏尝言："晦庵没后，门人如闽中则闽中门人如潘谦之、杨志仁、林正卿、林子武、李守约、李公晦……皆号高弟。"《勉斋集》卷三十七《处士潘君立之行状》言其 "尤嗜史学，自载籍以来，上下数千年反复眈玩，其于兴亡治乱，是非得失之故，贯穿出入如指诸掌，谈论娓娓，率常屈其坐，人方以世交驰于射策决科之习"。又 "以务实为己为本，由是师友交称之"。明郑居贞赞曰："地不自胜因人而胜。潘氏之居瓜山固非一世，至谦之先生一出，瓜山之名，潘氏之族，遂闻于东南矣。诗书之泽，道德之懿，又得文公为之依归，何其盛哉。"

【小传】 潘植（1161—1219），字立之，《弘治八闽通志》作 "侯官人"。《朱子门人》作怀安（今侯官县）人。《勉斋集》卷三十七《处士潘君立之行状》述 "自光州固始入闽，家于福州怀安县之水南"。宋太平兴国六年（981）析闽县九乡置怀安县。此时，闽县、侯官、怀安三县皆隶于福州威武军。万历八年（1580）

怀安县又并入侯官县，其县治废。共历时 598 年。家学相传，办学馆、讲诗书，将中原文化复兴闽东南，瓜山八世潘滋为礼部贡士以林之奇、李樗为宗师，滋孝弟忠信，穷经博古，浑厚质实，志向修洁，于学至老不倦，黄榦兄弟"尝受教于贡士公"。《行状》潘滋"闻乡闾之善士，辄折辈行率其子从之游，后闻晦庵朱先生讲道武夷，有非他师所能及者，遂慨然嘱其子往师事之"。世业儒，先生承家学，尤喜从乡闾善士游。1183 年闻朱子讲道武夷，非他师所及，遂与弟柄负笈而往拜焉。不远千里而往事武夷，授业于考亭朱子之门。饶录卷二十九、卷四十一至五十为潘植所录，为淳熙十年癸卯以后所闻，时朱子年已五十四，此为中岁及门者。与黄榦、潘时举友善交游。工于文，承家学，尤嗜史学。上下数千年，贯穿出入，未尝射策决科。植生平慷慨有大志，主张抗金，急于救世。日以濂、洛诸书相磨会，致力周易、经书，暇则接武林壑闲，徜徉觞咏，怡怡如也。雅工文词，而不肯试有司。其学以务实为本。

【著作】《观象元契图》《尚书解》《性理书》。

潘柄　怀安

【小传】　潘柄（1168—1239），字谦之，学者称瓜山先生，潘植弟。怀安（今侯官县）人。《朱子语类·姓氏》云潘柄于淳熙癸卯（1183）后所闻，先生年十六即有志于道，始从学朱熹。淳熙丁未（1187）与清漳王子合，郡人陈肤仲、黄子方、僧端友随朱熹同游竭鼓山，访方丈元嗣，留下朱子石刻题文："淳熙丁未，晦翁来谒鼓山嗣公，游灵源，遂登水云亭，有怀四川子直侍郎。同游者清漳王子合，郡人陈肤仲、潘谦之、黄子方、僧端友。"淳熙丁未（1187），文公悉以所学授之，遂取圣贤格言为训，又以《吕氏乡约》概括继其后，凡存心养性之道、律己治人之功，条目具列，终身所行不出于此。饶州刊《朱子语类大全》饶录六、卷七十一至八十为潘柄录，其所问心性分别与夫静坐及存养数条，俱为涵养本原切己功夫。赵顺孙撰《四书纂疏》旁引者惟潘柄等一十三家，亦皆为朱子之学者。教授于莆阳"壶山书院"，并同黄绩创涵江书院，门徒多有显达者。后在兴化又与陈宓共创"仰止学派"。刘克庄作《挽潘柄》。

【著作】《四书讲义》《周易集义》六十四卷《尚书解》六卷《易解》二卷。

赵师恕　怀安

【按语】《勉斋学案》云时以饶伯舆、张元简、赵师恕与方暹号称为"黄门四子"。《考亭渊源录》引黄榦言以为"师恕宦不达而忘其贫，今不合而志于古"。《后村集》卷二十九《宴前湖南赵帅乐语》评语："峻特而洁清，沉潜而刚毅。生长古灵之里，甚似前修；从游勉斋之门，见称嫡子。真吾徒之畏友，亦近世之名卿。清标洗五岭之贪风，妙算扫重湖之妖祲。集衿佩于凋零之后，多所讲明，营金汤于谈笑之间，一何神速。方名垂于竹帛，乃兴动于林泉。"汪森编《粤西诗文载》曰："平生有三愿，一愿识尽世间好人，二愿读尽世间好书，三愿看尽世间好山水。"

【小传】　赵师恕，字季仁。以福州北郊岩溪龙潭边赵师恕题名摩崖石刻及《崇祯长乐县志》知其号"岩溪翁"。张鸣凤撰《桂胜桂故》《嘉庆临桂县志》《粤西诗文载》均作"长乐人"，清南康谢启昆《粤西金石略》"刻在临桂栖霞洞师恕题名：端平丙申七月长乐赵师恕"。又郑巧《福州南宋黄升墓出土漆器研究》[①]一文以为赵师恕"南渡后随寓福州，根据出土买地券可知为怀安县八座乡观风里人"，为怀安县人，今属福州西北郊闽侯县，寓居长乐。而《同治平江县志》作"余干赵师恕"。之所以有诸多不同里籍，实因南宋有赵师恕二：汪辉祖《九史同姓名略》载："一伯越子，见《宋史》卷二百十九；一伯琪子，见《宋史》卷二百二十三。"以南渡时才迁居福州。

《考亭渊源录》载"初学于考亭，后卒业黄榦之门"。《宗派》《宋元学案》均载登考亭、黄榦之门人。梓材谨案：谢山《札记》云"季仁其后贵于朝。考《鹤山师友雅言》，有曾答夔漕赵师恕之说，则先生固不止余姚令也。《儒林宗派》两列先生于朱子、勉斋之门"。嘉泰元年（1201），官广东潮阳尉，刻印朱熹《大学章句》，《勉斋集》卷二十有《书晦庵先生正本〈大学〉序》。嘉定九年（1216），官浙江余杭令，赵师恕首刊印《家礼》，黄榦又为之撰《书晦庵先生〈家礼〉》。嘉定十三年（1220），于福州"率乡党朋友习乡饮酒仪于补山，先生（黄榦）以上僎临之"，黄榦其年六月作《赵季仁习乡饮酒仪序》。《闽中理学渊源考》引《道南源委》载陈宓守"以邦老道德隆重而且著年延入书院，与李燔、林羽、

---

① 郑巧：《福州南宋黄升墓出土漆器研究》，中国美术学院硕士学位论文，2012年。

蔡念成、杨复、余道夫、李伯武、赵师恕为堂长"。绍定五年，赵师恕任修分宜学。《正德袁州府志》载，端平元年（1234）二月赵师恕知州作《分宜县学记》言"师恕至郡之三日乃捐五百金"修复县学。嘉定丁丑为计院出为成都帅。《八闽通志》"按《府志》：勉斋书院在鳌峰麓，旧为勉斋先生黄榦宅。榦卒，门人学士赵师恕即其故居拓为精舍，后圮"。

林薯　　连江

【按语】　宋时学子多兼学传统，而吕祖谦之学近于晦庵，从东莱学者因其早朱子亡，故转学朱子者多矣，连江林薯即其一。祖谦曰其"闽中瑞物也"。

【小传】　林薯，字丕显。福建连江人。《闽中》《弘治八闽通志》《渊源录》《万姓统谱》等以《道南源委》载列为门人。林薯初始与吕东莱为同舍生，共师事林之奇。虽林薯年长于东莱，然及东莱讲学授徒，薯竟屈首受业。后参谒朱子，以乏资且老，不得时见，闻乡人有从朱子学者，辄造门扣问，无论晚辈。郡文学以礼延致之，数日而归。曰："向者违亲而赴金华，为道故也，今又安能舍亲为人耶？"《补遗》以为从东莱兼学朱子。

陈士直　　闽清

【小传】　陈士直，许家星《朱子门人补正》据《勉斋集》卷九"陈彦忠以九月廿四日死于建宁之客舍"，知陈彦忠士直当逝于1200年9月。字彦忠。《勉斋集》卷四文稿尾注有"陈士直字彦忠"，《朱子实纪》亦同。《三山志》则作"陈正直，字彦忠"。《朱子门人》以为《渊源录》《源委录》等误作字"彦志"。而《乾隆福州府志》载"陈士宾，字彦志。闽清人。俱朱子门人"。《闽中理学渊源考》《朱子门人》《朱熹书院与门人》等诸作"闽清人"，《勉斋集》卷九标明"闽清盖平里人"。而《朱文公文集》卷七《山北纪行》自注淳熙八年四月三日与"长乐余偶占之、陈士直彦忠、黄榦季直、临淮张彦先致远，会稽僧志南明老俱行"，《朱文公文集》第七卷诗题淳熙八年（1181）："闰月十一日中坐彭蠡门，唤船与诸人共载泛湖，至堤首回棹入西湾还，分韵赋诗，约来晚复集，诗不至者，浮以大白。签判渺、教授空、知县望、吴学录柱、掌仪明、大彭兄兰、判公击、南公一、小彭兄溯、彦忠人、直卿余、公度浆、敬直怀、卫父流、晦翁光、泰儿美、棹方。"《朱文公别集》卷四《题折桂院行记》记"长乐陈彦忠"与刘子澄、林择之等同来。实因宋以前闽清县属长乐府之故。朱子《题落星寺》记有淳熙庚子三月丁卯陈彦忠与蔡季通、汪清卿及朱在等同游；故陈彦忠当为淳熙八年（1181）求师白鹿洞书院。《闽中》卷十七"陈彦忠先生士直"条又载："馥家藏先公所遗朱子墨迹一轴，书赠人诗一首，后云'考亭朱某题赠门人彦忠、彦孝昆玉同榜登第'，诗云。"方彦寿《是"国宝"还是伪帖？——朱熹〈赠门人彦忠、彦孝同榜登第诗册〉考析》（《中华读书报》，2012 年 3 月 14 日）否定了周铮《诗册考》（《中国书画》2004 年 11 期）提出的作于 1193 年之说。《勉斋集》卷九又言："乡间朋友尝与彦忠往来者，如寅伯大哥、舜和、谦之、子立、履之、用之诸人，衰金以赒之。此已驰书恳潘溥之矣，彼中惟成叔与之最厚。"《闽中》按语载有《朱文公续集》卷八叶彦忠一札三段，论易传并属校学，此叶彦忠疑亦门人之列。

陈彦孝　**闽清**

【小传】　陈彦孝，《闽中》卷十七"所遗朱子墨迹一轴，书赠人诗一首，后云'考亭朱某题赠门人彦忠、彦孝昆玉同榜登第'"。如此，陈彦忠之弟陈彦孝亦为朱子门人。闽清人。事迹待考。

郑性之　**闽清**

【按语】　郑性之名儒世家，敢谏直言，《宋史》录其谏言。洪咨夔《平斋集》卷十七《左谏议大夫郑性之明堂加恩制》以为其："抱陆贽之忠，励汲黯之直，深见远识，平国论于玉衡；忠言嘉谟，开君心于金鉴；其博大则廊庙之器，其浚明则邦家之光。"吴泳《鹤林集·郑性之授兼侍读制》称誉其："凝远而靖深，端方而简重，壮年射策，曾驰汉庭鲠直之声。幼学从师，尽得考亭精微之蕴。"

【小传】　郑性之（1172—1255），初名自诚，因避宋理宗讳而改名性之，字信之。而以《后村先生大全集》卷一四七《毅斋郑观文》所记："公早以字行，始公受学于朱文公，询其字，叹曰：'好大名大字，欺公者远矣。'素与郑公斯立友善，郑以弘公毅名斋，取佩韦之义，皆客于度支郑公肇之之塾。"号毅斋。谥"文定"。《宋史》作"福州人"。《闽中理学》《八闽通志》《闽书》《侯官乡土志》作"侯官人"，明王应山《闽都记·郑性之墓》亦指出郑性之墓在长乐八都院山。《长乐县志》及宗谱以为长乐福湖（今长乐市古槐镇北湖村）人。而宋梁克家《三山志》卷三十一《人物类·科名》："郑自诚，状元，字信之，后改名性之，闽清人。"《闽清县志》《中兴馆阁录》亦说是闽清人。闽清县梅溪镇樟洋村古驿道"万松岭"石刻，题款为"清溪郑性之书"。福州国家森林公园东侧右驿道淳祐丁未（1247）赵师恕等题名的摩崖题刻，曰："岩溪翁赵师恕，邀清溪郑性之、中山李遇、三溪林元晋同游，时淳祐丁未初秋浣。"明郑性之当是闽清清溪人。闽清秦时远属闽中郡，汉代远属闽越国，隶属于侯官。历史上闽清樟洋、石郑等村曾划归侯官管辖，不可以郑性之葬于长乐三溪院山而以为郑是长乐人。

宋宁宗嘉定元年（1208）戊辰科状元。拜端明殿学士、签书枢密院事，累知枢密院事兼参知政事、加观文殿学士致仕。以敢谏直言名重朝野。《毅斋郑观文》载"初公与瓜山潘君柄同师紫阳翁，瓜山知兄必贵，妻以兄子，公虽魁辅，潘虽匹夫，然世两贤之犹管幼安、华子鱼，未可以贵贱判优劣也"。《闽中》："弱冠，游朱文公之门。"《中兴馆阁录》："初受学于建阳朱子，朱子询其名，叹曰：'好大名大字。'性之由是自励，朱子奇之。登嘉定元年进士第一人。"1197年朱熹为避学禁到闽清，郑性之追随朱熹，交往甚密。

【著作】《端平奏议》，与陈均同修《宋编年备要》。

黄榦　闽县

【按语】　宋理宗誉赞黄榦："道德博文曰文，刚德克就曰肃。"黄榦作《圣贤道统传授总叙说》给予朱熹以"绍道统，立人极，为万世宗师"的高度评价，确立朱熹"道统"地位，并将朱熹思想形态化及推向世俗化。勉斋学派忠实师说，倡"道统"学说，广大朱子之述论。勉斋最得朱子真谛，深受朱熹器重，"名冠朱熹得意门生杨复、林湜、高松、陈骏、郑师孟、龚郊、张泳之首"。与李燔一起并称"黄李"。《宋史·道学传》将其列为"朱氏门人"第一人。真德秀《西山文集》卷五十四《勉斋先生祝文》说："惟公之在考亭，犹颜曾之在洙泗，发幽阐微，既有补于学者，继志嗣事，又有功于圣门，采诸众言，奉以侑食，英灵未泯，必乐于斯。"蒋垣《八闽理学源流》说"朱门受业最多，最知名者黄榦……而黄榦门人最多"。卷八十三《双峰学案》黄宗羲云："黄勉斋榦得朱子之正统。"卷六十三《勉斋学案》全祖望则谨案："嘉定而后，足以光其师传，为有体有用之儒者，勉斋黄文肃公其人与？玉峰、东发论道统，三先生之后，勉斋一人而已。"熊勿轩禾《考亭书院记》云："公祠以文肃黄氏榦配，旧典也；从以文节蔡氏元定、文简刘氏爚、文忠真氏德秀，建安武夷例也。我文公体用之学，黄氏其庶几乎？余皆守公之道不二。"贡师泰《勉斋书院记》云："南渡后，文公集诸儒之大成，于时门人弟子聪明卓越固为不少，然求其始终不渝老而弥笃者，先生一人而已……先生殁，其传之著者，在闽则宓斋陈氏、信斋杨氏，在浙则北山何氏，江以西则临川黄氏，江以东则双峰饶氏，其久而益著者，则西山真氏《衍义》诸书。凡今经帏进讲成均典教，皆出先生讲论之余。"勉斋后学传人支裔绵流，由何基，而王柏，而金履祥，直至方孝孺。其兄杲、东均从师朱子。《勉斋集》卷三十八《仲兄知县墓表》言"兄杲亦以才气超，逸克世其家"，而仲兄东"廉介之行，人所难及"，"君（黄）东天资警敏而简默迟重，呐然如不能言者，少游乡校，多为先辈所称道。属文赋诗致清古，遇事无巨细咸研精，极思其所规画，人莫测其意，及臻厥成，往往叹其不能易也"。

【小传】　黄榦（1152—1221），字直卿，谥文肃，学者称勉斋先生。父瑀，字德藻，朱熹为黄瑀作《朝散黄公墓志铭》："其先世居福州长乐县青山下，后乃徙家郡城之东，为闽县人，六世矣………五男，子杲，亦以进士选，官至宣教郎、江南西路提点刑狱司检法官，后公十二年卒；东，从政郎、南剑沙县丞；查、榦皆业进士；枘，亦蚤卒。"勉斋撰其兄黄东墓铭又有"姐黄香，不适；弟黄枘，早逝"。闽县人。勉斋与诸兄一起从学于乡先生李深卿，后又游学于林少颖之门，皆非其所好。黄榦志趣高远，不屑为举子业，慨然有求师问道之志。据《勉斋集》卷三十七《处士潘君立之行状》所载潘植"君之考讳滋，始贡名礼部。……榦之兄弟尝受教于贡士，公于君之兄弟交游者非一日也"。知黄榦之兄弟曾师从潘立之父滋，而非冯云濠附案语谓勉斋（榦）兄弟受教于潘立之。淳熙二年（1175），黄榦从仲兄黄东官吉州行，见清江刘清之，清之奇之，《闽中理学渊源考》卷二十六曰："时学非所以处子也，今洛阳正传则在朱仲晦矣。盍往学焉。"《朱文公文集》卷六十四《答刘公度》说："直卿志坚思苦，与之处甚有益。"黄榦回忆初师从朱熹："榦丙申之春，师门始登，诲语淳淳，情犹父兄。"明淳熙三年正月春，黄榦拜朱熹为师于崇安五夫里。黄榦说："榦年方及冠，从游于朱文公之门，其所以抚存而卵翼之者不啻己子。"《朱文公文集续集》卷一《与直卿书》曰："吾道益孤，朋友亦难得，十分可指拟者，直卿明睿端庄，造诣甚笃，斯道有望于直卿者不轻。"淳熙九年，遂以女妻之。淳熙六年（1179），朱熹任南康知军，黄榦随行。绍熙五年（1194）朱熹建成竹林精舍，据《宋史》卷一百八十九朱熹有"它时便可请直卿代即讲席"之语。庆元二年（1196），助朱熹编《礼书》，《丧》《祭》二编为黄榦所撰，《宋史》卷一百八十九载，朱熹认为"所立规模次第，缜密有条理。它日当取所编'家乡''邦国''王朝礼'悉仿此更定之"。庆元六年三月，朱熹将所著《礼书》底本托付勉斋云："吾道之托在此，吾无憾矣。"又淳熙三年黄榦"自建安如金华，从学于东莱吕先生，逾年始归"。晚年归里，授徒讲学，弟子日盛，成勉斋学派。

【著作】《书说》十卷、《六经讲义》三十卷《礼记集注》十四卷《论语通释》十卷、《论语意原》一卷及《勉斋集》行世。著有《周易系辞传解》一卷、《读仪礼经传通解》二十九卷、《孝经本旨》一卷、《勉斋先生讲义》一卷、《勉斋诗钞》一卷、《晦庵先生语续录》四十六卷等。著有《朱熹行状》《勉斋集》《书传》《易解》《孝经本旨》《四书通释》《仪礼通解》等。

黄杲　闽县

【小传】 黄杲（1140—1179），字升卿，黄榦长兄。《道南源委录》作"黄升卿，名杲。三山人，东之弟"。黄杲当为东之兄。《闽中》"黄杲，字升卿。闽县人"。陆心源《仪顾堂题跋》卷一亦作"黄升卿杲"。陆心源《仪顾堂题跋》卷一亦作"黄升卿杲"。闽县人。绍兴三十年（1160）进士，官至江西提刑司检法官。生有奇质，警悟过人。淳熙二年（1175），黄东官吉州，黄榦从行，求学清江刘清之，转荐于朱熹。淳熙六年（1179），黄杲卒，黄榦还家治丧。赵希弁《读书附志》以黄升卿为《晦庵先生语续录》四十一家记录晦庵先生语之一。《语类姓氏》则记黄升卿辛亥（绍熙二年，1191）所闻。据此《朱子门人》、方彦寿《朱熹书院与门人考》以为黄杲与黄升卿为两人。如《朱子语类》卷六十二载黄升卿所记"答徐彦章问中和",淳熙九年,朱熹过玉山,徐彦章问学,而此时黄升卿杲已逝。疑或以《语类姓氏》所记时间有误。诸史籍以为朱子弟子,《经义考》则明示朱子授礼弟子。《语类》录有百余则,及四书尤《论语》之学、持守、读书法、史事、浙东政事等。陆陇其撰、陆公镠编《续困勉录》卷十二存有《答黄升卿》,云:"心走作不在此,便是放。夫人终日之间如是者多矣。博学、审问、慎思、明辨、力行皆求之之道也,须是敬。"

黄东　　闽县

【小传】　黄东,据《勉斋集》卷三十八《仲兄知县墓表》知其生于绍兴十三年(1143),卒于庆元六年(1200)。字仁卿,勉斋仲兄。闽县人。载其为"通直郎知抚州乐安县事,至抚州之一日以疾卒于郡学之官舍",而《朱子门人》误抚州为"至万安",万安属吉州。庆元三年,黄东为官庐陵。《文集》《语类》多有所及。朱熹《朝散黄公墓志铭》云黄瑀(字德藻)卒于乾道四年八月,黄榦"一日,出其兄东之书与其母之外弟今提举广东市舶江君文叔之状,泣而……请铭"。黄榦问学时仁卿尚未从师朱子。顾宏义《朱熹师友门人往还书札汇编》以黄东问学当在淳熙三年至十五年之间,太宽泛,而又考《朱文公文集》卷四十六《答黄仁卿》首书在淳熙四年。朱子教训"然看《春秋》外,更诵《论》《孟》及看《近思录》等书,以助其趣乃佳",明黄东此从学。黄东问学当在淳熙三年至四年之间。淳熙十三年(1186)春,朱熹《与刘子澄》言:"衡阳改命,不省所繇",又"直卿去冬暂归,今已复来。仁卿亦来相访,见在此,意思亦甚好也"。问学武夷精舍,仁卿已当为弟子。淳熙十五年十一月,朱熹《跋陈了翁责沈后》云沙县丞黄东始摹写陈瓘《责沈》"砻石刻之县学祠堂"。依《勉斋先生黄文肃公年谱》载淳熙十五年(1188)四月十日"文公有书与乐安云"。绍熙元年三月朱子知漳州,至沙县与黄东相见。庆元元年(1195),黄东与赵汝愚相见。

唐晔 　闽县

【小传】　唐晔,福州闽县(今闽侯县)人,其父唐焕文。《宗派》列为门人。《朱子门人》引述《宋元学案补遗》所载《勉斋集》卷三十七《处士唐君焕文行状》,而以为唐晔为朱子私淑。而《处士唐君焕文行状》载唐焕文:"闻晦庵朱先生讲道武夷,语其子晔曰:'吾老矣,不能从夫子游,尔其毋忘吾志乎!'既而晔获登门,受业以归,诘其所闻,竦然曰:'吾得闻所未闻,死不憾矣。'"然《补遗》所引不全有误,引谓:"父尧章,字焕文。朱子讲道武夷,语先生曰:'吾老矣,不能从夫子游,尔其毋忘吾志。'既先生授业归,诘其所闻,竦然曰:'吾得闻所未闻,死不憾矣。'"《朱子门人》不查行状原文而误读,将唐晔划归私淑。

萧长夫 　闽县

【小传】　萧长夫,《朱子门人》作"福州(故治今福建闽侯县)人",《乾隆福州府志》载:"朱子门人无事实可纪者,附记姓名:萧长夫,闽县人……俱朱子门人,并见《列传》,兹不重入。"福州闽县人。《西山先生真文忠公文集》卷二十七《赠萧长夫序》言:"三山萧长夫学琴四十年,饥寒流落,困悴无憀,独不肯迁就其声,以悦俚耳。嘉定八年秋,过予大江之东,予与之登钟山,访定林,酌寒泉,而拊修竹。长夫听然,为鼓一再行,雍雍乎其熏风之和,惸惸乎其采兰之幽,跌荡而不流,凄恻而不怨,信六一之言有不吾欺者。盖其尝游紫阳先生之门,习闻君子之义,其能穷而不变也,固宜。虽然,游先生之门者众矣,顾未闻有不变其学,如君之不变其技者。此予之所以重叹也。"明萧长夫为朱子门人,承袭朱熹"乐以载道""弦歌教化",亦淳古淡泊者。

曾逢震 　闽县

【按语】　《闽书》言其"胸中焕然,洞见道体,经史百家无不窥究,隐居道山,家事有无,不问也"。《源委录》则称"从文公游一意实学"。

【小传】　曾逢震,字诚叟。闽县人。幼读书过目成诵,慨然有求道之志,《闽书》参《福建通志》以为"耻为场屋之文,从朱子学"。《闽中》《宗派》《补遗》

《源委》《实纪》《乌石山志》等均列为门人。郑祖庚《闽县乡土志》《八闽通志》言与郑性之俱从朱熹游。

【著作】《乌石山志》卷之九载《闽书》按:《东越文苑》云"逢震录所著诗文,名曰《月林丑镜》"。《闽中理学渊源考》《渊源录》等亦同,《朱子门人》误作《自林丑镜》。著《易学启蒙》《或问春秋集解》《丧礼长编》《庸斋集》等书。

郑文通　闽县

【按语】《朱文公文集》曾言"直卿称成叔之贤且好学,今果然"。黄榦称文通"襟度夷旷,知识闿爽","成叔苟非其义,虽禄之万钟而不受,人以为信"。《渊源录》以为"文通襟度夷旷,知识闿爽,爱而敬之"。郑昭先、文通号为二郑。

【小传】　郑文通,黄榦应郑文通之请为其父郑伦作《郑处士墓志铭》,录《勉斋集》卷三十五,郑伦四子"通、逋、迈、适";又《方夫人墓志铭》"象山郑逋成叔",可知,郑文通又名郑逋。字成叔,号庸斋。闽县人。嘉泰四年(1204)贡士。初治《春秋》,心悟经旨,操笔成文。《闽中理学渊源考》卷十七谓"文词记问,未足以为事业"。及得周、程、张子之书,玩之有得,怡然自适。闻黄榦得文公之传,遂受业。《渊源录》《道南源委》言郑文通因黄榦荐引从朱熹学于建阳考亭。时间则与林学蒙同时,在绍熙四年和庆元三年、四年间。朱熹逝世,郑成叔赴考亭吊丧。《渊源录》有"文公晚年编集仪礼经传,分界门人,而取丧礼仪礼以属榦,以丧礼委文通,乃为考经证传,旁通子史,引比条律纲目凡例纤悉"。依《勉斋年谱》,绍熙二年(1191)春,郑文通从学黄榦于福州登瀛馆和叶氏悦乐堂,嘉泰二年(1202)九月,黄榦在福州乌山修《礼书》,"先生董之,同门友刘砺用之、门人郑宗亮惟忠、潘儆茂修与郑文通成叔分任其事"。《闽中》卷十七有载,文公殁,榦以汲引后学为己任,贻书云:"乡间朋友渐知义理者多,更赖成叔振拔激昂之,使师传不废,莫大之幸也。""与同志共立规约,大要欲明义利,谨操守,以厚风俗。其事多文通所定,以其素行足以励众也。文通深观默养,玩索益精,读书有未解者,危坐终日以思至忘寝食,及既得之,犹沈潜反复,必极其趣而后已。尝观周子《太极图》而悟孟子'性善之旨,本于大易,继善成性'之说,曰'荀扬之徒妄生异论,岂知性哉?'"

【著作】《易学启蒙》三卷、《易学或问》二卷、《春秋集解》十二卷《礼记集解》《丧礼长编》三卷、《庸斋集》《别外集》《遗书》凡五十卷。

陈骏　宁德

【小传】　陈骏,曾名修弟,字敏仲。号仁斋。子成父,辛弃疾女婿,克承家学。《闽中》《八闽通志》等作"宁德人"。然诸多府县志又以为陈骏由福安入籍宁德。《嘉靖福宁州志》"绍兴二十七年丁丑王十朋榜进士"下"陈骏"条:"雄侄,骥弟,大冶丞。按《宁德志》录骏于人物,今又配乡贤祠,岂生于福安而徙居宁德耶!"《嘉靖宁德县志》:"陈骏,按《福安志》作福安人。"《万历福安县志》:"今宁德祀骏乡贤,《八闽通志》仍之,意生于福安,而迁于宁德耳。"实因诸史籍将宁德陈骏(字敏仲)与福安陈骏(字敏之)相混淆。《万历福宁州志》,已指出:"骏以绍兴二十七年入长溪选举,今重见,何矛盾也。此必有误。"《光绪福安县志》:"按《通志·儒林传》:陈骏,宁德人。字敏仲,号仁斋先生。乾道五年郑侨榜进士。与'选举'所载福安陈骏自是两人。又陈成父,字玉汝,《通志》《府志》均作宁德陈骏子,父子合传,与福安无涉。"宁德陈骏(字敏仲)宋乾道五年(1169)己丑科郑侨榜,官至广州府同知。而福安陈骏(字敏之)为长溪廉村(今福安廉村)人。梁克家《淳熙三山志》载:"陈骏,雄之侄孙,字敏之。"宋绍兴二十七年(1157)丁丑科王十朋榜进士,官至大冶县丞。《福建通志》和《淳熙三山志》作"罗源人",无据。《道南源委》:"游朱子之门,为郑师孟诸贤所宗。"陈骏为朱子蓝田书院十八门人之一。《闽南道学源流》谓:"其学以立诚为本,《近思录》一本口诵心悟,不少辍,故行己皆有法度,安贫守道澹如也。"《乾隆宁德县志》寓贤载:"紫阳朱子,庆元间以禁伪学避地于闽,至长溪,住黄榦、杨楫家,讲学于石湖馆、龟龄寺、石堂等处,从游者甚众。而黄榦、杨复、林湜、高松、陈骏、郑师孟、龚郑、张泳,其最著者。"《蕉畦纪闻》卷上《宁德县》:"庆元间,公避党禁流寓长溪,率高足邑人陈骏、郑师孟、龚郑讲学于石堂、龟山等处。"

【著作】《毛诗笔义》《论语孟子笔义》《默斋集》《律历志解》。

龚郯　宁德

【按语】　朱熹以为"龚郯伯理会也快，但恐其不牢固"。

【小传】　龚郯，《闽中》《宗派》作"龚剡"，《道南源委录》作"龚昙伯"，《语类》多处亦有"龚昙伯"，唯《语类》卷四十一潘时举潘植所记作"龚郯伯"。字昙伯，自号南峰居士。宁德人。《八闽通志》载龚郯"早从朱文公学，与福安杨复同门友"。《补遗》《源委》均言"早从朱文公学"。庆元五年（1199）朱熹避"伪学"之禁，应长溪林湜、杨楫邀请，到宁德龟山寺，杨复、龚郯、陈骏、郑师孟陪同。龚郯不务口耳，一意躬行，注重身体力行。晚年与杨复辩论理与气先后之学，尤有造诣。龚郯与李鉴（字汝明）创《六经》讲社。龚郯以为"克去己私后，却方复礼"。

郑师孟　福安

【按语】　《勉斋续集》称郑师孟"志趣坚苦"。

【小传】　郑师孟，字齐卿，号存斋。福安人。安贫力学，《六经注疏》手自抄集。庆元三年（1197）受业建阳考亭之门。《语类》如叶贺孙、钱木之所记为朱子晚年。庆元五年（1199），朱熹为避伪学之禁，应长溪学生林湜、杨楫邀请，郑师孟与杨复、龚郯、陈骏陪同再度到宁德龟山寺。《朱文公文集续集》卷一《答黄直卿》载："二孙随众读书供课，早晚教诲为之幸。郑齐卿亦要去相从，渠此几日却稍得。然以病倦，不能听其讲解。念其志趣坚苦，亦不易得。可因其资而善道之，度却不枉费人心力也。"约庆元五年（1199），又从勉斋学，勉斋嘉其志，遂妻以女。发明文公《皇极辨》之蕴。郑齐卿问朱熹《集注》举横渠说之意、以善及人而信从者等。

【著作】　《洪范讲义》。

林学蒙　永福

【按语】　《乾隆延平府志》言林学蒙为道南书院聘为道长，"识趣高明，文足以发义理，行足以激贪儒凡"。《闽中》卷十七及府志言"凡所讲《易》说，朱子皆然之"，似有过之。以《语类》所录，朱子以为学履所问事关理之大体，称其善问。陈宓《复斋先生龙图陈公文集》卷九《林氏兼山阁记》曾谓："三山林公，其从学晦庵先生最久，文足以发义理，行足以激懦贪，假守延平，屈致书院，朔望讲习。"《复斋先生龙图陈公文集》卷九十六《与林堂长羽书》谓："惟执事久游朱文公之门，行方而义重，识趣高明，学者师焉。"

【小传】 林学蒙，一名羽，其名字在朱门多称以"林学蒙"，在黄榦门下，则多称"梅坞林羽"。字正卿。《乾隆延平府志》言"号梅坞"。学履之兄。诸史籍分作福州永福县人（今福建永泰县）、闽清县人、三山人。三山乃福州，永泰县、闽清县均属之。黄勉斋记"吾友林正卿所居之乡山曰鼎峰"。又诸史籍言及"龙门庵""梅溪"，在今闽清县域，后林学蒙迁居永福，故称以永福（今闽清县）人为妥。不求仕进。《闽中》按语以《朱子语类·姓氏》"林正卿录文公语在绍熙五年（1194）甲寅以后所闻，时朱子年六十五，此为晚岁从游所闻者。其弟学履《录语》在己未所闻，朱子年已七十矣。至及门年岁早暮未详，待考"。然《朱子语类·姓氏》所载时间并非始从朱子时间。方彦寿《朱熹书院与门人考》考定林学蒙自绍熙四年（1193）始从学于朱熹。《乾隆延平府志》载"尤溪伪学禁起，避居永福，初从朱子游，卒业勉斋"。以为朱熹避居永福之时从学。《道南源委》言："初从朱子游，后卒业于黄勉斋。伪学禁起，筑室龙门庵下，讲明性命之旨。陈师复守延平，作道南书院，聘为堂长。朔望设讲席，执经帖然。座下者常百余人。"据郑元肃录、陈义和编《勉斋先生黄文肃公年谱》载，绍熙二年（1191）春，黄榦归返三山新河住处，林学蒙记"初见先生（黄榦）于新河"。故先从黄榦学再师从朱子。《朱文公文集续集》卷一《答黄直卿》有"林正卿归自湖外，少留两夕，亦颇长进。但恐将来流成释老耳。其弟学履安卿中间到此，近寄得疑问来，亦看得好，甚不易"。林氏兄弟为及门。《语类》、《朱文公文集》卷五十九《答林正卿》书所涉多为四书与易学。林学蒙谓心具太极。朱鉴《朱文公易说》引文多条。《复斋先生龙图陈公文集拾遗》录有《勉斋与李道传书》云："向来同学之士，今凋零殆尽，闽中则潘谦之柄、杨志仁复、林正卿学蒙……云云大约不过此数人。"当指伪学禁起之时。黄榦与林学蒙亦曾就易论辩。

【著作】《梅坞集》一卷、《甲寅问答》。

林学履　永福

【小传】 林学履,字安卿。永福(今福建闽清)人。《乾隆延平府志》作"号竹溪"。诸史志均载与兄学蒙从朱子游。《朱子语类·姓氏》载林学履所记乃己未(庆元五年)所录。又朱熹《晦庵续集》卷一《答黄直卿》:"林正卿归自湖外,少留两夕,亦颇长进。但恐将来流成释老耳。其弟学履安卿中间到此,近寄得疑问来,亦看得好,甚不易。"《万历永福县志》言"安卿与羽同学于文公之门,所录有己未问答"。《语类》载有学履问学朱子百余条,问及"仁者天地万物为一体"等,尤多涉及易学。

林仁实　永福

【小传】 林仁实,仁实为名,号敏翁。以《勉斋集》卷三十五撰林仁泽《林处士墓志铭》,林仁实为林仁泽之兄,《墓志铭》又言据"其弟羽所述之状",林羽(学蒙)亦为林仁实之弟,方彦寿《朱熹书院与门人考》有之。然不知林仁实兄弟与林学蒙兄弟同族嫡庶确切关系。且林仁泽绍兴壬申(1152)生,嘉定己卯(1219)十月殁。字德俊,自号龙门牧翁。撰《墓志铭》时林仁实在世。《道南源委录》《考亭渊源录》《朱子实纪》作"永福人"。勉斋《墓志铭》言"仁实尝受业于晦庵朱文公,退而讲习如师友,厌弃科举,刻意圣贤之学,嘉言善行,沉潜玩绎,终其身不少懈"。

陈梦良　长乐

【小传】 陈梦良,依《朱子文集》《考亭渊源录》《民国长乐县志》作"字与叔"。而梁克家《淳熙三山志》《正德福州府志》《崇祯长乐县志》载有"字君遂",坦然三世孙。学者称乌门先生。长乐人。《民国长乐县志》据同治彭志言:"朱子避伪学禁,主其家,因从受业。朱子甚重之,题圣经于其书室中。学者称乌门先生。后室圮坏,里人就其地立祠祀朱子,先生配焉。"《朱文公文集》卷五十九《答陈与叔梦良》二通,议论《弟子职》,梦良意《弟子职》为论教学之方。又及《大学》。《朱子书信编年考证》以陈梦良问《大学章句》,

当作于淳熙十六年（1189）后。《闽中》据《朱子大全集》言"梦良问云子在川上曰"。

陈枅　长乐

【按语】　赵滂《程朱阙里志》谓朱子称其切问近思。乡贤祠以其得考亭绪余祀之。

【小传】　陈枅，字自修。福州长乐人。《万历福州府志》"长乐县处士陈枅"，《弘治长乐县志》："宋霖之孙。受业于朱子之门，事见《东莱问答》。"《源委》作"(陈宋霖)孙枅，字自修，受业朱子之门"。《闽中》卷十七云宋霖"知同安令，适朱子为簿，日与讲明经义，朱子称其能躬行实践。后升秘监，书问往来不绝。孙枅，受业朱子之门"。《八闽通志》卷之六十二、《乾隆福州府志》卷之五十八陈宋霖"孙枅，字自修，尝受业于文公之门"。《崇祯长乐县志》：字自修，宋霖之孙。崇祯《闽书》作"陈枅，宋霖孙"。而唯《渊源录》云："父宋霖为同安令，与文公为僚友。枅因从游。"庆元二年（1196）陈枅特奏名，无意仕途。以宋霖知同安到庆元时特奏名，达三十多年，推以孙辈为妥。《朱子语类》卷六十四问："尽心了，方能尽性否？"注为沈僩记，"枅录别出"。而沈僩为庆元三年(1197)从学朱子，故可知庆元三年(1197)后陈枅有从学朱子经历。《语类》录师生问答数条，陈枅曾问"反身穷理"。请教朱子《中庸》之学与仁学。朱子认为"看公意思好，但本原处殊欠工夫"。

【著作】　《紫阳问答》、《东莱别集》一六《师友问答》。

刘砥　长乐

【按语】　因福州市境内于山、乌石山、屏山而称之"三山"。三山刘氏世有家学，《闽中》卷十转引《闽书》："刘氏之初，其先泉人，后徙居闽。其家学朴茂，代有闻人也。刘氏彝、康夫、藻三先生属闽县，刘氏嘉誉、世南、砥、砺、子玠五先生属长乐。"以《长乐刘氏族谱》，长乐刘氏是怀安凤冈刘氏的分支，又引马恭敏《凤冈刘氏诸贤祠记》记言："夫当洛学未开之先，彝从胡安定学，康夫从周希孟学，皆能传述经旨根柢，道德彬彬乎？鲁一变之风。迨秘阁修撰藻、乐昌令嘉誉，从罗李递传，中州的至孙曾等又出紫阳、拙斋、勉斋诸公之门，信乎家多异才也。"若刘氏诸贤，究其所学，皆足以羽翼夫道统，则固不可谓之非真儒也。砥、砺二先生师从朱子。朱子嘉刘砥其笃志，授先天太极图传，尝言"履之兄弟可与进德"，又曰："履之兄弟却差胜，若更加功，或可望耳。"

【小传】 刘砥（1154—1199），字履之，号存庵。刘世南之子。长乐人。《朱熹师友门人往还书札汇编》依据《闽中理学渊源考》"六岁时，日诵千言，至览忠孝大节，辄激愤感慨。十岁通九经传记，缀词赋。与其弟砺举乾道二年（1166）童子科"。刘砥遍取伊洛诸儒书读之，多有见地，帅其弟砺于建阳同繇桥登朱文公之门。《万历福州府志》载："朱熹避伪学禁来此，二刘师之，大书'读书处'三字，勒于石。后人因名其岩云。"朱熹《跋刘世南行状》载："长乐刘砥及其弟砺相与来学，累年于兹，更历变故，志尚愈坚。察其居家孝友，交朋友信实，临事谨畏，不敢畔绳墨，知其教习之有素也。"《语类》所录刘砥始于庚戌（1190）。《考亭渊源录备遗》："砥初见，先生问:曾作甚工夫?对以近看《大学章句》，但未知下手处。"以淳熙十六年（1189）改定《大学章句》，故 1190 年始从学朱子。程川《朱子五经语类》卷三载："刘砥录，字履之，三山人。庚戌所闻。先生六十九岁饶后录十卷中。"知刘砥问学朱子时长。刘砥、刘砺曾以龙峰书院为读书处，朱子避学禁时寓此，二刘又从而受业。《民国长乐县志》:"刘砥者与其弟砺当宋乾道间尝筑室读书其上，属晦翁朱子南游至邑，二君从讲学，留斯岩最久。"清冯登府《闽中金石志》:"按：砥字履之，砺字用之。乾道间俱中童子科，并学于朱子之门。蔡元定、黄榦尝往来其斋，颜其室曰龙峰岩。"《连江县志》记载，庆元年间，刘砥、刘砺又随朱熹由长乐来到连江丹阳宝林寺，文公察其笃志，嘉其敏于学，授《先天太极图传》，充然有得。其学性理、为学、四书五经皆有所及，尤助力于"易学"。文公晚修《礼书》，砥预编次。《朱文公文集》卷四十五《答廖子晦》亦谓:《礼》书入疏者，此间已校定得《聘礼》以前二十余篇。……此间者已送福州，令直卿与刘履之兄弟参校，写成定本，尚未寄来，若有可增益处，自不妨添入也。"刘砥为文醇雅宏博，诗不加琢而能达其意。以《朱文公文集》卷五十九《答刘履之》"如履之者，又相去之远，不得早晚相见为恨"，朱熹嘉厚履之。《宋元学案》将刘砥、刘砺纳入沧洲诸儒学案。刘砥、刘砺亦为罗从彦豫章学派传人。

【著作】《论语解》《孟子解》《王朝礼编》。

刘砺　长乐

【小传】 刘砺（1157—1204），字用之，号在轩。刘砥弟。长乐人。《经义考》作"三山人"，《渊源录》误作"建阳人"。《宋元学案》《源委》《万姓统谱》言与朱子游。《语类》所涉多为《易》《诗》。《朱文公文集》卷五十九《答陈才卿》曰："《礼书》得直卿、用之，渐可整顿。"又曰："二刘到此，并手料理，方有汗青之日。"《朱文公文集》续集卷一《答黄直卿》："但欲将《冠礼》一篇附疏，以为诸篇之式，分与四明、永嘉并子约与刘用之诸人，依式附之，庶几易了。"为朱子晚年编《礼》书事。幼颖悟孝弟，与黄勉斋最善。伪学禁兴，志尚愈笃。《朱子语类》卷六十七有叶贺孙录"刘用之问易传序观会通以行典礼"。

【著作】《禹贡解》及文集。

郑申之　长乐

【小传】 郑申之（1144—1204），字惟任，号湖坡。《万姓统谱》作"福州人"，《朱子门人》以为"福州（故治今福建闽侯县）人"，《闽中》《福建通志》均作"长乐人"。《福建郑氏进士录》《长乐市志》同作"长乐福湖北湖村人"，故作以长乐人。乾道五年（1169）进士，为国子监助教。绍兴间宦游归来，于祠堂之上建湖坡书院，教导乡人与宗族子弟，侍郎陈垓、尚书张镇皆出其门。《万姓统谱》卷一百七、《闽中》等以为朱子避伪学禁至长乐时，申之从之游。《闽书》等以为郑申之立文、行、忠、信四斋以处之，朱子匾其所居楼曰"聚远"。《乾隆福州府志》言朱子门人亦附长乐郑申之姓名。

郑昭先　长乐

【按语】 连江县郑昭先丞相祠中堂楹联："师紫阳，友西山，重道崇儒，绍圣贤万年之正学；宰中书，莞枢密，出将入相，统文武一代之全才。"真德秀评述郑昭先诗风格"纯真率直"，明刑部员外郎李廷美《长乐六里志·题亩忠堂跋》云："宋郑文靖公以天挺豪杰之资，师于朱紫阳，友于真西山，仕宁宗茂著功绩，盖闽中望族也。"及门呼昭先、文遹为二郑云。《西山先生真文忠公文集》卷二十八《日湖文集序》曰："公天资宽洪，而养以静厚，平居怡然自适，未尝见忿厉之容，于书无所不读，而又喜闻义理之说，故其文章不事刻画而敷腴丰衍，似其为人。"

【小传】 郑昭先（1157—1225）。《光绪闽县乡土志》作"字景明"，或作"景绍"。顾宏义《朱熹师友门人往还书札汇编》"按《朱文公文集》别集卷五载其字景明。疑昭先初字景明，后改字景绍"。号日湖，卒谥文靖。先祖籍连江邵地，先祖因避祸迁长乐洋屿。《八闽通志》载郑昭先宅在长乐江左里洋屿，为福州长乐县（今长乐区航城街道洋屿村）人。致政归，真西山尝名其堂曰"亩忠"，并为记。淳熙十四年（1187）进士，亦有以为淳熙十七年（1190）中进士。初任浦城簿，官拜资政殿学士、江南西路安抚使，以知枢密院事兼参知政事，兼权监修国史。居官有惠政，宁宗敬畏有加。叹曰："问学未悉，何以治人。"《宋元学案》则言郑昭先"初主浦城簿，叹曰：'侥幸一第，问学未悉。'遂游朱子之门"。《朱文公文集》别集卷五《答郑景明》言及"县道政事所当然，非独为子厚计也"。据《朱文公文集》卷七十六《黄子厚诗序》，子厚为黄铢字，徙家崇安、浦城，时郑景明任浦城簿。又朱熹《答郑景明》"杨生道夫乡居托芘，甚幸"，杨道夫亦浦城人。又《语类》录杨道夫所记郑景明问学，参以杨道夫师事朱熹时间，故知郑景明在绍熙二年（1191）时已从学，而方彦寿《朱熹书院与门人考》以为始从淳熙十四年登进士后不久。明高文达《题亩忠堂跋》云："及乎南渡以后，紫阳朱子厄于伪学之禁，不得已讲学于考亭，时郑文靖公始筮仕于浦城，地之相去不百里许，公知紫阳之学乃吾道之真传，不以之既贵而废学，竟往从师而执弟子礼，迨秩满而不辍。"明郑锡文《题亩忠堂跋》又云："魏国郑文靖公事宋，当南渡之余，师晦庵朱子，又逢伪学之禁。"昭先居政府，沉厚镇静，以爱护人才，振拔淹滞为己任。谓"人臣能以文王事纣之心为心，则无不可事之君；人子能以七子事母之心为心，则无不可事之亲"，陈宓以为名言。

【著作】《日湖遗稿》五十卷。

高松　长溪

【按语】《嘉庆福鼎县志》以为"宁郡夙号海滨邹鲁，鼎为属邑，自高、杨诸君子游紫阳之门，深得其邃大阐宗风，名儒辈出，后先辉映，虽不无浅深同异，要皆明体达用以求入圣贤之域，欹志理学"。高松先游陈傅良门，与叶适为交友，后由陈止斋送交朱文公从学，闽学、永嘉互学不多未见，高松博采众长，消融闽学、永嘉之学，而亦见陈傅良与朱子之良苦，宋之学术坦坦荡荡，非固执门户。

【小传】　高松，以叶适《水心文集》卷十七《台州教授高君墓志铭》有"嘉定四年十二月六日卒，年五十八"，知其生卒1154—1211年。字国楹，号静谷。叶适《台州教授高君墓志铭》以为"福州长溪人"。《朱子门人》《朱熹师友门人往还书札汇编》作"福州长溪（今福建霞浦）人"。《闽中》作"福宁人"，以明代县名而言。《福鼎县志》作"福鼎桐山人"，福鼎县域原属霞浦县管辖，清乾隆四年（1739）才从霞浦县析出而单独立县。桐山为福鼎县治所在地。故高松当作"福州长溪（今福鼎市）人"。《朱子门人》又以《宋元学案》有："云濠谨案：万季野辑《儒林宗派》朱子门人：'高松，字子合，龙溪人。'是同时有两高松也，故谢山于是传初注'又从朱文公学'六字，而旋抹之。"又以为《补遗》系据《儒林宗派》列有两朱子门人"高松"，其一为高松子合。同时《朱子门人》考论高松子合为王子合之误。高国楹登绍熙元年（1190）进士，授台州教授，启迪有方，一时州缙绅皆出其门，是时台士有"义理昭通，掌教高公"之语。《闽中理学渊源考》卷二十四言"少游陈止斋之门，又从朱子受学"。高松少游陈止斋傅良之门，不专事科举之学。笃志励行，颖悟过人，为文有奇气，先生甚器伟之。陈傅良《止斋先生文集》卷七《送长溪高国楹从学朱元晦》曰："洛学今无恙，东南属此翁。从游虽已晚，趣向竟谁同？一第收良易，遗经语未终。归期定何日，我欲叩新功。"以《宋元学案》梓材谨亦案《止斋集》有《送长溪高国楹从学朱元晦》诗，并"据此，则谢山初注：'又从朱文公学'是也"。以陈傅良诗，知绍熙元年（1190）进士第后从学朱子，《福鼎县志》卷二十二："登绍熙庚戌进士。后又从朱文公学。"为朱子晚年门人。高松不囿于门户之见，善于博采众长。叶适《台州教授高君墓志铭》以为其"见闻益高远，华枝蔓叶，自然消落"。高国楹与杨通老共从朱子游。

林守道　长溪

【按语】《黄氏日钞》卷九十七《艾隐先生林君墓志铭》言"先生幼孤自奋,以词赋破碎不为,而改经学,又以经义亦害道,不为,而改求大儒为之师,求之师不偶,复归而求之有余师"。

【小传】　林守道,《艾隐先生林君墓志铭》载"以端平元年十二月晦日夙兴盥颒,不疾而逝",知其卒于1234年。字守一,号艾隐。以《闽中》"林桂发,福宁人,父艾隐先生",为明代福宁府人。《朱子门人》作"闽县人"。《艾隐先生林君墓志铭》载:"林禄从晋元帝渡江,遂为江南人。禄十一世孙孝宝守泉州。又为闽人。"未及具体县域里籍。《淳熙三山志》卷三十二人物类七记载:"林桂发,字小山,长溪人,淳祐七年丁未张渊微榜进士。"《墓志铭》亦言"桂发,受业晦庵之门人信斋杨公复,以继先志,登丁未进士第",以林桂发推艾隐先生为长溪人,更妥。再《墓志铭》言:"艾隐古学古心,超然不与世接。自孩提已嶷然不群,耻与群儿弄,十岁失怙恃,卓有大志,刻苦读书。盖工诗赋,年十五,即叹曰:'破碎,非吾学也。'改学经,又叹曰:'破碎,犹吾前日诗赋也。'改从晦庵先生游,愿闻大道之要,裹粮束书,至中途,闻晦庵讣而返,慨然闭户,力学精思实践,如及考亭之门焉。"《东发文集》《闽中》卷二十四同。明艾隐不曾及门,仅私淑而已。艾隐先生遗稿甚多,散落不存,晚犹嗜《易》,积十年,精通卦义,至晚尚吟诵不辍。

孙调　长溪

【按语】《闽中理学渊源考》卷二十四言"其学得朱子之传,以排摈佛老推明圣经为本"。

【小传】　孙调,依据《鹤山集》卷八十《孙和卿墓志》载"以靖康元年生,以嘉泰四年六月丙午卒",即1126—1204年。字和卿,号龙坡,疑"浩斋"亦为号,孙宥之子。《孙和卿墓志》载"唐末从福之乌石山,历数世散处长溪县大留村,数世又徙黯备奋里"。《闽中》作"福宁人",《福鼎县志》作福鼎"昆田人"。《宋元学案》《八闽通志》作"长溪人"。《福宁府志》列霞浦,《朱子门人》则以为"长溪(今福建霞浦县)人"。《嘉庆福鼎县志》载:"宥绍定间任长溪县令，后家本州昆田，今名孙店即治之十五都也。府志列霞浦误。"孙店即今福鼎市点头镇孙店村。孙调与父孙宥合葬于孙店村。墓碑文载"宋长溪知县孙氏宥公暨男理学崇祀乡贤调公号龙坡先生之神道"。宋时为长溪县域，元长溪升县为福宁州。故而，当作"长溪（今福鼎市）人"。《朱子门人》列为讲友。《宋元学案》以为"其学得朱子之传"，《经义考》则认为是朱子传易授诗授礼弟子。《学案补遗》以魏了翁所作《墓志铭》"疑当在私淑之列"。《万历福宁州志》直言"私淑朱子之学"。

【著作】《孙和卿墓志》载"《易解》《书解》《诗口义》各五十卷，《左氏春秋事类》二十卷、《册府》一百卷、《龙坡文集》四十六卷"。明陈应宾修，闵文振纂《万历福宁州志》言"著《策府》五十卷，《易诗书解》《中庸发题》共五十卷、《浩斋稿》三卷"。

杨复　长溪

【按语】宁宗赐杨复曰："尚有远谋，毋嫌仕进。"《乾隆宁德县志》转引真德秀赞曰："道宗圣贤，学冠古今。推明典礼会通之大，究极天地鬼神之精。虽未获身管枢要，而立言垂世，真足陶冶后学。"《道南源委》载其："劲特通敏，考索最精，见者无不叹服。"明宪宗朝刑部尚书林聪赞之曰："析理入微，见道极高。儒绅推重，振古人豪。"《朱子语类》卷一百二十七载朱熹谓："杨志仁有过于密之病。"《宋元学案补遗》："劲特通敏，学问精深而精于考索。"源于《勉斋集·复杨志仁书》"志仁天资劲特，识见通敏"。

【小传】杨复（？—1234），《朱文公文集》卷五十八又作"杨璹"，字志仁，复字茂才，号信斋。《闽中》作"福州长溪人"，《八闽通志》《宋元学案》、邓庆平《朱子门人与朱子学》等作"福安人"，《朱子门人》以为"福州长溪县人"，《宋元学案》六九23以为福安人，"盖宋析长溪地为福安县也"。顾宏义《朱熹师友门人往还书札汇编》作"福州长溪（今福建霞浦）人"。实杨复为宋长溪县西乡杨澳，即今福安市甘棠镇杨岙人。《朱子门人》疑非门人。《经义考》卷一百三十二引杨复《仪礼图·序》称朱熹为"先师"："复曩从先师朱文公读《仪礼》，求其辞而不可得，则拟为图以象之，图成而义显。……区区用心，虽未敢谓无遗误，庶几其或有以得先师之心焉。"陈宓延揽杨复至延平书院，《复斋先生龙图陈公文集》卷十六《与杨学录书》："讲书杨丈执事，道统之传，不绝如线，所恃义公朱先生门人张而大之。……惟执事早从文公朱先生学，黄先生深所爱敬。"《渊源录》《源委录》据文公语录列为门人。晦翁尝曰"杨志仁有过于密之病。盖太谨密，则少间看道理从那穷处去，更插不入"，当为教训之语。少时聪敏嗜学，博闻强记。《朱文公文集》别集卷六《答黄商伯》有："此间白鹿洞已毕功，前日往释菜开讲矣。延合肥吴君为职事，但渠为书社所拘，恐未必能往，却有杨学录者与一二后生欲往也。""白鹿洞已毕功"，顾宏义《朱熹师友门人往还书札汇编》认为系指《朱文公文集》卷八十六《白鹿洞成告先圣文》所云"淳熙七年岁次庚子三月癸丑朔十八日庚午，具位敢昭告于先圣至圣文宣王。……鼓箧之始，敢率宾佐合师生，恭修释菜之礼，以见于先圣"。故淳熙七年（1180）三月上旬前杨复已经从学。顾宏义《朱熹师友门人往还书札汇编》（1047页、2990页）考作于"庆元四年（1198）十二月"的《朱文公文集》续集卷一《答黄直卿》亦云："通老来未？志仁能与俱否？"及《朱文公文集》卷五十八《答杨志仁》："通老闻欲见访，颙俟其来，不及作书，因见烦为致意。然又恨志仁有书社之守，不能偕来，为不满耳。"知其从学长久。《复斋先生龙图陈公文集》卷十三《与安南张郎中》言"杨丈复乃勉斋先生上足"，明杨复亦黄榦门人，与黄榦亦师亦友。庆元四年（1198），朱熹应黄榦、杨楫、林湜、杨复邀请，避难长溪，曾至上东庵"考亭书院"讲学。一时学者云集，问难聆诲，得朱熹真传。杨复与黄榦、刘子渊、陈日湖等人时常聚首，切磋义理，并各自招徒课艺，力倡朱熹之学。杨复所著《仪礼旁通图》，既本朱熹仪礼学说，又有所创新。于理气先后之说亦有见解。真德秀创贵德堂于三山郡学，延请杨复主持教务，闽士多诣其门，名震一时。杨复得朱子礼学一脉，精研礼书，《郡斋读书志》："仪礼经传通解续纂祭礼"条云："朱文公编集，而丧、祭二礼未就，属之勉斋先生。勉斋既成《丧礼》，而《祭礼》未就，又属之信斋。信斋据二先生稿本参以旧闻定为十四卷，为门八十一。"理宗端平元年（1234）真西山知福州，即郡学创贵德堂以处之，闽中名士多学于门下。翁方纲《复初斋文集》卷十一《与陈石士论考订书》言："义理至南宋而益加密，用心至南宋而益加深切。是以杨信斋之《礼图》，陈北溪之《字义》，黄东发之《日钞》，皆本于朱门也。"

【著作】《祭礼》《仪礼图》各十四卷、《集注文公家礼》十卷、《〈家礼杂说附注》二卷,《大学中庸口义》《论语问答》《诗经杂说》等。补成《仪礼经传通解续纂·祭礼》,作《文公家礼仪节序》。

杨楫　长溪

【按语】《陆九渊集》卷二十《送杨通老》言"杨楫通老忠实恳到,有志于学。相见虽未久,而其切磋于此甚力"。《福鼎县志》卷三十二录有王梦松赞杨楫"诚实诚可嘉,不苟见奇节"诗句。杨楫"刚介有守,不苟合",倡导"奖廉静之操,绝奔兢之风",以"台有纪纲,学有规矩,当各守其职"为准则,堪称廉洁。初学于朱子,复问学于陆子,不得以为转向,但宋时兼学盛行而已。《勉斋集》卷三十九《祭杨通老文》称:"游晦庵先生之门者多矣,笃实无华,强毅有守,孰有出公之右者乎!"卷二《与郑成叔书》谓"此人却是武夷门朴实做工夫人,无一点世俗态,信道甚笃,深可敬重"。卷五《杨恭老敬义堂记》则有"通老温厚质实,信道甚笃"。

【小传】杨楫(1142—1213),字通老,号悦堂。杨楫居长溪潋村,即今福鼎县秦屿冷城。《朱子门人》误作"福州长溪县(今福建霞浦县)人"。淳熙五年(1178)进士,累官司农寺簿。《陆子学谱》卷九有杨楫"初学于朱子,复问学于先生,其归也,先生为序以送之",则杨楫师从朱子亦早矣。《宋元学案》梓材案:"《万姓通谱》中本云:'与杨方、杨简俱师事朱文公为高弟,时号"三杨"。'杨提刑方见后。慈湖则非朱子门人。谢山《奉临川帖子》云:'若罗文恭公点、刘少保伯正、李参政性传、杨漕使楫俱以集中偶有过从,而遽为著录,并列文恭之子为再传之徒,愚皆未敢以为然。盖此乃作《考亭渊源录》者之失。凡系朱子同时讲学之人,行辈稍次,辄称为弟子,其意欲以夸其门墙之盛,而不知此诸儒所不受,亦朱子所不敢居也。'据此,则先生当非朱门弟子,或在讲友之列。然考黄勉斋《记杨恭老敦义堂》云:'吾与通老从游于夫子之门二十年矣,通老长于吾十年,而首与之交相好也。'则先生尝受业于朱门矣。恭老,通老兄,名梓。"以黄榦淳熙三年(1176)从游,则杨楫当同时前后。考以诸史籍,杨楫当为门人。宋樵川樵叟《庆元党禁》:"台谏汹汹,争欲以熹为奇货,门人杨楫闻乡曲射利者多撰造事迹,以投合言者,亟以书告熹。"田中谦二考以《语类》所录,以为杨楫与郑可学1187—1191年间同时师从朱子。

绍熙三年（1192）五月朱熹《答黄直卿》就有"通老过此，留三日，已过去矣，诚实可敬，但业未甚修耳，亦非细事"。嘉定四年（1211）杨楫刊印《楚辞集注》，作跋有"庆元乙卯（1195），楫自长溪往侍先生于考亭精舍，时朝廷治党人方急"，《实纪》转引此句。庆元年间，朱熹以禁伪学避地长溪，客居杨楫家，讲学石湖观。庆元五年（1199），朱熹《答林正夫》言："今兹杨通老来，忽奉手诲之辱，假借期许，既非愚昧之所敢当，而执礼过恭，尤使人恐惧踧踖，而无所避也。……通老在此，相聚甚乐，比旧顿进，知有切磋之益，惜其相去之远，忽起归兴而不可留也。"《文集》《语类》多及杨通老问学。杨楫为人刚直，沉毅好学，有乃师风范。深得朱熹器重，与杨通老谈论别籍异财法等。钱曾《述古堂藏书目》言《楚辞考亭辨证》有嘉定四年同安郡斋杨楫刊本；姜亮夫云："考《辩证》单刻本以熹门人杨楫所刻为最早。"宋人据杨楫事迹绘制《杨通老移居图》，由林希逸题诗，刘克庄题跋。

张泳　长溪

【小传】　张泳（？—1238），字潜夫。号省斋，又称"墨庄先生"。《朱子门人》未列。宋淳祐五年（1245）析长溪县地，置福安县，甘棠地域分属福安县，故时张泳户籍为长溪县（今福安）人。早志濂洛之学，家居教授，多有显达。《万历福宁州志》言宋庆元间，朱熹"以禁伪学避地于闽至长溪，主黄榦杨楫家皆有遗墨，从学者甚众，而黄榦、杨复、林湜、杨楫、高松、陈骏、郑师孟、龚郏、张泳其最著者也"。李心传《丙子学易编》有"张泳记《晦庵语录》，云成性谓未尝作坏存，存言常在此，存之又存"。《万历福安县志》记载，宋庆元三年会试，主考官以"言性论策，问伪学"为试题。泳公力排异说，独立朱熹之学为正宗。阅卷官员赏识其文，有司读其文惊异，"以为冠场"，但不敢例取。旋在福州养正书院讲学。其后闭门谢客，专心著述。宋吕中《宋大事记讲义》卷二："张泳可以暗合伊洛之说矣。"

【著作】　有《一得录》《礼记遗说》《左氏纂类会粹》《古今事类》二百卷，集关洛诸儒语为《传心直指》十卷，《四愚斋类稿》《省斋录》《墨庄文集》。

二、建宁府门人

【按语】《闽中理学渊源考》"朱子建宁门人"按语有:"宋初,杨文公以文章节义倡南方人物之始,厥后游广平、胡文定述中州学派之源,至朱子迁寓建阳,学徒云集,亲承指要者蔡氏父子为盛,若崇安建阳刘氏一门,忠节彪炳,儒术尤章,至未造西山真氏补直张皇,其登第之年皆在庆元之代,时学禁方严,未及门墙,后与詹元善、蔡节斋诸公互相往复,殆私淑诸人者与。"濂、洛之后,将乐杨时、建阳游酢道学南传,由杨时而罗从彦继而(延平)李侗,道脉不断,直至晦庵,集于建、邵、剑三州,尤以崇安、建阳、建安、剑浦、浦城、邵武(县)等地组成的闽北。另有崇安胡安国(文定)为首的"胡氏五贤"等开辟建州理学。闽北同时道南龟山学派、武夷学派、艾轩学派等理学学派共存。张守《毗陵集》有"惟昔瓯越险远之地,为今东南全盛之邦"。建州为区域性的文化中心地带,进而,由闽而及南方乃至全国。朱熹以为此时"天旋地转,闽浙反居天下之中"。《清仁宗实录》卷八十九载引福清叶向高亦说"海内皆离秦之苦而闽独未蒙汉之化",但"海内皆蒙宋之化,而闽独得宋之宗"。而丘浚《大学衍义补》辨正,"闽浙在东南海尽处,难以为中,朱子盖以声明文物通论天下,非论地势也"。此亦一说。朱熹教化八闽,播种理学,门人后学,接踵而至,薪火相传。

蔡元定　建阳

【按语】蔡元定一门四代,世称建阳"蔡氏九儒",光绪建安朱紫佩盥沐《敬序潭阳蔡氏九儒书序》:"牧堂公起家理学,淹贯古今,博通天地,以精星象河洛之学而儒。西山则读父书,扶圣道,包括众有,得考亭心传之学而儒。节斋著太极图诸书以参阴阳变化之理而儒。复斋春秋五论以明王霸,严笔削之义而儒。九峰注《尚书》以得帝王谟诰之旨而儒。素轩、觉轩、久轩、静轩则各有传书,以羽翼经传而儒。祖孙父子,遥遥数千年与虞廷争光懿。欤!何其盛也!"蔡氏九儒,或隐或仕,笃信体道,王遂《蔡渊墓志铭》:"西山以易授节斋,以春秋与复斋,以皇极命九峰,兄弟一门自相师友。"周学健《蔡氏九儒书序》："周程张邵诸贤并生宋代，子朱子集其成以折中之，蔡氏诸儒复承朱子之学而光大之。朱子之门人四百有奇，季通先生为之冠。"周培谨《重修蔡氏九儒书序》则以为"承朱子之传者，蔡季通先生为之冠，而又有牧堂老人以开之，节斋、复斋、九峰以辅之，素轩、觉轩、久轩，静轩以光大之。知天钟秀一门者独盛，而祖父师友之渊源为有自也"。蔡氏学派聚徒讲学，继承闽学之脉，汇《建阳蔡氏九儒书》，涉及理学、易象、天文、地理、礼乐、兵制、度数等。西山蔡氏学综二程、张载、邵雍与朱熹，兼义理和象数之学，尤重《易》学。《闽中理学渊源考》卷二十五转引《翁易行实述》云："《易学启蒙》一书，季通研精覃思屡年，而后就晦庵复删润之，始克成书。他如《近思录》之所讨论，《伊洛渊源录》之所类集，《通鉴纲目》之所草定，《太极通书》《西铭》之所讲辨，季通靡不尽心，故每称其考订精密。"又《宋元学案》卷六十二《西山蔡氏学案》论说："濂溪、明道、伊川，讲道盛矣，因子明理，复有一邵康节出焉。晦翁、南轩、东莱讲道盛矣，因子明理，复有一蔡西山出焉。孔孟数人，言理不言数，邵、蔡二子欲发谱子之所未发，而使由与数灿然于天地之间，其功亦不细矣。"朱熹说："造化微妙，惟深于理者识之，吾与季通言未尝厌也。"《蔡氏九贤著述书名纪略》曰："蔡氏九贤，著述甚富，惜今无全，而文公叙述伊、洛诸儒遗言，季通之力为多。"理宗赠蔡元定曰："蔡元定，志气豪迈，性禀高明，赋材卓绝，道德取法于当时，造诣精纯，模范仪型于后世。"真西山先生撰《九峰墓志》云："凡性与天道之妙，他弟子不得闻者，必以语季通焉，异篇奥传、微辞邃旨，多先令寻讨，而后亲折中之，故尝辑其问答之辞，曰《翁季录》者。盖引以自匹也。"刘爚撰墓志铭赞曰："先生天资高，闻道早，于书无所不读，于事无所不究，明阴阳消长之运，达古今盛衰之理，礼、乐、兵制度数，皆正其流而合于一，方技曲学，异端邪说，能悉跋其根，而辨其非。"又言："先生居家以孝悌忠信仪型子孙，而教人也以性与天道为先，自本而技，自源而流，闻者莫不兴起。"朱熹自有曰："惟君学通古今，道极渊微，精诣之识，卓绝之才，不可屈之志，不可夺之节，有不可穷之辩，有继往开来之功，今不可复得而见之矣。"蔡元定被誉为"朱门领袖""闽学干城"，当为朱熹理学的主要创建者之一，由此可知朱子学实为集体智慧结晶，非朱子一人之力。元定之子蔡沈创"九峰学派"。宋理宗评价说："蔡杭器识宏深，才德优良，廉能昭著中外。"熊禾《蔡氏族谱正集原序》赞曰："道统所继，孔门唯曾子独得其传？朱门唯蔡西山为正宗。"故而，蔡氏一门九儒，无愧朱子学的共创者与承继者。但两人属于亦师亦友的关系，何景明说："先生于容思先生，其始若张横渠之于范仲淹，其后若蔡元定之于朱紫阳也。"

【小传】 蔡元定（1135—1198），字季通。《朱子门人》误作"号牧庵"，学者称"西山先生"，谥文节。建州建阳人。詹体仁《蔡牧堂公墓表》言："季通生而聪睿超群，高出常儿。"父蔡发构筑书屋显庆堂，授以《西铭》、二程《语录》、邵氏《经世》、张氏《正蒙》，明蔡元定象数之学是出于其家传。

蔡元定从学朱熹的时间多有争议，《年谱长编》依文集《答许顺之》《答陈齐仲》《答何叔京》及《共学书院志》录《蔡元定次晦翁韵》诗等，其尤《文集》三十七《答许顺之》"山间有一二学者相从，但其间绝难得好资质者。近得一人，似可喜，亦甚醇厚，将来亦可望也。斋舍迫狭，已迁在圭甫屋后佛顶庵中相聚矣"，以为从师时间在乾道二年（1166）六月。《朱子大传》又作"乾道元年"。然此番考证唯《蔡元定次晦翁韵》关联，其余难以为证"近得一人"必是蔡元定，范念德亦在乾道二年六月来学。另有元刘应李《蔡氏诸儒言行录序》所说"绍兴间，遇朱文公于五夫而师之"，以及刘爚《西山先生墓志铭》则言"乾道间，见文公于崇安"，过为宽泛。陈代湘《圣心苦雨——朱熹传》①主乾道五年说。《中和旧说序》所云："乾道己丑（1169）之春，为友人蔡季通言之问辨之际，予忽自疑斯理也。"此为朱子《文集》中于蔡氏有明确时间的记载。朱子与西山均提及相处四十余年。《朱文公文集》别集卷二《答刘公度》言蔡元定"交游四十年，于学无所不讲"。蔡元定《西山集》临终别文公书："定辱先生不弃，四十余年随遇，未尝不在左右，数穷命薄，听教不终。"《闽中》言"西山先生之学得之晦庵文公，相从讲授阅四十年"。故以绍兴二十八至二十九年（1158—1159）为从学当有依据。

蔡元定向朱熹问易，朱熹与之论学，曰"此吾老友也，不当在弟子列"，以师友相待。凡讲论诸经奥义，诸弟子所不得闻者，必以语先生。四方来学者，必俾先从先生讨论，而后折中之。元定又与楼钥、刘炳等为友，往返论学。朱熹尝曰："熹疏释四书及为《易》《诗传》《通鉴纲目》，皆与元定往复参订；《启

① 陈代湘：《圣心苦雨——朱熹传》，北京燕山出版社，1997 年。

蒙》一书，则属元定起稿。"助朱熹注释《四书》，编写《伊洛渊源》《诗集传》《近思录》《易学启蒙》《太极图说解》《资治通鉴纲目》《周易参同契考异》等著作。一生不干得禄，以圣贤为师，竭尽股肱之力。朱子与西山有一百多通书信，内容广泛涉及四书、易经、音律、印书、校书等各个方面。蔡元定"于书无所不读，于事无所不究，义理洞见大原，下至图书、礼乐、制度，无不精妙。古书奇辞奥义，人所不能晓者，一过目辄解"。尤重《易》学。《学统》卷之十九引黄瑞节言："西山先生始终以《易》疏其说，于是微显阐幽，其说大著。学者由蔡氏而知《经世》，由《经世》而知《易》，默而通之可也。"清王植说："蔡西山《纂图指要》所疏最为醒畅，较邵伯子之说更优。故各图说一以西山为主。"①

【著作】《大学说》《大衍详说》《律吕本源》《律吕新书》《燕乐原辨》《燕乐原辩》《皇极经世指要》《太玄潜虚指要》《洪范解》《八阵图解》《家引经引义》《地理发微论》《阴符经注解》《〈玉髓真经〉发挥》《气运节略》《脉书》以及《翁季录》等十七部著作。《律吕新书》《皇极经世旨要》《八陈图说》等十四种书于世。

蔡渊 建阳

【按语】《弘治八闽通志》言"渊既受学家庭，而又遍友黄榦、张洽诸贤，清修苦节，有父风，与弟沈躬耕不仕"，长于易学。蔡沈《周易经传训解·后序》评其易学，"《易》有太极之说，知至知终之义，正直义方之语，皆义理之大原，为后学之至要，实发前贤之所未发"。论易理本于朱熹说，论数则本西山家学，于师说能通其变而酌其平。陈淳《北溪大全集·书·答郭子从一》对蔡渊之易学评价则不高，认为其训释虽详尽条理，但义理旨归未超越王（弼）、韩（康伯）、老庄。其学继承发挥先贤学术，朱子诸多门人亦随其游，执无愧朱子干将。且如真德秀《西山文集》卷三十六《跋蔡节斋题张生所画文公像》有谓："节斋之学，能言文公所未尝言。"

【小传】 蔡渊，《节斋公集》附录王遂《节斋先生墓志铭》载逝于"端平

① 王植：《皇极经世书解》，《四库全书》影印本，上海古籍出版社，1987年。

丙申二月十一丁酉日辰时，享年八十有一"，则蔡渊生卒为1156—1236，《朱子门人丛考》有考。《朱子门人》误生于1148年。字伯静，号节斋。元定长子。《朱子门人》以《经义考》"作（建宁府）建安县（江西永修县）人"，显误将福建建安作"江西永修"。王遂《墓志铭》言："其生也聪明，其质也纯粹，气和而劲，辞简而严。穷天地之理，尽人物之性，博通五经，遍览子史，幼遵西山之训，长游文公之门，凡义理之大原、经史之要领、诸说之异同，皆咨于父师而讲明焉。……文公高弟黄榦、廖德明、张洽、万人杰、辅广、陈孔硕既折年辈以从之游。"又言："先生于易、中庸、太极说，最所加意，更定数四，曰：'动静者，太极，生生之节'，此其绝笔也。"《宋元学案》梓材谨案："节斋兄弟皆朱子门人，而实本于家学，故以家学标之。"以答书有论及成书于淳熙十三年（1186）《易学启蒙》校刻，最迟此年已经从学。曾先后在朱熹的武夷精舍、建阳精舍从学。从朱熹《答曾景建》所言"《参同》旧本，深荷录示，已令蔡伯静点对，附刻新本之后矣"，知朱子命蔡渊校正《参同契考异》，并刊刻于建阳。朱子与答书多涉及易学律书。《墓志铭》又以黄榦、廖德明、张洽等"折年辈以从之游"，杨复、李燔、叶采等"执经抱疑，以质其学"，"真德秀参大政，欲以大学为对，先生以为赞之，以事则理有据而言之易入不然无益。真公深敬服"。

【著作】《周易训解》，王遂《节斋先生墓志铭》称《易传训解》；《易象意言》《卦爻词旨》《古易协韵》《大传易说》《象数余论》《太极通旨》《四书思问》等书行世。

蔡沉　建阳

【按语】蔡沉以"慎独"为座右铭，承父《春秋》之学，力传《春秋》。《朱文公文集》卷七十八《复斋记》以为："古人之学博文约礼，明善以诚身，必格物而知至，而后又以诚意而正心焉。此夫子颜曾子思孟子所相授受而万世学者之准程也。仲本诚察于此，有以两进而交养焉，则夫道学之体用，圣贤之德业不在仲本，而安归乎？"熊禾《春秋五论》序云："此书，诚道德仁义之言，经论康济之学，其发明天命人心之懿，敷扬圣经贤传之旨，阐笔削之谨严，辨褒贬之攸当。义利之明，书变之论，其要悉备，诚为学者之指南，复斋先生之功大矣！"蔡沉注《春秋》为科举重要权威。

【小传】 蔡沉（1159—1237），字复之，号复斋居士，自号一庵居士。元定次子。《经义考》卷七十引宋徐梦发所言："西山怜外表兄虞英无子，与之为嗣，更名知方，从母命归宗。入则受教家庭，出则从文公学。"及领乡举，从母命归宗。《朱子门人》单列"虞知方"，不以为门人，实将"虞知方"与蔡沉误为两人。建宁建阳（今属福建）人。官至文林郎、两浙运干。蔡沉《春秋五论·序》自谓："庆元丁巳（1193）春，先君谪春陵，以《易》授兄渊，以《皇极》命弟沈，着沉承乎《春秋》。"蔡沉《复斋记》载其告之朱子："吾之幼而学也，家公授以程氏之书，读之而有不得于其说者，则以告，而愿请疏焉，公曰思之，又问则曰反诸尔之身以求焉可也，自吾之得是言也。"《朱文公文集》续集卷三《答蔡伯静》有"前日八哥来访，辱书具悉，此事不竢见属，但适此瘠默，不容发口，已尝托八哥奉报矣"。《蔡氏九儒书》征引该书下注有"八哥指复之"。《朱文公文集》卷四十四《答蔡季通》："别后得到丰城及宜春书，知途中诸况，足以为慰。但至今尚未闻到春陵，复深以为悬念。此亦时得一哥书，八哥前日入城，亦过此。"书作于庆元三年（1197）蔡元定启程编管道州不久，蔡沉又见朱子。《西山文集》卷三十三《跋虞复之春秋大义》称"其学固蔡氏之学也""春秋则属知方焉"，其以屡世家传心学，乡邻质疑者。《经义考》卷一百八十九引熊禾言"复之师事文公朱先生，及受家庭父兄之教，隐于西山前湖书室，聚徒谈道相乐，自号一庵居士，复斋先生，其学者之所尊云"。

【著作】《春秋别议》《春秋五论》,《复斋公集》一卷。

蔡沈 　建阳

【按语】《宋史》列传第一百九十三《儒林四》言："《洪范》之数，学者久失其传，（蔡）元定独心得之，然未及论著，曰：'成吾书者沈也。'蔡沈参考众说，融会贯通，折中微辞奥旨，发明先儒之所未及。"周学健序《蔡氏九儒书》云："学圣必从朱子始，则学朱子又必从读季通、仲默诸先生之书始。"《经义考》卷八十二引何乔新语："自汉以来，《书传》非一，安国之注类多穿凿，颖达之疏惟详制度。朱子所取四家，而王安石伤于凿，吕祖谦伤于巧，苏轼伤于略，林之奇伤于繁。至蔡氏《集传》出，别今古文之有无，辨《大序》《小序》之讹并，而后二帝三王之大经大法灿然于世焉。"理宗《赠蔡沈太子少师诰》称其"以西山为之父，家传正学之灯，以考亭为之师，面受斯文之印……有弘济艰难之才，得兼资文武之彦"。

【小传】 蔡沈（1167—1230），或作"沉"，字仲默，世称九峰先生，谥文正。西山元定季子。蔡沈得家学于其父，与伯兄渊、次兄沆皆师朱熹，倍守朱熹之说。《宋史》传云：少从朱熹游，师事朱熹于白鹿洞书院。年仅三十，屏举子业，一以圣贤为师，隐居九峰。竹林精舍、沧洲精舍时期均有问学。《书集传·序》云"庆元己未冬，先生文公令沈作《书集传》"，《书集传》成，为元明清士人必读课本与科举依据。蔡元定《临终别文公书》言"沈子归可收而教之幸甚。"朱子临终，蔡沈与林子武等伺旁。真德秀《九峰先生蔡君墓表》，著述讲学，蔡沈专习《尚书》，历数十年受父命著《洪范皇极》，以"数""理"为本源，自成一脉。

【著作】《书集传》《洪范皇极》《蔡九峰筮法》，明蔡有鹍《蔡氏九儒书》辑其诗文为《九峰公集》一卷。

蔡模 建阳

【按语】 觉轩受学考亭，其所采之粹美精确，实皆符合朱子晚年定论，言语行事皆以传播朱子学为己任。

【小传】 蔡模（1188—1246），字仲觉，号觉轩，九峰长子。授建宁府学教授。颖悟庄重，以理学制道自尊，弃举子业，励志圣贤之学，《觉轩公集》附录宋翁合《蔡觉轩先生墓志》，言"隐居笃学，一以圣贤为师。先生平日与诸兄弟以义理相切琢，家庭之内仿佛洙泗伊洛之中，每有所疑，必相与辩析，以求至当之归"。《宋史·理宗纪》"诏：朱熹门人胡安之、吕焘、蔡模并迪功郎本州州学教授，给札录其著述，并条具所欲言者以闻"。其弟蔡杭《荐象山书院阳、饶二堂长章》有"欲乞照朱文公门第胡安之、吕焘、蔡模例，命以初品分教郡学，仍充白鹿书院堂长"，《申省状》又言"先兄模隐居安贫，著书授业，昨蒙公朝念其为先儒朱熹学徒"。真德秀《蔡仲觉名字说》："仲觉之幼也，文公先生命之曰'模'，及其长也，又训之以伊尹之觉，先生之微指果焉在耶！"赵汝腾《庸斋集·蔡觉轩论语集疏序》："觉轩则其先大父西山与诸父九峰、节斋皆尝从文公游,而身又及事焉。"《庸斋集·蔡模易集义序》称"若觉轩者,可谓善学文公者"。故蔡模为朱子门人。

【著作】《易传集解》《大学衍》《论语孟子集疏》《河洛探赜》《续近思录》。《感兴诗注》(又名《文公朱先生感兴诗》)一卷,朱熹撰、蔡模注。明蔡有鹍《蔡氏九儒书》辑其诗文为《觉轩公集》一卷。《南溪书院志》言蔡觉轩作《文公年谱大略》。

蔡杭　建阳

【按语】　蔡杭学于家庭,用力于致知诚正之本,讲治国平天下之道,学识宏深,才德优良,精通经术,忠直敢言。其性禀高明,器识宏深,才德优良,廉能昭于中外,孝友孚于亲疏。得考亭之传,于父兄师友其学渊以深,其德玉以粹,其节则严霜烈日,其容和风庆云。

【小传】　蔡杭(1193—1259),《宋史》、周密《癸辛杂识·徐霖》、明刻本《真西山集·九峰墓表》等作"蔡抗",《朱子门人》以蔡杭为误。粟品孝《朱熹与宋代蜀学》[1] 以为"《宋史》本传'杭'为'抗',钱大昕《十驾斋养新录》卷十四已证其非"。然以文献所记及蔡氏家族的字辈知应以"杭"字为正,而"抗""杭"古为一字。又如黄保万《蔡氏族谱与文化研究》所引《久轩文肃公立朝事实》以为"因上迁都杭州,避杭改名为抗"过于臆断。字仲节,号久轩。九峰先生次子。仕至端明殿学士。卒,谥文简,以犯祖讳更谥文肃。叶采《文肃公墓志》以为"其家学源流之远也可见矣"。有因"朱熹死时仅数岁而已"而不以为门人。蔡杭以朱门弟子自居,其《广东宪司周濂溪先生祠记》言:"昔先师朱文公作《濂溪周夫子祠堂记》。……杭学于朱子者也,酌泉知脉,元公于杭有罔极之恩,谊弗敢辞。"[2]《上殿轮对札》亦载:"臣闻之先师朱熹曰:天下之势有消长、宾主之不同,方其复而长也,一阳为主而五阴莫之能遏。及其姤而消也,五龙天矫而不足以当嬴豕蹢躅之孚,岂不甚可畏哉?"[3] 蔡杭《白

---

① 粟品孝:《朱熹与宋代蜀学》,高等教育出版社,1998年,第190页。
② 蔡有鹍、蔡重增辑:《蔡氏九儒书》,第839页。
③ 蔡有鹍、蔡重增辑:《蔡氏九儒书》,第825页。

鹿洞书院祝文》又谓:"杭少蒙义方,蚤闻师训,诚身絜矩,未知能信。"①。再蔡杭《饶州刊朱子语后录后序》明言"淳祐戊申,杭将诣江东,鄱阳洪叔鲁芹以其外大父吏部杨公方手所录《寒泉语》见示,既又于安仁汤叔逊次得其家藏包公扬所录。二公在师门为前辈,所录尚未编入,则所遗者亦多矣"。晁公武《郡斋读书志》有"录晦庵先生之语也,蔡杭将诣江东集而刻"。宝祐三年,蔡杭向理宗进《律吕新书》和《书经集传》,敕赐"庐峰书院""西山精舍"匾,御书"西山""庐峰",由杭公刻于建阳二山岩上。

【著作】《朱子语录》。

陈总龟　建阳

【按语】《渊源录》《道南源委》言陈总龟从朱子学,"无不贯通",朱子《答蔡季通》以为其"说琴为陋"。

【小传】陈总龟,字朝瑞。《闽中》《民国建阳县志》作"建宁府建阳人"。《八闽通志》作"瓯宁人"。以朱子《聚星落成》诗自注云"仲卿、朝瑞及刘范二兄,相与继作。熹幸以卜邻,得陪胜集",聚星亭在沧洲精舍东边,陈总龟父陈升之建,故为建阳人不误。登绍熙四年进士,授永丰尉,未赴,卒。诸史籍皆以为居与朱文公邻,壮老相从,文公尝与书勉之,问答不下百余章。明杨应诏《闽南道学源流》亦谓:"从文公游,居与文公邻,壮老相从于学,家藏文公往来书帖甚众。"《朱子门人》以陈总龟年长朱熹,且朱子不称其名而称字,认为陈总龟与朱熹为师友之间。然而,真德秀《西山文集》卷三十六《跋朱文公帖》谓:"陈君少仙总龟,字朝瑞,先生之门人,而詹公之所友也。"真德秀视为门人,言陈总龟与詹体仁友善。

【著作】《论语解》《大学儒行编》。

范念德　建阳

【按语】　朱熹新说建立,其门徒既是受教育者,也是研究参与者。门人

① 曾枣庄、刘琳编:《全宋文》,第114页。

贡献不一。朱子与何镐、范念德、林用中、徐元聘等共商《孟子集解》。范念德与黄榦、蔡元定、林用中等理学造诣相伯仲。朱子谓范念德《杂说》曰："持守不差，见理渐明。"黄榦《祭范伯崇文》曾谓："资简严济以怡愉，早登师门，诎首受书，致知力行，无替厥初。榦也凡庸，从师以居，所敬惟公。"范元裕为朱子女婿，然史籍所载寥寥无几，甚是困惑。

【小传】 范念德，字伯崇。知泉州范如圭之子。《闽中》《朱子门人》作建宁府建安县人。方彦寿《朱熹书院与门人考》作"建宁府建阳县人"。时建安县与建阳县并存。然朱熹据《范直阁墓记》范如圭"大父以上世家建州建阳县之由原，先大夫始居潭滨"，建阳又称潭城，故范念德当为建阳县人。居邵武。娶刘勉之次女，为朱熹姻弟。仕终宜黄令。《年谱长编》据《答何叔京》书二、《答许顺之》书十及《答张敬夫》，以为乾道二年（1166）六七月范念德自邵武来学。"乾道二年（1166）九月，始悟'主敬'思想，有源头活水诗自咏，其思想飞跃。"方彦寿《朱熹书院与门人考》则依《文集》卷三十九《答范伯崇癸未》题下注撰于癸未年（1163），以为"此为范氏问学朱熹的最早年月"。然撰于隆兴元年《朱文公文集》卷三十九《答许顺之》言"伯崇去年春间得书，问《论语》数段，其说甚高妙，因以呈李先生。李先生以为不然，令其悫实做工夫，后来便别"，伯崇于绍熙三十二年（1162）已问学。而早在绍兴三十年（1160）六月范如圭卒，范念德兄弟来询丧祭礼，朱熹作《答范伯崇》，有"此则伯崇所当勉也，更思之"，此如是请教，当是伯崇已从朱子学。《朱文公文集》卷三十七《与范直阁》云"四月一日领所赐教帖"，"但今日方闻伯崇欲以初三、四日行，迫遽未暇抄录所记"讨论忠恕，而《朱子语类》卷二十七："或问：先生与范直阁论忠恕还与《集注》同否？曰：此是三十岁以前书。"故为朱子二十九岁的绍兴二十八年（1158）四月。故范念德最迟1158年从学朱熹于崇安五夫里。王懋竑《朱熹年谱》、蔡觉轩《文公年谱大略》、朱子《答许顺之》书十记载："此间穷陋，夏秋间伯崇来相聚，得数十日讲论，稍有所契。自其去，此间几绝讲矣。更有一绝云：'半亩方塘一鉴开，天光云影共徘徊。问渠那得清如许？为有源头活水来。'"可证范伯崇、林用中、何镐、蔡元定等前往五夫，讲论经义东湖月数月。乾道三年（1167）八月，范念德与林择之等同随朱熹访张栻于长沙会讲三月，论"太极""中和"之义，同游南岳。其间"范念德侍行，尝言二先生论《中庸》之义，三日夜而不能合"。束先生《朱子大传》以为朱张"论《中庸》之义，三日夜不能合"系范伯崇偶见，似为范伯崇重点举例而已。三月会讲，有重心，亦有散论，不足而全，非范所见全部，可参《南岳酬唱集》。归途吟唱不绝，集为《东归乱稿》。乾道九年（1173）朱子为范念德作《尽心堂记》。淳熙二年（1175）四月，时任庐陵主簿范念德参加朱熹与吕祖谦寒泉精舍之会。五月，又随朱熹赴铅山鹅湖之会。同行宜春主簿刘清之、临川太守赵景明、太平州司户进士赵景昭、泉州安溪主簿何叔京、德安府司户进士邹斌等官员，及蔡元定、张公庠等。祝穆《朱文公易簀私识》言朱子临终之际："至于先生疾革，则惟仲子监酒公侍，而季子侍郎公时方调官中都，先生首索纸笔，作季子书与之诀别，次作勉斋黄公书，又其次欲作退守范公书，则手弱不复能运笔，亟命仲子代书，尚力疾涂窜一二字，且拳拳皆以编辑《礼书》为嘱，才扶就枕，奄然而逝。今《年谱》所书乃谓'先作黄范二书而后作季子书'，则其事失伦，何以垂范？"蔡沈《朱文公梦奠记》："诸生退，先生作范伯崇念德书，托写《礼书》，且为家孙择配。"《宋史》载："疾且革，手书属其子在及门人范念德、黄榦，拳拳以勉学及修正遗书为言。翌日，正坐整衣冠，就枕而逝。"朱子亦与范念德相友善，尊敬不已，《朱文公文集》卷四十《答何叔京》言"见所与伯崇讲论，敬仰之深。然有少疑，尝与伯崇论之，恐未中理，更乞垂谕，以警不逮"。俨然亦师亦友。

【著作】《杂说》。

范元裕　建阳

【小传】　范元裕，字益之，范念德之子。朱子三女婿，时约淳熙（1189）末。进士。初有家学，从学于李燔，后师从朱子。《语类》所记范益之问学非只限孟子、子路与禹之圣贤，又及五峰说禹无间然矣章等。蔡九峰《朱文公梦奠记》言朱子临终初八日癸亥，精舍诸生来问病，时在座者林子武夔孙、陈器之埴、叶味道贺孙、徐居父宇、方伯起、刘择之成道、赵惟夫、范益之元裕及沈。与其同学者，另有陈淳、李唐咨、黄义刚、陈易、刘子寰、林用中、刘用之、吕焕等人。《克斋集》有《答范益之书》。

江嗣　建阳

【按语】　江文卿博识群书，朱熹称誉甚高，《语类》卷一百四十载以为"文卿有格律入规矩底诗好"，《朱文公文集》卷九《寄江文卿刘叔通》"文卿句律如师律"，同时《语类》卷一百一十四又曾批评"文卿病在贪多欲速"。

【小传】　江嗣，字文卿。《闽中》《儒林宗派》等以"文卿"为其名。《朱文公文集》卷九十二《夫人虞氏墓志铭》载："其夫人虞氏，亦有贤德，后公四十有一年卒，其嗣子明将以淳熙甲辰二月庚申朔旦，葬于其居里普光之原，而使介子嗣奉书及承议郎同里贾君应之状来请铭。予家建阳、崇安间，距夫人之居不百里，盖得与夫人二子游，因得讲闻夫人之行事而窃高仰之，独恨未及进拜堂下而夫人没，今乃幸得托名立石以诏后世，其何敢辞！"知虞氏二子江明与江嗣。朱熹《文集》卷九十三《江君清卿墓志铭》谓："前期，其弟嗣以书致，今临江通守贾侯应之状来请铭。……予独有以知君之志，其所以为欣戚者，有不在是也，然则文卿之托铭于予也，岂不有以也哉？"又知江嗣即文卿，亦可确认江嗣，字文卿。以《夫人虞氏墓志铭》朱熹"予家建阳、崇安间，距夫人之居不百里"。《朱子文集》卷八十三《跋李勉仲诗卷》言"文卿，从礼（李勉仲）子婿也"。以朱子作墓志铭，疑江嗣兄江明字清卿，亦为朱子门人。

朱子《文集》与《语类》有《丘子服来访道间得古梅折以为赠，刘叔通、江文卿俱来，各有佳句，因各次韵为答三首》《寄江文卿、刘叔通》，均将江文卿与刘叔通并举，刘为建阳人。《道南源委》载"建阳人"。朱子《跋李勉仲诗卷》："晚岁来居考亭，往茶坂，得江文卿而与之游。……庆元乙卯三月晦日，新安朱熹书。"茶坂在建阳黄坑，由此江文卿为建阳人。并朱熹早得与夫人二子游，淳熙十一年（1184）江嗣与江明同访朱熹为其母求铭，淳熙十四年江嗣文卿请朱熹为兄江明求墓志铭，当在淳熙十一年（1184）前已经从学。《语类》卷一百二十载："江文卿博识群书，因感先生之教，自咎云：'某五十年前，枉费许多工夫，记许多文字。'"又载："谓江文卿曰：'多闻，择其善者而从之；多见，而识之。'"黄震《黄氏日抄》卷五十八《跋江文卿画梅》："江文卿，吾党士之骚者也，嗜梅特甚，品别异态，手自图之，复手自为之词，使人披展注视，一唱三叹，洒然神化，犹将身与梅一。况文卿胸中之自得者乎？"

此可见其学术观念。江嗣工于诗作。

刘玶　**建阳**

【按语】崇安建阳刘氏，世系传承，闽北望族，以刘翔为始迁祖，宋儒刘玶、刘学古、刘学博俱出该族。忠显公刘韐、忠定公刘子羽、忠肃公刘珙，号为崇安五夫里三忠，忠节彪炳，儒术尤章。《闽中理学》列崇安刘氏家世学派，屏山、草堂二先生又以师资付授紫阳，以圣贤之学相砥砺，此其学问源流所以复出于侪辈也。《宋史·朱熹传》云：“父松病亟，尝属熹曰：籍溪胡原仲（即胡宪）、白水刘致中（即刘勉之）、屏山刘彦冲（即刘子翚）三人，学有渊源，吾所敬畏。吾即死，汝往事，而惟其言之听。白水、籍溪、屏山三先生，晦翁所尝师事也。”清李廷钰《重刊屏山全集序》言：“宋刘屏山先生，朱子师也。先生之学得朱子而集成，朱子之学由先生以驯致。”屏山先生学尤深于《易》。五夫里，人称为朱子理学的摇篮，慕名前来崇安五夫里就学者蔡元定、蔡沈父子、黄榦、林择之、翁易、祝穆等。刘玶、刘学古、学博等俱从文公游。后人中才俊迭出，多为理学贤才与从教者。

【小传】刘玶（1138—1185），又名瓒，字平父、平甫，刘子羽之季子，子翚之继子，事母以孝闻。历任从事郎、修职郎、邵武军司法参军。后辞官隐居，在武夷山下筑七者之寮，自号“七者翁”。朱子五夫社仓竣工，朱熹举荐刘复、刘德舆、刘琦、刘玶四人管理，制订《仓规》。《宋元学案》等未列为门人，《朱子门人》以为讲友。《鹤林玉露》载朱熹出入刘家辅导刘玶事迹。《朱文公文集》卷九十二《从事郎监潭州南岳庙刘君墓志铭》自言“初尝受学于平甫先君子之门，因得与平甫相长大。其后平甫诸兄游宦四方，平甫多家居不从，以故予与平甫又独得久相与，于今四十有余年矣”。《朱文公文集》卷三十七《与刘共父》言：“近略到城中，归方数日。见平父示近问，承寄声存问，感感。”绍兴二十三年，朱熹同安任上，《朱文公文集》卷四十《答刘平甫》曰：“比日读何书？讲论切磋之益，想不但文字间也。上蔡帖中儒异于禅一节，道间省记，颇觉有警。试相与究之，见日面论也。”又《与平甫书》曰：“学问之道，不在于多言，但默坐澄心体认，天理若见，虽一毫私欲之发，亦自退听矣。久久用力于此，庶几渐明，讲学始有力也。”又曰：“大率有疑处，须静坐体究，人伦必明，天理必察。于日用处着力，可见端绪，在勉之尔。"显为劝导平父罢惰，勤于笃学之言。刘玶与朱熹亦师亦友。刘玶娶范如圭之次女为妻，六子刘学古、刘学博、刘学圃、刘学正、刘学箕、刘学稼，有称皆师从朱熹，《朱子门人》以为无据。刘玶于淳熙十二年六月病逝，朱熹作《祭刘平父文》《从事郎监潭州南岳庙刘君墓志铭》以寄托哀思。

【著作】 刘玶编刘子翚遗著《屏山集》二十卷，朱熹为之作序。另有诗集十卷。

刘学古　建阳

【小传】 刘学古，字尚之，刘玶之长子，屏山之孙，朱熹长女婿。淳熙间以特奏释褐补官务郎，主光泽簿，捕盗有功，授广西临桂县令。《民国崇安县新志》则言"以从父珙荫临桂令"，《闽中金石略》："县刘学古为朱文公婿，尝宰临桂。"《朱子门人》不以为门人，就《语类》卷一百二十所载杨道夫记："先生尝谓刘学古曰：康节诗云：'闲居谨莫说无妨！'盖道无妨，便是有妨。要做好人，则上面煞有等级；做不好人，则立地便至，只在把住放行之间尔。"《朱子门人》以为属训婿之词，"不得以此便是弟子，《语类》以为训门人过"，对《渊源录》《实纪》《宗派》《补遗》列为门人视为"标榜朱门"。而《语类》录刘学古入"训门人"，为早期文献，最具史料价值。为建阳崇化书坊同文书院，委付其子朱在、女婿刘学古刻印书籍。《语类》卷一百二十杨道夫记，《语类姓氏》录系杨道夫为淳熙十六年（1189）以后所闻。然以《考亭渊源录》等言刘学古早年随朱熹学习，又朱熹长女婿，当在早期门人。吴澄《吴文正集》卷十六《跋朱子所书陶诗》载，"观此写陶诗四首，与刘学古而卷末系以老氏之六言，盖其诗意出于道德经之绪余也"。

刘学博　建阳

【小传】 刘学博，刘玶次子，将仕郎。《宋元学案》《考亭渊源录》等仅言"弟学博，俱从文公游"。《朱子门人》以为无据。

刘玠　　建阳

【小传】　刘玠，字充父，刘子翼之季子。其性纯一，以儒学教授乡里，与詹渊、何大章友善。绍兴三十二年与朱熹等人游瑞岩。乾道四年朱熹作《送刘充父平父如豫章》。淳熙二年四月，《朱文公文集》卷七十八《百丈山记》言及与刘玶、吕叔敬、徐周宾等人同游百丈山。

刘崇之　　建阳

【按语】　宋时建阳刘氏与崇安刘氏分称西族、麻沙东族，《熊勿轩先生文集》①谓"曰德、曰功、曰言，皆有足为不朽者"，"族大蕃衍，诗书一脉不替益隆"，"节谊风烈　传在国史"，"以直言娉节，虽镌斤镬烹不避"。朱子从学屏山、瑞樟、白水三先生。西族建阳刘氏叔季子侄相继收儒科，或联贡于乡，建人语家学之盛，必曰刘氏。西族恒轩先生刘懋为刘爚父，与朱子同门，受学于屏山刘先生（刘子翚）、籍溪胡先生（胡宪）。朱子《跋刘子勉行状》以为其文章"意气伟然，音节华畅"。刘爚及弟炳从朱熹游，刊行四书，与黄榦、蔡沈、真德秀共为朱熹八闽四大弟子。刘懋、刘爚、刘炳及其后刘垕、刘钦、应李祖孙五代号为一门六贤。建阳麻沙和马伏两支刘氏后裔中，宋代有刘淮、刘爚、刘崇之、刘炳、刘填、刘铨、刘回、刘子寰、刘垕、刘应李等登进士第，深有家学渊源，传播朱学，著书立说，教化乡里。建阳刘氏家世一派发扬朱子之学不遗余力，可谓闽中先行。朱熹《答刘子澄》评说："居晦才力有余，晦伯、韬仲恐不及，然意趣则皆可喜。"崇之天资颖敏，居左塾读书三十年，未尝移他所，文章温润典雅有光。

【小传】　刘崇之（1154—1210），而《刘氏家谱祖崇之公传略》作1154—1211年。字智夫，又作智父，号瑞樟，卒谥文忠。刘颌（字子诚）之弟。饶干表哥，建阳麻沙人。饶干表哥。《朱文公文集》卷九十一《吕氏夫人墓志铭》系朱子为饶干母所作，言"崇之与干偕选"，同登淳熙二年举进士。梁克家知福州，檄摄幕，甚器之。与詹体仁等六人同荐于朝，后以户部郎中领宣抚两

①　《熊勿轩先生文集》，清正谊堂全书本，第30页。

司节制、提刑、右史。入建阳麻沙浔州太守刘中所创"樟塘书院"，刘崇之与刘子寰师从于朱子。朱子文集录有与朱子通信二十余通，多集中在淳熙十六及以后。以《语类》所记刘智夫时为太常卿曾与朱子讨论祧礼，绍熙五年（1194）朱文公罢经筵命从中出，崇之率同列请留之，辞极剀切。嘉泰元年（1201），知赣州，言者论周必大而牵连至刘崇之，因请祠，宋周必大《文忠集》附录卷一著有《朝议大夫权成都府路提点刑狱刘崇之》。其子刘纯义壮忠烈。

刘淮　**建阳**

【按语】《朱文公文集》卷八十三《跋刘叔通诗卷》云，叔通之诗"不为雕刻篆组之工，而其平易从容，不费力处，乃有余味"。又《朱子语类》卷一四〇谓其"放体不拘束底诗好""通叔诗情绝世情"。《后村先生大全集》卷九十七《嘉禾县图经》序云："南渡后，明臣巨儒接踵奋兴是邑，殆如鲁之洙泗，吾宋之关洛。文物大备，惟县志无所考，非阙典欤？曩余为宰于斯，得刘溪翁《图经》手稿甚详密，欲纂辑不果。后见《建安新志》多采于溪翁，盖郡人知有溪翁之书，而邑人反不知，遑非余之愧哉！……邑之城郭都鄙，士风物产。远则故老之记闻，近则县名之更改，与夫名公巨儒之言行，大家世族之原委，开卷了然矣。"

【小传】刘淮，字叔通，号泉翁。据刘克庄《后村先生大全集》卷九十七《嘉禾县图经序》有"溪翁名某字叔通"，故又号溪翁。《诗人玉屑·中兴诸贤·刘溪翁》载："刘溪翁题韩府……赵章泉跋之云：'何人咏出韩家府，是我建阳刘叔通。'"建阳人。博学能文，尤以诗知名。刘淮叔通曾求"虑与格物致知"关系。朱子与刘淮互有诗文，朱熹晚年曾作诗《寄江文卿刘叔通》，《朱文公文集》卷六十四《答巩仲至书》亦有："此间有刘叔通者，亦能诗。今日得其两篇，谩以寄呈，不识高明以为如何也？"庆元元年（1195）八月朱熹与刘叔通、黄榦诸弟子游浮翠亭，与弟子并列。《朱文公文集》卷九《乙卯八月晦日浮翠亭次叔通韵》，《勉斋集》卷四十载黄榦和诗《侍晦翁饮浮翠用刘叔通韵》。《语类》记刘叔通屡举简斋。朱熹作《跋刘叔通诗卷》："予见叔通诗多矣，独不见此卷，岂予所好者乃叔通大不得意者耶？"吴稚作《感秋诗》，初发深省，其末寄意，欲逃之曲蘖之间，淮以硕果公晦学邃者励之，《崇祯闽书》言："文公曰如叔通，可谓得朋友之职矣。"朱子文集《答刘智夫》书多及刘叔通。

【著作】《嘉禾县图经》，为建阳最早县志。

刘居之　建阳

【小传】　刘居之，字宽夫。为福建西族建阳麻沙刘氏。任翰林承旨。庆元三年《朱文公文集续集》卷六《答储行之》言"昨日刘居之相访，具言麻沙事体"，此年后又迁访从学。《语类》记有其问学七则，叶贺孙、潘时举记载刘居之问"人皆有不忍之心"与"知皆扩而充之章"，知刘居之绍熙四年（1193）后有从学考亭经历，然不当以此为最早时间。

刘爚　建阳

【按语】　清朱轼《史传三编》卷七《刘爚传》有言："朱子《四书章句集注》功在万世，爚当道学屏塞之时，毅然请以劝讲，刊行天下，伟哉！而奋忠陈谋，自学术、人心、吏治、民瘼，以暨军政、边务，言切虑周，罔非经济弘谟，其斯为有体有用之儒欤？"《宋史·刘爚传》"卫道之功莫大焉"一语，意味深长。《云庄刘文简公文集》附录陈孔硕《从祀建阳县学五贤祠记》亦谓"云庄先生刘公，朱文公先生之门人也，其为学有原，尝为大司成，发明渊源，道学以倡诸儒。"《宋史》将刘爚与辛弃疾、何异、刘宰、柴中行、李孟传同传，以寓"君子同归之义"。《云庄刘文简公文集》附录《宋刘文安公传》载，刘文安"公兄弟一意务为践履之学，见世人以言语文字藻饰于外者，深以为耻。……文公用力于《四书》，最有功于斯道，而先生之讲贯，则有功于《四书》者也。先生至老，手不释书，尤喜读文公《四书》及《通鉴纲目》不辍。……金紫公教以为学之本主于忠信，先生终身立行之，既得晦庵朱文公为之宗师，益浩然有求道之志"。蔡沈《赞刘睦堂先生》："学承朱子，知止有定，伯仲师友，意诚心正，行修名立，孰不启敬，德裕后昆，无穷之庆。"《云庄先生刘文简公年谱》以为"公与韬仲从文公游最久，问《四书》最审，辩《四书》最明。……公每念兄弟从师学道之辛勤，未尝不为韬仲长太息。"尤刘爚鼓吹呐喊，一反前庭朱学地位。

【小传】 刘爚（1144—1216），字晦伯，自号云庄居士，学者称云庄先生。赐谥文简。刘爚为籍溪高弟恒轩先生懋之子。真德秀《西山文集》卷四十一《刘文简公神道碑》言"刘氏盖汉之胄出，有讳幽者遭五季之乱，自光州固始迁焉，遂为建阳后山人"。明代方志及清代《刘氏宗谱》，以其祖刘幽为刘楚第六子，居建州刘源，《朱文公文集别集》卷二《答蔡季通》曾言及"欲归黄沙，想只取刘原路，初欲先走莒口奉别"，而《嘉靖建阳县志》又以为其里所为建州建阳县崇泰里马铺。均不失建阳人。乾道八年（1172）刘爚登进士第，累进权工部尚书，封子爵，兼太子右庶子。真西山为先生神道碑云："公在家庭，耳濡目染，府君授以程氏书曰：'观此可以为学矣。'晦庵朱先生以道德为学者师，公出入其门，切磨讲贯者数十年，视他从游之士为最久，而所造为独深，其学粹然一出于正。"又云："少习家训，长得明师，又见四方前修巨儒如南轩张宣公、东莱吕成公，皆与往复讲论。"以《云庄刘爚年谱》知绍兴二十八年（1158），十四岁刘爚，与其弟刘炳五夫里受业于朱熹。乾道六年（1170）正月，与弟刘炳同从学朱熹于建阳寒泉精舍。乾道七年冬，两人经朱熹之荐，从学吕祖谦。《朱文公文集》卷三十三《答吕伯恭书》载："建人刘氏兄弟同预荐送，乃翁亦以免举试礼部，皆欲见于门下。"《云庄先生刘文简公年谱》记载淳熙二年（1175），"公以文公、成公命，见南轩先生张宣公，宣公大奇之"。刘爚、刘炳并列《沧洲诸儒学案》。淳熙二年（1175）三月刘爚、刘炳参与"寒泉之会"及五月鹅湖之会。《朱文公文集续集》卷四下《答刘韬仲》："前日晦伯一再相聚，亦甚进益。伯恭竟不起疾，令人痛恨。"以吕祖谦实卒于淳熙八年（1181）七月二十九日，知晦伯是年八月间又学。淳熙十二年（1185），刘爚到武夷精舍与朱熹相会。绍熙元年（1190）秋，协助朱熹在漳州行经界之法。《宋史·刘爚传》载庆元二年（1196），"伪学禁兴，爚从熹武夷山讲道读书，怡然自适。筑云庄山房，为终老隐居之计"。《朱文公文集续集》卷一《答黄直卿》："晦伯人来，得近问，知山中读书之乐，甚慰。"顾宏义《朱熹师友门人往还书札汇编》考该书绍熙三年夏、秋之际，此时刘爚又来。

嘉定四年（1211）二月，建议将朱熹《白鹿洞书院学规》颁下太学、国子监，取朱子《四书集注》刊行，认为士人诵习六经之旨，"以《论语》《孟子》为门，《大学》《中庸》为准"，以孝事父，以忠事君，如此则于治道可成。淳熙二年（1175）九月，刘爚建义宁精舍讲学。宋理宗于嘉熙三年（1239）赐"云庄书院"匾额。

《朱文公文集别集》卷三《答刘子澄》称"伯恭详审稳当有余，却不及此公俊伟明快也。韬仲不苟如此，不易。其兄晦伯亦甚好，它日皆未可量也"。又言"（周）居晦才力有余，晦伯、韬仲恐不及。然意趣则皆可喜"。与朱子有经界、《韩文考异》等之议。刘熽子㙓（1166—1247），字伯谆（或作醇），号静斋。讲道终身，著《毛诗解》《家礼集注》《心经集说》。

【著作】《奏议》《史稿》《云庄外稿》《云庄续稿》（亦《刘文简公文集》）、《经筵故事》《讲堂故事》《东宫诗解》《易经说》《礼记解》《四书集成》和《遗录》等。

刘炳　建阳

【小传】 刘炳（1146—1215），字韬仲，自号"悠然翁"。依《四库全书总目提要》《四书问目》载旧本题曰"考亭朱元晦先生讲授，门人云庄刘熽、睦堂刘炳述记"，《宋元学案》卷六十九《沧洲诸儒学案》"云濠谨案：先生号睦堂"，故又号睦堂。谥文安。熽之弟。建阳人。淳熙五年（1178）进士。累官兵部侍郎朝请大夫。《宋刘文安公传》言"天资绝高，所志甚远，颖悟异于常儿，幼学家庭，金紫公教读经史，过目成诵，日记数千百言，尝训诸子曰：'俭者，养廉之本，未有不俭而能廉者。'授以《河南程氏杂说》一篇，豁然心会，深涵其义，识见益精"。绍兴二十八年（1158），刘炳兄弟从学于朱熹崇安家塾。《八闽通志》载"与兄熽从朱文公讲学于寒泉精舍"等。而《嘉靖建宁府志》记载刘炳兄弟以及翁易、地理学家祝穆等人在五夫受业于朱熹，遍游芦峰诸峰之事。累知应城县，"创上蔡先生祠于讲堂东隅，朱文公为记"。刘熽、刘炳与蔡元定、廖德明、刘纯叟、吴公济等，汇集云谷晦庵草堂。《朱文公文集续集》卷四下《答刘韬仲》："得子澄书，盛称韬仲居官不苟。"《补遗》载蔡九峰称誉其"学承朱子，知止有定。仲伯师友，意诚心正"。朱子与其多有讨论社仓管理之事。刘炳原受知福州赵汝愚辟为幕府，后归家读书，闲居建阳马伏，朱熹言其"读书既有程课，想日有趣"。刘炳以为格物未尽处义未精。《朱文公文集别集》卷一《答林井伯》云"前日走寒泉，与韬仲父子聚哭之，极不能为怀也"。庆元二年（1196）二月朱熹得赵汝愚卒于衡阳，赴寒泉哭吊，故此时刘炳亦在寒泉，刘炳子填是否师承朱熹尚待考。王遂撰《文修公行状》

载:"熹白味道:吾在寒泉与韬仲、晦伯料理《四书》。"又载"庆元五年（1199）己未六月甲子，自书'讲道藏修'四字于溪山之室，与诸友辈往来传讲。若伯静蔡渊、直卿黄榦、果斋李方子、九峰蔡仲默、睦堂刘韬仲、伯羽童蜚卿、元德张洽咸与焉。日夜间考论，必期道明理尽而后已。凡所问答于师友及所著述以垂后者，莫不皆足以发蕴奥"。又《云庄先生刘文简公年谱》载，淳熙十三年（1186）"九月遣子垕觐省金紫公于家，如南剑受学于韬仲。时蔡西山亦遣子沈来学"。

【著作】《睦堂类稿》若干卷，《四书问目》《纲目要略》《堂铭故事》传于世。

刘炯　建阳

【小传】　刘炯，《闽中》《源委》作"字季明"。《朱子门人》又作"季铭"，爝之弟。《渊委》《实纪》《宗派》《补遗》列为门人。早从文公学。庆元五年（1199）登曾从龙榜。授公进贤丞，迁固始令，比挂冠。倘佯武夷九曲间，悠然自寻其乐焉。

刘子寰　建阳

【按语】　刘克庄《后村大全集》卷九十四《刘圻父诗序》云："刘君圻父融液众格，自为一家，短章有孔鸾之丽，大篇有鲲鹏之壮。枯槁之中含腴泽，舒肆之中富挈敛，非深于诗者不能也。"刘子寰不仅工于诗文，又于《大学》《孟子》深有工夫。

【小传】　刘子寰，字圻父，《儒林宗派》卷十作"圻夫"，号篁嵘翁。建阳人，居麻沙。宁宗嘉定十年（1217）进士，官至观文殿学士。平生乐于山林，淡泊自守。《闽南道学源流》《宋诗纪事》等以为"早登朱熹之门"，受学于瑞樟书院、考亭沧洲精舍。《朱子语类姓名》言"己未所闻，饶后录八"，己未年为1199年。同时又与翁粹翁易、游和之倪、魏元寿椿、丁复之尧皆从朱子游，笃学著书，并称高弟，为朱子晚年门人。问朱子七情分配四端、正心、格物、致知之意义。刘圻父以《大学章句》"人心之灵，莫不有知；而天下之物，莫不有理"，认为"明明德"就是性。《闽中》言其工诗词，与同邑刘清父齐名，非为"与刘潜夫齐名",潜夫为刘克庄字。

【著作】 《篔嵥翁集》亦名《篔嵥词》一卷。《己未文公语录》一卷。清石林凤《赌棋山庄词话》卷四言有《麻沙集》。

吕胜己　建阳

【按语】 淳熙年间江州通守吕胜己重建濂溪书堂,朱熹讲学于书院,感化江州,传播理学功绩甚伟。《六艺之一录》载"宋陈樵评近世诸体书:余尝评近世众体书法。隶书则有吕胜己、黄铢、杜仲微、虞仲芳,吕、杜、黄工古法,然虽颇劲而其失太拙而短"。

【小传】 吕胜己,字季克,自号渭川居士。《八闽通志》《六艺之一录》、清《听秋声馆词话》以及顾宏义《朱熹师友门人往还书札汇编》作"邵武人",《全宋文》、邓庆平《朱子门人与朱子学》作"建阳人"。《宗派》又以为同安人,显误。宋李幼武《宋名臣言行录续集》卷八其父"吕祉,字安老,建之建阳人"。《宋元学案》卷六十九《沧洲诸儒学案》谓胜己"父祉,居建阳,以尚书护合肥军死义,敕葬邵武之樵岚,因家焉"。《嘉靖邵武府志》亦云"子孙因家焉"。谢章铤《赌棋山庄词话》卷四:"吕胜己,建阳人,后家邵武。"《嘉靖邵武府志》卷十四载"吕胜己,字季克,其先河东人。父祉居建阳,以吏部侍郎护合肥,死于贼,敕葬邵武之樵岚,子孙因家焉"。志:"积善山,在樵岚水尾间(水尾村名积善坊)。宋吕胜己结庐于此,名曰'东堂'。朱子有《东堂九味诗》。"当建阳人,移居邵武。乾道五年任湖南干官,淳熙三年任江州通守,淳熙八年知沅州(今湖南芷江),后官至朝请大夫。《源委》《宋元学案》《六艺之一录》《八闽通志》《闽中》均谓其曾知杭州,然查无据。《八闽通志》《道南源委》《闽中》言"胜己从张栻、朱熹讲学",与朱晦翁多有论学。以朱熹《答吕季克》"八桂久不得书,昨亦见其所与尊兄书论《原说》者,大意甚正",语气不似师弟,犹如讲友,故《朱子门人》以"补遗六九冯云濠案谓'似先生特晦翁讲友而非弟子',是矣",以为讲友。淳熙四年,朱熹作《江州重建濂溪先生书堂记》云:"淳熙丙申,今太守潘侯慈明与其通守吕侯胜己始复作堂其处,揭以旧名,以奉先生之祀。"唐文凤《梧冈集》卷九《濂溪书屋铭》载"至淳熙丙申,郡守潘慈明、通守吕胜己复作堂其处,仍揭以旧名而祠以祀之"。淳熙八年朱熹讲学于书院。刘清之、黄榦、王阮等皆预其事。淳熙间朱熹与吕胜己分任知南康军、江州通守。工隶书，得汉法。广西桂林有朱熹宋淳熙三年（1176）《宋静江府新作虞帝庙碑记》石刻，为合璧之作：张栻事，朱熹文，吕胜己书丹，方士繇篆额。其以词文著名，《全宋文》录其词六十九首。

【著作】 有汲古阁钞本《渭川居士词》一卷。

丘膺　建阳

【按语】 建阳丘氏世有家学，朱子素与丘子野、子服唱和往来，子野宗程氏而作《论语纂训》，朱子为序。子服从朱文公游，而朱子多以弟友相称，朱子与子服可谓亦师亦友。理学传承呈现家族群体之状尤明显。

【小传】 丘膺，《闽中》《道光建阳县志》卷十三等作"字子服，义从弟"，而《中华邱氏宗谱·福建建阳分谱·世传篇》作"字信卿，号子服"，以其堂兄丘义"字道济，又字仁卿，号子野"。《嘉靖建阳县志》卷十二《列传》载："丘义，字道济，一字仁卿，号子野。"以朱松《朱韦斋集》卷十二《祭丘君文》，知朱松的二妹嫁给建阳登高丘氏，为丘义丘膺母，故朱熹称为表兄弟。《朱子门人》提出朱熹与丘膺"其交好之情，可见诸同游芦峰，分韵赋诗，与朱子多次次其韵。称'弟''老弟''吾弟'。"《道光建阳县志》《闽中理学》载"从朱文公游，称为老友，吟句多佳，辄酬和之，时与往返论辨"。《朱文公文集》卷六《同丘子服游芦峰以岭上多白云分韵赋诗得白字》诗有"昨日吾弟来"，称子服为"吾弟"。朱子在《朱文公文集续集》卷七《答丘子服》书信中，以师长语气要求丘子服能够反复阅读。《朱文公文集》显示，丘膺受学朱熹，最晚不应迟于淳熙二年（1175）七月。《周子通书》（《通书解》），谓为近世道学之源，可读也。又与论《老子》营魄、《扬子》载魄之义，及指对《禹问》之失。如《朱子门人》所言，"《文集》卷四十五（七至八）与《续集》卷七《答丘子服》两书，论老子宠辱若惊，出生入死，载营载魄章。《文集》书札讨论老子者甚少，丘膺几乎专此，可谓特色，明丘膺学术重老子之学。蔡元定谪舂陵时，膺载俎远郊，不忍别，因而涕泣，群侪皆感动。绍熙五年（1194）十二月，朱熹建阳沧洲精舍、晦庵草堂以后，子服一直追随左右。朱熹《续集》卷六《答储行之》言："季通之行，浩然几无微不造意，丘子服独为之涕泣，流涟而不能已。处世变,恤穷交,亦两得其理也。"故朱子得春陵信,辄以告膺。盖叹道之孤,不但平生交好之情而已。

魏应仲　建阳

【按语】 魏应仲学童受教,朱子教以《论语训蒙口义》,并小学工夫、处己待人,魏应仲追随朱子性理不坠。

【小传】 魏应仲,字孝伯,元履之子。建宁府建阳县人。举进士。隆兴元年(1163)五月,《朱文公文集》卷二十四《与魏元履书》云"令子为学,督之不敢怠,但良亦费检束耳",魏应仲已来五夫里受教于朱熹家塾。当年《朱文公文集》卷三十九《与魏应仲》一书,勉其力学,以副亲庭责望之意,因教以起居、坐立、出入、步趋,处己待人。陆陇其《读朱随笔》卷二有云:"《与魏应仲》一书,切中小学工夫,可与程氏《读书日程》参看。"又朱熹作于乾道六年(1170)、淳熙四年(1177)等《答吕伯恭》均提及魏应仲往来,而庆元元年九月作《跋魏元履墓》,表明应仲与朱熹往来不断。张栻淳熙四年(1177)《答朱元晦》:"石子重、陈明仲、魏应仲三书烦为自使转达。"张栻因"孝伯复以书来请表于墓"作《教授魏元履墓》。可见魏应仲亦与伯恭、张栻熟知,疑魏应仲又从伯恭、张栻学。

魏椿　建阳

【小传】 魏椿,字元寿,建宁府建阳人。"戊申五夫所闻。《饶录》七。《饶后录》二十四",淳熙十五年(1188)问学于五夫紫阳楼,记录师语,又从学于武夷精舍。以《语类》录潘时举所记魏元寿所问,绍熙间在建阳考亭竹林精舍续学。《民国建阳县志》言刘子寰"同时又有翁易、游倪、魏椿、丁尧皆从朱子游,笃学著书,并称高弟"。《语类》所记元寿多有关涉《大学》。《语类》卷十六有魏元寿问切磋琢磨之说。

【著作】 《戊申语录》。

吴居仁　建阳

【按语】　朱文公称其"真廉"，黄榦《勉斋集·吴节推墓志铭》以为其"清风高节"。

【小传】　吴居仁，黄榦撰墓志铭："君生以建炎丙午，其殁以开禧丙寅"。丙午改元，建炎元年为1126年，开禧丙寅为1206年。字温父。建阳人。《闽中》《八闽通志》《万姓统谱》与志书略记其履职政绩。《朱子实纪》作门人，《朱子门人》以为不足为据。然黄榦撰墓志铭载："仲子从周以其婿叶士龙之状为书，走汉阳，曰：'吾父受知于文公，又获与子（案：黄榦）交。文公殁矣，述吾父之行传诸后，非子其谁。'"亦谓："先生（案：朱熹）以道学训后进，四方之士日造焉，暨君至则竦然起敬，延之上座语，移晷乃退。榦尝私请焉，曰：'此真廉吏也。'嗟异者久之。"明确有"受知于文公"，可据以从学。又朝鲜古写本《语类》卷五十三有"居仁"所记"问恻隐之心"语录，又证为门人。

吴稚　建阳

【按语】　《乾隆福建通志》载"时建阳进士陈旦、刘淮、吴稚俱从朱熹游，为世所称"。《万历建阳县志》言尝作《感秋赋》，朱熹极加赞美。

【小传】　吴稚，又作雉，字和中，"中"一作"仲"，而《闽中》"一作吴权，字仲和，未知是两人否？待考"。建阳人。《朱子五经语类》注"所闻年岁未详，《饶后录》十五卷中"有问史、《大学》及礼学等。绍熙二年（1191）至庆元五年（1199）问学朱子。庆元己未（1199）八月朱子作《题吴和中感秋赋后》："和中感秋作赋，既发深省，乃欲逃之曲蘖之间，叔通以硕果不食者厉之，可谓得朋友之职矣。"庆元庚申正月《文集》卷七十六《赠画者张黄二生》记有："考亭乡人作聚星亭，欲画荀陈遗事于屏，无从得本，友人周元兴、吴和中共称张黄二生之能因俾为之，果能考究车服制度，想象人物风采，观者皆叹其工。"宋赵德《四书笺义纂要》卷三载有"朱子门人中吴氏有建安吴仲和雉"。有时称博雅。与杨方、黄榦、李方子、蔡渊、蔡沈诸儒交友往来。

【著作】　《朱子问答》《朱子卜居》。

吴翌　建阳

【小传】　吴翌，以《朱文公文集》卷九十七《南岳处士吴君行状》知其生卒为 1129—1177 年，字晦叔。建宁府建阳县人。曾师事五峰胡先生，后又与五峰之从弟广仲、从子伯逢、门人张敬夫游。后"买田筑室于衡山之下，有竹林水沼之胜，因取程夫子'澄浊求清'之语，榜之曰澄斋，日与宾客从容其间，讲道读书，间出诗篇以咏歌其所志"。《经义考》卷二百八十三以为其为朱子传易弟子，而《朱子门人》以为讲友。朱子《南岳处士吴君行状》有言"熹于晦叔有朋友之谊。敬夫与晦叔学同师、居同郡，其游久于熹"。吴晦叔与敬夫为亦师亦友，亦同游朱子，当可与朱子为亦师亦友。《朱文公文集》卷四十二有乾道五年（1169）至淳熙元年（1174）答吴晦叔数通，涉及《孟子》《礼》《春秋》，又多及阴阳之学。《语类》卷一百一十五有吴晦叔与张敬夫论复见天地之心。而早在隆兴二年（1164），《朱文公文集续集》卷五《答罗参议》中论及龟山《论语序》时有"后见张钦夫、吴晦叔，乃知文定亦尝疑之，不审尊意以为如何？幸有以见教"之语，知吴晦叔与朱子已相识。

熊节　建阳

【按语】　建阳熊氏世有家学，于鳌峰书院而登进士者十余人，熊节、熊以宁、熊禾传承朱子之学，造诣甚深。所编《性理群书》，源于《伊洛渊源考》，传于朱子学统一脉。列濂溪（周敦颐）、明道（程颢）、伊川（程颐）、横渠（张载）、康节（邵雍）、涑水（司马光）、考亭（朱熹）遗像并传道支派，存涑水（司马光），又续接杨时、罗仲索、范浚、吕大临、蔡元定、黄榦、张栻、胡宏、真德秀等学统，可谓宗朱至诚。《四库书目提要》载："此书采撷有宋一代诸儒遗文，分类编次，首列七贤。熊节亲受业于朱子，故不敢恣为高论，一仍师制而已。又有补朱学一脉学统及道统之功。"

【小传】　熊节，字端操，初名汝舟，字元用。建阳崇泰里人。甫十岁，读《易》，日诵二卦，即知问难，至通晓而后止。庆元五年（1199）进士。庆元中廷对，条陈三德，以纳谏行仁求贤对，累官通直郎致仕。《语类》记录有熊节问学朱子，知其受朱熹音律之学。《性理群书句解》卷首"传道支派图"，专设"涑水司马文正公"条，熊节亲炙朱子、不逾师训，构筑周敦颐、程颢、程颐、张载、邵雍、司马光、李侗、朱熹理学思想统绪，以为司马光"上无所传，下无所授，天资粹美，暗合道妙"。建阳人熊刚大受业于蔡渊、黄榦，为之注。

【著作】《中庸解》三卷、《智仁堂稿》十卷，又有《性理群书》二十三卷。

熊以宁　建阳

【按语】《闽中》曾谓："刚直正大，一介不妄取予，尝曰：'学颜子之学，志伊尹之志，分内事也。'"

【小传】熊以宁，《朱子门人》无字号。《全宋词》作"以宁号东斋，建安崇泰里人。淳熙五年（1178）进士。官光泽主簿。卷六《鹊桥仙》一首重出，一题熊伯诗作，一题熊东斋作，是以宁字伯诗也"。以为熊以宁，字伯诗，号东斋。《万历建阳县志》、方彦寿《朱熹书院与门人考》作"号敬轩"。《朱子门人》作"建宁府建阳县人"，方彦寿《朱熹书院与门人考》作"建阳人"。清陆心源撰《宋诗纪事补遗》卷之五十四载"号东斋，建安人。淳熙五年进士，官光泽主簿。题朱晦庵先生古樟书院壁：杨柳阴阴一径苔，先生曾是手亲栽。几年杖屦追随乐，今日番成梦里来"。明其为建阳崇泰里，建阳县人不误。《万历建阳县志》言"少从朱熹游"。《源委》《宗派》《经义考》列为门人。《福建通志》卷四十七亦同。

【著作】《大学释义》《中庸续说》《熊以宁全集》。

严士敦　建阳

【按语】《朱文公文集》卷四十五《答严居厚士敦》评论其"进学加功处，甚善"，而"所论三子具体而微，似未免太徇时好。然务为奇险，反使词义俱不通畅"。

【小传】严士敦，字居厚，号伴钩翁。以《剑南诗稿》卷三十六《送严居厚弃官归建阳溪庄》为"建阳人"。官剡中、闽清。《朱文公文集续集》卷四上《答刘晦伯》提到"韬仲向语及，欲来春与居厚同为此"。朱熹于淳熙九年九月自浙中南归，次年初于武夷山下经营武夷精舍，严士敦最迟与朱子相识于淳熙九年（1182）。朱子与严互有诗作往来。严居厚赴剡中为官，《朱文公文集》卷九《题严居厚溪庄图》，要他去拜望陆游，陆游应和《次朱元晦韵题严居厚溪庄图》，以朱子《题刘志夫严居厚潇湘诗卷后》，似严士敦曾随朱子共赴长沙之会。以《朱文公文集》卷八十三《题严居厚与马庄甫唱和诗轴》，知严居厚与马庄甫同门。

游九言　游九功　**建阳**

【按语】《朱文公文集别集》卷六《答林择之》："其人开爽，有用之才也，极可喜。"《宋元学案》以为其"资材刚实，临事有断"，豪杰之流。《道南源委录》载南轩言其能攻臣过失。《后村先生大全集》卷一百二《南轩送方耕道诗》以为其"官虽不遂，亦介洁自守终身，不可屈橹"。《默斋遗稿》序中魏了翁赞曰："其为诗清而则，论事辩而正，记述赠送之文贯融精粗造次理道。大抵内尽已志，外期有益于人……默斋气禀沉实而蚤有立志，则知所以自厚其躬矣。"钱锺书《容安馆札记》认为游诗"自作甚浅嫩"[①]。四库馆臣作《默斋遗稿》提要云："其诗格不甚高，而时有晚唐遗韵，不涉于生硬杈枒。其《义灵庙迎享送神曲序》，记台州司户滕膺拒方腊之乱甚详，亦足以补史之阙也。"然从其所学，兼容湖湘南轩与武夷紫阳之学。

【小传】 游九言（1142—1206），初名九思，字诚之，《民国崇安县新志》作"一字讷夫"。号默斋，以宋潜溪《题朱文公手帖》又号"澹轩"。游伯钧之子。特赠直龙图阁，谥文靖。建宁府建阳县人。以祖荫入仕，曾举江西漕司进士第一。任江州录事参军辟江东抚干，"时禁方严，九言记上元县明道祠，痛讥之。调全椒令"。游九言是张栻高弟。《朱子门人》不以为朱子门人。朱熹《送郭拱辰序》："予顷见友人林择之、游诚之，称其为人，而招之不至。"宋潜溪《题朱文公手帖》以为"游澹轩蚤从张宣公游，晚复事文公"。《宋元学案》亦然。《年谱长编》则以为"称始学于宣公未当"。《朱文公文集》卷四十五《答游诚之》称誉："非稍有所知，无以致涵养之功；非深有所存，无以尽义理之奥。正当交相为用而各致其功。"然朱熹《答游诚之九言》"示喻读书玩理次

① 钱锺书：《钱锺书手稿集·容安馆札记》，商务印书馆，2003年。

第甚慰。所怀但严立功程宽着思，久之自当有味，不可求欲速之功也"。《朱文公文集》卷四十六《与方耕道》："况向来所辟两人，游已望风引却。"《答刘子澄》："游诚之闻到三山已久，一向不得书，其人强敏可喜。"观诸言语，不似同辈，而以游、饶为晚辈，且言语间更有训导之意。故《善本书室藏书志》叙《默斋遗稿》则以为"中有《义灵庙迎享送神曲》记台州司户滕膺拒方腊之乱，叙述极详，足与朱子文集相发明"。游氏接受张朱"未发亦存于有生之后"，以为"吾人亦有无思虑无事物时"。故将九言列朱子门人亦不为过，可谓亦师亦友。《朱文公文集续集》卷八《答李伯谏》"近游诚之相过，开爽可喜"，《答林择之》言及"游诚之来访""扩之亦来，得数日游谈"，希望其"更加沉潜义理工夫，所就当益可观耳"。《朱文公文集》卷四十朱熹《答何叔京》："熹向答二公（子重、子约）有所未尽，后来《答游诚之》一段方稍稳当。"《答游诚之》亦有"所答石、吕二书写呈，但子约书中语尚有病，当时不暇仔细剖析，明者择焉可也"。又言及"《克斋记》近复改定"。以林允中（扩之）从学在乾道八年（1172）九月及《克斋记》完成在乾道九年（1173）七八月间，游诚之始从学朱子亦当在此间。淳熙五年（1178），时任江州录事参军，"慷慨善议论，律己廉，莅事敏"。淳熙八年（1181）《朱文公文集续集》卷二《答蔡季通》："游诚之得书，方自武昌趋长沙矣。"淳熙十三年游诚之问学于武夷。饶廷老以游九思之状来为饶母请铭，游九言始师从张栻于岳麓书院，张栻教以求放心，久之有得。九言与弟九功同为湖湘张栻学派六大门人。今人陈谷嘉、朱汉民《湖湘学派源流》以为九言"使湖湘学派的心学倾向更加明显突出"[①]。淳熙十三年（1186）《朱文公文集》卷三十五《与刘子澄》："赵子直入蜀，前日至武夷别之。亦与说游诚之、周居晦。"罗大经《鹤林玉露》评价九言"太极"说有云："常言易有太极，而周子加以无极，何也？试即吾心验之，方其寂然无思，万善未发，是无极也。虽云未发，而此心昭然，灵源不昧，是太极也。闻者服其简明。其诗亦可爱，皆有味。"游氏主张心学"主敬"功夫论。游氏尤工于诗，"游默斋序《张晋彦诗》云：'近世以来，学江西诗，不善其学。往往音节聱牙，意象迫切，且议论太多，失古诗吟咏性情之本意'"。与永嘉"四灵"之首赵师秀多有唱和。

---

① 陈谷嘉、朱汉民：《湖湘学派源流》，湖南教育出版社，1992年，第256页。

弟游九功，字勉之，一字禹成，谥庄简。与其兄一道求学岳麓书院，从学张栻。《宋元学案》等称南轩高弟。九功清慎廉恪，与兄九言自为师友，讲明理学，平生真体实践出于诚意，及门之士皆心服之。学者称受斋先生。

【著作】《默斋集》，原书已遗佚，后人辑有《默斋遗稿》。《永乐大典》引有游九言《氏族大全》。《民国崇安县新志》载"著有《汉唐精义》"。严观《江宁金石记》以《建康志》录有九言《明道先生书院记》数文。

游开　建阳

【按语】　朱子称其议论文学皆有余，言其与刘叔通、江文卿皆能诗，"其诗若遇苏、黄，须提掇他"。

【小传】　游开，字子蒙，《建阳县志》《理学通录》载"号塘林"，定夫先生从孙，秘书省正字游操之子。同上舍出身。《渊源录》《源委录》《实纪》作"建安人"，《朱子门人》作建宁府建安县（今福建建瓯）人。元延平路总管府推官林兴祖所撰《御史定夫游公祠堂记》载："先是，中丞公家建之蓼溪，支派分居长平，至定夫公昆季，俱以道德倡学南方。"游酢为建阳长平禾平里，即现南平市阳区麻沙镇长平。游酢昆季居建阳麻沙镇长平，而游开作为游酢从孙亦为"建阳人"。

《语类》卷十四录杨道夫记游子蒙问"知止"，杨道夫录载于淳熙十五年（1188）。《朱文公文集续集》卷六《答张孟远书》云："友人游子蒙，定夫先生从孙，议论文学优赡，可与晤语者。计当自识之。"又作《文集》卷九《和刘叔通怀游子蒙之韵》等，故游子蒙与朱子亦师亦友，与刘叔通、江文卿、陈文蔚、赵章泉、刘克庄友善赋诗。

周明仲　建阳

【按语】　朱子圣贤博学，为人敬仰，诸士大夫与之友善，仰慕其学，纷遣弟子从学不已。江南西路转运判官宋若水官闽中之际，子宋之源三兄弟随父入闽师从朱子。而录事参军周明仲遣弟周明作、子周震亨从朱子学。

【小传】　周明仲，字居晦。《八闽通志》卷之四十九《选举科第》作"建宁府建安人"。而《朱文公文集》卷九十三有为周明仲母作《太孺人陈氏墓志铭》明载为"建阳县三桂里人""同里周君",故为建阳县人。《八闽通志》登"乾道五年乙丑（1169）郑侨榜"。淳熙年间知光泽县、提举常平茶盐公事。淳熙十年（1183），为鄂州录事参军。通守清江刘清之至而往谒焉，视其地，属录事参军周明仲行视。十一年，主管建阳长滩社仓。周明仲力为振葺，兼朱子夏贷冬敛收息什二之法，继其事而终有成，朱熹作《鄂州社稷坛记》《建宁府建阳县长滩社仓记》。《朱子门人》未列为门人。方彦寿《朱熹书院与门人考》依《朱文公文集》卷三十五《与刘子澄七月九日》"武夷结茅虽就，然亦苦此。居晦才力有余，晦伯、韬仲恐不及。然意趣则皆可喜"，以为"周明仲师事朱熹，当在武夷精舍建成不久"，定时在淳熙十年（1183）。《朱文公文集》卷三十五《答刘子澄》又有"居晦近一再相会，皆为人多，说话不得。旦夕无事，当招其入山，或过武夷相聚数日也"。《朱文公文集》卷二十八《与黄仁卿》言及绍熙元年（1190）三月临漳之行，"买田举子之说甚善，此间周居晦、刘晦伯皆有此议"。知周居晦追随朱子有讨论经界。次年为周居晦母作《墓志铭》。庆元三年（1197）又有问学记录。

周明作　建阳

【小传】　周明作，字元兴。建宁府建阳县人。据朱子《太孺人陈氏墓志铭》为周明仲弟。因周明仲，弟周明作、子周震亨从朱子学。虽《语类姓氏》载，周明作系壬子（1192）后所闻，然非此时始从朱子学，推之以淳熙十一年周明仲主建阳长滩社仓时从学。《语类》录有周明作记百余条及其答问八条，涉及《诗》《易》《礼》以及为学日用等广泛。《经义考》以为授《诗》《易》《礼》弟子。

【著作】　《壬子问答语录》。

周震亨　建阳

【小传】　周震亨，周明仲之子。《语类》卷十五载，周震亨问知至、意诚："有知其如此，而行又不如此者，是如何？"朱熹答曰："此只是知之未至。"

后有长段朱子答语，教训当知行合一。此条由沈僩所记，戊午以后所闻。

陈范　崇安

【按语】《弘治八闽通志》等有言，其为抚州崇仁丞，县令罗必元见而敬之，曰"与相从讲论政化大行，范之力也"。

【小传】陈范，字朝弼，《宗派》《朱子门人》作"一字仁复"。宋魏齐贤、叶棻《五百家播芳大全文粹姓氏》有"陈朝弼，尧佐"，当另一人。《宗派》《朱子门人》等作"崇安人"，避地于五夫里，因家焉。清郑杰辑《闽诗录》及《武夷山志》《宋诗纪事补遗》则言"崇安人，文公弟子，本籍建阳，居五夫里"。《闽中》《道南委源》《闽书》《渊源录》言从朱文公学。登宋嘉定七年（1214）甲戌科袁甫榜进士，调徽州婺源尉、抚州崇仁丞，豫章先生后县令罗必元见而敬之，日与相从讲论，政化大行。其诗云："倘来轩冕心无必，见在诗书足自娱。"遂归隐，不复出。

【著作】《四六发遣膏馥集》四十一卷，杨万里撰，周公恕、陈范编类。（日本宫内厅书陵部藏宋元版）

丁尧　崇安

【按语】朱熹《丁复之墓记》云"复之为人笃厚慈良，深有志于为己之学"。《勉斋集》卷三十九《祭丁复之文》以为"复之少有大志，蝉蜕于名利之场，鞭加于圣贤之地"。

【小传】丁尧（？—1185），又作丁克，字复之。崇安人。朱熹《丁复之墓记》明言"复之，名尧"，且《考亭渊源录》《实纪》《源委》《宗派》等均作"丁尧"，而《朱子门人》依据《朱文公文集别集》卷七《题栖贤磨崖》"门人丁克、王翰，甥魏愉，幼子在从"以及《补遗》《理学通录》以为名尧为误，似不妥。黄幹《祭丁复之文》"挟册承师，质疑问义，退归切磨，夜分乃寐，往来七年，终始一意"，明淳熙六年春方从学于朱熹。复之随朱子赴南康军任。《朱文公文集》卷八十四《记游南康庐山》言，淳熙六年"晦翁与程正思、丁复之、黄直卿俱来，览观江山之胜，乐之忘归。时淳熙己亥重午日"。而与蔡季通、黄榦等友善。淳熙十二年十一月早逝。

胡大时　崇安

【按语】　湖湘之学始于胡安国，五峰为最。《湘学略·南轩学略第三》提出"湖湘学者，以季随为第一"。《宋元学案》卷七十一《岳麓诸儒学案》中说："湖湘学者以先生（胡大时）与吴畏斋为第一"，以为"岳麓巨子"，张栻接续五峰之学，而张栻门人胡大时、彭龟年等人则兼采众家之长。承继张栻师说，吸取永嘉学派陈傅良等人的事功经制之学、陆九渊心学与朱子之学，独创岳麓学派，以"讲明理学""为主以诚"为最高道德境界，追求"敬"的克己工夫。为学主张"莫先于求仁"，"求放心"。尤与朱子学术相互发明，与朱子后学并行于世。全祖望《岳麓诸儒学案》评说以为："宣公身后，湖湘弟子有从止斋隐游者。然如彭忠肃公（彭龟年）之节概，吴文定公（吴猎）之勋名，二游文清（游九言）庄简公（九功）之德器，以至胡盘谷辈，岳麓之巨子也。再传而得漫塘（刘宰）、实斋（王遂）。谁谓张氏之后弱于朱乎？"其后学亦有发挥，如黄震另创"东发学派"。朱熹《答胡季履大壮》则言"季随明敏，朋友中少见其比"。

【小传】　胡大时，字季随，号盘谷。《宋元学案》《朱子门人》《朱熹书院与门人考》等以祖籍地作"崇安人"。《朱熹师友门人往还书札汇编》以出生地作"潭州衡山县（今属湖南）人"。北宋崇宁四年（1105）胡安国任提举湖南路学事。胡宏出生荆南江陵。建炎四年底或绍兴元年初，胡安国由湖北荆门避战乱迁湖南湘潭碧泉，遂买山筑室为家居。后由其子胡宏发展为"碧泉书院"。绍兴三年（1133），胡安国又迁衡山紫云峰下。胡大壮、胡大时先后出生衡山。《崇安胡氏族谱》载"胡大时，又名胡常惺，字守静，别号勿斋"，以《崇安胡氏族谱·签判宗簿公传》（胡大正传）"公讳大正，字伯诚，幼名惺"，知"常惺"等为幼名。《闽中理学》言"五峰季子"，王立新《胡安国族系考证》依据《湘潭隐山涌田胡氏六房八修族谱》亦提出胡宏有胡大常、胡大壮、胡大时三子。而参照《崇安谱》与《涌田谱》，胡宏绍兴十七年（1147）《与秦会之书》与胡寅《斐然集》卷二十七《祭季弟妇唐氏》，可知胡宏有唐氏、何氏两任夫人，其中唐氏绍兴十七年（1147）逝世。胡宏《与秦会之书》自言：

"去年复哭子，而今年又丧妇，自嗟薄命，益不敢有意荣进。"《崇安胡氏族谱·签判宗簿公传》亦言：“公讳大正，字伯诚，幼名愒……在乡与刘忠肃公、朱文公友善。……入仕，三十年，始葺庐数楹，仅庇风雨，亦贷子钱乃成。公疾笃，戒诸孤曰：‘吾居官处乡，未尝一毫妄取。汝兄弟支撑必难，宜勤谨安贫，勿得妄为，以忝先世。’言讫而逝……初，念三公未葬，迨余夫人殁，公始卜兆合葬于建阳县黄石里大浑原之学堂山，盖绍兴十七年（1147）也。”胡宏子大正、妻唐氏先后逝世。复娶何氏，《涌田谱·楚南世系录》记载胡宏夫人何氏“扶常恺（大本），生常憭（即大壮）、愮（即大时）”。又据《崇安胡氏族谱》有大壮传：“先生姓胡氏，讳大壮，字季履，五峰先生第三子也。”据此，胡宏唐氏生二子常愒（大正）、常恺（大本），而何氏则生常憭（即大壮）、常愮（即大时），唐氏逝世后亦抚育常恺（大本）。大正为胡宏之子而又早逝。于此亦可说明《宋元学案》“胡大正，字伯诚，崇安人，致堂先生从子也”。胡寅作于绍兴二十三年《先公行状》称，公（胡安国）五年之后，始生大经、大常、大本、大壮、大时。时大正已经逝世，不可言状。朱熹《与籍溪胡先生》曰：“伯诚仙尉尊兄相非晚可归也，不敢别状。”大正去世，时朱子26岁已经出仕，而大正伯诚已入仕，年三十，故朱子称其尊兄。

《语类》卷五十六云“胡季随主其家学”，学于其父。南宋绍兴三十一年（1161），胡宏临终，将其托付于张南轩，南轩以女妻之。其间又往来于朱子。胡大时辑其父胡宏的诗文为《五峰集》，张栻为之作序，朱熹《跋胡五峰诗》。南宋乾道三年（1167）大时参与“朱张岳麓会讲”，岳麓书院因此名声远播，吴澄《重建岳麓书院记》：“自此之后，岳麓之为岳麓，非前之岳麓矣！”《宋元学案·岳麓诸儒学案》言：“南轩卒，其弟子尽归止斋，先生（胡大时）亦受业焉。又往来于朱子。”淳熙九年底，朱熹《与陈伯坚》言及“胡季随近到此数日，明敏有志，甚可喜也”。淳熙十三年(1186)胡大时从师陆九渊，史称：“先生于象山（陆九渊）最称相得。”大时曾因九渊《荆公祠堂记》，与朱熹相辩证。人或谓大时才敏，朱熹不以为然，云：“须确实有志而才敏方可，若小小聪悟，亦徒然。”《光绪湘潭县志》赞曰：“胡开潭学，朱张继享；五子名家，季随为长；自治治人，何分歧两；且立程门，功先涵养。”所谓“五子名家，季随为长”，概指胡广仲、胡大本、胡大原、胡大壮、胡大时也。大时于南轩逝后，实已成湖湘学派之领袖也。其师源家学，又承续张栻之学，发挥朱子之学、永嘉事功之学、象山心学等，兼采众家之长。凸显宋时兼学成为常态，学术平等彰显。为学主张"须常令胸中通透洒落"，倡导"敬"之工夫，对于佛教批判不遗余力。"季随主其家学，说性不可以善言。"《陆九渊集》卷三十四《语录上》载："胡季随从学晦翁，晦翁使读《孟子》。"

【著作】《湖南答问》等。

胡大壮　崇安

【小传】　胡大壮（1152—1219），字季履，胡宏第三子，号西园先生。崇安人。《朱熹师友门人往还书札汇编》亦作"潭州衡山县（今属湖南）人"。《崇安胡氏族谱》言大壮，"字守志，一字季履，名大壮，一名大履，别号近霍，世称西园先生"。又《西园先生传》："先生姓胡氏，讳大壮，字季履，五峰先生第三子也……嘉定己卯（1219），计使赵公汝谠，大斥岳麓之宿弊……以上接五峰、南轩先生之遗踪，首延先生以正师席。先生察其崇儒重道之意，出于诚心，为之留长沙者几两月……未终数日前，大飨合族，既乃遍赴弟侄之招，皆剧饮尽欢而罢。二十九日，犹为耒阳令游君草《鳌山义斋记》，晦日昧爽，索衣如平时，已而觉痰雍气厥，命子钧、呼侄镒，付以后事，遂没于清和之堂，享年六十有八。"大壮先后受业于五峰、南轩与朱子。卫泾《后乐集》卷十二《奏举布衣胡大壮乞赐褒录状》称其学于其父胡宏，"研究经术，博通坟典，其持论以明义利为本，其立己以尚诚实为要。冠岁学成，即不事科举，隐居衡岳之下，躬耕自给，读书自娱"。而《朱子门人》以朱熹《答胡季履大壮》"向来虽幸一见，然忽忽于今已二十余年矣。昆仲家学门庭，非他人比"，语气非师生，以为"其关系当为讲友"。《朱熹师友门人往还书札汇编》考朱熹《答胡季履大壮》撰于淳熙九年（1182）末，前推20年，胡季履大壮学于朱子当在1162年前后。胡大壮《〈读史管见〉序》以为胡寅撰《读史管见》宗旨在于，"后圣明理以为经，纪事以为史。史为案，经为断。史论者，用经义以断往事者也"，极力阐扬胡寅以经为本，而史为末的经史理念。亦承续张栻《答胡季履》治史主于"考其治乱兴坏之所以然，察其人之是非邪正"，学术思想偏重省察，体现湖湘之学特色。与朱子门人项安世、曹彦约友善。

【著作】《经辩讲义》、《西园集》十卷。

江畴　崇安

【按语】　真德秀《西山文集》卷十七《奏举潭州官属状》言江畴"学问醇正，心度坦夷。讲学于乡。从者甚众，经其指授多中科名"，而楼钥《攻媿集》卷三十一《举冯端方江畴楼昉状》则有"学问精博，议论闳放，居为人师"。

【小传】　江畴，字彝叟，《朱子门人》不知里籍。《弘治八闽通志》卷四十九："四年癸丑陈亮榜，刘填，见《人物志》。李政正、黄张、江畴、袁儒、黄志宁、杨与立、游觊，俱建安人。"而《福建通志》作"建安县"，参以宣统三年刊宋人新安张杲季明父著《医说》录有"开禧丁卯建安江畴跋"，当福建建安崇安（今武夷山市）人。乾道五年（1169）郑侨榜进士，从事郎徽州司户参军、承议郎湖南安抚司干办公事。其不惟吏事公勤，讲学于乡，门有诸生，授业甚众，经其指授多中科名。《语类》录有黄卓、叶贺孙记江畴问《诗》《管子》《洪范》"武王胜殷杀纣"及"行仁""假仁"之义。《朱子门人》以为江畴始从朱子在绍熙二年（1191）后。而方彦寿《朱熹书院与门人考》据《语类》以为"江畴与黄卓当同为考亭沧洲门人，因黄卓曾于绍熙二年、四年，庆元四年（1198）三次问学考亭，若仅凭此则难以断定江畴具体从学于何年"，继以朱鉴《文公诗传遗说》引黄有开录，推其从学在绍熙四年（1193）后。

江默　崇安

【按语】　《闽中》载朱熹言其所著《易训解》《四书训诂》"此先圣未发精奥也"。又称誉其"一意经史，无他嗜好，德行君子"。《朱文公文集》卷四十四《答江德功》言其"有礼则安"说，"立意甚善"。

【小传】　江默，字德功。淳熙、绍熙椠本《朱文公文集》有《答建阳江默德言》，字作"德言"。崇安人。乾道五年（1169）进士，历安溪、光泽尉，皆有政声，后知建宁县，卒于官，百姓为其建祠，以廉吏荐进朝散大夫。《闽中》言"丁外艰，归诣武夷，从朱子讲学"。《朱熹师友门人往还书札汇编》考朱子答江默文最早在淳熙元年（1174）。朱熹有《淳熙戊戌（1178）七月二十九日，与子晦、纯叟、伯休同发屏山，西登云谷，越夕乃至，而季通、德功亦自山北来会，赋诗记事，以云卧衣裳冷分韵，赋诗得冷字》诗。方彦寿《朱熹书院与门人考》据朱子《答江德功》第四书、第七书分注"己亥"（淳熙六年，1179）、"辛丑"（淳熙八年，1181）以为"江默从学朱熹于武夷"，书信问学不为亲往。朱熹《答陆子静》载："中间江德功封示三策，书中有小帖云：'陆子静策三篇，皆亲手点对，令默封纳。先欲作书，临行不肯作。'此并是德功本语。"《象山年谱》云此书撰于淳熙十六年（1189）正月。江默参与了朱陆之辩。江默辑本朝典故，撰为纲策上于朝，略云：伊尹告太甲上述成汤之事，周公弼成王近陈文武之模，敢献一得之愚，用衍万年之庆？孝宗降玺褒美，赐绯鱼袋。朱子就格物、礼学、佛学、易学、中庸、诚敬之别及自然科学授与江默。《语类》卷一百二十有"乡里如江德功、吴公济诸人，多少是激恼人，然其志终在于善"。德功肯定了伊川之"道""信"意与朱子不同。

【著作】 著作《易训解》《四书训诂》《易训解》《四书训诂》各六卷，《古今图书集成》载"考本朝典章为书名曰《纲集》凡三十六卷"，《实纪》谓《国朝纲集》。

李文　崇安

【小传】 李文，字士则。崇安人。《补遗》《朱子门人》已考《宗派》言李文系熊去非弟子为误。然《朱子门人》疑李文为李文子、李丈之误。从《语类》所记多处均李文与李文子作别，不当笔误。李文名字里籍皆明确，《朱子门人》又认定为朱子门人，不应疑异。《语类》卷六十四、卷九十有黄义刚所记李文问《中庸》末章引诗"不显"之义及陈淳、黄义刚同录李文问太庙堂室之制。黄义刚淳熙十五、十六年从学，而陈淳两次面见晚年朱子，李文当为晚年门人。

刘子翔　崇安

【小传】 刘子翔，字彦集，刘韐弟韫之子。崇安人。以门荫入仕为长汀主簿，清洁廉明。朱子《皇考迁墓记》书"女嫁左迪功郎、长汀主簿刘子翔"。又《刘氏妹墓志铭》，则子翔为朱子妹婿，时为1161年。《朱子门人》以为非弟子亦非讲友。作于淳熙三年底的《朱文公文集》卷三十七《与刘共父》有"彦集于此正自忧劳"。淳熙五年（1178）纪武夷游题刻有："淳熙戊戌八月乙未，刘彦集、岳卿、纯叟、廖子晦，朱仲晦来。"淳熙辛丑（1181）秋七月癸未，朱熹作《游密庵记》云与彦集、平父同游。刘子翔长期与朱子游，虽未见门人记载，然似与朱子亦师亦友为妥。

刘庸　**崇安**

【小传】　刘庸，字上珍。崇安五夫里人，刘学古之子。方彦寿《朱熹书院与门人考》据《民国五夫子里志》引《刘氏家乘》补为朱子门人，朱子教授其六经精义、四书旨要。详见方彦寿《朱熹书院与门人考·刘庸》。

【著作】　《民国崇安县新志》载《适可诗集》二十卷。《刘氏家乘》另有《古今类林考》。

欧阳光祖　**崇安**

【按语】　依清董天工《武夷山志》卷十六《理学》载，刘子翚赞美欧阳光祖："志同道合，未有若庆嗣者。"朱熹称其"慨然有志于学"。

【小传】　欧阳光祖，字庆嗣。《朱文公文集》卷四十五有《答欧阳庆嗣光祖》二通，顾宏义《朱熹师友门人往还书札汇编》以为"作庆或误，或欧阳光祖一字庆嗣"。崇安人。九岁能文，时人目为童瑞。自小师从刘子翚、朱熹讲学，朱熹亦遣三子朱塾师事。乾道八年（1172）登第。赵汝愚、张栻荐列于朝，方欲召用而汝愚去国。后为江西运管致仕。卜筑松坡之上，湛然终老。朱子授与"当官之务""守官之法"以及古人为己之意，以为今人"不以读书治己为先而急于闻道，是以文胜其质，言浮于行，而终不知所底止"。欧阳光祖作有《和朱元晦九曲棹歌》，朱熹《九曲棹歌》作于武夷精舍。再《朱文公文集》卷二十七《与林择之书》有云"偶有欧阳庆嗣便，托渠先发此书"，又《朱文公文集》卷四十九《答王子合》云"欧阳庆嗣书云甚赖切磨之益，想日有至论也"。从林择之书、王子合初学时间，欧阳庆嗣推当从学于朱子中年初。

【著作】　《淳熙三山志》及《乾隆福州府志》载，淳熙十四年欧阳光祖撰《皇华馆记》。欧阳光祖诗文极佳，作《欧阳光祖诗集大全》。入《全宋诗》诸多。

吴楫　崇安

【按语】《语类》卷一百一十九：“姜叔权也是个资质好底人，正如吴公济相似。”《朱文公文集续集》卷二《答蔡季通》：“公济既平心和气以观义理之所在，则不患无邻矣，草绝交之书，似于禅学亦未得力也。”

【小传】　吴楫，字公济，因朱熹匾其读书之所曰“悦斋”而有别号“悦斋”。崇安人。《朱子门人》不列。晚年以特恩补官，调临桂簿。《康熙建宁府志》卷三十三：“绍兴末，乡试不第，退居田里，闭户读书。与朱熹、李郁讲明性理之学，及儒、释之辩甚悉。”又尝言：“逐日应接事物之中，须得一时宁静，以养精神。要使事愈繁而心愈暇，彼不足而我有余。”《朱子语类》卷一百一十三谓：“向见吴公济为此学，时方授徒，终日在里默坐。”朱子遣其子师事之。以《语类》卷一百二十朱子所言“乡里如江德功、吴公济诸人”，将吴公济与门人江德功并列。又言“公济不长进，只管来讨书”，似教训弟子之语。《文集》卷四十三有《答吴公济》书六通，书一署“甲申”隆兴二年（1164），以为其溺于佛学之误。《朱文公文集续集》卷二《答蔡季通》书九二云：“寒泉精舍才到即宾客满座，说话不成，不如只来山间，却无此扰。公济亦每以此为言也。”以寒泉精舍乾道六年（1170）初建，则吴楫又来学。以文集所载诗文，知吴楫后继续从学云谷草堂、武夷精舍。并以此看，朱子与吴楫亦师亦友。

翁易　崇安

【小传】　翁易，字粹翁，《万姓统谱》又作“醉翁”。《东安翁氏宗谱》则作“子醉”，建阳人。《弘治八闽通志》《万姓统谱》作“崇安人”。晚岁授徒于竹林精舍，言行有法，人称“竹林先生”。通《六经》，尤长《春秋》，尝与计偕从刘炳游，《嘉靖建宁府志》载翁易与方耒、刘炳、刘炳、祝穆等五夫受业于朱熹，遍游芦峰诸峰之事。而《民国建阳县志》言刘子寰同时又与翁易、游倪、魏椿、丁尧皆从朱子游，笃学著书，并称高弟。又师蔡西山，遂不介心青紫。讲明奥义，往返辨难，悉得旨归。翁易以为《易学启蒙》由蔡元定起稿、朱熹删润而成。《蔡氏九儒书》卷首翁易《蔡氏诸儒行实》载：“晦庵疏释《四书》，因先生论辨有所启发者非一。……六经、《语》《孟》《学》《庸》之书，先生与之讨论讲贯则并驰其功焉。《易学启蒙》一书，先生研精覃思，屡年而后就，晦庵复删润之，始克成书。"

詹缁　崇安

【小传】　詹缁，字胜甫。崇安人。《朱子门人》未列。性情恬淡，不慕浮荣，日以研习义理。《闽中理学渊源考》言其"与朱文公、蔡元定、江必大诸贤讲伊洛之学，筑涌翠亭"。隐居武夷精舍附近山北，修筑"涌翠亭"。据光绪二十年《建峰詹氏宗谱》卷二载，朱熹为涌翠亭题额，诗作"绝壑藤箩贮翠烟，水声幽烟乱峰前。行人但说青山好，肠断云间双髻仙"。詹胜甫则藏书千卷，日吟咏其间，怡然自得。以为讲友为当。

詹渊　崇安

【按语】　真德秀《西山文集》卷四十五《监车辖院詹君墓志铭》以为"其讲明践履必欲以圣贤为指归，非他学者比也。为人温良，泛爱其于乡邻之谊，尤致其笃……其教子不汲汲于世俗之所骛，而以明善诚身为归，此在今人罕有及之者"。

【小传】　詹渊，以墓志铭言，庆元五年景宪于时年甫三十余，年止五十八，知其生卒约为1170—1127年。字景宪。崇安人。庆元五年（1199）与真德秀同年进士，授临江户掾，累迁监车辖院。真西山为先生墓志云："景宪少时，奋然以学自力。既壮，从朱文公游，得修己治人之大致。"真西山与其尝有"富沙之会"，互致情意，切磋学问。

【著作】　作《括苍集》三卷。

张宗说　崇安

【小传】　张宗说，字岩夫，自号玉峰逸老。其婿即江埙。崇安人。登嘉定庚子科，调归州推官。《闽中》《儒林宗传》均作门人。《学案补遗》言"学于朱子，厚德为乡里所重。绍兴五年，首盗焚掠井邑，自西而东，至张氏之境而返。又五年复作，自东而西，亦及张氏之境而返，咸曰'此长者所居也，毋犯'。而朱子适忤韩侂胄罢归，先生率僚友送诸武夷，会于精舍，语及时事，感愤激烈，朱子喟然曰'岩夫真可与语'。为之张饮尽欢，且书乐府一阕，命门人歌以赠"。其余无考。

祝洙　崇安

【按语】《乾隆福建通志》载知军徐直谅荐洙于朝，云其"趋向不凡，学问有本"。

【小传】祝洙，字宗道，祝穆之子。至祖父康国，始移家入闽，从朱熹居崇安。《弘治大明兴化府志》作"新安人"，《康熙徽州府志》言祝洙歙人。以祖籍故而祝穆为婺源人，而祝洙为崇安人。宝祐四年进士，官太学博士。景定八年为兴化军涵江书院山长。《新安学系录》卷八徐直谅作《奏状》，言"洙虽不及亲炙，而父穆隐德不仕，从熹于云谷之间，微言绪论，目染耳濡"。《乾隆莆田县志》亦载："其父穆尝从熹于云谷之间，目染耳濡，讲论精密，比来涵江发明经旨，士论称之。"故而祝洙之学，源于家学，目染耳濡朱学，可谓朱子私淑弟子。又《民国建阳县志》论及"洙藉庭训，学有本源，尝读朱子《四书集注》，见其间有引而不发者，遂掇诸家语录于逐章之下名曰《附录》"。

【著作】《宋本方舆胜览》祝穆编，祝洙增订。有《四书集注附录》。

詹体仁　崇安

【按语】詹体仁天姿超迈，志守卓然，学本朱熹，笃守朱子之学，而"以存诚慎独为主"。朱子以为其"好学有志，佳士也"。《朱子实纪》言朱子称其"才隽行驯，好学不倦"。

【小传】詹体仁（1142—1206），字元善。真德秀《真文忠公文集》卷四十七《司农卿湖广总领詹公行状》有"公讳体仁，字元善，姓詹氏，其先光州固始人，十八世祖迁于建之武夷，自公之父授室浦城张氏……公会出为伯舅"。叶适《司农卿湖广总领詹公墓志铭》："公姓詹氏，讳体仁，字元善，初后其舅张氏,既复为詹氏。"吕祖谦《东莱集》卷九《与巩大监采若》载:"同年归安丞张体仁,志士也。襁褓中失怙,祖母鞠育之,以至成立。"朱熹淳熙元年(1174)作《文集》卷二十五《与建宁傅守札子》亦言:"此人姓张名体仁,好学有志,佳士也。似亦与景仁昆弟同年,前此因垂问人物,亦尝及之矣。"史载,绍熙四年(1193)九月重阳节始归宗改姓詹体仁,字元善。故而苏州郡学所存宋绍熙间同年酬唱诗石刻,署名为"张元善体仁"。《两朝纲目备要》《续宋史编年通鉴》《建炎以来朝野杂记》,亦作"张体仁"。而《重纂福建通志·选举》作章姓,当误。《宋史·詹体仁传》《宋元学案》《嘉靖建宁府志》《粤西文载》等作"浦城人",而以真德秀《司农卿湖广总领詹公行状》"自公之父授室浦城张氏"及《闽中》《崇安志》《福建通志》《重纂福建通志》,以祖父为标准,则当作"崇安人",《寰宇志》又作"建安人",似不妥。隆兴元年(1163)体仁进士及第,后经宰相梁克家举荐,擢升为太常博士,任浙西提举,官至司农少卿。周必大当国,体仁尝疏荐三十余人,皆当世知名士。詹体仁早年曾受苏学影响,朱子曾感叹"不知其深入之久已如此矣",得朱子所引,契入朱学。乾道五年八月始师事朱熹,时体仁已29岁,叶适撰《水心集》卷十五《司农卿湖广总领詹公墓志铭》,以为元善"从建安朱公学,得其指要,已而遍观诸书,博求百家,融会通浃,天文地理象数异书,无不该极"。然不知叶适墓志铭言"少从建安朱公学,得其指要"依据。乾道六年(1170),从学建阳建寒泉精舍。参与《资治通鉴纲目》编写。淳熙二年,随朱熹、吕祖谦由寒泉精舍赴江西鹅湖之会。庆元年间,追随朱熹学于建阳考亭。詹体仁天姿超迈,志守卓然,自擢第归即从朱子游,坚守朱熹性理之学,讲质疑义。《陈亮集》卷二十八《丙午复朱元晦秘书书》指出其"每见亮书,则怒发冲冠,以为异说;每见亮来,则以为怪人,辄舍座不与共坐"。而真德秀《司农卿湖广总领詹公行状》言"尝患世儒论经多失本指,曰'惟皇上帝,降衷于下民,若有恒性,克绥厥猷惟后',此即'天命之谓性,率性之谓道,修道之谓教'也。人若能如此,则知观书之要,而无穿凿之患矣"。庆元党禁,与朱子同列"伪学逆党"。足见体仁与朱子渊源之深。时光宗久不过重华宫,体仁庭对,首陈父子至恩。及孝宗崩,抗疏请光宗亲临祥祭,复密赞赵汝愚定大策,建议寿皇宜谥曰"孝",卒用其言。

真西山早从之游,尝问居官莅民之法,先生以尽心平心告之,以为为官应尽心平心，"尽心则无愧，平心则无偏"。当世服其确论。又《闽中》按："西山真先生叙公行状详矣，但旧传俱载西山从游于公而《行状》并未叙及，及《读祭文》有云：'若某之不才，顾何足以语上，而公独以为可教，每更以留连。'读此似平昔曾亲炙论说，非同及门受业者，不然《行状》独无一语叙及耶？"

曹晋叔　建安

【小传】　曹晋叔，名不详。建宁府建安（今福建建瓯）人。《闽中》据《闽书》作"曹晋叔从文公游"，《宗派》作门人。《朱子门人》列为讲友。然通考乾道三年（1167）至淳熙十五年（1188）朱子文集答书，亦不乏教训之语。如《朱文公文集》卷四十三《答曹晋叔》曰："'近仁'之说，来喻固未安，择之说亦有病。窃原圣人之意，非是教人于此体仁，乃是言如此之人于求仁为近耳。虽有此质，正须实下求仁功夫，乃可实见近处。"《朱文公文集》卷二十四《与曹晋叔书》："熹此月八日抵长沙，今半月矣。"以乾道三年（1167）八月初赴湖南。知曹晋叔此前已与朱熹熟识。《朱文公文集》卷二十六《与曹晋叔书》又云"季通、子直到此，相攻亦甚力"，又言及张栻病危，当在淳熙七年初。《朱文公文集续集》卷一《答黄直卿》以为"曹晋叔老大隐约，号为有思虑者"。与刘共父、黄直卿、蔡季通、林择之、陈胜私、王季海，刘公度、赵德广等往来。

陈希周　建安

【小传】　陈希周，《语类》又作"晞周"。许家星《朱子门人补正》依据《剑南诗稿》卷四十五《送陈希周赴安福令》、卷四十八《建安陈希周官海南为予致两拄杖》、卷五十《送子龙赴吉州掾》以为"建安人，希周为字"。《渊源录》《理学通录》《理学宗派》列为门人。《语类》有潘时举录陈希周"问读书修学之门"与"仁术"，知陈希周亦晚年门人。

李宗思　建安

【按语】《道南源委录》载文公称李宗思"其教深好修，笃志问学，为蕲教专以古人为己之学"。李宗思早宗于佛，后弃佛转儒，凡持守之要，玩索之端，巨细精粗，盖已无所不论，尤精于史学、礼学、易学。《朱文公文集》卷七十五《送李伯谏序》赞："敦洁好修，笃志问学，其与古之大学所以修己治人之道，讲之熟矣。"与朱子等同修《资治通鉴纲目》，有功于朱子之学。

【小传】 李宗思，字伯谏。建宁府建安县（建瓯）人。隆兴元年（1163）进士，官蕲州教授。以朱熹《文集》卷四十三《答李伯谏甲申》知李宗思初识朱熹至少是在隆兴二年或之前。《朱子门人》以为乾道五年（1169）从朱熹就学。乾道六年四五月，李宗思从朱熹就学于寒泉精舍，时蔡元定、何叔京、杨方集会讲论。七年（1171）九月朱子东下政和展墓，归途访李宗思，与其定《资治通鉴纲目》凡例，后重修《纲目》，李宗思分写东汉至三国以后，詹体仁分写宋以后南北史，其余由蔡元定分写，朱熹乃总其事。八年秋，朱熹受时任蕲州学官李宗思之托，撰《蕲州教授厅记》。以《朱文公文集》卷四十三《答李伯谏甲申》《学蔀通辨》等考知李宗思之学，早"大抵以释氏为主"，且深受蕲州李周翰影响，以致张栻《南轩集》卷二十三《答朱元晦》说："近见季克寄得蕲州李士人周翰一文来，殊无统纪，其人所安本在释氏，闻李伯谏为其所转，可虑可虑！"吕祖谦《东莱集别集》卷八《与朱侍讲》，亦云"某近尝到会稽，李伯谏数次聚话，祖述李周翰之说，不敢复回。其所攻排伊洛诸说，亦皆初无可疑者，自是渠考之不详耳"。李伯谏将圣门以仁为要与释氏"正觉""能仁""天下归仁"与灭度众生之说等相比较。又以为儒家仁以克己为要，佛氏论性以无心为宗，而以龟山"心不可无"之说为非。朱子有《答李伯谏》书三通。书一斥其溺于禅学之误，后经朱熹、蔡元定与李伯谏、吴公济等在建阳寒泉讨论"儒释异同""鬼神"等，李伯谏得以弃佛。虽朱熹《送李伯谏之蕲州学序》言"吾友李君伯谏，教洁好修，笃志问学，其于古之大学所以修己治人之道，讲之熟矣"。然程端礼《程氏家塾读书分年日程》则有"朱子送门人李伯谏教授蕲学之训"，明示朱子与李宗思亦师亦友。

【著作】《尊幼仪训》一卷、《礼范》一卷。《民国建瓯县志》载："《孟子集解》，宋李宗思撰。"

马子严　建安

【按语】《明一统志》："马子严淳熙间铅山尉，恤民勤政，长于文雅，为寺碑，隐然有排邪之意，为仓铭，蔼然有爱民之心。"《诗人玉屑》卷十九引《玉林诗话》，谓马子严《乌林行》"辞意精深，不减张籍、王建之乐府"。

【小传】马子严，字庄父，又作庄甫，《朱子门人》作"庄仲"。《诗人玉屑》卷十九作"号古洲"，《嘉庆铅山县志》又作"古洲居士"。《朱子门人》不列里籍，不以为门人。《嘉靖建宁府志》《嘉庆铅山县志》作建安（今福建省建瓯县）人。赵蕃《淳熙稿》有《（徐）远父往富沙兼简马庄父二首》言"徐郎既吴越，王子又瓯闽"，富沙在建瓯县。登淳熙二年（1175）进士。据《嘉靖广信府志》及赵蕃《寄铅山尉曹马庄父二首》任铅山尉，以韩元吉《送马庄甫摄幕鄱阳用赵文鼎韵》知其曾摄幕鄱阳，官至岳阳郡守。《语类》卷三十五有余大雅录马庄甫问"不在其位，不谋其政"。《语类》卷一百六外任南康录有万人杰所记："马子严庄甫见先生言：近有人作假书请托公事者。"明马子严在朱子知南康时已相识。《江西通志》卷四十："好仁斋在铅山县厅后，宋县尉马子严辟，斋以望鹅湖之高峰，朱子过之，名以'好仁'，韩元吉作铭。"朱子《文集》卷八十三《题严居厚与马庄甫唱和诗轴》，自记："庆元乙卯腊月望日遁翁。"朱子《文集》卷十四《跋十七帖》言："此本马庄甫所刻也，玩其笔意，从容衍裕而气象超然，不与法缚，不求法脱，真所谓一一从自己胸襟流出者，窃意书家者流虽知其美，而未必知其所以美也。"据上，与余大雅、万人杰、严居厚、徐远父等同学。

【著作】《文献通考》卷二百五《经籍考》三十二："《岳阳志甲》二卷，《乙》三卷。陈氏曰：《甲集》建安马子严庄父、《乙集》永嘉张声道声之所修。皆郡守也。"《岳阳志》二卷，已佚，引文见成于南宋宝庆三年刊刻的王象之《舆地纪胜》，书名收入《直斋书录解题·卷八》。以刘毓盘《古洲词辑本跋》知有研究天文地舆《潮汐说》。

王朝　建安

【小传】王朝，《闽中理学渊源考》载"《朱子文集》卷七有《山北纪行》诗，自注同行诸人有建安王朝春卿"，故《朱子门人》作"字春卿"。建安（今建瓯）人。以《东莱集》卷十五《入闽录》载，淳熙二年（1175）四月"初五日自密庵归五夫，见王春卿"。明最迟王春卿在淳熙二年四月前已经拜师朱子。以《朱文公文集》卷七《题折桂院行记》《山北纪行》诗自注，朱子南康军离任游庐山同行诸人有建安王朝春卿。

叶湜　建安

【按语】《真西山文集》卷四十四《叶安仁墓志铭》称："子是坚疆有特操，介直弗顾私，遇事亡难意，处剧亡倦容。凡他人之所不能为与所不敢为者，必以属之。"《民国建瓯县志》卷三十二言"湜与昭武李方子公晦其最公"。

【小传】　叶湜，以墓志铭"宝庆三年卒，年五十九"知其生卒为1169—1227年。字子是，因历官饶州安仁县而称叶安仁。清陆陇其《三鱼堂剩言》卷十二、《江西通志》作"建安（今建瓯市）人"。《闽中》作"瓯宁人"。真德秀作《墓志铭》称"建安子是""世为建望族"。而于叶湜次子、李方子女婿叶采里籍，《嘉靖建阳县志》卷十二《叶采传》《闽书》卷九十六作"建阳人"。因北宋治平三年（1066），划出建安、建阳、浦城三县部分地域设瓯宁县，建州辖建安、建阳、浦城、松溪、崇安（今武夷山）、瓯宁、关隶（今政和）七县。而瓯宁县衙门与建州衙门、建安县衙门同驻一城，形成"一州二县三衙门"同处一城的行政格局。南宋绍兴三十二年（1162），升建州为建宁府。1913年，合并原建安、瓯宁两县，始称建瓯。故而叶湜当以真德秀《墓志铭》为准作"建宁府建安县（今建瓯市）人"，《朱子门人》不误。登庆元五年己未曾从龙榜。尝与真西山同僚。真西山《墓志铭》载"（汤）仲能又言君壮岁游文公朱先生之门，得以直养气之说"。《渊源录备遗》则为"汤仲能作行状，曰：子是壮岁游文公之门"。《民国建瓯县志》引录真德秀撰墓志铭，言为朱子晚年门人。又言子是"知饶之安仁则其为政一出于宽平，蔼然有儒者气象，居常语人曰：先义而后利，先教而后刑"。

童伯羽　瓯宁

【按语】《詹元善先生遗集》卷下《童伯羽四书集成序》："予友童蜚卿纂《四书集成》三十卷，朱子称其阐发奥义不遗余力。……敬则主一，主一则静，静则多悟，故于圣贤立言之宗旨，皆能覃心而研究之，此《四书集成》所由择之精而语之详也。今观《集成》一书，以传注为折中，而凡诸说之曲畅旁通，有足与内注相发明者，汇而采之，间亦自出己意以补阙略，画一其旨归，剖断其异同，联贯其脉络，详者明，简者括，字字靠实，不涉影响，由其主见先定也。"《康熙瓯宁县志》载谢枋得赞童伯羽曰："道宗孔孟，学续朱程。著述充汗，惠我后人。"

【小传】 童伯羽（1144—？），字蜚卿，《万姓统谱》《语类》作"字飞卿"，而朱子门人另有漳州朱蜚卿字飞卿者，《语类》言"飞卿"非独指童伯羽。建宁府瓯宁（今建瓯市）人。绍熙年间举进士。家依溪筑室，溪名玉溪，以为村名（今属建瓯市吉阳镇）。朱熹曾到玉溪，对童伯羽极为推赞，题童伯羽所居之堂为"敬义"。并作《敬义堂铭》；读书楼称"醉经"，时人以"敬义先生"称之。建阳刘爚为撰墓表。童伯羽寡言笑，好诗书，一生不仕，惟从朱熹学，潜心理学。先生以道自任，化行乡里。就受业于朱子之门时间，《渊源录》《弘治八闽通志》载"诣云谷师事朱文公"。陈国代《大教育家朱熹》以为师事朱熹于武夷精舍。宋乾道六年（1170）始朱熹在云谷开课讲学授徒，自淳熙十年（1183）三月始在武夷精舍授徒。而《朱子语类姓氏》载童伯羽乃绍熙元年（1190）所闻。方彦寿《朱熹书院与门人考》提出《源委》认为童伯羽"乃乾道间从学建阳云谷晦庵草堂门人，不确"。然詹体仁《童伯羽四书集成序》："乾道乙酉（1165）六月，偕同志放舟九曲，遇凉风乍至，觏论'尊德性，道问学'章，蜚卿谓予曰：'此章书多骑墙语，必须先立定主见，然后博观诸说，如悬鉴取影，如持衡称物，以辨晰于毫厘千里之间。'"由是可知，乾道乙酉（1165）即赴武夷。《朱子语类》及《文集》中与童伯羽问答多涉及四书，尤以《论语》为多。《朱子语类》卷四十二有伯羽问"持敬、克己，工夫相资"。

【著作】《玉溪师传录》一卷、《附录》一卷；《孝经衍义》《性理发微》及《玉溪吟》；《五经训解》或名《群经训解》，《闽中》《经义考》亦载伯羽有《四书训解》，亦作《四书集成》。

郭逍遥　浦城

【小传】 郭逍遥,字邦逸。郭德麟,邦瑞,一字应之,邦逸之兄。福建浦城人。郭邦瑞、邦逸曾师从象山。邦逸亦从朱子。《朱文公文集续集》卷五《答郭邦逸》三通,据顾宏义《朱熹师友门人往还书札汇编》考《答郭邦逸》"志父中秘之除"作于淳熙十五年（1188）。朱子又教训"吾人之学,要当以明理治身为本,世间得失正不足深计也"。咸淳天台吴坚有《建安刊朱子语别录后序》载:"然黄士毅所录,朱子亲笔所改定者,已见于辅广录中,其所自录及师言,则亦三录所未有。若李壮祖、张洽、郭逍遥所录,亦未有也。"知其学于朱子当是。

杨与立　杨黻（黼）　浦城

【按语】 真德秀《西山文集》卷三十四《杨文公书玉溪生诗》有言:"国朝南方人物之盛,自浦城始。"宋初理学入闽首推浦城章望之。北宋初以迄南宋,章氏家族堪称昌盛,建州浦城章氏"以儒学大其家"。孙觌《鸿庆居士集》卷三十三《宋故左朝奉大夫提点杭州洞霄宫章公墓志铭》谓"章氏之有藉于朝廷者,或以文章擅天下,或以才能任事于时,比比有为"。清王明清《挥尘前录》载:浦城章氏尽有诸元。"数次迁徙分化,后人遍布全国,尤其江南各地,"子孙蕃衍,布于东西;宦游四方,随地占籍"。然宋之章氏家族一般以浦城为本贯。后人亦以为然。"海滨四生""倡道闽中"之陈襄阐扬不遗余力。朱子闽北传道数十载,弟子众多,浦城詹体仁、杨与立、杨骥、杨若海、张彦清、叶文炳、章康等,如西山先生真德秀等为其俊杰,朱子之学在浦城得以广泛流传。而杨氏一门杨骥、杨与立、杨道夫、杨若海先后追随。船山杨与立发挥朱子之学,传于江浙。船山门人何基与王柏在金华聚众讲学,闽学北传,金华学派始出。王崇炳《金华征献略》卷四"何王之学,与立不无浚源之功",并引《兰溪志》载"理学三人而船山居首,其尊之也至矣"。杨与立与龙丘苌、徐妥贞、朱胜、胡森同被称"汤溪五贤"。

【小传】《宋元学案》卷六十九《沧洲诸儒学案》作:"杨与立,字子权,浦城人。梓材谨案:《儒林宗派》:'朱子门人杨黼,字与立,浦城人。'又:'杨与立,字子权,兰溪人。'盖即一人而分载之。"清《宋诗纪事》卷六十三:"杨与立，与立，字子权，浦城人。受业朱子之门。尝知遂昌县，因家兰溪。"《朱子语类》附"朱子语录姓氏"作"杨与立，字子权，浦城人，道夫从兄"。《考亭渊源录》卷十三作："杨黻，字与立，道夫从兄。绍兴癸丑举进士。又有名襄者，字子昂，道夫族兄，俱同时受学于朱子。"《崇祯闽书》："杨与立，字子权。"《经义考》卷二百八十三："知遂昌县浦城杨与立子权。"《乾隆福建通志》："杨与立，字子权，建安人。"并称其为杨道夫从兄。《民国南平地区志》作浦城人，《建瓯县志》作本邑人。《弘治八闽通志》："杨与立，建安人。"《闽中》卷二十载"杨黼，字与立，崇安人"。陈荣捷《朱子门人》认为："县令杨与立，据《宋元学案》六九33，字子权。称船山先生。《福建通志》误作铅山。建宁府浦城县（福建）人。尝知遂昌县（浙江），因家于兰溪（今湖北蕲水）……学案最详，又考据《福建通志》与《兰溪县志》，必有所本。然梓材实误。盖因未考语类也。《语类》一一八4553至4555第四十以下三条注云，'训与立黻'，则与立与黻，显为两人。第一条'与立同问'，中间云，'黻又因论'，亦是两人之记。第二条'先生训与立等'，中间亦云，'黻因说'。第三条'黻问思无邪'，则不提与立。由此不特可知杨与立子权与杨黻与立为两人，且可知其同时师事朱子也……则语类记载，未得其全。与立子权与黻与立同事朱子，同时问学，同时录语，故两人每相混。文集无记载，无可参考，为可惜耳。"定杨与立子权与杨黻与立为两人。据载《广西社会科学》2013年12期杨艳作《朱子门人之浦城杨氏家族考》，考定朱子门人杨与立字子权与杨黼（亦作杨黻）字与立为两人。

　　杨与立，字子权，号船山。浦城人。据《光绪兰溪县志·志人物》："杨与立，字子权，本浦城人，朱子弟子，尝知处州遂昌县，因家邑之白露山下，临溪有山曰船山，遂号船山。"绍熙四年（1193）进士。杨黼，字与立，里籍无考。就此，《儒林宗派》《闽中理学渊源考》《考亭渊源录》等所载杨黼（字与立），里籍有误。《朱子门人》杨道夫条以为"黻从弟。《宗派》十误作黼从弟"有误。又嘉庆《重修一统志·金华府》："杨与立墓，在汤溪县东北十五里石坑。"皆因汤溪县乃明成化七年（1471）析婺州府的金华县和兰溪县、衢州府的龙游县、处州府的遂昌县四县交接地而设。另宋代车若水序胡常编《晦翁语录汇编》"昭武李公方子有《传道精语》，建安杨公与立有《晦翁语略》"。《朱子门人》以为杨与立"因家兰溪"乃指其居于今湖北蕲水，实唐宋时设有兰溪县。就杨骧、杨与立、杨道夫之长幼次序，杨艳《朱子门人之浦城杨氏家族考》有考，汇据今存杨与立所编《朱子语略》之《语录姓氏》载："杨与立，浦城人，道夫从兄""杨骧，字子昂，道夫族兄"；《实纪》载："杨骧，字子昂，道夫族兄。杨与立，道夫从兄"；成化本《朱子语录姓氏》只载杨骧为"道夫族兄"，杨与立为"道夫从兄"及《光绪浦城县志》载有杨与立"与族兄骧、从弟道夫、从子若海往从之（朱子）"，明长幼依次为杨骧、杨与立、杨道夫，而《儒林宗派》《增补宋元学案》等多有错误。《闽中》里籍误为崇安。《光绪浦城县志》卷二十一载：杨与立"少笃学，研究理蕴。朱子讲道武夷，与族兄骧、从弟道夫、从子若海往从之。以进士除知遂昌县，因家兰溪。学徒日进，称为'船山先生'。金华何基、王柏皆从讲学。柏自谓'就正于船山，始识伊洛渊源'云"。何王之学，船山不无浚源之功。《语类》以与立壬子（1192）所录，《朱子门人》以为始从朱子。而查宋隆兴元年（1163）与立往武夷拜师求学。王柏经杨与立推荐，遂从学于何基，杨与立与龙丘苌、徐妥贞、朱胜、胡森同被称"汤溪五贤"。《语类》同时记有杨骧、杨与立论志气、气质等。

朱子讲学门人笔记整理稿，主要有《池录》《饶录》《婺录》《饶后录》《建别录》《蜀类》《徽类》《语类大全》五录三类，尤以黎靖德《语类大全》为重，而《朱子语略》成书早，别出一枝，属于语录分类著作，每卷一类。杨与立录皆在朱熹63岁及以后，当为朱子晚年之教。胡适以元大德版叶士龙编《朱子语录格言》存有王遂于淳祐甲辰（1244）序文，言："似是比较早出的一部规模较小的'语类'。其编成可能在黄士毅的《朱子语类》百四十卷（刻成在嘉定十三年，1220）之前，也可能在晦翁死后（1200）的二三十年间。""淳祐四年（1244）以前已有初刻本。"而宋赵希弁《读书附志》："《朱子语略》二十卷，右杨与立编次晦庵先生之语。萧一致刻于道州。"以萧一致任职时间，知《朱子语略》1123—1127年有刻本。明弘治四年（1491）南京国子监重刊本。其部分条目为黎靖德编《语类大全》等朱子门人笔记未存，极富史料价值。另《朱子门人》提出"语类问答记载，问者皆用字"，而考《语类》杨与立、杨道夫问答多署以名，非问者皆用字。

【著作】《壬子问答》《朱子语略》共二十卷。

杨骧　浦城

【小传】　杨骧,字子昂,浦城人。《朱熹师友门人往还书札汇编》"杨道夫"条作"崇安(今福建武夷山市)人"。与从侄昂"同时受学于朱子"。里籍有误,又误将其字子昂作从子、字昂。《朱子门人》误作"鼊从弟"。杨骧于武夷精舍、考亭沧洲精舍从学文公。朱熹与杨骧等人有探讨《论语》、"小学"等问题。

【著作】《己酉甲寅问答》。

杨道夫　浦城

【小传】　杨道夫,字仲思,《朱子语类·姓氏》云其"字仲愚,建宁人"。《闽中理学渊源考》卷二十"杨道夫,字仲思,崇安人。与从侄昂同时受学于朱子。子若海,亦游朱熹之门"。《儒林宗派》卷十作浦城人,《语类姓氏》录系杨道夫为淳熙十六年(1189)以后所闻。杨道夫与从兄与立、子昂同时从学朱熹。《语类》卷四十二有童伯羽"问持敬、克己,工夫相资相成否乎?"而仲思同时问:"敬则无己可克。"朱子曰:"郑子上以书问此。"童伯羽所记为绍熙元年所闻。故而童伯羽、杨道夫因朱熹于绍熙元年三月间途经建宁、南剑州时所闻。《语类》载有杨道夫所记绍熙二年(1191)夏、秋朱飞卿于漳州初见朱熹时事。而据《语类》又有1192年、1193年及1199年杨道夫所录或在场聆听朱子教导记录。

南宋释宝昙诗云:"君诗如周郎,年少新将兵。"《闽中》卷四载:"杨道夫曰:罗先生教学者静坐中看喜怒哀乐未发作何气象,李先生以为此意不惟于进学有力,兼亦是养心之要。"朱子授《易》《诗》《礼》弟子。教先生"思量天地,有心无心",学公仁之义。杨道夫、徐宇所录朱子晚年《语类》明确提出伊川说专于义理思索,上蔡说专于躬行实践,皆有所偏,当二者相合,相互补充。亦曾与朱子讨论读书、音律、兵刑之事。

【著作】《己酉问答》。

杨若海　浦城

【小传】　杨若海,成化本《朱子语录姓氏》作"道夫之子",《光绪浦城县志》、白寿彝《朱子语录诸家汇辑序目》、方彦寿《朱熹书院与门人考》皆从此。徽州本则作"道夫之父"，《补遗》《朱子门人》则以为"以先生为道夫子，当别有据"。据杨艳作《朱子门人之浦城杨氏家族考》，以现存杨与立《朱子语略》卷前《语录姓氏》作"道夫之子"为妥。杨与立《朱子语略》卷前《语录姓氏》、《闽中》《光绪浦城县志》作"浦城人"。清姚姬传《跋朱子语略》谓："《语略》，杨与立所编。……其族有杨骧、杨道夫，子若海，皆从于朱之门。"《闽中理学》作"子若海，游文公之门"。《语类》其录二十余则，问学朱子问答数条，关及性情、古今人物、文章等。

叶文炳　浦城

【按语】《西山文集》卷二十九《通判和州叶氏墓志铭》称"其洁己爱民，初终一意不易""可尚之德""每心敬其为人"。炳公刚正不阿，勤政务实，操守清廉，此为官之道，为后世之楷模。以理学见长，号为朱熹理学浦城十三子之一。

【小传】叶文炳（1150—1216），字晦叔。建安浦城人。《弘治八闽通志》误为瓯宁人。少刻意问学再举于乡，曾数次致书请教朱熹。淳熙十一年（1184）登进士。1191年调晋江主簿。墓志铭有言"迟次家居，数致书，请益于文公朱先生。及至官，文公自漳浦还，以居官临民之法，告语甚悉"。文炳独至汀州，折之以理，诸豪皆伏。摄狱摄舶，拒绝苞苴，不狥贵人请。晦叔平生清廉自律，以为"狱事至重，当顾理，是非不敢狥上官喜怒"，以为"贪自多欲始，百尔皆欲、如意不受略，安从得清心寡欲？正本清源，乃吾儒功用也"。

张彦清　浦城

【按语】真德秀称张彦清：公之学渊源盖如此，故见理明而自信笃，终其身弗畔焉；见于制行则以孝友忠信为本根，洁廉劲挺为质。

【小传】张彦清（1155—1218），字叔澄。其先自金陵徙建，为浦城人。绍熙元年（1190）进士，授光泽主簿，终知庆元县。公少孤力学，以辞艺四举于乡。从乡先生徐君翔学，徐喜其开敏，欲妻以女，未及而死。《西山文集》

卷二十九《知庆元县承议张公墓志铭》言"公生绍兴之季而长于乾道淳熙之间，方是时，子朱子倡道东南，海内学士至者云集，公数往从之，得其大指。及仕光泽，又与隐君子李公吕游，质疑辨惑，造诣日深"。《渊源录》亦引此。张彦清先从朱子学，再游李公吕门下。其被檄试士福州时，伪学之论方炽，同僚提出选中策问及士子皆希冀符合诋訾先儒道学，而张彦清独取持议不阿的士子。其施之政，则自始仕以勤民为心，慎于治狱。

游倪　建宁

【小传】　游倪，字和之。《朱子门人》作邵武军建宁县人。《朱子语录姓氏》："游倪字和之，建宁人。癸丑所闻。饶录廿七。"《渊源录》《实纪》作建宁人。太平兴国五年（980），建州郡之邵武县升为邵武军，领邵武、光泽、归化、建宁四县，建宁改隶邵武军。元代至元十三年（1276），改邵武军为邵武路。明洪武元年（1368），又改路为府。清仍明制，建宁县属邵武。绍兴三十二年（1162），改建州为建宁府。《语类》《渊源录》之"建宁"是府或县域名并不明确。《闽中理学渊源考》载游倪于"朱子建宁门人并交友"中。《民国建瓯县志》列游倪为建瓯县人。故倾向"建宁府"人。《实纪》《补遗》《宗派》《源委》等均以为文公弟子。《福建通志》以游倪与翁粹翁易、魏元寿椿、丁复之尧皆同时期从朱子游，以丁复之从学淳熙六年。笃学著书，并称高弟。《语类》所录游倪问学，以四书学及读书举业工夫为主。《语类》录有游倪曰："自幼既失小学之序，愿授《大学》。先生曰：授《大学》甚好，也须把小学书看，只消旬日工夫。"

【著作】　《癸丑问答》。

三、南剑州门人

邓绚　将乐

【按语】　《北溪大全集》言及朱子训导邦老"宜先反复玩味，以会其旨归为善"。

【小传】 邓邦老，邦老为字，《朱子门人》考定邦老名"绚"。但又疑邓绚可能为邓绚之误。从下文献所记载，当为两人。将乐人，明清将乐属福建延平。《源委》等列为门人。与其弟卫老同游朱子之门。《乾隆福建通志》以为"（余）大雅、大猷与同邑张显父，将乐邓邦老、邓绚俱从朱熹游"。以廖德明《朱子语类》所记卫老之问及朱子《答邓卫老》，邓氏兄弟问学朱子于淳熙五年（1178）至淳熙七年（1180）初，为白鹿洞书院弟子。又淳熙七年三月邓邦老与蔡季通、汪清卿、程正思、陈彦忠、万正淳、俞季清、朱在等同门陪朱子游落星寺，见《朱文公别集》卷七。又《朱文公文集》卷八十一《跋陈居士传》言"今得邓生绚所携墨本观之"，事在1180年。《朱文公别集》卷七《跋讹传龟山列子解后》："向见沈公雅说有此书，初不敢信，淳熙己酉（1189）夏将乐邓绚为写寄来，因得记。"

嘉定二年（1209），延平知府陈宓在南平城南九峰山麓仿白鹿洞书院模式建造的延平书院，以邦老道德隆重而且耆年延入书院为山长，与李燔、林羽、蔡念成、杨复、余道夫、李伯武、赵师恕为堂长。

邓绚　　将乐

【小传】 邓绚，字卫老。将乐人。《闽中理学渊源考》卷二十二"与其兄邦老同游朱子之门"。《朱文公文集》卷五十八《答邓卫老》有答邓卫老问《近思录》、学习工夫、鬼神与易等。以为"所论鬼神者甚有条理"，《朱子语类》卷六十八载廖德明所记云："卫老疑问中'天行健'一段，先生批问他云：'如何见得天之行健？'德明窃谓……"参以廖德明及其兄邓邦老从学朱子时间，邓卫老为学时间亦当为淳熙五年（1178）。陈淳《北溪大全集》言文公所答邓卫老论其标目已甚分明。《朱子门人》以为朱子答邓卫老《近思录》之问，而非《考亭渊源录》所记。

【著作】《近思录问答》。

黄卓　　剑浦

【按语】 黄卓博学工文，尤长于诗画，时尝称"骚坛元白"。

【小传】 黄卓，字德美，一字先之。《闽中》作"建阳人"，《延平府志》则以为"剑浦县（今南平）人"。《经义考》作"南平县"人。朱熹作《观黄德美延平春望两图为赋二首》，以为"延平"，时为剑浦县，今南平延平区人。《语类》语录百条，而未载年月。《朱子门人》"江畴""梁谦"条以黄卓与叶贺孙同记《语类》卷四十四问管子一则，而推黄卓与叶贺孙《语类》其他条亦同为绍熙二年（1191）后记录，当不妥。陈国代《大教育家朱熹》以田中谦二言"绍熙二年师事朱熹"，以为"南剑州剑浦人黄卓，字先之、德美，绍熙二年（1191）始师事朱熹"。以《语类》卷一百三十三黄卓与杨若海同时记朱子因说靖康之祸等语录，建阳考亭沧洲精舍时黄卓在学。而朱熹作《观黄德美延平春望两图为赋二首》，即为黄德美《延平春望图》《水南望衍山图》（衍山即石佛山）等题诗，该题诗收录于朱熹亲手编定《牧斋净稿》，《牧斋净稿》收录了起自绍兴二十一年辛未秋，到绍兴二十五年乙亥秋这四年间的诗作，故黄卓不晚于绍兴二十五年（1155）为朱子早年门人。又庆元五年（1199）其参与聚星亭的绘画。黄德美问学广泛，曾攻于主一工夫、尽心、易说、《论语》之学等，以为"舜事亲处，见得圣人所以孝其亲者，全然都是天理，略无一毫人欲之私；所以举天下之物，皆不足以解忧，惟顺于父母可以解忧"。陈淳《答黄先之书》论象山之学。

游儆　剑浦

【小传】 游儆，《宋元学案》卷六十九《沧洲诸儒学案》云濠案："敬仲名儆，敬仲其字也。一作名敬仲，字连叔。"查慎行《得树楼杂钞》卷十五作"游敬仲，连叔。游儆，字失考"，以为两人。《经义考》分作"延平游儆敬仲""南剑游儆敬仲"。南剑州剑浦（今南平市延平区）人。诸史籍及《朱子门人》皆言余大雅、大猷"与剑浦游敬仲同时从朱熹游"，极易产生歧义。"同时从朱子游"，并非同时"始从"朱子。大雅始从朱子于淳熙五年（1178），卒于淳熙十六年（1189）。可谓淳熙五年（1178）至淳熙十六年（1189）间游敬仲与余大雅、大猷有"同时从朱熹游"经历。游敬仲为朱子所深许。《语类姓氏》以其绍熙二年（1191）所闻，亦为考亭书院门人。要其归于求放心一言，深得其放心之旨。见必告以简约切实工夫，朱鉴撰《朱文公易说》引游儆录。

【著作】《朱子语录》一卷。

张显父　剑浦

【按语】　朱子嘉其笃志。陈宓《复斋先生龙图陈公文集》卷十二《与杨安抚长孺札》谓:"张君兄弟皆佳士,显父之贤,得雄文为之发挥,不胜致叹。"

【小传】　张显父,字敬之。《宋元学案》《北溪大全集》作"南剑人"。杨万里《诚斋集》《乾隆福建通志》《同治南昌府志》作"剑津人"。《经义考》作"南平人"。《道南源委录》《闽中》《民国顺昌县志》作"顺昌人",陈宓《与杨安抚长孺札》谓"顺昌张君",《朱子门人》亦从"顺昌县人"。从南平、延平、剑浦与顺昌等历史脉络看,言"南平"与别名剑津、"南剑"系泛称。而《八闽通志》:"淳熙十四年丁未王容榜,张显父、邓文举、陈备逑(考之韵书无备字,疑即逮字误分为二)、张如圭、石中立,俱剑浦人。"《民国南平县志》则以为"顺昌志以为其邑人,传云:十岁通九经传记,缀词赋,登淳熙年童子科。考通志游志选举卷载,显父淳熙十四年(1187)王容榜进士,剑浦县人,非顺昌,亦非童子科也"。时剑浦县与顺昌县为两县,以宋代科举户籍地与实际居住地合一原则,张显父应为"剑浦县人"为妥。《朱文公文集》卷五十八《答张敬之》论《孟子》及潮汐进退之义。张显父言"顷蒙见教云,往往同安因闻钟声,遂悟收心之法。显父不揆,验之信然"。《朱子语类》卷一一三载训廖德明云:"学者须是有业次,窃疑诸公亦未免如此。德明与张显父在座,竦然听教。……因言赵丞相论庙制不取荆公之说。"以赵汝愚任丞相时间位于绍熙五年八月至庆元元年二月,知张显父绍熙五年末、庆元元年初有从学于朱熹。瞿镛《铁琴铜剑楼藏书目录》有《张先生校正杨宝学易传》二十卷(宋刊本)言:"庐陵杨万里廷秀撰,门人张敬之显父校正。"

【著作】《经说》《孟子问答》。

林揆　顺昌

【小传】　林揆,字一之。顾宏义《朱熹师友门人往还书札汇编》:"《福建通志》卷三十五载龙溪(今属福建)人林揆,嘉定十六年(1223)特奏名,推知其约生于乾道九年（1173）前。当即此人。"朱子门人另有龙溪人林易简，亦字一之，《朱子门人》、顾宏义《朱熹师友门人往还书札汇编》有考，且《朱子门人》以为《文集》《语类》所及"一之"均指林易简。《朱子门人》等史籍未记林㧑里籍。《万历福州府志》有"宋林㧑，闽县人，国子博士，知南康军，有遗爱于民"，以明清文献不足以考定里籍。《大清一统志》载"林㧑墓：在顺昌县东。墓有石麒麟旧称林司空墓。《通志》宋判尚书省㧑之。先世尝宰顺昌，因家焉，以㧑贵累赠至司空。按世系，㧑父名保国，大父名㧑，司空盖㧑也。旧志失考。"作福建南剑州"顺昌人"。《语类》郑可学所记林一之问"万爱皆有鬼神，何故只拜祭祀言之？"及朱子门人徐寓所记林一之问"孔子于仲弓。不知其仁"等。《语类》卷一百二十有陈淳所记"先生以林一之问卷示诸生，曰：一之恁地沉沦，不能得超脱"。《朱文公文集》卷五十七《答林一之》三书。书中朱子云及"足见别后进学之功"。论有井田用助法与"养气"章等。就此，当朱熹1190年在漳州时，林㧑来问学。

廖德明　顺昌

【按语】　朱子以为廖德明"精敏"且"德明学有根据，为政能举先王已坠之典，以活中路无告之人，固学道爱人之君子所乐闻而愿为者"。观此可知，德明好学深思，学术造诣为师门所心许，得心传之秘。成为朱子沧洲诸儒学派主要代表。《八闽通志》称："学禁方严，德明确守师说，不为时论所变。"全祖望《宋元学案·沧洲诸儒学案》称："朱门授受，偏于南方，李敬子、张元德、廖槎溪、李果斋皆宿志也。"嘉靖十四年《广东通志初稿》："潮州自韩愈为刺史而民化于礼义，自赵德师乡校而士皆笃于文行。先之以韩愈，而孔氏之道以宗；继之以廖德明，而朱子之学有传。《宋史》有传，记有其语人以仕学之要言：德明自始仕，以至为郡，惟用三代直道而行一句而已。"朱轼《史传三篇》卷五十五有："德明受业朱子，其为政而知所执要也固宜。"罗大经《鹤林玉露》以廖德明为"朱文公高弟也"。

【小传】　廖德明，其生卒一说1138—1236年，另生卒一说1141—1213年。待考。字子晦，号槎溪。南剑州顺昌县（今福建顺昌县元坑镇槎溪村）人。顾宏义《朱熹师友门人往还书札汇编》作"南剑州（今福建南平）人"，太泛。

登乾道五年（1169）进士，累官知浔州。《宋史》载"少学释氏，及得龟山杨氏书读之，大悟，遂受业朱子"。《朱子门人》据田中谦二以为廖德明先后六次问学朱子：乾道九年（1173）前后，淳熙五年前后，淳熙十三年前后，绍熙二年间，绍熙四年间，庆元五年末。《朱子语录·姓氏》廖子晦先生录语在乾道九年癸巳（1173）以后所闻，从学于寒泉精舍，时朱子年四十四，此为早岁及门者。方彦寿《朱熹书院与门人考》以朱子《答连嵩卿》《答方伯谟》书以为淳熙元年（1174），廖德明与连氏同为寒泉精舍门人。淳熙五年（1178）七八月，廖德明又从师于建阳云谷晦庵草堂，并随朱熹往来于云谷、寒泉、五夫屏山之间。淳熙八年（1181），廖德明官韶州教授，重建"濂溪祠"，朱熹作《韶州州学濂溪先生祠记》。继而刻印朱熹所撰的《韩文考异》《近思录》。淳熙十年（1183）教授廖德明增修相江书院。在南粤时，立师悟堂，刻朱熹《家礼》及程氏诸书。公余延僚属及诸生亲为讲说，远近化之。淳熙十三年四月，廖德明离韶州任后赴武夷，随学于朱熹。故《朱子语类》卷一一四载窦从周"丙午（1186）四月五日见先生"，"晚见先生，同座廖教授子晦敬之"。据方彦寿《朱熹书院与门人考》考，廖德明曾于绍熙三年（1192）、庆元元年（1195）将赴莆田知县任之时及庆元四至五年先后三次问学考亭沧洲精舍。陈沂《叙述》载"丙辰秋，先生因感严时亨与点论大有遗阙，发为详说，槎溪廖子晦先生剧与辩论，犹以语上遗下语理遗物为疑质之"。丙辰为庆元二年（1196）。以《与林井伯》书云"今春乃大作，几不能起。廖子晦到此见之，经由相见，必当语及也。今幸且能吃饭读书，然明年便七十矣"。知廖子晦当年春秋之间属"经由相见"来建阳考亭。又以《语类》所录"廖子晦、李唐卿、陈安卿共论三子言志"，可知庆元五年年底廖子晦又往来学。庆元四与五年当属两次问学。庆元间，莆田县令廖德明创建慈善机构"仁寿庐"，其所立条约甚详，朱文公作跋，称此"使夫道路往来，疾病之民咸得以托宿而就甫"，"以活中路无告之人，固学道爱人之君子所乐闻而愿为者"。庆元党禁，仍从学不辍，朱熹为之感动，他曾与廖德明说："朋友间多中道而尽者，老兄却能拳拳于切己之学，更勉力扩充，甚慰衰老之望。"明蔡清《四书蒙引》卷一言朱子庆元四年（1198）"戊午年与廖德明帖云：'《大学》又修得一番，简易平实，次第可以绝笔。'以此观之，信乎是书之成久矣"。《考亭渊源录》载德明所问、朱子所答，皆论学的要，曾问编《丧祭礼》。其恪守师说，不为时论所变。师生书札往返甚密，明正德庚辰版《顺昌邑志》记载，朱熹即有五封《答廖子晦书》及《书廖德明仁寿庐条约后》《秋日同廖子晦、刘淳叟、方伯林、刘彦集登天湖下饮泉石轩，以山水清晖分韵赋诗，得清字》等诗文。罗大经《鹤林玉露》卷十四记载："廖子晦为小官，遭长官以非理对移，殊不能堪，朱文公以书晓之云：'吾人所学，正要此处呈验，已展不缩，已进不退，只得硬脊梁与他厮捱，看如何。'"廖子晦论死生与鬼神，释《论语》中"未能事人，焉能事鬼"，"未知生，焉知死"，以为"知人之理则知鬼之理，知生之理则条死之理"。胡适则有非议，以为"廖德明如此解说，便失了孔子原意"。宁宗嘉定时廖德明重建舜庙于韶州黄岗岭下。《朱子语类》记廖德明问学十九则。《文集》《语类》载有朱子师生音律及"天有黄赤二道"等问答。刊刻朱子《周易本义》等。陈淳《北溪大全集》卷二十二有《答廖师子晦》，明廖德明与陈淳亦师亦友，与黄榦、王子合、许顺之、范伯崇、林择之、许敬之等友善，或相过从，或往来书问论道。《宋史》卷四三七载，"在南粤时，立师悟堂，刻朱熹《家礼》及程氏诸书。公余延僚属及诸生，亲为讲说，远近化之"。

【著作】《朱子语录》《春秋会要》《槎溪集》诸书。

四、泉州门人

【按语】 泉州乃闽南首府，经济重镇，又是文献之邦，唐代四大港之一，宋俨然为世界最大港口之一。泉自唐欧阳四门先生开闽学之先，欧阳詹有功于泉州儒学，泉南人文之盛。自紫阳文公倡兴同安，继以白石蔡先生、北溪陈先生宗主文公家法，而士习翕然向风，由是濂、洛、关、闽之书家弦户诵，号为紫阳别宗。蔡清《蔡文庄公集》卷三《〈欧阳行周先生文集〉序》："自是，闽士始知所向慕，儒风日以振起，相师不绝。迤逦至于杨龟山、李延平辈，分河洛之派，授之朱子，而正学大明，道统有归，吾闽遂称海滨邹鲁矣。是正有类夫瓜瓞之势，其蔓不绝，至末而益大者，谓非先生实为之根柢又不可也。"《道光晋江县志》亦记载："得朱紫阳（熹）簿同（安），往来过化，海滨邹鲁之风……由来久矣！"朱子之学盛行泉州，故《闽中》指出"至子朱子临莅同安，阐明圣学，崇奖名教，泉之学士斌斌向风矣"。其门人有同安籍的许升、王力行、许子春、陈齐仲、戴迈、吕伖、杨宋卿；永春籍的陈易；南安籍的蔡和、杨景陆、诸葛廷瑞、诸葛廷材、李亢宗；惠安籍的刘镜、张巽；晋江籍的杨至、杨履正、高禾、林峦、傅伯成、傅伯寿、傅伯拱等，陈景初、陈景仁、储用等人也属朱熹门人之列。尤其陈后之、刘叔文、杨至之、许顺之亲承言论，蔡白石、陈北溪递衍师说，与吕朴乡、丘吉甫后先辈出，时谓之清源别派。志乘载考亭道脉传入温陵，经历宋、元、明、清各朝，备受文人骚客的尊敬和景仰。泉州四大名著《四书蒙引》《四书存疑》《四书浅说》《四书达指》均在此问世，学者称如"泉州学甲于天下"，"闽学甲于中州，泉在闽，遂与建安、莆阳鼎立为三，而亚其盛"。泉州文庙明伦堂对联又称："圣域津梁，理学渊源开石井；海滨邹鲁，诗书弦诵遍桐城。"梁启超《近代学风之地理的分布》则说："福建，朱晦翁侨寓地也，宋以来称闽学焉。康熙间，则安溪李晋卿光地善伺人主意，以程朱道统自任，亦治礼学、历算等等，以此跻高位，而世亦以大儒称之。"①

刘镜　惠安

【按语】　宋时，朱子之学盛于惠安，刘镜等为清源学派骨干。

【小传】　刘镜，字叔光，别称鉴湖。惠安人。《闽中理学渊源考》卷十八以刘叔光为刘叔文之误存疑。官循州知州。诸史籍均言，淳熙间，刘镜与晋江杨至、杨履正、永春陈易等一同游学于朱熹之门。淳熙十四年（1187）秋，刘镜引荐张巽，共遂赴武夷山谒见朱熹，颇得中和之旨，"尊闻行知性命之传籍"，"同得紫阳之传"。刘镜治学"爱日不倦而竟尺寸之阴"。绍熙元年又与陈易、杨至、王力行等皆从学朱熹于漳州。绍熙年间在惠安龙津之原建别业授徒，主于涵养体察、躬行践履。与张巽讲辨于龙津之原。清杜唐有《鉴湖别墅》诗，序曰："鉴湖别墅在邑（惠安）龙津陂之原，宋刘镜叔光书斋，为朱子高弟，与张子文（张巽字子文）讲辨其处。诗曰：故友曾来诸五车，一湖如鉴清无瑕。学承鹿洞高诸子，支别象山守一家。"

①　梁启超：《饮冰室文集》第 5 册，中华书局，1989 年，第 77－78 页。

张巽　惠安

【按语】　张巽先从张栻学，复从学朱熹，深得中和之旨。其《家中寄候南轩先生仰望示教》诗云：“武夷辨难朱元晦，文笔论交刘叔光。”

【小传】　张巽，《朱子门人》、邓庆平《朱子门人与朱子学》误作“张公巽”，字子文，一字深道，学者称锦溪先生。惠安县人。是时晦庵之学盛行于泉，张巽向刘镜（字叔光）请教，以为不得要领。《万历重修泉州府志》言：“父寓奉议郎，知临江军，尝与南轩共学。淳熙中，南轩讲学长沙城南书院，寓遣子巽从之游，及归，赠以二诗指示为学根本，且致属望之意。时晦翁之学盛行于泉，谓之清源别派，惠安有刘镜叔光者，称为高弟。巽间从之游，因得所闻于晦庵者，未能释然，曰：‘恐晦翁之教，不止是也。’乃走武夷谒晦庵，以所尝与南轩讲论中和之旨告之。”知淳熙十四年秋，张巽直赴武夷山拜谒从学朱熹。临别，朱熹赠言：“南轩记岳麓，某记石鼓，合而观之，知所用力矣。”示之以《岳麓书院记》和其《衡州石鼓书院记》。武夷归来，张巽在惠安县张坂镇后边村锦溪筑草堂居住，“静心体验”朱子学，力践“养其全于未发之前，察其几于将发之际，善则扩而充之，恶则克而去之”的师教，日从事于涵养、体察，久益明静。刘镜建别业于龙津之原，与张巽讲述朱熹之学于其中。

蔡和　晋江

【按语】《闽中理学渊源考》卷二十七《蔡白石先生学派》论言，“泉南人文之盛，自紫阳文公倡兴同安，继以白石蔡（蔡和）先生、北溪陈先生宗主文公家法，而士习翕然向风。由是濂、洛、关、闽之书家弦户诵，号为‘紫阳别宗’。其时，王梅溪（王十朋）、真西山（真德秀）诸贤后先莅官至止，主盟斯道，人文愈著，五百年来知朱、真诸大儒之泽矣。而白石、北溪辅翼踵起之功未有表章者。三山（福州）蒋氏《闽学源流》有议公及黄氏岩孙、张氏巽郡中宜建以特祠者，后之君子折衷详考，必有取焉”。

【小传】　蔡和（1118—1200），字廷杰，《晋江县志》作“霆发”。居白石村，学者称为“白石先生”。晋江人。淳熙十一年进士。《朱子门人》以为私淑。《闽中》载绍兴间朱熹官泉州同安簿，心慕朱熹之学，“愿从朱文公游，以亲老不能去，勉友人陈易往受业，数以书从易请质无虚日。真西山守郡，李果斋以文公弟子佐幕议创书院于东湖，延和为堂长，会易镇不果"。蔡和常与朱熹谈理论道，其学以朱考亭、陈北溪为宗。李方子、真德秀皆雅敬之。

【著作】《易说》《家训集鉴》。

储用　晋江

【小传】　储用，字行之。晋江人。《朱子门人》未列储用。淳熙十一年（1184）进士。绍熙五年（1194），朱熹自临安罢侍讲归建阳考亭，讲学竹林精舍聚徒，时任建宁府建阳县宰储用从学，诗词唱和。庆元二年（1196），任建阳知县，有惠政，朱熹极称赞之。其父储伯升柯与朱熹交往甚密。《四朝闻见录》丁集《庆元党》载，以朱熹有六罪，"熹既信妖人蔡元定之邪说，谓建阳县学风水有侯王之地。熹欲得之，储用逢迎其意，以县学不可为私家之有，于是以护国寺为县学"。《闽中理学渊源考》卷十八"会党禁起，罢去，后道县治民拥车大呼曰：'此好官长，我辈共思之'"。朱子言其"无所怨悔，亦知贤者以亲养之故"。《朱文公文集续集》卷六与朱子书信往来多通。《朱文公文集续集》卷二有"《太极》文字储宰云已录寄"。海寇犯泉境，与守真德秀合谋抵海岛，擒其酋，余党遁去。学禁解除，升文华阁直学士，出任广州知州。推崇石子重《中庸集解》。

傅伯寿　晋江

【按语】　傅氏自献简公尧俞以谏净有声，家于孟州济源之上，犹子察靖康时，奉使金国以忠义死国，谥"忠肃"。其子傅自得随母南迁，家于泉州，号为温陵傅氏，温陵系泉州别称。不依附权势，与朱子友善。其后子孙踵起，其子傅伯成、傅伯寿、傅伯详（拱）皆从朱子学。黄钧称傅伯寿其文犹濯锦蜀江，相国虞允文亦比之璞玉加琢。异时研索日精，济蓄日富，谈笑戏谑辄成文章。因怨朱熹未荐举而投韩侂胄，反诋朱熹，视为朱学叛徒。傅氏最著者为忠简公伯成，晚岁与李公谌、杨公炳维持风教，为温陵三大老。伯成于程朱学术"直道自持　终其身而不悔"。《后村先生大全集》卷一六七《龙学竹隐傅公》："傅氏自献简以论谏显，忠肃以节义著，太傅以高材称。公袭忠厚之嫡传，备家庭之全美，而又受学于朱文公，常以君亲为重，利禄为轻。"真西山《西山文集》卷二十七《傅景裴文编序》曰："傅氏自献简公尧俞以高文正学为元祐正臣，一传而为忠肃，再传而为至乐，又再传而枢密，大坡之兄弟文章篆前后相望。然傅氏之学虽本于献简，而草堂李公汉老又其外家也，草堂之文为中兴第一，至乐父子实获其传，而大坡蚤岁执经于父友紫阳先生之门，渊源所渐，则又出于伊洛，顾不远哉。"又云："予昔徜徉盘谷竹隐间，倾公余论。盖济岱典型之旧、伊洛源流之正，萃于公矣。"《宋史·张忠恕传》言"当今名流虽已褒显，而搜罗未广，遗才尚多。经明行修如柴中行、陈孔硕、杨简，识高气直如陈宓、徐侨、傅伯成"。

【小传】 傅伯寿（1138—1223），字景仁，傅自得长子。《龙学竹隐傅公》行状载"傅氏流寓泉之晋江，家焉"，明泉州晋江人。《泉州府志》误"南安人"。绍兴间，朱熹同安主簿时从学。登宋孝宗隆兴元年（1163）进士第，乾道八年再举博学宏词科。官至签书枢密院事。淳熙四年九月，与袁枢、梁琢、吴英等人访问朱熹，并共游武夷九曲溪。朱熹有诗《奉陪机仲宗正、景仁太史期会武夷，而文叔、茂实二友适自昭武来集，相与泛舟九曲，周览岩壑之胜而还。机仲、景仁唱酬迭作，谓仆亦不可以无言也，衰病懒废，那复有此。勉出数语以塞嘉贶，不足为外人道也》。另有《读机仲、景仁别后诗，语因及〈诗传纲目〉，复用前韵》《读〈通鉴纪事本末〉用武夷唱和元韵寄机仲》等。淳熙十年（1183），朱熹应伯寿请作《朝奉大夫直秘阁主管建宁府武夷山冲佑观傅公行状》，谓及"伯寿、伯成皆及太夫人无恙时登进士第，伯寿复中词科，遂登台阁"。绍熙元年（1190），朱熹作《书〈楚辞叶韵〉后》言："予得黄叔垕父所定《楚辞叶韵》而爱之，以寄漳守傅景仁，景仁为刻版置公帑。"同伯寿相与论道，期以"何忧功名与事业，但要溥溥而渊泉"。怨朱熹未荐举，后投韩侂胄，致身通显。庆元元年十二月为中书舍人、直学士院时，奉宁宗命，制告词给朱熹，告词中有"大逊如慢，小逊如伪""务恂于高名"等语，黄榦《朝奉大夫文华阁侍制赠宝谟阁直学士通议大夫谥文朱先生行状》记载："尝执弟子礼，恨不荐己。先生辞次对除修撰也，伯寿行词有'慢''伪'等语。及先生殁，伯寿守建宁，又不以闻，故复职之命犹生存也。"其弟伯成每切责之。庆元六年，出知建宁府，朱熹殁后，不许生徒前往建阳送葬。故《考亭渊源录》

将傅伯寿列入"考亭叛徒"。

【著作】 主修《高宗实录》《孝宗实录》《光宗实录》,《傅枢密文集》。

傅伯成　晋江

【小传】 傅伯成(1143—1226),字景初,号竹隐,谥忠简。傅自得次子。泉州晋江人。登宋孝宗隆兴元年(1163)进士第,后授明州教授。《八闽通志》卷三十《南外宗正司》记载,傅伯成曾任宗学教授,以年少,嫌以师自居,日与诸生论质往复,后多成才。《宋元学案》卷四十五《范许诸儒学案》"高万竹先生元之"条:"时傅伯成为郡教授,少许可,折节与之交,由是乡学者数百人师事之。"嘉定八年除宝谟阁直学士,寻加宝文阁学士、龙图阁学士。《闽中》言文公绍兴丙子与安道先生游九日山,时文公年二十七。至忠简兄弟从游文公,时为1156年,当在绍兴间拜同安主簿朱熹为师。《宋史》则以为少从朱熹学。淳熙元年,其父改知建宁府,其侍父于侧而又问学于朱熹。庆元间,为太府寺丞,力言吕祖俭不当贬,朱熹不可目以伪学。行状言其"出知漳州,始创惠民局,以革机鬼之俗。律己爱民,悉推朱子遗意而遵行之"。伯成纯实无妄,表里洞达,每称人善,不啻口出;语及奸人误国、邪类害正,词色俱厉。傅伯成与杨炳(杨寅翁)、李沈(李谌)并称"温陵三大老",时傅伯成为郡教授,少许可,折节与之交,由是乡学者数百人师事之。

【著作】《竹隐居士集》三十卷、《奏议》十卷、《鳌至》六卷。

傅伯拱　晋江

【小传】 傅伯拱,原名伯详,字景阳,傅自得季子。泉州晋江人。与二兄长同登宋孝宗隆兴元年(1163)进士第。淳熙初随父到建宁府,执礼拜朱熹为师学习。淳熙元年四月,《朱文公文集》卷七十六《傅伯拱字序》云:"今建宁傅公之季子伯拱以其名来请字,予惟拱之为礼略矣。然奉手当膺端行正立,则其心固已肃然而主于一矣。从而论其平居吉礼之所尚,则夫所以尊阳抑阴而使之不忘乎君子之道者,其精微之意又如此。故请得奉字曰'景阳',而遂书其说以授之。"

高禾　晋江

【按语】　陈宓《复斋先生龙图陈公文集》卷二十二《兵部开国高公墓志铭》："公端方而重，和易以庄，色夷气清，可畏而爱始；微有知则知，学问日开，日益卓然。"

【小传】　高禾（1156—1225），《闽中理学渊源考》《乾隆泉州府志》《道光晋江县志》均作字"颖叔"，《八闽通志》作字"隶叔"，《道光晋江县志》又作"永叔"，以《墓志铭》知"字颖叔"。晋江人。淳熙八年辛丑（1181）进士，官至兵部郎中。知惠州时，创杨梅、大奚二寨，且令乡总联比保伍，以御盐客之暴。《墓志铭》载："早茂宣奉公倅临漳，文公朱先生时绾郡符，公执子侄门弟子礼卑以恭，文公深器之。"绍熙元年（1190）朱熹知漳州时，高禾从学。

李谌　晋江

【按语】　晋江李氏号文章家。先祖居济州巨野，祖父李邴于建炎中南渡后寄寓于泉州晋江，其文推为中兴第一。李谌是李邴孙，能传家学。李谌与傅伯成、杨炳晚年维持风教，号为泉州三大老。清白廉介，刚正笃实，敢言人所不敢言。真德秀《西山文集》卷四十二《通议大夫宝文阁待制李公墓志铭》："盖公生中原名族，能以文学政事世其家，而清白廉介之节，终其身不少变，世之称公者以是而已。至乃立朝，正色能言人之所不敢言，则世或未之知也。公可谓刚正笃实之士。"

【小传】　李谌（1144—1220），张自烈、廖文英《正字通》卷十释："谌同沈。谌，信也。通作忱。……沈、谌、忱、愖，古通"，所以"李谌"亦作"李沈"或"李忱"。原名棐忱，绍熙元年（1190）朱子为之改名谌，字诚之，又字存诚。号臞庵，晚年自号"山泽道人"。晋江人。以祖荫补承务郎，除宝文阁待制。《朱子门人》未列。真德秀《墓志铭》所载："谌早慧，其为文，下笔辄千言，赋诗，他人方储思，谌已成篇。"绍熙元年（1190）二月中旬，朱熹将赴漳州知州任，到达政和，李谌拜见朱子，朱熹作《李存诚更名序》云："李君棐忱相见于政和，余问其名上字之义，则曰先儒之训以为辅也。余谓不然。古字多假借，'棐'盖与'匪'通用，颜监之释班史，有是言矣。余尝以是考之，凡书之言'棐'

者，皆当为'匪'，其义乃通。"李君曰："然则以'匪忱'为名，愚之所不安也，请有以易之。"余曰："去'匪'而存'忱'，可已。"李君曰："'诺'。乃书以遗之，而字之曰'存诚'云。绍熙元年（1190）二月十八日朱熹仲晦父书。"同年冬十一月，朱熹受李谌所托为其祖父李邴的文集作《云龛李公文集序》。以白玉蟾《送朱都监入闽序》"君到彼，须见李瞿庵诸公，或有问者，当告之以走犹未死也"，[1] 李瞿庵为李谌。《墓志铭》言"其学虽不颛名一家，独谓二程先生发明圣道之传实先于黄，遂于黄立生祠，且求朱文公先生之文以记之，以示学者趋向"。有求学经历，可谓门人。

【著作】《瞿庵文稿》七十卷、《续通鉴长编分类》三十八卷、《谈丛》七卷。

林峦　晋江

【按语】《朱文公文集》卷三十九以为林峦"词富矣，其主意立说高矣，然类多采撷先儒数家之说以就之耳"。答书教导林峦："凡读书，且虚心看此一处文义，令语意分明，趣味浃洽乃佳。切不可妄引他处言语来相杂，非惟不相似，且是乱了此中正意血脉也。"

【小传】　林峦，《朱子门人》作"泉州（故治今闽侯）人"，此指泉州州府辖地，《朱熹师友门人往还书札汇编》作"泉州晋江人"。《宗派》《闽中》列于朱熹门人。而《朱子门人》却以《文集》二通书信语似友人，又以《源委录》"能推所闻以讲学闾里"之语，乃"林峦致朱子书中所自白"，列为讲友。然细读朱子《答林峦》二通，强调"学之道，非汲汲乎辞，必其心"，非刻意词章，对于"德之弃"以为"足下改之，甚善"。且于《中庸》之意有所授，朱子均为教导语气。《书信编年》考《答林峦书一》于绍兴二十五年（1155），时朱熹任同安主簿，林峦为同安县学生，拜为师。乾道四年，受朱熹邀请参与校订《二程遗书》，林峦能推所闻以讲学闾里。乾道九年《答林峦》论《中庸》"喜怒哀乐未发"数章。

① 白玉蟾《白玉蟾全集》，萧天石，《道藏精华》（十集之二），台北：自由出版社，1990年。

柯翰　晋江

【按语】　朱熹《举柯翰状》以为柯翰"守道恬退，不随流俗。专以讲究经旨为务。置之学校，必能率励生徒，兴于义理之学"，"探讨之勤，白首不置，弗索于禄，弗媚于时"。《一经堂记》称其"造诣之极，非予所敢量也"，"为人孝谨诚悫，介然有以自守，于经无不学"。

【小传】　柯翰（1116—1176），《朱子门人》《朱熹师友门人往还书札汇编》等据朱熹《祭柯国材文》，认定柯翰（国材）卒于淳熙四年初。然考朱子祭文"维淳熙四年二月辛未朔旦，新安朱熹谨以香茶酒果奠于近故柯君国材老丈之灵"，不可忽视"近故"，非必指淳熙四年。清乾隆《同安霞岐柯氏族谱》等诸多族谱，明记"国材公宋徽宗政和元年丙申五月初三日生，孝宗淳熙三年丙申十一月十五日卒"，卒年以1176年。字国材，号行二。《闽中》等作"同安人"。考雍正《安平柯氏族谱》："四世，国材公，公安平开基祖。绍兴初徙居安平，肄业石井书院。"明蔡清《文庄公集·安平柯氏族谱序》："述之孙翰，字国材，绍兴初徙安平。柯姓实安平大姓，而柯西棣之田至今尚有属柯氏者，则国材之为其远祖，理为近之。"安平即今晋江市安海镇人。朱子《一经堂记》云"得柯君而与之游相乐也。时君以避地邑居教授，常百余人，属予治学事"，以"避地邑居"明非本地人氏。故当为"晋江市安海镇人"。朱子任同安县主簿，以柯翰为县学直学，以《一经堂记》知朱熹初识柯在绍兴二十四年。绍兴二十五年，柯翰葺庐以居，取"古之学者耕且养，三年通一经"之义，自号寝居为"一经堂"，越年闰十月朱子离任前，作《一经堂记》。以《祭柯国材文》"自兹一别，遂隔死生"知朱熹离同安后，未再相见。柯翰谢世后，朱熹以文哭之，褒扬治学精神和超凡人格。《渊源录》与《宗派》以为朱子门人。《补遗》则以之为学侣。《朱子门人》则以国材年长朱子二十余岁，朱子称丈或老丈，以为讲友，"据文集材料，国材然为长辈下交于朱子。列为门人，则诚缺乏标准矣"。《朱文公文集》中朱子大量称为丈者的却为其弟子，如徐元聘等。《朱文公文集》卷三十九《答许顺之》（尤溪书来）有"徐、柯二丈及汝器、近思诸友相聚说何等话"，另通《答许顺之》："却望吾友更深思之，仍将此书遍呈诸同志，相与反复商榷，不可又似向来说'先觉'之义，更不与徐、柯二丈见也。"而《朱文公文集》卷三十九《答石子重》："国材苦学最可念，所恨驳杂滞泥，自无受用处。"为师生之语。朱子修改《孟子集解》中，召柯翰与何镐、范念德、林用中、许升、陈齐仲、徐元聘等商论，其他均为弟子。柯翰于四书及《易》《春秋》《礼记》等无不学，颇有研究，与朱子有讨论。绍兴元年（1131），随父柯元曾徙居安海，读"鳌头精舍"（石井书院前身）。

杨履正　**晋江**

【按语】《朱文公文集》卷五十九《答杨子顺》以为其"至之粗疏，不如子顺细密"，又有"所喻数条皆善。如克己复礼工夫，只是如此着实用力，久之自然见效"。陈荣捷《朱子门人》则以为："朱学之隆……而能满播全国则无数门人之力也。门人大都以传道为职志。继朱子而教学者大有其人且从游以数百计者有柴中行、陈埴、杨履正其门徒之众可以想见。彼等或筑书院、或掌教、或会讲。"

【小传】杨履正，字子顺。晋江人。《朱子门人》以"《语类》一一八4559第六六条记杨子顺、杨至之（杨至）、赵唐卿辞归，杨至一一九三至一一九四（案：绍熙四年、五年）师事朱子，可知履正即于此时同门"。方彦寿《朱熹书院与门人考》以为，这条记录者乃是陈淳，以陈淳师事朱熹，故杨履正始自绍熙元年（1190）。然此，均非杨履始从时间。《嘉庆惠安县志》又有刘镜"淳熙间，与杨至、陈易、杨履正从朱文公学，称高弟"。《民国同安县志》亦有王近思"淳熙间，与陈易、杨至、杨履正、刘镜皆游朱文公门"。《朱熹师友门人往还书札汇编》以《朱子语类》卷九十五陈淳所记"杨子顺问：'涵养须用敬'"，及《朱子语类·姓氏》陈淳所记，以为朱熹《答杨子顺》"来书所论为学"作于淳熙十六年（1189）。故而杨履正从朱子学不晚于淳熙十六年（1189）。居乡里，有从其学者数百人。《道光晋江县志》言其"以文学名于世"。绍熙元年，杨子顺、杨至之、赵唐卿辞归请教，杨子顺问"周先生云"一者无欲""养知莫过于寡欲"等。文公《答子顺书》告诫语："学虽以躬行力践为极，然未有不由讲学穷理而后至。"又曰："来书所论为学大意，似已得之，但贤者本自会说，说得相似，却不为难，只恐体之未实，即此所说，皆是空言，不济事耳。"

【著作】《易》《春秋》《礼记解》。

杨至　晋江

【按语】《闽中》卷十八："是时晦庵之学盛行于泉，谓之清源别派。其学者如杨至至之、陈易后之辈，持守讲论多可观。"如上，朱子曾以为"至之粗疏，不如子顺细密云"。《八闽通志》言杨至之"与清漳李唐咨皆文彩发越，粲然可观，以文学名于时"。

【小传】杨至，字至之。晋江人。《闽中》卷十八载，"蔡元定奇之，妻以女焉"。又言淳熙间，是为武夷精舍就学，绍熙元年杨子顺、杨至之、赵唐卿辞归。绍熙二年问学于漳州，陈来《编年考证》只言漳州从学。绍熙五年四月，杨至同黄榦、黄义刚等人随朱熹赴长沙任入湖南。庆元间在建阳考亭续学。勉杨至用功之法，反己深自体察。其学关注《诗》序、《易传》、四书学。从学朱熹十余载，就教甚多。尝论："孟子平正，横渠（张载）高处太高、僻处太僻。"杨至之以为"读书全要精力与聪明"。杨至之问学朱子"博学笃志""君子而时中"解《诗》序等。朱熹与李方子、留正等书信，多次谈及"至之一族，被扰非常，极可念"，为杨至求情于留正。

【著作】《圣人至教图》、《天道至德图》、《文公语录》二卷。

王宾　晋江

【小传】王宾，晋江人。朱子为同安簿，见进士王宾，天资朴茂，操理坚悫，求之流辈，未见其比。朱子聘徐应中、王宾二人到县学任教，《闽中》以为"今当以朱子申请为据，入之学派中。盖平昔必经熏炙无疑也"。《朱子门人》等未见。

黄谦　南安

【小传】黄谦，字德之。南安人。《朱子门人》已驳《宋元学案》之非门人论。《语类》卷十三明记有"南安黄谦，父命之入郡学习举业而径来见先生"，朱子教导其举业看书自不相妨。此为1190年陈淳所记，则当晚年门人。另《嘉靖延平府志》载黄谦登"己丑郑侨榜"（1169），并"黄谦顺昌人，《寰宇志》及县志，无谦"。此黄谦不可能为登郑侨榜。

李亢宗　南安

【按语】 陈宓《复斋集》卷十《跋朱文公答李从事书》曰："右朱文公先生与子能帖。先生于海内人士莫不引而进之，况子能好学能文，又出于名臣之后，宜其礼貌之勤勤、劝诱之拳拳也。先生殁未久，残编遗墨已为世宝。岁月其迈更百年，此岂直与兼金白璧较轻重哉？翰墨言语尚如此，则先生殚精竭力所著之书，学者读之，又当如何哉？"《渊源录》谓："刻志问学，服习俭素，俨然一儒生，无贵介气习，文公称之。"陈宓《挽李县丞亢宗》载："文脉绍云龛，儒酸味转甘，一官人谓晚，三邑政无惭。身健离何早，孤贤道饱参，渊明生自祭，拌泪听佳谈。"《祭李县丞》亦谓："惟公少出华，曾得云龛之文篆，早从名师，承考亭之诲规，抱五十年之蕴蓄。"

【小传】 李亢宗，《渊源录》《宗派》《补遗》作"亢宗"，《实纪》、邓庆平《朱子门人与朱子学》作"克宗"，《朱子门人》以为"克""能"同义，"克是也"。字子能。泉州南安人。《鹤山集》卷四十八《长沙县四先生祠堂记》云："长沙县丞李君亢宗摄县之四月，政修而财裕，以余法用修校官，具器服。……李君，文肃公之曾孙而文公之高弟也。"朱熹卷五十五《答杨至之》谓杨至问二程"敬"说，而《语类》载陈淳所记杨子顺问"涵养须用敬"，按常理先书信问不解再当面求教，故该书在陈淳绍熙元年前，即淳熙末（1190）上半年已经从学。书中论及"子顺、子能为学履如何？"子能亦不晚于1190年从师。顾宏义《朱熹师友门人往还书札汇编》考朱子《答李子能》作于绍熙四年（1193）云："累承喻及为学之意，甚善。但如此用力，头绪太多，令人纷扰，无进步处，故程先生说'涵养须是敬，进学则在致知。陈后之持守见识皆不易得，不知今年曾得来城中否，与之讲贯，当有深益。刘叔文守得亦好，但未知后来所见如何耳。为学十分要自己着力，然亦不可不资朋友之助，要在审取之耳。朱飞卿远来，见此相聚，但亦苦多病，未尝不相与谈及子能也。"许家星《朱子门人补正》以为"函中言及陈后之（易）、刘叔文、朱飞卿，其中陈、朱乃朱子门人，而李亢宗盖与三氏友善"。陈、朱、刘为朱子门人，李亦门人。

杨景陆　**南安**

【按语】　杨景陆号为"泉南名贤，紫阳高弟"。

【小传】　杨景陆，《万姓统谱》《福建通志》作"杨景隆"，《民国南安县志》亦言"《府志》作景隆"。字伯淳。泉州南安县人。开禧元年（1205）进士及第，官建宁司法参军。《民国南安县志》载"朱子尝止宿其家，得所亲炙，以成其学"。系绍兴二十一年（1151），朱熹过南安官桥时，曾宿莲塘杨景陆家，又过白石访蔡和，相与甚洽。又朱熹讲学杨林书院，杨景陆读书此院。其得亲炙以成学。《万姓统谱》《弘治八闽通志》："博学强识，讲授经史，钩玄提要，生徒常数百人。学尤邃于《春秋》，复以词赋偕弟联荐登开禧乙丑第。"

【著作】　《汉唐通鉴》《史志解》《春秋解》。

诸葛廷瑞　**南安**

【按语】　《闽中》卷三十三"泉南诸葛氏家世学派"按，何镜山先生撰《诸葛氏世谱序》云："尚书兵部侍郎少保公，以柱史使吊于金人，求丹輴墨带之服往，正色严辞，顾盼折争于刀戟之间，凝然不动。其为谆谆家训者，不出忠孝之一言。诸葛氏之祖所以遗其子孙者如此，清馥三复其谱牒所载者，自少保之后，人物辈生，宋社既屋，一门忠孝，尤著其志。"其后发挥朱子之学不遗余力。李昂英《跋北溪陈氏中庸大学讲义》有言："《大学》《中庸》之微旨，朱夫子发挥备矣。北溪翁从之游久，以所得鸣漳、泉间，泉之士有志者相率延之往教，翁指画口授，不求工于文采，务切当于义理，诸生随所闻，笔之成帙。韶州别驾诸葛君，当时席下士之一也，广其传梓，嘉与后学共使之。"孝宗评论："卿人材磊落，议论企直，当为国家立事。"

【小传】　诸葛廷瑞，以明崇祯年间诸葛羲著《诸葛孔明全集》附录《宋朝请大夫守尚书兵部侍郎赠金紫光禄大夫少保诸葛公墓志铭》载绍熙改元十月辞世，享年六十二，知其生卒 1134—1195 年。字麟之。《朱子门人》未列。何镜山先生撰《诸葛氏世谱序》云："诸葛之姓，盖汉司隶校尉讳丰丞相武乡侯亮之后，其家于泉为鼻祖者，则宋转运判讳安节，由浙仕闽，贫不能归葬，即家于南安。"《乾隆泉州府志》略同。而黄仲昭《八闽通志》作"晋江人"。

实因原居南安梅山,后建宅邸于泉州郡城(亦是晋江县治)。《诸葛孔明全集》附录《泉州府志·忠义传》作"南安人"。《道光晋江县志》:"侍郎诸葛廷瑞宅:南安人。在胜果铺执节坊;又有祠堂在万厚铺。"故称南安人。廷瑞颖悟博学,登绍兴二十七年丁丑科王十朋榜,授龙溪尉。《泉州府志·忠义传》载:"乾道三年以左宣议郎知崇安县事,时晦庵先生方家食,公登其门。"《嘉靖建宁府志》《康熙崇安县志》亦载廷瑞登朱熹之门以师礼尊之。而《闽中》按语指出"《朱子文集》并傅氏撰《行状》,皆未叙及朱子之门,惟《道南统绪》录之,俟再考"。《朱文公文集续集》卷四《答刘晦伯》云"浙东学者修洁可喜者多,杨敬仲、孙季和皆已荐之,诸葛诚之兄弟亦时来相处",此诸葛诚之兄弟系指诸葛千能(字诚之)兄弟在朱子巡浙东时来相处,非诸葛廷瑞、诸葛廷材兄弟。

乾道三年(1167),诸葛廷瑞知崇安,建文庙立二贤祠,祀赵清献公、胡文定公,请朱晦庵为之记。次年崇安县发生大饥荒,延请朱熹、刘汝愚协同赈灾,《朱文公文集》卷七十七《建宁府崇安县五夫社仓记》《建宁府崇安县五夫社仓记》言及其开仓赈灾事。后官至兵部侍郎。淳熙十六年(1190),诸葛廷瑞为出使金国"吊祭使",归,光宗赞誉他"执节有度"。

诸葛廷材　南安

【小传】 诸葛廷材,字诚之。诸葛廷瑞之弟。《朱子门人》未列。初事陆象山先生,至少保,知崇安,与朱熹友善,游其门,深受器重。《道光晋江县志》:"授徒里中,究心学问。与朱子论陆子静,朱子答书勉其虚心熟讲,勿以粗心害道。"自此,务为修身切己之学,卒成名儒。《民国南安县志》则言:"诸葛廷材受业朱熹之门,授徒梅山故里。"

陈齐仲　同安

【按语】《闽中》"柯国材"按:紫阳文公门徒,惟同安诸生受业最早,有柯国材翰、许顺之升、陈氏齐仲、徐氏元聘诸先生。《朱文公文集》卷三十九答书以为陈齐仲"趋向文辞皆可观","其诗用意太深",但"失之幽深",

朱子勉其务实。肯定陈齐仲就"抑亦先觉者是贤乎",所云"'抑亦'二字当玩味,有深意"。朱子《答柯国材》有云"前此以陈、许二友好为高奇,喜立新说,往往过于义理之中正,故常因书箴之"。朱熹《答许顺之》则云"齐仲、元聘书中各有少辨论,大抵亦止是理会近时学者过高之失"。

【小传】 陈齐仲,名不详。同安县人。与许升同肄业净隐寺。考朱子文集在答同安弟子戴迈、元聘、许升书,柯国材及同安县丞石子重书时均及陈齐仲,且最早为《答戴迈》作于1155年,最晚为1166年。当从文公学。据陈来《朱子书信编年考证》,考定《朱文公文集》卷三十九《答陈齐仲》写成于1166年,朱子与之论《诗解》,论"忠恕"之旨;授其格物之学,以求"穷天理,明人伦,讲圣言,通世故",草木器用也在格物范围之内,论《诗解》、忠恕之旨,而解经须于平易明白中荐取。明陈齐仲为朱子任同安主簿时从学。陈国代《大教育家朱熹》言"绍兴二十三年至二十七年间在同安受学于朱熹"。

陈利用　同安

【小传】 陈利用,字光卿。同安人。《朱子门人》提出:"《实纪》八谓其为同安县(福建)学司书兼奉祠,尝编《大同集》。《语类》无其名、《文集》亦只于《别集》七'与一维那'诗下注云:'以下朱子八诗,见陈利用编《大同集》。'《实纪》乃以为朱子门人,可谓滥而又滥。"以为既非弟子亦非讲友。以《中华再造善本》所收《大同集》卷首至正十二年(1352)孔公俊序云:"文公筮仕尝五年,簿领于兹时著诗文若干卷,门人陈光卿辑录成编,名曰《大同集》。"以陈光卿为朱子门人。以陈光卿为门人非始于《实纪》所录。蒋光煦《东湖丛记》卷一《朱文公大同集》载:"吴门黄荛圃主政《丕烈读未见斋书目》,载元刊《朱文公大同集》十卷,题学生县学司书兼奉文公祠陈利用编。"瞿镛《铁琴铜剑楼藏书目录》亦录:"《朱文公大同集》十卷,元刊本,门人陈利用编。"

石洪庆　同安

【按语】 陈淳《北溪大全集》卷五十《祭石子余》称其:"以耆艾之年,

不知为将老之身，乃奋然一屏其平生驰骛之气，而敛躬肃容，与后进趋隅而问津，不自讳其浅陋，而倾囊倒橐，以求是正之真，俛焉孜孜，不惰于勤，此其志趣之超卓夫，岂寻常之可伦！"朱熹知漳州，《朱文公文集别集》卷九《漳州延郡士入学牒》称石"以耆艾之年，进学不倦，强毅方正，家所严惮"。又以为其"病痛处只是浅""源头处元不曾用工夫"。

【小传】 石洪庆，字子余。《朱子语类·目录》《宋元学案》作"临漳人"。《朱子门人》则作"临漳（即漳州，今福建龙溪县治）人"。而《鹤浦石氏族谱》及该谱录有朱熹任同安主簿期间作《泉州同安鹤浦祖祠堂记》① 则以为"惟同（指同安）有浦（指高浦），乃山水之最佳者也"，石洪庆属泉州同安鹤浦人，即今属厦门市集美市。宋时龙溪县境域之大，相当或接近今之龙海、南靖、平和、华安、芗城、龙文等六个县市区及厦门之海沧，不及集美市。朱熹作《漳州延郡士人学牒》亦未直称"漳州人"而称"前州学石正学洪庆"。宋时泉州有"临漳门"。《语类》漳州记有朱子"某往在临漳"，亦知"临漳"非"漳州"，故而以石洪庆里贯"泉州同安"人。虽林振礼考辨《泉州同安鹤浦祖祠堂记》"附记"部分托伪，然石洪庆受学朱熹任同安主簿期间亦有可能。《闽中理学渊源考》卷二十一 "与贡士、州学士石洪庆、林易简、施允寿皆以旦评推重。朱文公守郡日，延之于学，为诸生楷式"。知绍熙二年（1191），朱熹知漳州时，聘请石洪庆与黄从事、施允寿、李唐咨、林易简、杨士训、陈淳、徐寓等来州学助教，载之公牒，各有品题。《朱子语类·目录》石洪庆问学以为"癸丑所闻"以及《朱文公文集》卷四十九《答王子合》谓："子余留此久，适熹病，不得朝夕相聚。"又言及行经界。参以罗大经《鹤林玉露》甲编卷六《经界》云："朱文公守漳，将行经界，王子合疑其扰。"石洪庆求学为朱子守漳时。陈淳《祭文》言石洪庆"自建阳再谒而归，气象温然"，显然亦就学考亭书院。石洪庆问《易》数朱子语类卷七十九问尚书。《朱子语类》卷一百一十五载："洪庆将归，先生召入与语。因说及陈后之、陈安卿二人，为学颇得蹊径次第。"石洪庆追随朱子时间，由绍熙元年（1190）至四年（1193）辞归。

---

① 引自林振礼：《新发现朱熹佚文真伪考辨——兼谈〈泉州同安鹤浦祖祠堂记〉的研究价值》，《泉州师范学院学报》2003 年第 5 期。

陈汝器或林汝器　同安

【小传】《闽中》以《旧志》《新志稿》《闽书》，《道南源委录》卷之八有
"石子重、徐元聘、柯国材、陈汝器、王近思等友善"。又按："文公《与王近
思札》云：'汝器诸友相聚，日所讲者何事？'即传中陈汝器否？《朱子大全集》
门人姓氏录有'林汝器，同安人'，未知孰是。"《考亭渊源录》载"余爱其言，
书于林汝器所编《论语说》后"。

苏玭　同安

【按语】　陆放翁《渭南文集》卷三十九《吏部郎中苏君墓志铭》以为其：
"尤长考订异同，其于官名、地里、军制、民赋，虽甚细微，皆能讲画穷尽，
无所放轶。属文有体制，笔法简远，其尺牍尤为时所珍爱，往往藏去。"

【小传】　苏玭，以陆放翁《吏部郎中苏君墓志铭》知生卒为1129—1192年，
字训直。苏颂曾孙。泉州同安人。嘉兴通守、明州通判，改知泰州，擢尚书
吏部郎中。宋室南渡后，寓居越之山阴城西南，与陆游交好，时常扁舟一叶，
互相往来。《朱子门人》谓苏玭非弟子，乃朱子讲友。而石立善《朱子门人丛
考》以为弟子。墓志铭称："公生出既异于人，又天资嗜学，恂恂孝悌，才虽
高而不以骄人，处群众中，退然若不能者。会岁歉，常平使者朱公元晦檄公，
属以一郡荒政。客米自海道至者多，公请于朱公，请发积钱广籴，以为后备。
朱公为闻于朝，如其请。"又言："少从张公子韶、徐公端立、汪公圣锡游，
皆期之甚远。晚学于朱公元晦，尽门人礼，元晦亦称其善学。"明确苏玭为门人。
《朱文公文集》卷三十五《与刘子澄书》有"衡阳改命，不省所繇。今日忽闻
苏训直又有别与近次之命"。与陈傅良、韩元吉、陆放翁等相交游。

王力行　同安

【按语】　朱熹品评王力行"明敏有余而少持重"，"深见好学之笃"，"向
所寄论，笔势甚可观"。

【小传】　王力行，字近思。同安人。《续文献通考》云："力行，文公门人也，

著此传世。"为朱熹同安县主簿期间入门弟子。《万历重修泉州府志》载王力行与陈易、杨至、履正、刘镜，淳熙间皆游朱文公之门。《朱文公文集》卷三十九《答王近思》言及许顺之、王近思等人曾受朱子托共为勘校《程氏遗书》，在乾道四年（1168）间，故当在前已问学。朱文公《答王近思》："汝器诸友相聚，日所讲者何事？因来更详及此为佳。"《朱文公文集》卷三十九《与许顺之书》言："徐、柯二文及汝器、近思诸友相聚，说何等话？"柯指淳熙三年（1176）末去世的柯国材。《答王近思》言编《小学》事，故在1187年。《朱文公文集》记录其问答甚多。朱子待之严，与王近思等讨论观过知仁之说。《朱子语录·姓氏》以为所载王近思录文公语为1191年辛亥所闻，时文公年六十二，当为力行续受业文公之时。

【著作】《朱氏传授支派图》《续文献通考》等有存目，入谱牒类。《文公语录》一卷。

许升　同安

【按语】《乾隆泉州府志》"许先生紫阳始教之高弟，而吾同理学之开先也"。朱子《祭许顺之文》称许升其有得于内，"恬淡清退。无物欲之累，未有如顺之者也"。《厦门墓志铭汇粹》录有刘汝楠《重修宋儒许存斋先生墓道碑》[①]以为"为乡先正，观风承流"。明林希元序《大同集》载"此先贤遗墨，不可使片言只字泯没。先贤至教，不使一言一句不传"，"发前圣之微旨，足为后学之印证"。《八闽通志》则认定其"理学品望，师表群伦"，其子许巨川"得伊洛紫阳之心传"。

【小传】许升（1141—1184），以《宋元学案》梓材谨案"朱子为之序，又为作《存斋记》云：'许生升之'是先生一名升之也"，亦名升之，字顺之，号存斋。泉州同安县人。许升居家，偕陈齐仲肄业净隐寺。朱熹任同安县主簿时，以为许升祖父许权"颇有文名，盛德高标，尤有文章，名蓝古刹，碑文最多"，"推尊其祖得其孙而加敬爱焉"《道南源委》《宋元学案》均言及绍兴二十三年（1153）朱子簿同安，许升年十三即从学，从朱熹游最早。绍兴廿七年（1157），

---

① 何丙仲、吴鹤立：《厦门墓志铭汇粹》，厦门大学出版社，2011年。

许升从文公北归于崇安。绍兴廿八年（1158），朱子监潭州（今长沙）南岳庙，许升追随左右。朱子作《许升字序》有"与生相从，于今六七年"，赠其字"顺之"，作《送许顺之南归》。乾道四年，受朱子托，许升与徐元聘、柯国材共校《程氏语录》，《答许顺之》以二程语录为"四海九州千年万岁文字，非一己之私也"。乾道二年（1166），朱熹与湖湘、闽中学者讨论"敬"的存养工夫认识，回复《答许顺之》，并示以《观书有感》诗，此为《观书有感》首次展现。淳熙元年（1174）许顺之与石子重、林择之等又往寒泉精舍问学。许顺之虽"学问渊深"，然"无意宦海"，偕陈齐仲肆业净隐寺，又与石子重、徐元聘、柯国材、陈汝器、王力行等友善。遍交四方之士，若范伯崇、廖德明、林择之、许敬之等。许升以"存斋"为馆名办学传道授业，朱子赞誉"在县庠为诸生讲说甚善"。其间朱子答许顺之书二三十通，涉及论、孟、易、礼等之学。朱子大致赞许，然亦谓其有时失之太幽深。朱在从其学。《经义考》卷二百八十五以为朱熹授《礼》弟子。

【著作】《孟子说》《礼记文解》《易解》等。

徐应中　同安

【小传】徐应中，同安人。朱子为同安簿，见本县进士徐应中，留意讲学，议论纯正，朱子《申县札》举荐，聘徐应中、王宾二人到县学任教，特给厨馔，待以宾客之礼。"选秀民充弟子员，一时从学者众。"《民国同安县志》言"日兴讲论正学，规矩甚严"。《闽中》以为："今当以朱子申请为据，入之学派中。盖平昔必经熏炙无疑也。"《朱子门人》等未见。

徐元聘　同安

【按语】《朱文公文集》卷三十九《答许顺之》云"齐仲、元聘书中各有少辨论，大抵亦止是理会近时学者过高之失"。《朱文公文集》卷三十九《答柯国材》又云"前此以陈、许二友好为高奇，喜立新说，往往过于义理之中正，故常因书箴之"。

【小传】徐元聘，名未详，号芸斋。同安人。与柯国材、陈齐仲、许顺之、范伯崇、廖德明等皆在孝宗隆兴以前及门者，为朱子任同安主簿时从学。与石子重、柯国材、陈汝器、王力行等友善。《朱文公文集》卷七十七有朱熹绍兴二十六年为徐元聘撰《芸斋记》，载："友人徐元聘有田舍一区，旁治轩窗，明洁可喜。暇日舆子弟讲学其间，而问名于熹。"《朱文公文集》卷三十九《答柯国材》言及乾道元年"徐丈惠书云有疑难数板，却未见之，岂封书时遗之耶？"乾道二年《与顺之书》曰："国材、元聘为况何？如昨寄得疑难来，又是一般说话。大抵齐仲、顺之失之太幽深。"受朱子之托，徐元聘与许升、柯国材分校《二程语录》。朱子与徐元聘多有书信往来，留存乾道二年（1166）前后书信二通，论三代王臣、天人之心，及人物之性同异之说，朱子以"性同气异"示人。

杨宋卿　　同安

【按语】《朱文公文集》卷三十九《答杨宋卿书》以为"古之君子德足以求其志，必出于高明纯一之地"。

【小传】杨宋卿，《朱子门人》未列。朱熹与同安县学诸生讲论问答，杨宋卿在其中，以宋之县学旧制，暂推以泉州府同安县人。绍兴二十五年（1155），朱熹与同安县学诸生讲论问答《论语》，杨宋卿与戴迈、林峦、吕佽等同学，当为朱子最早一批弟子之一。工于诗文，以诗作一集求教朱熹，朱子作《答杨宋卿》。《年谱长编》以为《答杨宋卿》系朱熹与同安县学诸生讲论问答，《书信编年》考作绍兴二十五年（1155），然《答杨宋卿》不及《论语》义文，《鹤林玉露》卷六《朱文公论诗》云："尝同张宣公游南岳，唱酬至百余篇，忽瞿然曰：'吾二人得无荒于诗乎？'杨宋卿以诗集求品题，公答之。"此言游南岳时作，故推答书作绍兴二十五年（1155）似乎依据不足。朱子以为时代经学式微，学子忽视义理，片面追逐词章迷途忘返，故而复信给杨宋卿，朱子告诫杨宋卿，衡量诗人应以其所言之志高下如何为标准。

陈易　　永春

【按语】《朱文公文集》卷五十五《答杨至之》以为陈易"讲论可师"，

《朱文公文集》卷五十六《答李子能》又言其"持守见识皆不易得，与之讲贯，当有深益"。《语类》一百一十五载："因说及陈后之、陈安卿二人，为学颇得蹊径次第。"《嘉靖惠安县志》有"是时晦庵之学盛行于泉，谓之清源别派，其学者如杨至至之、陈易后之辈"。

【小传】 陈易，字后之，《宋元学案》误作"复之"，陈知柔之季子。其先晋江人，迁居泉州永春县，永春人。淳熙四年（1177），以明经登乡荐，庆元二年（1196）进士，仕终福州怀安丞。《儒林宗派》《闽中》《福建通志》皆以为从朱熹学。《宋元学案》卷六十八《北溪学案》载：晋江人蔡和愿从朱文公游，以亲老不能去，勉友人陈易往受业。方彦寿《朱熹书院与门人考》言陈易从学于朱熹，始自绍熙元年（1190），庆元五年（1199），陈易又前往建阳考亭问学。而《嘉靖惠安县志》"刘镜"条载"淳熙间，与杨至、陈易、杨履正俱从游朱文公"。淳熙十年，朱熹与陈知柔有交游永春讲学，淳熙间陈易受学亦有可能。杨至与陈易、杨履正、刘镜皆从朱熹学于武夷精舍。绍熙元年又问学于漳州，次年四月与郑可学、周弼、蔡念诚等从晦翁论学问传授之次第。庆元五年续学于建阳考亭。朱熹《答杨至之》问及"后之归永春后，曾复来否？子顺、子能为学复如何？"陈易崇尚伊洛之学，不媚浮屠，参酌古礼，乡闾化之。或问"延平验中于未发之前，是何气象？"易曰："持守良久亦自可见，蔡和恒请质焉。"言蔡和以儒名恒请质，陈易与陈淳承续朱子之学，由是濂洛关闽之学大行。

【著作】《语孟解》。

刘叔文　**泉州**

【按语】《朱文公文集》卷五十五有绍熙四年（1193）作《答杨至之》云："彼中朋友后之讲论可师，叔文持守可法，诸友若能频与切磋，必有益也。"卷五十六《答李子能亢宗》又云：就《近思》《大学》上"陈后之持守见识，皆不易得。刘叔文守得亦好，但未知后来所见如何耳？"

【小传】 刘叔文，《闽中理学渊源考》卷十八以《朱文公文集》之《与杨至书》《与李亢宗书》中"后之、陈易字，则叔文亦刘之字也。名里不详"。又疑刘叔文乃刘叔光之误，称"朱子集中泉郡诸门徒多挂及其姓氏，即往复书中亦多及之，独遗刘叔光镜，或疑叔光、叔文字画相近，或传写差讹，或别有其人"。然朱子与其书信往来多通，难以数次传写差讹之误。而以"刘叔光镜"，疑名"镜"。"所云彼中朋友"杨至、陈后之、李亢宗等均属泉人，《闽中》卷三十七称"温陵刘叔文"，温陵是泉州别称。故按刘叔文亦为泉州人，县域待考。陈国代《大教育家朱熹》作"建阳刘叔文"。《闽中》由"二公为师门称许如此，其为高弟无疑"。《书信编年》以为《朱文公文集》卷四十六《答刘叔文书》在漳州时批其所问，故当绍熙二年（1191）间从学。《朱文公文集》卷五十五《答杨至之》又言"子顺、子能为学复如何？""漳州朱飞卿近到此，病作未得细讲。陈淳著书来，甚进，异日未可量也。"以《语类》载有杨道夫所记绍熙二年（1191）夏、秋朱飞卿于漳州初见朱熹时事，亦可证绍熙二年（1191）从学。朱子授其以《太极图解》《通书解》理气之说。言理气不离不杂关系。据徽州本《朱子语类》卷二，李方子录：天左旋，日月星辰亦左旋。但天运一日一周无又行过一度。日一日一周无不及此一度。至岁终，天运复周，方舆日会。《礼记》'星回于天'，《正义》有此说。刘叔文疑之。"

五、邵武军门人

李吕　光泽

【按语】　邵武师事文公者众多，李方子为文公高弟。任希夷、赵善佐、吕胜己、饶干、叶武子、俞闻中、黄谦、吴寿昌、朱震、虏奎、梁琢、冯允中皆尝从朱子游，问答甚多，具见晦翁全集，则兹郡固文公过化之地也。宋时，光泽即绍武之属县。《正统光泽县志》卷首，以为南宋光泽，"衣冠文物，中州鲜与齿，盖由西山李先生得道南之绪，大倡斯道月洲、云崖，教育嗣布，与考亭师友济美当世……流风余韵，犹有存者所致然也"。光泽乌洲李氏家族始祖为唐朝诗人"梨山先生"李频之子，李频原籍浙江省建德县，殁于建州（今闽北建瓯市）刺史任上，子扶枢还乡，途经光泽又时逢战乱，不得前行，择地而居，称"乌洲李氏"。《康熙光泽县志》载朱子《特奏名李公纯德墓志铭》以为"邵武军光泽县东里所有地曰乌洲，李氏世居之，为郡著姓。其先有赠大理评事者伟铎，始以文行知名乡党。其子弟见闻开廓，趣尚高远，不与世俗同"。自宋迄元，乌洲李氏世代服膺理学，李深、李郁、李吕、李相祖、李闳祖、李方子、李应龙等誉为乌洲"李氏七贤"，或有李氏十三子等，无愧为继承者传播者。当是时，朱子与乌洲李氏诸贤之间，或师或学友或师生关系。朱熹尊龟山女婿西山李郁为师，《朱文公文集》卷四十六《答李滨老书》记曰：熹"年二十许始得西山先生所著《论》《孟》诸说，读之又知龟山先生之学横出此支，而恨不复见也"。《朱文公文集》卷九十《西山先生李公墓表》则赞誉"其所以立言垂训开示后学，其亦可谓至哉"，《光绪光泽县志》转引朱子以为"李丈之文，可谓有补于世教"。《民国乌洲李氏族谱》载："传世至宋理学澹轩公，朱子订为讲学友，称乌洲李氏，我邑望族焉。"李吕上承叔父李郁西山家学，下启闳祖、相祖、壮祖与孙李方子等。周必大《平园续稿》卷三十五《澹轩李君吕墓志铭》称其端庄自重，记诵过人。李吕《诸子命名序》载李吕生子绍祖、怀祖、闳祖、相祖、袭祖、壮祖。《光绪重纂邵武府志》亦载"周必大《平园集》吕墓志，吕六子：绍祖、怀祖、闳祖、相祖、袭祖、壮祖，其长子乃绍祖，绍祖即果斋先生父也"。朱熹与李滨老吕以学友之称，其三子李闳祖、李相祖、李壮祖均拜武夷精舍朱子为师，李滨老吕之孙李方子、文子亦登朱子之门，堪称光泽盛事。故《道园学古录》卷八录有虞邵庵《云岩书院记》言李氏"祖、子、孙三世受学朱子之门，当是时闽之学者比于邹鲁"。《光绪光泽县志》言："唯光泽人物莫盛于宋，当时若李西山、李果斋辈，卓然以理学名世，自元代以来，渐不若宋。"《邵武府志》以为"桂士之知有正学，自闳祖始"。《中庸章句》《或问辑略》等初稿提契于朱熹，闳祖删定，为朱子学说形成居功至伟，亦见朱子学为门人共同建立之佐证。《邵武府志》称相祖"辨析详明，平居雅言矩步，见者心肃，可谓不愧家学，不负师门也"。壮祖更被评为"得受为学之要"。

【小传】 李吕（1122—1198），字滨老，一字东老，号澹轩。邵武军光泽人。家学有传。朱子卷九十一《特奏名李公墓志铭》载："少治周礼，学兼通左氏春秋，为文简古不逐时好。"又言"予淳熙六年（1179），吕始见予庐阜之阳，如旧相识"。《永乐大典》卷九〇九所录李吕《跋晦翁和玉涧诗》载"其己亥之冬谒公于星渚"。知淳熙六年冬，李吕与朱熹相见于南康军。同年，李吕《澹轩集》卷六《上晦庵干墓志书》。后李吕于淳熙八年（1181）、绍熙元年（1190）仲春造访朱熹。朱熹《邵武军光泽县社仓记》："光泽县社仓者，盖其创立规模，提挈纲领，皆张侯之功，而其条画精明，综理纤密者，则李君之力也。"周必大《澹轩李君吕墓志铭》言"六十四卦皆为义说，遍观史传百家之书，尤留意通鉴，手抄至数四，凡兴衰得失论著数百篇"。《南轩集》作李吕《渊乎斋铭》。吕殁后，其子文子以集求序，朱子语人曰："李丈之文，可谓有补于世教，未及为序而疾革。"见于文子所作跋语中。故李吕当为朱熹讲学友。

【著作】 《周易义说》、《澹轩集》八卷。

李闳祖　光泽

【小传】 李闳祖，字守约，号纲斋。邵武军光泽人。登嘉定四年(1211)进士，后官广西帅干。《光绪重纂邵武府志》言"李闳祖与弟相祖、壮祖同从朱子受学，笃志强力，精思切论。同门黄榦、李燔、张洽、陈淳引为畏友"。熹每称之，留之家塾"延训诸孙"。《勉斋集》卷三十九《祭李守约文》载"自先生讲道武夷，学者纷然求之师门。如吾守约兄者，是岂流辈之所可并肩也耶"？《语录姓氏》以其淳熙十五年（1188）后所闻。李闳祖于淳熙十五年（1188）三月陪同朱熹入朝奏事。又以《中庸章句》成书于淳熙十六年春，而李闳祖（守约）协助朱熹编纂《中庸章句》《或问》，淳熙十五年朱子与守约交往当频繁。顾宏义《朱熹师友门人往还书札汇编》推朱熹《答李守约》"克己复礼为仁"撰于淳熙十三年（1186）。而据《语类》一二○训门人载有李壮祖记有周元卿问读书，元卿卒淳熙十三年（1186），则李闳祖、李相祖、李壮祖三兄弟当在此前从学。依《语类》叶贺孙、廖德明、黄义刚、钱木之及林子武所录，知其在1190—1197年数次问学朱子于建阳考亭。庆元二年（1196）禁学，李闳祖力助朱子讲学。朱熹在答李闳祖信中道："今避祸之说，故所相爱。然得其壁立万仞，吾不为吾道之光。"与朱熹合编《中庸章句》《或问辑略》等书，故谓初稿提挈于朱熹，而删定于闳祖。

【著作】 《问答》十卷。

李相祖　光泽

【小传】 李相祖，字时可，闳祖之弟。渊于家学，李相祖与李闳祖从学朱子当于淳熙十三年（1186）前后。不仕，专心学问。《语类》卷一百一十四载绍熙五年（1194）朱子赴长沙任，途经江西袁州与李相祖兄弟相见。庆元四年（1198）冬，朱熹分委李方子、李相祖诸人编纂《尚书》集注，亦《书说》，成书三十卷，人赞其"不愧家学，不负师门"。朱子《文集》卷五十五《答李相祖》问《中庸章句》。1199年，朱子与李相祖细论《尚书》集注编例，知其师朱子长久。

李壮祖　光泽

【小传】 李壮祖，字处谦。与兄闳祖同登嘉定四年（1211）进士第，《康熙光泽县志》卷七"初以书见朱熹求教，熹答之遂语以为学之要"。熹亦嘉其有志推举，调闽清县尉。真德秀则以"典型人物"荐之。以《语类》一二〇训门人李壮祖所记，在淳熙十三年已从学，据李吕诗题《庚戌仲春携小子访别晦翁，过亲友江清卿之门，其嗣子尚幼，不果见，次早道经江清卿墓下，怅然有怀》，系绍熙元年（1190）二月，李吕带幼子同谒朱熹，非首次问学。以《语类》所载李壮祖与汪德辅、林学蒙、吴雄同时记录，绍熙三、四年，李壮祖曾师从朱子于建阳考亭，故《朱熹师友门人往还书札汇编》仅以为"李壮祖于绍熙三、四年间从学朱熹"，似不妥，当言又学。《朱文公文集》卷五十九《答李处谦》教训"为学当以存主为先，而致知力行亦不可以偏废"。

李方子　光泽

【按语】 《闽中》卷二十七转引文公以为："公晦资禀自是寡过，然开阔中又须缜密，宽缓中又须谨严。"《真文忠公文集》卷四十四《叶安仁墓志铭》则评价："公晦学邃而气平，本经术，明世用。事之大者，余必咨而后行。"其《清源文集序》直言公晦为朱门高弟。可谓有体有用之学者。虞邵庵《云岩书院》评价"其于朱氏之学，确守不变。所谓毫分缕析，致知力行盖终身焉"。《宋元学案·沧洲诸儒学案》载陈北溪评其学，"讲学务骑墙，而不必是非之太白；论事务骑墙，而不必义利之太分；行政务骑墙，而不必诛赏之太明；与人交务骑墙，而不必善恶之太察。熟此一线路，不知其病痛不少也"。又言："李公晦门下乐与缁黄来往，而又好观《楞严经解》，恐其看他不破，未能脱此圈槛也。"时人谓"独探其奥，尤精其粹"。而"对朱子学说的传播其实功大焉"。李方子之"祖、子、孙三世受学朱子之门，当是时，闽之学者比于邹鲁"。元儒虞集称其守朱子之学，致知力行，殆终身然也。

【小传】李方子，方彦寿《朱熹书院与门人考》生卒作"1169—1226"，石立善《朱子门人丛考》据撰于"绍定庚寅十月甲子"的《西山先生真文忠公文集》卷三十四《题李果斋所书郑伯元诗后》言"今公晦仙去已七年"，推定李方子卒于嘉定十六年（1223）。字公晦，《嘉靖邵武府志》及查慎行《得树楼杂钞》字作"正叔"，号果斋。李吕之孙，正己之子。李正己，为李吕长子，原名李绍祖，初字景行，又字克永，生子李方子、李文子。幼承家学，端谨纯笃。《宋史·道学传》载李方子"少博学能文，为人端谨纯笃。初见朱熹，谓曰：'观公晦为人，自是寡过，但宽大中要规矩，和缓中要果决。'遂以果名斋"。陈宓《复斋先生龙图陈公文集·送泉州李推方子》言："李公晦从紫阳先生久，尽得其道，佐大府治，千里蒙福。"《朱子门人》："方子曾录《语类》戊申（1188）以后二百余条"。淳熙十五年时，朱子年已五十九，此为晚岁及门者。田中谦二《朱门弟子师事年考》以1188—1189年间及1193—1194年间，跟随朱熹到武夷、建阳、长沙等。而方彦寿《朱熹书院与门人考》以为庆元三年（1197），李方子到建阳求学。朱子分委李方子、李相祖、谢承之、黄榦、林夔孙、陈埴诸生修撰《尚书》集注。力推刊行《资治通鉴纲目》，奉朝命撰《资治通鉴纲目后序》。阐发朱子之学，以为文公"先生之道之至，原其所以臻斯阃得，无他焉，亦曰：主敬以立其本，穷理以致其知，反躬以践其实，而敬者又贯以通乎三者之间，所以成邑而成终者也"。尝语人曰："吾于问学未能周尽，然幸于大本有见处，此心常觉泰然，不为物欲所渍尔。"嘉定七年廷对擢第三，调泉州观察推官。适真德秀守泉，以师友礼之，郡政咸咨焉。罢职归乡，传学云岩书院，李方子与李燔、张洽、真德秀、魏了翁为友，往复探讨义理之学。真德秀《清源文集序》谓："新安程公来镇，之明年，谓郡从事武阳李君方子曰：'此邦号文章之薮，而有志无集，非阙欤！子其为我辑之。'李君既承命，则退而网罗收拾，得诗、赋、杂文，凡七百余篇，合为四十卷。"《闽中》引李方子言以为其"问学未能周尽，幸于大本有见，此心常觉泰然，不为物欲所渍，若得真实务学之人，发明纲领，斯道庶几不坠尔"。以刘爚《云庄刘文简公文集》，署有"门人果斋李公晦方子编次"之名，李方子亦从学于刘爚。又虞集《道园学古录·光泽县云岩书院记》载："邑南三里有云岩书院。……李先生方子讲学之故处也。"亦谓"先生祖、子、孙三世受学朱子之门，当是时，闽之学者比于邹鲁。余得先生所为年谱序，知其于朱氏之学确守而不变，所谓豪分缕析，致知力行，盖终身焉"。《性理大全书》《理学类编》多有征引其说。真德秀《题李果斋所书郑伯元诗后》追忆："予与公晦为僚，于泉山二年之间，于学问文章源流几亡所不讲。"叶湜次子叶采、李方子之女婿及宋慈等从李方子问学。

【著作】 编《朱子年谱》三卷，又称《朱子行状》。王懋竑取李方子《朱子年谱》及婺源洪氏续本互相参考根据语录文集订补。著《禹贡集解》《传道精语》《清源文集》等书。宋代车若水序胡常《晦翁语录汇编》言"邵武李公方子有《传道精语》"。真德秀《清源文集序》说："公晦仕泉时，为郡守程公所嘱辑《清源文集》七百余篇，集成而某至"，"网罗收拾，得诗赋杂文凡七百余篇，合为四十卷。"

李文子　光泽

【小传】 李文子，字公谨，又作"公瑾"，号耘叟。另元陈栎《定宇集》载有"李公谨，字敬子，皆朱子门人"。《道光重纂光泽县志》"自号湛溪。方子弟也。第绍熙四年进士"。《补遗》言："刘后村跋李耘子所藏其兄公晦诗评，耘子盖耘叟之讹，或别一公晦弟耶？"许家星《朱子门人补正》以为其名李公瑾，字文子，误。杨应诏《闽南道学源流》言"邵武，宋绍兴、庆元间，理学为盛。自李光祖郁从龟山门下，而守约、时可、处谦及方子兄弟亦俱从晦庵游"，为学者宗仰。真西山《题果斋所书郑伯元诗后》则言"耘叟笔力超拔，其似其兄，见之如见公晦"。以《语类》所记六条，确为朱子门人。

【著作】 据《宋史艺文志补》《内阁藏书目录》李文子撰《湛溪编近古文集》三十卷。陆心源《皕宋楼藏书志》载"郭允蹈撰《蜀鉴》十卷"，李文子序跋"余与资中士友郭允蹈居仁既为《蜀鉴》一编,使凡仕蜀者知古今成败兴衰治乱之迹,以为龟鉴其事备矣"。而四库全书《蜀鉴》提要案:"《蜀鉴》十卷不著撰人名氏。前有方孝孺序,称宋端平中邵武李文子尝仕于蜀,搜采史传,起秦取南郑至宋平孟昶,上下千二百年事之系乎蜀者为书,十卷云云。世遂题为文子作。"《光绪光泽县志》以为"《蜀鉴》十卷,宋李文子撰,见《菉竹堂书目存》"。知《蜀鉴》当为郭允蹈、李文子合著。

黄谦　光泽

【按语】 以 1998 年 11 月,福建邵武市水北镇黄涣墓出土《宋故邵武黄君墓志铭》"吾家自上世以来,所积惟善,故邦人称长者焉。吾弟天资良,能绍祖训,吾是以知其必有余庆,而承其昌也!"黄谦、黄涣志笃学博。

【小传】 黄谦,字德柄。邵武军光泽人。其父敦义以六经教子,七子皆有成。诸史籍载游朱、吕之门。另《嘉靖延平府志》载黄谦登"己丑郑侨榜"(1169),并"黄谦,顺昌人,寰宇志及县志无谦"。此黄谦不可能为南安黄谦,或为黄德柄谦,待考。文公《与方伯谟书》云:"某近尝一至云谷,留十余日,克明、德柄皆未及书,烦为致意。"依《朱熹师友门人往还书札汇编》考《与方伯谟书》约撰于淳熙三年(1176)二三月间。淳熙初年,朱子在云谷,意黄谦为云谷时期门人,朱子中年及门弟子者。《语类》有叶贺孙记黄德柄问"文中子"。另有南安朱子门人黄谦字德之者,非同一人。

黄涣　光泽

【小传】 黄涣(1147—1226),字德亨。黄谦弟。邵武军光泽人。以宋李刘《四六标准》卷二十八及《宋元学案》作"淳熙戊戌南省第二人,后守岳州",《八闽通志》《闽书》《乾隆福建通志》《康熙光泽县志》等志乘作"淳熙戊戌南省第一人,从守岳"。黄涣为官清廉,有政声。少笃志博学,曾从学于名儒吕祖谦。《朱子门人》仅列其兄黄谦为门人。而以宋李刘《四六标准》卷二十八及《宋元学案》"其兄黄谦,字德柄,亦游朱吕之门",以"亦"疑黄涣也为朱子门人。

冯允中　邵武

【小传】　冯允中，字作肃，称见斋先生。邵武人。朱子《答冯作肃》四通。《书信编年》考首通于乾道八年（1172）。《朱文公文集》卷四十四《答蔡季通》："作肃所求，熹与其人本不相熟，今才一见耳，固不容便作书。"此答书论及作肃与朱熹首次相识。顾宏义《朱熹师友门人往还书札汇编》以"书中云'《律吕新书》并往'，当是指朱熹撰序以后、归原书于蔡元定，故推知本书约淳熙十四年（丁未，1187）正月间"。然而《朱文公文集》卷四十一《答冯作肃》载："所谕两条，如叔京兄所论'孔子非沮子贡，乃勉其进'，此意甚善。而作肃所疑，亦有不得不疑者。"以蔡季通初识朱熹在1167年、何叔京卒于1175年，作肃与朱熹"今才一见"在1167—1175年间。《书信编年》将答冯文系于乾道八年（1172）。又《朱文公文集》卷四十《答何叔京》载"答作肃书所谓'性理之本'，此语未安。夫本对末之名也，今以性为理之本，然则以理为性之末，可乎"，"又难作肃云：'性者理之会，是性本无，须待理会于此方以为性。'此亦非也"，其下小注曰："余已见《答作肃书》。"后又及"龟山'人欲非性'之语自好，昨来胡氏深非之。近因广仲来问，熹答之云云"。而胡广仲卒乾道九年初，由此《答何叔京》"余已见《答作肃书》"完成不晚于乾道八年，则作肃与朱熹"今才一见"亦不晚于乾道八年，顾宏义《朱熹师友门人往还书札汇编》推《答蔡季通》"作肃所求"书约作淳熙十四年（丁未，1187）正月间为误。淳熙七年（1180），应刘甫之邀，蔡元定、冯作肃陪同朱熹等游武夷，留有朱熹手书纪游题刻，文曰："刘岳卿几叔招胡希圣、朱仲晦、梁文叔、吴茂实、蔡季通、冯作肃、陈君谟、饶廷老、任伯起来游。"淳熙十四年朱子作《跋冯君家藏唐诰》。绍熙五年（1194）八月，朱熹派时为迪功郎、道州宁远县尉冯允中致祀道州三先生祠。朱子名其斋曰"见斋"。《答冯作肃》论及诗乐。冯允中尝云："情本于性，故与性对心则有知觉而能为之统驭者也。未动而无以统之则空寂而已，动而无以统之则放肆而已。"朱子深以为然。所论惩创后生妄作之弊，及敬义性情心术之说甚善，朱子多许之。郡县志言长汀杨澹轩先生，朱子高徒。丘鳞知邵武军建宁县承直郎，日与刘德言、梁文叔、冯作肃、吴大年、叶直翁、吴仲玉切磋讲道，发明朱子之学，熏陶乡里，人始知诗书礼乐之学，敦伦纪励名节。

何镐　邵武

【按语】　朱熹称何镐"家学渊源，才智敏锐，深造默识，躬行力践，非一般诵说闻见所能及"。朱子撰墓碣称"镐为人清夷恬旷，廉直惠和，谈经论事，简易条畅"，"为文敏而有思，趣尚高远"。李吕《祭妹夫何叔京文》则以为"叔京操行孤坚，宅身端静"。朱子理学形成，何镐卓有贡献。朱子之学海纳，虽多有争辩，亦见虚心不已。

【小传】　何镐（1128—1175），字叔京，称台溪先生，李吕妹夫。邵武县人。辰州致仕恩补官，调汀州上杭丞，转潭州善化令，将行而卒。尝受程氏《中庸》之学于东平马公伸之传。朱子《答何叔京》书三十二通《别集》卷四一通，顾宏义《朱熹师友门人往还书札汇编》以为答书最早于乾道二年（1166）五月十八日。以《朱文公文集》卷四十《答何叔京》"五月十八日，新安朱熹谨再拜裁书复于知丞学士执事"回函看，显然已为相识之时。《朱文公文集》卷七十二《吕氏大学解跋》，署有"乾道丙戌孟冬晦日，台溪何镐谨跋"。在此后，诸多学人云集崇安，蔡元定、范念德等先后来学。叔京与朱子相互切磋义理，修正著文，朱熹与何镐商议《伊洛渊源录》《孟子集注》《中庸集说》等修改。朱熹作《杂学辨》，由何镐作跋行世。《别集》卷六《林择之》书十五云："近何叔京过此，少留未去。伯间（谏）、季通亦来集，讲论甚众。"乾道六年李伯谏从学朱子于寒泉。《文集》卷四十四《答方伯谟》书："月初至寒泉，叔京约来相聚旬日，不知能约诸同志者同为此会否？"据陈来《朱子书信编年考证》考证，此书写于淳熙元年（1174）。淳熙元年三月初至寒泉展墓，蔡元定、何镐、方士繇等与朱子游芦峰、云谷，朱熹又与何镐、张栻、吕祖俭等展开心说辩论。《文集》卷三十三《答吕伯恭》书三九云："叔京自冬初与邵武朋友三两人来寒泉，相处旬日，既归即病，十一月末间，手书来告诀，得之惊骇。"此为淳熙二年（1175）。乾道六年四月，蔡元定、何镐、杨方等来会于寒泉，与朱熹论"敬"。淳熙二年五月，随朱熹从建阳寒泉出发，往铅山参与鹅湖之会。朱熹偕友游览武夷六曲响声岩，石刻："何叔京、朱仲晦、连嵩卿、蔡季通、徐文臣、吕伯共（恭）、潘叔昌、范伯崇、张元善，淳熙乙未五月廿一日。"《文集》卷九十一《何叔京墓碣铭》中还述及此事云："今年冬，过予于寒泉精舍，留止浃旬，归而属疾。既病，则手书来告诀，语不及私，独以不获终养卒学为深念。"

《咸丰邵武县志》卷十四"幼承庭训，从朱子游，朱子敬友之，尝造其家，书问无虚日"，可知何镐与朱熹当为亦师亦友。何叔京治经为学能"贯穿经史，取友四方，博考旁资以相参伍"，晚筑"高远书堂"，世人亦称台溪精舍。朱熹曾撰《味道堂记》，味道堂乃何镐之父通判辰州何太和所建筑，非台溪精舍。

【著作】《易学说语》《台溪集》数十卷。朱熹记言"所著书有《易》《论语说》《史论》《诗文》数十卷"。

黄寅　邵武

【小传】 黄寅，字直翁。邵武人。《渊源录》作："少时飘荡豪爽，方士谳语之曰：'以子之方俊，何善不可为！乃甘心里巷，以辱其身邪？'先生感泣，问过可改否。曰：'惟狂克念作圣。'于是奋励修饬，登朱子之门，问学精诣，言行准绳，乡人敬叹之。"言引《考亭渊源录》。《闽中》《万姓统谱》《朱子实纪》《儒林宗派》作"叶寅，字直翁，邵武人"等。以《闽中》《万姓统谱》《儒林宗派》《朱子实纪》晚于且直接参考《考亭渊源录》看，当叶寅为黄寅之误。然以《闽中》《乾隆汀州府志》所录黎士弘《邱二先生书院记》均引有《郡县志》，言丘启潜："御寇有功，辟知邵武军建宁县承直郎，日与刘德言、梁文叔、冯作肃、吴大年、叶直翁、吴仲玉诸先儒切磋友善，讲道不倦。溯其所从，皆朱门嫡传也。"以为当另有朱子门人叶直翁者，待考。

依《书信编年》及《朱熹师友门人往还书札汇编》以为朱熹《答黄直翁》与朱子《答德功书》时间相近，约撰于淳熙七年（1180）间。滕珙《经济文衡后集》卷八《答黄直翁寅》讨论"泰伯之让不失其正"。

黄瀚　邵武

【小传】 黄瀚，字仲本。《朱子门人》不知其名，作"黄仲本，号复斋"。《闽中》作"黄仲本先生瀚"，以宋廖行之撰《省斋集》亦有"邵武黄瀚书于蒸湘郡斋《伏读省斋秋夜读书示儿诗》跋"知其为邵武人。其言"意到成诗，理到成文"。《闽中》《宗派》等诸多史籍以为"门人"，而《朱子门人》依《补遗》卷四十九则列为朱子之友。1176年朱子作《复斋记》云"吾友黄君仲本以'复'名斋"。

朱熹曾作《文集》卷八十一《跋黄仲本朋友说》。1177年初朱熹请黄仲本（黄丞）做媒致吕祖谦之书及吕氏"归赙"。吕祖谦《东莱集别集》卷八《与朱侍讲元晦》言及"岁时黄仲本行，既上状矣，是时虽闻尊嫂音问不佳，而未得的报，故不敢拜慰"。《朱文公文集》卷三十四《答吕伯恭》"昨黄仲本至，并领回书，吊问甚勤，且辱赙襚"，为淳熙四年（1177）正、二月之际事。庆元五年（1199）二月《朱子遗集》卷三《答刘德修书》提及"近方得黄仲本投名入社（社仓）"。《语类》卷一百三十一记载黄仲本与朱子讨论黄潜善荐李伯纪一事，当列为弟子，故朱子与黄瀚可谓亦师亦友。

【著作】《朋友说》。

黄孝恭　邵武

【小传】黄孝恭，字令裕。李吕作《怀黄令裕二首》，而李吕生卒1122—1198年，知黄孝恭卒于李吕故亡之前。《渊源考》《万姓统谱》《朱子门人》《朱熹师友门人往还书札汇编》作邵武军邵武县。黄孝恭、建安《朱文公文集》卷五十八有《答黄令裕》三通。《闽中》《万姓统谱》等有"从朱熹学，治身严整，起居有常度，论著确实"。《朱文公文集》卷五十五《答李守约》："王子合过此，说失解曲折，甚以为恨。仁包五常之说，已与令裕言之。大抵如今朋友就文义上说，如守约尽说得去。"如后"王遇龙溪"条，已考当在淳熙十六年秋间解试后不久，王子合面见朱子问学。《答李守约》作于此时。言及"王子合过此"，"仁包五常之说"，淳熙十六年前黄令裕已师从朱子。

江元益　邵武

【小传】江元益，福建邵武县人。《渊源录》《宗派》《补遗》及《理学总录》列为门人。《语类》卷一百二十载有江元益问"入德"及"门人勇者为谁"二则。为黄榦所记，从学时间无法确定。

李东　邵武

【小传】　李东，字子贤，李纲族孙。邵武军邵武县人。《道南源委》《道南源委录》《闽书》《渊源录》《闽中》《宗派》等均以为受学朱子。绍熙元年（1190）登第，庚申年前后为庐陵主簿，迁知万安。庐陵秩满，周必大饯以诗云："地跨江南秀气兼，玉成界尺直方廉。西曹久处习凿齿，高士惟知孙子严。"黄勉斋以书荐于漕使杨楫，称其精敏，乞委以事而观其能。

连崧　邵武

【按语】　朱熹卷四十《答何叔京》："闻嵩卿之贤好学，得闻其余论，尤以为喜"，又言及心性，以为"嵩卿是韩子之言，固失之"。朱熹云"持敬之说，前书亦未尽。今见嵩卿具道尊意，乃得其所以差者"。朱熹《答冯作肃》论及性情等说，以为"理便是性之所有之理，性便是理之所会之地，而嵩卿失之于太无分别，作肃又失之于太分别，所以各人只说得一边也"。连崧随朱子学时间长久，博学思问。

【小传】　连崧，字嵩卿。福建邵武人。诸史籍列为门人，《经义考》以为授《易》弟子。《答何叔京》《答冯作肃》《答方伯谟》均言及连嵩卿，《语类》嵩卿录多条，关涉心性、理气、鬼神、乾坤、易学等，极为广泛，朱子对其论各有褒贬。据方彦寿《朱熹书院与门人考》、顾宏义《朱熹师友门人往还书札汇编》考，乾道四年（1168）春间朱子《答何叔京》，言及因何镐引荐连崧识朱熹，言语间可知，此时连崧已经师从朱子。陈来考《答何叔京》有"今见嵩卿"，连崧与何镐前往寒泉拜访朱熹时乾道六年。《朱文公文集》卷四十四《答方伯谟》言及"得连嵩卿书"，时为淳熙元年（1174）三月初朱熹至寒泉展墓。淳熙乙未（1175）五月廿一日，何叔京、朱仲晦、连嵩卿、蔡季通、徐文臣、吕伯恭、潘叔昌、范伯崇、张元善等师友师生同游武夷山，留有题刻，亦参与鹅湖之会。文集《答连嵩卿》书四通，《答连嵩卿》作于淳熙年间初期。而《语类》卷三载叶贺孙所记"光祖问：'先生所答崧卿书'云云"。叶贺孙在绍熙二年（辛亥，1191）以后所闻，故绍熙二年后朱熹与连崧仍然通有书信。

梁琢　邵武

【按语】《朱文公文集》卷四十四《答梁文叔琢》称"澹台石刻已领，考证详密，亦自是一种工夫也"，称许尤嘉。

【小传】 梁琢，以《万姓统谱》《宗派》《闽中》作"梁琢"。字文叔。邵武人。诸史籍皆言从游于朱文公。顾宏义《朱熹师友门人往还书札汇编》考朱熹《答梁文叔琢》"澹台石刻已领"作于乾道六年（1170）秋，而方彦寿《朱熹书院与门人考》以为作于淳熙十一年前后。淳熙四年（1177）九月，梁琢与袁枢、傅伯寿、吴英陪朱熹共游武夷。朱熹作唱酬诗《奉陪机仲宗正景仁太史期会武夷，而文叔、茂实二友适自邵武来集，相与泛舟九曲，周览岩壑之胜而还，机仲景仁唱酬迭作》。淳熙七年《朱文公文集》别集卷六《答黄商伯》提及送梁文叔《白鹿洞记》事，答问下注"以下见南康集"，后朱熹与梁琢更为频繁。淳熙八年朱熹回到武夷山，"刘岳卿几叔招胡希圣、朱仲晦、梁文叔、吴茂实、蔡季通、冯作肃、陈君谟、饶廷老、任伯起来游。淳熙辛丑七月二十三日，仲晦书"。朱熹与储行之、杜仁仲、陈淳等均有所及。方彦寿《朱熹书院与门人考》依《语类》考梁琢绍熙四年从学建阳考亭。梁文叔刻志励学，所论为学工夫，及体气魂魄鬼神之说，文公多许可之。又《文公易说》引记有梁文叔言太极动静，明其亦有志于易学。

【著作】 辑《文公语录》《澹台石刻》。

刘炎　邵武

【按语】 扬堂先生刘炎传播朱子之学于婺州，居功甚伟。《金华理学粹编》卷五载鲁斋王柏有"就正刘扬堂、杨船山，粗识伊洛渊源"之语。

【小传】 刘炎，字潜夫，号扬堂。邵武人。游朱子之门。《语类目录》为"己酉（1189）、甲寅（1194）以后所闻。饶后录"。《宋元学案》载朱子卒，先生祭以文，云："凛然若衔驭之甚严，泰然若方行之无畔。盖久而后得之，又何止流行乎四时，而昭示乎河汉。"《语类》卷一百七录有李壮祖及陈文蔚淳熙十五年后所记刘炎问答。又有刘炎所自记，言："侍先生到唐石，待野叟樵夫，如接宾客，略无分毫畦町，某因侍立久之。"唐石在建阳。又有言："先生端居甚严，而或'温而厉''恭而安'。望其容貌则见面盎背。当诸公攻伪学之时，先生处之雍容，只似平时。"知当在庆元党禁之时，刘潜夫追随朱子在建阳。拗堂作《立斋铭》而推广立之义，以是诏其子，教门人，勉其同志。绍定二年，王柏三十三岁始弃科举之学，见拗堂刘公炎。端平元年甲午以长啸为非持敬之道，改号"鲁斋"。

丘珏　邵武

【小传】　丘珏，亦作邱珏，字玉甫（父）。邵武人。《道南原委》《宋元学案》及《嘉靖邵武府志》《八闽通志》均载"从朱熹学，有《主敬问答》。学禁严，遂谢场屋"。《语类》卷一百二十录有吴必大所记丘玉甫问学，方彦寿《朱熹书院与门人考》以为在淳熙十五、六年。吴必大1180年后南康问学朱子，而1182年朱熹曾作邵武《芹溪邱氏宗族谱序》，推丘玉甫1180—1182年间始从朱子，待考。

饶干　邵武

【按语】　签书枢密院事杜范作铭文曰："能琢磨而器吾之玉乎，则心皇皇如不足；能烜赫而丹吾之毂乎，则足缩缩如不欲。故乐也不加若性，而污也不惧其辱。不惧其辱是谓善。学朱氏者，盖不惟其名而实之笃。"饶干与朱熹，亦师亦友，发扬功于朱学。

【小传】　饶干（1156—1227），字廷老。依朱子《吕氏夫人墓志铭》记饶干父邵武饶伟，当为邵武人。《湖南长沙饶氏谱廷老公考略》："饶干，字廷老，唐安抚浙西提刑元亮公七世孙，亚中大夫熊公孙，朝议大夫兼提举熙公长子，通政大夫绪公兄。"以干、绪为伯仲。饶干亦孝谨敦实，能自力学问，见称朋友间。登淳熙二年进士。《湖南通志》卷九五："饶干，邵武人，淳熙初知长沙县。后知潭州。"《会要职官》七二之五三："淳熙十六年（1189）八月十四日，诏知潭州沈枢放罢。"《闽中》言知长沙时，"适朱文公为守，遂受业焉"。《湖南长沙饶氏谱廷老公考略》亦有："时考亭朱子守潭州，公与蔡元定同师事焉。"然《朱文公文集》卷四十三《答陈明仲》"读《易》亦佳，但经书难读，而此书为尤难。廷老所传鄙说，正为欲救此弊"，此书已言及廷老，顾宏义《朱熹师友门人往还书札汇编》考推作于淳熙三年（1176）或稍后。淳熙四年（1177），饶干为吉水县尉。次年，携其友江州录事参军游九思之状，请朱子作《吕氏夫人墓志铭》。参以淳熙七年（1180），朱熹应刘甫邀请游览武夷山水帘洞，手书纪游题刻，文曰："刘岳卿几叔招胡希圣、朱仲晦、梁文叔、吴茂实、蔡季通、冯作肃、陈君谟、饶廷老、任伯起来游。"显然饶干早已与朱子相识，受学朱子时间当在此前。《朱文公文集续集》卷四《答刘晦伯》言及"饶廷老归，闻诸公相许，已有成说。而辛卿适至"，此为绍熙四年（1193）正月辛弃疾召赴行在，经建阳访朱熹，知饶廷老由建阳考亭归邵武。又《朱文公文集》卷四十八《答吕子约》十一月二十七日言："子合到此……恰写至此，忽报已有农簿之命，此亦可喜。前日因饶廷老去，尝寄声痛箴之，不知能听受否？"知饶廷老此时到访。然方彦寿《朱熹书院与门人考》以为作于淳熙十四年（1187），而顾宏义《朱熹师友门人往还书札汇编》以吕子约农簿之命考为绍熙三年（1192）。饶干以名儒为循吏也，夙于治事暇即讲学，深得孔孟指归，朱子雅器之。庆元初于长沙县内，饶干设立社仓二十八所为最多。饶干别建湘西精舍于岳麓书院南，王谦仲题"湘西精舍"匾榜，饶干寄给朱子。后历官至东院侍郎。时公弟绪公官西院侍郎，居西院，公居东院，时称饶氏两院。饶干曾问朱子看《通鉴》，曰："《通鉴》难看，不如看《史记》《汉书》。《史记》《汉书》事多贯穿，纪里也有，传里也有，表里也有，志里也有。《通鉴》是逐年事，逐年过了，更无讨头处。"《语类》道夫录云："更无踪迹。"饶廷老曰："《通鉴》历代具备。看得大概，且未免求速耳。"

饶怀安　饶敏学　**邵武**

【按语】《雍正黔阳县志》卷之八录有明刑部尚书、太子太保、莆田林俊作《修宝山书院记》，以为："湖南道学，远有师承，春陵濂学、齐安洛学。黔阳、辰沅渗漏乎濂洛而私淑建阳矣。黔令饶敏学，建阳高弟子也，载道而南，出师说，以迪黔人，而书院作焉。"黔中理学发轫于饶敏学，魏了翁推波助澜。然饶敏学传以家学，与其父饶怀安同受学于朱子，故亦当传之以朱子之学。饶敏学为知县，府志以为"器量宏深，长于治事，而能以廉慎自守，僚隶畏服。凡有营建，民不知劳而事"。大抵公之为政，无非得之家传，廉以处己。公以莅事，严以督奸。

【小传】 饶怀安，《朱子门人》未列。依《宋元学案》《万姓统谱》《补遗》以饶敏学视为朱子门人，作邵武军邵武县人。然《文集》《语类》未见其名。据《雍正黔阳县志》卷之八，宋黔阳县教授单铨作于绍定改元三月《饶公生祠记》载"铨窃闻，先生怀安府君，尝建学于监利。至宰长沙，亦专以崇化兴学为事。二邑之人，至今歌咏之。盖怀安受学于朱文公，其为政宜知所本"。《乾隆沅州府志》亦收录。此可谓旁证。

饶敏学，《朱子门人》不知为名或字。单铨《饶公生祠记》："公讳敏学，字逊之，世为邵武人。宝庆三年，黔阳大夫饶公新广学宫既成，鹤山先生侍郎魏公发明《大学》诚意之旨而为之记，眉山李肩吾为之书，科院庾使董公名其堂曰'敷教'而大书之。辟百年之荒榛，发山川之奇观。"《嘉庆大清一统志》卷三六八亦作"饶敏学，字逊之，邵武人"。《鹤山先生大全文集》卷四十七《黔阳县学记》宝庆元年（1225）载："饶君敏学，故朱文公弟子也。为令黔阳，纾滞救乏，摧奸抑强，威行令孚，粟衍财牣，思以父兄所讲，淑其民人。县故有学于治寺之东，饶君始为门墙，继葺殿屋，堂室、斋馆、庖湢、庭庑以次毕具，又为绘象祭器，以严春、秋之祀命。贡士单铨董其役事，谒记于余。"宋沅州学正翁永年《重修县治记》言"宝庆元年春，邵武饶侯敏学来，以学为政，因俗行化"。林俊《修宝山书院记》言"黔令饶敏学，建阳高弟子也"，《嘉庆大清一统志》亦作"朱子弟子，南宋宝庆元年任沅州府黔阳县知县"。清黄本骥《三长物斋》之《单炜传》云单炜"子铨，以书法继其家学。绍定改元，举乡贡进士。其时朱子弟子饶敏学适宰黔邑，大修学校，创建'宝山书院'，改建县治。州学教授东嘉翁永年为之记，碑刻现在，即铨所书也。明年，敏学请于朝，始置黔学教授，以铨充其选"。由是可知，邵武饶怀安、饶敏学父子均为朱子门人。

【著作】 饶敏学在黔阳县任内，纂成第一部《黔阳县志》。

饶克明　**邵武**

【小传】 饶克明，《朱子门人》以"朱子并称伯谟、克明，则克明必字"。《宗派》《闽中》作"邵武人"，《渊源录》作"居邵武军"。《朱文公文集别集》卷六《答林择之》明确"邵武饶克明赴省，前日过此耳"。许家星《朱子门人补正》亦有考。以《朱文公文集》卷四十四《答方伯谟》等言及"克明及诸朋友皆烦以此询之"，"伯谟可与克明各下一语，便中见喻也"，"克明、德柄皆未及书，烦为致意"等，可知饶克明为朱子门人无疑。据《朱熹师友门人往还书札汇编》考，《朱文公文集》卷四十四《答方伯谟》几书中最早言及饶克明在乾道九年（1173）夏。

任希夷　邵武

【按语】　任希夷从学，笃信力行。《宋史》卷一百五十四载，朱熹称誉任伯起是开明济世人才，绝非流俗可及。"伯起，开济士也"，朱子以为"其人有志于学，守官不苟"。与魏了翁力推周敦颐、二程之学，发扬朱子。其书法与陆游、范成大、张孝祥号为"南宋四家"。

【小传】　任希夷，据《宋人生卒行年考》生于1156年。卒年待考。《任氏族谱》载其卒于任上。而《宋史》卷三十二载，端平元年（1234）正月任希夷谥宣献，其二子扶柩回乡，途经铅山，遂葬其父于此。字伯起，号斯庵，谥宣献。以《考亭渊源录》及族谱有"其先眉州人，四世祖伯雨为谏议大夫，其后仕闽因家邵武"，故任希夷当为邵武人。淳熙二年（1175）与饶干同登乙未科进士第，《宋诗纪事》有考。《考亭渊源录》《经义考》《朱子实纪》《闽中》误为"淳熙三年"，累端明殿学士、签书枢密院事，兼权参知政事，寻提举临安洞霄宫。迁礼部尚书兼给事中，谓周敦颐、程颢、程颐为百代绝学之倡，乞定议赐谥其后。周敦颐谥"元"，颢谥"纯"，颐谥"正"，皆希夷发之。希夷少刻意问学，为文精苦。淳熙七年（1180）朱熹和高足蔡元定等人曾应刘甫的邀请，游水帘洞，《闽中金石略》记有朱熹纪游题刻："刘岳卿几叔招胡希圣、朱仲晦、梁文叔、吴茂实、蔡季通、冯作肃、陈君谟、饶廷老、任伯起来游。淳熙辛丑七月二十三日，仲晦书。"《朱文公文集续集》卷一《答黄直卿》言"浙中旱甚，当宁忧劳"，又云"伯起说去年见陆子静说游、夏之徒自是一家学问，不能尽弃其说，以从夫子之教"。淳熙八年八月朱熹任浙东路常平茶盐公，时浙中大旱。又淳熙九年，任希夷为浦城主簿，朱子为任希

朱子门人学案

夷祖母作墓志铭。《宋史》《福建通志》《邵武府志》载"初授浦城主簿,从朱子学"及《考亭渊源录》"调建宁府浦城簿,从朱熹学"。以淳熙七年(1180)为任伯起已从学朱子更妥。继而淳熙十三年(1186)《朱文公文集别集》卷三《答程沙随可久迴》有"前浦城主簿任希夷经由请见,幸与其进而教诲之"。次年朱熹作《跋任伯起家藏二苏遗迹》言"希夷将刻石以视子孙,而属予序之"。《朱文公文集续集》卷一《答黄直卿》言及淳熙十四年:"任伯起到此,昨夕方与痛说,觉得上面更无去处了,未知渠能领略否耳。广西寄得《语孟说》来,细看亦多合改。"

上官谥　邵武

【小传】 上官谥,字安国,《宗派》《万姓统谱》作"宇国"。邵武军邵武县人。《源委》《实纪》《渊源录》《宋元学案》《补遗》等亦列为门人,或言从朱子游。《闽中》以《通志》《邵武府志》称其"为学务求义理,不事章句,既而从朱子游,益加涵养。以祖荫授会昌尉,调永州推官,简易不深刻,永人怀之。迁四会令"。然《语类》《文集》不见,明代以前史籍亦未见载。

吴英　邵武

【按语】 宋人尊师求学风盛,以圣贤为尊,时有祖孙同师,吴英、吴寿昌、吴浩即为其典范,孙幼承家学,研精性命之旨。

【小传】 吴英,字茂实。邵武人。登绍兴三十年(1160)进士。仕泉州路教授。诸史籍均列为门人,与朱子当亦师亦友。淳熙三年(1176)十月《朱文公文集》卷四十四《答方伯谟》言"茂实、(黄)仲本前日到此",淳熙四年九月,梁琢与袁枢、傅伯寿、吴英等陪朱熹共游武夷,朱熹作唱酬诗。朱子与吴茂实书多有评述陆子寿,《朱文公文集》卷四十四《与吴茂实英》言"幸老兄遍以告之也。陆子寿兄弟近日议论与前大不同,却方要理会讲学。其徒有曹立之、万正淳者来相见",以万人杰(正淳)于淳熙七年三月来南康问学,而陆九龄卒于七年九月,而吴茂实此时尚师从朱熹。同年吴茂实陪朱熹浏览武夷山,朱熹作纪游题刻,《朱熹师友门人往还书札汇编》推测朱熹《答方伯谟》提及朱熹"欲往吊茂实，至今未能"，为淳熙四年（1177），当误。

【著作】《论语问答略》。

吴寿昌　邵武

【小传】　吴寿昌，字大年，吴英子。邵武人。《八闽通志》言其初谒佛者疏山，喜谈禅学。象山《赠疏山益侍者》记淳熙己酉孟秋中，疏山与昭武吴大年同行。后游晦庵先生之门。《语类目录》有"丙午，同子浩录。饶录四三"，丙午年为1186年。《朱文公文集别集》卷三《与刘子澄》言及淳熙十四年（1187）吴大年来转送刘子澄书。《朱文公文集》卷五十五《答邵叔义》："吴大年极荷留念，想且留番阳也。"《语类》多条记纠吴寿昌佛理之误。尝论张栻、吕祖谦，"以南轩非寿昌所敢知，东莱博学多识则有之，守约恐未也。熹深然之"。吴寿昌与刘德言、梁文叔、冯作肃、叶直翁、吴仲玉诸先儒切磋友善，讲道不倦，溯其所从，皆朱门嫡传也。

【著作】《问答略》。

吴浩　邵武

【小传】　吴浩，寿昌之子。《朱子门人》以《语类》目录有"丙午,同子浩录。饶录四三"列为门人。且《语类》卷一百四十记有寿昌回复朱子言："近日送浩来此洒扫时，亦尝书寒山一诗送行云：'养子未经师，不及都亭鼠。何曾见好人？岂闻长者语？为染在熏莸，应须择朋侣。五月败鲜鱼，勿令他笑汝！'"又"先生问寿昌：'近日教浩读甚书？'寿昌对以方伯谟教他午前即理论语，仍听讲，晓些义理；午后即念些苏文之类，庶学作时文。先生笑曰：'早间一服木附汤，午后又一服清凉散。'复正色云：'只教读诗书便好。'"知吴浩既有家学，又从朱子、方伯谟等学。另《语类》有郭浩论说，当与吴浩之问分别。

叶武子　邵武

【小传】　叶武子（？—1246），《实纪》《源委》《宗派》《闽中理学渊源考》及《宋元学案》本文作"字成之"，《语类》、《渊源录》、《宋元学案》卷六十九《沧洲诸儒学案》据《宋文宪集》《叶氏先祠记》案作"字诚之"。《全宋文》卷七七五九："叶武子，字文之，号息庵，邵武人，受学朱熹。"宋叶大年《考古质疑·叶武子序》："宝庆丙戌良月，樵阳叶武子文之题"，自称"文之"。《考古质疑·叶释之序》载"文之先生叶公为锡诸梓"亦称"文之先生"，《四库全书总目提要》有"宝庆丙戌叶武子、淳祐甲辰其子释之序各一篇"记载，由此，推叶武子又字"文子"，号息庵。《闽中理学渊源考》载："初游乡学，学《周礼》于永嘉徐元德，既与李方子友同受学朱门。"绍熙二年（1191）与李方子叶贺孙等同受学于建阳考亭沧洲精舍。登宋宁宗嘉定七年（1214）甲戌科进士第，历官郴州教授，一以《白鹿洞学规》为诸生准程，刻《四书集注章句》以授之。平生所得，于《易》为多。《语类》卷十三录有叶贺孙记叶诚之问"人不幸处继母异兄弟不相容"，而《语类》卷一百三十八滕璘记诚之问吕不韦《春秋》，故为绍熙二年（1191）与叶贺孙、滕璘等受学建阳考亭沧洲精舍。如前，亦与李方子同学此时。

俞闻中　**邵武**

【按语】《嘉靖邵武府志》载："旧志：文公以师礼事黄简肃公，与何叔京为友，李方子则师事文公，任希夷、赵善佐、吕胜己、饶干、叶武子、俞闻中、黄谦、吴寿昌、朱震、虏奎、梁璪、冯允中皆尝从游，问答甚多。"叶德辉《峭帆楼丛书》序："吾惟丛书之刻，始于宋俞闻中《儒学警悟》、左圭《百川学海》，明人纷纷继起，而不精于校勘。"[1]

【小传】 俞闻中，字梦达。邵武人。登淳熙八年进士第。累官知黎州，悉意抚字，民夷感恩。诸史籍与《尚友录》等言从学朱子。蔡沈《朱文公梦奠记》言庆元庚申"闰二月，俞梦达闻中自邵武至延平，过考亭，荐医士张修之"，为朱子医治脚气，病遂大变。俞成《萤雪丛说·解书》言"俞梦达平时有得于耆学者"。俞成的《萤雪丛说》成书后，次年（1201）与其他六部文

---

[1] 罗瑛：《叶德辉集外诗文十四则辑释》，《文献》2014 年第 5 期。

言笔记合为一部丛书，由族人俞鼎孙、俞经任编辑，俞闻中出资刻印于建阳书坊，二卷，有题识云："壬戌三月初有七日，承议郎前剑州通判俞闻中梦达刊之于家塾。"此即为"丛书之祖"的《儒学警悟》。

【著作】 宁宗嘉泰二年（1202），作《叙州图经》三十卷。《儒学警悟》。

赵善佐　邵武

【小传】 赵善佐，以《朱文公文集》卷九十二《赣州赵使君墓碣铭》，知其生卒 1134—1185 年。字佐卿，一字左卿。邵武县人。以宗室子试有司，连中其科。初补承节郎，累知赣州。《朱子门人》以为讲友而非门人。《宋元学案》卷七十一《岳麓诸儒学案》、《闽中》卷二十三均言受学于南轩，亦尝从朱子游。《赣州赵使君墓碣铭》载善佐"在长沙从张敬夫游，受其学以归。其后待次，遭忧闲居，累年寻绎旧闻，讲习不倦，而尤究心于《易》"，又言"盖始佐卿赴镇时，尝以书来问政所宜先，予以所闻告之"。再《朱文公文集》卷四十三《答赵佐卿》有明确回复赵佐卿所示《易》说。善佐既向朱子问《易》学，又赴知赣州任初曾致书朱熹"问政"，当可视为弟子门人。故而《赣州赵使君墓碣铭》引其弟善杰以书来所讲："仲氏蚤从张荆州游，而晚交于子，子其哀之。"

【著作】 《易疑问答》。

刘刚中　建宁

【按语】 刘刚中与闽之同宗刘绾、刘砥、刘砺号为"朱门四刘"。登朱子门，自是笃志正道，且善问。刘刚中为"勉斋学派"重要创始人之一。

【小传】 刘刚中（1170—1236），字德言，朱子易其字"近仁"，号琴轩，晚年称沧洲樵。《宋元学案》《闽中》《万姓统谱》《朱子门人》作"光泽人"。《宗派》《八闽通志》《福建通志》及建宁旧志记载"建宁客坊人"，即邵武军建宁县客坊里堡墨田，墓亦葬于建宁。嘉定四年（1211）榜亦作"刘刚中，建宁"。《宋元学案》附录载刘刚中曾祖官开封府尹刘冀，字伯广，建阳麻沙刘氏之后，归隐建宁墨田云峰山下。其子刘孟一，名俊义，字惟贤，任州郡学谕。刘冀之孙、刘刚中之祖刘孝恭，行政三，字行先，又字邦贤，向白水刘勉之先生请教伊洛心导之学。刘刚中之父刘克昭，名彬，字炳祥，从学张栻。刘刚中世家居墨田云峰山下，知当为建宁县人。而杜海军《吕祖谦门人及吕学与浙东学术的发展关系》[①]以为刘国华之子刘刚中为吕祖谦门人。然而考吕祖谦门人刘刚中世系，居武义。吕祖谦《通判沅州刘公墓志铭》记载，其父"讳邦先，字国华。曾祖政。祖仲申，将作监主簿。考绘，赠通议大夫"。名字与仕途经历差异甚大。故而朱子之门人福建建宁刘刚中及吕祖谦门人居武义刘刚中非为一人，杜海军所录刘刚中生平有误。刚中自少慷慨。读老庄荀杨之书，词义有契，有所得发明，辄为之赞。先从李吕受教易学。《宋元学案·沧洲诸儒学案》云濠案载，刘刚中初见朱子之时，"晦翁家居，先生侍。晦翁语先生曰：子来从吾游也，谁使之？先生避席前跽曰，曾王父河南开封府君使之也。府君官开封府尹，南渡，力阻讲和不得，每恨不能雪耻报仇。归隐墨田云峰山下，易箦，嘱后人曰：闽自杨龟山倡道东南，进而益上，超群儒而集大成，其在朱韦斋公子沈郎乎，尔辈可往就学。先生为诵府君述怀诗曰，抚心有恨辜君国，学道无成愧子孙，晦翁嗟叹不已"。言及李方子、黄直卿，当在淳熙十五年（1188）后。刘刚中游朱子之门，先生以所业请质。朱子告以"老、庄书坏人心术"，"此非乃所学也"，自是笃志于道。以《师友问答》所记，问学朱子格物致知、主静与主敬、知与行、义利之辨等。与黄榦友善，切磋之益居多。既归，筑室讲学，号曰"琴轩"，从学者甚众。

【著作】《师友问答》十六卷、《绍兴正论》三十卷、《庆元党禁》十卷、《两汉奇语》十三卷、《西溪奇语》十四卷。

六、兴化军门人

陈宓　莆田

【按语】 翁培藩《莆田县志·理学传序》言："莆之学派，方氏道辅亲受

---

① 杜海军：《吕祖谦门人及吕学与浙东学术的发展关系》，《浙江师范大学学报》2014年第2期。

于程伊川，林氏谦之则传自陆子正，玉湖陈丞相延朱子讲学，其三子守、定、宓皆从朱子游。朱子去，其门人犹立仰止堂讲约，至元世始绝。"方道辅学派，南宋以后，方大壮等人俱受学于朱熹，艾轩之学，三传而绝。仰止学派以家学传道，师事朱子、勉斋，薪火相传，延至元代，约百余年，堪称莆田理学中最重一派。《勉斋集》卷十五《复陈师复监簿》称陈宓说："忽闻执事志道之笃，立行之高乃如此，喜跃不能自胜。想先师九原之下，亦当为之击节，喜吾道之有传也。""胸怀坦然，无一毫私欲之累"，以为"吾道之有传"。《勉斋集》卷五《与李敬子书》云真景元、陈师复："此二公者，异日所就又当卓然，先师没，今赖有此耳！"而直卿暮年论当世志道之士则以为"真西山、李贯之及先生三人而已"。《六艺之一录》卷三百四十九引真德秀《西山集》云："陈师复字森严清劲，见者如端人正士在前，凛然起敬。"郑性之序其文集，称其文"和缓明白"，诗"雅正和平"，《闽诗录》转引《兰陔诗话》赞其诗"诗多见道之言，亦清澈无腐气"。刘克庄《知常州寺丞陈公》言故相正献陈公"子其二季尤知名，复斋行谊表一世。论者以方原明公休，公讳宿，字师道，复斋弟也"。

【小传】 陈宓（1171—1230），字师复，一字思复，称复斋先生，谥文贞。陈俊卿四子，梁克家之婿。莆田人。官至提点广东刑狱。《宋史·陈宓传》"少尝及登朱熹之门，熹器异之"。《道南源委》《渊源录》等意同。《朱子门人》疑非门人，石立善《朱子门人丛考》则以陈宓《持斋先生郑公墓志铭》云："某尝恨为童子时，侍先君闲居间，朱先生自建上来访，留月余。及丁未岁，先君薨，先生又来吊。时某皆年少，未知求教，至今追悔无极也。所赖以扣其不传之秘者，有持斋在，今复已矣，岂非命哉！"以为非及门人而私淑。《道南源委录》依《宋史列传》载"少尝及登朱熹之门，熹器异之。长从黄榦游"。《勉斋集》卷二十《陈师复仰止堂记》："仰止堂者，丞相正献公旧第之东偏，晦庵文公朱先生尝馆焉。文公之馆于此，正献公之子皆抠衣焉。"宋王迈《臞轩集》卷十一《祭陈复斋寺丞文》："惟先生得文公之正宗，探伊洛诸贤之理窟。"宋黄仲元《四如集》原序载："盖先生居莆阳，唐御史滔之十二代孙世为儒家，其父绩师事瓜山潘公柄、复斋陈公宓，二公实考亭朱子、勉斋黄公之高弟子也。"《上江古心先生书》："复斋、瓜山亲传文公、勉斋之学者也。"均确认复斋陈宓为朱子门人身份。陈宓所言"未知求教"系主动请教意义，"朱先生自建上来访"，系陈俊卿延请朱子讲学，"留月余"，陈宓不可能不曾聆听。《宋元学案》有陈定"年十三，已知古人为己之学，而不屑为举子之文。以信安命，请业于晦庵。年二十五卒"，留正撰墓志铭言陈宇："文公为同安簿，宇往师之。"则淳熙十年"父丞相俊卿，尝馆朱子于白湖仰止堂，使子弟受业焉"，非指首次问学朱子。宓天性刚毅，信道尤笃，尝为《朱墨铭》，谓朱属阳，墨属阴，以验理欲分寸之多寡。取"高山仰止"之义，命名陈俊卿所建学堂"仰止堂"，作《仰止堂规约》及《仰止堂相约》。宋嘉定二年（1209），陈宓官延平知府，建延平书院，延聘蔡念成为山长，李燔定学规，为闽北最早官办书院。又筑沧洲草堂，与诸生讲学。《家乘》言"传夫道，则师汝复斋先生"。复斋工于书法，《后村集》云："自蔡公仙去，里中书学遂绝，近岁二陈出焉。崇清（陈孔硕）宜大字，愈人愈奇。复斋字可至二三尺，而小楷行草，端劲秀丽，在崇清上，寸纸流落，人争宝藏。至今后生辈结字运笔，十人中九作复斋体。"以云濠谨案，"先生与黄直卿、李敬子同入庐山，盘旋玉渊、三峡间，俯仰文公"。嘉定九年（1216），陈宓知南康军。初访黄榦，从黄榦卒业。陈宓禀性刚毅，深邃理学，尝自言居官必如颜真卿，居家必如陶潜，深爱诸葛亮。诗多见道之言，亦清澈无腐气。

【著作】《朱墨铭》《论语注义问答》《春秋三传抄读》《通鉴纲目》《唐史赘疣》，已佚。《复斋先生龙图陈公文集》二十三卷，拾遗一卷，附录一卷。

陈寔　莆田

【按语】　陈宓《复斋先生龙图陈公文集》卷十八《祭兄参议》言长兄"禀德纯厚，赋量宽洪，湛泊自娱，不志于荣"。《复斋先生龙图陈公文集》卷二十三《奉直大夫福建路安抚司参议陈公行述》引辛弃疾帅闽时荐章中有"博极群书，见谓远器"之语。

【小传】　陈寔（1143—1212），字师是。莆田县人。陈俊卿长子。以父补官，授承务郎。终福建帅司参议官，奉直大夫，封开国男，赐金紫服。慈厚恭敬，出于天性，孝亲友弟，人无间言。陈宓作《奉直大夫福建路安抚司参议陈公行述》。以陈宓条，淳熙十年冬，陈寔与弟陈守、陈定、陈宓、陈宿又皆抠衣，执弟子礼问学于莆田仰止堂。《朱文公文集》卷九十四《陈君廉夫圹志》曾云："师寔将以庆元四年十一月三日祔廉夫龙汲山正献公大坟之右，以其尝学于余也，使来谒铭。"

陈守　莆田

【按语】 陈宓祭文赞扬陈守"惟兄以宽弘之度，济刚直之资，忠孝之训夙禀于父敬恕之道又得所师"。

【小传】 陈守(？—1211)，字师中。莆田县人。陈俊卿次子。官终将作监，封开国男。淳熙二年（1175）乙未，于建阳寒泉精舍拜谒恩师朱文公，以方耒所状行实嘱朱文公铭其窆，文公不忍辞，撰《陈师德墓志铭》。黄榦《陈师复仰止堂记》："仰止堂者，丞相正献公旧第之东偏，晦庵文公朱先生尝馆焉。文公之馆于此，正献公之子皆抠衣焉。"以弟陈师德师事朱子事实，明师中应与朱子早相识，故俊卿请朱熹讲学于白湖仰止堂，抠衣执弟子礼问学，非方彦寿《朱熹书院与门人考》以为淳熙十年冬（1183）正式从学，当与师德从学前后。以绍熙二年（1191）《朱文公文集别集》卷四《答林井伯》载"师中必已归到，前日便人尚未回也。前日被潘恭叔来守乃翁志铭，略为草得一两纸"，陈守此时又受学。陈守宽宏刚正，性喜精玩诗书，博览史册，朱熹题其书室曰"敬恕"，撰《敬恕斋铭》。朱熹与陈师中称"老兄"，以为朋友，讨论陈师中妹妹的改嫁问题。以诸史籍所记，以为门人，则朱熹与陈师中亦师亦友。

陈宇　莆田

【小传】 陈宇（1137—1230），以淳熙三年（1176）丙申十一月二十五日，尚书吏部初补陈宇承务郎诰："该遇淳熙三年郊祀大礼，荫补亲兄子宇，文资。本贯兴化军莆田县，年四十岁。"则陈宇生于1137年。字允初。陈俊卿从子。莆田人。官至太常少卿。笃志圣学。《考亭渊源录》《闽中》载留正撰墓志铭，言："文公为同安簿，宇往师之。过一年，年四十，始以正献郊需恩授承务郎。"文公任同安簿为1153—1157年间，则陈宇始从朱熹于同安。淳熙十年冬，与族兄弟陈守、陈定、陈宓等人又皆抠衣执弟子礼问学于莆田仰止堂。留公正撰墓志言陈宇："盖君从晦庵朱公学，及于主敬行恕之训则守之，不忽孝礼，清忠亮直，乃其家教然也。"

【著作】《房州图经》三卷。

陈定　莆田

【按语】《朱文公文集》卷九十一《陈师德墓志铭》:"有如师德之志,而其行事可得而书者止于如此,是不亦可哀也哉!""公卿子弟之才者……从事于场屋无用之文,举世竞驰,恬不觉悟,而圣贤修己治人之方,国家礼义廉耻之教,益泯泯矣。呜呼!斯其为弊也久矣,不有卓然高志远识之士,其孰能有以反之哉?如吾师德者,盖庶几焉。"

【小传】陈定(1150—1174),字师德。定为宣、守之弟,宓兄,陈俊卿三子。莆田县人。"师德生秀异,自孩幼已有成人之度,年十二三,则已知古人为己之学而不屑为举子之文矣。"以父俊卿之命,特委朱文公之友括苍吴君耕老以书为道己志,恳请业于朱文公。朱文公复其辞而嘉之,然亦意其必已淫思力索于空幻恍惚之场也。文公报之曰:"圣贤之学虽不可以浅意量,然学之者必自其近而易者始。"《闽中》按语言:"师德没在淳熙元年甲午,其受业于文公,以正献公命,因托吴耕老以书先道其志,计年岁在甲午以前。"以陈定1150年生,"年十二三""以父俊卿之命""恳请业于朱文公",则陈定师从朱子在1161—1162年间,朱子依方耒作行状撰《陈师德墓志铭》,《朱子门人》以墓志铭"以病不果行,且死犹语。其友方耒耕道使言于予,以不及相见为深恨",以为"不曾亲炙,乃私淑也",则非《闽中》所言始于淳熙元年或十年"于莆田仰止堂抠衣执弟子礼,问学于朱熹"。文集有书信二通。林光朝与之特厚,甚器之。陈定钟情文公之学,欲以其言而反求之,既疲于宿昔思虑之苦而感疾殆矣。

陈宿　莆田

【小传】陈宿(1173—1242),字师道,号克斋,俊卿五子。官大理寺丞。宿内行素饬,事嫡母尽孝,事兄如父。淳祐二年卒,年七十。刘克庄称俊卿五子中"尤知名"者为"二季",即指复斋、克斋。

陈均　莆田

【按语】　家乘言陈均"博于史，则师汝钝斋聘君"，发扬朱子纲目之学。清朱彝尊以为其《宋九朝编年备要》"简而有要，可谓尽善矣"。

【小传】　陈均（1173—1244），字平甫。号云岩，又号纯斋。陈俊卿之二兄四世祖工部侍郎正卿（字若端）孙子。莆田人。《宋元学案》作"兴化人"，为军名，而《朱子门人》作兴化军兴化县（今江苏）人，误。宋太平兴国四年（979）析泉州之莆田县、仙游县地置兴化军，建太平军（后改兴化军，治所兴化县），领兴化、莆田、仙游三县，八年（983）治所迁莆田县。自幼受从祖父陈俊卿、从父陈宓影响甚深，又受到理学和史学熏陶，安贫力学，闻义必为，嗜学不倦。中年慕尚义理之学，恬于仕进，与理学家真德秀、郑性之、潘柄、杨复、赵汝腾等交厚。两度辞官，一意治史，以一人之力，参稽宋史及司马《稽古录》、徐氏《国纪》、李氏《续资治通鉴长编》诸书，用朱子《纲目》义例，提要备言，辑成《宋编年举要》《备要》二书，续朱子《纲目》，起太祖迄宁宗。端平初诏取其书，赐迪功郎，不受。卒年七十一。

【著作】《宋九朝编年备要》、《举要》三十卷。

陈址　莆田

【按语】　朱熹称陈址"厚重明敏，自幼即有志于学"。悲其贤，不克就其志，为志其圹。

【小传】　陈址（1170—1197），字廉夫，陈俊卿孙，陈寔之子。莆田人。以祖荫授承事郎。曾任监南安县盐税。尝随从父宇、守、定、宓及从兄均，师事朱文公。朱熹《陈君廉夫圹志》："以其尝学于余也，使来谒铭。"淳熙九年（1182）《朱文公文集》卷二十七《与陈丞相书》言"井伯书云，廉夫有学《易》之意"，及淳熙十年（1183）以陈俊卿延请朱子莆田仰止堂讲学，似求学于1182—1183年。淳熙十二年（1185）《答陈廉夫》"聪明睿智而守以愚者益，博闻多记而守以浅者广"。陈址虚己者进德之基，学问之道，惟虚乃有益，惟实乃有功。址不厌其烦向文公求教。尝学于文公，尝解朱子仁者心之德爱之理，朱子极然之。

方大壮　莆田

【按语】《闽中理学渊源考》著录有"莆阳方氏家世学派"二十一人，方大壮、方符、方澄孙、方公权、方峻、方元寀、方翥、方耒、方壬、方泳之、方士繇优贤，既为理学大师，亦多兼有文名。大壮专心研究程朱之学，《后村先生大全集》卷一百四十九《方子约墓志铭》云其"为义理之学，终其身不应举"。大壮一门，四世登科，中兴人物，极盛一时，以文行知名。

【小传】　方大壮，字履之，号履斋。莆田人。大壮出莆阳金紫。弱冠颖悟，力学勤苦，操笔成章，文彩俊秀，以文行知名。及长，唯专心求道，不践场屋。莆阳"二刘"刘夙（字宾之）与弟刘朔（字复之）与恩师林光朝，咸推重大壮才学，皆折辈行与交。刘后村《方子约墓志铭》载："履斋者，讳大壮，字履之，朱公门人也。"淳熙十年（1183），朱访莆登告老在家陈丞相，特延请文公馆于莆阳玉湖仰止堂，讲学月余，以教嗣子。《闽中理学》等史籍有载，大壮闻讯，"举所学就正焉，得其亲传面命之懿，日与同志讲明"，遂得理学真谛。故方大壮始从朱子学于此时。绍熙元年（1190）秋冬间，朱熹抵漳州后，大壮来书问学。朱文公尝为书"履斋"其匾，朱子授之以性理之学。

方符　莆田

【按语】　刘克庄《后村先生大全集》卷一百四十九《方子约墓志铭》云"君为人清苦自励，其行修于家、达于乡而接于世，无可疵者焉；其学闻于师、质之友而惜之民，无未合者焉"。

【小传】　方符（1176—1233），字子约，一字子钧。符为大壮兄宣教郎方楷之子。符受学于叔父履斋大壮。墓志铭载"君以乡赋上春官，道考亭拜文公于精舍，文公留语累夕为作《字说》"。《语类》录叶贺孙记方符问易知至知终，知其为朱子考亭精舍晚年门人。"中庆元己未（1199）进士第，时方弱冠，文公喜贻书贺履斋焉"，云："符清苦自励，穷达得丧，惟命之安。"其"为师儒不牢笼以钓誉，为令佐不钩距以求情"，待士有恩，莅政仁慈，操行廉介，事持大体。

方耒　莆田

【按语】　兴化军莆仙方氏为名门望族。其先本徽之歙人，考峻官润州识程公珦，其子道辅先生元寀少与二程同游，得闻伊洛之学。及方次云先生翥，早迁莆田白杜村。且以藏书名闻天下，白杜万卷楼时为全国最大藏书楼。宋时莆田方氏儒业功名，指不胜举，科举登第居莆田诸姓之冠。刘克庄曾云："合天下诸方，无有如兴化方姓氏之盛者。"方次云与林谦之光朝、陈正献魏公、龚大参公又交厚唱酬。《闽中》卷八载，林光朝与方翥殁后，朱熹尝叹曰："某少年过莆，见林谦之、方次云说得道理极精细，为之踊跃鼓动，退而思之，忘寝食者数时。及后来再过，则二公已死，更无一人能继其学者矣。"而朱子过化莆仙，莆中传朱子之学者，方、陈二家子弟最盛。至次云之孙辈耒、禾、壬与履斋、伯谟诸公，云集执经于紫阳之门。其后传承不止。《朱文公文集》卷四十六《答方耕道》有："进学不倦之志，甚善甚善。""以左右明敏强毅之资，厉志于此，何患于不得？"又云："老兄以明敏果决之资，挟凌高厉远之志，士友间所难得。"方耕道师事刘屏山子翬。与朱子、南轩亦师亦友，多有切磋。张栻以为其"天资耿介，临事不苟，问于其所部则翕然称其清，未尝扰民也"，又以"耕道闻气象差胜旧书辞亦然可喜"。

【小传】　方耒，字耕道，号困斋。莆田人。考《莆仙方氏宗谱》杜塘世系载：仲宇传子琬，字子坚。琬传子师凤。师凤传子四：长子耒、次子来、三子于、四子禾。故耒为峤之玄孙、仲宇曾孙也。《乾隆福建通志》《莆田县志》与《闽书》作仲宇曾孙，而《八闽通志》《闽中》《重刊兴化府志》《莆阳文献》《朱子门人》所载作峻之玄孙，元寀曾孙，当误也。少孤苦学，家贫，其弟于、来、禾皆自教之，兄弟杜门力学不倦，亲朋罕见其面，人服其勤笃。方耒登乾道二年（1166）进士，调湖南潭州。《道南源委》言耕道及游建安，参谒朱文公，而《五夫子里志》卷十一则载在崇安师事之。诸史均不具体。以《宋元学案》梓材谨案云"莆田耕道必屏山门人，而与朱子同学矣"，以屏山刘子翬逝世绍兴十七年（1147），明方耕道与朱子相识甚早。故此间何时以为从师，实难以考。顾宏义《朱熹师友门人往还书札汇编》考朱子《答方耕道》第一书为乾道六年（1170），方事师朱当早于此时。耒常与朱文公论"格物穷理"诸问题，意为先有所"见"，然后才有所"知"。文公尝请益屏山先生，先生曰："吾于

《易》，得入道之门焉。所谓'不复运者，吾之三字符也。佩服周旋，罔敢失坠。汝尚勉哉？"由是，文公与耒亲聆屏山教诲，学问日进。方耒调湖南潭州，因文公谒张南轩，南轩深器之，南轩尝曰："友朋之足与共生死祸福者，耕道也。"后南轩帅荆南，辟耒及游九言为属曰："是二人者，能攻吾过。"1207 年黄榦《跋方耕道书》："余尝闻方耕道为南轩先生之客，有遗憾焉。"刘克庄《跋朱文公与方耕道帖》："受学朱、张之门。文公性方峻，与他人言，多勉其刚烈激发，而与耕道言，更欲其委曲和缓。若耕道者，可谓直谅之友矣。"而《宋元学案》卷四十三《县令方先生耒》载："先生为南轩之客，亦与朱子共讲学。以直道待南轩，在幕府中无阿辞。后村以先生置朱、张弟子之列，非也。观勉斋跋先生遗墨，则可见矣。"诸史籍或为门人或为师友。以朱子称方耒"老兄""士友"，南轩称"朋友之足"，显见方耒确与朱子、南轩为友。然以朱子与方耒书信，又多有教导之词，做弟子亦未尝不可，黄榦言"耕道以直道事南轩"，可知南轩与方耒，亦可谓亦师亦友。

方禾　莆田

【小传】　方禾，字耕叟，方耒四弟。兴化军莆田人。初随兄耒、来、于学。禾应漕试第一。《闽中》等言"亦登文公之门。文公告以改过修己之方，莫切于《论语》'弟子入则孝'一章。禾佩服之"，即引自淳熙六年（1179）初五月《朱文公文集别集》卷五《答方耕叟禾》："夫子有言，弟子入则孝、出则弟，谨而信，泛爱众而亲仁，行有余力则以学文。其言虽约，然在耕叟今日改过修己之方，莫切于此。"淳熙七年初，朱熹《与方耕道》所言："令弟书来甚佳，大慰久别之怀。""久别之怀"知方禾追随朱子甚早，当淳熙六年以前，禾已随兄耒同登朱子之门。

【著作】　《大学讲义》一卷。

方壬　莆田

【按语】　刘克庄《后村先生大全集》卷一百五十一《方宁乡壬墓志铭》称："独君祖孙终老，常调以程朱穷，不以程朱达也。中更党论学禁，生徒扫影灭迹，讳称门人，而君家藏程朱翰墨，以二师传，不已它师名也。"

【小传】 方壬（1147—1196），字若水。考《莆仙方氏宗谱》卷一"杜塘世系"载"壬为元寀五世孙，则为方耒从弟"，王梓材《附注》亦云。莆田人。淳熙十四年（1187）登进士，刘克庄《方宁乡壬墓志铭》以为"君亦受业于文公，夫师友之谊大矣"。淳熙中，游太学，往返建安谒朱文公于武夷精舍，至必留月余，请教以进退之说等。除长泰主簿。时朱文公守漳，请为学事，授意壬刻《大学章句》示学者。淳熙十五年（1188）《朱文公文集》卷五十九《答方若水壬》言："龙岩之行，若问得实，使无罪者不以冤死而有罪者无所逃刑，此非细事也。静退之说亦甚善。"授之以"为学之道，莫先于穷理；穷理之要，必在于读书"。壬嗜学而持身以礼，性耿直，尤孝友。

方士繇　莆田

【按语】 朱子与方士繇多有往来，《晦庵文集》卷四十四《答方伯谟》称其所论"足见思索之深，甚副所望"，"其诗比子厚更温润可观"，然"不及其父钱监公（丰之）豪壮"。陆游《渭南文集·方伯谟墓志铭》赞其"不为进士，专以传道为后学师。六经皆通，尤长于《易》，亦颇好《老子》。其博学兼取，不以百家之驳掩所长如此，亦足见其资之宽裕忠厚，与世俗异也。熏陶器质，涵养德业，磨袭浸渍，以至于广大高明者"。而明黄仲昭《未轩文集·补遗》则谓："方士繇识见高迈，议论明达，甚为文公所器重。但学禁将萌，士繇劝文公少著书，又以文公教人读《集注》为未然，岂亦为祸福所动与？"《朱子门人》以为其"淡于义理，浓于文词"。

【小传】 方士繇（1148—1199），陆游《墓志铭》言"年五十有二"，朱熹《答巩仲至》谓："前书方报黄子厚之死，今有方伯谟者，亦死矣。其诗比子厚更温润可观，方进未已，乃年甫五十而逝，尤足伤惜也。"所言为虚数。字伯谟，一字伯休，号远庵。莆田人，奉母居邵武。少时曾入刘子翚家塾，与朱熹、魏掞之居同舍。朱熹《宜人王氏墓志铭》："予先君子尝与大夫公昆弟游，义不可辞，而希夷、士繇又皆尝来学，其言宜不妄，乃删取其大者而系以铭。"《墓志铭》载："伯谟闻侍讲朱公元晦倡道学于建安，往从之。朱公之徒数百千人，伯谟甫年尚少，而学甚敏，不数年，称高弟，因徙家从之于崇安五夫籍溪之上。

伯谟甫既见朱公，即厌科举之习，久之遂自废不为进士，专以传道为后学师。六经皆通，尤长于《易》，亦颇好《老子》。"方彦寿《朱熹书院与门人考》指出"建安"实际上是"建阳"，在寒泉精舍。《道南源委》言"及冠居崇安籍溪，师事朱子"，而《年谱长编》以乾道八年（1172）十二月文公《跋伯谟家藏胡文定公帖》为始来受学，从朱文公游。而陆游言伯谟师从朱子"甫年尚少"，则更当在未及或及冠前，故始从时间至少不迟于1168年，不待往还之迹以为证。乾道八年（1172）十二月，朱熹《跋方伯谟家藏胡文定公帖》。淳熙二年（1175）朱熹撰写《静江府虞帝庙碑》，后由方士繇篆额。淳熙辛丑秋七月朱子《淳熙戊戌七月二十九日与子晦、纯叟、伯休同发屏山云谷》诗，可知其1178年曾往建阳学。淳熙八年（1181），方士繇与朱熹、朱塾、朱在等人同游密庵，朱熹作《游密庵记》。庆元元年（1195），朱熹《跋郭长阳医书》载之前方士繇到访："明年夏，大病几死，适会故人王汉伯纪自金华来访，而亲友方士繇亦自籍溪来，同视予疾，数日间，乃若粗有生意。"庆元三年（1197），朱熹与方士繇曾共拟《修韩文举正例》。以《语类》所录，知其后多次往返武夷精舍、考亭精舍。学禁既作，士繇仍从恩师朱文公学，讲学读书怡然自适。朱子《答方伯谟》书信二十四札，涉及广博。朱文公并撰《祭方伯谟文》。其以讲学授徒为业，虽以布衣终老，亦人中翘楚也。士繇工于书，自篆、籀、分隶、行、草诸体，皆极其妙。《朱文公文集续集》卷二《答蔡季通书》云："篆隶碑子字画皆不满人意，未有可写之人，令伯谟篆如何？"士繇乃宋之书法大家。士繇为文闲淡简远，一咏三叹，世莫能优劣也。

【著作】《远庵类稿》存世。《全宋诗》卷二六五四录其诗八首。《宋诗纪事》卷六十三录其诗三首。

方泳之　莆田

【按语】　方泳之即"白杜派"成员。泳之于经史无不贯穿，尤深于《易》，诗极清美，书有楷法。

【小传】　方泳之（1156—1214），字潜深，旧名芹之，字子实。兴化军莆田人。《福建通志》、顾宏义《朱熹师友门人往还书札汇编》以为"方耒族兄弟"。《弘治八闽通志》《乾隆莆田县志》作"方芹之，元宷曾孙"，而以谱牒及陈宓

《知县方公墓志铭》知泳之为元宷（字道辅）五世玄孙，即元宷—畛—谷—泳之。方耒为仲宇曾孙，也即元宷曾孙辈。故方耒高方泳之一辈。泳之幼有志行，性度纯深，重厚质任，力学能文。淳熙十四年（1187）登进士，教授衡州，改知南丰县、巴陵县。《闽中》《乾隆莆田县志》等载"亦与文公游，廉介好学，不肯俯仰于世"。以朱熹《答方子实芹之》"昨者经由，幸获一见。别又数月，岂胜驰情"，顾宏义《朱熹师友门人往还书札汇编》考为书通于1190年秋，知该年方子实二度往学。其淳淳以躬行训士，博学醇行，沉毅明敏，执法无斁，风裁凛然，未尝受属吏一金。

【著作】《易口义》存世。

黄士毅　莆田

【按语】《黄氏日抄》言晦庵门人"浙中则叶味道、潘子善、黄子洪，皆号高弟"。知府王遂称为"考亭名士"。名儒黄遂则谓之"有道君子"云。《四书纂疏》提出"所旁引者惟黄榦、辅广、陈淳、陈孔硕、蔡渊、蔡沈、叶味道、胡泳、陈埴、潘柄、黄士毅、真德秀、蔡模一十三家，亦皆为朱子之学者，不旁涉也"。尤辑录蜀本《朱子语类》，有功朱子之学传播与发挥，居功甚伟。

【小传】黄士毅，字子洪，号壶山。诸史记载以黄士毅"自莆徙吴""自兴化徙吴中"为多，唯魏了翁《朱文公语类序》以为"姑苏人"，当以"莆田人"为是。《考亭渊源录》谓："学禁方严，徒步入闽，遵朱子命，日观一书，夜叩所见，告以静坐勿杂，唤醒勿昏。居数月，授以《大学》章句而归，终其身从事于斯，号称有得。"明黄仲昭《未轩文集·补遗》亦谓："黄士毅当庆元诋排道学之时，自吴趋闽，从文公游而从事《大学章句》之书，终身不忘，此其志何如耶！"即言庆元中禁道学，尝徒步入闽师事朱熹。《莆阳文献》亦载："幼知嗜学，为向上事业，方庆元诋排道学，士毅徒步趋闽，师朱文公。"而顾宏义《朱熹师友门人往还书札汇编》考《朱子文集》与《语类》，庆元二年（丙辰，1196）冬来黄士毅从学。嘉定十二年（1219），莆田黄士毅于李道传《朱子语录》增三十八家，将各家所记语录分二十六类，编成《朱子语类》一百四十卷，史廉叔刊于眉州，曰《蜀本》。天台吴坚《建安刊朱子语别录后序》以为"黄士毅所录，朱子亲笔所改定者，已见于辅广录中，其所自录及师言，则亦三录所未有"。《吴都文粹续集》卷十四载黄士毅嘉定九年所作《重迁和靖先生祠堂记》，称"尝推明先生之学，以励后进"，而未明言纂次年谱事，则年谱之作，或在此后。

【著作】 类注《仪礼》、撰次《晦庵书说》七卷、《朱子文集》一百五十卷。辑有《韩文考异》十卷《南岳唱酬集》二卷（其中附录一卷）《欧曾文粹》六卷、《晦庵诗话》一卷，《游艺至论》《朱子南康集》《昌黎文粹》诸书。编撰《和靖尹先生年谱》一卷、《朱子语类》一百四十卷。

林成季　莆田

【按语】 莆田林氏为唐代九牧林苇后裔。《宋元学案》卷四十七《艾轩学案》引林希逸《乐轩诗筌》谓："在昔隆、乾间，士之师道立，浙有东莱吕氏，建有晦庵朱氏，湘有南轩张氏，江西有象山陆氏，莆有艾轩林氏，皆以师道授，并世而立名者也。"《宋元学案序录》亦云："程门自谢上蔡以后，王信伯、林竹轩、张无垢至于林艾轩，皆其前茅"，"南渡后，以伊、洛之学倡东南者，自光朝始"。《闽中》陈正献公曰："闽中洛学之兴，肇自建剑，而莆儒风之盛，自绍兴以来四五十年崇尚洛学，艾轩先生实作成之。"林艾轩不愧南渡东南理学开山，艾轩与晦庵等讲学论道，切磋洛学之精髓。然其学虽然源于伊洛而有别，专心致志，通贯六经与诸子百家之学。旁贯百代，一言一行必合于礼，以为孟子复出，必从斯言。盖吟体百变，而吟情一贯。珠江书院楹联云："蒲弄金山故里犹传讲学志，艾轩徽国文章遍泽读书人。"《闽中》卷八载，东井义斋时，四方子弟从之学者纷至沓来，达数百人之众。先生之学，一传为林亦之，再传为陈藻，三传为林希逸。其为教，以身为律，以道德为权舆，不专习词章为进取计，平生未尝著书，其于圣贤微旨，有得于师传者，惟口授学者使之心通理解。惜莆南林公光朝、福清林公亦之、陈公藻三先生之学至希逸林氏而无传矣。《闽中》卷八又引刘克庄序希逸诗："宋自光朝，三传至希逸，比之于师槁而华矣。"叶文忠公向高曰："王信伯再传而亦之，又再传而希逸，星辰没矣。"又，明代郭万程曰："自道学兴，辞命多鄙，光朝之门，独为斐然，闽自杨氏道南，盖光朝可接罗、李之宗，惜时儒未深知者，至希逸而亡传矣。"文天祥赞林希逸"言语文章足以绍今传后"。然宋时，学友兼容，从子成季少随其学，由艾轩推荐从朱子学，又林得遇亦得朱子之传，真谓儒学承续之幸。

【小传】 林成季，字井伯，艾轩从子。莆田人。幼随艾轩学，亲聆教诲。成季旷爽，英敏该贯，文章简郎秀整，深得从父之传。及长，有学行，由艾轩向挚友元晦举荐，遂从朱文公游。《乾隆福建通志》亦作"林成季，兴国军判官，从朱熹游"。朱文公尤器重之，所与笔札之多，竟达十三札。刘后村《跋赵忠定公朱文公与林井伯帖》："当乾淳间，艾轩先生与忠定相君同馆，井伯丈以艾轩犹子为忠定上客，所交皆当世名人，而于朱、张、吕三君子尤厚。"以林光朝及吕祖谦卒年，明林成季师于朱子早于淳熙五年（1178）年。其又得张栻、吕祖谦厚爱，学术融通，堪称兼学楷模。顾宏义《朱熹师友门人往还书札汇编》以为朱熹《答林井伯》"示喻福公令孙好学之意"作于淳熙九年（1182）九月前后，为答书最早。庆元五年（1199）己未夏，井伯又至考亭沧洲精舍续学。而朱子则以井伯为友人，朱文公《赵子钦》即云"友人林井伯，艾轩之从子也"，足见朱文公与林井伯可谓亦师亦友。井伯以特奏名官兴国判官，庆元元年，赵汝愚罢相出知福州，特辟井伯为门客。嘉定十年（1217）王迈《臞轩集》卷十《跋陈君保作喆藏赵忠定公帖》："兴国君能为公不可致之客，亦今世绝无而仅有者矣。"

【著作】 《艾轩家传》一卷存世。

刘起晦　莆田

【按语】 叶适《墓志铭》以为建翁"韵甚清气，安而貌和"。

【小传】 刘起晦，以叶适《水心集》卷十八《刘建翁墓志铭》，生绍兴三十二年壬午，开禧元年五月卒，即1162—1205年。名又作启晦，字建翁，刘复之子，克庄从叔。莆田县人。登淳熙五年第，任福清县主簿，帅臣赵汝愚深器重之。1196年前后知贵溪县，历益王府教授。建翁内事两世母，奉从兄，抚幼弟；外交朋友，接乡里，通无共有。《宋元学案补遗》引《象山全集》三六《象山年谱》"庆元二年贵溪宰刘启晦建翁立先生祠于象山方丈之址"，注："宰，朱文公门人也。"《嘉靖广信府志》《同治贵溪县志》同。

郑可学　莆田

【按语】　郑可学曾协助朱子删定《大学》，朱熹称"此书惟子上可讹之"。朱子知漳州，郑可学为助教，时"四方学者至，即有问，必使子上正之。而仕之来南者，命必见子上而后行"。

【小传】　郑可学（1151—1212），依陈宓《复斋先生龙图陈公文集》卷二十一《持斋先生郑公墓志铭》卒于嘉定五年壬申，享年六十二，非田中谦二、陈荣捷和方彦寿《朱熹书院与门人考》所认定其生年为1152年者。字子上，号持斋。莆田人。淳熙四年以明经登乡荐。郑可学早年从学于曾原伯。《万姓统谱》卷一〇七，郑可学"由乡荐两浙漕试，再贡礼部，皆不利。道武夷，见朱文公从学"。陈宓《持斋先生郑公墓志铭》言其"闻朱先生传道之统，真所愿学也。遂裹粮千里，局门求见。先生一见，恨相遭之晚，握手评议如夙友焉"。《闽中》转引略同。据郑可学所记语录，记有朱子"今年往莆中吊陈魏公"，明淳熙十四年（1187），郑可学已问学朱子，不可据《朱子语类·姓氏》绍熙二年辛亥（1191）所记而定问学时间。依田中谦二考，郑可学四次从学于朱熹，即淳熙十四年春至十五年春（1187—1188）在武夷精舍从学，绍熙元、二年（1190、1191），朱熹守临漳之际，绍熙三、四年（1192—1193）前后、庆元四年（1198）。朱子以其禀性卞急，力于惩忿上做工夫，最称得熹精要，面命问答，率前贤所未发之旨。绍熙元年，朱熹知漳州，邀郑可学与蔡元定、刘爚、范念德、林成季、刘弥正、刘榘、游九言、蔡渊等行经界，朱熹延聘他当西塾师，删定《大学》，成为朱子重要助教。此间，郑可学与周弼、蔡念诚、游倪、杨楫、周明作等人闻朱熹论学问传授之次第与"小学"问题。观文集《语类》，朱子教授涉及天命之性与气质之性、人心与道心、太极与动静，乃至鬼神等，另有讨论曾几文论等。郑可学屡次论及《左传》，关注《尚书》，着重考历代之变。

【著作】　《春秋博议》十卷、《三朝北盟举要》一卷、《师说》十卷。

余元一　仙游

【按语】　《雍正广西通志》录余元一《重建灌阳县儒学记》，以为"学问之道无他，求其放心而已矣。放心求则良心存矣，君臣、父子、兄弟、夫妇、朋友必思有以尽其分，视听、言动、洒扫、应对、进退必思有以循其则，持敬以居之，致知以精之，二者不可偏废也"。

【小传】 余元一，以庆元五年《勉斋集》卷九《与郑成叔书》"闻池阳余景思之讣，殊可伤悼"，知卒于1199年。字景思。兴化军仙游人。黄榦妹夫。淳熙五年（1178），元一以诗学魁南宫，与弟崇龟（字景生）同擢戊戌科姚颖榜进士，淳熙间初官全州教授、泉州同安知县，终池州通判。《宋元学案》言元一因内兄榦而得遇文公，亲炙于文公。始见之日，以仁、义、礼、智、信分作五论，及自著文集为贽。师诲之谆谆，其不待教而服。师严然后道尊，道尊然后民知敬学。间有与黄榦讲论，有异同辄咨询朱熹，熹颇敬爱之。《朱文公文集》卷九十三《朝散黄公墓志铭》云黄瑀二女，"次适奉议郎知泉州同安县余元一"。尝立苏缄祠于其故居。淳熙十年全州教授余元一作《重建灌阳县儒学记》，称淳熙九年十二月儒学重建，《朱文公文集别集》卷五《答余景思》问及："彼中学校如何？"明余元一从师朱子当在淳熙九年（1182）至知泉州同安县间。《朱文公文集续集》卷七《答余景思》言余元一知泉州同安县"作县固非易事，然尽心力而为之，必无不济"。与邑人朱鲁叔友善。

林得遇　仙游

【小传】 林得遇，《崇祯闽书》《宗派》《补遗》又作"德遇"，字若时。兴化仙游人。得遇性质颇钝，布袍蔬食，学虽勤苦，未得其师。《考亭渊源录》《闽中》《道南源委录》载"至武夷拜文公，令日读《论语集注》，顿悟"。若此，淳熙四年（1177），《论语集注》成，当在此之后从学。朱文公卒，得遇从远道奔葬，瞻望勿及，伫立以泣。陈淳有《北溪大全集》卷三十四《答林若时》。得遇家居，与邑人陈沂（字伯藻，号贯斋）相友善，日与陈沂切磋渐磨，明理能文。陈宓、潘柄、蔡和、蔡模、刘弥邵皆与之交游。

同时代另有漳州龙岩县主学林德遇，以字行，原名济、逢宁。刘克庄为之撰《林德遇墓志铭》。

朱鲁叔　仙游

【小传】　朱鲁叔（？—1198），据《朱文公文集续集》卷七《答余景思》、《朱文公文集续集》卷一《答黄直卿》知其卒于庆元四年。诸本均未记朱鲁叔字。仙游人。朱鲁叔游宦衡阳，官至邑宰。与同邑余元一（景思）交，后为余元一所荐，从文公学。《朱文公文集别集》卷五《答朱鲁叔》言及"刘守请祠未报，计须且留"，此刘守为衡州刘子澄，淳熙十三年四月至十五年正月在任，为此答书在淳熙十四年（1187）底。《朱文公文集》卷八十二《跋王端明奏稿》有云"仙游朱鲁叔游宦衡阳，得此遗墨于其家而宝藏之，出以示熹，为之三复太息而不能已。时绍熙改元十一月十一日也"，即1190年11月。同月，访朱熹于漳州，朱子作《晦庵文集》卷八十二《跋刘子澄与朱鲁叔帖》，朱鲁叔亦从刘子澄学。朱文公与朱鲁叔书虽称鲁叔"吾弟"，亦有训励之辞，论及《南海乐章》及今庙中祭享时所用之乐，告诫鲁叔为官之暇要多读书，"未说要得十分通彻，但时时得此浇灌心胸，亦须有得力处也"。程洵《尊德性斋小集》有《跋朱鲁叔所藏曾邹陆三公帖》，疑《答朱鲁叔》所言"与程弟讲学，甚善甚善"之"程弟"为程洵。故当以亦师亦友为妥。

七、汀州门人

杨方　长汀

【按语】　《临汀志》有菊坡崔公与之祭杨方文曰："一死为民，可谓明白。"《民国长汀县志》卷二十四《儒林传·杨方》引《雷铉与长汀赵邑侯书》载明代雷铉言，以为其"夫朱子倡两绝学，天下英杰萃于一门。汀州惟淡轩一人。与闻至道。其遗风余韵，足以起衰式靡"。与杨简、杨戬俱为朱门高弟，时号三杨。《朱文公文集》卷四十二《答胡广仲》以为杨子直方"其人笃志于学，朋友间亦不易得也"。而"汀距延咫尺间，何从学者寥寥？唯杨先生谒朱子"，尚不得其解。

【小传】　杨方（1134—1211），方彦寿《朱熹书院与门人考》、市来津由彦《朱熹门人集团形成研究》引开庆《临汀志·进士题名》作"1133—1208年"，而顾宏义《朱熹师友门人往还书札汇编》、石立善《朱子门人丛考》考生卒年为1134—1211年。另《粤西丛载》卷二《白龙洞题名》"嘉定辛未中元后四日，计台临汀杨公子植复出按未历之郡"，《宋会要辑稿》职官载：嘉定四年八月二十二日，知廉州长幼厚、知贵州江邦佐各降一官，从广西运判杨方；又《宋会要辑稿》"嘉定五年三月十三日，诏以广西运判陈孔硕充吊祭使"，亦可为证卒于嘉定四年（1211）。字子直，自号澹轩老叟。长汀县人。隆兴元年（1163）进士，累除直宝谟阁、广西提刑。《闽中》按语："《朱子语录·姓氏》杨澹轩先生录语在乾道六年庚寅（1170）所闻，时朱子年四十一，此为早岁及门记语录之最早者。"文集《题栖贤摩崖》载乾道六年四月杨方与朱子同游，后来寒泉会聚，有题刻。《朱熹师友门人往还书札汇编》以此为杨方始从朱子时间。《朱文公文集》卷四十二《答胡广仲》："钦夫召用，甚慰人望。此书附新清远主簿杨子直方，因其入广西，取道岳前，属使求见。渠在此留几两月，讲会稍详，此间动静可问而知。"称杨子直方"新清远主簿"，当到任不久，而张栻于乾道六年闰五月赴任吏部员外郎，知调广州清远主簿在乾道六年。然开庆《临汀志进士题名》载"平昔心师朱文公，调弋阳尉。还，特取道崇安参请数月，面受所传而归"。《渊源录》《闽中》大同。《乾隆汀州府志》亦言"隆兴元年进士，调弋阳尉，不赴，谒朱熹于崇安，面授所学"，明确杨方从学朱子在调弋阳尉时，隆兴元年（1163）进士第后不久，远早于任广州清远主簿的乾道六年（1170）。杨子直与朱子交往甚多。乾道七年，与朱子、蔡元定同游庐山。淳熙六年，时任武宁县丞杨方问学朱子，周谟录于《语类》。以顾宏义《朱熹师友门人往还书札汇编》转引自彭国忠《朱熹佚书二通考》有朱熹《答刘子澄》，言"临汀杨子直在此，相聚甚乐，更得贤者临之，幸也"，并考时为淳熙六年十二月。据《八闽通志》，党禁时，杨方被视为赵汝愚、朱熹党，"罢居赣州，闭门读书"。庆元庚申（1200）正月二十八日，朱熹作《跋杨子直所赋王才臣绝句》。朱熹《答杨子直，此庚申闰二月二十七日书，去梦奠十二日》。可知杨方追随朱子甚久。朱子与杨方学问讨论多有不合，杨方对于朱熹置《大学》于《论语》之前，颇有意见。朱子答书以为杨方"四子"之说，极荷见教，又明言："平时与老兄讲论，常是不曾合杀，只被中间一句不合尊意，便蒙见怒，更不暇复论前语之是非，而一向且争闲气。"又朱熹《答曹立之》（伊川先生帖摹勒甚精）云："以故包显道辈仍主先入，尚以读书讲学为充塞仁义之祸。此语，杨子直在南丰亲闻其说。"然并非《朱子门人》所言"杨方可为朱子最不得意之门生"。《雷铉与长汀赵邑侯书》载明代雷铉言其"尝入武夷，从学朱子，赞朱子兴白鹿洞，见朱子自注鹿洞赋中。朱子订濂溪通书，得其藏本以校，见朱子《太极通书后序》"。可知，杨方参与了办白鹿洞书院、校订周敦颐《太极通书》等，为朱熹器重。

【著作】 据《书录解题》卷七，撰有《赵忠定公谥议》一卷、杨方录《朱子语录》。

八、漳州门人

陈淳 **龙溪**

【按语】《康熙漳州府志》云："漳自朱子守郡，讲明礼乐，以正人心，自是海滨家弦户诵。"又云："维漳建郡，始于唐初，僻陋涉海，然山水峭冽，郁积雄奇。有宋朱文公莅郡以后，陈北溪、王东湖两先生亲承其统绪，道术既一，礼法大明；胜朝陈剩夫、蔡鹤峰等又起而赓续之；沿及明季，周忠愍、黄石斋、何黄如诸公，气节文章尤岿然为天下望，流风余韵，至今犹存。"蒋垣《八闽理学源流》言："清漳文物，自朱晦翁守郡，延黄道夫（即黄樵仲）于学以励劝生徒，从者风云动蒸，一趋于正，而儒道大兴。"朱子漳州门人多为其知漳州鼎盛期间，刘树勋《闽学源流》所附"朱熹门人录·漳州朱熹门人"列有九人，黄樵仲、施允寿、石洪庆、李唐咨、林易简、陈淳、杨士训、王遇、朱飞卿等追随，《闽中》卷二十一《朱子漳州门人并交友》列有十人，其中有黄学皋、宋闻礼、陈思谦为《闽学源流》未列。足见朱子过化漳州之盛。《闽中理学渊源考》以为闽地学术"笃师承、谨训诂，终身不敢背其师说"，漳浦一地坚守"道至程朱，有何不尽，何须别立教门"，"自安卿师紫阳，倡道海滨，至明而大儒继起，或渊源相接，或羽翼互持，清漳之学于斯为盛矣"。漳郡学脉之绵延，"大贤之泽，百世其昌，虽莅政仅及一期，而遗风余矩于今犹未艾也，寻学脉者能无慨系于兹邦！"李清馥言："元代明卿诸贤一时彬彬儒林之选，其隐身岩穴，或以荐举而膺师儒之任者，比比矣。"《漳州府志》亦论曰："元去宋未远，乡先生遗烈犹有存焉者。渊源所渐，学有家法，以是叹考亭之教思无穷矣。"明末，漳浦黄道周学主程朱。黄道周《明漳浦黄忠端公全集》卷二十四《大涤书院三记》总结朱陆之学，以为："由子静之言，简确直捷，可以省诸探索之苦，然而弊也易。由仆之言，静观微悟可以开物成务，然而弊也支。由元晦之言，拾级循墙，可至堂室，高者不造顶无归，深者不眩崖惊坠。由其道百世无弊，则必元晦。"黄道周与朱子的一脉相承，其门人洪思《明漳浦黄忠端公全集》卷首《收文序》言："其于理也，为程氏，为考亭，至于今日乃兼之。"与之相应，漳郡著作，尤注道统寻根溯源，陈淳《师友渊源》、林祺《考亭源流录》及续朱子《伊洛渊源录》之《考亭丽泽录》、蔡烈《道南录》及《诸儒正论》以及黄道周的《儒脉》等无不为是。

清蓝鼎元《鹿洲全集·送谢古梅太子回闽序》言："朱子传蔡西山、九峰、黄勉斋、陈北溪、李果斋诸先生，有宋闽甲天下。"陈淳谨遵师训，终生以传扬师说为职志，不遗余力，漳江之学，至北溪得紫阳之传而递衍繁盛。全祖望《宋元学案·北溪学案》评其学"沧洲诸子，以北溪陈文安公为晚出。其卫师门甚力，多所发明。然亦有操异同之见面失之过者"。陈淳折中师说，多有精意，《四库》馆臣称其"每拈一字，详论原委，旁引曲证，以畅其论"。《漳州府志》称其"使清漳之流接源于濂洛洙泗"。"朱子之道学大明于世，羽翼之功，先生（陈淳）居多"。元王环翁《北溪大全集原序》甚至认为陈淳"当为朱门第一人"。《闽中》卷二十八引临川吴氏言："朱门惟勉斋、黄直卿识理本原，其次北溪陈安卿于细碎字义亦不差。"陈淳《师友渊源》阐发道统观，以为北溪学术有心学化倾向。近人亦有评价，冯友兰说"朱派后学，亦以象山为告子，如陈北溪"①。

【小传】陈淳，《宋元学案》卷六十八《北溪学案》言，嘉定九年，"明年，以特奏恩授迪功郎泉州安溪主簿，未上而卒，年六十五"。据此，以为陈淳生卒于1153—1217年。《朱子门人》亦作"1153—1217年"。然《北溪外集》载陈宓《有宋北溪先生主簿陈公墓志铭》云："嘉定十六年四月一日，北溪陈先生卒。享年六十有五。"《福建通志·陈淳传》云："嘉定十六年，以特奏恩，授安溪县簿，未任而卒。"知生卒1159—1223年。《朱子门人》误。字安卿，

① 刘梦溪编：《中国现代学术经典·冯友兰卷》，河北教育出版社，1994年，第928页。

号北溪。谥文安。陈淳生于龙溪县游仙乡龙州里，今漳州市龙文区朝阳镇石井村。《宋史》卷四三〇《陈淳传》说："（陈淳）少习举子业，林宗臣见而奇之，且曰：'此非圣贤事业也。'因授以《近思录》。淳退而读之，遂尽弃其业焉。"陈淳自述："初不识圣贤门户为何知，年至二十有二矣，得先生所集《近思录》读之，始知有濂溪、有明道、有伊川，为近世大儒而于今有先生。"绍熙元年（1190）五月，朱熹守漳，陈淳从游于郡斋。《朱子语类》卷一百一十七《训门人五》："淳冬至以书及自警诗为贽见。翌日入郡斋，问工夫大要。"朱子授之以"根源"二字，后语之以"下学"功夫。朱子每语人曰："南来，吾道得一安卿为喜。"庆元己未（1199）十一月中旬，陈淳及岳丈李唐咨问学考亭沧洲精舍，流连三月，次年正月返乡。《语类》陈淳记有朱熹"《近思录》，《四子》之阶梯"之语。陈淳《书李推近思录跋后》却谓："向闻先生亦曰：'《四子》，《六经》之阶梯；《近思录》，《四子》之阶梯。'此自无可疑者，而子武乃不以为然。"

【著作】《北溪大全集》《北溪字义》。

陈思谦　**龙溪**

【小传】　陈思谦，字退之。龙溪人。《闽中》《宋元学案》《八闽通志》均载："学问赅博，教授后学，尝魁乡荐。著《春秋三传会同》及《列国类编》。朱文公喜之，以语其门人李唐咨，以女妻之。"同时《宋元学案》列为李唐咨门人。《补遗》卷六十九"见知于朱子，盖亦朱子门人"。《朱子门人》不以为门人。《文集》《语类》未见其名。

黄学皋　**龙溪**

【小传】　黄学皋，字习之。龙溪人。嘉定十六年登第，官至泉州察推。《朱子门人》不以为门人，列为讲友。《补遗》《宗派》亦未列。而据《万姓统谱》《宋元学案》《闽中》《弘治八闽通志》，黄学皋"博通经史，尤长《诗》《书》《春秋》，南宫对策，有曰：愚独爱伊川"。请改试为课，及制"尊贤堂""待宾斋"与时论不合，有司大书曰："此必伪学之流。"黜之。久而擢第，再转鄱阳丞。李性传延入郡斋，校勘朱文公《续语录》。《宋元学案》言"朱子守漳州，学皋与宋闻礼以稚年轮讲"，其学为朱子之学，且有面见，当为门人，黄学皋后更入郡斋校勘《朱文公续语录》。

【著作】《评古》一卷，叶名沣《桥西杂记》以王应山《闽土》记载，查慎行《得树楼杂钞》有《苏东坡诗补注》一编。

黄樵仲　龙溪

【小传】　黄樵仲（？—1191），顾宏义《朱熹师友门人往还书札汇编》以《闽中理学渊源考》卷十三"奉檄校文漕闱，撤棘疾作，卒之日神采自若，文公遣卒经纪后事"。《年谱长编》卷下据《朱文公文集别集》卷九《漳州延郡士入学牒》等，朱熹绍熙二年正月初二日礼请黄樵仲诸人入学，四月末离漳州而归。可知黄樵仲卒于绍熙二年二三月间。字道夫。以朝鲜古写徽州本《朱子语类》卷一〇六载："秋补，牒请黄樵牧仲考校，其词曰：'文学德行，为众所推。今宜礼请同行考校。'"名又作"樵"，字牧仲。《嘉靖龙溪县志》作"号敬斋"。龙溪人。淳熙五年（1178）与弟黄杰同登进士，初调永福尉，再调漳州录参。《闽中理学渊源考》卷十三载，绍熙元年"朱文公守漳，礼请入学，牒文称其气质浑厚，操履端方，杜门读书，不交权利，若屈居教导，必能使诸生感化兴起。及讲《小学》书，文公每称善"。时牒延郡士黄樵仲外另有施允寿、石洪庆、李唐咨、林易简、陈淳、杨士训及永嘉徐寓八人入学表率。《朱子门人》认可同时延请入郡学的石洪庆以下六人为门人，却否认黄樵仲、施允寿为门人，显然标准不一。《宋元学案》亦列黄樵仲晦翁学侣。《朱文公文集》卷五十八《答黄道夫》二通。

【著作】《礼记》《小学口义》。

李唐咨　龙溪

【按语】　朱子《漳州延郡士入学牒》称唐咨、易简"或究索精微，或持循雅饬，察其志行，久益可观"。《弘治八闽通志》则言杨至与清漳李唐咨皆文彩越发可观。

【小传】　李唐咨，字尧卿。陈淳岳父。龙溪人。以月旦评推重于州学。

绍熙二年（1191）朱熹守郡，延请李唐咨与黄知录樵、施允寿、石洪庆、林易简、杨士训、陈淳、徐寓等八人于学，为诸生楷式。以《朱子语类》，绍熙二年（1191）至绍熙四年（1193）师事朱子。又庆元五年（1199），李唐咨与陈淳不远千里再度往考亭问学病卧几榻朱子。《朱子语类》卷八十九载黄义刚所记曰："尧卿问合葬夫妇之位。"《朱子语类》卷十八载李壮祖所记李尧卿问延平言"穷理工夫"。李壮祖四年间从学朱熹。故推知约撰于绍熙三年或稍后。文集《答李唐咨》五通则涉及四书尤其大学、格物穷理、礼、鬼神等。《朱文公文集》卷五十七《答李唐咨》称誉陈淳"区区南官，亦喜为吾道得此人也"，一时漳州以李唐咨、陈淳为中心形成朱子弟子群。《八闽通志》录有宋赵汝会《四先生祠堂记》称漳"郡人有学于公者李唐咨、陈淳，阖门不出。予物色得之，亲访其家，延之入学，使奉公祀"。宋朝诗人楼钥作有《李尧卿挽词》。

林易简　龙溪

【按语】　朱熹《晦庵文集别集》卷九称："林贡士易简、李进士唐咨，或究索精微，或持循雅饬，察其志行，久益可观。"以朱子答林易简诸多之问，明林易简好学者。

【小传】　林易简，《渊源录》《儒宗派》只记"林易简"名而无字里。《闽中》《宋元学案》作"字一之"。《宋元学案》有"漳州贡士"，又朝鲜古写徽州本《朱文公语类》卷七十二"一之"问，注明"陈淳记乡人"。参以朱子《漳州延郡士入学牒》及陈淳为漳州龙溪人之事实，故林易简，字一之，龙溪人。《朱文公文集》有《答林一之》《答林易简》二通，林一之揆与朱子互信各一通。《书信编年》以为林揆疑为林易简之误，而《朱子门人》《朱熹师友门人往还书札汇编》以为林揆、林易简均朱子门人。《朱熹师友门人往还书札汇编》以《福建通志》卷三十五载嘉定十六年（1223）龙溪人林揆特奏名，"推知其约生于乾道九年（1173）前"，又断定朱子作《漳州延郡士入学牒》时"林揆时年方二十余"，然不知何据。以牒称生于绍兴二十三年（1153）之陈淳"齿虽尚少，学已知方"，则推知林易简时已壮岁无误。以《朱子语类》陈淳绍熙元年冬后所记曰："先生以林一之问卷示诸生。"绍熙二年（1191），朱熹知漳州，延请林易简、徐寓等入学，受学朱子，故《语类》有与徐寓同录。《朱子文集》《语类》答林易简问以公田、至诚、孝弟、夫妇宾礼、内则、养气诸说为主。《闽中》载其："与贡士州学士石洪庆（字子余）、林易简（字一之）、施允寿（字伯和）皆以旦评推重。"又《闽中》按语言"若陈北溪《文集》有《祭子余文》，《朱子语类》有《子余语录》，及朱子《文集》有尧卿与朱子问答语。而一之与伯和仅见于学牒，他无考。"陈北溪有《辩林一之动静书》，又《与林一之书》。

宋闻礼　龙溪

【小传】宋闻礼，字叔履。龙溪县人。登嘉泰二年进士第，授叙化二州教授，历知海阳县。《宗派》《补遗》列为门人。《朱子门人》不以为门人。《闽中》载，文公守漳，宋闻礼与黄学皋俱以稚年轮讲。是否门人，史料不足，待考。

【著作】《易》《礼》《记》《诗解》。

王遇　龙溪

【按语】《嘉靖龙溪县志》言朱熹称其纯笃；吕祖谦誉其笃实；黄璞谓其学识精、义利明，超然于俗流之中，没有一毫私心。其学务求精思力行，不喜口耳浮泛无根之谈。《漳州府志》又云："漳自朱子守郡，讲明礼乐，以正人心，自是海滨家弦户诵，有能心朱子之心者，且一变而进于道，北溪、东湖其人也。"王遇兼学晦、南轩、东莱与象山之门，博学务实。

【小传】王遇（1142—1211），字子合，《八闽通志》、陈鸣鹤《东越文苑》作"字子正"。《宋元学案》等作"号东湖先生"。《实纪》、明杨应诏《闽南道学源流》、赵滂《程朱阙里志》作"号东渊先生"，《朱子门人》谓《实纪》误作东渊"，实《朱子门人》依据不足。龙溪县人。《东越文苑》《陆子学谱》以为"乾道五年"进士，《万历漳州府志》《乾隆南靖县志》作"乾道八年登进士第"。仕终左司郎中，任衢州通判。《龙溪县志》载"不远千余里受业于晦庵、南轩、东莱三先生之门"。《东越文苑》言"尝受业于张栻、吕祖谦，而卒裁之于文公"。《乾隆南靖县志》亦则称"少受业于张栻、吕祖谦之门"。《东莱集》载王子合祭文所言"维淳熙九年岁次壬寅三月辛未朔二十有一日辛卯，学生持服王遇谨以香茶酒果致祭于大著郎中直阁吕公先生之灵"，知王子合以吕祖谦为师。吕祖谦曾言"王子合为学录甚举职，以此知人略有志随分量便得力"。《陆子学谱》以王子合屡仕江西，"初事朱子兼问学于陆子"。《象山语录》载有："王遇子合问：学问之道何先？"《朱文公文集》卷四十九《答王子合言仁诸说》："熹所谓'仁者天地生物之心，而人物之所得以为心'，此虽出于一时之臆见。然窃自谓正发明得天人无间断处稍似精密。"朱熹与王子合讨论《仁说》，与此同期，朱熹有《答张钦夫又论仁说》，又与吕祖谦论及《仁说》《克斋记》等及长沙之往来论议，以朱子《仁说》撰于乾道九年（1173）初。故《答王子合言仁诸说》亦当在九年初后，王子合从学不晚于乾道九年上半年，朱熹肯定王子合复卦之说，以为康节说伏羲八卦近于附会，与王子合论及诗、仁诸说、家祭与鬼神观等诸方面。淳熙十四年（1187），朱熹率领门人王子合、陈肤仲、潘谦之、黄子方四人，登鼓山，游灵原，登水云亭。朱文公守漳将行经界，王子合疑其扰。子合与廖德明、黄榦、陈淳友善。建有"东湖草堂"。《朱文公文集》卷四十九《答王子合己酉闰五月十八日》云及"《大学》解义平稳，但诸生听者须时时抽摘问难，审其听后果能反复寻绎与否"，时淳熙十六年五月。《朱文公文集》卷五十五《答李守约》："王子合过此，说失解曲折，甚以为恨。"当在淳熙十六年秋间解试后不久，王子合面见朱子问学。《朱子语类》卷一百一十七载叶贺孙所记曰："贺孙问：'安卿近得书否？'曰：'缘王子合与他答问，讳他写将来，以此漳州朋友都无问难来。'"以《朱子语类·姓氏》叶贺孙所记为绍熙二年（1191）后。《朱文公文集续集》卷四下《答刘韬仲》："近王子合、陈肤仲来求记，皆郄之矣，不复得偏为韬仲作也，千万谅之。"以书中涉及右丞相赵汝愚求去复留事在庆元元年（1195）二月，知王子合、陈肤仲同来求记。《朱文公文集续集》卷一《答黄直卿》："王子合前日过此，观其俯仰，亦可怜也。"顾宏义《朱熹师友门人往还书札汇编》考，推该书撰于庆元二年末或稍后，王子合又有面见朱子经历。

朱飞卿　　龙溪

【按语】《实纪》记有"朱子称其持循雅饬"，学观倾向于淡泊砺志。

【小传】　朱飞卿，《补遗》卷六十九王梓材案语定"飞卿"为字，依《朱文公文集》卷五十六《答朱飞卿》有"朱飞卿，一作朱云卿"，《朱子语类》

载杨道夫记有"蕫卿",《朱子门人》以为"蕫卿"系童伯羽之字,非朱飞卿。漳州龙溪县人。绍熙二年(1191)朱熹知漳,延请朱飞卿与黄樵仲、陈淳、杨士训、林易简、施允寿、石洪庆、李唐咨等八位"耆儒入学表率",当该年朱飞卿始从学朱子于漳州。《朱子语类》卷一一五杨道夫所记:"先生一日谓飞卿与道夫曰:'某老矣,公辈欲理会义理,好着紧用工,早商量得定,将来自求之,未必不得。然早商量得定尤好。'"杨道夫所记在淳熙十六年(1189)以后所闻。《龙溪县志》载朱飞卿亦受业于朱子,"自言穷理而事物纷纭,未能洒落处,惟见得富贵果不可求,贫贱果不可逃耳"。以《朱文公文集》卷五十五《答杨至之》"漳州朱飞卿近到此,病作,未得细讲",《朱文公文集》卷五十八《答李子能》"朱飞卿远来,见此相聚,但亦苦多病,未尝不相与谈及子能也",及《语类》叶贺孙所记,可知绍熙二年(1191)、绍熙四年(1193)朱飞卿又往建阳受学。文集载其答问甚多辑,关科举之事等。

【著作】《论孟讲义》《两汉博议》。

杨士训　**漳浦**

【按语】《勉斋集》卷三十八《杨料院墓志铭》载"文公尝称其学已知方,则其望之亦至矣"。又言永福世人称誉杨士训"德量汪乎如不挠之波;接人温乎如可爱之日。潜心可质之上帝,操行不欺乎暗室"。与黄榦、李燔、张洽、刘刚中、李方子、杨楫、杨士训等共同组成勉斋学派。《闽南道学源流》谓"醇静警敏,刻厉自奋,务求圣贤遗意而躬行之"。《闽中》卷二十一又称其"平生好酬人急,而自奉甚约,囊橐萧然,卒之日,无以为敛"。

【小传】　杨士训(1162—1219),《杨料院墓志铭》作"士训,字尹叔"。陈淳《送徐杨二友序》有"郡人杨君尹叔",《语类》卷二十二录有杨允叔问伊川"恭信近于礼仪",《朱子门人》以为"杨允叔"即杨尹叔,而《理学通录》则否定。《八闽通志》《榕城考古略》误作"字君叔"。号盘庵。朱门弟子王遇之女婿。《万历福州府志》作"诏安人",实因明嘉靖九年(1530)从漳浦析出第二、三、四、五都置县,取"南诏安靖"义,名诏安,属漳州府漳浦郡,故当漳浦人。登庆元二年进士。累官至宣教郎。《语类》卷一百六十记有朱子知漳州牒延朱飞卿等八位"耆儒入学表率"。《朱文公文集别集》卷九《漳州延郡士入学牒》言"贡士陈淳、太学生杨士训齿虽尚少,学已知方"。陈淳《送徐杨二友序》言及:"绍熙改元,维夏之初,晦庵先生来临漳。……郡人杨君尹叔与俱。又五越月,某方获侍洒扫,于是始识徐君,而杨君又其旧也,声臭不谋而合,自是相与往来。"由是可知,杨士训绍熙元年、绍熙二年(1190—1191)二月师事朱熹。《语类》记有问"思无邪"、"毋不敬"、持敬、性善之说。勉斋黄榦为铭,以为"切于为己之学,故其立行无瑕玷,而孝道之笃尤人所难及"。明代以翁待举、陈景肃、吴大成、郑柔、薛京、杨耿、杨士训等七人为乡贤奉祀于石榴洞讲学旧址,号"渐山七贤",而《闽中》称"弟士谨,登嘉定第,任博罗尉,与士训同称'七贤'云",或有误。与黄榦、陈淳皆友善。

施允寿　漳浦

【按语】 朱熹《漳州延郡士入学牒》有云"前州学施学正允寿、石学正洪庆皆以耆艾之年,进学不倦,强毅方正,众所严惮"。

【小传】 施允寿,字伯和。漳州漳浦郡(治所在今龙溪县)人。《闽中理学渊源考》载朱文公守郡日,延之于学为诸生楷式,载之公牒。各有品题。云"施允寿、石洪庆皆以耆艾之年进学不倦,强毅方正,众所严惮。漳郡志。按明周瑛曰:四子学行即此牒可考矣"。《宋元学案》列为门人,《朱子门人》列为讲友。曾为漳州学正。绍熙元年四月,朱熹知漳州后,有《朱文公文集续集》卷五《答田侍郎》言:"士子之贤,如施(允寿)、林(易简)诸人已相见,皆如来喻,但陈(淳)、郑(可学)未见,旦夕访问之,当肯顾也。"《八闽通志》卷之六十八又言"允寿、洪庆皆以耆艾之年,进学不倦,强毅方正,众所严惮"。绍熙元年十月陈淳拜见朱子,可知施允寿受学于绍熙元年四月至十月间。绍熙二年。朱文公守漳州郡,《朱子语类》卷一百六十载"郡中元自出公牒,延郡士黄知录樵、施允寿、石洪庆、李唐咨、林易简、杨士训及淳与永嘉徐寓八人入学",延于学为诸生楷式,且以云"郡士"知施允寿属漳州漳浦郡人。

第三章　江西门人

【按语】　朱子之学传于江西，门人广为传播，作用非凡。朱子归婺源省亲展墓，为官南康军修复白鹿洞书院，立为学规，模范天下书院，授徒讲学于玉山、铅山等，广为传播。程端蒙等卫师说不下黄陈，最力有嘉，以为新安之祖。朱子门人诸如程允夫、余大雅、李敬子、周谟、曹立之、黄商伯、陈才卿、张洽、黄子耕、徐昭然、曾祖道、董铢、胡泳等不同时间与地域从学。南宋后期，学术拘守朱陆门户严重，多标榜师门以自高。江西理学思想家兼综朱陆趋向明显。《宋元学案》评议安仁（今余江）汤氏合朱陆之说，至汤汉"益阐明之，足以补两家之未备，是会同朱陆之最先者"，惟取其是。元明以来江西理学、心学皆并行发展，元代"儒林四杰"江西浙江瓜分。元诗四大家，江西有三。吴澄独领理学风骚。江西学者既重原创性思想发挥，又于经学多有贡献，研究义理有渊源，议论亦颇笃实。尤其王门后学大宗江右王学，与浙江齐名。故陈来"综合言之，若说江西是宋元明时代理学发展的最重要的地区，当亦不为过"。[①]

一、抚州门人

【按语】　朱熹西入湖湘及东归回闽，多取道抚州。绍熙五年八月回途经

---

① 吴长庚主编：《朱熹与江西之学序》，江西人民出版社，2006年。

临川，朱熹为曾季狸《艇斋师友尺牍》作跋。此地，虽为象山之学腹地，但是受学于朱学者诸多，俞庭椿、黄日新、陈芝、甘节、黄义刚、黄义勇、吴琼、吴玭等皆为朱门弟子。黄东发《日钞》曰："晦庵既没，门人如江西则甘吉父、黄去私、张元德皆号高弟。"黄勉斋尝曰："向来问学之士，凋落殆尽，江西则甘吉甫、黄去私兄弟、张元德，不过数人尔。相与接续，尤觉此道之不孤也。"朱子门人后学居乡讲学，教授生徒，多有建树。陈宓《复斋先生龙图陈公文集》卷十三《与江西赵提举札》曾谓："临川多士，如甘吉甫、黄去私，其尤拔出者，必已蒙深知，其人皆诚实为学，不求人知，有位者宜取正焉。"《渊源录》称："气概豪爽，学专行确，行谊志节，卓然为一时之冠。"临川俞庭椿，早年师事陆九渊。淳熙十六年三月十三日，黄日新携程迥之信，往见朱熹，示其积多年之力所著的《通鉴韵语》书稿，朱熹作《跋通鉴韵语》文，对其勤奋耕作、提倡为己之学做出肯定。陈芝于绍熙三年、庆元四年两度到建阳考亭从学，记有朱熹之语。拜辞，晦翁赠以《近思录》，曰："公事母，可检'干母之蛊'看，便自见得那道理。"甘节于绍熙四年，问学于建阳考亭精舍，为高弟。黄义刚与黄义勇兄弟，于绍熙四年入闽到建阳考亭沧洲精舍问学，与朱熹讨论浑仪与天象问题。吴琼与吴玭兄弟，于绍熙五年夏秋间问学于长沙、岳麓书院，论太极动静不确，记录师言。

刘尧夫　金溪

【按语】　刘尧夫先后师从象山兄弟、朱子，后入禅。其言象山之学大谬，朱熹以为"是其质薄"。东莱《东莱吕太史别集》卷八《答朱元晦书》赞其"有志而质美，士人中不易得也"。吴澄《吴文正集》卷十三《金溪刘太博文集序》称其诗文"典雅温润，明白敷畅"。醇叟之学由心学转向禅学，此亦朱子常常批评陆子心学者难把握因素，而江西朱子后学也有心学的倾向。

【小传】　刘尧夫（1146—1189），本名单，字淳叟，或作纯叟、醇叟。金溪县人。淳熙二年进士，官至隆兴府通判。曾先后师从陆九皋、陆九龄、陆九渊兄弟，为槐堂学派代表人物之一。尝好闭目静坐。方彦寿《朱熹书院与门人考》以《语类》数则言及纯叟，尤其《语类》卷一百二十黄义刚所录朱子言"某向年过江西与子寿对语，而刘淳叟尧夫独去后面角头坐，都不管，学道家打坐。被某骂云'便是某与陆丈言不足听,亦有数年之长,何故恁地作怪!'"以为"某向年过江西与子寿对语"必指淳熙二年朱陆鹅湖之会。然黄义刚约在淳熙十五、十六年(1188—1189)从学朱熹于武夷精舍,淳熙五年至十五年间,朱熹过江西对话象山,如朱熹赴南康军任曾与象山见面,刘淳叟尧夫被朱子骂亦或在此时。刘淳叟尧夫被骂应在师从朱子后,而不当在还只为象山学生时。淳熙五年(1178)七月刘尧夫到崇安五夫从学朱熹,并与廖子晦等登云谷,数日讲论。朱子作《淳熙戊戌七月二十九日与子晦、淳叟、伯休同发屏山西登云谷,越夕乃至,而季通、德功亦自山北来会,赋诗记事,以云卧衣裳冷分韵赋诗,得冷字》诗,刘尧夫由崇安五夫来登芦峰,入云谷晦庵草堂。八月游武夷九曲,题刻:"淳熙戊戌八月乙未,刘彦集、岳卿、纯叟、廖子晦、朱仲晦来。"此可以说为目前可确定刘尧夫问学朱子的最早明确记载。淳熙六年三月,又随陆九龄拜访赴任南康军、路过信州铅山县留宿于观音寺的朱熹。《语类》卷一百二十录叶贺孙有记朱熹追忆刘淳叟事,曰:"某向往奏事时来相见,极口说陆子静之学大谬。某因诘之云:'若子静学术自当付之公论,公如何得如此说他?'此亦见他质薄处。"考当淳熙八年(1181)十一月启程赴行在奏事前,刘淳叟来相见。在淳熙十五年四月间,朱熹除江西提刑,应诏北上,停经玉山,刘尧夫又谒见。后学禅,遂为僧。陆九渊深叹惜之。杨万里谓其立朝敢言。刘光祖亦极称之,言其排斥权幸甚勇。《陆子学谱》卷十载,刘淳叟言时政之失,以为"天子有私人,则外廷有具位,外廷有具位,则公卿有他径"。陆子尝论门下之士,以为淳叟知过最早。淳叟之判隆兴,事迹不著。《宋元学案》卷七十七而载,朱子论治三吏事云"淳叟太掀揭,故生事",陆子则云"淳叟事殊骇听,以为后生客气者也"。吴澄作《井蘽斋集序》,称其诗文,又以为"叟天资超特,人物伟然,而深悲其早达,不得久于亲师,有微词焉,则其叛教亦早也"。言淳叟"叛"陆子,似不妥。淳叟与陈正己为莫逆交,学历相似,《语类》卷一百二十录朱子谓"当淳叟用功时,过于正己,故及其狼狈也,甚于正己",则以淳叟直为僧,而正己不过学其学也。谢山《奉临川帖子二》评论详实。

【著作】《井蘽斋集》,或称《金溪刘太博文集》。

陆浚　金溪

【按语】　象山门人转师朱子尤多，而其至亲从孙陆浚亦随朱子学，可见当时门户之见微，朱陆之争多后学言行，非朱陆本意，不可不察。

【小传】　陆浚，字深甫。《朱子门人》未标里籍与事迹。《光绪抚州府志》载："金溪人。焕之子，从祖九渊。深爱之，尝与书。浚以乡举入国学历升上舍。嘉定四年登进士第，授饶州教授，卒。"府志录有署"宋陆浚，金溪""国子正奏名上舍生臣陆浚"，开禧末所作《谏和议书》。《陆九渊集》卷一《与侄孙浚》，教导载致学、明道、自达"中与此有志，于此有勇，与此有立，然后能克己复礼，逊志时敏，真'地中有山'，《谦》也。不然，则凡为谦逊者，亦徒为假窃缘饰，而其实崇私务胜而已"。《语类》卷一百二十训门人录："陆深甫问为学次序。曰：'公家庭尊长平日所以教公者如何？'陆云：'删定叔祖所以见教者，谓此心本无亏欠，人须见得此心，方可为学。'朱子以为教导'须是事事做得是，方无亏欠'，'江西学者自以为得陆删定之学，便高谈大论，略无忌惮'。"由潘时举所记，为绍熙四年（1193）后笔录，象山已逝，陆浚为朱子晚年门人。

彭兴宗　金溪

【小传】　彭兴宗，字世昌。金溪人。先受业槐堂文安，令其教授诸子，称其有法。兴宗与周元忠等数十人，俱在象山结庐从学。《朱子门人》未录。《宋元学案》有因购书"先生以丙辰访朱子于家，朱子曰：'紧要书亦不须几卷，某向来爱如此，其后思聚者必散，何必役于物。'并赠之以诗曰：'象山闻说是君开，云水参天瀑响雷。好去山头且坚坐，等闲莫要下山来。'以时方严党禁也"。祖望谨案语彭兴宗"晚年亦为朱学矣"。《克斋集》卷七《师训拾遗》亦有录。《师训拾遗》又记："世昌问先生：'教人有何宗旨？'答曰：'某无宗旨，寻常只是教学者随分读书。'"可证彭兴宗亦朱子门人。另《朱子语类·陆氏》载："彭世昌守象山书院，盛言山上有田可耕，有圃可蔬，池塘碓硙，色色皆备。"

陈芝　临川

【小传】　陈芝，《语类》作字"廷秀"，《实纪》《儒宗理要》作"字庭秀"。《朱子语类》载"壬子（1192）所闻，饶后录十三"，注"抚州临川人"，而《实纪》作浙江温州平阳县人。《语类》卷一百一十九录有杨道夫、郭友仁记陈廷秀问学多则，最后一则言陈芝拜辞，先生赠以《近思录》。朱子教训其读书之方，尤以日用切近工夫训导。据《朱子语类·姓氏》杨道夫、陈廷秀、郭友仁分别为淳熙十六年（1189）、绍熙三年（1192）、庆元四年（1198）所记闻，知1192、1198年从学经历。

黄齐贤　临川

【小传】　黄齐贤，字日新。晁公武《郡斋读书志》卷五上《通鉴韵语》九卷载"右黄日新齐贤所著也……齐贤，临川人"。《光绪江西通志》引《郡斋读书》附志赵希弁曰："字日新，临川人。"洪迈《夷坚志》乙卷十《一明主簿》载，建宁刘策字献卿，乾道丙戌赴省试，复就试"与临川黄日新邂逅信州道间"，《夷坚志》支乙卷十《傅全美仆》附注"临川黄日新齐贤"。而明李氏刊本排印《象山全集》乙卷三《与黄日新》下注"同邑人文安公弟子"。《光绪抚州府志》作"黄日新，金溪人，从九渊学，同举解榜"。金溪，三国时为吴地，属临川郡。晁公武《郡斋读书志》、洪迈《夷坚志》当以古名，作"金溪人"。先从九渊学。淳熙十六年三月十三日，携程迥之信，往见朱熹，示其积《通鉴韵语》书稿，朱熹作跋。《朱文公文集》卷八十二《跋通鉴韵语》云"沙随先生程公以书见抵，盛称临川黄君齐贤为学之不苟也。既而齐贤亦橐其所著书六十卷以示余，余病衰目盲，不能遍读，齐贤又亲为指画，乃得窥其大略，然犹恨未能有以究其蕴也。……齐贤又出艮斋先生诸公跋语，俾嗣书之"。署时淳熙己酉（十六年）三月癸卯。《朱文公文集》卷三十七《答程可久》亦有："黄齐贤《韵语》用心甚苦，诸图尤有功夫，甚不易得。"晁公武《郡斋读书志》卷五上《通鉴韵语》九卷："右黄日新齐贤所著也。大略如李瀚蒙求四言体而列其事于左方。周平园、朱晦翁、洪容斋、谢艮斋、杨诚斋、楼攻愧诸老先生皆为之序。"由此，黄齐贤当为朱子门人，淳熙十六年时从学。

【著作】《通鉴韵语》六十卷、《孝史类编》十卷。

甘节　临川

【按语】《朱文公文集》卷六十二《答张元德》言"甘君词笔颇工，而趣向未正"。

【小传】甘节，字吉甫，又作吉父。临川人。《语类》以其绍熙癸丑（1193）后记闻问学，从朱熹学。黄东发《日钞》曰："晦庵既没，门人如江西则甘吉父、黄去私、张元德皆号高弟。"《宋元学案》以为"文公高弟"。《勉斋集》亦云"向来同学之士，今凋零殆尽，江西则甘吉父节、黄去私、张元德洽，相与接续，尤觉此道之不孤也"。甘节问仁说存而不失，涉心之德。甘节问曰，"先生仁说说存此者也，不失此者也。如说行此，则仁在其中，非仁也"。甘节之意以行属事，以仁为德。究竟仁为人心，义为仁路。《语类》《文集》记甘节问学朱子"小学"、读书方法、论兵、阴阳、五行等问题，来往甚多。《朱文公文集》卷五十一《答万正淳》论"夫子与点"之说，言"甘节吉甫亦来问此事，并以示之"，知庆元四年（1198）初甘节到访。另有《勉斋集》卷三《复甘吉甫》。

黄义勇　临川

【小传】黄义勇，字去私，又作"去疾"。临川人。《江西通志》载："去私从文公武夷精舍，为白鹿洞堂长。……弟义刚，字毅然，事文公最久，议论尤有根据，尝次序所闻曰先师德言。"《渊源录》言"从朱子游，而卒业于黄榦之门"。《光绪抚州府志》卷五十九《文苑传》载云："义勇尝留文公武夷精舍，弘斋李燔折辈行与交。执亲丧行古礼，为白鹿洞堂长。"《宋元学案》卷六十九载"从载文公武夷精舍"，朱子教学武夷精舍主要在1183—1191间，故黄义勇从学在此期间。《语类》卷十四、十五有黄义勇问知止、格物致知。陈宓《复斋集》卷十八《祭白鹿书院黄堂长去私》亦谓："君从学文公，刻意励志，取友必端，讲学必至，黄先生每称学者，则以君为敬畏。白鹿之师必君选，真有德有言。"《勉斋集》卷三十八《郭夫人墓志铭》言"为之请铭者新城黄义勇"。

【著作】《屯田议》。

黄义刚 临川

【小传】 黄义刚，字毅然。黄义勇之弟。约在淳熙十五、十六年从学朱熹于武夷精舍，绍熙四年（1193）又师事朱熹于建阳考亭沧洲精舍。次年，随朱熹入湖南赴长沙任。庆元三年后两年间又续学于考亭，事朱熹最久。《宋元学案》卷六十九言其"事文公最久"，然《语类姓氏》载黄义刚为癸丑（1193）以后所闻，录有近六七百条。陈淳《北溪大全集》卷二十三《答李郎中贯之》言"黄义刚录多有与某所录相同"，黄义刚在1199年与陈淳同学建阳。

议论尤有根据。尝叙所闻曰"先师德言"。《朱子语类》录其言论，讨论过浑仪原理、东莱之学及子游、子夏、程子三者区别等。朱熹答："伯恭于史分外仔细，于经却不甚理会。"黄义刚以为"以德为本，则能使民归"。曾与朱熹讨论子游、子夏、程子三者的区别，黄义刚曾论郑敷文所论甫刑之意，又黄义刚曰："韩公虽有心学问但于利禄之念甚重。"嘉定元年至四年二月，黄榦为临川令时，又从学于黄榦。《光绪考亭渊源录》有云："陈宓官南康军，辟为白鹿书院堂长。行谊志节，卓然为一时之冠。"

【著作】《同治临川县志》载撰《先师德言》。

黄义明 临川

【小传】 黄义明，字景亮，号儆斋。黄义勇二弟。《光绪抚州府志》载其："师勉斋。孝友慈祥，待人如一。……尝语学者曰：'体认使识趣真，提撕使志气强，涵容使精神聚。'是可观所学矣。自号儆斋，有《诗文讲义》。"

【著作】 据《考亭渊源录》著《屯田议》，作《先师德言》。

江孚先 临川

【小传】 江孚先，临川人。《渊源录》《宗派》均列门人。《补遗》《经义考》以黄榦跋记以为"江孚先，晦庵学徒也"。《勉斋集》卷二十二《书晦庵先生所书损益大象》言："晦庵先生二象以授学徒江君孚先，所警于后学者至矣。孚先以示其同学。黄榦三复，敬玩刻临川县学。"

吴琮　临川

【小传】　吴琮,字仲方。吴玭之弟。《朱子门人》未知里籍。宋赵德撰《四书笺义纂要》卷三:"朱子门人中吴氏有建安吴和仲稚、新安吴叔夏昶、临川吴仲方琮、临江吴伯丰必大、吴微、吴大年、吴伯英。"乔松年《萝藦亭札记》卷二所引文同。记"临川吴仲方琮",知其为临川人。官判院。据《朱子语类·姓氏》乃绍熙五年(1194)来从学。以《朱文公文集》卷五十九《答吴仲玭》有言:"令弟仲方判院之来,又幸数得从容,开警虽多,然所未合者亦不少。熹既以乍到疾病,公私纷冗,而匆匆遽归之际,仲方亦不甚佳,遂不得竟其说,至今以为恨也。"《语类》卷九十四载有袭盖卿记郑仲履云:"吴仲方疑太极说'动极而静,静极复动'之说,大意谓动则俱动,静则俱静。"朱子曰:"他都是胡说。"亦证吴仲方在袭盖卿前已经从师朱子。《朱子语类》卷一百一十八记言:"且如仲方主张'克己'之说只是治己,还曾如此自治否?"宋时另有吴仲方字季仁者,著《秋潭集》,与门人吴仲方有别。

吴玭　临川

【小传】　吴玭,字仲玭。吴琮兄。以吴琮里籍知临川(今属江西)人。《朱文公文集》卷五十九朱熹《答吴仲玭》言吴玭:"似于义理未有实见而强言之,所以谈经则多出于新奇,立意则或流于偏宕,而辞气之间,又觉其无温厚和平、敛退笃实之意,是固未论其说之是非,而此数端者已可疑矣。"

俞庭椿　临川

【小传】　俞庭椿,又作廷椿。字寿翁。抚州临川人。孝宗乾道八年进士。历南安主簿、古田令,秩满充金国礼物官,仕至新淦令。师事陆九渊,博通经术。《万姓统谱》卷十二载:"庭椿有大志,而廉介自将,见者莫不喜其才,服其敏,爱其清。"《补遗》卷四十九、《渊源录》卷十八及《宗派》卷十等列为门人,《宋元学案》卷七十七只以为象山门人,《朱子门人》不以为朱子门人。《光绪抚州府志》不言朱子门人。而以《朱文公文集》卷五十四《答俞寿翁》有

"见子静曾扣之否？愚意则以为且当捐去浮华，还就自己分上切近着实处用功，庶几自有欲罢不能、积累贯通之效"，为教训为学之语。朱熹答俞寿翁论及陆九渊辩太极，事在淳熙十五年。《朱文公文集续集》卷七《答俞寿翁》言及"某衰晚不天，长子夭折忽已逾年，念之痛割，无复生意。以卜地未定，尚未克葬"。在绍熙二年正月至三年十一月（1191—1192）间到崇安武夷精舍问学于朱熹。《周礼》原缺《冬官》，后人补之以《考工记》，几无异辞。南宋胡宏、程大昌提出所谓"冬官不亡说"，经俞庭椿、王与之等人的推衍、论证，影响甚远，自成一脉。同在宋末，另有《兰亭续考》，著者俞松，亦字寿翁，二人同姓同字，而实非一人。

【著作】 有《周礼复古编》三卷、《北辕录》。

曾极　临川

【按语】 庐陵曾氏一门显达，世有家学。吴澄《吴文正集》卷五十四《跋曾氏墨迹》，即"吾乡文物之盛，无逾曾氏一门者。南丰兄弟之后，有艇斋、景建焉"。曾景建，曾巩之弟后人。刘克庄《后村诗话》赞他"浩博可畏，扣之不穷"，"博学强记，无所不通，工诗"。《朱文公文集》卷六十一《答曾景建书》，称曾极"三篇甚胜，卒章尤工，而仆不足以当之也"。而《四库提要》以为其诗集《金陵百咏》"词旨悲壮，有磊落不羁之气"。不愧南宋后期江湖诗派之代表。

【小传】 曾极，以王宇《江湖诗人曾极生平事迹考论》[①]，极生于乾道四年或五年（1168—1169），卒于宝庆三年（1227）底或绍定元年（1228）初。字景建。临川人。厉鹗《宋诗纪事》言其为"文定公弟宰之后"，《朱文公文集》卷六十一《答曾景建书》论及曾极的先人为"公家舍人公曾巩。父曾滂，字孟博"。凌迪知《万姓统谱》载"为人质直刚烈，四方宗陆氏者，自孟博与李德章师复斋始"。《陆子学谱》同。曾极在临川县西境铜山建红泉精舍。晚好丹术。宋宁宗嘉定年间以《江湖集》事即《题金陵行宫龙屏诗》抨击朝廷偏安一隅，忤史弥远，被贬道州。卒于贬所。《朱文公文集续集》卷三《答蔡伯静》有"临川曾景宪书云，尊丈已过彼"。此"临川曾景宪"是否景建兄弟，待考，

① 王宇：《江湖诗人曾极生平事迹考论》，《文学前沿》第十二辑，学苑出版社，2007年。

拟亦为朱子门人。《嘉靖江西通志》《光绪抚州通志》均言："极志气豪放，声名四起。朱子得其书及诗，大异之。往来书每语以为己之实，谓其文似老苏大苏。"宣统三年春江宁傅春官《金陵百咏》序："考景建之为人，或以事迹载《陆子学谱》，以为传陆氏学者（极父名滂，宗陆氏学，见《临川志》），或以为濂洛风雅诗图中，景建名列朱子下，又以为传朱子学者，乌知其皆非耶？按《临川志》云：景建虽与朱子论学，而朱所服膺者，诗文也。并载其生平，与李雁湖、赵汝谈相赓酬最多，又尝助李雁湖注《王荆公诗集》，想其人必长于文辞，未可以道学目之，故《临川志》直列其传于《文苑》，而不列入《儒林》者，非无见也。"庆元二年（1196）七八月往竹林精舍问学。朱子回复曾极请教书信达八篇，论及曾点言志、修身、为学、《参同契》、"主一"之功、音韵和考据问题。朱熹《答曾景建书》以为其"文词通畅，笔力快健，蔚然有先世遗法，三复令人睿睿不倦。所论读书求道之意，亦为不失其正"，又指出"所示佳篇，句法高简，亦非世俗所及，然愤世太过，恐非逊言之道"。蔡季通、吕子约、刘克庄、戴复古等交游。蔡元定于庆元三年正月末赴贬，曾极《送蔡季通赴贬》诗。

【著作】 陈振孙《注荆公集五十卷》提要云：参政眉山李璧季章撰，谪居临川时所为也。助之者曾极景建，魏鹤山为作序。著有《春陵小雅》《金陵百咏》一卷。

二、吉州门人

【按语】 四库全书《文章辨体汇选》收录解缙《溪涧周先生墓表》："吉之人士，自欧阳子倡为古文，而皆从事于经学，有古文之实而不矜古文之名，与时文相訾病。自濂溪周与二程子倡明道学，而皆从事于行谊，有道学之实而无道学之名，以俗学相谤嗤也。"

李如圭　　吉水

【按语】 李如圭《仪礼集释》及《仪礼释宫》等为南宋及其后学者所推崇。

陈汶《仪礼集释·序》称:"《集释》穷探博采,出入经传,以发明前人之未备;考论宫室之制则有《释宫》,分别章句之旨则有《纲目》,其有志于古而用力之勤如此。"[1] 清胡培翚撰《研六室文钞》卷七《读仪礼集释后》称其《集释》:"全录郑注而博采经传为释,以相证明,其异于前人者多有根据,不为臆断。盖《注》《疏》之后,释《仪礼》全经者,此为第一书矣!"戴震为四库全书纂修官,以《永乐大典》辑录校勘《仪礼集释》。李如圭与刘清之、杨炎正、黄豹、曾祖道、刘孟容、许景阳、刘季章等讲学论辩,为朱学庐陵代表人物。

【小传】 李如圭,以杨万里《送李童子西归》言李如圭"六岁取官曲肱似",得赐迪功郎。《宋会要辑稿》云"乾道九年(1173)三月二日,赐吉州李如圭童子出身,补迪功郎",并载如圭六岁"故有是命",推生于1167年。字宝之。《朱子门人》作"吉州庐陵县(今江西吉安)人"。明张鸣凤撰、李文俊校注《桂故校注》卷五载:"李如圭,字宝之,吉水人,与临江刘正之、豫章黄铢宴集龙隐。"清李荣钧、李淦、李泡涛纂修《谷村仰承集》卷三《谷村仰承集·居徙考》(宣统元年刻本)载:"(李唐)吴杨溥乾贞元年(927)丁亥三月自高村迁至谷村,实唐明宗天成二年(927)。"《江西通志》卷三十九《凌云楼名胜志》载"吉水谷村宋神童李如圭故居"。《谷村李氏族谱》记载,李如圭曾祖父李同曾出任临贺县丞,祖父李民望终生未出仕,父李图南居庐陵县,亦未出仕,故以祖籍地为庐陵吉水县。据元王礼《静春先生传》,淳熙十五年(1188),李如圭与静春先生庐陵槐阴精舍相与论学。绍熙四年(1193),与江西都昌冯椅等同登陈亮榜进士。《勉斋先生黄文肃公年谱》云,庆元二年夏,朱子分委黄榦、吴必大、吕祖俭、李如圭等修撰《礼书》。《朱文公文集续集》卷一《答黄直卿》:"更有《祭礼》,工夫想亦不多。若伯丰、宝之能便下手,亦只须数月可也。"《朱文公文集》卷五十二《答吴伯丰》即云"编礼直卿必已详道曲折,《祭礼》向来亦已略定篇目,今具别纸。幸与宝之商量,依此下手编定",《仪礼》有《仪礼集释》《纲目》,多以申注类释语阐发其见有创见。《文献通考》引《宋中兴艺文志》曰:"《仪礼》既废,学者不复诵习。乾道间有张淳,始订其讹,为《仪礼识误》;淳熙中李如圭为《集释》,出入经传,又为《纲目》",《纲目》已阙。另著补经类《仪礼释宫》,一说由朱子与李如

---

① 陈汶:《仪礼集释·序》,丛书集成本,商务印书馆,1939年。

圭合作完成的。《四库提要》则言："《朱子大全集》，亦载其文，与此大略相同，惟无序引。宋《中兴艺文志》称'朱子尝与之校定礼书'，疑朱子固尝录如圭是篇，而集朱子之文者，遂疑为朱子所撰，取以入集，犹苏轼书刘禹锡语，题姜秀才课册，遂误编入轼集耳。"

【著作】《仪礼集释》十七卷，《仪礼纲目》《仪礼释宫》各一卷。

郭植　吉水

【小传】　郭植，字廷硕。《朱文公别集》《渊源考》《朱子实纪》作"庐陵人"，当为泛指。《朱子门人》作"吉州庐陵县（今江西吉安）人"。据《嘉靖江西通志》《光绪吉水县志》名列淳熙十年癸卯吉州解试，当庐陵吉水人，不可作吉安人。以淳熙辛丑（1181）后三月丙戌《朱文公别集》卷七《题寻真观》，题记陪朱子游庐山寻真观在，明示郭植为朱熹知南康军时受教白鹿洞书院。《语类》卷一百二十存曾祖道记朱子问郭廷硕为学，另有问忠恕仁之心等。

王子俊　吉水

【按语】　王子俊以诗闻名，《四库全书总目提要》评《格斋四六》言："就此一卷而论，其典雅流丽，亦复斐然可观。故朱彝尊亦谓其由中而发，渐近自然，无组织之迹。"《雍正江西通志》载杨万里称誉："史论有迁、固之风，古文有韩、柳之则，诗文有苏、黄之味，至于四六，踵六一东坡之步武，超然绝尘，自汪彦章、孙仲益诸公而下，不论也。"岳珂《桯史》卷十五《淳熙内禅颂》中"三松王才臣子俊者，家庐陵，以文鸣江西"。

【小传】　王子俊（约1144—1214），字才臣，又作材臣，一字巨臣。号格斋，又号三松先生。吉水县人。《朱子门人》未列。王子俊年轻才学，名噪庐陵，《雍正江西通志》载："尝从杨万里、周必大游，乃延誉于晦庵。朱子勉以博取约守之功，又书'格斋'二大字遗之。"杨万里《诚斋集》卷七十七《送王才臣赴秋试序》云："王生子俊才臣者，其于古圣贤书，一见便领其妙，下笔无俗下语。"杨万里作《历代史论》跋语，写道："此吾友王子俊才臣年十七时所作《历代史论》十篇也。是时老气横九州岛，毫发无遗恨。"《光绪吉水县志》卷三十六载，王子俊"内外台列交荐，补文学，次补迪功郎。黄筹若帅蜀，辟为属官。官满，丞相安丙以书抵黄，欲为蜀人借留，力辞以归"。王子俊成"南山隐居"。《四库全书总目提要》也载："安丙帅蜀，尝辟为制置使属官，其始末则未详也。"王子俊与杨万里、周必大、陆游、杨子直，魏了翁等人也多有交游。元江西儒学提举滕斌为《花园王氏族谱》作序称："吾旧见益国、诚斋语录间，多称王三松文章学问，想见二公'畏友'往从，须溪又得《史论》读之，甚快。恨先生不同时，盖亦顾焉。"朱熹与王子俊多交游，吟唱和诗。然《答王才臣》信所载："以'格斋'大字。此却好个题目，顾未知所以充之者如何。写字亦非所难，适此两日寒甚，衰病拘挛，不可转动，向后晴暖，当试为之，以奉寄也。"朱子称："若得会面，彼此倾倒，以判所疑，何幸如之。未间千万，及时专力，使有个端的用心处，庶几合并之日，有可讨论也。"据作于庆元庚申（1200）正月二十八日《朱文公文集》卷八十四《跋杨子直所赋王才臣绝句》称"今读子直此诗，而于《南谷》之篇窃有感焉，因识其后，复以寄才臣"。以此考之，王子俊与朱子讲友。

【著作】《历代史论》《师友绪言》《三松类稿》均佚。现存《三松集》。

杨长孺　吉水

【按语】　杨长孺以清廉闻名于史册。《鹤林玉露》记载，杨长孺任湖州太守兼庾州节度使时，被宋宁宗赞为"不要钱的好官"。罗大经《鹤林玉露》甲编卷四引真德秀言："杨长孺之守闽，靡侵公帑之毫厘，皆当今之廉吏也。"杨长孺"门风不坠，可敬可师"。其学有家学。陈宓《复斋先生龙图陈公文集·与杨安抚长孺札》称："平生见从善勇、爱民切，未有如门下者。……门下奥学清文，直节卓行，家自得师，而又尚论古人，追而友之。近时名公巨人，父子继贤，当以门下为称者。"戴璟《新编博物策会》卷十二《吉安府人物》曾谓："杨万里杜门著书，杨长孺弃官著书，父子之力学不倦如此也。"

【小传】　杨长孺（1157—1236），原名寿仁，字伯子，号东山，《朱子门人》作"字伯子，一字子伯，未知是否，别号东山潜夫，谥文忠"。《嘉靖赣州府志》卷八《名宦》"号东山潜夫"。《鹤林玉露》记言："伯子，诚斋家嗣，号东山先生。"《考亭渊源录》《宋元学案》作谥号"文惠"。杨万里之子。吉州吉水人，《朱子门人》误作"庐陵县（今吉安县）人"。长孺历有家学，故陆游《次韵和杨伯子主簿见赠》："喜君得法从家庭。"庆元元年（1195），杨万里《答朱晦庵书》曾谓："儿辈蒙下问，极感先生长者幸教之意，列拜起居，未占参侍，愿言珍重，以为吾道之镇公子。"《宋元学案补遗·赵张诸儒学案》引《解学士春雨堂集周处士墓表》云："吉之人士，若周伦、萧服、彭醇、胡杓、杨长孺、曾三聘皆程朱之门。彭醇在元祐党籍，则以上皆程门可知。杨、曾之为朱门亦无疑。"绍熙五年（1194）八月十四日至二十日，朱熹赴潭州经临江军时，杨万里遣子长孺相见，长孺礼拜朱子，问朱子入朝匡君布道之所为，朱熹授以"尊德性，道问学；致广大，尽精微；极高明，道中庸；温故知新，敦厚崇礼，只从此下功夫理会"。长孺请求"书为一说"，《朱子语类》记有当时问学行状。据《诚斋集》卷一百零五《寄朱侍讲》云："蒙赐报教，发于去冬，得于今秋。……契丈再归五夫，遂无车马喧，此某之所贺，而来教乃谓苦于所居穷僻，无书可借，无人可问。"《年谱长编》考此书作于庆元四年秋。《鹤林玉露》言其"清节高文，趾美克肖"，"引述其言：文章各有体，欧阳公所以为一代文章冠冕者，固以其温纯雅正，蔼然为仁人之言，粹然为治世之音，然亦其事事合体故也。"《鹤林玉露》卷八："诚斋父子视金玉如粪土，诚斋将漕江东有俸给仅万缗留库中，弃之而归；东山帅五羊，以俸钱七千缗，代下户输租。其家采椽土阶如田舍翁，三世无增饰。东山病且死，无衣裳，适广西帅赵季仁馈赠缣绢数端，东山曰：此贤者之赐也，敛材无忧矣。"《语类》所记类同。

【著作】《东山集》。

贺善　永新

【小传】贺善，《光绪江西通志》引《永新县志》作"字善堂"，而《同治永新县志》作"号善堂"。《朱子门人》未列名、里。以志乘，为江西永新县人。《宋元学案》梓材谨案："先生与黄勉斋、李果斋为同门友，争朱子《纲目》非未成之书，则亦受业朱门者也。"《同治永新县志》载："幼颖异，师事刘水窗（刘友益）先生，水窗著《纲目书法》，善深契微旨，尝自抒其所得为《纲目赞》。"清瞿中溶《古泉山馆题跋》记："《纲目大全书法序》末题至顺壬申（1332）三月中和节门人贺善再拜谨序。"恐误。

【著作】 清周中孚《郑堂读书记》录有"贺善《书法序》"。

胡杓　庐陵

【按语】《全宋文》卷五一八七收录周必大《宣義郎致仕赐紫金鱼袋胡公昌龄墓》言："江西多名士，吉（州）为冠。自古言之，庐陵胡氏为大族。"

【小传】 胡杓，胡铨之孙，胡泳之侄。以《邵陵双泉胡氏续修族谱》《庐陵芗城胡氏宗谱》"胡铨生有五子：胡泳、胡瀚、胡浃、胡澥、胡冲。四子胡澥担任南宋承务郎，生有一子胡杓"，为吉州庐陵芗城（今吉安市青原区值夏镇）人，《朱子门人》作吉州（治所吉安县）人。解缙《解学士文集》卷八《故处士周君尚志》："三百年来拟于邹鲁，既无过情之誉，亦鲜不虞之毁文章者。述有功名教，亦既不少，若周纶、萧服、彭醇、胡杓、杨长孺、曾三聘皆程朱之门，刘静春晚居螺江之上，若胡澹庵、周平园、杨诚斋、李复斋、王三松又皆朱子之同志，吉之人士所传之实有源流哉。"以此为门人。

许子春　庐陵

【按语】 先从庐陵清江学派刘清之，又师从朱子，《闽中理学渊源考》卷十八载，文公称"尽好恨不得款曲议论"。既从朱子于同安，又随学于白鹿，为长期从学者之一。许子春为刘靖之、刘清之清江学派重要代表。

【小传】 许子春，《实纪》《渊源录》《源委》《宗派》《闽中》皆作"景阳，字子春"，《宋元学案》则作"许子春，字景阳"。而以朱熹《题寻真观》云"新安朱某仲晦、永嘉薛洪持志、永嘉张扬卿清叟……温陵许子春景阳、庐陵郭植廷植、长乐余隅占之、临淮张彦先致远。淳熙辛丑后三月丙戌至此"，与《朱子文集》卷五十二《答吴伯丰》、黄勉斋《答余瞻之书》，明确"名子春，字景阳"。《朱子门人》有考。《闽中》、邓庆平《朱子门人与朱子学》、陈国代《大教育家朱熹》作"同安人"。顾宏义《朱熹师友门人往还书札汇编》作"温陵人。卜居庐陵"，遂为"庐陵醇儒"。考朱子《题折桂院行记》作"温陵许景阳"、《题寻真观》作"温陵许子春景阳"，《朱子门人》以《别集·题寻真观》云"温陵许景阳"，疑问"不知温陵是否同安地名也"，实泉州别名温陵。《闽中》按："《朱子大全文集》卷七诗编内有《山北纪行诗》，诗末自注：'同行诸人，云庐陵许子春景阳、温陵吴兼善仲达。'又考《大全·别集》，朱子《题折桂院行记》在淳熙八年辛丑，内有温陵许景阳，则景阳又属温陵人，俱不可晓。又考黄勉斋先生集《与余瞻之书》云：'庐陵书信递去良久，旦夕虽有回讯，当得寻便纳往。景阳书向说比亦收书看，《周礼》甚有味，亦作书，挽其归。'恐遂为庐陵人，未可知也。按：此或是温陵迁寓庐陵耳。"淳熙八年《朱子大全文集》卷七诗编内有《山北纪行诗》诗自注："庐陵许子春景阳。"又罗大经《鹤林玉露》卷九《朱文公帖》曰："庐陵士友藏朱文公一小简真迹云：'便中承书……'此简盖与其亲戚卑行也，《大全集》所不载。后生晚辈，能写一通，置之座侧，朝夕观省，何患不做好人？景阳姓许，名子春，季章姓刘，名黼，皆庐陵醇儒，从文公学。"罗亦庐陵人云。以《朱文公文集别集》卷四《答向伯元》："子卿官期必不远，未及为书，极怀想也。景阳得时亲几杖，甚幸，真足以销鄙吝之萌矣。"知时为淳熙十二年。庆元元年（1195）《答吴伯丰》："久不闻问，数因庐陵亲旧问讯，杨子直为守，吕子约、刘季章、许景阳皆可与游。"《朱文公文集》卷五十三《答许景阳》有"近见《槐阴问答》"之语，而《槐阴问答》为刘清之与学者杨炎正、黄豹、李如圭等三十人于郑清之槐阴精舍更相问辨，汇集百余篇。刘清之，庐陵人，非指许子春庐陵人。"此或是温陵迁寓庐陵耳"更为确切。许子春有从于刘清之，《学案》列子春于清江学案为刘清之门人。载梓材云："殆以静春（清之）而受学朱门者。"许子春极可能也是朱子任同安簿时入门，《勉斋集》卷十七《与余瞻之书》云："庐陵书信递去良久，旦夕虽有回讯，当得寻便纳往。景阳书向说比亦收书看，《周礼》甚有味，亦作书，挽其归。"后注"许子春，字景阳，泉州同安人"，此附注名里，疑为后人添加。黄榦在庐陵时与许子春往还论学，《朱文公文集》卷四十六《答黄直卿》言"子春闻时相过，甚善"，即指此事。《朱文公文集别集》卷四《答向伯元》又言及"景阳何故却归庐陵？久不相见，不知后来学业如何也"。以许子春作庐陵人似更妥，待考。绍兴二十三年于泉州同安县学受学于朱熹。淳熙八年春追随朱熹入南康军，许子春与蔡元定、黄榦、林择之、杨子直、王光朝等追随朱熹就教于九江濂溪书堂、白鹿洞书院受学。朱熹于淳熙八年（1181）闰三月二十九日至四月二日游览庐山，"清江刘倩之子澄，永嘉张扬卿清叟，浔阳王阮南卿、周颐龟父、长乐林用中择之，洛阳赵希汉南记，会稽陈祖永庆长，武当祁真卿师忠，温陵吴兼善仲达，庐陵许子春景阳，新安胡莘尹仲，建安王朝春卿，长乐余隅占之、陈士直彦忠、黄榦季直、临淮张彦先致远，会稽僧志南明老俱行"。故朱熹《答许景阳》有"一别十年，彼此皆非复往时矣"感慨，为绍熙元年（1190）间。

刘黻　庐陵

【按语】　刘黻受学于朱熹，但所论有时不守师说。《宋元学案》卷六十九《沧洲诸儒学案（上）》引真西山言："吾辈所言，皆是皮肤，惟静春能道其骨髓。若静坐山中十年，庶几敢望静春耳。"《朱文公文集》卷五十三《答季章书》有云刘黻"细读来书，知所以经纪其家者，不以生死从违二其心，不胜叹服"。卷六十二《答王晋卿》以为"季章耿介，于人有责善之益"。卷六十二《答刘子澄》谓："季章盖所谓切问近思之学者，真不易得。但似有迫切狭吝之意，见得道理到处十分到，不到处亦十分不到，相见都不读书理会文义。"卷五十三《答刘季章》有："觉得季章意思急迫不宽平，务高不务切，而不肯平心实看道理。"明朱子对季章为学弊病的批评，反映刘黻兄弟江西之学倾向，或与朱陆学术之争又有巨大关联。周必大《答朱元晦待制》谓"刘黻志气可取，子澄之门赖有此士"。

【小传】　刘黻，字季文，《宋元学案》作"字静春"，叶绍翁《四朝闻见录》作"号静春"。吉州庐陵人。《朱子语类·姓氏》"杨与立"注"同刘黻、龚粟记见"，刘黻及杨与立、龚粟同时门人，《朱子语类》以杨与立绍熙三年壬子（1192）所录，故刘黻到建阳考亭沧洲精舍问学。以《实纪》载，绍熙五年（1194）八月卸潭州任任东归，再至宜春，刘黻从庐陵来相见问学。庆元五年间再续学于沧洲精舍。真德秀尝就《中庸》与之辩论，叶绍翁《四朝闻见录》甲集《考亭解中庸》条记载："文忠公与静春辨，各主其说。或当燕饮旅酬之顷，静春必与公辨极而争起，公引觞命静春曰：某生平窃笑汉儒聚讼，吾侪岂可又为后世所笑！姑各行所学而已。刘犹力持其说不已，著为《就正录》。……文忠已不及登文公之门，闻而知之者也，其读《中庸》，默与文公合。静春见而知之者，乃终不以先生之说《中庸》为是。"

刘黼　庐陵

【小传】 刘黼，字季章。刘黻弟。早与景阳许子春皆从学于刘清之。《鹤林玉露》卷九《朱文公帖》以为其为"庐陵醇儒。从朱文公、兄静春学，季章后为特奏第一人"。顾宏义《朱熹师友门人往还书札汇编》以《朱文公文集》卷五十三《答刘季章》载："刘袁州不谓遽止于此，令人心折。细读来书，知所以经纪其家者，不以生死从违二其心，不胜叹服。"刘袁州指刘清之，淳熙十六年九月卒，而推《答刘季章》约撰于淳熙十六年（1189）末或稍后。朱子所"细读来书"系季章书信，属于回顾之叙，不必在1189年末或稍后。《答刘季章》载"贤者比来为学如何？虽未相见，然觉得多是不曾宽着心胸细玩义理，便要扭捏造作，务为切己"，又言及"熹桂林之行辞免未报"，知其与朱熹1193年正月"未相见"。以其兄刘黻绍熙三年壬子（1192）及门，知季章当1193年从学。朱子以为"《大学》说漫纳试读之，不晓处可问季章也"。刘黼与陈文蔚就太极相互讨论，程敏政《篁墩文集》卷三十八《书朱子答刘季章书》云："此书乃朱陆不同之肯綮。盖陆子方以学者口耳为忧，欲其以尊德性为先，以收放心为要。朱子乃欲学者依文句玩味，意趣自深，又欲其趁此光阴排比章句，玩索文理，正与象山之教相左。然朱子晚岁乃深有取于陆说。"

欧阳谦之　庐陵

【小传】 欧阳谦之，字希逊，《朱子语类·姓氏》作字晞逊，一云字亨父。庐陵（今江西吉安）人。《朱子语类目录》以为"癸丑（1193）所闻。饶录廿六"。然以《式古堂书画汇考》卷四十五，绍熙三年（1192）欧阳谦之曾为朱熹题画，已从朱子学。《补遗》卷八十八《巽斋学案》祖望谨案："考之沧洲弟子，庐陵有欧阳谦之，实尝从游，巽斋其后人邪？其遗书宗旨，不可考见。"以朱子答书，欧阳谦之问学朱子主要集中《论语》《孟子》，尤其"曾点言志""行有余力，则以学文"以及"颜子仲弓问仁之异"，以为曾点"气象从容，辞意洒落，尧舜事业亦优为之"等。《朱子语类》卷四十二存潘时举记希逊问夫子答颜子仲弓问仁之异。《朱子语类》卷二十一叶贺孙也记欧阳希逊问："'行有余力，则以学文'，学文在后"等，另有欧阳谦之所记数则。为朱子晚年门人。

据《四库全书书目提要》元毛应龙撰《周官集传》："是书于诸家训释，引据颇博，而于郑锷之《解义》、徐氏之《音辨》及欧阳谦之之说，所采尤多。杜子春、郑康成皆以九夏为乐曲，而应龙独引欧阳谦之说。"李缄《答方阁学问三礼书目》亦云："今世所逸之书咸在，而郑锷、欧阳谦之等诸名家之说附见者尤多。择其精义，集为成书，岂不胜于购求世俗讲章之一无可采者哉。"明欧阳谦之功力于《周礼》。《全宋诗》录有欧阳谦之诗词。

曾祖道　庐陵

【按语】 江西士子多从象山学，亦不乏兼从朱子，曾祖道即其一。由此，亦可见宋元之际，江西朱子后学心学倾向之端倪。

【小传】 曾祖道，字择之，又字宅之。《朱子语类·姓氏》作"宁都人"。《经义考》《江西通志》作"永丰人"。《朱子门人》作"吉州庐陵县人"。汉时宁都为雩都县地，属庐陵郡。西晋太康元年（280），因境内有太平里，以安宁之意而名为宁都，宋时属江南西路虔州或赣州。宋太祖开宝八年（975），置吉州庐陵郡兼军事；仁宗至和元年（1054），析吉水县报恩镇及云盖、兴平、龙云、永丰、明德五乡置永丰县，属吉州庐陵郡兼军事。以成书时间《朱子语录·姓氏》最早，作"庐陵人"。择之先后从学清江学派刘子澄与陆象山，其后为朱子之学。《朱子语类》卷一一六载曾祖道"庆元丁巳（1197）三月，见先生于考亭。先生曰：'甚荷远来，然而不是时节。公初从何人讲学？'曰：'少时从刘衡州问学。'"此似曾祖道庆元丁巳（1197）初见朱子考亭沧洲精舍受学。《朱子语类》卷四十一载曾祖道所记曰："先生问祖道曰：'公见南轩如何？'曰：'初学小生，何足以窥大贤君子？'曰：'试一言之。'曰：'南轩大本完具，资禀粹然，却恐玩索处更欠精密。'曰：'未可如此议之。'某尝论未发之谓中字，以为在中之义，南轩深以为不然，及某再书论之，书未至，而南轩遣书来，以为是。"象山有《答宅之书》，《朱文公文集》卷六十《答曾择之》四通，其问曾点大意、元亨利贞、礼法与理等。宋李幼武《宋名臣言行录》外集卷十五录有晦庵与曾祖道论象山之学。

张以道　吉州

【小传】　张以道,许家星《朱子门人补正》以《昌谷集》卷三《送蓬丘山人张以道归吉州》考"号蓬丘山人"。《朱子门人》"张以道名里不详"。而许家星《朱子门人补正》又依据卜居南湖张磁《南湖集》、史浩《题南湖集十二卷后》"乃因邻友张以道东归"以及《大隐居士集》卷下《赋张以道寒绿》称张为南湖高隐,以为张为浙江南湖人。然项安世《平庵悔稿》卷八《三次刘寺韵赋张以道新居与约斋夹湖相望》及释宝昙《橘洲文集》卷三《题张以道现庵新成》可知张以道新居建于南湖,与张磁相邻,而非指明张以道"南湖人","南湖"又非县域以上行政单位,有嘉兴南湖与余杭南湖。以曹彦约《昌谷集》卷三《送蓬丘山人张以道归吉州》之"归吉州",吉州杨万里《杨文节公诗集》卷三十三《题张以道上舍寒绿轩》诗,都指向"吉州人",故存疑待考。《语类》卷一百三十八有黄义刚记有"张以道向在黄岩见颜鲁公的派孙因事到官",持鲁公诰敕诰,问教朱子,明确张以道曾任职黄岩。《景泰建阳县志》"读书室记"载"建阳县治之东偏有陋室榜曰读书,即而视之,乃晦翁先生为邑宰张以道书院也"。庆元己未(1199)十一月十九日,张以道将前往荆襄,朱熹书武侯草庐语赠张以道。《语类》卷一百二十五等有黄义刚记录张以道问"载营魄"与"抱一能无离乎"之义及《参同契》等数条,查《语类·姓氏》,黄义刚为癸丑(1193)以后所闻,故张以道当在1193年以后至1199年担任建阳知县时问学朱子。《朱文公文集》卷八十四作有《跋张以道家藏东坡枯木竹石》。

三、建昌军门人

包扬　南城

【按语】　南城学人因地缘多先后从学陆学与朱子,凸显江西朱子学心学化的倾向。象山谓其:"心志专诚,故与言者必有感动;行检严整,故与处者必有绝行","元忠之学固未可谓便是,然其笃实躬行之日久,有非泛泛所能及者。其所长处，如某亦就而取决焉，世昌未易轻之也。"

朱熹《建昌军进士题名记》称："建昌之为郡据江西一道东南上游。其地山高而水清。其民气刚而材武。其士多以经术、论议、文章致大名。如直讲李公、中书翰林曾公兄弟，尤所谓杰然者也。其他能以词艺致身取高科而登显仕者亦不绝于当世。"南城包氏之学虽尊陆疑朱，然亦极力调和朱陆，《宋史·包恢传》言宋度宗在位之际"比恢为程颢、程颐"。《宋元学案》案："包显道、详道、敏道同学于朱、陆，而趋向于陆者分数为多。"朱熹《答包详道》云："详道资禀笃实，诚所爱重，前书云云，非以苟相悦也。但观所与显道讲论，窃恐却与去岁未相见时所见一般。……显道根本处，亦且是从前所见，但添得此中些说话。如敏道令弟，则立论又甚高，尤非熹之所敢知耳。"刘后村则以包敏道喜谈禅。真德秀认为敏道得朱陆之"真传"，认为其"家庭伯仲自相师友，切磨讲贯壮老如一，故其所造益以超诣"。近人罗根泽先生也说："陆（九渊）、包是心学派的道学家，诗人只讲求作诗方法，道学家则阐发诗学本体。"① 道光九年南城《包氏宗谱》有谓"包氏之于建昌也，富贵功名居其半，道德文章冠其首"。

【小传】 包扬，字显道，号克堂；兄约，字详道；弟逊，字敏道。学者称"克堂先生"。子包恢。《宋元学案》作"南城人。云濠案：一作建阳人"。又《经义考》《实纪》作"建昌县（今江西永修）人"。包逊曾"访郡邑以偏乡隅，凡书爵、书名、书葬、书娶，一字之中悉心校勘，遂使原原本本，脉络分明，序传碑铭罔弗毕具"，组织修谱《包氏宗谱》，并作《始修宗谱序》，载明记："圣宋祥符庚戌播来判建昌军事，乐南城山水之佳，遂家于七仙阁下，后徙修仁里之月湖包坊。自是建昌始有包氏。"北宋开宝二年（969）南唐置建武军，以南城县为军治，宋灭南唐，于太平兴国四年（979）将建武军改名建昌军，军治仍在南城县。据包逊所撰《盱江包氏家谱原序》、南城县《包氏宗谱》载，宋时建昌包氏系一代名臣包拯后裔，《宋元学案》"云濠案：一作建阳人"，此显误。抚河的中上游名盱江，流贯南城，因而南城包氏又称盱江包氏，故真德秀《跋包敏道讲义》言"绍定己丑之孟夏盱江包君敏道"相与切磋。均指明为南城人。建昌县说只因清代建昌府治在南城之故。然戴复古《石屏诗集》

① 罗根泽：《中国文学批评史》卷三，上海古籍出版社，1984年，第219页。

卷二载《南丰县南台包敏道、赵伯成同游》，以致林日波《真德秀与朱熹弟子交游考》作"建昌军南丰（今属江西）人"①。《宋元学案·槐堂诸儒学案》言包扬与兄包约、弟包逊"同学于朱、陆，而趋向于陆者分数为多"，《陆九渊门人》②列有包约、包扬、包逊。包显道在南丰时师事象山，尝诋朱子，有"读书讲学，充塞仁义"之语。朱子以告象山，象山亦大骇，答以"此公好立虚论，须相见时，稍减其性"。后遗先生书，责其怪。斥之不遗余力，象山尝曰："某何尝教人不读书。"田中谦二《朱门弟子师事年考》、石立善《朱子门人丛考》考证包显道于绍熙四年（1193）、庆元二年（1196）、庆元五年（1199）、庆元六年庚申师事朱子。据方彦寿《朱熹书院与门人考》考证，包氏兄弟从学朱子建阳考亭沧洲精舍。朱熹《朱文公文集》卷五十四《答傅子渊》有"然二包、定夫书来，皆躐等好高之论，殊不可晓"，作于淳熙七年（1180）。包恢《跋晦翁先生帖》曰："我先君从文公学四十有余年，受其启诲最多且久，每于侍下窃闻之，继于先生《文集》中饫观之。庚申之春，又尝躬拜先生于考亭而受学焉，详其所主，无非先存主而重持守。"以"从文公学四十有余年"推当在六七十年代。故而二包淳熙七年（1180）已经求学朱子。而方彦寿以为"包显道从学于朱子必在淳熙九年（1182）象山入京之后"。并以为朱子《建昌军南城县吴氏社仓记》载淳熙辛丑（1181）"是时南城包扬方客里中"，系包扬在崇安五夫，而非门人。实误读。依记所言之"方客里中"是指包扬方尚在南城乡里，绍熙年间有社仓而为记，记中不及问学与否。据《语类·姓氏》包扬所录载淳熙十年至十二年（1183—1185）。《年谱长编》考淳熙十年三月又问学朱子。故《宋元学案》"象山卒，先生率其生徒，诣朱子精舍中，执弟子礼"，非指包显道始执弟子礼。后包扬于绍熙四年（1193）、庆元三年（1197）问学建阳考亭。

《宋元学案》言包显道事朱子，"蔡季通之贬也，朱子将为经营，显道以福祸已定，不必徒加劳攘，朱子善之"。朱子《答曹立之》云："以故包显道辈仍主先入，尚以读书讲学为充塞仁义之祸。"指显道之学"忽略细微，径趋高妙"，故而李绂《象山先生年谱序》以为："明陈建等道听途说，剽袭旧闻，

① 林日波：《真德秀与朱熹弟子交游考》，《古籍整理研究学刊》2008年第2期。
② 赵伟：《陆九渊门人》，中国社会科学出版社，2009年。

第三章　江西门人

诋陆子为禅学，实未究观二家之书，不知朱子晚年之教尽合于陆子。凡朱子所以致疑者，特以其弟子包显道、傅子渊等过为高论。”知显道融朱子理学与象山心学学术特征。包恢《书抚州吕通判开诗稿略》引包扬言：“先正有云：‘维诗于文章，泰山一浮尘，又如古衣裳，组织烂成文，拾其剪裁余，未识衰服尊。’正谓是欤！”足见包扬以浮尘视诗，避剪裁。

【著作】 赵希弁《读书附志》：“《晦庵先生朱文公语续录后集》二十五卷：右杨方、黄榦、包扬二十二人记录晦庵先生之语也。蔡杭将诣江东，集而刻之。”《宋元学案》以为包显道“尝葺朱子语为四卷，今多载入《语类》中。其间有先生平日之言，托于朱子，如所载胡子知言一章，以书为溺心志之大窬者。后黎靖德编朱子语，始削去之”。而陈振孙《直斋书录解题·文史类》则言显道，将乃师朱熹的论文之语汇编成书一卷，称《文说》：“《文说》一卷，南城包扬显道录朱侍讲论文之语。”王懋竑（王箴听先考王公府君行状引白田草堂存稿附录）说：“《语类》中杨方、包扬两录，昔人已言其多可疑，而其他录讹误亦多，即以同闻别出言之，大意略同而语全别，可知各记其意而多非朱子之本语矣。程子遗书，朱子已谓其传诵道说，玉石不分，况朱子语类十倍于程子，后人但欲以增多为美，而不复问其何人，安可尽信耶？”

包逊　南城

【小传】 包逊，字敏道，号纯翁。淳熙甲午举于乡，明年下第，遂不复仕进，悉心治家。为究明先世流派，撰修南城《包氏宗谱》。宋张世南《游宦纪闻》卷七言“包逊字敏道，象山先生之上足也”，有“包有六子皆从心”之语，道喜谈禅，后归于呆佛日光拙庵。宝庆丁亥，为世南言，顷在临安，谒魏了翁。此并收录《宋稗类钞》卷之五。真德秀《跋包敏道讲义》载“蚤从朱、陆二先生游，得诸传授者既甚的，而家庭伯仲自相师友，切磨讲贯，壮老如一，故其所造益以超诣”，又言“绍定己丑之孟夏，盱江包君敏道过予粤山之麓。县尹宋侯闻其名，延致庠校发挥孟氏要指。……越翼日，予复屈致家塾。君首以夫子之志学、孟子之尚志为儿辈言之。次论人性之善，所以可为尧舜者，明白切至。听者欣然忘倦”。包逊讲学“浩然之气，略不少衰，稠人广坐，音吐清畅，随问向答，往往破的”。尝受学于朱陆，各有所取。吴千弢等刻印敏道讲义。《朱熹文集》中收录三篇《答包敏道》，以为包逊之学"取禅学之近似者，……喜其为说之高，为力之易，便不肯下意读书，以求圣贤所示之门户"，因而"区区但觉欲寡其过而未能耳"。

包约　南城

【小传】　包约，字详道。师朱子与象山。《朱子门人》考证详实。《朱文公文集》收录《答包详道》三通。《朱子语类》录有黄义刚绍熙四年（1193）所记，云"包详道书来，言'自壬子九月一省之后'"，壬子为绍熙三年（1192）。朱子答书中言及"但观所与显道讲论，窃恐却与去岁未相见时所见一般"，知不仅通信求教，还及门。陆子《答包详道》八通。

包恢　南城

【按语】　包恢为朱子门人，又为陆学二传，和会朱陆。元刘埙《隐居通议》卷一《朱张吕陆》"每谓二家宗旨券契钥合，流俗自相矛盾"，"学为时师表，为文下笔汪洋，根据义理，由其学力深厚，不可涯涘，故推重于后进如此"。包恢虽对陆学稍有发挥，然宣扬陆学不止，以致元方回以为："以势要挟四方学者从陆学。陆子再传弟子，惟包文肃（恢）、袁正肃（甫）二公，尤为能大昌陆子之学。"《宋史·包恢传》言宋度宗在位，"比恢为程颢、程颐"，尊崇至高。

【小传】　包恢（1182—1268），字宏父，一字道夫，号宏斋，谥文肃。包扬之子。南宋建昌南城（今属江西）人。官至金书枢密院事守资政殿大学士通奉大夫封南城郡侯。包恢少时就为其父门下弟子讲《大学》。阐发孟子学说要旨恰到好处，官至刑部尚书、资政殿学士，"守法奉公，其心如水"。事见《桐江集》卷三《读包宏斋敝帚集跋》、《宋史》卷四二一传。包恢《敝帚稿略》卷五《跋晦翁先生二帖》云："庆元庚申之春，某亦尝随侍，坐考亭春风之中者两月。"包恢于庆元六年庚申（1200）春间，随其父见朱子于考亭，而受学两月，故当为朱子门人。陈荣捷《门人》、石立善《朱子门人丛考》等均未定为门人。包恢亦从父学象山心学，为陆门第二代弟子。且成就巨大，学人多以其为陆学代表。方回甚至以为包恢挟势胁迫东涧汤汉信奉陆学，全祖望《鲒埼亭集外编》卷四十四《奉临川先生帖子一》做出回应："方虚谷主张朱学,力诋东涧,以为见包恢入政府,方守陆学,遂为所胁,舍而从之。此乃门户党伐、入主出奴之说,不足信。晦静之以陆学名,乃在包氏未登宰执之时,不自东涧始也。"包恢即朱子门人又为陆学二传,调和朱陆,一方面尊崇陆九渊,认为象山"真可以进乎夫子皜皜莫尚之明",包恢秉承象山"本心","吾徒以宇宙为一心,一心之外无余地",注重存养本心,提倡静坐,能自作主宰,不徒倚外物以为主;另一方面,包恢尊重朱子,认为"学必有存主之处以为本,必有持守之功以为实。其致知讲习,乃所以精此本实之所在,而非末非虚也",然包恢心之观念,又别于朱熹。《答项司户书》说:"某前此所谓全体大用与朱文公所谓神明不测者,虽是尽心地位,而与夫子四言似差不同,然毕竟心无二心,除了操舍出入、无时无乡之心,不应又别有个神明不测、全体大用之心,总不过一心耳。"艺道间,艺道合一,艺主于道。"主于道则欲消而艺亦可进,主于艺则欲炽雇养""心本自若,吾惟顺而养之。道亡,艺亦不进"。其不仅批评"源流自先生,而浸失其传者"以及精髓"知之者鲜""妄加疑议"的陆学后学,亦批判偏离朱子"殊戾先生诲人之旨",尤其"苟私门户之陋"的朱学后人。包恢与文天祥挚友,聚则言之,散则书之,多国是。

【著作】《周礼六官辨》《敝帚稿略》,又《文肃公集》十二卷。

陈刚　南城

【按语】　宋时学生兼学学派现象众多,习以为常,朱陆等亦不以为然,不可冠之以叛。陈正己兼学现象特出,早师陆子,继师同甫,又师东莱,后从朱子学。学术多有包容,且才气意发。然诸先师对其颇有微词。先生申言曰:"正己也乖。"

【小传】　陈刚,字正己。《宋元学案·槐堂诸儒学案》作"盱江人(云濠案:一作建昌之欧江人)"。《朱文公文集别集》卷一《答刘德修九》谓:"建昌陈刚正己。"《朱文公文集续集》卷一《答黄直卿》又谓:"陈正己来自建昌。"邓庆平《朱子门人与朱子学》作"建昌(今属江西)人"。顾宏义《朱熹师友门人往还书札汇编》作"建昌(今江西南城)人"。宋有建昌军及南康军建昌。显为建昌军范围,下辖南城县、新城县、南丰县、广昌县等县。元改为建昌路,明为建昌府。又广昌至南城段称"盱江"，南城以下称"抚河"，故当为广昌、南丰、南城之一，元世祖至元改建昌军为建昌路。明太祖改建昌路为建昌府，府治南城（在今江西省南城县），辖南城、新城（今江西省黎川县）、广昌（今江西省广昌县）三县。故当在南城与广昌两地。以《陆九渊集·语录上》南城"傅子渊自此归其家，陈正己问之"，则陈刚为南城人为妥。

正己早与刘淳叟同师陆子，象山教授以辨志涵养省察之学，虽喜其有才，言其才气迈往，而学失其道，叹其半途异志。陈刚曾批评陆九渊"涵养是主人翁，省察是奴婢"之说。《语类》有朱熹谓："陈正己轻薄，向到那里，觉得他意思大段轻薄，每事只说道他底是。他资质本自捞攘，后来又去合那陈同父。兼是伯恭教他时，只是教他权数了。伯恭教人，不知是怎生地至此。"明确正己又师同甫与东莱，又从朱子学。曾从学于吕祖谦。综合顾宏义《朱熹师友门人往还书札汇编》所考朱子文集诸书，以淳熙八年（1181）《朱文公文集》卷三十四《答吕伯恭》有谓："如所谕陈正己，亦其所诃以为溺于禅者，熹未识之，不知其果然否也。"《朱文公文集》卷四十七《答吕子约》（自顷承书）又云"设若接引下根，亦只须略与说破，仍是便须救拔得他跳出功利窠窟，方是圣贤立教本指。今乃深入其中，做造活计，不惟不能救得他人，乃并自己陷入其中而不能出，岂不误哉？陈正己书来，说得更是怕人。今录所答渠书去，幸一观，此尤可为叹息也"。《朱文公文集》卷五十四《答陈正己一》又谓："往岁得吕东莱书，盛称贤者之为人，以为十数年来朋友中未始有也。以此心愿一见，而无从得。中间闻欲来访，甚以为喜。"此作于淳熙十二年（1185），知陈正己淳熙十二年（1185）年末后不久的淳熙十三年始见朱子从学。《朱文公文集续集》卷一《答黄直卿》："迁居扰扰，中亦有一二学者在此，虽不得仔细讨论，然大抵未有担荷得者，此甚可虑。陈正己来自建昌，实亦明爽，但全别是一般说话。"由此，知陈正己在绍熙三年六月朱熹迁考亭新居时来学。朱子谓正己甚乖，盖即讥其轻薄之习。《朱文公文集》卷五十四《答陈正己书》："此等皆未可轻易立说，讪薄前贤也。"陈刚认为颜子悟道，后于仲弓；孟子无如告子；《易系辞》决非夫子作。

傅梦泉　南城

【按语】　陆九渊心学继承者主要集中在浙东和江西,祖望谨案:"槐堂之学,莫盛于吾甬上,而江西反不逮。"江西以傅梦泉、邓约礼、傅子云、黄叔丰、张商佐、熊鉴、黄裳、彭兴宗、詹阜民、刘尧夫等六十多人为代表,传播师说,授徒讲学,亦形成自己的学派,史称"槐堂学派",学派人员众多,思想博杂。虽师事象山、朱子、吕祖谦,更有奔走于三家之门。然其思想多以坚守陆九渊师说为主,以"心"为本,认为心是理,就是道。《象山全集》称傅梦泉"人品甚高,非余子比","先生屡称子渊之贤",誉为"擒龙打凤手",论及弟子,以梦泉居其首。《朱文公文集》卷三十六《答陆子静》称他"气质刚毅,极不易得",称赞"示喻所得日益高妙,非复愚昧所能窥测"。《南轩集》卷二十四《答朱元晦》曰:"乃是陆子静上足,刚介有立,但所谈学,多类扬眉瞬目之机。"《宋元学案》又曰:"梦泉守师说甚力。此人若肯听人平章,他日恐有可望。"《乾隆南城县志》载包恢《傅子渊祠堂记》引周必大言,盛赞他治宁都之绩,说"宁都政绩有光前耀后之休,虽汉之循良未足比也"。诸家评论,显现子渊之学从象山多矣。

【小传】　傅梦泉,字子渊,号若水,曾讲学于曾潭之浒,学者称曾潭先生。建昌南城人。云濠案:一本作盱江人。因盱江穿南城而过之故。《雍正江西通志》又作"新城(今黎川县)人"。淳熙二年(1175),进士及第,分教衡阳。时陈傅良为漕使,与之讲学,傅良心折其言。《宋元学案·槐堂诸儒学案》言"少时知举业,观书不过资意见,后因困志知返"。因闻陈刚言而从学于陆九渊,以为"先生教人辨志,只在义利",始尽知入德之方。傅梦泉又言"人生天地间,自有卓卓不可磨灭者在,果能于此涵养,于此扩充,良心善端,交易横发,塞乎宇宙,贯乎古今",无所不知,成为圣人。《宋元学案·梭山复斋学案》:曾潭先生"性地刚毅,然多偏,自言初见象山,即闻艮背行庭之教"。《槐堂诸儒学案》列为象山门人,《朱子门人》以为讲友。而云濠案《南城志》云"尝游陆象山、朱晦庵、张南轩之门"。《宋元学案》载傅梦泉亦"曾见张栻于荆州,见朱熹于南康。不安于象山之说者十年,及在衡阳乃深信之。先生于朱子尤多相左"。《陆九渊集》卷三十六《年谱》有象山门人严松年记载:"'今学者为谁?'先生屈指数之,以傅子渊(名梦泉)居其首,邓文范(名约礼)、傅季鲁（名子云）、黄元吉（名叔丰）居其次。"《乾隆建昌府志》《同治建昌府志》《同治南城县志》均存有傅梦泉作《曾潭讲堂记》，言明："泉从游三先生，后凡二年，始构堂于曾潭之浒居息诵习，以终余生。而一时远近初学之士，咸踵而就之。不逾年，聚者益众，堂隘不能容。"淳祐六年包恢作《傅子渊祠堂记》，言梦泉"盖公为人机警敏悟，疏通洞达，毅然以道为己任，匪独象山爱之，历游南轩、晦庵二先生之门，咸以为老友，不当在弟子"。淳熙六年（1179），南轩《与朱元晦书》三、四均向朱子介绍子渊，以《宋元学案》言明"见朱熹于南康者"。朱熹《答傅子渊》作于淳熙七年（1180），批评子渊禅气太偏，劝导其学，明在此前已及门。淳熙十二年末，子渊再问学朱子。

【著作】《石鼓文集》《静观小稿》。

吴伸 吴伦 **南城**

【小传】 吴伸、吴伦，以康熙、同治《南城县志》等志乘明确吴伸，字子直，弟吴伦，字子常。《正德建昌府志》有"吴伸、吴伦俱南城人，太学生"。《同治南城县志》以为吴伸、吴伦"同受业于包扬，已复师晦庵"。朱熹撰《建昌军南城县吴氏社仓记》有"是时南城贡士包扬方客里中，适得尚书所下报可之符以归，而其学徒同县吴伸与其弟伦见之，独有感焉，经度久之，乃克有就"，"遣伦及伸之子振来请记"，"则亦所以广先帝之盛德于无穷"。陆游《跋南城吴氏义仓书楼诗文后》有"南城吴君子直兄弟做义仓，略仿古者敛散之法。筑书楼，用为子孙讲习之地"。陆游任抚州职作《吴氏书楼记》："吾友南城吴公伸与其弟伦，初以淳熙之诏建社仓。其详见于待讲朱公元晦所为记。其后又以钱百万创为大楼，储为数千卷。会友朋，教子弟，其意甚美。于是朱公又为大书'书楼'二字以揭之。"周必大《文忠集》录《跋朱元晦所作南城吴氏社仓记》载"今南城吴伸吴伦兄弟请书此记"。故而，"吴伦，字子常，南城人"，史料依据充分。

吴振 **南城**

【按语】《朱文公文集》卷三十五《与刘子澄》："吴伯起资质本是大假昏弱，

故得此气力，便能振厉而短长相补，不至于怪，然亦失之偏枯，恐不能大有所就。"

【小传】　吴振，依《朱子语类·姓氏》记"吴振，字伯起，饶后录十七"。《朱熹师友门人往还书札汇编》则作"吴伯起，名里不详"，《朱子实纪》《考亭渊源录》"吴振"条下亦未注明字里。朱熹撰《建昌军南城县吴氏社仓记》言吴伸"遣伦及伸之子振来请记"，吴振为吴伸之子，吴伦侄子，亦为南城人。《朱子门人》另录有"吴振，字子奇，鄞县（今浙江）人"。赵希弁《读书附志》载晦庵先生《朱文公语后录》二十卷，亦注有吴振。朱熹《与刘子澄》"吴伯起资质本是大假昏弱"作于淳熙十二年（1185）七月九日。明吴伯起振此时已经与朱子熟知，顾宏义《朱熹师友门人往还书札汇编》考《朱文公文集》卷四十五《答吴伯起书》二封作于1186年，故而非《朱子门人》所言吴振师事朱熹在叶贺孙（1191）语类所记同时。朱子庆元元年作《答廖子晦》云："此间有吴伯起者，不曾讲学，后闻陆子静门人说话，自谓有所解悟，便能不顾利害及其作令才被对移它邑主簿却不肯行，而百方求免。……吴不能用，竟至愤郁成疾而死。"吴振录《朱子语类》百余条，朱熹曾以《近思录》内在的"大体"教导吴振等弟子。

颜子坚　南城

【按语】　《陆九渊集》卷七《与詹子南》称"颜子坚既以去发胡服，非吾人矣。此人质性本亦虚妄，故卒至此"。

【小传】　颜子坚，以淳熙本《晦庵先生文集》其题作"答建昌颜君子坚书"，知子坚为字。建昌（今江西南城）人。《朱文公文集》卷五十五《答颜子坚》有："不知往年见张、陆二君子，其所以相告者果何事也？"可知其曾从学于张栻及象山。又"谓古人学问不在简编，必有所谓统之宗、会之元者"，似教训之语，然难以认定为门人。后出家为僧。颜子坚弃儒为僧，象山未闻谏止，朱子恳恳然欲救止之而不可得。朱熹《答颜子坚》"七月九日某顿首复书颜君足下。包显道在此，数称吾子之贤，每恨未获一见"。淳熙十年（1183）夏之际包显道与诸葛千能来武夷问学。包显道即包扬，于淳熙十年春、夏之际与诸葛千能同来武夷问学，此时颜子坚已从学。

周伯熊　**南城**

【小传】 周伯熊，邓庆平《朱子门人与朱子学》作"伯雄"，《朱子门人》未明名或字。《陆子学谱》作"字伯熊，以字行"。据《同治泸溪县志》有"周伯熊，字武伯"。《康熙南城县志》载"熺族侄孙，弋阳令"，《万历宁国府志》载"府教授十一人周伯熊，南城人"，元张师曾《宛陵先生年谱》记有"嘉定己巳南城周伯熊教授"，故为建昌军南城（江西南城）人。《同治泸溪县志》载"绍熙元年余复榜，授迪功郎。按府志作弋阳令"。《江西通志》《陆子学谱》亦言"绍熙元年庚戌科进士"，而《补遗》依象山先生年谱云，乾道八年先生成进士，显然有误。《陆九渊集》卷三十六载：周伯熊来学，先生问："学何经？"对曰："读《礼记》。""曾用工于九容乎？"曰："未也。""且用功于此。"后往问学于晦庵，晦庵曰："仙里近陆先生，曾见之否？"曰："亦尝请教。"具述所言。晦庵曰："公来问某，某亦不过如此说。"

周良　周贵卿　**南城**

【小传】 周良，史籍记载较为混乱，以致今人误解。一是字元忠，建昌南城人。《宋人传记年号索引》载"字元忠，南城人。嘉定进士。师陆九渊最久"。冯可镛、叶意深辑《慈湖先生年谱卷一》作"周良，字元忠，建昌南城人，象山门人"。《宋元学案》周元忠良列象山、朱子门人，并云"师陆九渊最久。先生亦尝问学朱子"。《陆子学谱》列为门人。嘉定七年进士。作象山门人当无疑义。象山《与彭兴宗书》曰："鄙意每欲世昌降意与元忠讲切。元忠之学固未可谓便是。"而作朱子门人，各有不同。赵伟不以为朱子门人，《宋元学案》以为"先生亦尝问学于朱子，所谓把持此心，一念忽生，则此心反为所引去者也。平时尤与罗枢密点善"，而此亦出现在《语类》卷一百二十训门人"周兄良问"。赵伟依朱子以兄称之而以为周兄良非朱子门人，实赵伟不查《语类》朱子用语，朱子称兄的弟子多矣。《朱子门人》标识"字贵卿，《宋元学案》作元忠"，然《语类》卷一百二十训门人"周兄良问"与其他周贵卿问学八条用字不同，当非为同一人，周元忠良者亦为朱子门人，《朱子门人》有误。

　　二是字贵卿。《宗派》《理学通录》列为弟子。《经义考》以为朱子授《易》

弟子。《语类》八处记录有周贵卿向朱子请教《太极图说》、折中之义、元亨利贞等问题。周贵卿主张"定之以仁义中正而主静"。周贵卿良者为朱子门人当无疑义。

黄桩　南丰

【小传】　黄桩，字达才或达材，《朱子门人》"黄达才，《理学通录七》谓其名为枏，旴江（水名，在江西）人，恐误"。许家星《朱子门人补正》对黄达材之名里考仅为江西旴江（抚州地区）人，未够深究。《宋元学案》有"字达材，南丰人。其父文晟，笃学高行，当世称壶隐先生"。象山为其父作《黄公墓志铭》云"南丰黄世成"，光绪三十一年《南丰梅溪黄氏宗谱》："文晟，南丰厚梅溪黄姓开族奠基人。字世成，号壶隐。南雄史君之次子，编修文昌公之弟，弃举子业，结庐石仙岩之东旁，曰'壶隐'，益明经，考古史。"《陆子学谱》、赵伟《陆九渊门人》亦作南丰人。黄桩为南丰人。弟椿字康年、裴字彦文者并师事象山。黄桩先后师事象山、朱子，为考亭门人。《朱子语类》两记朱黄学辨之事，一是黄问"颜子如何尚要克己"，二是就其言思不能精之病。《陆子学谱》言其父"得李延平授朱子讲说，喜其所见，相合抄而藏之。后达材以示朱子"。庆元庚申二月朱子作《跋黄壶隐所藏师说》言及"旴江黄桩达材以其先君子壶隐居士手抄此册见示，达材昆弟其亦宝藏。敬守精究而勉学焉，以无忘前人之训"。

刘思忠　南丰

【按语】　朱陆门人相互转换、兼学甚多，刘敬夫、定夫兄弟一先事朱子再学象山，一先从象山学，又转师从朱子，不以门户之偏见。《朱文公文集》卷五十五《答刘定夫》云："所喻为学之意甚善，然说话亦已太多鄙意，且要得学者息却许多狂妄，身心除却许多闲杂说话。"又云："来书词气狂率，又甚往时。且宜依本分读书，做人未须如此胡说为佳。"又《朱文公文集》卷五十四《答傅子渊》亦言"然二包、定夫书来，皆躐等好高之论，殊不可晓"。朱熹以定夫"躐等好高之论"，九渊《与朱元晦》即言"刘定夫气禀倔强恣睢，朋侪鲜比"。朱子与象山评价实同，清李佳《左庵词话》言"刘定夫好谈括帖古今体诗，格虽不高，工夫颇深"。

【小传】　刘思忠，字敬夫。建昌南丰人。淳熙八年进士，仕至瑞州通判。《隐居通议》卷十六《刘氏族谱序》"师象山，号子路，与里人黄几先、彭明甫相讲学"。《象山先生全集》卷三十六《年谱》载，淳熙十五年（1188）陆九渊与敬夫论及《周礼》："南丰刘敬夫学《周礼》，见晦庵，晦庵令其精细考索。后见先生，问：'见朱先生何得？'敬夫述所教。"明敬夫从朱子学，以弟刘定夫淳熙七年（1180）已师事朱子，推敬夫亦此前后。

刘止　**南丰**

【小传】　刘止，字定夫。敬夫之弟。《朱子门人》不知其名与里籍，石立善《朱子门人丛考》言"定夫乃其字，名失考"。《朱熹师友门人往还书札汇编》据《隐居通议》卷十六《刘氏族谱序》名作"刘止"。刘埙《水云村稿》卷八《始祖工曹刘公墓表》及《隐居通议》卷十六《刘氏族谱序》《南丰刘氏世谱》提及了刘氏世系，知刘定夫与刘光夫系刘埙叔父。定夫为字，载明刘埙世居南丰之西。《象山先生全集》卷三十五《语录》李绂注"定夫挟一物不放胡做"条云："刘定夫，建昌南丰人。"故为建昌南丰县（今属江西）人。《象山语录》卷上《严松录》："先生感叹时俗汩没，未有能自拔者，因歌学者刘定夫《象山诗》云。"《象山先生全集》卷二十五载《书刘定夫诗轴》诗。《朱子实纪》《渊源录》《宗派》《宋元学案》列为朱子门人，而石立善《朱子门人丛考》不以为门人。邓庆平《朱子门人与朱子学》以为刘定夫兼学朱陆。《朱文公文集》卷五十五《答刘定夫》两通，论及读书之意，教训定夫"要得学者息却许多狂妄，身心除却许多闲杂说话。着实读书，初时尽且寻行数墨，久之自有见"。非只为攻击象山之学而言。且朱文公《答傅子渊》又有"二包、定夫书来"，将门人包显道、详道与定夫并称，亦为弟子。依顾宏义《朱熹师友门人往还书札汇编》考《答刘定夫》《答傅子渊》作于淳熙七年（1180），时刘定夫当已经从学朱子。

梁谦　建昌军

【小传】　梁谦，方彦寿《朱熹书院与门人考》、邓庆平《朱子门人与朱子学》作"建昌（今属江西）人"。此为建昌军建制，故此作"建昌军"。仅《语类》卷四十一录有黄卓所记梁谦问"克己复礼"。《朱子门人》以黄卓与叶贺孙1191年同录问管子之学，以为黄卓此条记录必1191年后，而黄卓为朱子早年门人，无法判断梁谦为朱子晚年门人。

南城熊

《朱子语类》卷一二〇录有门人董铢"朱子谓南城熊"，此南城熊，为何人，亦未能考。

四、南康军门人

【按语】　南宋后期，学术拘守朱陆门户严重，多标榜师门以自高。江西理学思想家兼综朱陆趋向明显。元苏天爵《滋溪文稿》卷十九《杨府君墓志铭》亦有："自周元公居浔阳倡明圣贤之学，朱文公守南康讲道于白鹿洞，于是环庐阜左右士皆以洙泗濂洛为宗，而李燔敬子、吕焘德昭、周谟舜弼、蔡念成元思、胡泳伯量相继而作，流风遗俗，迄今尚存。"朱子知南康军，修复白鹿洞，四方来学，《勉斋集·朱子行状》载"诸生质疑问难，诲诱不倦。退则相与徜徉泉石间，竟日乃反"。陈国代《大教育家朱熹》梳理朱熹文集、白鹿洞书院志、各地方志和庐山金石志等，汇集有包定、包扬、包约、蔡念成、蔡元定、曹建、曹彦纯、曹彦约、陈士直、陈秬、陈秠、陈克己、陈祖永、程端蒙、邓绹、邓绸、丁克、段钧、傅公弼、冯椅、郭植、胡泳、胡莘、胡子先、胡仲开、黄榦、黄灏、金朋说、金去伪、李吕、李燔、李秉文、李辉、李深之、李埜、林用中、林允中、林夔孙、刘贡、刘清之、刘尧夫、刘孟容、刘允迪、刘仁季、吕炳、吕熠、吕焘、吕炎、吕焕、彭蠡、彭寻、彭方、彭楼（注:误）、祁真卿、盛璲、万人杰、汪清卿、王阮、王光朝、王瀚、王仲杰、吴兼善、吴唐卿、许子春、熊兆、薛洪、严敬、杨方、杨三益、叶永卿、于革、余偶、余大雅、余洁、余宋杰、余琦、俞洁己、俞子寿、赵希汉、赵子明、张彦先、张扬卿、周谟、周仲亨、周仿、周颖、周颐、周得之、周伯熊、周直卿、僧志南以及朱熹次子朱埁、小儿子朱在、外甥魏愉等。另有朱熹僚属杨王休、杨大法、杨日新、王仲杰、毛大年、赵胜、郭坚，参与白鹿洞书院建设管理的也是边工作边问学。《宋元学案》评议安仁（今余江）汤氏合朱陆之说，至汤汉"益阐明之，足以补两家之未备，是会同朱陆之最先者"惟取其是。元明以来江西理学、心学皆并行发展，元代"儒林四杰"江西浙江瓜分，元诗四大家，江西有三。吴澄独领理学风骚。江西学者既重原创性思想发挥，又于经学多有贡献，研究义理有渊源，议论亦颇笃实。尤其王门后学大宗江右王学，与浙江齐名。故陈来"综合言之，若说江西是宋元明时代理学发展的最重要的地区，当亦不为过"。[①]《江西通志·南康路都昌县重修儒学记》载："都昌之为邑，俗尤淳厚，黄灏、彭凤、冯椅、曹兴宗四君子者，实从朱子游，讲学之懿，修行之笃，传诸其家以及其乡之人者，尽宋之季年，衣冠相望，犹有可考者。"冯椅与黄灏、彭蠡、曹彦约同讲学白鹿洞，称为朱门四友。明代李贤等撰《明一统志》称誉其"摄上高令，听让断狱，以教化为先，风俗为之一变，至今一言，贤笋必称之"。不附权奸，隐居林下，授徒著述。朱熹与其年龄差异而"以友待之"。《昌谷集》卷一《亲友冯仪之运干挽章三首》称："有学关时用，无心与物驰。仕无通籍禄，家有厚斋书。讲说来匡鼎，风骚藉子虚。"朱门弟子黄灏曾延揽冯椅至都昌的石潭精舍。

曹彦约　都昌

【按语】　曹彦约时以政治家、教育家、军事家闻名于世，《宋史》称"可与建立事功"。黄宗羲《宋元学案》卷六十八引勉斋言："是伟人也。"《宋元学案》称在朱门论学统，以勉斋为第一；论经济大略，有以自见，以昌谷先生为第一。

【小传】　曹彦约（1157—1228），字简甫或作简夫，号昌谷，卒谥"文简"。江西都昌人。都昌"朱门四友"之一。曹家诗书孝义传家，曹彦约之父

---

① 吴长庚主编：《朱熹与江西理学序》，江西高校出版社，2007 年。

光禄大夫曹兴宗（字伯起），"所至政声籍甚"，《都昌县志》载《重修儒学记》中称曹兴宗"讲学之懿，修行之笃，传诸其家以及其乡之人者，尽宋之季年，衣冠相望，犹有可考者"。族兄曹次萧为学不事传注，讲授义理之学，彦约从其学。又从彭蠡读《三传》。淳熙八年（1181）进士。《宋元学案·沧洲诸儒学案》载："初事朱子于白鹿书院，又十四年复见于岳麓书院。"魏了翁《鹤山先生大全集》卷八十七《宝章阁学士通议大夫致仕赠宣奉大夫曹公墓志铭》亦言："朱文公守南康，兄弟亲炙之，为白鹿洞书院诸生。后十四，见文公于长沙，又述所知行而请益焉。"考朱子行状，彦约当在淳熙七年（1180）初师朱子，绍熙五年（1194）再见朱子。官至兵部尚书、文华阁学士。曹彦约历官孝宗、光宗、宁宗、理宗四朝，任上政绩显著，体恤民情，学问渊博，敢于直言，多谋善断。大凡政治、经济、军事、教育均有涉猎。教人读圣贤之书，信孔孟之说。宋理宗即位，曹彦约常侍讲筵，以太祖、太宗、真宗三朝事迹为宝训，反复阐明，以为效法。其"学有原本者"，传承朱学不遗余力，魏了翁称明理行修终生，其承朱学志而履践于治政为最。《宋史》卷四百一十上有传。

【著作】《经幄管见》四卷，曹彦约常侍讲筵内容辑为一书，此书"能旁证经史，而归之于法诫，亦可谓不失启沃之职者矣"。《四库全书总目》评价："其间奏议，大都通达政体，可见施行。所论兵事利害，尤确凿有识，不同于摭拾游谈。其应诏陈言二封事，乃庆元、宝庆间先后所上，于当日苟且玩愒之弊，反复致意，切中窾要，亦可证其耿直之概。惟俪词韵语，稍伤质朴。然不事修饰而自能词达理明，要非学有原本者不能也。"胡思敬作《经幄管见》校勘记。

《昌谷集》二十二卷，存四库全书。《昌谷小集》二十卷、《昌谷类稿》六十卷、《舆地纲目》十五卷、《星凤楼法帖》，均不存等。今人尹波、余星初编辑有《曹彦约集》。

曹彦纯　都昌

【小传】曹彦纯，《朱子门人》"文集语类查不见其名"，许家星《朱子门人补正》据《同治南康府志》卷十六载"字粹甫，兴宗长子，与弟同受业朱熹之门"。彦约之兄，以魏了翁《曹公墓志铭》载："朱文公守南康，兄弟亲炙之，为白鹿洞书院诸生。"《宋元学案·沧洲诸儒学案》载有事迹，并以曹彦约、曹彦纯列《西山真氏学案》。

冯椅　都昌

【按语】　冯椅性敏博学，精于经术，既承续朱学，又融会家学。南宋林子长、魏天应《论学绳尺》以为冯椅《论一篇之体》"鼠头欲精而锐，泵项欲肥而缩，牛腹欲肥而大，蜂尾欲尖而峭"，阐述撰著经义文体之程序。

【小传】　冯椅（1140—1231）。《宋史》作"字仪之"，《同治南康府志》作"字奇之"，《全宋文》作"字仪之（一作奇之）"，《宗派》卷十作"字奇子"，当是"奇之"之误。号厚斋。冯去非父。江西都昌人。绍熙四年进士。授德兴尉，调江西运干，摄上高令。淳熙年间，冯椅虔诚向学朱熹于南康军白鹿洞，行朱门正修弟子礼。《朱文公文集别集》卷六《施行人户诉状乞觅》直称"学生冯椅"。冯椅以义理易学为长，胡广《周易传义大全》卷一引冯椅言，曰："《易》者，理学之宗也，而《乾》《坤》二卦，又《易》学之宗也。子思、孟子言'诚者天之道'，先儒谓'诚敬'者，圣学之源皆出于此。"因存《厚斋易学》，以致以冯为朱子传《易》弟子。主张"注疏经书，考证古籍"读书之法。《朱文公文集续集》卷八《答冯奇之椅》："细读来示，备详别后进学不倦之意。世间万事，须臾变灭，不足置胸中，惟有致知、力行、修身矣。……此间所集诸家杂说，未能如彼之好，然仪礼、正经，段落、注疏，却差明白，但功力颇多。"

【著作】　所注《易》《书》《诗》《语》《孟》《太极图》《西铭辑说》《孝经章句》《一丧礼小学》《孔子弟子传》《读史记》及诗文、志录合二百余卷。存《厚斋易学》《周易辑说明解》流传至今。

黄灏　都昌

【按语】　虞集《道园学古录》卷三十六《南康路都昌县重修儒学记》以为："南康之为郡也，蕞尔湖山之间，甫及百年，周子、朱子为之守，其化民之速入人之深，岂他郡之所可及哉？且都昌之为邑，俗尤淳厚，黄灏、彭凤、冯椅、曹兴宗四君子者，实从朱子游，讲学之懿，修行之笃，传诸其家，以及其乡之人者，尽宋之季年衣冠相望，犹有可考者。""朱门四友"之首推黄灏，堪称"考亭后学"。《宋史·道学传》列黄榦、李燔、张洽、陈淳、李方子、黄灏为朱门六大弟子。徐乾学撰《资治通鉴后编》卷一百三十一言朱子"其门人最知名者黄榦、李燔、张洽、陈淳、李方子、黄灏、蔡沈、辅广"。

【小传】 黄灏，字商伯，又字景夷，号西坡。谥号文简，《星子县志》作"文懿"。原籍都昌，后裔迁居星子，肄业荆山僧舍三年，入太学，擢进士第。以朝散大夫任广西路转运判官，退归星子，后筑堂县城西侧坡岭之下，人们称其为"西坡先生"。教授隆兴府，知德化县，以兴学校、崇政化为本，力兴县学，修葺濂溪书堂。《宋史》："朱熹守南康，灏执弟子礼质疑问难。"常自言"不敢轻为人师"。《勉斋集》卷五《西坡文集序》高度评价："予始识西坡黄君，见其神清气勇，襟怀卓荦，而知其姿禀之异；见其从师问学，而恐不及，而知其趋向之正；见其临民多惠政，立朝多壮节，而知其事业之伟。……伪禁方严，学者更名他师，至有师没不吊者。君谪居，不远千里哭泣奔赴。投闲十年，人不能堪，君泊如也。有本者如是。……予始识君于康庐，今四十年矣。哲人其萎，而从游诸老皆无在者。过君家，访其子，如见其人焉。"杜范《清献集》卷十九《黄灏传》云："建安朱熹守南康，灏登其门，执弟子礼，问难商榷，翕然有契于心。自是书问往还，疑必质之，多所许可。"淳熙六年（1179）五月，时任隆兴府学教授黄灏往白鹿洞书院从学朱子。《朱文公文集》卷七十八《隆兴府学濂溪先生祠记》云，同年十月"隆兴府学教授南康黄君灏既立濂溪先生之祠于其学"。黄商伯尊朱熹为师，朱熹则称其为门友。淳熙六年（1179），朱子允黄灏所请撰《隆兴府学濂溪先生祠记》，朱熹校补《横渠集》交托黄灏刊刻于隆兴。朱熹又为之撰《黄氏宗谱序》，有"予今守南康，讲道白鹿书院，门友黄商伯持其家谱征予序，此君亲一理，忠孝一道"，"谨以世之宗族、富贵贫贱而子孙不坠其先业，如范文正公之训，书于商伯宗谱之右以自警"。淳熙七年（1180）十一月，黄灏欲刊刻《语孟要义》于豫章，朱熹有《书语孟要义序后》。元陶宗仪撰《说郛》卷十二下，记有晦翁托黄商伯捡太宗实录中白鹿洞一事。文集有《答黄商伯》五通，多有论及四书之学、理气、阴阳、读易之说、鬼神等问题。元虞集《道园学古录》卷四十《跋朱文公先生与黄商伯书后》曰："按此书当是先生守漳州时与南康黄君灏之书也。商伯与先生论学如阴阳五行、仁义礼智、物格知至、心丧等书，具见先生所答书。"《朱文公文集续集》卷八《答冯奇之椅》以为"商伯时下得书，讲论精密，诚可嘉尚"。《朱文公文集别集》卷六《答黄商伯》称："其论说，亦多与鄙意合，乃知此道犹有望也。今者所论读《易》之说，真无欲之说，皆平正精切，非一概悠悠之论，且年亦过中，而更阅世故又已多矣。"商伯与先生论学，皆平正精切，非一概悠悠之论。朱熹以为黄灏所问先天图"曲折细详"。朱子甚至去信请黄灏"乞赐指教"，显见黄灏学问之极。亦师亦友。因韩侂胄为相，指赵汝愚、黄灏等五十九人为伪学，罢职。与彭龟年、舒璘、吕子约、彭子寿、章茂献、赵蕃等往来。黄灏于都昌清化乡赟里湖建石潭精舍。黄震《黄氏日抄》有答黄商伯及丧服制度。朱子之后，黄灏"幅巾深衣，骑驴匡山间，若素隐者"。黄灏性行端饬，以孝友称。绍熙中，南康黄灏商伯为礼官，作《政和冠婚丧祭礼》十五卷，请于颁之郡县。

【著作】《西坡集》四十卷，黄榦为其文集撰写序言。另有《易说统汇》《诗书参疑》等书。《政和冠婚丧祭礼》十五卷。

彭蠡　彭寻　**都昌**

【按语】　宋以后，周子、朱子过化，都昌得正学真儒，学者"继绝学而开太平之心"，若朱门四友、二曹、三彭、冯氏群儒，乃至江万里兄弟等。清毛德琦《白鹿书院志》卷十二《重修书院记》"修朱子洞规之序，必穷理以致其知，反躬以践其实，庶几出处进退，皆有益于名教"。朱子都昌门人后学无不承其学绪，俨然而为一脉，当以"都昌儒学"名之。都昌彭氏名门望族，子孙理学接踵，尤其以彭蠡、彭寻、彭方"都昌三彭"最为突出，《康熙都昌县志》载："陶士行之忠，足卑王谢；陶元亮之节，不愧夷齐。至于赵宋，如刘锜之捷顺昌，肩随荆鄂；江古心之沉止水，伯仲文张。又如彭冯之学行，传程朱之薪火；云住之著礼，作周孔之功臣。"

【小传】　彭蠡（1146—1200），字师范，以曹彦约《昌谷集》卷二十《梅坡先生彭公墓志铭》言"避大川名，改讳凤，以小字子仪行。彭氏世宜春望族，自大中祥符以后，三徙而居都昌，遂为南康都昌人"。号梅坡先生。彭蠡以积学名世，涉猎多科，大凡诗文、音乐、书法等，尤乐律颇有造诣，《墓志铭》又言："己亥庚子时，晦庵朱公熹为南康守，入学讲说。自《中庸》《大学章句》之外，又出《太极讲义》一编，以示学者，学了《章句》未暇无论《太极》。

先生一见释然，不烦审订，明日抽出疑义问难往复，晦庵称善甚久。方修白鹿洞书院，以先生为经谕。"讲解《四书》和《西铭》，辨析甚精。《同治都昌县志》载，朱熹致书信给叔怀，托其代已致意，曰："吾友彭师范胜士，在隔江都昌，可为一访。"《朱文公文集》卷九《诗送碧崖甘叔怀游庐阜兼简白鹿山长吴兄唐卿及诸耆旧三首》诗注曰："诸人已致书者，此不复及。此外更有陈胜私在九迭屏下田舍，彭师范在隔江都昌县界中，皆胜士也。"立精舍于清化乡黄湖里石潭坂，名"盛多园"，约请"朱门四友"讲学其中，"讲求道学性命之蕴"，亦名噪一时，影响广泛。晚年立精舍梅坡，辟馆课士，江淮学者千里迢迢，皆师事之。其文平易详复，不见斧凿。

【著作】《皇极辨》。

【小传】 彭寻，一名楼，字师绎，又字子应。号东园。彭蠡长兄。自幼得益于父亲教诲，颇善辞令。与彭蠡同学于白鹿洞书院朱熹之门，惜英年早逝。曹彦约《昌谷集》多及"师绎"。淳熙辛丑（1181）后三月丙戌《朱文公别集》卷七《题寻真观》题记有"宜春彭楼子应、宜春彭凤子仪"，此处所提及"宜春彭楼子应、宜春彭凤子仪"，朱子以"用范"之说，即为彭寻、彭蠡兄弟，而《朱子门人》《朱子实纪》《考亭渊源录》《儒林宗派》《宋元学案补遗》等不考，误为他人。

彭方　都昌

【小传】 彭方，字季正，又字季直，号强斋。谥号文定。彭蠡之子。《同治南康府志》言"朱子守南康时，方随父受业焉"。绍熙四年进士，官至龙图阁学士、吏部尚书，为官清廉，一生谨慎，"爱养民力"，清明讼狱，造福桑梓，多有德政。曾在都昌宝林书院训徒授业。《朱子门人》以《补遗》据彭方《文公先生祠堂记》而以为彭方非及门，仅为私淑。

【著作】《经华续业》三十卷、《强斋集》。

杨友直　建昌

【小传】　杨友直，号儆斋。苏天爵《滋溪文稿》卷十九撰杨友直之子杨宗伯《杨府君墓志铭》："其先自华阴徙蜀。朝奉之长子友直，由太学释褐累迁知德庆府，蔚有华问学者，号曰儆斋先生，乐东南庐阜山水，奉亲家焉，故今为南康路建昌州人。"又言："儆斋先生晚登朱子之门，与敬子、德昭诸公相友，遗文数十卷藏于家。其昆季子孙接于见闻，观感而化。"

符叙　建昌

【按语】　南宋理学流派学人弟子思想博杂。或坚守师说，师事陆九渊，师事朱熹，师事吕祖谦等；或更换导师，问学朱熹而逐渐扬弃，也有门人问学朱熹之后转向其他学派；还有人奔走于三家之门，向多个学派学习的兼学现象。尤其在朱陆之间，更有"以学徒竞辩为非"，"欲会归于一"，调和两派学说。符叙为江西代表，初问学于陆九渊，后师从朱熹，而不以槐堂弟子自名，又通朱陆二学。

【小传】　符叙，字舜功，《乾隆建昌府志》言"群从兄弟学者曰符初、符叙。初字复仲，叙字舜功。其昆季又尝问学朱子，并称朱陆门人"。南康军建昌县（今江西永修）人。符氏科第，自蒙正理学，而舜功复勋业。初问学于象山甚久。象山曾遗傅子渊书言："其妄肆无知之谈，子渊不得不任其责。"其答象山先生书亦多微词。《朱文公文集》卷五十五《答符舜功叙》《朱子语类》录有滕璘、郑可学、叶贺孙、黄义刚所记符舜功问学多则，朱熹答符叙问"建极""陆子静君子喻于义"等。以为陆九渊学问高深，然不善言性，亦不以槐堂弟子自名者矣。朱子以为其学"此是江西之学"。据《朱子语类·姓氏》，滕璘、郑可学乃辛亥所闻，叶贺孙乃辛亥以后所闻，黄义刚乃癸丑以后所闻。故知符叙在1190年后从学朱熹。《朱子遗集》卷三《与某人书》："十一月七日熹顿首：前日符舜功行，尝附书，不审已达否？"顾宏义《朱熹师友门人往还书札汇编》以为此答书系与杨长孺，并推答书撰于三年（1197）十一月七日。知符舜功此时又从学朱子。以郑可学、廖德明、黄义刚有言及朱熹陆九渊鹅湖之会，似符叙有幸参加，待考。

符初　建昌

【小传】　符初，字复仲。《朱子门人》列为朱子讲友。《宋元学案》卷七十七载李伯敏"又尝以书通问朱子，朱子答云：'向来见陆删定所闻如何？'……同时有符初者字复仲，盖符叙之族人也，亦师象山，而以书问朱子，答云……"以陆九渊淳熙十年（1183）冬至中为敕令所删定官，知此时符初已以书问朱子。《陆子学谱》载："似是舜功群从兄弟，同先生，故集中答二符简相连，又俱往问学于朱子。朱子集中答书亦相连也。"故亦当为南康军建昌县（今江西永修）人。明程敏政《篁墩文集》卷三十八《书朱子答滕德章符复仲书》云："按此二书皆称象山为陆丈，所以尊礼之如此。前一书称其收拾身心有功，居敬之益密者也。后一书称其所言明当，穷理之益精者也。朱、陆二先生于是将所谓一而二、二而一者乎。"《朱文公文集》卷五十五《答符复仲》告诫符初持守象山之学，又云"且读《易传》，甚佳。但此书明白而精深，易读而难晓，须兼《论》《孟》及《诗》《书》明白处读之，乃有味耳。"俨然教训之言，《朱子门人》作讲友亦无所据。

符国瑞　建昌

【小传】　符国瑞，顾宏义《朱熹师友门人往还书札汇编》以为"名里不详"。《宋元学案》以及《考亭渊源录》卷二十二均以符叙、符初、符国瑞为朱熹门人，《朱文公文集》卷五十五《答符国瑞》："辱书具道为学之志，又见令叔为言曲折，甚善。"以朱子答书仅见符姓有《答符复仲初》，推符复仲初为符国瑞叔，为建昌人，待考。

胡泳　建昌

【按语】　《考亭渊源录》以"江西则甘吉父、黄去私、张元德，江东则李敬子、胡伯量、蔡元思"，皆号高弟。《四库全书总目提要·竹斋诗集》载陈宏绪《寒夜录》称"（万顷）与胡桐原、万澹庵、徐竹堂往复唱咏，号为四杰"。宋赵顺孙《四书纂疏》以为"黄榦、辅广、陈淳、陈孔硕、蔡渊、蔡沈、叶味道、胡泳、陈埴、潘柄、黄士毅、真德秀、蔡模十三家，亦皆朱子之宗派也"。胡居仁《易像钞》言朱子答门人胡伯量有不可有厌烦好静之心。赵滂《程朱阙里志》有谓："朱子称其坚苦，又曰伯量兄弟孝友。"朱子门人有功于朱子学，非完全附和朱子之说，尤对《论语》结构等，胡泳与师说有异。《双峰语录》则以为"须是静，方看得道理出。庐山诸人如蔡元思、胡伯量辈，皆不肯于此着功，见某有时静坐，诸公皆见攻以为学禅，虽宏斋亦不能不以为虑也"。

【小传】 胡泳，字伯量，《宋元学案》、《正德南康府志》卷六称"洞源先生"。天一阁《南康府志》作"胡咏桐源先生"。《渊源录》作"别号桐原"，《补遗》又云濛谨案："《白鹿洞志》载先生云：'称桐柏先生。''桐柏''洞源'字形相类，未知孰是。"诸史均作建昌人。而《邵陵双泉胡氏续修族谱》《庐陵芗城胡氏宗谱》言"胡铨生有五子：胡泳、胡澥、胡浃、胡瀚、胡冲"。此庐陵胡泳，字季水，非同一人。宋刘宰《漫塘文集·南康胡氏社仓记》曾谓："伯量，盖学于朱氏者。……伯量蚤岁高蹈，不屑事科举。"《正德南康府志》卷六载"从朱文公先生学，得其传"。1180年从朱晦庵知南康学于白鹿洞。《语类》记有胡泳尝侍坐武夷亭问礼、《四书》、程子之书、葬地择日堪舆之事殡礼等。《勉斋集》曾述朱子以腰疼比喻为学之道，胡泳"久而思之"，领悟持之以恒，而倍加艰苦精进。《文集》卷六十三《答胡伯量》书的《考异》里胡泳提到"续观麻沙所印先生文集"字句，明朱熹以其诗文集教授胡泳。朱熹以其《诗集传》教授胡泳，胡泳以建安本校付之吴必大刻于豫章。《勉斋集》又言"向来从学之士今凋零殆尽"，胡伯量等大约不过此数人依旧追随朱子，指胡伯量庆元二至五年往武夷问学。庆元四年三月，"南康李敬子与一胡君同来，见在书院"，《答辅汉卿》亦言"精舍亦有朋友数人相聚，李敬子、胡伯量尚未去，早晚颇有讲说"，当是1199年在建阳考亭。嘉定间任白鹿洞书院堂长，宋嘉定十一年（1218）四月，胡泳与陈宓、张琚、罗思、姚鹿卿、张绍、潘柄、李燔、缪惟一等会讲白鹿洞洞中，歌颂朱熹之芳泽，将桥名为"流芳"。胡泳居丧之际编撰《丧礼》。嘉定八年（1215）《勉斋集》卷六《跋南康胡氏乡约》载，"推其施之家者，达之乡，有南康胡氏乡约"，载"伯量兄弟孝友，同居爨人无间言，又能推其施之家者而达之乡，其有补于风教大矣，故书其后以念其乡人，使知其合于古谊，相与守之而勿替云"。后从祀白鹿洞三贤祠。

《考亭渊源录》《宋元学案》载弟伯履，号西园。仅《宋元学案》作"崇安人"，当误。《勉斋集》尝与之书曰："此间朋友往来甚多，但悠悠不能自奋者亦不少，每念契兄刚毅果敢，未尝不敬畏，恨朝夕不得承诲。"不知是否为朱子弟子。

【著作】《宋元学案》《考亭渊源录》等提及《四书衍说》，查《四库全书》《续修四库》《四库禁毁》《四库荟要》，未录入。

吕炎　吕熠　吕炳　吕焘　吕焕　建昌

【按语】《道光建昌县志》卷八载朱熹称吕炎、吕焘为"建昌二吕"，而吕炎、吕焘、吕焕因道德闻望为时所重并称为"三凤"。

【小传】　吕炎，字德明；兄吕熠，字德艺；弟吕炳，字德文；吕焘，字德昭，号月波；吕焕，字德远。南康军建昌（今永修县）人。兄弟五人读书建昌芗山书院，人称五吕先生，乡人建五吕先生祠祀之。《宋元学案补遗》卷六十九引《人物志》称吕炎"弟焘、焕同游朱子之门，学成而归，隐居弗仕"。而冯云濠案则云："《白鹿洞志》：吕炎，字德明。吕焘，字德昭。兄弟五人，同游朱子之门，而炎与焘知名。"吕炎、吕焘、吕焕为朱子门人无疑。然而陈荣捷《朱子门人》以为冯云濠案语"五人必是三人之误"，则为误判。

《宋元学案》《考亭渊源录》记录了最小两兄弟吕焘、吕焕的言行。《朱子语类》卷六十七《易三》载吕焘于淳熙二年（乙未）问《易》事。朱熹对其弟子吕焘所言"礼者，天理之节文；乐者，天理之和乐。仁者，人心之天理"一语深表赞。而据《同治南康府志》《同治建昌县志》载："吕炎字德明，与兄吕熠，字德艺；弟吕炳，字德文；吕焘，字德昭，号月波；吕焕，字德远，同游朱子之门，学成隐居弗仕，道德闻望为时所重。"姓名确切。《正德南康府志》卷六亦载，吕炎携吕熠、吕炳、吕焘、吕焕同学于朱熹。《宋史》记载有殿中侍御史谢方叔推荐用吕焘等。

李燔　建昌

【按语】　朱子知南康府间，建昌（今永修）门人居多，尤其以李燔、余宋杰、胡泳、李孝述、"五吕"先生、周谟、李辉、刘贡为突出。《宋元学案·沧洲诸儒学案序录》案："朱门授受，偏于南方，李敬子、张元德、廖槎溪、李果斋皆宿老也，其余亦多下中之士，存之以附青云耳。"朱熹赞誉"燔交友有益，而进学可畏，且直谅朴实，处事不苟，它日任斯道者必燔也"，以为"吾道付沧洲"，"李敬子坚苦有志，尤不易得"。故而《宋元学案》中列李燔为南方理学耆老、沧洲大儒第一。《宋史》传云："居家讲道，学者宗之，与黄榦并称曰黄李。"史臣李心传论当时高士累召不起者，以先生为海内第一。李心传说："燔乃朱熹高弟，经术，行义亚黄榦，当今海内一人而已。"蔡念成称"先生心事如秋月"，王立道《具茨集》则以为"进学可畏、处事不苟则有若李燔"。时李燔、李辉、李孝述号为"建昌理学三李"。朱子赞同李孝述所言："心惟虚灵，所以方寸之内体无不包，用无不通，能具众理而应万事""心具众理，心虽昏蔽而所具之理未尝不在"等。宋卫泾《后乐集》卷十二《应诏举李燔陈元勋郑准充所知状》谓："李燔经术精博，趣操刚方，早从师友，多士推服，分教襄阳。……如燔之学行，实堪台阁之选。"胡知柔《象台首末》首末卷一《殿中侍御史王遂奏札》："闽人黄榦南康人李燔曩游朱熹之门，迭为领袖，凡后进学士相与讲说著述，世人多诵以为学明东南者，熹之功惟榦与燔之力为多。"

【小传】 李燔（1163—1232），字敬子，号宏斋，谥号"文定"。南康军建昌县人。沧洲学派代表。《宋元学案》列李燔在蔡元定、黄榦之后，位居第三。幼失父。绍熙元年第进士。明赵滂《程朱阙里志》载朱子尝称之曰："南康德敬子，便觉得此个气脉未至断绝，将来有可望者。"方彦寿《朱熹书院与门人考》认为，李燔从学于朱熹应在绍熙二年（1191）五月之后、庆元四年至五年（1198—1199）。当1191年为又访朱熹。在岳州文武兼教。后李燔再赴建阳拜会朱熹，1192年李燔从教考亭书院，1194年李燔在岳麓书院从教，朱熹"凡诸生未达者皆先令访学燔，有所发，再从熹学，诸生敬服"。文公告以曾子"宏毅"之语，退而名其斋。朱子与其他门人书信多及李燔来学，如《朱文公文集》卷五十《答周舜弼六》又谓："敬子远来不易，其志甚勇，而功夫未密，更宜相与切磋，更令精细平稳乃佳耳。"《朱文公文集》卷五十八《答叶味道四》谓："李敬子尚留此，志尚坚苦，不易得，但看义理，未甚明彻细密耳。"《朱文公文集续集》卷一《答黄直卿》又谓："南康李敬子与一胡君同来，见在书院，敬子甚卓立，然未细密。"李燔率同门会葬朱熹，"不少怵"。李燔倾心书院，于星子创办修江书院、白石书院，兴复白鹿洞书院，李燔与黄榦、陈宓一起讲学，请为白鹿书院堂长，"学者宗之。讲学之盛，他郡无比"。又扩建竹梧书院。讲学于南昌东湖书院、豫章书院、友教书院。曾倡议衰谷创社仓，以贷佃人。燔处贫贱患难若平素，不为动，被服布素，虽贵不易。有言："中庸谓素富贵，行乎富贵，正以坚志，熟仁不令居，养移气体耳"，"欲士风之美，当正教取之意。欲吏道之良，当久其任。欲民俗厚，当兴礼乐。"先生讲学，以答疑解难为主，或就某一命题专门阐发李、张诸子之书。勉斋《与李敬子司直书》谓："向来及门之士，惟尊兄端可承衣钵之传，世事一切皆不足道，惟有勉进所学以答先师属望之意耳"，"独南康德契兄与诸贤维持讲学最盛，先师有望，每恨不得生长周旋其间。"岳珂《桯史·李敬子》谓："敬子既归，躬锄穮，其乐不改，治庙祀，裁古今彝制为通行，家事绳绳有法度。筑室曰：'耕读'，以待学者，横经其间，士争趋之，舆议亟称其贤。……方其居乡时，士子向风，不远千里至，晦庵朱先生在建阳，敬子实师承之，其源流盖有自云。"

李辉　建昌

【小传】　李辉，辉或作"晖""煇"，字晦叔。《朱子语类·目录》作"李辉，字晦父"。马旋图《建昌县志》以李辉疑为李燔之兄。《朱文公文集》卷六十二《答李晦叔》有"令弟今在何处？前得其书，未能别答"。南康府建昌县（今江西永修县）人。《光绪建昌乡土志》称李辉与李孝述、余宋杰（字伯秀）、刘贲（字炳文）四人淳熙七年在白鹿洞书院同学于朱子之门。《宋元学案》亦言李辉与李孝述、余宋杰、刘贲四人同学于朱子。清陆世仪《桴亭先生诗文集》载："修治台山庵。闻昔朱晦翁曾游此，盖为熊拙逸、周舜弼、李晦叔、刘炳文诸门人来也闻道。"《晦庵先生朱文公语续录后集》收录李辉。朱子《答李晦叔》七通，论及持敬、操存工夫。李辉曾与朱子讨论祭仪，以为程氏"祭仪凡配止以正妻一人，或奉祠之人是再娶所生，即以所生母配之说"恐误。

李孝述　建昌

【小传】　李孝述，字继善，李燔从子。《光绪建昌乡土志》称：李辉、李孝述、余宋杰（字伯秀）、刘贲（字炳文）淳熙七年在白鹿洞书院同学于朱子之门。孝述得朱熹之器重，在县邑颇有名声。《朱文公文集》卷六十三《答李继善孝述》第一书"未识面"，第三书"敬子每称贤者志业之美，甚恨无由相见"，然第四书明显有教训之意。顾宏义《朱熹师友门人往还书札汇编》以为第一书作于庆元三年（1197）或稍后。如《光绪建昌乡土志》淳熙七年见为准，则朱子与李孝述通书当在此前。朱熹《答郭子从叔云》有李继善问"纳主之仪，礼经未见"。《朱文公文集续集》卷十《答李孝述继善问目》赞同其所云："心具众理，心虽昏蔽而所具之理未尝不在。"李孝述曾详论过人之气质与阴阳二气。《同治建昌县志·艺文志》中的《大全集·考亭渊源》载有李孝述问答一案。李孝述问"仁为动之始"。

刘贲　建昌

【小传】　刘贲，字炳文。建昌县人。据《光绪建昌乡土志》等，与周舜弼、余伯秀、李晦叔淳熙七年在白鹿洞书院同学于朱子之门，并有时名，不求仕进，为隐君。

周谟　建昌

【按语】《考亭渊源录》卷十六朱熹评价周舜弼："资强毅，果于为善，有不善立改。其接物温然。"又肯定其："讲学益勤，持守不懈，深慰所望。当此岁寒，不易其操，尤不易得。"黄勉斋以为周谟坚持操守、传布朱熹理学，德行高洁。《勉斋集》卷三十八《周舜弼墓志铭》："舜弼之学，行修诸身行于家，又取信于乡人，使吾师之道讲习不辍。"

【小传】　周谟（1141—1202），一作周模，字舜弼。据《同治南康府志》记载："周谟，字舜弼；余宋杰，字伯秀；李辉，字晦叔；刘贲，字炳文，俱建昌人，朱熹守南康，四人同学于朱子之门，并有时名，不求仕进。"《考亭渊源录》卷十六记其家先世迁居永修。宋时置南康军，隶属江南东道，治星子，辖星子、都昌、建昌。《同治瑞昌县志》作"瑞昌人"。《语类》以军作周谟"南康人"。《宋元学案》卷六十九作"建阳（今属会稽）人"，误。南唐升元三年（939）置瑞昌县，南宋江州辖五县，瑞昌县为其一。《周舜弼墓志铭》："其先会稽人，徙居江州瑞昌，今南康军建昌县人。"当其先会稽人，徙南康军建昌县（今永修）。

以《墓志铭》言"文公晦庵先生守南康,君抠衣登门尽弃其学而学焉,昼抄夜诵,精思笃行。南康抵武夷,且千里有重冈复岭之阻,君尝往就学。先生守临漳,去武夷又千余里,其地为闽广之交瘴疠之乡,君又往求,卒业既归"。知周谟淳熙六年(1179)始从朱子于南康军,后往武夷、建阳、漳州等都向朱熹问学,与弟仲亨、从子仿从朱子学于白鹿洞。绍熙二年四月在漳州周谟与蔡元思、郑可学、陈易闻朱熹论学问传授次第。后与朱子多有所闻,以书请益。文公曾同周舜弼游屏山。朱子以"舜弼为学,自来不切己体认"引导周谟讲究务实。熹殁,伪学禁严,谟徒步会葬。周谟与李敬子燔、余国秀宋杰、蔡元思念成、胡伯量泳兄弟等率其徒数十人惟先生书是读,季一集迭主之,至期集主者之家往复问难相告。《墓志铭》引其子周晔有言:"自先生守南康,吾乡之士始知学,自吾父入闽,士始不远千里从学,吾乡之为季集亦吾父发之。"《宋史本纪二十七》言"川、陕宣抚司类试陕西发解进士,得周谟等十三人",此"周谟"非门人周谟。

余宋杰　　建昌

【小传】　余宋杰,《儒林宗派》作"名宗杰,字国秀"。《江西通志》则作"名宗杰,字伯秀"。《朱子门人》据《补遗》卷六十九按语、邓庆平《朱子门人与朱子学》作"余洁,字伯秀"。余宋杰与"余洁,字伯秀"为同一人。建昌永修人。朱子授《易》弟子。《考亭渊源录》《朱文公语录》记有问答与言论。淳熙七年在白鹿洞书院受学,《同治南康府志》记载:"周模,字舜弼;余宋杰,字伯秀;李辉,字晦叔;刘贲,字炳文,俱建昌(今江西永修)人,朱熹守南康,四人同学于朱子之门,并有时名,不求仕进。"余宋杰绍熙、庆元年间至武夷考亭问学。嘉定九年(1216),余宋杰与李燔、胡泳、蔡念成等人讲会于庐山,每季集会一次,轮流主讲。宋杰以为圣人之道简易明白,而学者所以处己接物,大抵以和为贵,故每觉有顺从苟且因循之失。知南康军陈宓《复斋先生龙图陈公文集》卷十八《祭南康余堂长》祭文言:"惟君禀资端重,度量裕如。早得师友,教授乡间。德行兼茂,学探泗洙。卧病在家,天其舍诸。我来试郡,实仰楷模。力疾访我,论伟貌癯。为信宿留,遽曳归舆。方图解绶,复拜君庐。云胡不淑,素志顿渝。一厄致奠,有泪如珠。"

熊兆　建昌

【小传】 熊兆,据《同治南康府志》记载,字世卿,自号拙逸子,南宋建昌(今安义县)人。"受业朱子,得其传,隐居弗耀,自号拙逸子,朱子著《拙逸子说》遗之。"《儒林宗派》卷十《朱子门人》有"熊兆,世卿,安义"。并重列:"熊兆,南康。"南康熊兆为何者未能考。民国二十五年《安义县志·人物志》:"朱子,字考亭,新安人,知南康军,奏复白鹿书院,聚众讲学,曾至县西五里之台山,以其过化之处,遂名曰文山,立祠祀焉,知县王纯有朱子祠记,又曾访熊拙逸子于依仁里,著有《过石塘留言》一篇。"明正德十三年(1518),析建昌县安义、南昌、卜邻、控鹤、依仁五乡置安义县,以境南安义乡而得名。故陈荣捷《朱子门人》作"南康军建昌县(今江西永修县)人",属含糊之词。《宋元学案补遗》谓"一作(建宁府)建安县(今福建建瓯)人",并无其他史料可佐。又《宋元学案补遗》引《庐山志》谓其所居近白鹿洞。建安县(今福建建瓯)与白鹿洞相距甚远。

另《文集》有答熊梦兆书多篇。《经义考》亦作"熊梦兆",未言籍贯,与熊兆是否同一者待考。据《文集》卷五十五熊梦兆有言:"某尝学持敬读书,心在书;为事,心在事。如此颇觉有力。只是瞑目静坐时,支遣思虑不去。或云,只瞑目时已是生妄想之端。读书心在书,为事心在事,只是收聚得,心未见敬之体。"对于《关雎篇》的《论语》的说法与《诗序》之说存在着差异:"以此疑大序非孔子作。"朱子对此的回答是:"此说得之,大序未知果谁作也。"

周亨仲　瑞昌

【小传】 周亨仲,据元虞集撰《道园学古录》卷三十六《瑞昌蔡氏义学记》:"自朱文公讲学白鹿洞,环匡庐山之麓士君子闻风而起者多矣,其在德安则有蔡元思,其在瑞昌则有周舜弼与其从弟亨仲、孙子仿,在都昌则有彭仪之,皆卓然为高弟。"《康熙江西通志》亦作:"周舜弼,瑞昌人,与弟亨仲、从子仿尝从朱子讲学于白鹿洞。"周亨仲为周谟之弟或从弟不确。淳熙七年周亨仲与兄在白鹿洞书院受学。

周方　瑞昌

【小传】　周方，许家星《朱子门人补正》考定字义翁，谟从子。元虞集《瑞昌蔡氏义学记》言"周舜弼与其从弟亨仲、孙子仿"，《江西通志》亦作："从子仿"，似周方之名为"周仿"。《补遗》据人物志谓"谟与子亨仲、从子方从朱子讲学于白鹿洞"。许家星《朱子门人补正》据《经义考》卷三十五："周氏方《学易说》一卷，未见。宋《登科录》：方，字义翁，小名介；小字方俶。曹溶曰：周方，建昌南城人。宝祐四年（1256）文信公榜登第，其书昆山叶氏菉竹堂目有之。"以为此年龄似不大可能从学朱子。然亦可能为《经义考》有误，《经义考》言周方建昌南城人，显误。

【著作】　《千顷堂书目》载："周方《学易记》三卷。"《文渊阁书目》则有"周方《学易记》一部三册"。

李垫　南康军

【按语】　《朱文公文集》卷五十二《答李叔文》称"熹到官之初，（李垫）首辱惠顾，陈义甚高"，朱子对其期望至深，"更愿益加持守之功，以求义理之归，是所愿望"。

【小传】　李垫，字叔文。《朱子门人》言："李叔文，名里未考，诸书不载。只田中谦二列为弟子。"许家星《朱子门人补正》据孙应时《烛湖集》之《李叔文墓志铭》"君名友仁，叔文其字也。世家越之余姚"，以为"李叔文，名友仁，浙江余姚人"。并考生卒为1156—1204年。然许家星《朱子门人补正》亦知孙之铭文未曾提及叔文与朱熹交往。朱子与李叔文答书四通，其书一，淳熙本明确作《答南康李叔文垫》，余姚李叔文友仁与南康李叔文垫当为两人。答书论及："熹衰病抗拙，不堪俯仰，前月已上祠请，命下即行矣。代者石侯。"此"代者石侯"即朱熹《知南康军石君墓志铭》所云石子重，有"予前年守南康，朝廷以君与予善，除以为代"。当指知南康军后，代者尚未到达时的。淳熙七年二三月间，尚未发生"石子重不来而遣人通吴守书，速其来矣"，故顾宏义《朱熹师友门人往还书札汇编》推《答南康李叔文垫》约撰于七年（1180）秋中，似不当。许家星《朱子门人补正》以《答李叔文》"书中提到平棠，当指在浙东时",则过于臆断未审。朱熹称到官之初,李塾首辱惠顾,明已经相见。以《语类》所录朱子答叔文格物正心诚意二则,当为门人,此二则为杨道夫、徐寓所记。然不当以后从学者所记时间作为始从学,故《朱子门人》意李叔文为朱子晚年门人不妥。《万姓统谱》卷七十二云"朱文公高弟李塾尝访"。

陈秠　陈秬　**星子**

【小传】　陈秠,字秀成。陈慕之次子。南康军星子县人。《宗派》《补遗》列为门人。《康熙江西通志》《同治南康府志》《同治星子县志》载其"力学忘倦,交游必择。三试礼部不第,遂弃科举,师事朱子"。为朱子知南康军时白鹿洞书院门人。探义理造于精密。

陈秬,字咸和,陈秠之兄。任江夏令。筑堤捍水,民德之。终池州倅。《康熙江西通志》言陈秠师事文公,却不载陈秬师从朱子事迹。

王阮　**德安**

【按语】　范成大称之为"人杰"。《四库全书》提要,"刘克庄尝跋其诗,谓:'高处逼陵阳(韩驹)、茶山(曾几)'"。其子收集其诗文刻印于世,乡人吴愈为之序。吴序言其诗"笔力雄放,皆有深意,杜少陵其比也"。

【小传】　王阮(1140—1208),《宋史》作"王阮,字南卿,江州人"。《同治德安县志》:"王阮,字南卿,一名元隆。"以刘克庄《后村先生大全集》卷九十四《王南卿集序》"公名阮,字南卿。义丰,所居山名",知"义丰"为号。岳珂《桯史》卷一"王义丰诗"条云:"王阮者,德安人。"《宋史》卷三九五《王阮传》载,其自称为"将种","词辩奋发,四座莫能屈",岳珂《桯史》称"尝从张紫薇学诗"。吴之振《宋诗钞》卷九十三之《义丰集钞》亦云:"其诗得之张紫薇安国。"先后任南康、都昌主簿、永州教授,迁新昌知县、知濠州、知抚州,清正廉洁而名闻一时。1171年底至1172年初张栻在长沙驻留有月余,王阮时任永州教授,前往谒见,《宋史》:"尝谒袁州太守张栻,栻谓曰:'当今道在武夷,子盍往求之。'阮见朱熹于考亭,熹与语,大说之。"在"阮见朱熹于考亭"后,《朱子门人》注"福建建阳县,一一九二以后",而据淳熙庚子（1180）十月十三日朱子知南康军，《朱文公文集》卷八十四《题落星寺张于湖题字后》："朱某奉处士叔父同王南卿、俞子寿、吴唐卿、李秉文、陈胜私、赵南纪及表侄俞洁已、甥魏愉季、子在俱来。"《朱文公文集》卷七《山北纪行十二章章八句》淳熙八年（1181）闰三月二十九日至四月二日朱熹卸任南康后游览庐山，"清江刘清之子澄，永嘉张扬卿清叟，浔阳王阮南卿、周颐龟父、长乐林用中择之，洛阳赵希汉南记，会稽陈祖永庆长，武当祁真卿师忠，温陵吴兼善仲达，庐陵许子春景阳，新安胡莘尹仲，建安王朝春卿、长乐余偶占之、陈士直彦忠、黄榦季直、临淮张彦先致远，会稽僧志南明老俱行"，随行送至九江而归。《义丰集》录有《陪晦翁登妙高峰一首》《送晦翁十首》，《送晦翁十首》其五有"去年民力十分灾，一力先生尽救回"句，其六又云："天欲先生归去后，故留遗爱在丰年。"知此前已为朱子门人。徐时栋《至正四明续志·校勘记》卷九载："阮，字南卿，江州德安人，孝宗隆兴元年进士，尝从朱子讲学白鹿洞。"朱熹尝惜其才气术略过人，而留滞不偶，王阮终遁世。《晦庵文集》卷六十、续集卷八有《答王南卿》四通，言及"长沙除命，深感上恩"，又及"某今年公私之年皆七十矣"，知王阮与交往至深长久。

【著作】 其子收集其诗文刻印于世，乡人吴愈为之序。其文今已不存，仅存诗集《义丰集》一卷，收于《四库全书·集部》、清吕留良等辑《宋诗抄初集》、坐春书塾《宋代五十六家诗集》、民国胡思敬辑《豫章丛书》等丛书。《义丰集》存诗 207 首。据岳珂《桯史》，本有单行本，校官冯椅为《义丰集》序，冯序今也已佚去，如今所见的《义丰集》序乃吴愈作的诗文集总序。王阮撰《绍熙昌国志》。

周颐　浔阳

【小传】 周颐，据《朱文公文集》卷七《山北纪行十二章章八句》及《同治德安县志》，字龟父。浔阳人。朱熹卸任南康军，淳熙八年（1181）闰三月二十九日至四月二日游览庐山，周颐与刘倩之、张扬卿、王阮等俱行，并随行送至九江而归。

五、临江军门人

【按语】 庐陵自欧阳修以学术闻名，并形成学派，故《宋元学案》有"庐陵学案"。而"清江学派"因刘靖之、刘清之兄弟为江西临江军清江人得名。其学术观点与朱熹、张栻、吕祖谦观点相近，故《宋元学案》记载说："清江之学，于晦翁（朱熹）、南轩（张栻）、东莱（吕祖谦）如水乳"，主张为学立志，"其所讲，先正经，次训访音释，次疏先儒议论，次述今所纳绎之说，然后备指其所宜用"。"大抵以读书穷理为先，待敬修身为主"。倡导"力行切己"，"省察性情"，以合于义理。陈黄裳序刘清之《戒子通录》云："近世朱徽文公既成小学之书，又柬刘静春集史传嘉谟善行与宋氏诸儒之格言为《戒子通录》。"《四库总目提要》说："其书博采经史群籍，凡有关庭训者，皆节录其大要，至于母训间教，亦备述焉。史称其甘贫力学，博极群书，故是编采摭繁富，或不免于冗杂，然其随事示教，不惮于委曲详明，虽琐语碎事，莫非劝戒之资，固不以过多为患也。"成为以家训家范将理学从私人话语转化为社会话语之典范。

刘孟容　清江

【按语】《朱文公文集》朱熹《朝奉刘公墓表》称刘孟容"谨洁自好，学问有方"，答书以为"示喻为学之意，终觉有好高欲速之弊"，对其褒贬不一，亦见宋时学问相杂，弟子不一为之。

【小传】 刘孟容，字公度，刘龟年子。《宋元学案》梓材谨案：先生为公非先生放之玄孙，于静春为族子。《南宋馆阁录续录》卷九作"临江人"，《宋人传记年号索引》作"临江军清江人"。宋淳化三年（992）置临江军，辖清江、新淦、新喻三县，清江县治在今江西省樟树市临江镇。《朱文公文集》卷二十六《与曹晋叔书》已言："季通、子直到此，相攻亦甚力，次第不虚传也。刘公度来此，不能久居，其气质不易得也。德广留家于此，暂归临江矣。"《宋元学案》《朱子门人》误作"隆兴府人"，宋时隆兴军，为今江西南昌。淳熙八年黄由榜同进士出身。《宋元学案》列刘清之静春家学，亦作象山门人。《实纪》《理学通录》言受业朱子之门。赵伟《陆子门人》依《朱文公文集》卷六十四

《答刘公度》"来书深以不得卒业于湖、湘为恨，此见志道之笃"，以为公度亦学于张栻，当属误读。《朱文公文集》卷九十《朝奉刘公墓表》："淳熙五年正月丙辰朝奉郎主管台州崇道观刘公卒于豫章之私第。明年（1179），孟容衰绖来见予庐山下。"朱熹《答蔡季通》又言及淳熙六年（1179）十月辛亥所撰《隆兴府学濂溪先生祠记》后："祠堂记及韬仲书付去人，更一书与刘公度，托渠写，彼中相去不远也。"两书均写淳熙六年底，故公度此前已拜朱子学，且后与朱子书问往复甚频。而《朱文公文集》卷三十五《与刘子澄七月九日》有云"近日建昌说得动地，撑眉努眼，百怪俱出，甚可忧惧。……公度书来，似有此病痛"，答书在淳熙十二年（1185）七月九日。朱子有言："所论为学之意甚善，初盖不能不以为疑，今得如此甚慰意也。"又云："来书见志道之笃，所论主敬之说诚学者之切务然此，亦要得讲学穷理之功，见得道理历历分明。"尝以书劝朱子弗为讲学之争，朱子答书议论王安石、象山之学，《朱文公文集》卷五十三《答刘公度孟容》云："临川近说愈肆，《荆舒祠记》曾见之否？此等议论，皆学问偏枯、见识昏昧之故，而私意又从而激之。若公度之说行，则此等事都无人管，恣意横流矣。"显见公度之学受象山影响至深。

刘清之　清江

【按语】　朱熹《刘氏墨庄记》言刘清之"孝友廉静博学有文"，"尤笃志于义理之学"，《书刘子澄所编曾子后》称誉"若子澄者，其可谓嗜学也"；黄榦则在《祭临江刘静春先生文》中更是有高度评价，指出"先生天资绝人，心平气和，志笃行醇，博极群书，该贯一理，尊敬师儒"，"子澄以乐易之姿，躬笃淳之行，立志高雅，信道深坚。处家庭则孝弟达闻，交朋友则信义昭著，居间则其讲道"。蔡戡《荐鄂州通判刘清之状》有相同评价，以为"刘清之学行醇笃，议论平正，不为矫激以盗虚名，不肯诡随以追时好其忧国爱民之心"。学问得汪应辰、周必大、杨万里、李焘所推重。刘靖之、清之兄弟创"清江学派"。刘靖之少即以经学文行知名，为学"自音读训诂，以及近世诸儒论说，无不该赏"，尤为尊崇"濂溪之学"。清江学派为学主张立志，认为"有志者必如曾子用力于容貌辞令、颜子用力于视听言动,方为善学"。倡导"力行切己"，"省察性情"，以合于义理。《宋元学案》记载说："清江之学，于晦翁、南轩、东莱如水乳。"

【小传】 刘清之,《朱子门人》以为生卒年 1139—1189 年。《全宋词》谓其生于绍兴九年（1139）,《宋史》卷四三七《刘清之传》载："光宗即位,起知袁州,而清之疾作,犹贻书执政论国事。周必大来视疾,谓曰:'子澄其澄虑。'清之气息已微,云'无虑可澄',遂卒。"知刘清之是卒于光宗即位之年淳熙十六年（1189）。《宋名臣言行录》外集卷十四《刘清之传》谓"淳熙十六年九月殁,享年五十七",故刘清之生卒年为 1133—1189 年。朱熹《祭刘子澄文》曰:"维年庚戌岁□月□□朔二十六日具位某朱熹谨致祭于亡友子澄刘兄袁州使君之灵。"庚戌岁为绍熙元年（1190）。明刘清之卒在此前。字子澄,学者称静春先生,临江军清江（今江西樟树市）人,后迁庐陵（今江西吉安）,清江学派代表。见《宋元学案》卷五十九《清江学案》。《雍正江西通志》卷五:"刘子澄,字清叔,太和（今江西泰和）人,宁宗嘉定十三年（1220）进士",当为另一人。初受业于兄刘靖之,甘贫力学,博极书传。《宋史》曰:"初,清之既举进士,欲应博学宏词科,及见朱晦翁,尽取所习焚之,慨然志于义理之学。"再参以朱子《答子澄》书一,绍兴三十年四月礼拜朱子从学,《年谱长编》亦以此为始从时间。乾道四年（1168）秋刘清之罢官过建阳五夫,与朱子游。乾道九年刘清之再访建阳,朱熹作《刘氏墨庄记》回忆往事。后随朱子参加鹅湖之会。淳熙六年、八年,朱子知南康军到任后及离任前,刘清之均到访。然因乾道四年秋朱熹《刘氏墨庄记》有"熹之友刘清之子澄",《书刘子澄所编曾子后》言"吾友清江刘清之子澄所集录也"等,故而全祖望《宋元学案》曰"近有妄以子澄为朱门弟子者,谬矣"。《朱子门人》亦认为刘清之是朱熹讲友而非弟子。考之以李幼武《宋名臣言行录外集》卷十四刘清之书信、徐乾学《资治通鉴后编》卷一二七、《宋史》卷四三七与卷三十六、罗大经《鹤林玉露》乙编卷一等,及今人方彦寿《朱熹书院与门人考》,并以《朱子门人》所引其他文献,刘清之当为朱子门人。刘子澄与朱子合编纂《小学》,凡例出于朱熹,而类次编定则有出于刘清之。刘清之以廉洁奉公,救荒利民而闻名于时。曾讲论经义到吕祖谦书院。念士风不振,建"临燕精舍""槐荫精舍"。讲经论学,质疑切磋,来者日众。其所讲,先正经,次训诂音释,次疏先儒议论,再次述今所引出诸派之说,然后再各指其所宜用,如人君治天下,诸侯治一国,学者治心治身治家治人,不空泛议论,确然有实,深受世人敬慕。

清之致力于讲学，其生徒多偏于东南。

【著作】《曾子内外杂编》《训蒙新书》《外书》《墨庄总录》《农书》《谕民书》《槐阴问答》《文集》等，多佚，今存有《戒子通录》。

刘靖之　清江

【小传】　刘靖之（1128—1178），字子和，学者称为孝敬先生。刘清之之兄。清江（今樟树市）人。刘靖之以读书穷理为先，持敬修身为主。刘静春对王学多有关注，曾谓："介甫不凭注疏，欲修圣人之经，不凭今之法令，欲新天下之法，可谓知务。"又曰："后之君子，必不安于注疏之学，必不局于法令之文，此二者既正，人才自出，治道自举。"《宋元学案》祖望谨案："朱、张、吕三先生讲学时，最同调者，清江刘氏兄弟也。敦笃和平，其生徒亦遍东南。近有妄以子澄为朱门弟子者，谬矣。"《书院考》均考作以为朱子门人。《乾隆清江县志》记载："靖之在赣州更两公祠为庠，设濂溪之学，为出其书使读之而益，发明其旨，朝夕讲论不倦。于是学者始知所尚云。靖之自少即以经学文行而知名，为人廉静寡欲，居家孝发尤笃。"《宋元学案》记载其教韩宜卿"以一实字，盖即司马温公教元城以诚字之说"。

彭龟年　清江

【按语】　彭龟年为湖湘学派之巨子，其融会湖湘学"实学"，学统和濂洛精华，故真德秀《西山先生真文忠公文集》卷三十六《跋彭忠肃文集》明指"忠肃彭公以濂洛为师者"，肯定其创新思想，"鸣道之文而非复文人之文"。《宋史》卷三百九十三称"龟年学识正大，议论简直，善恶是非，辨析甚严，其爱君忧国之忧，先见之识，敢言之气，皆人所难"。《宋史》卷一百六十三引孙逢吉赞誉言："道德崇重，陛下所敬礼者无若朱熹；志节端亮，陛下所委信者无若彭龟年。"袁燮《絜斋集》卷一《轮对陈人君法天札子》亦评价："一龟年虽没，众龟年继进，何忧天下之不治哉！"全祖望《宋元学案·岳麓诸儒学案》称："宣公（张栻）身后，湖湘弟子有从止斋、岷隐游者，然如彭忠肃（彭龟年）之节概，吴文定之勋名，文清、庄简公之德器，以至胡盘谷辈，岳麓之巨子也。"

永瑢《四库全书总目》："诸残阙之余，而其一生建白，史所未载者，已略具于是。传龟年之文，益足传龟年之人矣。"宁宗赐谥忠肃，曰："彭龟年忠鲠可嘉，宜得谥。使人人如此，必能纳君于无过之地。"

【小传】　彭龟年（1142—1206），字子寿，以所居号止堂。南宋临江军清江人。少读程氏《易》，至废寝忘食。龟年《上吉州向停启》提到"偶占数清江之上，得问学芎林之门"。此说明彭龟年在早年，除从学刘清之之外，还从学向子埋固。登乾道五年进士第。《朱子门人》以为讲友。《宋元学案》将彭龟年归为"江西程氏门人"，《宋史·彭龟年传》称彭龟年："从朱熹、张栻质疑，而学益明"，"初，朱熹与龟年约共论韩侂胄之奸，会龟年护客，熹以上疏见绌，龟年闻之，附奏云：'始臣约熹同论此事。今熹既罢，臣宜并斥。'不报。"《宋元学案》卷七十一《岳麓诸儒学案》载"谓张氏之后弱于朱学"，《攻媿集》卷九十六《宝谟阁待制致仕特赠龙图阁学士忠肃彭公神道碑》则"以书问南轩张公《中庸》《语》《孟》大义，至是义理愈明"，"与刘子澄清之往复问辩，时相与折中于晦庵朱公而学愈成矣"。由是为朱子门人亦未尝不可。《朱文公文集别集》卷一、卷三《答彭子寿龟年》六通。《朱文公文集续集》卷一《答黄直卿》论及："彭子寿初亦疑《中庸》首章，近得书，却云已释然矣，方知《章句》之说为有功也。"历仕孝宗、光宗、宁宗三朝，官至太学博士。彭龟年《止堂集》卷四《论人主用心立德用人听言四事疏》以为崇尚仁政，以为用心有义利，主德有诚伪，用人有邪正，听言有是非，任法不如任人。人君之学与书生异，惟能虚心受谏，迁善改过，乃圣学中第一事，岂在多哉。于湖湘学派"性体"哲学思想精髓多有体悟。直言心乃圣贤传道之实地。人得天地之正气以成形，得天地之正理以成性。人道盛，则世亦盛；人道衰，则世亦从而衰。所以应去人欲，存天理，须于日用间下功夫。《宋元学案·岳麓诸儒学案》以为其发展师说，有言"大本者，即此理之存；达道者，即此理之行，未有极其中而不和者，未有天地位而万物不育者，不必分说。时中者，以其全得其理，故无时而不中，非是就时上取中也"。又感叹君子岂无欲，有欲未足忧。直是天衷，实维圣哲，敬以持养，义以区别，倡导"性之欲"。主张"静观物亦定"的"静观""务学""工夫论"。

【著述】　《止堂集》《内治圣鉴》《经解》《祭仪》《五致录》《止堂蒙训》，奏议、外制。

张洽　清江

【按语】《宋史·儒林传》前特辟《道学传》，设《朱氏门人》，传主为黄榦、李燔、张洽、陈淳、李方子、黄灏，此六人皆为朱熹一传弟子。祖望谨案"朱门授受，于南方，李敬子、张元德、廖槎溪、李果斋皆宿老也"。黄东发《日抄》谓"江西则甘吉甫、黄去私、张元德……，皆号高弟子"。《宋史·张洽传》载，熹贺其笃志，"谓所望以永斯道之传，如二三君者不数人也"。张洽可谓朱熹门人后学存续《春秋》史学最具代表者，以致以为朱子《春秋》学真谛。陆心源《皕宋楼藏书志》卷八录张鉴题跋称赞张洽《集传》"集数十家说而折其中，议论平允，非后世凿空者可比"。同门曹彦约《昌谷集》卷九《举张洽自代状》赞誉张洽"履行纯粹，经学赅博，在州县则精通民政，为幕属则深识事体，使之论思献纳，必有可观"。厉鹗《樊榭山房全集》卷七引李方子《墓志铭》言及："朱子门人张元德于子史百家、山经地志之书，无不研究，历官皆有异迹。故公于书无不读，尤精用世之学。"王立道《具茨集》卷八言"义所当为、勇不可夺则有如张洽"。《四库全书总目提要·春秋传》载"以安国之学出程氏，张洽之学出朱氏，故《春秋》定用二家"。而《清史稿·儒林二·履绳传》以为"唐以后注《左氏》者，惟张洽、赵汸最为明晰，大抵详书法而略记载"。《宋元学案》将张洽列入《沧洲诸儒学案》而未独立学案，甚为叹惑。

【小传】　张洽（1161—1237），字元德，号主一，谥文宪。临江军清江（今樟树市）人。嘉定元年（1208）中进士。《宋史》载："洽少颖异，从朱熹学，自六经传注而下，皆究其指归。至于诸子百家，山经地志，老子浮图之说，无所不读。"黄震《黄氏日抄》谓："近世张洽，受《春秋》于朱文公者也。"《朱文公文集续集》卷一《答黄直卿》有："近有临江军张洽秀才来，资质甚好，可喜可喜。书院方盖屋，未得成就，度须更两月方可居耳。"《年谱长编》考为淳熙十四年（1187）问学朱子，方彦寿《朱熹书院与门人考》以为《答黄直卿》作于绍熙四年（1193）。顾宏义《朱熹师友门人往还书札汇编》以为在绍熙五年。《朱文公文集别集》卷四《答向伯元》曾谓："祠禄将满，未敢再请。而朝廷记忆，遂有鸿庆之命。临江张洽秀才迁道相访，后生有志，甚不易得。"从语意看，为初识语气，当在同时，以"鸿庆之命"知时为淳熙十四年（1187）。此时朱子将张洽晚辈而称其名，待庆元时几乎称其字。绍熙四年（1193），张洽往建阳问学,绍熙五年十月后又从师沧洲精舍(竹林书院)。庆元三年(1197),朱熹作《跋孔毅夫谈苑》,言及"孔毅夫《谈苑》,清江张元德藏其手稿,然多是抄取江邻几《嘉祐杂志》中语"。《朱子语类》录问答有三十余条,与张洽书信九通,论及关乎《四书》《易》《尚书》《春秋》《左传》等。晚年受江东刑狱提点袁甫之邀为白鹿书院山长,张洽"选好学之士,日与讲说,而汰其不率教者,凡养士之田干没于豪右者复之",复兴白鹿洞书院。创清江第一所书院"清江书院",讲学论理。曾随朱熹到皂山道德宫讲学,道德宫亦有"紫阳书院"之称。自《六经》传注而下,皆究其指归,至于诸子百家、山经地志、老子浮屠之说,无所不读。以春秋史学为著,专治《春秋》,播称一时。朱子未作《春秋》,张洽之著作,视为朱熹门派甚至朱熹《春秋》学说体现。元陈绎曾撰《文说》以为:"读《春秋》,朱子本说皆在张洽注,今科举偶不及此,盖事实在左氏论辨,在《公》《穀》断,以胡氏而取《朱子语录》及张洽之说折中之可也。"洽尝取管子所谓"思之思之,又重思之,思之不通,鬼神将通之"之语,以为穷理之要,为朱熹所赞叹。张洽《春秋》学注意阐发"生人之大伦",揭橥"天理虽灭而不亡",彰显出其醇厚的理学质素。广集众家之言,"凡二百四十年之事,与汉唐以来诸儒之议论,莫不考核研究,会其异同而参其中否"。推崇师说,《朱子语录》深驳胡安国夏时冠周月之说,以春为建子之月,与《左传》王周正月义吻合。黄勉斋尝曰:"向来问学之士,凋落殆尽,江西则甘吉甫、黄去私兄弟、张元德,不过数人尔。"《明史·选举志》论《四书》:"《春秋》主《左氏》《公羊》《穀梁》三传及胡安国、张洽《传》,《礼记》主古注疏。永乐间,颁《四书》《五经》《大全》,废注疏不用。其后,《春秋》亦不用张洽《传》,《礼记》只用陈澔《集说》。"又有所发挥,陆陇其云:"其(指张洽)论工夫则与朱子不同。学者辨之,朱子《与张元德》诸书论《春秋》者,止'狩河阳''许世子'二事。不说其不是,想其所作《春秋传》,必多可观。"为学重"敬""主一",故而《宋史》记载:"洽自少用力于敬,故以'主一'名斋。平居不异常人,至义所当为,则勇不可夺。居闲不言朝廷事,或因灾异变故,辄颦蹙不乐,及闻一君子进用,士大夫直言朝廷得失,则喜见颜色。所交皆名士,皆敬慕之。"吕祖俭、黄余、真德秀、魏了翁等多与之有交游。

【著作】《春秋集注》《春秋集传》《左氏蒙求》《续通鉴长编事略》《历代郡县地理沿革表》,文集等。

张元瞻　清江

【小传】　张元瞻，张元德洽之兄。元瞻为字，名不详。《朱文公文集》卷六十一《答欧阳希逊》："元德为况如何？元瞻已归未也？"及《朱文公文集续集》卷一《答黄直卿》："彭子寿初亦疑《中庸》首章，近得书，却云已释然矣，方知《章句》之说为有功也。张元德说得颇胜子约，而其兄元瞻看得尤好。若得伯丰且在，与之切磨，可使江西一带路径不差。"以此，疑似亦为朱子门人。

曾三聘　新淦

【按语】　解缙《解学士文集》卷八《故处士周君尚志》："吉之人士，自欧阳子倡为古文，而皆从事于经学，有古文之实，而不矜古文之名与时文相訾病也。自濂溪周子与二程子倡明道学，而皆从事于行谊有道学之实而无道学之名以俗学相谤嗤也。三百年来拟于邹鲁，既无过情之誉亦鲜不虞之毁文章者，述有功名教亦既不少，若周纶、萧服、彭醇、胡杓、杨长孺、曾三聘皆程朱之门。"《诚斋集》第一百十三以为"曾三聘刻意文词雅善论事"。《朱文公文集》卷六十《答曾无疑》言"子约书来，必盛称无疑之为人"。

【小传】　曾三聘，以《历代名人生卒录》"曾三聘嘉定三年十月十二日卒，年六十七"，其生卒1144—1210年。字无逸，谥号"忠节"。清《江西通志》卷五十作"吉水人，林志作峡江人"，《同治临江府志》卷之十二作"峡江人"，《同治峡江县志》、《续文献通考》卷之一百三十八、清陆心源撰《宋诗纪事补遗》作"新淦人"。南宋时峡江属新淦县境，明嘉靖五年（1526）置峡江县，故当为临江军新淦（今江西峡江县）人。登乾道二年（1166）萧国梁进士榜。朝廷特赠官直龙图阁。先从谢锷学。解缙《解学士文集》卷七《胡贞妇传赞》载"胡贞妇曾氏，讳静贞，吉水兰溪人，曾一中女也。一中之先人讳三聘，事朱子，为门人高弟"，《宋元学案·沧洲诸儒学案》梓材谨案引录。《同治峡江县志》载有县人胡宗阅《书曾无逸传后》："试访遗墟迹已陈，著书犹幸卷常新。晦翁门下称高弟，炎宋朝中有几人？国事枉劳三寸舌，使车断送百年身。虚名不羡龙图阁，忠节流芳峡水滨。"参以《解学士文集》卷八《故处士周君尚志》，知曾三聘为朱子门人。《宋史》卷四二二有传，但未言从学。

【著作】《因话录》十卷、《存斋稿》三十卷、《存存斋记》三卷、《闭户录》三卷、《菊问》五卷。《同治峡江县志》载有《六代绪论》。

曾三异　新淦

【小传】　曾三异，《万姓统谱》卷五十七云其"端平初以秘阁校勘召，力辞，时年八十一"，推生为1153年，1243年在世。字无疑，号云巢，曾三聘之弟。临江军新淦（今江西峡江县）人。淳熙中乡贡。端平年间授官承事郎。曾从周必大学。《朱子门人》列为朱子讲友。《渊源录》《宗派》《补遗》列为门人。《万姓统谱》言其："少有诗名，杨文节公深嘉之。尤尊经学，屡从朱文公先生问辨，因匾读书之堂曰仰高，鹤山魏文靖公为之记。"《朱文公文集》卷六十《答曾无疑》数通，论为学之意、忠恕二说、著数之说等，劝导曾无疑"大率人之为学，当知其何所为而为学，又知其何所事而可以为学，然后循其次第、勉勉而用力焉"，为朱子晚年门人。杨万里《诚斋集》卷一〇七《答朱侍讲》，多及曾三异。《同治峡江县志》言："数从朱文公问辨。因匾读书堂曰仰高，魏鹤山为之记。朱文公考订典章、纂修文史皆以属公。"

【著作】　据《同治临江府志》有《墨戏》《本朝新旧官制考》十卷。

严世文　新喻

【按语】《康熙新喻县志》言"晦庵称其思索甚精，且谓于义理切身处更加精进，则所以守此身者不待勉而固矣"。严世文将"曾点气象"和"孔颜乐处""尧舜气象"直接相提并论，以发挥《论语集注》。朱子始对严以较高评价："此一段说得极有本末。学者立志要当如此，然其用力却有次第，已为希逊言之矣。"朱子又以为严世文"曾点气象"说有陆学"先立其大者"影响，"此都说得偏了"。陆陇其《读朱随笔》卷四评论说："严时亨论曾点一段，大约言点不是逍遥物外、不屑当世之务者，乃是素其位而行，不愿乎其外，无入而不自得者。"

【小传】　严世文，字时亨，一字亨父。参见《朱文公文集》、《语类》、《儒林宗派》、《江西通志》、《新喻县志》、真德秀《西山读书记》、滕珙《经济衡文》

《宋元学案》，而《实纪》、《理学统录》、《万姓统谱》、天一阁《临江府志》、《明一统志》卷五十五及《万姓统谱》作"世父"。《康熙新喻县志》载"所居邑之城冈，学者称为城冈先生"。临江军新喻（今江西新余）人。家学相传为乡里所宗至。《宋元学案》参《新喻县志》言其"隐居不仕，师事朱子"。以《朱文公文集》《语类》当为绍熙庆元年间考亭师事朱子，曾与欧阳希逊、陈文蔚、董铢等同学。时亨尤笃于义理之学，致信朱子，提出"教自家身心自得无欲……则天下无不可为之事""己立后自能了当得天下事物者是矣""学者要须涵养到'清明在躬，志气如神'之地，则无事不可为也"云云。《文集》卷六十一答书关涉"阴阳五行之为性"。陈淳《上晦庵先生问目》言及朱熹与严时亨答语，陈淳门人陈沂作《叙述》又有"丙辰（1196）秋，先生因感严时亨与点论大有遗阙，发为详说，槎溪廖子晦先生剧与辩论"。《语类》卷四十有潘时举载记："先生令叔重读江西严时亨、欧阳希逊问目，皆问曾点言志一段。"潘时举为绍熙四年以后所闻，董铢（字叔重）乃丙辰（庆元二年）以后所闻。故严时亨当在庆元二年前从学。

【著作】《疑义问答往复书》。

六、饶州门人

程端蒙　德兴

【按语】　饶州弟子多有承继朱学，注重建书院立以教诲后学，以致成为朱熹学说传播与发展重要基地，程端蒙建德兴蒙斋书院而著《性理字训》。董铢讲学盘涧书院，著有《性理注解》。立《程董二先生学则》为师生必遵之条规。柴元裕仿白鹿洞书院规制建松冈书舍、柴中行建南溪书院、李伯玉建斛峰书院讲学、赵崇宪又建忠定书院，皆传朱学。

黄百家以程端蒙为新安朱子学第一人。《宋元学案·沧洲诸儒学案上》言："新安为朱子之学者不乏人，而以程蒙斋为首。蒙斋之后，山屋以节著，双湖以经术显，其后文献蒸蒸矣。"《介轩学案序录》以为"鄱阳之学，始于程蒙斋、董盘涧、王拙斋，而多卒业于董氏。然自许山屋外，渐流为训诂之学矣。""潜心朱子之学,上溯伊洛,以达洙泗渊源"。《朱文公文集》卷九十《程君正思墓表》评价他"任道勇而用志专,必能卒究精微之蕴,广斯道之传","择其可告语者,因事推诚,诲诱不倦,从而化者亦颇众"。端蒙不屈权势,恪守师道,尤力致学规。以程端蒙为家族中心,形成学术交游圈,其子介轩学派分布今赣东北和与之相邻安徽休宁等地。崇尚气节,注重操守,逐渐"流为训诂之学",尤精于《四书》学和《易》学研究,极为朱子之学传播营造学术氛围。程端蒙、董铢和王过合称"德兴三贤"。

【小传】 程端蒙(1143—1191),字正思,号蒙斋。程实之从子。《宋元学案》称作鄱阳人,朱熹《程君正思墓表》作"番阳人"。《江西通志》《饶州府志》皆作"德兴人"。《德兴新建程氏宗谱》明载程端蒙为德兴新建人。德兴新建十都其地离德兴县城过百里,离婺源县城却仅约四十里。据《同治鄱阳县志》卷二十四《补遗七》:"鄱阳为郡,最古至隋始改名饶州,故凡前人隶饶州者,书籍所载皆称鄱阳人,如马端临,乐平人,著《文献通考》;张世南,德兴人,作《游宦记闻》;余安行,德兴人,《月石至言》;张根,德兴人,《吴国易解》,俱自称鄱阳人。以及程端蒙,德兴人,……皆称为鄱阳人。"德兴在隋朝属鄱阳县东境。唐武德四年(621)将银城县旧地改为乐平县。而在武德九年(626),复并鄱阳。五代南唐升元二年(938),取"唯德乃兴"之义,改邓公场置德兴县,隶饶州永平监,宋隶饶州。故而朱熹撰程端蒙之父墓表有:"今问其家,得其世系,则番阳之程,皆祖梁忠壮公灵洗,唐乾符间有名维者,以金紫光禄大夫海州盐铁使将兵,讨巢贼不利,始居饶州乐平之银城,后徙新建,而地析为德兴县,故今为德兴人。"端蒙先师事江介,为其高徒。《程君正思墓表》言"天资端悫,自幼已知自好,稍长即能博求师友,以自开益,遂以词艺名荐书,既乃见予于婺源,闻诸老先生所以教人之大旨,退即慨然发愤,以求道修身为己任,讨论探索,功力兼人,虽其精微或未究极,而其固守力行之功,则已过人远矣"。知淳熙三年(1176)朱熹第二次婺源省亲之际,端蒙始师从朱熹于婺源。淳熙七年三月,程端蒙续学于南康军。淳熙十四年十一月,与董铢、程洵问学武夷精舍,编成《性理字训》,尚著《毓蒙明训》等。其与董铢制订小学《学则》,深受朱熹称赞并作《跋程董二生学则》加以推广。淳熙间在十二都游弈坞建蒙斋书院。自名其斋曰"求放心"。淳熙六、七年(1179、1180),两次陪同朱熹游南康庐山落星寺、石乳寺。淳熙十四年(1187)十一月，程端蒙前来武夷精舍问学，淳熙十五年，与黄榦、蔡元定、董铢、滕璘兄弟等人助朱熹修订《四书集注》。不幸于绍熙二年十一月早逝。绍熙三年九月，朱熹为其画像作赞文，将其纳入道学人物之列。其诗入《全宋诗》。

【著作】《性理字训》，朱熹称之曰《小学字训》。另有《毓蒙明训》《程董二先生学则》。

程珙　德兴

【按语】《光绪江西通志》以为程珙"家学相承，笃志濂洛遗绪"。

【小传】　程珙，字仲璧，号柳湖。《宋元学案》《新安学系录》《经义考》《同治德兴县志》皆作程珙为正思"蒙斋从曾孙"。《民国德兴县志》卷九录有明钱德洪《二贤书院记》亦载："宋鄱阳程氏端蒙与其从曾孙珙师事晦庵，朱门高弟也。"而《民国德兴县志》卷八程实之传，又记有"其从子蒙斋，从孙柳湖均以理学崇祀二贤书院"，以柳湖为蒙斋从侄。《朱子门人》作"鄱阳人"。《江西通志》《光绪饶州府志》《民国德兴县志》均作"德兴人"。德兴属饶州，治鄱阳。淳熙三年在婺源执礼拜师问学于朱熹。《民国德兴县志》载，程珙"愤时宗异学而晦翁反见疏黜，叹曰：吾何以苟禄为哉？遂日从正思讲学，凡所得于晦翁者，悉以指之"。曾国藩修《光绪江西通志》卷八十二记载，绍熙五年十一月，朱熹受县宰司马迈邀请到怀玉山讲学，"珙率诸生罗集坛下质疑义辨异同。晦翁往来怀玉鹅湖之间，珙周旋侍席"。伪学禁严之时，他始终自持，依然孜孜以求，"遇有辩难，寓书晦翁，务求真是，晦翁卒，为泣哭，朔望必奠居之"。《朱文公文集》卷六十《答程珙》书，论正名之说。顾宏义《朱熹师友门人往还书札汇编》以朱熹《玉山讲义》时程珙听讲，故推答书约撰于庆元元年（1195）间，欠妥。《朱子学的》录有程珙问："三代以前只是说中说极，至孔门答问说着便是仁，何也？"其曾讲学于柳湖书院，又设来阳宾馆，延请云峰胡炳文发明经义。与董铢、王过齐名。

【著作】《易说》《九畴策疏》行于世。

程实之　德兴

【小传】　程实之，《朱子门人》《实纪》作"字士华"，而以《光绪江西通志》、《同治饶州府志》、《民国德兴县志》、《经义考》卷七十三作"字去华"，尤考之以元陈栎《定宇集》卷十二《敏斋铭》所载"程去华实记之"，当"字去华"。蒙斋为其从子。号尊己翁。《民国重修婺源县志》录曹子汼《藏书楼记》有"考《新建程氏谱》，朱子曾书'尊己'二字赠实之，学者称'尊己先生'"。而《同治赣县志》言程实之自记云，"尊己堂"为程实之"辟读书之室，取韩子以众人待其身而以圣人望于人之戒，扁曰'尊己'，以为存心养性修身之命之所焉"。《民国德兴县志》亦载"自题其燕居之堂曰'尊己'，并记题额之意，朱子大书表之，学者称尊己先生云"。《朱子门人》作"徽州歙县（安徽）人"，《实纪》谓其"歙人，迁德兴"。然德兴程氏为新安黄墩程氏元谭公下第二十八世，程维公于唐中和四年平黄巢，转之金紫大夫官尚书，定居于银城，今德兴新岗山。曹子汼《藏书楼记》又有"歙有程士华实之，优可见……程实之者虽新安忠壮，其先世迁鄱阳，今为德兴之新建久已，不隶歙籍矣"。《弘治徽州府志》《光绪江西通志》《同治德兴县志》并作"德兴人"。故当为饶州德兴人。少博通经史，贯穿古今。嘉定乙丑科亚选，宝庆乙酉再举。从朱子游学，益进，朱熹大书表彰。尝曰：天下无圣贤以上工夫。其家乡建二贤书院，讲课授学和颜悦色、真诚开导、鼓励后进，人称其"得讲师三昧"。嘉定间，诏求直言，少华具刍荛策。与真德秀论取士宿弊大要，主张"教养以淑其德，选举以搜其艺"，得到真德秀的赞赏。《答友人论读〈尚书〉书》以为"可蔽以一言者，'允执厥中'而已"。

【著作】《活国书》一篇。

董铢　德兴

【按语】　德兴学宫三贤祠，盘涧先生董铢第一。董铢志向坚定，在朱门"苦志勤学"大有唱率引领之功，殊无次第，尤长经易之学。《宋元学案·介轩学案序录》中论及德兴朱子学流传以为"勉斋之传，尚有自鄱阳流入新安者，董介轩一派也。鄱阳之学，始于程蒙斋、董盘涧、王拙斋，而多卒业于董氏"。

《德兴县志》也认为："德兴近大贤居，微言绪论，程董数君子独得其宗，而后之私淑者，渊源授受，薪传亦赖以不坠焉。"董氏名副其实地方望族，其族人如董梦程、董鼎、董季真，秉承家学，传绍朱子之学，以致德兴成为介轩学派之当然中心。黄榦《勉斋集》卷三十八《董县尉墓志铭》称"叔重敏志，工于文词，藻丽而醇正"。

【小传】　董铢（1152—1214），原字叔仲，易字叔重，又程洵《尊德性斋小集》卷之二《周徽之诗集序》谓："君诗古律合若干，而赠别少范甥长句为集中第一，故取以冠篇端。少范，叔重，旧字也。"许家星《朱子门人补正》言朱熹为董铢易字"叔重"，学者称盘涧先生。马琪主编《肥西县志》（黄山书社，1994年）载："董铢，字叔仲，防虎乡（今合肥市肥西县）人。"《宋元学案》作"德兴人"，《民国德兴县志》卷九载朱熹为董铢父董琦《宋赠迪功郎董公墓志铭》，而葬于银城九峰之原（今十都银城上名山峰源）。勉斋《董县尉墓志铭》以为"番阳董君叔重，世为德兴望族"。陈弘谋《五种遗规》之《朱子论定程董学则》称"江西德兴人"。知董铢为德兴人。今留存朱子于淳熙七年（1180）赠董叔重作大字行书《秋日告病斋居诗卷》真迹，故而方彦寿《朱熹书院与门人考》依王懋竑《朱子年谱》以为淳熙十一年（1184）从学于朱门，当为不确。有解光宇查询到，淳熙四年（1177）董铢曾督修《董氏宗谱》，淳熙丁酉年岁次仲夏月朱熹撰《董铢督修宗谱序》为实，则董铢从学朱子当更早。《朱子文集》中有《答董叔重书》，另程洵《尊德性斋小集》卷之一《次董叔重赠别》。叔重先从乡儒程洵学。勉斋《董县尉墓志铭》言其"既冠，从乡之儒先程公洵游。公语以晦庵先生所以教人者。叔重尽弃所学，取《大学》《中庸》《语》《孟》诸书日夜玩习，裹粮入闽，抠趋函丈，不惮劳苦。先生亦爱其勤且敏不倦以教之"，"叔重学益勤志益苦，往来师门率不一二岁，辄一至，至必越累月而后归，故于先生之书无不通，而操存持守不负其所教"。淳熙十四年十一月，与程洵、程端蒙等同问学武夷精舍，并与黄榦等人助朱熹修《四书集注》。又考亭竹林精舍续学。勉斋《董县尉墓志铭》又言及"庆元初，先生归自讲筵，日与诸生论学于竹林精舍，命叔重长其事。诸生日所讲习，叔重先与之反复辩难，然后即而折中焉"。讲学德兴九都，建盘涧书院，广收学子。与学友程端蒙合撰关于小学生洒扫、应对、进退之节之类的基本礼仪规范《程董二先生学则》，朱熹跋称："凡为庠塾之师者，能以是而率其徒，则所谓成人有德，小子有造者，将复见于今日矣。"庆元三年（1197）《朱文公文集》卷六十《答潘子善》载："精舍春间有朋友数人，近多散去，仅存一二，未有精进可望者，亦缘无长上在彼倡率功夫，殊无次第，诸友颇思董叔重也。"董铢以为写字必楷敬，勿草，勿欹倾的要求。从朱子《答董叔重》，知董铢以为曾点"言志甚高而行不掩"，为学则兼顾本体与工夫，强调内外相交养之功。尤以易学著名，以为"《易》多是假借虚设，故用不穷，人人皆用得"，主张"天地自己所以为数不过五而已，五者数之祖"，"揲蓍之数以四为主，盖四者数之用"象数观。

【著作】《性理注解》《易注》。

王过　德兴

【按语】　王过与董盘涧、程蒙斋合祀德兴学宫三贤祠，盘涧第一，程次之，合称三先生。

【小传】　王过，字幼观，号拙斋。《宋元学案》及《同治德兴县志》卷八均作江西德兴人，居德兴占才。《朱子语类·目录》作"鄱阳人"。因前人隶饶州者，书籍所载皆称鄱阳人故，参见程端蒙篇。据谢枋得《叠山集》卷三《东山书院记》，淳熙间朱熹曾至银峰书院、双桂书院讲学，王过与程端蒙、董铢从游其门。朱子晚年创建"竹林精舍"（后更名沧洲精舍），《语类》卷一百七十载王过记云："先生每日早起，子弟在书院，皆着衫到影堂前击板，俟先生出。即启门，先生升堂，率子弟以次列拜炷香，又拜而退。……随侍登阁，拜先圣像，方坐书院，受早揖。"王过所记为绍熙五年甲寅（1194）以后所闻，明王过亦从学于竹林精舍。王过深明性理之学。学者翕然宗之，醇儒多出其门，建拙斋书院。

余深诗　德兴

【按语】　县志载，时吕祖俭、余端礼复称其明达事理，志在经济、屡劝之仕。

【小传】　余深诗，字时国，自号痴斋。德兴人。《朱子门人》未收。《光绪江西通志》《同治饶州府志》《同治德兴县志》均载"少游朱子之门，笃信力行"。嘉泰辛酉（1201）以诗经魁乡荐授将仕郎。《德兴县志》谓，韩侂胄擅权，其"弃官隐居岁寒堂，益阐程朱之蕴"。

【著作】《读书集》四卷，县志言"魏鹤山了翁为之序，有'理学心传赖以不坠'之句"。

余渊　余瀚　德兴

【小传】余渊，《朱子门人》"渊"字空缺，作"字思斋"。其源于以戴表元《剡源集》三十卷《银峰义塾记》，戴表元称"思斋先生"，又有"思斋之子聚斋公"，思斋为字或号，待考。德兴人。《民国德兴县志》言："晦庵，婺源人。德兴程端蒙、董铢、王过等从游其门，而折中诸儒、尊崇圣学，往来问答于端蒙，尤多发明焉。余渊、余瀚迎请讲学于家，朱子题其居曰岁寒堂。"《补遗》以《银峰义塾记》载"曾祖乡贡公遂用所学教其子遂昌尹，以进士科为通儒名大夫，是为思斋先生。思斋及游新安朱晦翁之门"，以为门人。清王柏心《百柱堂全集》卷四十六《署河东河道总督按察使衔河南分守河北兵备道蒋公墓志铭》亦言"德兴邑先儒余瀚父子从朱子游"。明陈策修、刘世臣纂正德六年刻本《同治饶州府志》言："银峰书院在市延福坊。宋淳熙间邑人余渊、余瀚延朱晦翁讲学处"，"绍兴五年乙卯汪应辰榜：余瀚，照邑志补。余渊，承议郎，照邑志补。"《民国德兴县志》明确"余瀚，字安直，号银峰。幼与汪藻、洪迈、张焘相友善"，余瀚字号可知，则思斋，名"渊"。

张堈　德兴

【小传】张堈，字景林。德兴人。《朱子门人》未列。《同治德兴县志》载："建炎间，衡山县尉，兴学校，重农桑，迁建宁推官。晚从朱子游。"

【著作】《光绪江西通志》、县志并记有《月岩文集》。

金去伪　乐平

【按语】金去伪可谓朱门中恪守师说，述之而不作典范，无愧全盘祖述师说者。

【小传】 金去伪，字敬直，查慎行《得树楼杂钞》作"正直"。号草窗。以《朱子语类·姓氏》为饶州乐平人。有作"鄱阳人""浮梁人"，皆误。《补遗》记载"一举于乡，即弃而从朱子游，潜心体验"。据《朱子语类》其录为淳熙二年（1175）所闻。其中有去伪、人杰问至"伊川却云未暇与公都子一一辨者"，钱穆《朱子新学案》考，以为："此条周谟录己亥（案：淳熙六年，公元1179年）朱子五十以后所闻。惟《语类》姓氏条金去伪录在乙未（案：淳熙二年，公元1175年），朱子年四十六。万人杰录在庚子（淳熙七年，公元1180年），朱子年五十一以后。周、万两人可以同时闻此，金氏何以亦有录，姑识所疑，以待续旧。"《语类》言记录时间非指仅在此时有记录。当为所知门人有记录的最早起始时间，此后亦有记录，而且并非从学起始时间。此条表明周、万、金在1180年后曾同学。田中谦二考证，金去伪四次从学于朱熹。方彦寿《朱熹书院与门人考》以为田中谦二所论第三、四次从学时间有误。然两者均未论及淳熙八年（1181）闰三月，朱熹作《闰月十一日中坐彭蠡门，唤船与诸人共载泛湖，至堤首回棹入西湾还，分韵赋诗，约来晚复集诗，不至者浮以太白》题注："敬直怀……晦翁光"，知金去伪陪朱熹等师友同游彭蠡门。《语类》记有金去伪问朱子"五运之说"、君臣关系等百余条。金去伪居乡不仕，不著书，专心在书院讲学，传播朱学，秉承理学之道行义乡间。《饶州府志》"鄱江书院"条目："创建人未详，传金去伪等曾讲学其中"。鄱江书院即番江书堂。《鄞志稿》卷十一《袁变传》言袁甫"又建番江书堂，自为之记"。胡炳文《四书通》引录金去伪对《论语·子张》子夏"仕而优则学，学而优则仕"议论，"似为时而发，其言虽反复相因，而各有所指"。

余正甫　乐平

【小传】 余正甫，亦作正父。许家星《朱子门人补正》："按：余当是信州乐平人。《朱文公文集》卷七十一《偶读漫记》称'礼书此书异时必有两本……异时此书别本必将出于信饶之间。'可知余在信州上饶。"乐平宋时为饶州六县之一，"信州乐平人"当误。与朱子有"不养出母"、周礼、赈济及宗庙议等议论，余正甫认为宋之俯首加敬，只是《周礼》肃拜的推陈出新而已，朱子肯定"余正甫说时，煞说得好，虽有智者为之计，亦不出于此。然所说救荒赈济之意固善"。

董拱寿　鄱阳

【小传】　董拱寿,《朱子门人》言《朱子实纪》误作"董拱寿",或《朱子门人》所用版本误,明正德八年鲍雄刻本《实纪》不误。字仁叔。《渊源录》《宗派》《补遗》作"饶州人",《实录》《语类》《经义考》作"鄱阳人"。晁公武《郡斋读书志》、赵希弁著《读书附志》列董拱寿等四十一家记晦庵先生语录。《朱子语类·目录》"甲寅所闻饶录",时朱子六十五岁。绍熙五年朱熹赴长沙任,李方子求学。《语类》卷十四有董拱寿与李方子同录"百行万善""学者须是求仁"两条,而董拱寿录"因论佛"条言及李方子议论,知董拱寿亦为长沙时学生。董仁叔问朱子"以意逆志""尧荐舜于天"及欧阳修之学等。由林学蒙、龚盖卿等所录,而林、龚亦绍熙五、六年(1194—1195)后所闻。

姜大中　鄱阳

【按语】　《朱子语类》卷一百一十九朱子言:"姜叔权也是个资质好底人,正如吴公济相似。"《朱子语类》卷一百二十又曰:"叔权谓长孺:'他日观气质之变,以验进退之浅深。'此说最好。"《朱文公文集》卷五十二《答吴伯丰》谓:"姜叔权曾相见否,资禀笃实,不易得。近得书,亦甚进,能与之游,当有益也。"而《朱子语类》卷一百一十九又评价说"叔权也昏钝,不是个拨着便转,挑着便省底。于道理只是慢慢思量后,方说得。若是长孺说话恁地横后跳踯,他也无奈他何","长孺、叔权皆是为酒所使,一个善底只是发酒慈,那一个便酒颠"。《朱文公文集》卷五十二《答姜叔权》直接批评姜大中观点颇近于"江西学问气象","用心过当"。

【小传】　姜大中,字叔权。顾宏义《朱熹师友门人往还书札汇编》据《景定严州续志》卷五作"严州建德(今浙江建德梅城镇)人"。许家星《朱子门人补正》及方彦寿《朱熹书院与门人考》考为饶州鄱阳人。以所举史料,饶州鄱阳人更有力。乾道五年(己丑,1169)进士。方彦寿《朱熹书院与门人考》以为姜大中应与汪德辅于绍熙三年(1192)同时从学朱熹于建阳考亭。《朱文公文集》卷五十二《答姜叔权》有均及方宾王、汪长孺，如"向来所论方君之说有未尽者，具于长孺书中，计必见之"。顾宏义《朱熹师友门人往还书札汇编》考《朱文公文集》卷五十二《答方宾王》《答汪长孺德辅》两书均撰于绍熙元年（1190）初。则姜大中问学时间当早于此。后姜叔权与刘砥、刘砺等从学朱熹长乐筹峰山龙峰书院，《经义考》证为朱子授《易》弟子。朱熹《答姜叔权》："举一而三反，闻一而知十，乃学者用功之深，穷理之熟，然后能融会贯通。"《克斋集别集》卷三有《与姜叔权论深衣》"叔权顷年得书云考得深衣衽因制深衣"。姜叔权、姜叔和又曾在福建长乐锦鲤书院攻读诗书。

汪德辅　　鄱阳

【按语】《朱子语类》卷一百一十九记朱子以为"长孺气粗，故不仔细"，又载"长孺向来自谓有悟，其狂怪殊不可晓，恰与金溪学徒相似"。

【小传】 汪德辅，字长孺。鄱阳人。鄱阳汪德辅受学朱子时已成年。陈荣捷《朱子门人》详考《朱子语类》中汪德辅问答斋戒祭祀、知行数条。赵希弁《读书附志》载晦庵先生《朱文公语后录》列有其名。其《朱子语类》所记为绍熙三年壬子（1192）所闻。《朱子语类》卷三载李壮祖所记"汪德辅问祖考精神"。卷九廖德明录汪德辅问"须是先知，然后行"，李壮祖、廖德明均为朱子晚年门人。《朱文公文集》卷二十九《答汪长孺书》说："江西所说'主静'，看其语是要不消主这静，只我这里动也静，静也静。"《朱文公文集》卷五十二《答汪长孺书》："今日入侍，方讲《大学》，颇蒙开纳。"绍熙五年（1194）十月辛丑十四日，朱熹被召入都任焕章阁待制兼侍讲时。

另同时间，有祁门汪克宽，字德辅，故相伯彦之孙，太府卿召嗣之子，郑玉《师山遗文》卷一《送汪德辅赴会试序》记其人。又《解学士文集》云：自宋亡元兴，时则有若程勿斋，吴义夫，汪古逸，赵子常，郑彦昭，汪德辅，倪士毅，朱允升，郑师山，唐三峰，传至国初，以性命义理之学讲淑诸人，皆不失为文公之徒也。由此，亦可知，祁门汪德辅晚出，非朱子门人。

【著作】 考赵希弁《读书附志》，载晦庵先生《朱文公语后录》二十卷，注有汪德辅所录也。

赵师虑　鄱阳

【按语】《朱子语类》卷一百六载朱熹知漳州时，"熟闻知录赵师虑之为人，试之政事，又得其实，遂首举之，其词曰：'履行深醇，持心明恕，闻者莫不心服。'"朱熹举荐赵师虑。陈傅良《止斋先生文集》卷二十七《应诏荐宗室赵师虑赵师渊状》称誉"行谊修饰，趣操廉静"。

【小传】赵师虑（？—1197），字学古。绍熙间，任漳州知录，绍熙庆元间知宜春县事。以《朱文公文集续集》卷七《答余景思》："朱、赵相继沦没，深为可念。闻宜春人欲留学古卜葬于彼"，以及《朱文公文集续集》卷一《答黄直卿》亦云"学古、鲁叔相继逝者，可伤。吴伯丰尤可惜"。吴伯丰卒于庆元三年十二月初，故赵学古亦卒于庆元三年（1197）。《江西通志》言其知宜春县事，"勤抚字，慎催科，恤贫病，辍俸为宾客之资。卒于官，贫无以敛"，方有朱子"闻宜春人欲留学古卜葬于彼，遂为留居之计"。《夷坚志补》卷十一"鄱阳赵学古为宜春宰"，知赵学古为鄱阳人。《朱子门人》不列为门人，《朱熹师友门人往还书札汇编》列为朱熹门人，并考朱熹《答□学古》校记所作题名"学古"上，"《正讹》据徐树铭补'叶'字为误补字，应作"赵学古"。以朱子《答余景思》《答黄直卿》及补正《答赵学古》所言，赵学古当为朱子门人。绍熙间，赵师虑任漳州知录，知宜春县事。朱熹离漳委托刊刻《四经》《四子》《近思录》诸书。《弘治八闽通志》仅言赵师虑"居漳州"。

曹建　余干

【按语】洪迈《容斋四笔》卷五引吴孝宗《余干县学记》说："古者江南不能与中土等，宋受天命，然后七闽、二浙与江之西东，冠带《诗》《书》，……人才之盛，遂甲于天下，江南既为天下甲，而饶人喜事，又甲于江南。"曹立之先后师事象山、朱子，因朱子《曹立之墓表》之争而引发两派异同论争。时先后随不同学者为学，本正常现象，因此有朱陆之争，实有门户之见蕴意，不甚为当。

【小传】曹建（1147—1183），据《宋元学案》《同治余干县志》载：字立之，号无妄先生。饶州余干（今属万年）人。乾道间先从沙随程迥，继从金溪陆九渊、陆九龄。诸史籍均载，淳熙间，朱子过余干，见建与语，大奇之，后依附晦庵门下。从朱子作《曹立之墓表》知淳熙乙未（1175）曹立之又见朱子于鹅湖之会。《朱文公文集》卷三十四《答吕伯恭书》："其徒曹立之者来访。气质尽佳，亦似知其师说之误。持得子静近答渠书与刘淳叟书，却说人须是读书讲论，然则自觉其前说之误矣。但不肯翻然说破今是昨非之意，依旧遮前掩后，巧为词说，只此气象却是不佳耳。"《曹立之墓表》又及"后五年，予守南康，立之果来"，故立之从学朱子在1180年南康军时。朱子授以"无妄"之名，因而称无妄先生。而此前《陆九渊集》卷三十四《语录上》：曹立之有书于先生曰："愿先生且将孝弟忠信诲人。"先生云："立之之谬如此，孝弟忠信如何说'且将'？"曹建所师众多，主张为学当"循下学之则，加穷理之工，由浅而深"，治学求道倒向朱熹"泛观博览"，陆象山指责他"以是吾道，恐非吾道之幸"，称其"小人儒"。曹立之早亡，朱熹撰墓表称曹氏治学"博而不杂，约而不陋"，引起象山先生以及陆门子弟不满。陆子直言立之"尽叛某之说，却凑合得元晦说话"，陆九渊认为朱熹意存讥讽，批评此表"未得实处"。

曹廷　余干

【小传】　曹廷，字挺之。据《曹立之墓表》知为立之弟。《朱子门人》等不列。《陆子学谱》谓曹建"与弟廷具学于先生"。象山《与曹挺之》言其虽气质刚直，但"未曾如此着实作工夫，否则不至于虚论"。而淳熙十年（1183）《朱文公文集》卷三十五《答刘子澄》言"熹五月间因曹挺之行附书，想已达矣"，说明淳熙十年（1183）五月曹挺之曾与曹立之同时从朱子于南康军。《朱文公文集续集》卷四上《答刘晦伯》："书烦遣去，并赵宪、程正思、曹挺之书为一一致之为幸。程在沙随寓居处不远，可并遣也。"此"赵宪"，为江东提刑赵烨。依据宋蔡戡《定斋集》卷十五《朝奉郎提点江南东路刑狱赵公墓志铭》云赵烨改江东提点刑狱，"期年卒于官，时淳熙十二年二月三日也"，明在淳熙十一年，顾宏义《朱熹师友门人往还书札汇编》有考。

柴元裕　余干

【按语】　柴元裕列于《宋元学案》卷七十九《邱刘诸儒学案》，为邱惹、刘光祖等人创立邱刘学派代表，此学派于"学问之源委，治道之纲目，制度之沿革，靡不研究"，主张"以穷理尽性为本"，"体克己之仁，严谨独之戒，笃正心诚意之学，躬行此道于上"。柴元裕则成为由宋到元理学输出的起点，亦为南溪（南溪今称万年河流域，柴中行号南溪先生）理学、余干之学基石。赵崇宪称其"潜心义理，苦志不渝"。

【小传】　柴元裕（1128—1211），字益之。题所居斋曰强恕，学者称强恕先生。饶州余干（今江西万年县）人，柴中行从叔。《宋元学案》错列于"南溪学侣"，搞错元裕辈分。王梓材又妄加按语，以为："《袁蒙斋集》称强恕、南溪、蒙堂曰'三柴'。南溪名中行，蒙堂名中守，则强恕必南溪传所谓中立者矣，元裕盖其改名尔。"误将柴元裕与其从侄柴中立（筼赛先生）混为一人。《朱子门人》未列柴元裕为朱子门人。元代《柴汝为圹志》记："初，强恕先生元裕以濂洛正学□于乡，簦笈坌集，其犹子南溪先生中行、蒙堂先生中守、筼赛先生中立皆从之游。南溪入侍经筵，出秉麾钺，嘉谟伟绩，精忠劲气，载在国史传，仅一再家已不竟，群从议建乡校，祠之咨决□。孝考笃从祖亲亲之谊，不待金谋，遽割便近百数十亩，构大成正殿以倡之乡城。"《康熙饶州府志·艺文志》卷三十四载康熙年间余干县令江南龄《余干重建东山书院记》："宋丞相赵忠定公与紫阳朱子德合道同，朱子尝止其庐，其从弟汝靓、子崇宪师事之，筑馆羊角峰今之东山书院朱夫子讲学处也。当时及门则曹建，私淑则柴元裕、中行、饶鲁，而余干于是遂世有朱子之学。"据《同治万年县志》所载《松冈书舍记》，柴元裕在余干东山书院与赵崇宪同学于朱熹，得传程朱理学。通五经，尤长于易。主张读书以穷理尽性为本，以"昌明道学"为己任，柴元裕于1187—1189年间建松冈书院，四方从众。赵崇宪《松冈书舍记》亦记柴元裕"毅然以师道自任，构就书舍，如汤汉、饶鲁、李伯玉及从子中行、中立诸君子以道学鸣者多出其门"。

【著作】　《春秋尚书论语解》《易系大学中庸解》。

赵汝靓　余干

【按语】《同治余干县志》就曾言："大贤过化，传薪渊艾，曹、柴、饶、胡诸公后先辉映。理学名里甲于江右，迄今俗尚礼教，士砺廉隅，前贤遗泽数百年固未艾也。"谢枋得《叠山集》卷三《东山书院记》载："笃行先生赵公及其子忠定、从弟汝靓有东山书院，风云堂乃笃行、忠定兄弟教子孙之所，题则文公笔也。"《宋史》言赵崇宪"能守家法，所至有惠政，亦可谓世济其美者已"。崇度得家学所传，又有朱熹教导，德行兼备，所著以文史为主。真西山铭其墓，称先生劲气直节，实似忠定，傂诸忠宣昆季，各得文正之一体。西山赞曰"公虽生长相门，家世本儒生，守礼法又尝亲近有道，故能摆落豪习，平居自励如玉雪，不忍秋毫点污自笃行，公以纯孝闻"。

【小传】 赵汝靓，汝愚从弟。余干人。诸史均未列为朱子门人，《朱子门人》亦未列。淳熙五年（1178），赵汝愚及堂弟赵汝靓始建于冠山东峰。《同治万年县志》录赵崇宪《松冈书舍记》载："乡校之兴大有功于世教。先严中丞忠定公闻晦庵朱先生与胡宪、刘勉之、刘子翚三君子得道统正，爰构书院于本邑东山，延居讲学，愚与从叔靓师事之。柴君元裕字益之，与予渊联秦晋，亦来就学。潜心义理，苦志不渝。"有言"愚与从叔靓师事之"，知赵汝靓亦为门人。《同治饶州府志》载："赵汝靓潜心理学，苦节不渝，尝作东山书院，留朱熹讲学。"

赵崇宪　余干

【小传】 赵崇宪（1160—1219），字履常，赵汝愚长子。因以朝议大夫、直华文阁致仕称"赵华文"。余干县人。淳熙八年以取应对策第一，淳熙十一年（1184）进士，官至户部尚书。《朱子门人》依《宋史》、真德秀《赵华文墓志铭》、《万姓统谱》，及《文集》"提及履常五、六处，皆友朋之意，而非师生论学。应以学友待之"。查真德秀《西山文集》卷四十四《赵华文墓志铭》只言"公之学得于家庭而成于师友，以不欺为立心之本，思过为进德之方"，然《勉斋集·书赵华文行状》有"华文方以少年擢高科，馆于刘忠肃公之家，而受业于晦庵先生之门，遂与为友焉"。参之以《朱文公文集》卷五十六《答赵履常崇宪》："只有少读深思，令其意味浃洽，当稍见功耳。读《易》亦佳，但经书难读，而此经为尤难。"《朱文公文集续集》卷六《答刘德修》言："余干时有人往来，履常兄弟且如此。昨得其书，具道所教戒，令人感叹。但观时势恐未有补，徒促祸耳。机仲、元善各已为致盛意，皆属道谢。子宜在宜春时得书，其母年高，不肯来就养，甚可念。子直罢庐陵后，去之章贡外邑寓居，亦不甚安。子寿间亦得书，平父闻亦归江陵，却不得近书也。季章必已到阆中，文叔寓居，不知为况定何如，亦已托君亮附书问讯矣。"该书所列，多以门人之字，论及履常兄弟亦同，当以弟子视之。淳熙五年（1178），赵汝愚及从弟赵汝靓等建余干东山书院，邀朱熹讲学，赵汝靓及赵崇宪拜朱熹为师受学。《雍正江西通志》卷二十二亦载："东山书院旧在余干县羊角峰侧，宋赵汝愚暨从弟汝靓建。汝愚子崇宪师事朱子，于此讲学。汝愚卒，朱子来吊，复馆焉。"淳熙八年至十一年（1181—1184），赵崇宪馆于岳父刘珙家，此时亦从学于武夷精舍。淳熙十五年（1188），赵崇宪曾摹刻程颐帖，朱熹作《书伊川先生帖后》，谓："今制幕赵崇宪摹刻，以示蜀人，远寄墨本。因记前说，辄为附识其后，使览者有以知夫学之有统、道之有归，而不但为文字之空言，以哗世取宠而已也。"庆元元年（1195），朱熹观赵崇宪所藏邵雍真迹，作跋。庆元二年朱熹赴余干吊唁赵汝愚，讲学东山书院，四方名士纷至沓来，人数达数以百计。朱熹在此完成《楚辞集注》编纂。崇宪任江州知府时，扩建濂溪书院。后在余干建忠定书院。李燔曾撰写其人行实。

【著作】《赵丞相行实》一卷、《附录》一卷。

赵崇度　余干

【小传】赵崇度（1175—1230），字履节，号节斋。《宋史·宗室世系表》所列忠定八子，长子：赵崇宪；次子：赵崇范；三子：赵崇楷；四子：赵崇朴；五子：赵崇度；六子：赵崇要；七子：赵崇寔；八子：赵崇洁。赵崇度为第五子，《渊源录》误为次子。饶州余干人。提举江西常平以朝散大夫致仕。《渊源录》《宋元学案》列为门人，《朱子门人》以为讲友。真德秀《西山集》卷四十三《提举吏部赵公墓志铭》明言"公年十六，谒文公朱先生于考亭，先生器之，授以《大学》一编。其后忠定以谗去相位归卧里门，又授之以《通鉴》"，知赵崇度始从学时间为 1190 年于建阳考亭，方彦寿《朱熹书院与门人考》以为从学时间为 1191 年于建阳考亭，既有家学又师朱子。平生尊慕正学，在邵武则建周程张朱五先生祠，在桂阳则专祀濂溪于堂，而徙其不可并祠者。

【著作】《磐湖集》十卷，《左氏常谈》《史髓》《节斋闻记》等。

七、信州门人

【按语】 南宋时，信州属江南东路，是由临安（杭州）到西南和临安到福建的枢纽、重要交通构架。朱子出闽，往徽州、临安、南康军、潭州（长沙）等多经由信州。《雍正江西通志》卷一百三十一录有明人汪伟在《南岩文公祠记》中亦云：“吾信为闽之门户，文公游仕四方，必道出焉。”清李光地《榕村集》卷十四《怀玉书院记》云：“子朱子生长建州，趋朝归山则信州其孔道也。”由此，信饶之州诸多学人纷纷从学朱子，《宋元学案》中关涉信州、饶州朱子门人后学专列有《双峰学案》《存斋晦静息庵学案》《介轩学案》《沧洲诸儒学案》等。

傅杰　铅山

【按语】《克斋集》卷十二存朱熹《答傅才甫书》，鼓励傅杰“专读一书，久自得力”。

【小传】 傅杰（1167—1212），字才甫。象山陆氏门人傅一飞之子。铅山人。傅杰以范成大奏赐其补而授南剑州顺昌县主簿，官至监江陵府粮料院。陈文蔚《克斋集》卷十二《监江陵府粮料院傅君墓志铭》载，傅杰“授迪功郎、主南剑州顺昌县簿，该慈福皇太后庆寿恩，循修职郎，将赴顺昌，道建阳，首谒晦庵朱夫子。夫子旧尝会东莱、象山诸老先生于鹅湖僧舍，识伯济，问所从来，喜曰：‘伯济有子。’伯济，一飞字也”。《朱熹师友门人往还书札汇编》参之以《宋史》卷二四三《后妃传》，考慈福太后“绍熙四年，后寿八十，帝乃觐后奉册礼，加尊号曰隆慈备福”，由此知傅杰于绍熙四年赴顺昌任途经建阳从学朱熹。墓志铭又有载“才甫尊贤慕义，所至有道之士倾心爱敬不敢待以稠人。廖公德明居顺昌，老成而闻道，才甫日得亲炙，闻其绪论。及官崇仁，何公异贤而有文葺山庄为燕息地，才甫多从之游。以职事至金溪则访陆先生遗址与其先人"。知又从廖德明学。《朱子门人》未列。

徐昭然　铅山

【按语】《朱文公文集》卷五十八《答徐子融》称"子融志气刚决，故所见亦如此痛快直截，无支离缠绕之弊"，"志趣操守非他人所及"。《朱文公文集续集》卷二《与蔡季通书》谓："铅山徐子融老成有守。尝作《小学》。欲延之家塾，为诸子师范。"《朱文公文集》卷五十九《答陈才卿》又"子融看得文字痛快直截，可喜，想时相见"。然又以为"子融日益孤高，深可叹羡"。

【小传】　徐昭然，字子融。《克斋集》卷十七《昌甫寄徐崇甫书并崇甫寄渠诗及渠兄弟和章因次其韵呈昌甫》称"徐崇甫"，《南州徐氏宗谱》亦作"字崇甫"。许家星《朱子门人补正》考其号"潜斋"。信州铅山人。依《克斋集》卷三《书徐子融遗事》载："潜斋为人志气刚决，始游方外，为佛老之学，归而闭门教学。闻晦庵朱先生讲道于建之五夫，欲从而就正，未果。行一日，先生有朝命道过铅山，因见于永平驿，语不合，拂衣而去，人谓其不复来矣。先生辞免俟旨，宿留玉山道中，忽散其生徒，毅然而至。文蔚时侍先生侧，先生喜其徙义之，勇挈之。偕至玉山，留止余月，教诏甚详，自此凡一再登门。"方彦寿《朱熹书院与门人考》以《朱文公文集》卷五十九《答陈才卿》"正叔、子融相聚累日，多得讲论，甚恨才卿独不在此也……《启蒙》所载为有发于《易》"中的《易学启蒙》编成时间为淳熙十三年，考徐子融师从时间淳熙十三年之前的淳熙六年（1179），而方彦寿《朱熹书院与门人考》未注意两细节，一是"先生有朝命道过铅山"，二是"文蔚时侍先生侧"。以文蔚《克斋集》卷七《朱先生叙述》有"尝以江西宪趣朝，道经上饶，文蔚侍行，止宿驿舍"，明朱子非赴任，而是"有朝命""以江西宪趣朝"朝奏，事在淳熙十五年；尤其关键的是，陈文蔚从学朱子时间为淳熙十一年（1184），决不能够在淳熙六年（1179）"时侍先生侧"。《年谱长编》卷下、顾宏义《朱熹师友门人往还书札汇编》曾考以为徐昭然问学在淳熙十五年（1188）中朱熹入都奏事，往来铅山时来受学，下半年又至五夫从学，准确。知淳熙十五年（1188）三四月间，徐昭然受学朱子，其地可谓玉山。陈文蔚《克斋集》卷二《通晦庵先生书问大学诚意章》：

"文蔚近于邸报中得知先生复有召命，可见圣眷优隆。徐子融罢学到五夫，其志甚锐。"又《晦庵文集》卷五十九《答陈才卿》："方叔、子融曾相见否？方叔看得道理尽自稳实，却是子融去岁在此讲论，多不合处。"知淳熙十五年底至十六年初农历前，子融又往五夫就学。以陈文蔚《克斋集》卷十一《余正叔墓碣》云"己酉秋九月，予往省先生，值正叔将归，语别武夷溪上"，再《朱文公文集》卷五十九《答陈才卿》言，与"正叔、子融相聚累日"，徐子融早余正叔返回，未遇陈文蔚，徐子融九月前与余正叔到武夷问学。另以《语类》所记徐子融绍熙五年（1194）与庆元五年又有从学经历。嘉定元年（1208），徐子融于鹅湖寺西侧"轩艾蓬蒿茸茅屋"聚徒讲学，为此书院讲学最早雏形。徐子融与陈文蔚、余方叔、吴介甫等多交往。《铅书》第七章《书疏第七》朱熹以为"所论浩气，甚善甚善。大率子融志气刚决，故所见亦如此痛快直截，无支离缠绕之弊。更愿益加详审，专就平实，亲切处，推究体认，久当有以自信"，徐子融有"枯槁有性无性"之论，其诗言"精一危微共一心"着力于道心人心之说以及西铭之学。陈文蔚《克斋集·又答徐子融书》录徐昭然曾谓："不能弘圣道而徒言辟异端，为学者之病。"陈文蔚以为若依徐氏所论，"则是党邪庇伪，反为异端之地矣"。

【著作】《又溪集》。

陈文蔚　　上饶

【按语】　信江上游以陈文蔚、余大雅、徐昭然等为代表，传承朱学，为丘园派理学，自甘淡泊、崇尚克己，讲求丘园体验，践履理之精神。文蔚得其师旨趣，笃信朱子之学，尤为突出，依朱子《白鹿洞书院揭示》而作学规，付诸实践，且有所发挥。徐元杰《梅野集》卷十一《挽克斋陈先生四首》称陈文蔚"师承心独切，于道愧无闻"，以为"熏炙儒先早，朱门授受亲。道妙穷精一，心传有省循"。彭龟年《止堂集·祭陈克斋先生文》："揆情度事，如鉴之明；泛酬曲应，如衡之平。"《同治广信府志》卷九之三载文蔚"从学朱子，洙泗渊流，多深造而自得之，著书立言，俱得朱子旨趣"。承续朱子，作《双溪书院揭示》。《四库全书总目》卷一六二评语："文蔚实亦笃信谨守，传其师说。其诗虽颇拙俚，不及朱子远甚。其文则皆明白淳实，有朱子之遗。讲义九条，剖析义利之辨，亦为谆切。均不愧儒者之言，与后来依门傍户者，固迥殊矣。"在门人中，将朱熹书院教育理念付诸实践，并有所发挥者，陈文蔚表现最显。

【小传】 陈文蔚(1154—1239)，字才卿，号克斋。信州上饶县人。陈文蔚《克斋集》卷十一《祭余正叔》自有："始予与公其生同乡"，"文蔚始因同里余大雅以师事朱子"，"遂相与同游于朱夫子之门。甲辰之秋，同往同归，在道一月，切磋讲究。"《克斋集》卷十六另有《甲辰九月初访晦庵先生大安道中和余正叔韵》，即淳熙十一年（1184）从学朱子。而《语类》所录七十条，为淳熙十五年（1188）所录。以此，亦可知《语类》载门人所录时间并非从学起始之年。《克斋集》卷十一《祭朱先生文》有云："丁巳之冬，戊午之春，招之使来，授业诸孙。因获终岁，侍教谆谆。"则庆元三年（1197）冬至庆元四年（1198）春之际，又尝馆于朱子家，教诸孙。文蔚先后在饶州州学、信州州学、袁州州学、丰城龙山书院、宜春南轩书院、景德镇双溪书院和白鹿洞书院、铅山鹅湖书院等讲学。曾于白鹿洞书院言仁及更畅义利之辨，张伯行《陈克斋集序》载有："先生杜门养志，屡聘不起，闲以诗文自娱。晚年为部使者聘入白鹿洞书院，发明师训，辞和而旨切，学者闻之，辄有所兴起。"仿《白鹿洞书院揭示》作《克斋揭示》《双溪书院揭示》，发挥师说，《克斋集》卷七以为："近世学规朱先生揭之于白鹿洞书院已尽之矣。今撮其绪余以告来学之朋友，便知立身之大节，修为之次第……如右数条当相与共守之。"《经义考》卷三十一有言："其学以求诚为本，以躬行实践为事，著书立言，俱得朱子旨趣，隐居丘园，累征不仕。"《嘉靖江西通志》亦载："隐居丘园，屡聘不起，聚徒讲学，以斯文自任。"以陈文蔚、余大雅、徐昭然等汇聚信江上游地区，理学学者形成丘园派理学。《宋元学案》将陈文蔚列入《沧洲诸儒学案》。有学者将其列入理学"豫章学派"，欠妥。文蔚笃信朱子之学，甚忧于任意篡改师说、违背师训之言行。文蔚所论《中庸》《大学》诚意之说，有所发挥新意。与徐侨作人心道心之辨，文蔚以为流于人心则人欲放肆，主于道心则纯乎天理，性无不善，如水无不清，强调性善论、心统性情，纠徐侨之说，力挺师说。主张"气理不相离不相杂"。《克斋集》卷十六《和徐子融韵》"明善谁知合在先"。

【著作】《克斋集》十七卷、《双溪书院揭示》《克斋揭示》《师训拾遗》《晦庵诗说》《尚书类编》。《经义考》以为陈氏文蔚另有《易传》。

段钧　上饶

【小传】　段钧，字元衡，又字仲衡。《同治广信府志》补遗有《与王伯玉播上饶段元衡钧邢大声广声兄弟饮诗》，赵蕃《淳熙稿》卷十四《观邢园梅偶成长句录呈上饶故人段元衡钧》。《淳熙稿》卷三《呈元衡》作"我归玉溪傍，君向灵山侧"，灵山在上饶。其先邯郸人，信州上饶人。淳熙六年，段钧与南康知军朱熹同僚，四月共游，栖贤摩崖石刻留名。七月同游三峡，朱熹作《立秋日同子澄寺簿及金判教授二同僚星子令尹约、周君、段君同游三峡过山房登折桂分韵赋诗得万字辄成十韵呈诸同游》，赵蕃则有《段元衡出示与晦翁九日登紫霄峰诗及手帖并及贾八十兄诗既敬读之得三绝句》。淳熙九年九月重九，与卸浙东提举任后路过江西玉山的朱熹聚会，段钧并同徐文卿、赵成父陪朱熹游南山。徐文卿、赵成父等同为朱子门人，则段钧亦为门人。《朱子门人》未列。

余大雅　上饶

【按语】　《朱文公文集》卷五十九《答陈才卿》称余大猷看得道理尽稳实，而《朱文公文集》卷五十九《答余正叔》又谓"正叔本有迟疑支蔓之病"。《上饶县志》以为其"德性和粹，器量宏远"。陈文蔚《克斋集》卷十一《祭余正叔》曾谓："予自为儿，已闻公誉，未知其有为学之志。暨其壮岁，声气既同，不期自合，遂相与同游于朱夫子之门。……公性和粹，公量宏远，孳孳讲学，未见其止，方幸紫阳之业有嗣，而后学之望有归。"卷十二《余正叔墓碣》亦谓："正叔志道恳恻，问难叩击不倦，揆诸心一毫有未得，虽往返十数不置，期于释然而后已。先生嘉其勤，竭两端以告。"

【小传】　余大雅（1138—1189），字正叔。陈文蔚卷十二《余正叔墓碣》："正叔，讳大雅，余其姓也。世居上饶。"《祭余正叔》又有"始予与公其生同乡"，"文蔚始因同里余大雅以师事朱子"，《经义考》引张时雨曰："克斋先生，名文蔚，字才卿，信州上饶人，因同乡余正叔得师朱子。"《年谱长编》据《儒林宗派》《语类》证明《实纪》《闽中理学渊源考》《宋元学案》《道南源委》《八闽通志》《万姓统谱》等书作"南剑州顺昌县人"，均误。《朱子门人》作"信州上饶县人"，当是。余大雅曾问学王时敏。《语类》卷一百一十三记言"大雅谒先生于铅山观音寺，纳贽拜谒"。未记明确时日。田中谦二、《年谱长编》亦以为余大雅于淳熙六年二月，从学候命观音寺的朱子。然《语类·姓氏》言余大雅所录"戊戌（淳熙五年，1178）以后所闻"。淳熙五年（1178）八月朱熹因义兄、刘子羽之子刘珙病逝江西弋阳，有过铅山观音寺经历，则余大雅与弟大猷从学朱熹当以淳熙五年（1178）八月。淳熙六年（1179）正月复上状请祠，朱熹二十五日启行，二月四日待命于信州铅山崇寿寺，陆九龄来访朱熹，共聚三日。《语类》卷一百二十四存余大雅记录："陆子寿自抚来信，访先生于铅山观音寺。"大雅在场旁听从学。朱熹知南康军曾招余大雅前来，《朱文公文集》卷五十一《答黄子耕》言及："熹初意到此，即遣人招正淳、伯丰及余正叔，而此间事繁财匮，时论又方扰扰，令人忧惧，不知所以为计，遂未能及。"淳熙十六年（1189）九月余正叔亦逝世，故顾宏义《朱熹师友门人往还书札汇编》"推知本书约撰于庆元五年（1194）七月前后"为误。后数度从学于武夷精舍。淳熙十四年大雅与郑南升、赵致道讨论《论语》仁说。《余正叔墓碣》："闻晦翁朱先生讲道闽中，毅然登门，与弟大猷从其所帅相继而往，文蔚亦因正叔拜先生于紫阳书堂。登师门度闽岭，或犯霜露冒炎暑不以为惮。"陈文蔚《祭余正叔》谓淳熙十六年（1189）"今岁之夏，公复入闽。九月之初，我往公归，适相邂逅于武夷道上，踌躇言别，不忍遽舍，岂谓分袂而遽成永诀耶！"以陈文蔚《祭余正叔》载"相与同游于朱夫子之门。甲辰之秋，同往同归"。时赵蕃亦访学于武夷。《朱子语类》卷一百一十三大雅尝有诗云："三见先生道愈尊，言提切切始能安。载其与剑浦游敬仲同时从朱子游，每见必告以简约切实工夫，而要其归于求放心一言"，深得求放心之旨。余大雅曾请教朱熹"明德"与心性关系论。《乾隆上饶县志》载"闻朱子讲道闽中，毅往师之志道，笃问难详，朱子嘉其勤，平居问答，仅存语录刻于江东庾基台"，《余氏宗谱》记载正叔及从弟方叔公，性勤学，兄弟相师友辟精舍于上饶黄冈，遗址在今云岩书舍。

【著作】《朱子语录》一卷。

余大猷　上饶

【小传】　余大猷，字方叔，大雅弟。陈文蔚《克斋集》卷十六《七月四夜雨过差凉闲坐，和徐子融日所寄四绝》诗曰："寄书好与随庵道，千里元来共一天。"下注"随庵谓余方叔"，余大猷号"随庵"。顾宏义《朱熹师友门人往还书札汇编》以《闽中理学渊源考》卷二十二误作"顺昌（今属福建）人"。淳熙五年（1178）八月与余大雅同时从学文公。清阮元辑《两浙金石志》及倪涛《六艺之一录续编》卷七："朱文公题名：绍熙甲寅闰十月癸未，朱仲晦父南归，重游郑君次山园亭。周览岩壑之胜，裴回久之。林择之、余方叔、朱耀卿、吴定之、赵诚父、王伯纪、陈秀彦、李良仲、喻可中俱来。"此即绍熙五年（1194）十月，朱熹与弟子余大猷等人同游郑次山园亭。《朱文公文集》卷五十九《答余方叔大猷》载："大猷窃谓仁、义、礼、智、信元是一本，而仁为统体，故天下之物有生气，则五者自然完具；无生气，则五者一不存焉，只是说及本然之性。"卷五十九《答陈才卿》："方叔、子融曾相见否？方叔看得道理尽自稳实，却是子融去岁在此讲论，多不合处。"《朱文公文集》卷五十八《答徐子融昭然》："有性无性之说，殊不可晓。当时方叔于此本自不曾理会，率然躐等，拣难底问。"《朱子语类》录方叔数条，关及仁、忠恕、《周易本义》等。

【著作】　《书会通》。

王时敏　上饶

【按语】　王时敏学有源流，兼该体用，从师于吕本中、尹焞、吕东莱及朱子，兼学别样。

【小传】　王时敏（？—1194），字德修。信州上饶县人。先从吕本中学，本中荐之于尹焞，与韩元吉为同门友。《朱子门人》以《文集》卷六十一《致林德久（至）》第五书称"德修王丈"称谓，以为"不如以讲友待之也"，对此廖明飞博士刊于《思想与文化研究》第20辑的《陈荣捷〈朱子门人〉商兑》已有详论，不当以朱子《文集》《语类》称"友""老""丈""兄"等而弃门人之列。据《朱子语类》陈文蔚所记王德修见朱子，淳熙十五年（1188）朱子过上饶，王时敏问学。1194月初，上饶待命五六天，后赴朝廷经筵侍讲。十一月朱子辞归至上饶，凭吊王时敏墓。《同治广信府志》卷十三朱子哭以诗曰："不到湖潭二十年，湖潭依旧故山川。聊将杯酒奠青草，风雨萧萧忆昔贤。"以"不到湖潭二十年"，知王时敏与朱子相识近二十年，推淳熙二年（1175）。陈文蔚、徐子融、黄子功送朱熹归闽至武夷山分水关。《朱子语类》记有时敏问学多则，涉及《论语》《孟子》《诗》及《中庸》"惟精惟一，允执厥中"等，尤，朱子与其讨论和靖之学，朱子教导"须是知得，方始行得"，"先知了，然后志学"。由此，当视为门人，《年谱长编》亦以为门人。《朱子门人》则列为讲友。王时敏博学深厚，朱子多称许。

【著作】《师说》三卷，记和靖之语。县志载：《语孟》《中庸》《大学》说并杂若干卷。

徐子颜　　上饶

【按语】《朱文公文集》卷五十九《答陈才卿》谓"子颜一室萧然，有以自乐，令人敬叹"。徐子颜与吴伯丰、李敬予诸人时相过从论道，同为"豫章学派"。陈文蔚《祭徐子颜》称"惟公禀质纯固，用志不分，凡夫子所言，手抄心记，以终其身，毫厘不敢易置。然则为学之士求其笃信如公者，诚未易多得也"。

【小传】徐子颜，许家星《朱子门人补正》作"徐似为江西信州人"。石立善《朱子门人丛考》考为上饶人。《克斋集》原序："同方友教余正叔、徐子融、徐子颜、吴伯丰诸子。"韩淲《涧泉集》卷十九《徐子颜挽章》云："信城多士固多才，乡老凋零安在哉。"徐子颜当为信州人。石立善《朱子门人丛考》以陈文蔚《祭徐子颜》《语类大全》所记定徐子颜非弟子乃讲友，多有异议。《朱文公文集》卷六十《答徐崇父侨》："子颜时时往来，甚佳。才卿得托门馆，甚善。"此处言"才卿得托门馆"指陈才卿方于淳熙十六年（1189）间从学，而徐子颜已经是"时时往来"，知徐子颜早于淳熙十六年（1189）前业已从学。陈文蔚《克斋集》卷四《乙卯（庆元元年，1195）三月廿五日拜朱先生书》："此间却有子颜徐丈，持守颇严，时复相聚，亦能使人向前，但于先生此说亦未能释然耳。"《语类大全》卷一百二十陈文蔚录，"或问徐子颜，曰：其人有守，但未知所见如何"。与徐侨同学。

陈景思 弋阳

【按语】 叶适《水心文集》卷十八《朝请大夫主管冲佑观焕章侍郎陈公墓志铭》言："思诚竞朗通达，而以门阀自畏。问学师友，出于嗜欲。广学而壹好如思诚之厚其本鲜。"陈景思于道学贡献，叶适以为"道学不遂废，思诚力为多"。

【小传】 陈景思（1168—1210），字思诚，信州弋阳人。丞相陈康伯孙。开禧元年（1206）二月，进直焕章阁迁太府卿兼夏官侍郎，提举玉局观。叶适与陈景思为友，往还甚密。叶适《朝请大夫陈公墓志铭》："朱公之在建安，接牍续简无旷时。远质方闻，遍扣尊老，不以寒畯为间也。时攻伪日峻，士重足不自保，浮薄者以时论相恐喝，思诚每为所亲正说不忌。与文公书，具言其无他。文公答曰：'其然其然！韩丈于我本无怨恶，我于韩丈亦何嫌猜乎！'所亲见之，意大折。道学不遂废，思诚力为多。"此处陈景思"远质方闻，遍扣尊老"即有尊朱之意。而《朱文公文集》卷五十九《答陈思诚景思》言："承喻为学之意与其所闻于师友而服膺弗失者，甚慰甚幸。然此乃近世所谓诡伪之学而斥去之者，向来虽或好之，今亦隐讳遁逃之不暇，以贤者之门地声迹，盖将进为于斯世者，而乃有意于此，何嗜好之异耶？夫名实义利、为己为人之判，正则之言是也。但其所为者，要当真实有用力处；所不为者，要当深自省察，蚤戒而预远之，是乃所谓征验之实。"训诫为学之意明显，陈景思与朱子亦师亦友。又《同治广信府志》卷九之三也记有："景思籍田令时，攻伪学日急，选人余嘉玉乞罗织朱子，士之绳趋尺步，稍以儒名者无所容其身，景思与韩侂胄有姻连，劝侂胄勿为，已甚，侂胄意亦惭悔。"可知在党禁之前，陈景思与朱子已熟知。

徐彦章 玉山

【按语】 徐彦章当为与徐斯远、赵蕃等并列，可列入上饶丘园派理学。《朱文公文集》卷五十四《答徐斯远》曾以为"彦章守旧说甚固"，又以为"彦章议论，虽有偏滞不通之病，然其意思终是靠里近实，有受用处也"。

【小传】 徐彦章，《朱子语类》卷六十九易五载"徐涣云：天之行健，一息不停，而坤不能顺动，以应其行，则造化生生之功或几乎息矣。此语亦无病。万物资乾以始而有气，资坤以生而有形，气至而生，生即坤元。徐说亦通。会渊录。"参之以徐彦章讨论《易经》之义，疑徐涣为徐彦章之名。《朱子门人》未列徐涣为门人。《补证》据《朱子语类》卷七十八载朱子曾与之在上饶玉山相见等推测徐彦章似是上饶玉山人。《同治广信府志》《玉山县志》均确记有"朱子答玉山门人徐彦章"。《儒林宗派》卷十作："徐文卿，斯远，玉山。徐彦章。"《朱文公文集》卷五十四《答周叔谨》："彦章书来，云欲见访，却不见到，不知何故"，顾宏义《朱熹师友门人往还书札汇编》以书中云"祝汀州已成见次，不知赴官能入山否"，推其当于淳熙十四年（1187）春。如果此成立，则淳熙十四年（1187）春前，徐彦章与朱子已熟知。赵蕃《成父弟书来，报朱先生过玉山留南山一日，且有题名，余不及从杖履为恨，辄成鄙句，寄斯远彦章且示成父》，亦明为玉山人。且知淳熙九年九月，朱熹过玉山，彦章曾陪同与问学。朱熹要长子朱塾出面邀约浙东各派学者到玉山相会，在玉山道上与朱熹见面，探讨"子夏为狷介，只是把论交处说"。淳熙十五年（1188）七月，朱熹归经玉山。《朱文公文集》卷六十一《答林德久》："向在玉山道间，见徐彦章说离为龟。"后来又问学于建阳考亭，参与讨论天体运行问题。方彦寿《朱熹书院与门人考》以为在淳熙十四年朱熹与徐彦章已有通书，《朱文公文集》卷五十四《答徐彦章》书四通，诫徐彦章应当虚心，不可先立意见，体察"深沉安静"气象。《朱子语类》卷四十九录有黄𪩘："以子夏为狷介，只是把论交处说。子夏岂是狷介？只是弱耳。"《朱子语类》卷六十二录有黄升卿所记"答徐彦章问中和"，比较儒家与异端的差异。其与赵蕃友善，有诗作往来酬唱著有《周官辨略》《论语赘言》等。

汪季良　玉山

【按语】　应辰之孙汪季良与汪季英非兄弟，倡导亲父子、和兄弟、谨夫妇、敬君臣、善朋友，视疾病、早安厝、严继绝、保本业、戒讼斗。爱民为本。其学从经世出发，有正、有义、有宽、有仁。汪季良建立社仓。

【小传】　汪季良（？—1212），字子驷。《朱子门人》提出："汪季良是否与汪季英（端雄）为兄弟，现无可考。"据《永嘉菇田戴氏宗谱》载：戴侗幼弟名悫，外祖父名汪逵，字季路，为宋状元汪应辰之次子。汪逵子汪季和无嗣，钦赐俶为其过继传宗，改名为悫。又书中所引舅氏，或作舅驹，非刊本字误，驹当为戴侗之舅汪季良，字子驹，知平阳县，舅驹当为子驹之简称。《同治玉山县志》、《文献通考》卷二百一十"季良，端明应辰之孙"。而汪季英（端雄）为婺源人，朱子回乡时门人。《浙江通志》《万姓统谱》作"季良，广信人"。《万历温州府志》《康熙平阳县志》均作"汪季良，广信府人"。方彦寿《朱熹书院与门人考》亦作广信（今江西上饶）人。许家星《朱子门人补正》考定为玉山（今属江西）人，属广信府。另有以汪季良为广西广信人或原籍玉山（今属江西）、寄籍广信（今广西梧州）者均误。开禧二年（1206）丙寅，汪季良任平阳县令。《水心集》卷十二《平阳会书序》称："玉山汪子驹知平阳守法以便民，不夺所见。"《朱子语类》录有汪季良问"巡狩""望、禘"之说等。其间问"五载一巡狩还是一年遍历四方还是止于一方"，而杨道夫、黄义刚、辅广、董铢录有相同问题。鲁可凡在座。据《朱子语类·姓氏》，最早杨道夫淳熙十六年（1189）以后所闻，最晚辅广为绍熙五年（1194）以后所闻，绍熙五年（1194）朱熹在建阳西郊考亭村宅东建竹林精舍（后改名沧洲精舍）。又朱熹同年有玉山县学讲学。由是可知。汪季良在此年受学朱子。

【著作】《平阳会书著作》四卷，此为平阳第一部财政税收专志。叶适为之序。又据张九成的《南雁荡山图志》予以增修，成《续南雁荡山图志》。汪季良另编辑《平阳县志》。

徐文卿　玉山

【按语】《水心集》卷十二《徐斯远文集序》赞徐文卿，淡功名，乐山水，"以文达志，为后生法"，称其诗"淹玩众作，凌暴偃塞，情瘦而意泣，貌枯而神泽"，又谓："初渡江时，上饶号称贤俊所聚、义理之宅，如汉许下、晋会稽焉。风流几泯，议论将绝。斯远与赵昌父、韩仲止扶植遗绪，固穷一节，难合而易忤，视荣利如土梗，以文达志，为后生法。"韩淲《涧泉集》卷三《赠斯远》称誉其"才如不羁马，胸次贯九流"。陆游《剑南诗稿》卷四十五《寄赵昌甫并简徐斯远》赞叹说："高吟三千篇，一字无尘土"，"嗟君与斯远，文中真二虎"。赵蕃《淳熙稿》卷三《斯远生日》："文得南涧赏，经从晦翁传。味有陆子同，誉由吾辈宣。"方回《瀛奎律髓》卷二十三《雨后到南山村家》谓其"与赵昌父、韩仲止声名伯仲"。《朱子语类》卷一百四十曰："斯远诗文虽小，毕竟清。"

【小传】 徐文卿，以登嘉定四年进士及《四库提要》"文卿晚第进士，未注官而死"，知在嘉定四年不久逝世。字斯远，一作思远。《宋诗纪事》卷六十一及《全宋诗》均作"号樟丘"。《补考》作玉山县人。韩元吉《南涧甲乙稿》卷二十二《安人卢氏墓志铭》记载，徐斯远"故考功郎中徐公汉英之季子""盖考功讳人杰，字汉英。家信州玉山县。少通《春秋》，为名进士，登巍科，乡间皆慕其文"。《朱子语类》卷一百四十说"斯远乃程克俊之甥，亦是有源流"。刘宰《漫塘文集》《送洪季扬（扬祖）教授横川序》云："绍熙庚戌余与严陵洪叔谊兄弟同登进士第，庆元乙卯又与叔谊同校文上饶。"其《回艾节干庆长启》又云："徐斯远尚友好学，安贫守道，不愧古人。顷岁校文上饶，惟以亲得此人为喜。"据此则徐斯远之初领乡荐盖在庆元元年。淳熙九年（1182）重阳节，朱熹卸浙东提举任后路过玉山县，徐文卿初师事朱熹，徐文卿与段元衡、赵成父登陪朱子游南山，赵蕃曾作《成父弟书来报诸先生过玉山，留南山一日，且有题名，余不及从杖屦为恨，辄成鄙句，寄斯远、彦章，且示成父》。以赵蕃所作《留别徐斯远，时斯远将赴朱晦庵之约三首》及《蕃归自浙之十日，斯远赴处州之约入城，自此遂将从处州入关，迤逦往谒朱晦庵先生，兴怀契阔，乃成长句》，知淳熙十至十五年（1183—1188）间斯远多次赴福建师从朱熹。淳熙十六年（1189），赵蕃至五夫问学，作《发章泉，夜宿永丰，约斯远同谒晦翁先生》，与赵蕃共学于朱子。朱子文集有《答徐斯远》三通，谓："如今后生迟钝者不济事，其开爽者又多骛于文采，子耕近来觉向里，皆可喜也。"庆元三年三月又见朱熹于建阳考亭沧洲精舍，朱熹为其作《怀玉砚铭》。朱熹对徐文卿时有微词，《与赵昌甫》曾谓："斯远闻其丧偶，不知果然否？经年不得渠书，想亦畏伪学污染也。"斯远诗文俊逸，时人争颂，从游者众。《上饶县志》"抱道自守，不求闻达。有文集，今已不传，独叶水心评其文集，有铺写纵放体势，各成诗险，而肆对面"。

【著作】 《文献通考》卷二百三十九载有《徐斯远文集》，已失。叶适以为"斯远尽平生文仅二十余首"，陈振孙曾谓："《萧秋诗集》一卷，玉山徐文卿斯远作。"

赵蕃　玉山

【按语】　时上饶号称贤俊所聚，义理之宅，如汉许下、晋会稽，南渡儒士群集。赵蕃成就不在发挥道学，而在诗词，为江西诗派一代盟主。谢枋得《谢叠山集》以为：“诗有江西派，而文清昌之，传至章泉、涧泉二先生，诗与道俱隆。”刘克庄《后村先生大全集》之《寄赵昌父》更是称赵蕃为诗坛盟主，“四海诗盟主玉山”，评价尤高。赵蕃诗宗黄庭坚，与韩淲（涧泉）齐名，号称“上饶二泉”，形成以“二泉”为中心的上饶玉山诗人群体。陆游《剑南诗稿》卷四十五《寄赵昌甫并面徐斯远》云：“我诗非大手，我酒亦小户。得游名胜间，独以用心苦。赵子乃宿士，山立谁敢侮。”朱熹《语类》卷一百四十认为“昌父较恳恻”。就其人格与诗文成就，《朱文公文集》说：“昌父志操文词，皆非流辈所及。”真德秀高度评价他：“识虑深远，节操清高。早岁得官，临事有立，年逾四十，即上祠请隐居求志，垂三十载矣。安贫处约，淡然无营。少工于诗，晚益平澹，身虽闲退，而爱君忧国之念，未尝少忘。”真德秀论及其大节以为：“海内闻风，孰不钦叹！”刘宰《漫塘集》卷三十二《章泉赵先生墓表》谓：“文献之家，典刑之彦，巍然独存，犹有以系学者之望者，章泉先生一人而已。”方回《桐江续集》卷二《秋晚杂书三十首》描述了乾淳诗坛：“永嘉有四灵，词工格乃平。上饶有二泉，旨谈骨独清。”以为赵氏诗作有陶渊明之遗风。

【小传】　赵蕃（1143—1229），字昌父，亦作昌甫，朱熹作有《与赵昌甫》，号章泉。原籍郑州，南渡后侨居信州玉山。以孝悌忠信为本，学识人品皆为乡人所推重。赵蕃曾拜理学家静春先生刘清之为师。淳熙十四年（1187），赵蕃有辞官而护师刘清之归里义举。张端义《贵耳集》称：“蕃与周必大同里。必大当轴，所任但一酒官，五十年不调。”仕渐通显，赵蕃寄周必大之诗曰：“公如在廊庙，我亦遂箪瓢。”显见其生性宽平，恬淡自守。早岁从刘清之学。陈荣捷《朱子门人》谓：“司理参军赵蕃，只《语类》一处载其与朱子论兵，两处载门人问赵蕃之诗。如此并非从学，而《实纪》《渊源录》《宗派》《宋元学案》皆以为弟子。”又谓：“《宋史》四四五本传云：‘始蕃受学于刘清之（子澄）。清之守衡州（今湖南衡阳县），因以卒业。年五十，犹问学于朱熹。’文集无答书。……所谓问学，未知何指。《学案》四九列为门人，盖从《实纪》八，《渊源录》十九，与《宗派》十，则恐为朱子夸张尔。”以为朱子讲友，将赵蕃列为门人"恐为朱子夸张尔",然一"恐"字已经道出陈先生未定之意。除《宋史·赵蕃传》外，更有刘宰《漫塘集》卷三十二《章泉赵先生墓表》称"年垂知命，自视歉然，更往受学于文公朱先生"。戴璟《博物策会》称："赵蕃之刚介，陈文蔚之讲学，皆晦翁之徒也。"赵蕃赋诗称"闻道朱夫子"①及《淳熙稿》卷十九"今代师儒晦庵老"等，赵蕃在《章泉稿》卷二《寄送潘文叔恭叔》诗中也写到"吾道属朱刘"，显尊朱子为师。清嘉庆本《颐彩堂文集》卷十《书赵文节集后》言"年五十问学于紫阳"，"考《朱子文集》尺牍中凡六见"。今人束景南先生考证，赵蕃初识朱熹在淳熙二年（1175），淳熙十三年，赵蕃游于分宜、宜春，东归自涧铺过庐陵谒朱熹。赵蕃《淳熙稿》卷十三记有淳熙十四年至十五年间作《蕃归自浙之十日，斯远赴处州之约入城，自此遂将从处州入关，迤逦往谒朱晦庵先生，兴怀契阔，乃成长句》。淳熙十六年（1189）九月与徐文卿从玉山章泉出发，经广丰邀徐斯远，赵蕃至五夫问学拜谒朱熹，陈文蔚、余大雅同在，泛舟武夷。《年谱长编》言此时赵蕃与余大雅相识。说到武夷泛舟，后又有紫溪沽酒，当非同时，是两次。《淳熙稿》卷八有赵蕃《约斯远同谒晦翁先生八月十六日发章泉夜宿永丰》，又有作《发章泉，夜宿永丰，约斯远同谒晦翁先生》。朱子《朱文公文集》卷五十四《答徐斯远书》有云："昌父志操文词，皆非流辈所及。且欲其刊落枝叶，就日用间深察义理之本然，庶几有所据依以造实地，不但为骚人墨客而已。"谢水华《赵蕃与朱熹交游述考》②亦有考。赵蕃以为治人必先治心、治身、治家。赵蕃对南渡诸老的情感非常深厚，视中原文献、中原文物为可贵的"典刑"。故而刘爚《云庄集》卷一《和赵章泉》赞赵蕃言："天教一老立堂堂，步武婴姗尽未妨。元祐故家典刑在，北方正学派流长。"刘宰《墓表》又言："诸老沦谢，文献之家、典刑之彦，岿然独存，犹有以系学者之望者，章泉先生一人而已。"赵蕃诗宗黄庭坚，与韩淲（涧泉）齐名，号称"上饶二泉"，形成以"二泉"为中心的上饶玉山诗人群体。方回在《秋晚杂书三十首》之十七中描述了乾淳诗坛"永嘉有四灵，词工格乃平。上饶有二泉，旨谈骨独清"，以为赵氏诗作有陶渊明之遗风。

【著作】 清四库馆臣据《永乐大典》辑为《乾道稿》一卷、《淳熙稿》二十卷、

---

① 北京大学古文献研究所编：《全宋诗》第49册，北京大学出版社，1998年，第30621页。

② 谢水华：《赵蕃与朱熹交游述考》，《朱子学刊》2015年第2辑，总第26辑。

《章泉稿》五卷，已编入《经史子集全文》。

赵善期　玉山

【小传】　赵善期，字诚父、成父，号定庵。赵蕃之弟，《宋史》卷二二八《宗室世系表》记为太宗七世孙。信州玉山县人。《朱子门人》未列。淳熙九年九月，赵成父师承途经信州玉山的朱子，与段钧、徐文卿等陪朱熹游怀玉山南山。其兄赵蕃作《成父书来，报朱先生过玉山，留南山一日，且有题名。余不及从杖履为恨，辄成鄙句，寄斯远、彦章，且示成父》。绍熙五年，陪朱熹从杭州南归重游郑君次山园亭，《朱文公文集》续编卷七题记："绍熙甲寅闰十月癸未，朱仲晦父南归，重游郑君次山园亭，周览岩壑之胜，徘徊久之。林择之、余方叔、朱耀卿、吴宜之、赵诚父、王伯纪、陈秀参、李良仲、喻可中俱来。"可知赵善期为朱子门人。叶适有《赵成父筑亭上饶即用东里旧圃榜曰鱼计》。

郑会　贵溪

【小传】　郑会，字文谦，又字有极，号亦山，谥文庄。贵溪县人。《朱子门人》未列。嘉定四年（1211）进士，官至礼部侍郎。早年从学于陆九渊。《嘉靖江西通志》《同治广信府志》《同治贵溪县志》均以为朱子门人。《光绪江西通志》："理宗爱其才，手书门帖赐之。"为史弥远所忌，引疾归，郑会创办"梅雪堂"，与玉溪卢孝孙相互问切，四方负笈者数百人。其精性命之学，以躬行实践为本，于书无所不读，尤精于《易》。

【著作】　作《四书五经讲说》《亦山集》，已佚。郑会诗，据《全芳备祖》等书所录之诗，编为一卷。今存诗五十四首。

黄子功　信州

【小传】　黄子功，子功为字，《朱子门人》未列名里。《语类》卷五十八、六十录有陈文蔚所记黄子功问伊川"过是经历处"及易经"贤人之德业"等三问。信州陈文蔚、徐子融参与讨论。绍熙五年（1194）朱熹讲学于县庠，有《玉山讲义》存世，黄子功与陈文蔚、徐子融等听讲，后共送朱熹归闽至武夷山分水关方别。陈文蔚作《十一月望后同徐子融黄子功送先生归闽是夕宿》。寓居信州韩元吉之子韩淲作《黄子功示近诗一卷因思昔年湖上同林德久访锸朴翁之适石城明月雁声中刘武子诗也子功诗有和武子句》，故黄子功为江西信州人，何县待考。

【著作】《钓台集》卷六及《全宋词》存其词。

八、隆兴府门人

黄㽅　分宁

【按语】　叶适《水心集》卷十七《黄子耕墓志铭》："子耕澄润明澈，雅服缫籍，纤尘点俗，挥绝限域，人谓唤起鲁直矣。观子耕了外物成坏，犹影像空寂。悍顽易节，嚚险改行，而郡称平治，自顷吏道熏习，所师用往往暴民之事也。"《水心集》卷十八《黄子耕文集序》又言其"诗文如太史""忧民如家"。林表民编《赤城集》卷八有题作尚书刘爚《四先生祠堂记》："牧其民也，芟夷暴，强封植善，良政既行矣。侯之为邦，知所本而其所以教人者，又亲切而著明，可尚也已。"《宋史》卷四二三则称其"以恤民尊贤为急，可谓知本"。

【小传】　黄㽅，其生卒，《朱子门人》、方彦寿《朱熹书院与门人考》作"1147—1212"，《大冶黄氏大成宗谱（石山祠）谱》载山谷公侄孙子耕氏序《分宁黄氏旧谱源流序》引注："子耕（1150—1222）。"以叶适《黄子耕墓志铭》嘉定五年九月卒，年六十三，明许家星《朱子门人补正》考作"1150—1212年"，不误。字子耕，号复斋。黄庭坚堂弟黄叔敖之孙。隆兴分宁（今江西修水）人，因隆兴分宁本豫章府，《朱子实纪》及叶适《〈黄子耕文集〉序》亦作"豫章黄子耕"。官知台州。少所树立，便入高人胜士之目，不独倚先世为重。《墓志铭》载："子耕不自是家学，挈从郭子和（郭雍）、朱元晦甚久。熹深期之，而会亦以道自任，反复论辨，必无所疑然后止。"朱熹《四书或问四库全书提要》"载朱子以《中庸或问》授黄㽅"。淳熙壬寅（1182）编《豫章先生别集》，另编辑《山谷年谱》。黄子耕《豫章先生传》云："与后生讲学，孜孜不怠，两川人士，争从之游，经公指授，下笔皆有可观。"从学朱子，编《朱子语类》十卷。《语类·姓氏》以其淳熙十五年（1188）所录。《朱文公文集续集》卷一《答黄直卿》："近日朋友来者颇多，万正淳与黄子耕、吴伯丰皆在此。诸人皆见陆子静来，甚有议论。"参以陈来考陆子静来书，为淳熙十五年十一月，但此非为黄子耕始从朱子时间。《朱文公文集》卷五十一《答黄子耕》："近至浙中，见学者工夫议论多靠一边，殊可虑耳。"而《朱子语类》卷一百二十二载黄罃所记曰："某近到浙中，学者却别，滞文义者亦少。只沈晦叔一等，皆问着不言不语，说着文义又却作怪。"朱子最晚一次到浙中，为淳熙九年朱熹任提举浙东常平，九月罢官南归、途径浙中，故而《朱子语类》所录亦应当此时后不久。又绍熙四年（1193）黄子耕与欧阳谦之、潘时举同学朱子于考亭沧洲精舍。嘉定五年（1212），任天台郡侯于郡学始建"四先生祠堂"，以纪念周敦颐、二程与朱熹。叶适《上蔡祠堂记》云："嘉定五年，太守黄子耕修郡志，访求故家得之，请见，抗宾主礼，给冠带钱米，买田宅，祠显道于学。"

【著作】《复斋漫稿》二卷，《复斋集》《别集》二十卷、《词》一卷、《简尺》二卷、《黄文纂异》一卷；编《山谷年谱》。黄子耕修嘉定《赤城志》四卷。

范士衡　丰城

【小传】　范士衡，字平甫，又字正平。丰城人。中乾道七年举，淳熙十年再举，登庆元丙辰邹应龙榜进士，迁江淮荆浙福建广南都大提点。陈荣捷《朱子门人》、邓庆平《朱子门人与朱子学》均将范士衡视为朱子门人。《万姓统谱》："士衡，丰城人。晚事朱熹，以书请益，熹报之称为老友。"《江西通志》卷六十六载范士衡"从临川李德远、刘淳叟游"，"晚事朱文公，文公称为老友云"。范士衡习《春秋》，尝谓"《春秋》一经，其说漫行，皆传注害之"。《补遗》略同。

【著作】《敬睿文集》《尊经辨》及《春秋本末》。

李修己　丰城

【按语】　李修己为二江学派代表人物，《宋元学案》卷七十二《二江诸儒学案》载"淳熙嘉定而后，蜀士霄夕续灯、再聚签以从事于南轩之书，湖湘反不如也"。其学综象山梭山心学、朱子闽学与南轩蜀学。

【小传】 李修己，字思永。曹彦约《昌谷集》卷一《故邕管安抚李思永挽章三首》有言"张陆是吾师仕"，下注"思永，尊人号竹林先生。科举不利。初任与陆梭山同官，次任趋事张南轩"。故号竹林先生。丰城人。《宋元学案·知州范月舟先生仲黼》有"南昌李修己"，赵师侠有《满江红（甲午豫章和李思永）》，皆因汉时南昌县境包括今南昌、新建、丰城、进贤四县，宋时丰城隶属隆兴府辖地，之故明时丰城县隶南昌府。官知成州。《宋元学案》列南轩、复斋、朱子门人。《补遗》则以为朱陆门人。师陆复斋，训其"当息其已学，求所未学"，教授以躬行之说、圣贤源流。得见朱子，学益，又与同年彭止堂共从南轩游，南轩高弟二江范月舟聚同志讲学，李修己、张仕佺亦同讲习，家学传李义山。而《陆子学谱》言"思永始师陆文达公，既又事朱文公，其从事陆子，则无考"。以《补遗》《宋元学案》等先后师从朱陆及南轩，则当在1180年前业已从朱子学。《语类》录有袭盖卿所记："谓李思永曰：'衡阳讼牒如何？'思永曰：'无根之讼甚多。'先生曰：'与他研穷道理，分别是非曲直，自然讼少；若厌其多，不与分别，愈见事多。'"当袭盖卿知为1195年后朱子与李修己对话。其学综象山梭山心学、朱子闽学与南轩蜀学，讲伊洛之学，传正心诚意。有"其民以耕织为生，民养自足"的记载。李修己居官一介不取，友爱任恤，不计有无，殁无私蓄。

【著作】《李成州集》十卷、《同谷志》十七卷。

熊世基 熊世琦 **丰城**

【小传】 熊世基、世琦兄弟，丰城人。《朱子门人》等未列。乾道三年（1167）八月，访张栻经丰城朱熹应邀在龙光书院讲学。《同治丰城县志》有朱子《龙光书院心广堂记》："丰水之夏阳熊世基、世琦执经来学之，明年，乾道庚寅岁也。为友人荥塘陈自俛请名其所构龙光书院之堂，熹榜其间曰'心广'，且嘱以敷畅厥义。"知熊世基、世琦兄弟1169年师从朱熹。县志"陈自俛"即龙光书院筹建者"陈自俯"。而《同治南昌府志》误以为熊世基兄弟所建。

盛璲　**丰城**

【小传】　盛璲，字温如。隆兴府丰城县（今宜春丰城市）人。《朱子门人》
未列。孝宗淳熙四年（1177）领乡荐，后以平乱功授奉节郎。明《丰乘·人
物志》称盛璲"少有大志，时方摈程氏学，独宗其说，以圣贤自一期"。创书
院于乡盛家洲。在朱熹知南康军追随。《道光丰城县志》卷二十三载有县丞兼
理县事姚敏德《重修朱子访盛杰士处碑亭记》载："先生以理学宗风藏息于此。
朱子曾三访之，有诗纪其事。迄今问安乐旧庐犹有存焉者。"清厉鹗《宋诗纪
事》卷五十六亦言"创书院于盛家洲，朱文公尝过访，赠以诗"。《宋诗纪事》
及曾燠《江西诗征》卷十六存诗二首。《朱元晦过访》："苍松翠竹映斜晖，野
菊花开过客稀。叶底黄虫作寒茧，雨余蝴蝶满园飞。"《朱元晦过访》："梅花
树下三间屋，挂壁枯桐尽日闲。有客过门弹一曲，断云残雪满空山。"

【著作】　《伊洛统》《太极图解》《温如诗集》。

傅修　**进贤**

【按语】　《勉斋集》卷三十八《笃孝傅公墓志铭》以公刚方质直，孝友信义，
行于家庭，著于闾里。

【小传】　傅修，以黄勉斋《笃孝傅公墓志铭》知其生卒年为1139—1207。
字子期。进贤人。往建阳考亭受学文公。黄勉斋作《笃孝傅公墓志铭》言其
"尝侍先人，师晦庵先生而友吾"，又载："伪学之禁严，缙绅耻言学，学者更
名他师，至有吊赙不及门者。公独毅然不远千里哀号痛慕，若此公，诚孝人
也。"《渊源录》指明："学禁方严，修居公丧。衰服武夷，求铭文公。"又言：
"庚申（1200）之春，尝侍坐于晦庵先生之侧，有麻经营屦扶服而前者，貌不
胜衣，言不能出诸其口，问其姓名，则公也。先生方与诸生习礼于武夷之下。"
《墓志铭》亦同。

九、袁州门人

胡安之　萍乡

【按语】《同治萍乡县志》载"郡守程公许葺南轩书院聘安之主席,学者称自斋先生,推为理学正宗"。其问朱子所学多及于礼。

【小传】　胡安之,字叔器,号自斋。《同治萍乡县志》学者称自斋先生。《考亭渊源录》《儒林宗派》作"宜春人"。《嘉靖江西通志》《正德袁州府志》《天一阁书目》作"萍乡人"。宋时萍乡隶属于江南西道袁州,治所宜春。《同治萍乡县志》以为"受业朱子经史,疑义多所著"。朱子《跋袁州萍乡社仓记》称"萍乡胡君安之来学于余"。《勉斋集》卷十九《袁州萍乡县西社仓絜矩堂记》指出:"袁州萍乡社仓九县西其一也。……钟君、胡君则贫不能自立者也,而亦拳拳于此。又尝考之,钟君尝求记于先生而先生为之跋,考其岁月,盖属圹之前二十日也。"陈荣捷据社仓记谓:"此记成于庆元庚申春分,即在朱子逝世之前一月。则安之从游必甚晚。"方彦寿《朱熹书院与门人考》依《语类》以为胡安之并非始学于庆元六年,从《语类》来考察,胡安之应始学于庆元三至四年(1197—1198),续学于庆元五至六年(1199—1200)。而《同治萍乡县志》言朱熹"绍熙五年(1194)赴镇长沙,抵萍乡,谒学赞刘清之,记宿毛仙驿、黄花渡,皆赋诗。后胡安之往学"。《民国宜春县志》载:"紫阳朱晦庵帅湖南道,经宜春,见山川清绝,遂游仰山,讲道四藤阁,郡士李长明、胡安之辈皆受业焉。"《考亭渊源录》载:"谢方叔迁殿中侍、御史请录,朱子门人胡安之、吕焘、蔡模诏皆从之。"《朱子语录》有胡叔器问四先生礼、问吉凶是取定于揲蓍否等。胡叔器提出"斋戒只是敬"。天一阁《袁州府志》卷九:"胡安之,受学朱子,子问何以云斋戒? 答曰:湛然纯一之谓斋,肃然警惕之谓戒。"考朱跋"绍熙甲寅之岁赴镇长沙,道出兹邑,邑之士子导余以观于其学而请记之"，胡安之与钟唐杰绍熙甲寅（1194）从学。以朱跋记明确胡安之庆元庚申年又往建阳受学。据《宋史》淳祐间知州程公许重修宜春南轩书院，请胡安之主讲、胡安之讲学于东轩书院。《全宋文》卷六五三九有黄榦《复胡叔器书》。《宋史》卷四十三："淳祐六年夏四月。戊寅，诏朱熹门人胡安之、吕焘、蔡模并迪功郎、本州州学教授。"据《语类》胡叔器所闻论"卜筮"、"追远"、《论语》等。

【著作】《书萍乡大全集后》。《天一阁书目》载《濂溪集》六卷，绍定元年萍卿胡安之叔器序。

钟咏　萍乡

【按语】　朱子之学传于日本，非明清，乃当时即有传播，只尚未形成影响。庆元元年（1195）钟唐杰与窦从周曾传理学于日本临济宗开祖荣西。可谓传播朱学先驱。

【小传】　钟咏，字唐杰。许家星《朱子门人补正》误读"钟唐杰名咏之"。《同治萍乡县志》明确："钟咏，字唐杰，淳熙时偕邑士。文公全集门人中亦载其字，尝与郡守赵师恕为化成岩之游刻石，列名咏，居郡士之首。"《朱文公文集》卷八十四《跋袁州萍乡社仓记》载"此邑士钟君咏之所为也"，当作"钟咏"。《实纪》作袁州萍乡县人。朱跋、勉斋记之"邑人""亦指"袁州萍乡。《朱子门人》不误。许又以为朱跋有"萍乡胡君安之来学于余"，朱子对钟、胡二者称呼态度明显有别，胡安之是学生，钟咏之并不是。而此"此邑士钟君咏之所为也"系门人胡安之交朱子"书一卷"所记载，朱子转述，非朱子之言，朱子未予以否认。又《语类》一百二十卷《训门人》收录钟唐杰问"意诚""穷理居敬"等四条。诸多史料足以为据。《勉斋集》卷十九《袁州萍乡县西社仓絜矩堂记》："袁州萍乡社仓九县西其一也。钟君唐杰为之记，有堂焉未名，胡君叔器谋于榦，以絜矩名之。叔器归，以语唐杰。唐杰曰：可乎哉！以书来曰：'子为我记之'"；另"又尝考之，钟君尝求记于先生而先生为之跋，考其岁月，盖属纩之前二十日也"。而以朱跋则当为"胡安之求记于先生而先生为之跋"。考朱跋"绍熙甲寅之岁赴镇长沙，道出兹邑，邑之士子导余以观于其学而请记之"，钟唐杰、胡安之此时从学。庆元元年（1195）钟唐杰、窦从周约于此年绘《荣西禅师归朝宋人送别图》，传理学与日本临济宗开祖荣西。

宋斌　分宜

【按语】《江西通志》卷七十二《人物七袁州府》言其"少师朱子，慕学甚笃，至老不移"。

【小传】宋斌，据《浙江通志》卷一百九十四《寓贤上》、刘克庄《别宋斌文叔》、真德秀《宋文叔编〈仁说〉》，知其字文叔，私谥淳固先生。周密《武林旧事》又有"淳固先生墓（斌，姓宋，号庸斋，师晦庵先生）"。吴自牧《梦粱录》有"淳固先生宋斌墓在资国寺之右"。袁州分宜人，后定居临安。《宋史·赵与欢传》《宋元学案》载："袁士宋斌少从黄勉斋、李宏斋登朱子之门。学禁方严，羁旅困沮，年且八十，赵清敏与欢延之，事以父行，奏乞用旌礼布衣故事。卒，葬西湖上，岁一祭之，则其贤可知矣。"《西山文集》卷三十五《宋文叔编〈仁说〉》言："宜春宋君文叔辑语孟言仁而为之标略，用意美矣。予欲其实践程子之言而毋蹈朱子之所戒，故为题其末云。"《朱子门人》以为"宜春宋君文叔"或另有其人，不当。

李长民　袁州

【小传】李长民，字德之。《朱子门人》未列。《语类》有"李德之问"九则，又有"德之"记录数条，明有两"字德之"门人，另一即廖谦，字德之，故所记有别。李德之，《宗派》《渊源录》《补遗》未见名、里。而徐时仪《〈朱子语类〉欺骗概念词语类聚考探》[1]直言："李德之，名长民，袁州人。"《江西通志》载登淳熙十一年甲辰卫泾榜。《明一统志》载"四藤阁在袁州府南仰山寺，宋朱子帅湖南经游此，为学者讲道阁下，郡士李长民等皆受教焉"。《语类》所记李德之问"安而后能虑"，"立诚意以格之"、《系辞精义》、薛常州《九域图》、程明道、苏轼等问题，以上仅卷一百三十八为李方子录，其余均为袭

---

① 徐时仪：《〈朱子语类〉欺骗概念词语类聚考探》，《江西科技师范大学学报》2013年第3期。

盖卿录。李方子在淳熙十五年戊申以后所闻，而袭盖卿录甲寅（1195）所闻，与《明一统志》所相符，李长民德之亦为晚岁及门者。

十、其他州军门人

刘能　**筠州高安**

【小传】 刘能，字贵才，号松壑，刘实齐次子。筠州高安县人。《康熙高安县志》卷之八载："年十一，父命从晦庵于武夷精舍。晦庵与语，奇之。授以小学题词。后数日问之应对如流，遂以《学庸章句》《论孟集注》《程氏遗书》数十卷授之。居精舍二年，日夕讲诵，微词奥旨，罔不精究。后以母疾告归，晦庵命取纸书四十八字以戒之曰：'脱去凡近，以游高明。勿为婴儿之态而有大人之志，勿为终身之谋而有天下之虑，勿求人知而求天知，勿求同俗而求同理。'能拜受之而归。卒乃阐学筠阳，益明师训。元定之贬，几为祸阶，父作子述。呜呼贤矣。"《同治瑞州府志》卷之十四略同。别无他证。

曾兴宗　**宁都**

【按语】 朱熹曾赞以"纯茂笃实，切己致思，用功正当"，《宁都先贤传》称其"所为诗文，多温厚典则"。

【小传】 曾兴宗（1146—1212），字光祖，自号"唯庵钝叟"。赣州宁都人。《勉斋集》卷三十七《肇庆府节度推官曾君行状》言其："年十六七时已厌科举之习，一意于圣贤为己之学，尝言吾读举子业如嚼蜡，观诸理学则心快目明，终日忘倦，人皆笑其与世背驰，君处之怡。"乾道七年（1171）举解试，庆元五年（1199）特奏名进士。曾任南昌县主簿、肇庆府节度推官。《行状》载："晦庵文公朱先生讲道于武夷之下，然后邪说诡论无复肆，而后学有所宗师，君自知学以来，既有意于圣贤之事，闻旁郡有以知道自名者，君往从之游，视其说汪洋惝恍无所依据，不远千里受业于文公之门，坚守其说，孜孜力行，必求有得于心而后已。文公尝以纯茂笃实切己，致思用功，正当称之。

伪学之禁兴，一时学者，讳名其师。君执礼益勤，厉志益苦未尝少懈。文公殁，君星驰而吊，心丧三年。"庆元初禁伪学，罢归。金精山西边的筼筜谷，号"水竹幽居"即梅川溪堂，敦行古礼，四方慕其名而来从学者甚众。朱熹任江西茶盐道，赴南赣考察茶盐公事时，在筼筜谷住了两个晚上，并在梅川溪堂讲学。并作《寄题梅川溪堂（筼筜谷）》，诗云："沧波流不极，上有一亩园。幽人掩关卧，修竹何娟娟！虚堂面群峰，秀色摩青天。静有山水乐，而无车马喧。"熹去世以后，心丧三年，以悼其师。其诗文温厚典则。《朱子门人》曾考《语类》中曾兴宗问学朱子条目。《道光宁都直隶州志》记载："朱子殁，心丧三年，筑室筼筜谷，号唯庵。敦行古礼，四方从学者甚众，所为诗文多温厚典则。著《唯庵文集》。祀乡贤。"陆游曾为筼筜谷赋诗，诗名《赣士曾兴宗，字光祖，以其居筼筜谷图来求诗》。

【著作】《唯庵棐稿》十卷，已佚。

第四章　浙江门人

【按语】《宋元学案·说斋学案》全祖望说："乾淳之际，婺学最盛。东莱兄弟以性命之学起，同甫以事功之学起，而说斋则为经制之学。考当时之为经制者无若永嘉诸子，其余东莱，同甫互相讨论，臭味契合，东莱尤能并包一切，而说斋不与诸子接，孤行其教。"南宋浙江极具特色地域化学术传统，安定胡派、四明学派、金华学派、永嘉学派、永康学派、四明学派、浙东朱学等蔚为壮观。王祎《王忠文公集》卷十一《拟元儒林传》："尧、舜、禹、汤、文、武、周公相传之道，至孔子乃集其大成。宋周（敦颐）、程（颢、颐兄弟）氏者作，复续斯道之统，而道南之学由杨时氏一再传为罗从彦氏、李侗氏，至朱熹氏又集其大成者也。然孔门群弟子，唯曾氏之传得其宗。曾氏以其所传传之子思，子思以传之孟子，孟子一出于正焉。朱氏之徒众矣，得其宗者唯黄氏，传何基氏，基传王柏氏，柏之传为履祥、为谦，其授受之渊源，如御一车以行大逵，如执一筌以节众离，推原统绪，必以四氏为朱学之世嫡，亦何其一出于正，粹然如此也。程氏之道至朱氏而始明，朱氏之道至金氏、许氏而益尊用，使百年以来学者有所宗向，不为异说所迷，而道术必出于一，可谓有功于斯道者矣。"朱子于浙江传播理学，已知受学门人后学人数仅次于福建，多于江西、安徽。浙江籍门人中，又以台州、婺州和温州的人数为最多。陈荣捷先生分析以为朱熹曾多次游历此地，台州、温州邻近福建，两地行政区域有所变迁，而婺州因吕祖谦与朱熹交往甚密，两派学生兼学互动。

一、处州门人

陈邦衡　陈邦钥　**缙云**

【按语】　元《仙都志》载：宋淳熙壬寅（1182），晦庵先生持常平节上疏劾台守（唐仲友）未报，徜徉于仙都山。朱熹追慕唐诗人徐凝故宅，作《追和徐氏山居韵》。游鼎湖峰、普利尖，有颂诗曰："普利高昂第一峰，天生镇压五云中。群山历历无敢比，只有仙都石笋同。"朱熹达缙云县城，为赵姓祖传《忠献王赵普诰》作跋。

【小传】　陈邦衡，字伯明。陈邦钥，字伯固。处州缙云县人。旧《括苍汇纪》记载陈邦衡"隐居教授。同弟邦钥师朱子，穷性理之学"。《补遗》亦以为陈邦衡、陈邦钥为朱熹门生。据束景南《朱熹年谱长编》考，朱熹淳熙九年（1182）八月"二十二日，巡历至处州缙云县"。元至正八年（1348）陆性定《仙都志》载："淳熙壬寅（1182），晦庵朱先生持常平节，上疏劾台守，未报，徜徉于此山，以伺朝旨。有'于此藏修为宜'之语。"《光绪缙云县志》载："朱子持常平节，道经缙云，爱独峰山水，留居讲学。"淳熙十年一月，朱子又得以主管台州崇道观，从崇安赴台州途中，再次路过缙云。《宋诗纪事补遗》卷六十一载陈邦钥诗《送考亭朱夫子赴天台》："羸马踏残月，荷策登泮宫。入门见先生，先生何从容！"《处州府志》卷之十九提学万潮《五云书院记》云："朱先生抱圣贤之学，得孔孟之传，偶持常平之节履缙地，目击独峰、美化二乡山水尤为清绝，愿留授徒。士人陈邦衡，陈邦钥师尊之，得穷理尽性之学。"朱熹讲学于独峰、美化，因知陈邦衡兄弟入门当在淳熙九年（1182）七月朱子巡历台州期间。

王仲杰　**缙云**

【小传】　王仲杰，字之才，以《朱文公文集》卷九十九《申谕耕桑榜》作星子县"知县王文林"，知其又字"文林"。处州缙云（今属浙江）人。淳熙朱子守南康军时王仲杰知星子县，负责重修白鹿洞书院。《朱子门人》不以为门人讲友。依据作于淳熙六年（1179）《朱文公文集别集》卷七《题栖贤磨崖》只称丁尧门人，可知此时王仲杰尚不是朱子门人。然而《朱文公文集别集》卷七《题寻真观》题记淳熙辛丑（1181）后三月丙戌王仲杰与朱子共游庐山，所署名者已考知皆为门人，独王仲杰非门人？《实纪》《补遗》《渊源录》《宗派》均以为门人。

朱庆弼　朱庆朝　**缙云**

【小传】　朱庆弼，据《乾隆缙云县志》，字彦器。缙云金竹人。嘉定四年（1211）进士，任东阳县丞、天台知县。朱庆朝，字彦彬，庆弼之弟。嘉定元年（1208）进士，官朝散大夫。《朱子门人》未列朱庆弼、朱庆朝为门人。据束景南《朱熹年谱长编》所载，淳熙九年（1182）八月二十二日，朱子巡历至处州缙云县。《光绪缙云县志》云："朱子持常平节，道经缙云，爱独峰山水，留居讲学。"《县志》录有明代周南《五云书院记》又言"朱子尝偕其徒朱庆弼、朱庆朝讲道其地（美化乡金竹）"，另记有"独峰书院：在县东三十里仙都山独峰前，朱子持常平节来憩此。美化书院：在县东六十里美化乡金竹，朱子尝偕其徒朱庆弼、朱庆朝讲道其地。"

清顺治《义阳朱氏宗谱》言，金竹朱氏六兄弟朱庆弼、朱庆国、朱庆辅、朱庆朝、朱庆佐、朱庆邦，同拜朱子门下，然除朱庆弼、朱庆朝，其余不见史籍记载。

詹介　**缙云**

【小传】　詹介，字敬父，号玉涧先生。处州缙云县人。《补遗·沧洲诸儒学案上》及《浙江通志》据《括苍汇纪》载："朱文公高弟，荐于朝官儒林郎，总领所干官。"《唐宋遗史》作者詹瑜亦名詹介，与南宋时处州"詹介"非为同一人。

第四章　浙江门人

闾丘次孟　丽水

【按语】《朱文公文集》卷八十二《跋闾丘生阴符经说》评述闾丘次孟"所释《阴符》之篇，观其意寄高远，而文义精密，出入乎异端之说，而能折中坠义理之正。至论当世之为道术者，则其所是非取舍，又不失其当。盖今之学子能若是者少矣"，又言"《阴符经》所谓自然之道静"阴阳观，以为"如他闾丘此等见处，尽得"。

【小传】　闾丘次孟，括州括苍丽水（今浙江丽水松阳）人。隋开皇九年（589）分松阳县置括苍县（因括苍山得名），唐大历十四年（779）改名丽水县。又台州市临海县亦有括苍山设括苍镇。故尚不能确认处州丽水县人，又或台州临海县人。故本书稿其名暂列处州下为丽水。曾官临贺主簿。朱熹《跋闾丘生阴符经说》："括苍闾丘君之官临贺，迁道千里，过予于漳水之上。示予以所释《阴符》之篇。"注明"绍熙庚戌年（1190）五月"。闾丘次孟从学漳州。《语类》问答五则，其中训门人有闾丘次孟言"尝读《曲礼》、《遗书》、康节诗，觉得心意快活"。又载："闾邱主簿《进黄帝阴符经传》。先生说：《握奇经》等文字，恐非黄帝作，唐李筌为之。"朱熹《阴符经考异》引两段闾丘次孟论阴符经传。《语类》所涉闾丘次孟与黄榦、杨道夫论辩学术。

【著作】《阴符经说》。

徐琳　丽水

【小传】　徐琳，一字作"元昭"，《朱子语类》卷一百二十有"徐元明名琳"，《渊源录》《宗派》亦作"字元明"。故又"字元明"。《朱子门人》何以可明确认定元明为误？《考亭渊源录》《宗派》作"括苍人"，《朱子门人》注"隋之旧名，今浙江省丽水县人"。《朱子语类》卷一百二十载滕璘所记曰："括苍徐元明名琳、郑子上同见。先生说：'博学而详说之，将以反说约也。'"据《朱子语类·姓氏》，滕璘、郑可学乃辛亥（1191）所闻，然朱熹《跋滕南夫溪堂集》，可知滕璘于淳熙十四年来崇安问学。故而亦可明确徐琳1191年后从朱子在学。

应恕　丽水

【按语】　宋杜范《清献集》卷十七《跋应艮斋祠堂》评价应恕称："吾乡固多士，而开义理之渊源，揭词华之典则，实自先生始。"《雍正浙江通志》载朱熹赞其博学，有云："尚恨闻见浅薄，望详赐诲谕，勿使有待于后世子云。"

【小传】　应恕，字仁仲，号艮斋先生。《台学源流》作"括苍人，淳熙初来居黄岩"，故为处州括苍丽水（今浙江丽水）人。《同治丽水县志》言"恕寓居台州，故亦传为台人云"。从安定三传人县尉郑伯熊专治经学，抱疾手不释卷，赵师夏昆弟无少长咸师之。后与朱文公游。《朱文公文集》卷八十二《跋应仁仲所刊郑司业诗》，郑伯熊（景望）淳熙三年（1176）任国子司业。《赤城志》卷三十四言应恕"淳熙初寓黄岩，朱文公熹以隐居老友称之"，《朱子门人》因之"居老友"与通书，以为归入朱子弟子似不妥，《补遗》归诸学侣比较近情。又以为恐两人始终未会。然朱子与仁仲论学诸多，"一论《大学》《中庸》；一论《礼书》；一论《易本义》"。而朱子与应恕之师郑伯熊多有交际，朱熹又曾两主台州崇道观，一次提举浙东按行台州，数次到黄岩，两人相会机遇颇大。朱熹《晦庵文集》卷五十四《答应仁仲》又有"惠许来访，固所幸愿，顾见属之意，有所不敢承耳"，及门弟子明也。曾助朱熹编纂《仪礼经传通解》。门人有赵师渊等。

周介　丽水

【按语】《朱文公文集》卷五十四《答周叔谨第三书》谓："公谨来书，依旧说得太多，更宜省约为佳。"朱子教其去看圣贤气象与涵养之方。唐鉴《国朝学案小识》以为朱子"答吕伯恭、周叔谨辈，往往从涵养中自见支离之失而不讳固，所以致友朋咸来学而自己之，由疏而密，由浅而深"。

【小传】　周介，字叔瑾（谨），以《语类》卷一百二十作"周公谨"，推字"公谨"。又《朱文公文集》卷五十四《答周叔谨》附注"叶公谨，改姓字"。《宗派》亦言"周介公瑾，初姓叶"。

《朱子门人》查明《宗派》误将"周介公瑾"与"周叔瑾"当为两人。宋刘宰《漫塘集》卷三十三《汤贡士行述》"括苍周介叔谨，叔谨尝从东莱吕先生、晦庵朱先生学"，《宋元学案》亦作"括苍人也。从东莱、晦翁游"。《宋元学案》则有"从东莱、晦翁游"。以《朱文公文集》卷五十九《答窦文卿第一书》言及"公谨未及附书，相见烦致意"。《答吕子约二十五书》又云"公谨前日一二书来问所疑"，《朱熹师友门人往还书札汇编》考推作淳熙十二年、推考朱子答《周叔谨》在淳熙十四年（1187）。淳熙十四年《朱文公文集》卷五十四《答石应之》："熹衰朽殊甚，春间一病狼狈，公谨见之。"元柳贯《待制集》之《跋家中所藏文公帖》言"帖中亦及斯远叔谨，按集有与徐斯远、周叔谨往复书问"，明周叔谨与徐斯远同时。以《语类》有胡泳伯量所记周公谨问为"戊午所闻"（1198），故此时又从学朱子。《答周叔谨》又有"《论语》别本未曾改定，俟便寄去"。当撰于淳熙十四年间前。程敏政《篁墩文集》卷三十八《书朱子与周叔谨书》云："按朱子此书劝学者且读《孟子》'道性善''求放心'两章，着实体察其余文字，未须着力考察。盖与陆子为一家之言。"

王光祖　　松阳

【按语】《浙江通志》卷一有："自唐刺史李繁建学，昌黎韩愈为之记，而是邦始尊圣人之教。由是两宋以来，以理学名者则有王光祖、龚原、叶味道、尹起华诸人。"

【小传】　王光祖，字文季。处州松阳县（今丽水市松阳县）人。《文献通考》卷五《田赋考五》有"淳熙五年知昭州王光祖"，官大理评事。精于理学。《朱子门人》未收。《年谱长编》以为王光祖问学朱子。《括苍汇纪·往哲纪》载，淳熙九年（1182）朱熹为提举时巡历松阳，与王光祖邂逅松阳县之福僧舍。光祖拱立规掌，如太极状。朱熹异之曰："王子胸中自有太极。"间以传注质之，光祖曰："公注《中庸》，不使滋长于隐微之中，愚意当加'潜暗'二字。"朱熹深然之。《雍正处州府志》录朱子《寄孙烛湖书》曰："吾到括，止得士友王文季一人而已。"事亦见《民国松阳县志》卷九《人物志》及《浙江通志》卷一百七十七。《顺治松阳县志》卷八《艺文志》录《答朱晦庵》言"个中受用为真实，敢把工夫向外寻"。另有《观太极图有感》。光祖与朱子当亦师亦友。

项安世　松阳

【按语】　周必大《文忠集》卷八十八《与项平甫正字》称其诗文"意婉义深，学广文赡，叹服不已"。钱锺书《谈艺录》云："项平甫亦推诚斋，空扫前人，独霸当时。自运各体，皆有肖诚斋者，七律尤如唐临晋帖。才思远在张功父上。"赵魏《平庵悔稿跋》誉其"是亦宋季巨擘，迥出江湖诸派之上者"。又明归有光《震川别集》以为"项安世、黄震、方逢时、史伯璿之徒无虑，数十人皆发明朱子之道者也"。明王樵《方麓集》卷二《诗考序》则称："自朱子《集传》之后，其门人项安世平甫时于言外有所独得。"全祖望《奉临川帖子》则云"项平甫来往于朱陆之间，然未尝偏有所师"。

【小传】　项安世，《陆九渊集》卷三十六《年谱》淳熙十年（1183）云："项平甫再书，略云'某自幼便欲为善士，今年三十一矣'。"淳熙六年（1179），作《平庵悔稿》卷三《至竹客岭却寄金山闻老》诗有"二十五年丁令威"，以此推知其生年为绍兴二十三年（1153）。故《全宋诗》谓其生于建炎三年（1129）有误。《宋史》作安世"嘉定元年（1208）卒"，陆心源《皕宋楼藏书志》卷八十六"平庵悔稿十六卷"条载"平甫卒于嘉定戊辰（1209）"，而张咏《乖崖集》附录有项安世《崇阳县重建北峰亭记》，署名为"嘉定三年正月十九日，江陵项安世记"，此尚待考。字平甫（父），号平庵，又号江陵病叟。《南宋馆阁续录》卷八作"江陵人"，宋张端义《贵耳集》作"荆南人"。宋俞琰《读易举要》卷四作"松阳项安世平甫"，又言"其《玩辞》自序云庆元戊午江陵项安世述，本处州人，徙居江陵，遂为江陵人"。柳贯《待制集》卷十八《跋江陵项平甫为李文定公作〈盘居〉诗》跋云"平甫世居括，自其先人始家江陵，而括之坟墓至今存焉。后以言官胡纮，尝出力攻文公，羞与同乡里，只称江陵"。《宗派》以为处州松阳县人，王梓材补注"江陵"。《宋史·项安世传》作"祖居括苍后迁家江陵"。项氏《送叶参议知薪州》言"我家括山下，土俗号穷僻。自我来荆州，邦风更萧瑟"。《直斋书录解题》作"太府卿松阳项安世平父"，《光绪松阳县志》作"处州松阳县人"，又谓"自其先人始家江陵"。括苍山在浙江省台州市临海市，宋时松阳属处州，现属丽水市。隋析松阳一部为括苍县，唐改丽水县。查渊源流衍，项氏先祖自台州临海徙居括苍，又迁松阳。又江陵，今湖北荆州。项氏自言"我家括山下"，指先祖居括山，又迁松阳。安世父项温恭始徙江陵，安世生于江陵，因"坐党籍"而被罢废谪居江陵十年，时间应为庆元四年至开禧二年（1197—1206）。故安世祖籍为松阳，父迁居江陵。孝宗淳熙二年（1175），项安世进士及第。任绍兴府教授。《朱子门人》肯定《渊源录》与《宗派》不应以为弟子、《宋元学案》以为朱子学侣。然元柳贯《待制集》卷十八跋云："项平甫先生，初仕为会稽教官。时吕成公解太夫人服，来越省伯舅曾公。爱其才，荐之文公。文公遂器许之，由是登朱、张氏之门。其书见《丽泽集》中。"又《文献通考》卷四十四《学校考》："项安世为越州教授，《告先师文》曰：'常平使者朱熹为安世言：《开元礼》先圣东向，先师南向，故三献官皆西向，则稽古尚右也。……安世用惕然不敢宁处，谨择日奉安先师于西向故位，不敢不告，惟先师鉴之。'"《朱文公文集》卷五十三《答胡季随》有："来书讯项平父出入师友之间不为不久，而无所得，愚亦恐贤者之不见其睫也。"《朱文公文集》卷五十四《与项平父》言"相见无期，不得面讲，使平父尚不能无疑于当世诸儒之论"，此明显与弟子语。《朱文公文集》卷五十四《答项平父》云："今子静所说，专是尊德性事，而熹平日所论，却是问学上多了。"依《陆九渊集》卷三十六《年谱》明确朱熹《答项平父》撰写于淳熙十年（1184），此时已经从学。《嘉靖浙江通志》卷四十三、《乾隆绍兴府志》卷四十二、《光绪松阳县志》卷九皆言"教授绍兴府，时朱文公为浙东提举，乃相与讲明义理之学"。淳熙八年至十一年（1181—1185）项安世任绍兴府教授，淳熙八年八月至次年九月朱熹提举浙东，则项安世从学朱子在淳熙八年（1181）八月至次年（1182）九月间。绍熙五年闰十月，朱熹罢侍讲，安世率馆职上书留之。以此考知，安世为朱子及门弟子当然。《朱子语类》卷五载廖谦所记云："尝得项平甫书云：'见陈君举门人说"儒释，只论其是处，不问其同异"，遂敬信其说。'此是甚说话。"明程敏政《篁墩文集》卷三十八《书朱子答项平父书》曰："按此书则知朱子所以集诸儒之大成者如此，世之褊心自用、务强辨以下人者，于是可以惕然而惧、幡然而省矣。然陆子亦有书论为学，有讲明，有践履，全与朱子合，而无中岁枘凿之嫌。"辩象山学派，以为只守此心而不穷理之非。《四库全书总目提要》云"盖伊川《易传》唯阐义理，安世则兼象数而求之。其意欲于程传之外，补所不及"。可见安世《易》学深厚。

【著作】 以《宋史·艺文志》《直斋书录解题》载有项安世著述《周易玩辞》十六卷、《毛诗前说》一卷、《诗解》二十卷、《中庸说》一卷、《周礼秋乘图说》

一卷《孝经说》一卷。另《宋史·艺文志》有《项氏家说》十卷（附录四卷），《直斋书录解题》作《项氏家记》。其诗文有《平庵悔稿》《丙辰悔稿》《悔稿后编》与《补遗》之别称。

叶震　松阳

【按语】　朱子因叶震能述《论语》《孟子》大义，深异之，而与叶相知。

【小传】　叶震，元吴师道《礼部集》卷十二《明善书院记》作"叶宸"。处州松阳县（今丽水市松阳县）人。《括苍汇纪·往哲纪》记载，南宋淳熙九年（1182）朱熹巡历松阳，《寄孙烛湖书》说："吾到括，止得士友王文季一人而已。"然依元吴师道《礼部集》卷十二《明善书院记》载松阳"宋时里塾甚盛。朱子提举浙东常平，按行至，则为诸生讲说。有叶宸者，能述《论语》《孟子》大义，朱子异之，俾主塾焉"。后明王祎《明善书院记》复续，记言朱子"至处之松阳松岗。先生叶君震者，县人也。时隐居教授于家塾，执所业见焉。朱子与语而有契，为讲《论语》《孟子》，旬日乃去"。《朱子门人》只以为《宋元学案补遗》依王祎记补录叶震为朱熹弟子，实未见前吴师道言。王祎记又有"后因即其家塾而拓充之，建礼殿讲堂，及门庑斋庐之属，以为书院，而额曰明善，用为乡人之所肄业"。

周元卿　遂昌

【按语】　楼钥《攻媿集》卷十一《太府寺主簿周君墓志铭》以为其"为当世儒宗，教子甚笃"。

【小传】　周元卿，依《太府寺主簿周君墓志铭》及清钱保塘辑《历代名人生卒录》，知其生于绍兴十年（1140），卒于淳熙十三年（1186）闰七月，年四十七。原名冬卿，字成甫。字景仁，别字圣予。处州遂昌人。官至承议郎。集汉唐事迹切于今日者著《要鉴》三十篇献于朝。晚益清苦，君性至孝。《语类》卷一百二十训门人李壮祖记有其问读书。墓志铭载其"博贯经史，雅有父风，尤精《班》《左》二书"。

【著作】　《要鉴》。

二、明州门人

戴蒙　奉化

【按语】《宋元学案》卷八十七《静清学案》以为"四明之学,祖陆氏(陆九渊)而宗杨(简)、袁(袁燮),其言朱子之学,自黄东发(黄震)与先生始"。黄百家曾指出,"庆元自宋季,皆传陆子之学,而朱学不行于庆元,得史静清而为之一变。盖慈湖(杨简)之下,大抵尽入于禅,士以不读书为学。源远流分,其所以传陆子者,乃其所以失陆子也"。又祖望谨案:"四明史氏皆陆学,至静清始改而宗朱。"静清学派为学宗主朱熹,以钻研儒家经典为主。楼钥《攻媿集》卷五十一《息斋春秋集注序》指出:"吾乡四明庆历、皇祐间,杜、杨、二王及我高祖正议号五先生,俱以文学行谊表率于乡,杜先生又继之,讲明经术,名公辈起,儒风益振。"四明之域,五先生陶成润泽,全祖望《鲒埼亭集外编》卷十六《庆历五先生书院记》曾说:"有宋真、仁二宗之际,儒林之草昧也。……而吾乡杨杜五先生者,骈集于百里之间,不可谓极盛欤!""数十年后,吾乡遂称邹鲁。邱樊缊褐,化为绅缨"。戴殿江《金华理学粹编》:"昔者新安朱子、象山陆氏一时并兴,所学不能无异,虽以鹅湖有会,终不能挈,其异以归于同,陆氏之传为杨简氏、袁燮氏,皆四明人,故四明学者祖陆氏而宗杨袁,朱子之学勿道也。东发黄震氏、果斋史蒙卿氏出,而后朱子之学始行于四明。"朱陆之学与浙东之学相映。

"永嘉七戴"之一戴蒙从朱熹学于武夷,善于辨难,深明"六书"之学,因许氏之遗文订其得失,以传于家塾。

【小传】戴蒙,以永嘉菰田《明文戴氏宗谱》[1]有"生乾道庚寅十月初五,卒于绍定庚寅五月十七日",知其生卒为1170—1230年。字养伯,号楠溪。曾更名野,字子家。《宗谱》有叶味道所撰《菰田明文戴氏宗谱引》:"养伯于淳熙己酉更名野,登绍熙庚戌(绍熙元年,1190)余复榜进士。"戴龟年之子。"娶信州玉山县汪逵女,汪应辰孙女"。《万历温州府志》言:"由闽避乱徙永嘉,

---

[1]　永嘉菰田:《明文戴氏宗谱》,温州市图书馆古籍部藏,乾隆六十年(1795)本。

居楠溪菰田。"然《明文戴氏宗谱》有云："先世由闽迁仙居，至北宋熙宁间戴东迁菰田，为永嘉之始祖。"永嘉菰田亦称合溪，为今奉化县溪口，则《朱子门人》、邓庆平《朱子门人与朱子学》作"温州永嘉县（今属浙江）人"误。绍熙元年（1190）进士，擢太子侍读，终朝散大夫。《考亭渊源录》载："调丽水尉，以公事与郡将忤，弃官，从朱熹于武夷。以弃官之志质朱熹。"朱熹曰："子有父在，若言于上，必不免于罪，是遗之忧。"《明文戴氏宗谱》之《家传》载："朱熹以《论语》《孟子》《中庸》《大学集注》授学者，差一字辄正色谯责，皆慑不敢难。戴蒙曰：'即如是，买之书坊归诵之尔，非所为来也。且学者不更折难，安能有发？'朱熹曰：'今后唯许子家问。'戴蒙亦随疑明辨，不蓄于心。"《东嘉录》亦有同样记载。《乾隆永嘉县志》误载，朱熹在任两浙东路常平盐茶公事访溪口戴蒙。后戴蒙继父辈再办合溪书院。

【著作】 著《易书四书说》《说经》《楠溪文集》《五经说》《禹贡辩》等。《温州经籍志》卷一著录有《易说》。《宋元学案补遗》卷六冯云濠案云："温州旧志载先生所著有《易书》《四书家说》《六书故内外篇》，《万姓统谱》谓《家说》等为其仲子侗所作。殆述先生家学之说耶？"而明张溥辑《元文类》卷二十五收录戴侗《六书故序》"先人既以是教于家，且将因许氏之遗文订其得失，以传于家塾而不果成。小子惧先志之坠，爰摭旧闻，辑成三十三卷，通释一卷。"说明《万姓统谱》准确，《六书故内外篇》当属戴蒙作。

戴睿　奉化

【小传】 戴睿，《朱子门人》等未载。据《明文戴氏宗谱》生于乾道癸巳（1173）十一月十二日。字仲思，戴蒙从弟。叶味道《明文戴氏宗谱引》载戴蒙"任丽水尉，因事忤郡守，遂弃官，偕从弟睿从学朱晦庵于武夷"。归家潜心经史，不乐仕进，及老手不释卷，有遗文若干。

舒璘　奉化

【按语】 乾道、绍熙之间，象山心学盛倡四明。舒璘初与同里沈焕、杨简、袁燮同师事之，均号金溪高弟，然舒璘学术最为别致，《宝庆四明郡志·先贤事迹》载言："南轩开端，象山洗涤，老杨先生（杨庭显）琢磨。"其后又从朱子，可谓学宗陆九渊，折中兼综张栻、吕祖谦、朱熹，故而，诸多学者各有评判。《宋史》卷四百一十《列传》载，杨简谓璘孝友忠实，道心融明。楼钥谓璘之于人，如熙然之阳春。

【小传】 舒璘（1136—1199），字元质，一字元宾。学者称广平先生，谥号"文靖"。浙江奉化广平人。乾道八年（1172）及第。为徽州府教授，倡盛学风，丞相留正称为"当今第一教官"。少时得闻伊洛之学，游太学而受业于张栻，又从学陆九渊。袁燮《絜斋集》卷九《舒元质祠堂记》："与其兄西美、弟元英同亲炙象山先生，西美、元英皆顿有省悟，元质则曰，吾非能一蹴而入其域也，吾惟朝夕于斯，刻苦磨砺，改过迁善，日有新功，亦可以弗畔云尔。"《朱子门人》以为舒璘与朱熹讲友，而非门人，强调《宋史》舒璘传仅言隆兴元年（1163）"朱熹、吕祖谦讲学于婺，璘徒步往谒之"，批评《宋元学案》改"谒之"为"从之"而列为门人。宋杨简撰、清冯可镛辑《慈湖先生遗书补编·宜州通判舒元质墓志铭》以为舒璘："自磨励于晦翁、东莱、南轩及我象山之学，一以贯之。"宋罗浚《宝庆四明志》卷九舒璘传："朱文公及吕成公兄弟相与讲切，旨意合同，尝徒步之金华谒文、安公。"杨简、罗浚与舒璘同时，文天祥稍晚，均早于《宋史》，并未否定舒璘问学晦翁、东莱。《宋元学案》卷七十六《广平定川学案》甚言"闻人有诡朱子者，广平（舒璘）辄戒以不可轻议"。朱熹于淳熙八年冬任浙东提举常平，《朱文公文集》卷五十四《答王季和》有"舒大夫向尝相见于会稽，所论未合。今想其学益有成矣"。舒璘与朱熹向尝相见于会稽，当在淳熙八年冬至九年九月朱熹任浙东提举常平间。又舒璘《舒文靖公类稿》卷一《答朱晦庵书》载："季春谨序，恭惟尊侯起居万福。某虽愚蒙不肖，慕望先觉有年矣。去冬抠衣晋谒，始获挹道德之容，降既见之心。"知会稽相见时淳熙八年冬，舒璘学于朱子。后舒璘与朱子谋面通信，舒璘《答朱晦庵书》（季春谨序）又言："执事与进循诱，色温而气和，情亲而礼厚，饮食教裁，不啻父兄之诏告夫子弟也。顾某何以当之。然虚心之教，迫切之诲，佩服不敢忘德。"此舒璘自视为朱子弟子，故列门人亦未尝不妥。舒璘建广平书院，日日讲论。发扬朱陆之学，创广平定川学派，以陆氏"心学"为主，以"平实""折中"为特色，以为为学在于"要而不博"，亦不忘"周览博考之益"，不得明师畏友，当切磋以究之。

【著作】《诗学发微》《诗礼讲解》，已佚，尚存有《广平类稿》。

楼　钥　　鄞县

【按语】　胡铨称楼钥"翰林才"。真德秀《西山文集》卷二十七《攻媿先生楼公集序》以为嘉定初，"起为内相，俄辅大政，向来侍辈凋落略尽，而公岿然独存，遂为一代文宗。德秀尝窃论，南渡以来，词人固多，其力量气魄可与全盛时先贤并驱，惟巨野李公汉老、龙溪汪公彦章及公三人而已"。又言"然当邪说充塞之时，首倡学者共尊朱公。后卒赖其言，而学禁遂开，道统有续"，足见其于朱学传播功绩伟业。袁桷等修《延祐四明志》卷五引袁桷言以为"于中原师友传授，悉穷渊奥，经训小学，精据可传"。《四库全书书目提要》有言："钥居官持正有守，而学问赅博，文章渊雅，尤多为世所传述。盖宋自南渡而后，士大夫多求胜于空言，而不甚究心于实学。钥独综贯今古，折中考较。凡所论辨，悉能洞澈源流。"楼钥敢于直谏，无所避忌，光宗言："楼舍人，朕亦惮之。"

【小传】　楼钥（1137—1213），字大防，又字启伯。号攻媿主人，谥宣献。明州鄞县（今浙江宁波）人，《万姓统谱》作"奉化人"，乃以指其先人望郡。隆兴元年（1163）登第。累进大学士，提举万寿观。其有家学，又学以博杂，视吕东莱、陈傅良为良师，同与象山弟子深交。《宋元学案》以为朱子私淑弟子。《朱子门人》以未见书信往来，甚至否定有私淑之义。然淳熙九年（1182）四月面见朱子。楼钥《攻媿集》卷六十六《答晦庵书》称："叹慕师席，无由进拜，时得门下所著作，诵咏探索，尚庶几在弟子之列。仰惟名德，为一世师表，今日端揆而下，诸公无不有先登之愧。"又《答朱晦庵书》载："钥伏自壬寅夏间修敬绍兴台治之下，伏蒙与进，加以宴犒，获侍博约之诲。未几，先生赋归，钥亦继遭外艰，沉迷忧患。后数年，赴官永嘉，才闻台旆造朝，已复还山。后知起镇临漳，俱不得一拜记史之问。请违台范，遂一纪矣。青天白日，奴隶知仰，叹慕师席，无由进拜。时得门下所著作，诵咏探索，尚庶几在弟子之列……庶几因得伏谒，以遂师承之愿。"以此观之，楼钥自认以朱子为师，无愧私淑之名，而以"获侍博约之诲论"，有面议，言其为及门亦不为过。

【著作】《攻媿集》一百一十二卷、《北行日录》。

孙枝　鄞县

【按语】　唐宋以降，舟山重学之风大盛，文士迭出。陆九渊心学、浙东四明学派袁燮与其子袁甫往来海岛讲学，由此，《光绪定海厅志》故有"甫居岱山久，从学者多从之游"之语。孙枝父子同登进士第。袁燮《絜斋集·题孙吉甫游东山跋》以为其"学通古今"。其学综合朱陆，袁燮见孙枝而感叹曰："初谓子善文，不意造理乃尔。"史称其"卓迈有智略"，誉为"海角奇士"。

【小传】　孙枝，字吉甫。孙枝学术溯源家学，枝父孙允为伊川三传。《朱熹师友门人往还书札汇编》作"庆元府昌国（今浙江舟山）人。"《宋元学案》作"鄞县人"。《朱子门人》作"庆元府（本明州）鄞县（浙江）人"。《光绪定海厅志》载有"甫之先世，贯开封，籍鄞。又尝往来昌国。甫居岱山久，从学者多从之游"。北宋熙宁六年（1073）析明州鄞县原翁山县地重置县治，名昌国，元至元十五年（1278）升县为州，名昌国州，治所一直在今天舟山市定海区。据《光绪慈溪县志》记载："光宗赵惇绍熙五年（1194）期间，以宁宗潜邸升庆元府，始隶府"，即隶明州刺史府衙。宁宗在次年（1195）改元"庆元"，因忌讳，宁宗后"庆元府"成实职。元柳贯撰《待制集》卷十二《故宋孙明府碣铭》记载："孙氏系出河朔，九世祖全照有功澶州，当补牙校以让其季而南游吴越，占籍于鄞之甬东厢，为鄞人……谔生允，谔布衣领旁县昌国榷，酤而卒。允于君为曾祖，特授承务，致仕承务，生枝，与其子起予同登嘉定七年进士第。于君为祖，以迪功郎监潭州南岳庙，累赠朝散大夫。"《浙江通史》（宋代卷）记载："明州有官设造船场，在城外一里甬东厢。"《光绪定海县志·孙枝传》按曰："至正志以孙枝为鄞人。"全谢山《甬东望族表》亦云："世居鄞之东皋，盖自昌国流寓郡城，子孙遂家于鄞。大德志列孙枝、孙起予、孙愿质于进士题名，朱绪曾以为此必有据。今考张大参语，以枝为'海角士'，其所著《海上稿》则昌国人无疑。"宁宗嘉定七年甲戌（1214），孙枝父子同登进士，郡太守程覃特立"重桂坊"在今定海。《舟山志》载其葬定海"城北小溪之原"。可知，孙枝祖父谔"占籍于鄞之甬东厢，为鄞人"，任职而迁旁县昌国，孙枝以占籍昌国县科举入仕。以孙枝祖父贯而言，当作"明州鄞县"（今宁波市鄞州区）人；以孙枝占籍而言，当作"明州昌国县"（今舟山定海区）人。

《宋元学案》《万姓统谱》《宗派》《渊源录》《补遗》均以为门人。《朱文公文集》卷六十四《答孙吉甫》："德粹之来，远辱惠书，虽未识面，然足以知贤者之志矣。"又《朱子语类》卷一百二十载滕璘所记云"看孙吉甫书，见得是要做文字底气习。且如两汉、晋、宋、隋、唐风俗，何尝有个人要如此变来？只是其风俗之变，滚来滚去，自然如此"。《朱熹师友门人往还书札汇编》："据朱熹《跋滕南夫溪堂集》，滕璘于淳熙（十四年）丁未来崇安问学。故推知本书当撰于是年。"然"德粹之来"，并非特指滕璘（字德粹）淳熙（十四年）丁未问学崇安。淳熙三年朱熹第二次婺源省亲，璘、珙兄弟面见师从。后分别于淳熙十四年九月、淳熙十五年、绍熙四年七月到崇安建阳问学（参见"滕璘"条）。王梓材依朱熹《答孙吉甫》以为"似先生特朱子私淑弟子"。《朱子门人》参以《语类》，拟证孙枝未与朱子见面，亦将孙枝作私淑弟子。《沧洲诸儒学案》言："先生与签判子焕亦相友善，又登朱子之门。"又载王梓材案语录有元柳待制贯为先生孙《临海令墓志》亦即《故宋孙明府碣铭》云："南岳早从宣献楼公、端宪沈公、正献袁公游，及见徽国文公而证其所受，邃学雄文，望于一时。所著书曰《海上稿》。"元冯福京修大德年《昌国州图志》言："邃于文。尝撰普慈寺《罗汉阁记》。笃素张公大参见之，称赏曰'海角有此奇士'，以兄之子妻之。尝登考亭夫子门。有《答孙吉甫》书。"以元人墓志铭及志书，明确指明孙枝登朱子之门。明郑真荥《阳外史集·四明先孙先生行状》称孙枝"尝师事宣献公楼钥、端宪公焕、正献燮；及见徽国文公，证其所受，学正文粹，郁为儒宗"。《光绪定海厅志》说："枝与楼钥、沈焕、袁燮游，邃于文。"参之以袁燮所言"吾友孙君吉甫"，明孙枝与淳熙四子亦师亦友。《文集》录有朱子与孙枝讨论"道气"关系，纠其"气质过刚"之偏。淳熙四先生师出异门，然以陆子心学为基础，兼采朱子、吕祖谦等众学之精，有所革新发明。孙枝学术深受影响，学术以整合朱陆学说为主。不知何由《新安学系录》收入孙吉甫。《康熙定海县志》载其"以真实为本，教授乡校者十年"。

【著作】《海上稿》《普慈寺罗汉阁记》《书解》。

赵唯夫　　**鄞县**

【小传】　赵唯夫，亦作"惟夫"。《四明志》卷六有"赵唯夫，公迁孙"。《朱子门人》以为"字里不明"。《万历杭州府志》载"绍兴二十七年王十朋榜：杨起、沈清臣。海宁：邵德一、鲍伦、赵公迁。《海宁志》收在二十一年，今两存之以俟考。"《雍正宁波府志》载"赵彦弼、赵公迁俱鄞"。泉州普陀岩下刻楷书："柯山徐叔川、临川曹钦、三山黄从、四明赵唯夫，嘉定辛巳（嘉定十四年，1221）孟春中浣来游。"《雍正浙江通志》作"赵唯夫，鄞人"。明州亦称四明，开平三年明州与鄞县合治，庆元年间改明州为庆元府，故赵唯夫当作"明州或庆元府鄞县（今宁波市鄞州区）人"。蔡沈《朱文公梦奠记》载庆元庚申三下考亭精舍，诸生来问朱子病，时赵唯夫在座。

方伯起　**明州**

【小传】　方伯起，《朱子门人》考"伯起"为字，许家星《朱子门人补正》以陈傅良《止斋集》卷八《送四明方伯起》考为浙江四明人，然近似于现在的浙江东部绍兴、宁波和台州地区，有四明山脉故被称为"四明"，尤指宁波（时称明州）一带，尚过于宽广。蔡沈《朱文公梦奠记》载"庆元庚申三月初二日，先生简附叶味道来约沈下考亭。……初八日癸亥，精舍诸生来问病，时在座者林子武夔孙、陈器之埴、叶味道贺孙、徐居父寓、方伯起、刘择之成道、赵惟夫、范益之、元裕及沈。"

三、越州门人

陈祖永　**会稽**

【小传】　陈祖永，字庆长。会稽（今绍兴县）人。朱子知南康军时，陈祖永为司法参军，委派前去建昌县检放苗米数。嘉泰元年四月宣教郎。淳熙八年四月六日，朱熹在知南康军任满，归家待次，经江州霁月亭，拜濂溪先生书堂遗像，随行的有陈祖永与刘清之、张扬卿、王阮、周颐、林用中、赵希汉、祁真卿、吴兼善、许子春、胡荸、王朝、余隅、陈士直、黄榦、张彦先、僧志南等一批弟子。见《朱文公文集别集》卷七《题寻真观》题记。推陈祖永亦为门人。

僧志南　会稽

【按语】《娱书堂诗话》《诗人玉屑》载，朱熹跋云："志南诗清丽有余，格力闲暇，无蔬笋气。余深爱之。"

【小传】僧志南，亦称释志南，字明老。号指堂，《天台山游览志》载，摩崖石刻所款署"指堂"。浙江会稽（今绍兴）人。善属文，工书法，德业超迈。《朱文公文集》卷七《山北记行十二章》记，淳熙八年夏四月六日，朱熹罢郡，游庐山霁月亭，"陈士直彦忠、黄榦季直、临淮张彦先致远、会稽僧志南明老俱行"。所行者均弟子，似志南亦弟子。《清一统志·安徽·池州府》："梅山，在建德县西南十里。宋时僧志南居之，朱子访至山中，与之倡和，为书'普门'二字刻于石壁。"南宋淳熙十六年（1189）曾编辑刊行了寒山、拾得、丰干三隐士诗集，为《寒山子诗集丰干拾得诗集》，作《寒山诗集天台山国清禅寺三隐集记》。淳熙甲辰孟冬十日鄱阳张棱、开封赵师密与会稽僧志南同游齐山。

【著作】《指堂集》。

石𡒉　新昌

【按语】《民国续修台州府志》载"陈耆卿谓𡒉从朱子游，台人始知有洛学"。丞相史浩《经筵荐石𡒉等札子》赞其"器质纯静，不求闻知，为邑南剑之尤溪，兴学校，礼贤士，苟有利民，知无不为，颂声洋溢，如古循吏"。朱熹赞扬他"论仁之体用甚当，以此意推之，古今圣贤之意历历可见，无一不合"，"心说甚善"；"敬字之说，深契鄙怀。足见比来胸中洒落，如光风霁月气象"，朱子为《中庸集解》作序："抑子重之为此书，采掇无遗，条理不紊，分章虽因众说，然去取之间不失其当，其谨密详审，盖有得乎行远自迩，登高自卑之意。"

【小传】石𡒉，又作"罄"以朱熹《知南康军石君墓志铭》"卒以淳熙九年六月乙丑，享年五十有五"，明石𡒉生卒1128—1182年。《朱熹师友门人往还书札汇编》误为"生于建炎二年"。字子重，号克斋。《万历新昌县志》卷十一，知石𡒉为石斗文族侄。朱熹《南剑州尤溪县学记》作"会稽石君"，《朱熹师友门人往还书札汇编》作"会稽（今浙江绍兴）人"。《朱子门人》作"台州临海县"。《知南康军石君墓志铭》："石君子重讳某，其先世为会稽新昌右族，曾大父讳某，不仕。大父讳某，避庚子之乱，始居台州临海县。"《嘉定赤城志》卷三十三亦谓"祖公孺避庚子之乱，自会稽徙此"，明石𡒊亦出会稽新昌石氏，其祖公孺，当与石宗昭的祖父石公揆同辈。石𡒊的祖父石公孺，字长孺，故而，以石𡒊祖父而言，其当为绍兴府新昌（今新昌县）人，寄籍台州临海县。诸史"会稽"多以"绍兴府"旧称郡府言之而非县名。又《知南康军石君墓志铭》有："子男四人，继微、继喻、继善、继周。"而《勉斋先生黄文肃公文集》之《鄂州州学四贤祠堂记》有："会稽石君，继喻之意也。石君为鄂州教授而感适分符于沔。石君之先太常寺簿，师朱先生，为门人高弟，以榦为同门后进也。"明确石𡒊为朱子门人，不当因朱子称其老友而不为门人。绍兴十五年（1145）石𡒊十八岁擢进士第，淳熙五年（1178），石𡒊因临海同乡监察御史陈举善及丞相史浩举荐，差监登闻检院，作监主簿，旋改太常主簿。由此，《朱子门人》另列门人"石𡒊，绍兴会稽县（今属浙江），太常寺簿，其名已佚"，实为石𡒊，非两人。

绍兴二十三年（1153），朱熹授同安主簿，因与石𡒊同僚而相识。乾道七年（1171）十一月，朱熹因舅氏祝峤入葬，与时任尤溪知县石𡒊相见，讲论学问与县学之事，石𡒊作《韦斋记铭跋》，朱熹则作《石子重兄示诗留别次韵为谢三首》。此后两人仍通过书函保持联系。八年十二月朱熹为石𡒊作《克斋记》。乾道九年十月，朱熹为石𡒊作《五县学斋铭》，撰《重修尤溪庙学记》并作《跋张敬夫为石子重作传心阁传》。淳熙七年（1180）朱熹改提举浙东茶盐公事，荐石𡒊代他知南康军。然文集存《答石子重》书十二通，多以论学，参之以勉斋《四贤祠堂记》明确石太常寺簿为朱子门人，且以榦为同门后进，朱子与石𡒊当为亦师亦友。石𡒊体道之微讲学之至未易窥测矣。

【著作】 有《周易大学中庸解》数十卷、文集十卷，今仅存《中庸辑略》二卷，收入《四库全书》。《中庸辑略》是朱熹从石𡒊的《中庸集解》中删定出来的。《四库全书总目提要》称"是书本以阐天人之奥"。

石宗昭　新昌

【按语】 史浩《鄮峰真隐漫录》卷九《陛辞荐薛叔似等札子》以为石宗昭"学

问、操履、文采、政事四者皆过人，而深自韬晦，无好异之失"。史浩又称赞石斗文"问学知方，行己有耻，不为诡激以钓虚名，涵养之久，必能立事"。《正德永康县志》称"天民存心仁厚，制行严毅，兼该众善而歉然以未善为忧"。象山《与徐子宜》以为"天民重困犹昔，皆闻见驳杂之弊，近尝苦口与言，稍能自反应之，亦复荒唐。今此相聚相款，志向却笃知非甚明。有可喜者，亦可为天民庆也"。

【小传】 石宗昭，据石一民《南宋学者石宗昭家世生平考》①以陆游所撰《石君（允德）墓志铭》，考石宗昭卒于 1200 年 6 月—1201 年 12 月间。字应之，号诚斋。《宋元学案》《陆子学谱》《朱子门人》以为"斗文之弟"，《嘉泰会稽志》《全宋文》作"石宗昭，与从兄斗文"。周必大《循吏石大夫（昼问）墓志铭》载石昼问父"公揆"，有"二子：宗昭，朝散大夫，今直华文阁，端亮文雅，用不究其才；次宗万也，君卒而为从政郎，广东经略司主管机宜文字"。嘉定《赤城志》卷三十三谓石𪡪"祖公孺，避庚子之乱，自会稽徙此"，明石宗昭与石𪡪均出自会稽新昌石氏，祖辈公揆、公孺当为同字辈。而孙应时《烛湖集》卷十一《编修石公行状》载石斗文"曾大父伦，大父彝，皆不仕，父悦可"，显非兄弟关系，又非同字辈，石一民文考定石斗文与宗昭为族叔侄关系。《南宋馆阁续录》卷八载作"山阴人"。吕祖谦《东莱吕太史文集》卷十五《入越录》载，淳熙元年（1174）九月，石宗昭尚寓居会稽郡下。依以上所论，当为"会稽新昌人"。登乾道八年进士第，官至福建路提刑。《朱子门人》以《语类》不见问学之事、《文集》答石应之书只讲世情，且以朱子言"应之甚恨未得相见"，以为始终未曾会面，为讲友而不列朱子门人。朱子《答周叔谨书》云"近来吕陆门人互相排斥，应之盖学于两家，不知其于此看得果如何"。《宋元学案》载石宗昭："与斗文同问学于朱、吕、陆三氏之门。初为象山所喜，复感于异说，而祭东莱之文以为'石火电光，是区区者之不足恃'，象山见之，骇其迷谬，寻先生异时书问一束封之，题曰'石应之公案'。"《补遗》以为薛季宣门人。嘉泰《会稽志》亦同。《勉斋集》卷四《与晦庵朱先生书》亦提及石宗昭与徐元德去国事："石应之以王党见逐，徐居厚不知其故，吕子约除藉田令，方群愉汇征，不知子约知几之明，克乱之才，果可以周旋其间否？"赵汝愚、史浩、

---

① 石一民：《南宋学者石宗昭家世生平考》，《浙江海洋学院学报》2009 年第 12 期。

叶适等曾举荐石宗昭。石宗昭与赵师渊等友善。

石斗文　新昌

【小传】石斗文，以孙应时《烛湖集》卷十一《编修石公行状》（原注：代石应之作）"十六年四月某日终于家，官至朝奉郎，享年六十有一"，知其生卒为 1129—1189 年。顾宏义《朱熹师友门人往还书札汇编》误作 1127—1187。字天民。会稽新昌人。隆兴元年（1163）进士。史浩荐其学行，迁枢密院编修官。虽非谏官，而能抗论朝政，孝宗嘉之。吕祖谦《入越录》言淳熙元年九月偕石天民、潘叔度、石宗昭、高宗商会稽之游自直舍入学。《陆子学谱》载"斗文与应之同师事先生（象山）"。《编修石公行状》载："交广汉张先生栻、东莱吕先生祖谦、临川二陆先生九龄九渊，晚交新安朱先生熹。公年皆其长，而方惓惓师慕请，所以诏之者顾自恨衰疾早侵，不克尽力竟学。余所往来当世名士多后出，或自以不逮公，远甚公，亦皆以师友之礼下之。"《朱文公文集》卷五十三《答石天民》以为"平生为学见得孟子论枉尺直寻意思稍分明。自到浙中，觉得朋友间却别是一种议论，与此不相似"。《语类》亦有朱熹任提举浙江常平巡历台州浙东与天民共救荒之事。知其从学朱熹无误。《朱子门人》以为讲友而不列门人，显然有过于压缩之意。叶适《奉大夫直龙图阁司农林公墓志铭》言石斗文与林湜、吴俣、吴俯、张渊太学时并知名。陈亮《龙川文集》有《祭石天民文》。

李梦登　余姚

【小传】李仲实，据许家星《朱子门人补正》据宋鄞县人陈著《本堂集》卷二十二《送李仲实名梦登官郡学任满归余姚》考，名梦登。李梦登，字仲实。余姚人。《语类》卷二十四、五十五录有李仲实问"君子小人""尧舜为能无物欲之蔽，而充其性"，分别由万人杰、李闳祖所录，而万人杰、李闳祖始从朱子在 1180 年、1188 年，无法确定其中年或晚年门人。

孙应时　余姚

【按语】《朱文公文集续集》卷四上《答刘晦伯》："浙东学者修洁可喜者多，杨敬仲、孙季和皆已荐之，诸葛诚之兄弟亦时来相处。"孙应时问学深醇，行谊修饬，理学、经济、文章并著，道德学问为一时之人望，实开姚江心学之系谱。朱氏嘉许其《易说》"意甚精密"，又谓季和"后生好学，志趣不凡"。史浩《鄮峰真隐漫录》卷三十二《送孙季和赴遂安序》对其倍加赏识，称"季和蕴蓄操履著闻于时"。《宋元学案》以为"季和问学于朱陆之间，而所师者则陆也"。

【小传】　孙应时（1154—1206），字季和。自号烛湖居士，一作竹湖，又号竹隐。余姚人。诗礼承传书香世家。父雪斋先生孙介，姚江醇儒胡宗伋高足。登淳熙二年（1175）进士。乾道八年（1172），入太学，拜陆氏为师，临槐堂受业，"悟存心养性之学"。据吕祖谦《入越录》记，淳熙元年（1174）九月，孙应时师婺学宗师吕祖谦于越州。淳熙八年（1181）九月，朱熹为浙东常平使者，"一见即与定交"，与之商量"黄岩籴济"与"水利一事"，以朱熹到黄岩巡视时间为年底。《答刘晦伯》云"浙东学者修洁可喜者多，杨敬仲、孙季和皆已荐之，诸葛诚之兄弟亦时来相处"，又《答刘晦伯》有云"张宪到未？向在浙东同官，甚好士，某所荐杨敬仲、孙季和、项平公，渠皆荐之"，为淳熙九年（1182）初朱子浙东任时。以孙季和赋和朱子《武夷精舍杂咏》，知淳熙十年孙季和又问学武夷精舍。绍熙元年（1190）遂安县令任内，朱熹曾寄赠《四经》《四子》诸书，应时撰《易说》，得到了朱氏"意甚精密"的嘉许。朱熹赞其记序诸篇"大意皆正当，而词指清婉可喜。此虽余事，然亦见游艺之不苟也"。《朱文公文集别集》卷五《答刘德修光祖》："此书附制司干官孙应时，顷在浙东时所举吏也。"而绍熙二年《朱文公文集别集》卷三《答孙季和》言"近得刘德修一书，今有报章，并书册一匣寄之，烦为带行达之"，知《答刘德修》由孙应时转达，其时亦有及面问学。庆元三年（1197），应时知平江府常熟县时，立子游专祠"吴公祠"，请朱子撰《平江府常熟县吴公祠记》，称："孙君于此，又能举千载之阙遗，稽古崇德，以励其学者，则武城弦歌之意于是乎在，故熹喜闻其事而乐为之书。"又师从陆九渊悟心性之学。全祖望有诗云："烛湖先生杨袁流，本心之传开学谱。"以躬行达用为本，尊德性与重事功并重。可谓兼采闽学、婺学、金溪、永嘉。杨简为孙应时撰写《孙烛武先生圹志》，蔡幼学撰《白政府乞为孙应时推恩状》。《上虞县志》载,孙邦仁与侄应时宣教郎,主管建昌军,俱留心理学,尝构亭于左右山巅,曰富春亭。淳熙中朱文公游始宁,过访焉。相与契洽,遂寓其家,注书考证,讲学于亭上。

【著作】《烛湖集》二十卷、《琴川志》二十六卷、《论语说》、《易说》等。

赵师白　余姚

【小传】赵师白,《朱子门人》等诸史籍列"赵唐卿"而未明其名字、里党。孙应时《烛湖集》卷十八《和赵生唐卿师白韵游横溪》,提示唐卿为字,名师白。以开禧元年(1205)赵师白为兄师向(字汉英)撰《故提干从事赵公墓志铭》,知其祖赵子应,任训武郎主管台州崇道观;父讳伯椿,故任从事郎两浙转运司准备差遣。赵氏世为开封人,自祖父以来,坟墓皆在南方。又记有"烛湖孙先生,同县里学者皆尊其贤,读其文以为师法。遂率其弟师白袱书赢粮往从之",即赵师白与烛湖孙应时为同县里,为余姚县人,故其兄赵师向葬于绍兴府余姚县龙泉乡烛溪湖姥岭。赵师向、赵师白兄弟为孙应时学生。赵师白庆元丙辰任钱塘县主簿,后文林郎新湖州司理参军、代州刺史。《语类》卷一百十八有朱子知漳州时,杨子顺、杨至之、赵唐卿辞归请教朱子为学之道。《语类》卷十六陈淳、郑可学等记有其同问学,故为漳州、考亭门人。有问《大学章句》。《赵宋人传记年号索引》载"从朱熹游,及辞日,请教于熹,熹告以为学之道"。

许瑾　嵊县

【按语】朱圭《知足斋文集·进呈文稿》卷二《重修嵊县文庙记》:"许子瑜及紫阳之门,周继元淑姚江之学,嵊之贤喆,代有传人。"许瑾博极经史,明于理学《康熙绍兴府志》引乡先生俞浙状其行曰"子瑜学博而正,行峻而和,文丽而则,君子人也"。

【小传】许瑾,字子瑜,号高山,东晋许询之后。嵊县(1121年由剡县改,今嵊州市)人。省县志乘载世居剡之东。《宗派》《补遗》列为门人。《两浙名贤录》《浙江通志》言"尝从朱子游",《康熙绍兴府志》有"从朱子游明于理学"记录。

宋亡征辟不就，家藏书千卷，至老不释手。学者从之，随其姿禀，皆厌足所欲，称为高先生。

【著作】《两浙名贤录》《民国嵊县志》载有《春秋经传解》十卷、《万历绍兴府志》录《许瑾文稿》。

诸葛千能　山阴

【按语】　宋时绍兴藏书蔚然成群，新昌石氏、山阴陆氏、会稽诸葛最为特出。诸葛行仁、诸葛行敏、诸葛千能、诸葛十朋声誉远播。不独藏书，义理之学亦有所功。《朱子语类》卷一百三十八载，朱子以为"诸葛诚之守立过人"，《朱文公文集》卷第十八有"其人有学行，审细详练"。象山言诚之嗜学甚笃，又有筋力，朋友间尤所赖者。《学案补遗》："诚之资质确实，有志世故，心实爱之，但恐未免为才使。""诚之明决有力，向来良得其助，但义理尽少涵泳，辞色间多与人忤。"

【小传】　诸葛千能，字诚之。《宗派》《宋元学案》作"会稽人"。《万姓统谱》作"山阴人"，其叔父诸葛行敏，按《绍兴府志》作"山阴人"。重和元年（1118）戊戌科王昂榜诸葛行敏亦"山阴人"。南宋绍兴元年（1131），升越州为绍兴府。府治所在地山阴、会稽两县同城而治，领会稽、山阴、萧山、诸暨、余姚、上虞、嵊县、新昌八县。山阴、会稽两县在绍兴府城内的分界线是纵贯府城南北的府河，河西为山阴县，河东为会稽县。1912年，山阴县与会稽县合并为绍兴县，故而其里籍为山阴县或会稽县不可定，从叔祖里籍作"山阴人"。登淳熙八年（1181）进士第。以《陆子年谱》言乾道八年象山道经富阳归家，诸葛诚之与孙应时、石应之俱来从学象山。《宋元学案》王梓材言以全祖望《奉临川帖子二》所言诸葛诚之非陆子之徒。然以象山《与王德修》言及与其他门人同访杨简等，及与诚之答书，当为陆子门人。《年谱长编》卷上，考时诸葛千能与包显道淳熙十年（1183）三月同来武夷问学师从朱熹。据卷三十六《年谱》，同年朱熹《与陆子静书》云及："比约诸葛诚之在斋中相聚，极有益。浙中士人，贤者皆归席下，比来所得为多，幸甚。"《朱文公文集》卷五十三《答石天民》"昨在丹丘见诚之"。然而《朱文公文集续集》卷四上《答刘晦伯》第一通书："浙东学者修洁可喜者多，杨敬仲、孙季和皆已荐之，诸葛诚之兄弟亦时来相处。"

论及举荐孙季和等事。依据《朱文公文集别集》卷五《答刘德修光祖》有"此书附制司干官孙应时，顷在浙东时所举吏也"，事在淳熙九年（1182）初朱子浙东任时。淳熙九年（1182）朱熹巡浙东，《劝立社仓榜》得到时任秀州嘉兴县主簿诸葛千能支持，业已相识。《答刘晦伯》第二通书又有："到此半年，百术俱试，而不足以出饿殍于沟中，不敢罪岁，徒自咎耳。"朱熹于淳熙八年十二月六日接任提举浙江常平。第二通书在淳熙九年五六月间，以《朱文公文集》正常编辑，第一通书当在此之前，即淳熙八年十二月六日至淳熙九年五六月间。由"诸葛诚之兄弟亦时来相处"可知淳熙九年上半年已经师从朱熹，非《年谱长编》卷上所考诸葛千能淳熙十年（1183）三月来武夷问学始师从朱熹。诸葛千能不避门户，书贻两家，往来于诸儒之间，尝与朱子论曹立之墓表事，欲解两家之争。《朱文公文集》卷五十四《答诸葛诚之》载："示喻竞辩之端，三复悯然。愚意比来，深欲劝同志者兼取两家之长，不可轻相诋訾，就有未合，亦且置勿论，而姑勉力于吾之所急。不谓乃以《曹表》之故，反有所激，如来喻之云也。不敏之故，深以自咎。"黄宗羲案言："诸葛诚之问学于朱、陆，二家相难，诚之以学徒竞辩为非，言之于晦翁，亦怅然其言。"《朱子语类》卷一百一十九诸葛诚之尝言孟子说性善说得来缓不如说恶底较好。

诸葛受之　山阴

【小传】　诸葛受之，佚其名，诸葛千能之兄。亦师陆子。《陆子学谱》言"受之信道之笃，进学之勇，顾不及其弟"。而《朱文公文集续集》卷四上《答刘晦伯》"浙东学者修洁可喜者多，杨敬仲、孙季和皆已荐之，诸葛诚之兄弟亦时来相处"。诸葛受之、诚之兄弟同时于淳熙九年上半年师从朱熹，言"时来相处"明诸葛受之亦多次拜访朱子，属朱子门人。

四、台州门人

【按语】　《台学统序》言台州学术："吾台人物，自后汉洎五代，虽间有表，然无派别统系之可言。至宋二徐、陈宗正（陈贻范）、罗提刑（罗适）出，始传安定之学。南渡以后，克斋石氏（石𢜋）首交考亭（朱熹），一时如林、杜、赵、潘、郭、池、吴，诸贤咸执贽朱门，闻风兴起，儒术之隆，称小邹鲁。宋景濂所谓'晦翁传道江南，而台特盛也'……要之，台学之真传，以考亭为宗主。宋之立斋（杜范）、明之逊志（方孝孺），其尤著也。"由两宋之际，朱学、陆学和浙东学派相交于台州，无愧三大儒学流派文化整合之地。《嘉靖太平县志》赞曰："吾台之学自徐八行倡先，已而紫阳朱夫子来寓台，繇是临海会子重氏、黄岩杜良仲氏兄弟以及赵几道氏以及伯和叔和氏咸受业于其门，而濂洛之波弥漫诸邑，后又再传而杜清献公范，遂以相业显，戴少监良齐亦以著述。"

池从周　黄岩

【按语】《浙江通志》载朱子称池从周所陈诸说皆善，但不已其功久之见处，渐分明也。

【小传】池从周，字子文。浙江黄岩人。嘉定七年(1214)特科。清王棻《台学统》载"尝游晦庵朱子之门，屡以书请教，晦庵称其嗜学，而勉以充拓之功"。《语类》以淳熙丙午（1186）所问，时朱熹五十七岁。《浙江通志》亦言池从周与杜贯道"从朱子游"。依"杜烨（贯道）"条，推知绍熙三年（1192）底又从学朱子。余姚烛湖居士孙应时有《送池子文》。

杜烨　黄岩

【按语】黄岩号有八大世家，以翠屏杜氏世家及皇室赵氏世家为最。杜氏杜烨号为"南湖先生"，因之称"南湖学派"，推崇朱熹之学，谓"道在是也，穷理求仁，吾知所止"。以"讲明道学"为主，尤重《六经》、四书，精心考论理学意旨。宋林表民辑《赤城集》卷十六录有赵师夏《方山隐士杜君圹志》云杜知仁："君学足以有为，才足以行之。致命委顺不竞于时，无丧无得，谓之有德匪德，其德以居其则，故曰有宋隐士百世以无惑。"《宋元学案·南湖学案》引朱子言"良仲示喻'敬'字工夫，甚善。论气禀有偏，而理之统体未尝有异，亦为得之"。"仁仲盖有意于切问近思之学者"，仁仲反躬克己之意甚切。黄岩杜氏学系传承朱学，明代谢铎《二杜先生赞》以二杜之学为"力索反躬"之学。

【小传】 杜烨，《实纪》《考亭渊源录》《宗派》《万姓统谱》《台学源流》以及《万历黄岩县志》均作"杜烨"。《朱子门人》以为"烨"亦作"煜"。字良仲，号南湖。黄岩县人。嘉定元年（1208）进士，任东阳县主簿。《浙江通志》卷一七六、《万历黄岩县志》言："与弟仁仲学于石克斋子重，克斋以烨于晦翁，于是师事晦翁十余年，得反躬力索之学。"被乡党誉为"当世巨儒"。《光绪黄岩县志》引《赤城新志》载："樊川书院为晦庵先生与南湖方山二杜公讲学之地，旁擘翠亭，亦先生所建。"《民国续修台州府志》引《樊川书院旧志》云樊川书院在江北翠屏山后，朱子与门人赵师渊成纲目之地。清代知县张中选《朱文公祠记》："寄迹樊川，著书授徒。"《光绪黄岩县志》卷八："元晦朱夫子寄迹樊川，著书授徒，乡先贤亲出其门。"《光绪黄岩县志》卷九："文公使节又尝著书于樊川。"《朱文公文集》卷六十二《答杜贯道》："仁里诸贤多得相处，但贤者与良仲、仁仲未得一见耳。或能相与一来，大幸，致道归，草草附此，作书多不能详细"，以赵致道绍熙三年底问学回归，良仲、仁仲此时亦问学朱子。《朱文公文集》卷六十二《答杜仁仲》："良仲示喻'敬'字工夫，甚善。""良仲前书所论数条皆善。但更勉力研究玩味，久之自然见处明白，践履从容，不费安排。"显然为杜良仲、仁仲所问。

【著作】《南湖先生文集》七卷。

杜知仁　黄岩

【小传】 杜知仁，依据《赤城集》卷十六赵师夏《方山隐士杜君圹志》"生绍兴庚辰年，卒于嘉定庚辰"，即1160—1220年。字仁仲，自号方山友民，人称"方山先生"。杜烨之弟。数试于乡，比皆不中乃大弃科举绝意荣进，自是刺字，不出于乡间足迹，不至于城邑。刻意学诗。与其兄杜烨曾讲学于樊川书院。良仲、仁仲从学于石𡼖、朱熹。《圹志》言其"至武夷之书，则拱而曰：'道其在是，穷理求仁，吾知所止矣。'……自号曰方山友民，示己志也"。《朱文公文集》卷六十二《答杜仁仲》六通，关乎人心道心、朝闻夕死、五行之神。《朱熹师友门人往还书札汇编》考朱熹《答杜仁仲》首撰于绍熙三年，有云"仁里诸贤多得相处，但贤者与良仲、仁仲未得一见耳"，《答杜贯道》撰于绍熙三年十一月前后，而朱熹撰于绍熙末（1194）《答杜仁仲》："自顷闻昆仲之名，而愿得一见久矣。中间仅得识良仲之面，而于仁仲尚复差池，至今为恨，知在其后。"由此得知，良仲、仁仲在1192年前已以书问学朱子，良仲1192—1194年及门，仁仲则在此后及门。以诸史籍所言兄弟"师事晦翁十余年"，推知1190—1192年间始从学朱子。

【著作】《南湖文集》，车若水为之序。《诗文集》十五卷，订《礼》读《易》说《诗》，多所论述。

杜贯道　黄岩

【小传】　杜贯道，知仁族人。黄岩人。《万历黄岩县志》："从朱文公游。文公称其所陈诸说皆善，而勉以扩充。贯道自此所造渐深。为紫阳高弟。"

戴昺　黄岩

【按语】　南宋以来，黄岩文人济济而誉为"小邹鲁"，南塘戴氏世家号诗歌大族，中以戴复古为旗帜，亦不乏朱子理学后学，戴景明即为其一。《四库总目提要》称"昺少工吟咏，为复古所称，有'不学晚唐体，曾闻大雅音'之句。所作大抵天然神韵，不费雕镂"，"清婉可讽，颇具石屏家法云"。

【小传】　戴昺，字景明，自号东野，戴复古之侄孙。戴氏是五代时从福建迁移到黄岩南塘（今浙江省温岭市）。嘉定十二年（1219）发解于州，乡试中式，《全宋诗》《全宋文》作"嘉定十二年进士"。授赣州法曹参军。《朱子门人》未列，高令印增补。

【著作】《戴东野诗》一卷、《东野农歌集》。

林鼐　黄岩

【按语】《康熙续定海县志》载朱文公称林鼐才敏谙练，民甚爱之。以为伯和求道恳切，而勉以三言："以整齐严肃言持敬，以先语孟考诸说切己深思言讲学，以充善端去邪志言省察。"叶适《水心集》卷十五《林伯和墓志铭》言林鼐"事父母兄无违志，朋友不倍其言，妻子裕如也，邻里欢如也。其行既修矣，少而广问博请，长而探幽索微，老而愈勤，穷而益信"。

【小传】 林鼐（1144—1192），字伯和，《林伯和墓志铭》作"一字元秀"。《朱子门人》及诸史多作"台州黄岩县人"，《宗派》作"太平县人"，《朱子门人》以为"明析黄岩县地置也，即今浙江之温岭县"。《嘉靖太平县志》以为"本太平乡人，父兴祥少贫，业行贾遂徙居旧邑之东巷"，明代析黄岩县南部太平、繁昌、方岩三乡置太平县，属今温岭市地。故而林鼐当作"宋黄岩县太平乡人"，今温岭市人。乾道八年进士。《赤城志》《嘉靖浙江通志》《嘉靖太平县志》皆言林鼐与弟林鼒同为朱子门人。《朱子门人》以朱熹卷四十九《答林伯和》称"老兄"而"无由面谕"，又林伯和"示谕前此，盖尝博求师友，而至今未能有得"，为此言"属在师友"，以为作授业门人"差勉强"。然朱子答书此句之后，有"以熹观之，此殆师友之间所以相告者，未必尽循圣门学者入德之序，使贤者未有亲切用力之处而然耳"，"此纸勿以示人，但叔和、几道及林兄昆仲诸人，亦不可不知耳"，且《朱文公文集》卷十八载："黄岩熟则台州可无饥馑之苦，其为利害委的非轻。遂于降到钱内支一万贯付本县及土居官宣教郎林鼐、承节郎蔡镐公共措置。其林鼐曾任明州定海县丞，敦笃晓练，为众所称。"朱熹两主台州崇道观祭祀，一次提举浙东按行台州，与林鼐有上下之属，当多有面见。《嘉靖太平县志》以为"叶水心作二林墓志亦无一语及朱，若未尝为门人者，不知其何故也？谓当时伪学之禁方严，故诸公皆讳言之耳，若然则亦不得为直笔矣。"

林鼒　黄岩

【小传】 林鼒（1146—1216），字叔和。号草庐先生。林鼐弟。宋黄岩县太平乡（今温岭市）人。以学行知名早冠乡书当用。累举恩不就。诸史籍多言与兄鼐及赵师渊、杜烨兄弟皆从朱文公游。《嘉靖太平县志》载林鼒"与沈焕、舒璘论象山陆氏之学，因走上饶求之。意见差异。竟受业朱子，及同乡赵师渊、杜烨会以学行称学者多从之游"。1184年《朱文公文集》卷三十六《答陈同甫》："林叔和过此，又得闻其事首末尤详"，其事意外牢狱之祸。知林鼒最迟在1184年入闽师从朱熹。《语类》录有李闳祖记"叔和别去，请教先生"，当在淳熙十五年后。

赵师端　黄岩

【按语】《台学统》言赵师端标致虽高气宇和心。

【小传】 赵师端,字知道。据《九史同姓名略》宋有赵师端二:"一伯浍子,见《宋史》卷二百十六;一伯供子,见《宋史》卷二百十九。"朱子门人赵师端为伯浍子,祖父子英。《朱子门人》作"师渊从弟"。《万历黄岩县志》作"师蔵从兄",然《宋史》卷二百十六"子英"之孙辈未见"师蔵"。《台学统》以《赤城志》,言"居黄岩",参之以永嘉菰田《明文戴氏宗谱》(温州市图书馆古籍部藏)载"黄岩西桥任两淮运使赵师端",故为黄岩人无误。淳熙十四年(1187)进士,婺州知府。《台学统》引刘克庄《挽黄岩赵郎中》云"朱公徒弟"。《朱子实纪》言赵师端兄弟皆师朱子。清叶为铭《歙县金石志》载"绍兴庚午一至,淳熙丙申再至。郡从执弟子礼者三十人。庆元丙辰主教天宁,赵师端兄弟咸师事焉"。《万历黄岩县志》载"尝登晦翁之门"。休宁人施璜《紫阳书院志》亦载"文公以宋宁宗庆元二年丙辰归省墓,主教于郡之天宁山房,从游者甚众,时赵公师端兄弟亦师事焉","其守令之师事文公者三人:徽守赵师端、余杭令赵师恕、休宁令祝汝玉。以上所录出《朱子实纪》及《南溪书院志》。"江永《考定朱子世家附天宁寺会讲辩》否定天宁寺会讲。迨朱子殁,师端为徽郡守,始创文公书院于郡学,勉斋黄公榦作记。淳祐丙午,郡守韩公补疏请建书院于城南。理宗亲洒宸翰,作"紫阳书院"四字赐之。

赵师雍　黄岩

【按语】 金贲亨《台学源流序》称"宋太史景濂氏称晦庵传道江南,而台特盛,岂其无征也哉? 间若赵然道昆弟则又两游朱陆之门者也"。《万历黄岩县志》言赵师雍"尝问道于象山、晦翁,象山尤称之"。然《嘉靖浙江通志》言:"台州学者如林、吴、杜、郭皆祖考亭朱氏,而赵师雍兄弟则往来于象山,而陆氏之学亦行于台。明州学者如杨、袁、沈、舒皆祖象山陆氏,而余端臣、黄震则取法于考亭,而朱子之学亦行于明,虽有正宗羽翼之不同,要皆发明仲尼之道,而语道统者推尊之,彼以文词而已者陋矣。"《伊洛渊源录》以赵师雍既师晦翁又兼学象山,视为考亭叛徒之首,又诸如《宋元学案》不以为是。

兼学乃当时宽松学术之特色。

【小传】 赵师雍,字然道。伯泳之子,师渊从弟、师夏从兄,而《宋元学案》误以为"先生兄师渊,字几道,即为朱子修《纲目》者。弟师夏,字致道,则朱子孙婿也"。黄岩人。淳熙十四年(1187)进士。官至朝议大夫、直宝章阁。《万姓统谱》以为其"受教于朱熹、陆九渊之门",而《宋元学案》《台州府志》则载"师陆九渊,兼学于朱熹"。宋袁甫《蒙斋集》卷十四《沛然堂记》只言"师事象山陆先生"。《考亭渊源录》则以为考亭叛徒赵师雍、傅伯寿、胡纮等三人。《宋元学案》卷七十七"云濠案:《台州府志》:先生尝言:'诸公伤于著书,而其心反有所蔽。'意指朱子。陆子闻而非之,以为'必其心先有蔽,而言之蔽因之,故敢于著书,岂可言因著书而反蔽其心'。陆子卒,先生致书朱子,言惜不及见两家论辩有所底止。朱子答之,有'敝帚千金'之语,盖亦讽之。近作《考亭渊源录》者,目先生为叛徒。据先生之学,原是陆子分位多,然其于朱子,不过意见不尽合,今置之胡纮、傅伯寿之列,则谬矣。"《朱子门人》亦谓此说"不识朱子之甚"。《朱子学谱》则以为其"兼事两先生,特其意皆偏信陆子耳,非专事朱子后别事陆子也。分门别户,党同而伐异,此伪学之祸所由以烈也"。《朱文公文集》卷五十五《答赵然道师雍》言及"荆门之讣,闻之惨怛,故旧凋落,自为可伤,不计平日议论之同异也",知在绍熙四年(1193)初。黄震《黄氏日抄》卷三十四《答赵然道》相互讨论朱陆晚年之同异。

赵师葴　黄岩

【小传】 赵师葴,又作师点,字咏道。《宗派》《渊源录》作"赵师皙,字咏道"。《宋史》卷二百一十六载师雍祖父子英、父伯泳,师雍弟"师原""师颍",未见有"师葴"。而《朱子实纪》误以为"咏道,师渊之弟",《宋元学案》云濠案言赵师雍"弟师葴,字咏道",当为从兄弟关系。《宗派》误以为文公孙婿。居黄岩。登开禧元年(1205)进士第,知铅山县。《宋元学案》言赵师雍与弟师葴"俱师陆子,亦兼学于朱子"。《万历黄岩县志》载"与然道同受业于朱陆二先生之门"。绍熙三年(1192)《朱文公文集》卷五十九《答赵咏道》言"少尝闻之,天下有正理,唯博学审问、谨思明辨,不先自主于一偏之说,而虚心以察众理之是非,乃可以自得于一定之说而无疑",云及"令弟致道在此,相聚数月"。

赵师渊　赵师骞　赵师游　**黄岩**

【按语】　宋濂《文宪集》卷二十四《故愚庵先生方公墓版文》："天台为极盛时，则有潘子善氏、林叔恭氏、赵几道氏兄弟以及杜仲良（良仲）氏，如此者不能遍举皆见而知之。"《万历黄岩县志》列举"邑之及门高弟赵师渊、杜烨、杜知仁、林鼎、林虠、赵师夏、赵师雍、赵师葳、赵师端、杜贯道、池从周一十一人"。宋黄子约《黄岩大家录》云"宋室传来十八家"，意赵氏第十八支赵德芳南宋初迁徙黄岩。黄岩赵氏多有朱子门人，且其中又有师事朱子兼学陆者。《台学源流》载金华王鲁斋《跋晦翁所与讷斋帖》，称："讷斋登朱子之门为最先，其后远庵昆弟相继而进，开之以道谊，缔之以婚姻，往来尺牍，其多可知。谨按：远庵，名师夏，与兄师渊同登朱子之门。又赵然道，名师雍。弟咏道，名师葳，则往来朱陆二公之间者。"蒙斋志赵宜人圹云："讷斋当代端人，与先正献公为友。"《纲目》"始于朱熹，成于师渊"。

【小传】　赵师渊（1150—1210），字几道，号讷斋。四库全书《纲目分注拾遗编年类提要》、宋濂《通鉴纲目附释序略》、蔡世远《古文雅正》卷十三作"天台赵师渊讷斋"，《馆阁续录》卷九作"汴人，寓居台州黄岩"。《宋元学案》等史籍多作"黄岩人"。《嘉定赤城志》记载，赵子英曾于绍兴五年（1135）任台州府黄岩县丞，任满，居于黄岩县城西街。赵子英之子赵伯淮、赵伯洙、赵伯会（字彦正）、赵伯浒（字彦泽）、赵伯沄。赵伯淮字彦济。宋孙应时《烛湖集》卷十一《宣义郎赵公行状》载："公讳伯淮字彦济。子男四人，长师渊，宣教郎；次师骞、师游；师夏，文林郎奉国军节度推官。昆弟皆学于侍讲朱先生。"师渊、师骞、师游、师夏为四兄弟。而《舒文靖集》卷上《竺硕夫妻舒氏圹志》："言男曰大年、大本、大声、大用，孙男曰师雍、师偓、师点、师参、师骞、师渊"，汪森编《粤西丛载》卷二《桂有》："嘉定己巳，合沙黄师渊子仁、师骞子孝、师晢子与、师参子鲁、师雍子敬，郑润辅济仲同游。"其师字辈长幼待考。天台是台州最常见别称之一，《民国台州府志》言："'天台'乃一郡之统称。"《天台县志稿》凡例以为"'天台'为六邑共称久矣"。"临海"亦为台州别称，台州前身为临海郡，宋代台州临海郡并称，郡为州的雅称。参之以《黄岩西桥赵氏宗谱》，师渊故当为黄岩县人。师渊登乾道八年（1172）进士。淳熙十一年（1184），赵汝愚帅福州，《朱文公文集》卷二十七《与林择之书》曾言"闻沙县宰颇有才，南剑推官赵师渊、剑浦令丞皆晓事。此是将来帅到南剑可备使令之人"。《朱文公文集》卷四十八《答吕子约十一月二十七日》有言"几道且得改秩，亦是一事。其弟在此亦佳"，系绍熙三年（1192）十一月。绍熙五年（1194）赵汝愚任右丞相。经朱熹门人林择之荐举，赵师渊任职事官兼国史院编修，翌年汝愚罢相，师渊"翩然东归，益究所学，积十余年不仕"，时人目为"当代端人"，终仕司农太常丞。师渊于淳熙初曾师从寓居黄岩应恕。《光绪黄岩县志》言林鼐"遂与兄鼐及赵师渊、杜烨兄弟同受业于晦翁之门"。淳熙元年（1174），朱熹提举天台崇道观，讲学黄岩江北樊川书院，赵师渊执弟子礼。淳熙九年（1182），朱熹提举浙东按行台州，师生之谊愈进深。朱熹称他是"隐居老友"。"从朱文公游，得其要旨。文公称其所论时学之弊甚善，因修《资治通鉴纲目》，文公与之论校往来凡八书"。师渊协助朱熹编撰《资治通鉴纲目》，朱熹自言"某衰朽殊甚，全赖几道为结果了"。束景南《朱子大传》、汤勤福《朱熹的史学思想》以为朱熹独撰，而清全祖望《书朱子纲目》则"全出讷斋"，均是有失偏颇。元徐昭文《资治通鉴纲目考证序略》记："朱子之修是书也，凡例既定，付门人赵氏接续。"元袁桷《清容居士集》卷三十二《翰林学士嘉议大夫知制诰同修国史赵公行状》提出："文公述《通鉴纲目》，条分例举，整齐芟夺，迄于成书，皆太常所定。其言理学蕴奥，心受耳属，精析该邃，非若《语录》所传剽臆谬妄。"

《台州府志》言"朱子定纲，赵氏为其目"。康熙《御批通鉴纲目提要》载："朱子因《资治通鉴》作《纲目》，唯《凡例》一卷出于手定，其纲目皆门人依《凡例》而修，其目则全以付赵师渊。"当属客观之论。王柏《鲁斋集》卷十二《跋朱子与讷斋帖》曰："讷斋赵公登朱子之门为最先，其后远庵昆仲相继而进，开之以道义，缔之以婚姻，往来尺牍其多可知，见于《文集》者，讷斋止二通而已，此帖亦不与焉。今以辞语考之，实庆元丙辰先生乞改正从臣恩数之后、沈继祖未上疏之前也。当是时国论大变，善类奔波，海内震骇，审观此帖，不胜感慨。其余则家庭间真情实意，契谊蔼然，宝藏宜谨。后七十有七年当咸淳壬申之冬，讷斋从孙某来赴保宁幕，出以示，其后学王某敬拜手书岁月姓名于后。"其史观"尚虚"与"崇实"。车若水《脚气集》论及"赵几道说诚无为几善恶"。袁燮亦以为师渊学术"潜心于义理之精微，周揽乎记载之浩博"。宋孙应时《烛湖集》卷十一《宣义郎赵公行状》载，曾为其父乞铭于朱先生。

【著作】《讷斋集》。

赵师夏　**黄岩**

【按语】《宋元学案》卷六十九引《台州府志》称赵师夏："以循天理、任智力论曾点、子路言志，以心性情辨儒、释，及论荀卿性恶礼伪之失，又作《诚几善恶图》，以明周子之意，一证胡子之失，皆为文公所许。王鲁斋尝称其理一分殊之跋，得龟山以来一派宗旨甚的。"《台学统》引《台学源流》同。《朱文公文集》卷五十九《答赵致道》称"《仪礼》文字甚好，致道一篇已入注疏"。

【小传】赵师夏，字致道。号远庵，赵师渊弟，《考亭渊源录》误为"咏道弟""赵师渊从弟"。绍熙元年（1190）进士，历官朝奉大夫知兴国军、湖北提举常平。师夏娶朱熹长孙女（朱塾之女）为妻，《朱子文集》卷六十九记有《赵婿亲迎礼大略》。宋元学案等均载"从文公游，悉得奥旨"。《宋元学案》《考亭渊源录》等均列他为朱子门人。《经义考》以为授《易》弟子。《朱子门人》以《语类》潘时举所记赵师夏问教在1193年以后，以为赵师夏师从朱熹甚晚，然以《语类》门人所录时间为门人始从时间并不可靠，只说明记录时刻，门人在学而非始从时间。以《语类》录有郑南升所记赵致道问"忠恕而已"以及录有潘时举所记"赵致道感通之运"，知绍熙四年（1193）致道曾问学建阳考亭。顾宏义《朱熹师友门人往还书札汇编》考，《朱文公文集》卷五十九《答赵咏道》言"令弟致道在此，相聚数月"。朱熹《答吕子约十一月二十七日》有言"几道且得改秩，亦是一事。其弟在此亦佳"，作绍熙三年（1192）十一月。由此，我们可知在绍熙三年（1192）十一月以前已相随朱子数月。方彦寿《朱熹书院与门人考》以为赵师夏从学朱熹约在淳熙十四年（1187）。据《光绪黄岩县志》言林鼐"遂与兄鼏及赵师渊、杜烨兄弟同受业于晦翁之门"。赵师夏与赵师渊同时师从朱熹淳熙元年（1174），朱熹提举天台崇道观，讲学黄岩江北樊川书院。赵师夏反对韩侂胄专权，毅然弃官还乡，协助朱熹编撰《礼书》。据朱熹女婿黄榦《勉斋集》卷三十六所记，朱熹病故时，《礼书》尚未完稿，由赵师夏完成。《朱文公文集》卷五十四《答应仁仲》有云："《礼书》方了得

《聘礼》已前，已送致道，令与四明一二朋友抄节疏义附入。"《同治南康府志》载"嘉定间知军赵师夏创建六老堂，自记"。1214 年师夏于当涂任刊印《延平答问》，钱谦益《绛云楼书目》录有：《延平答问》一卷，又《后录》卷。朱子编。王耕道刊于姑孰郡斋，朱门弟子赵师夏识其后，时嘉定甲戌也。"曹彦约跋云："《延平答问》一编，始得当涂印本于黄岩赵师夏致道。"

刘栋　临海

【小传】　刘栋，《朱子门人》言《理学通录》《宗派》等不详字里籍。《民国临海县志》载包恢《临海进士登科题名记》云"令邑大夫刘君栋取邑士题慈恩之名始自天圣甲子至淳祐辛丑"，"辛丑乃淳祐二年，包之守台在三年，记云今邑大夫刘君栋，而方沂《宣诏亭记》亦云，刘君栋鸠工遴材始癸卯正月，则刘任在三年可知。洪志沿《赤城新志》之讹作宝庆二年，先于淳祐十有六年，误矣"。《台州金石录》亦言此刘栋非宝庆二年任事，故《弘治赤城新志》所录"临海县刘栋宝庆二年至创立学校"误，《雍正浙江通志》作"临海县儒学，宝庆间令刘栋移建"。由此可知，刘栋为台州临海县人。《宗派》《渊源录》《理学通录》《补遗》列为门人。《语类》载有杨道夫所记二则，一为朱子问刘栋："看《大学》自欺之说如何？"刘栋以为："不知义理，却道我知义理，是自欺。"真德秀《四书集编》转引。二是刘栋问孟子言必称尧舜，朱子教导"人须当以尧舜为法""止于至善"。均系杨道夫淳熙十六年（1189）后所闻。

林恪　临海

【按语】　《道南源委录》以为"浙间士夫又却好就道理上壁角头着工夫，如某人辈潘子善、林叔恭"。《民国临海县志》则以为："若石南康、潘子善、赵共甫、林叔恭诸君子翳惟考亭余绪是绎是绅，入为名儒，出为良辅。"

【小传】　林恪，字叔恭。《朱子语类·姓氏》《考亭渊源录》《朱子实纪》《经义考》《朱熹师友门人往还书札汇编》《朱子门人与朱子学》均作"天台人"。宋明之际，天台或作台州，亦为县域，旨意有所不明。明金贲亨《台学源流》《民国续修台州府志》作"临海人"。故而尚不能如《朱子门人》确定《宗派》作"临海人"为误。《朱子语类·姓氏》载林恪为绍熙四年（1193）所闻。此时在学。《语类》有近百条林恪所记，以为学之要与工夫为主。朱子文集有告诫林恪为学"只要致诚耐久，无有不得，不须别生计较、思前算后也"之语。

潘时举　**临海**

【按语】　朱熹称潘时举"践履笃实"。《朱文公文集》卷六十《答潘子善六》又谓："所谕为学工夫，亦其稳密，尤以为喜，更切勉力，乃所望也。"慈溪黄震《黄氏日抄》卷四十有曰"晦庵既没，门人如浙中则叶味道、潘子善、黄子洪，皆号高弟。"宋濂《宋学士文集》卷四十六《故愚庵先生方公墓版文》则言："天台为极盛时，则有潘子善氏、林叔恭氏、赵几道氏兄弟以及杜仲良（良仲）氏，如此者不能遍举，皆见而知之，推原体用之学，敷化弘治而风动于四方，重徽迭照于斯为至，流风遗俗迄今犹有未泯。"王柏《鲁斋集》卷十八《定海县丞杨公墓志铭》曾谓："絜斋袁公为司成，天台潘公子善为正录，党禁初开，正道昭著，气象翕然，静轩导君子，潘公又得闻学问渊源之懿，观感服习。"

【小传】　潘时举，字子善。潘大年祖道之孙。《嘉定赤城志》载"宣和三年何涣榜潘大年，临海人"。《朱子实纪》《语类·姓氏》《渊源录》作"天台县人"，《嘉定赤城志》《台学源流》作"临海人"。《正德天台志》记载"尝徙居天台县西四十里，有上下儒堂，世传时举授徒之所"。《补遗》亦按语以为由临海迁居天台县。虽其曾自题"天台潘氏"，且于天台县城西思贤桥侧，筑馆授徒，葬书馆之侧，然此"天台"当是作台州之意，而非天台县。宋车若水《脚气集》卷二"潘子善先生乃吾邦人"亦是此意。《考亭渊源录》作"台州天台人"不妥。由此，知祖籍临海徙居天台县。嘉定十五年（1222）释褐科进士，终无为军教授。潘时举所记《语类》数百条，为绍熙四年（1193）以后侍师讲学笔录。田中谦二考证，潘时举绍熙四年（1193）从学于朱熹，方彦寿《朱熹书院与门人考》则以为潘时举在绍熙三年（1192）已从学于朱门。诸史言从晦庵游最久。受学朱熹期间，常侍立左右。潘时举与朱熹辨析六经，问及"仁者乐水"以及"求放心"之义。《朱文公文集》卷六十《答潘子善》问《易传》《近思录》。首绘朱熹像，题天台潘氏。《宋元学案》卷六十九《沧洲诸儒学案》载："从晦庵游，有闻必记。其辨析《六经》疑义及问学大端，多为师门称许。"

黄榦《池州刊朱子语录后序》言李道传："与潘时举、叶贺孙尝从游于先生之门者，互相雠校，重复者削之，讹谬者正之，有别录者，有不必录者，随其所得为卷帙之次第，凡三十有三家。"《郡斋读书志》载《家礼》有"潘时举、李道传、黄榦、廖德明、陈光祖序跋附焉"。《考亭渊源录》："吕乔年从文公游，值吴柔胜为国子正，于文公生徒中得乔年与潘时举，白于长，擢为学职使，以文行表率。"

【著作】《小学书图》二卷，凡四十七图，考证悉有依据。

赵师郑　临海

【按语】　晦庵《与吕子约书》称师郑"亦尽知用力不易得也"。《与孙敬甫》亦云赵师郑尤佳。

【小传】　赵师郑，字共父（亦作恭父、共甫），《考亭渊源录》《宗派》《实纪》作"天台人"，然非《朱子门人》直言"天台县人"；《浙江通志》《经义考》作"临海人"。《朱熹师友门人往还书札汇编》作"居临海"。清冯可镛、叶意深编《慈湖先生年谱》作台州人；《朱文公文集》多处云及"台州有一师郑""天台朋友有赵师郑"。宋楼钥撰《攻媿集》卷一百三《赵明道墓志铭》载"赵共甫自丹丘来"，其祖武德郎子佑"南渡转徙久之始寓于台"，先君伯直，字明道，四男子师弦、次师泉、次师绛、次师郑，"葬于临海县大固乡蔡岭之原，去武德墓西少南三十步"。天台、丹丘实均指台州，现有史籍尚不能够证明属台州下哪一县域，以作"临海"为妥。绍熙元年（1190）进士。官终嘉兴府判官。诸史志多载有："共父从晦庵游，最见器重。尝以书质养老、祭义、燕义、乡饮酒义、内则、学庸、论语等说，晦庵称之。"以朱熹撰于绍熙三年（1192）《答吕子约十一月二十七日》云，知赵师郑于此时来武夷问学。庆元元年七月朱熹《答潘子善》："恭父留此甚久，尽得从容。因其行，草草附此，其他恭父必能言之。"又朱熹《答孙敬甫》"天台朋友有赵师郑主簿者尤佳。"《朱熹师友门人往还书札汇编》误推本书约撰于1195年秋间，楼钥《赵明道墓志铭》明言"庆元二年赵共甫自丹丘来主鄞簿"，知赵共甫1196年再从朱子。

【著作】　以楼钥《攻媿集》卷七十三《跋赵共甫古易补音》，知赵共甫著有《古易补音》。

郭磊卿　仙居

【按语】 李镜渠辑民国《仙居丛书》序:"仙居虽僻处浙东,然设治远始东晋。山川清淑,钟毓人文。自唐项子迁斯以降,代有传人。宋初吕原道逢时首倡教化;至南宋吴康肃苪受知朱子,最著仕绩;郭正肃磊卿从朱子游,亦忠直不阿。其尤以理学著者,则有陈茂卿柏、吴谦斋梅卿、吴直轩谅、郑愆堂雄飞四君子。谦斋从考亭门人传其遗绪,而微辞奥旨;茂卿所得尤多,盖仙居毗邻金华,与金华学风为近,其宗述朱学为尤笃;而临海徐氏父子中行、庭筠亦见称于朱子。宋文宪所谓'晦翁传道东南,而台特盛者'是也。"《台学源流》录有台州"诸贤凡十有六人,吴谦斋以上皆受业考亭饮河充量者,赵然道昆弟则往来朱陆二公之间者也。若杜立斋得之再传,如亲謦欬所谓私淑艾者,非与一时人文之盛",亦可知浙之台州学术不为朱学独尊,包容大度兼学之风亦盛矣。《宋学士文集》卷十七《天台顾氏先德碑》载,"惟天台素为文献之邦,如南塘陈茂卿、谦斋吴清之、直轩吴直翁、愆堂郑景温是四君子者,皆与闻濂洛关闽之学"。又言"盖自谦斋从考亭,门人传其遗绪,而微辞奥旨,尧生得之为多"。《题朝夕箴后》载时有谓吴梅卿与陈柏、吴谅、郑雄飞,"人以其学行之同通,以'四君子'称之"。盖仙居毗邻金华,与金华学风为近,其宗述朱学为尤笃。《民国续修台州府志》又载,景定中,吴梅卿与通判蒋旦、提刑陈庸、给事吴苪、待制郭磊卿、侍郎郑雄飞同祀于学宫西,称六贤堂。

《宋史·本传》称郭磊卿与王万、曹豳、徐清叟俱负直声,当时号"嘉熙四谏"。磊卿与杜成治、国子祭酒徐元杰、侍御史刘汉弼等人在端平间以"弹劾权幸无所避"而闻名遐迩,称"端平六君子"。

【小传】 郭磊卿(1186—1239),字子奇,号兑斋。卒谥正肃。仙居县人。嘉定七年进士,终朝散大夫宝章阁待制。《渊源录》言:"文公使浙东,磊卿与赵几道、杜良仲兄弟皆从游。"《宋元学案》亦然。《台学源流》言"尝游文公之行",载朱白云《文献书院记》称"先生与赵几道、二杜同师晦庵"。故郭磊卿从学于1181年八月至1182年八月朱熹任提举两浙东路常平茶盐公事时。谢文肃公铎则有云:"我台之学考亭是宗,孰见而知曰正肃公。"扶正除邪,安良济世。清正廉明有所思,弹劾权幸无所避。

【著作】 宋嘉定三年郭磊卿首纂《郭氏家史》《兑斋集》。

吴梅卿　仙居

【小传】 吴梅卿，字清叔，宋濂《宋学士文集》卷十四《题朝夕箴后》作"清之"。《万姓统谱》作"字德淑"。《光绪仙居志》作"字正叔"。以宋濂《宋学士文集》《台学源流》《台学统》。《民国续修台州府志》知其"号谦斋"。仙居人，称天台人系台州之别名。诸史多载嘉定十七年特科进士，独《光绪仙居志》言："宝庆二年王会龙牓：吴梅卿，右第三列。"仕至忠州文学。《万姓统谱》、《嘉靖浙江通志》诸史志皆有"从朱子游"。《民国续修台州府志》引宋濂《题朝夕箴后》载陈柏"与吴梅卿父子游而深于道德性命之学。盖自梅卿从考亭，门人传其遗绪而微词奥旨"。宋濂《宋学士文集》直言"谦斋从考亭"，《台学源流》言"尝因果斋李方子，获登朱子之门，讲授甚切"。李方子所记《朱子语录》在淳熙十五年戊申（1188）以后所闻，时年已五十九，而吴梅卿随李方子后问学朱子，故当为朱子晚年门人。

【著作】《朱子门人》以为其著有《经说语录》，以诸史志当为著《经说》《语录》。

吴棨　仙居

【小传】 吴棨，字直翁。《台学源流》："仙居吴谅"，《民国续修台州府志》："郑溱，《嘉庆太平志》：溱受经仙居吴直轩与郭磊卿、郑仁玉游。"《台学统》则作"直轩吴直翁，宋季名士吴谅直翁"。由此，吴棨，又名谅，号直轩。仙居人。《渊源录》《宗派》《补遗》均作朱子门人。《语类》卷一百二十有："吴棨直翁问：学亦颇知自立，而病痛犹多，奈何？"此条为童伯羽记录。《宋学士文集》卷十七《天台顾氏先德碑》载，"惟天台素为文献之邦，如南塘陈茂卿、谦斋吴清之、直轩吴直翁、憇堂郑景温是四君子者，皆与闻濂洛关闽之学"。

赵汝谈　天台

【按语】　清周春《古文尚书冤词补正》言汝谈"其人品学问似出吴澄之上。传又载，其《洪范》非箕子所作之说，盖天分虽高而师心自用者也"。刘克庄《后村先生大全集》卷一百三十七《赵崇安诗卷》："本朝全盛时，宗室贵显而负诗名者，有德麟，近岁有南塘兄弟。诗工而命穷者，有紫芝、仲白。而南塘遂为一代骚人之宗。"故《宋史》以为先生天资绝人，沉思高识，自少至老，无一日去书策。其论《易》，以为占者作；《书尧》《舜》"二典"宜合为一，禹功只施于河、洛，《洪范》非箕子作；《诗》不以《小序》为信；《礼记》杂出诸生之手；《周礼》疑傅会女主之书。要亦卓绝特立之见。其为文章有天巧。常论"韩非、李斯皆有荀卿之才，惟其富贵利欲之心重，故世得而贱之；惟卿独能守其身，不苟希合，士何可不自重哉"。

【小传】　赵汝谈（？—1237），《万姓统谱》作"汝琰"，字履常。号南塘，谥文懿。赵不柔之孙，善待（时举）之子。《朱子门人》以为开封大梁（今开封）人。而其祖赵不柔南渡后，于绍兴初年寓居于天台县，考《咸淳志》云汝谈太宗八世孙，居余杭。以祖籍言当作"天台县"人，居余姚。登淳熙十一年（1184）进士第。官至给事中权刑部尚书。辅佐丞相赵汝愚定当政大策，提倡道学。《朱子门人》不以为门人而为讲友。《宋史·赵汝谈传》："尝从朱熹订疑义十数条，熹嗟异之。"一"从"字已见其随从之意，非《朱子门人》所言"不云师事"。宋陈振孙《书录解题》又曰："汝谈疑古文非真者五条，朱文公尝疑之而未若此之决也。"亦有肯定之意。《古文尚书冤词补正》："古文尚书孔传二十五篇，自唐以前儒者咸尊信之。宋吴才老及子朱子、赵汝谈、陈振孙诸家始或疑传或疑经，为后人伪托，至元吴草庐、明郝仲与焦弱侯、罗敦仁解书并当，云尚书之冤始于赵汝谈而成于吴澄。"其学着重名物训诂，于先秦典籍多有注释。方回《桐江续集》卷三十二《送罗寿可诗序》以为嘉定而降，江西诗派"然尚有余杭二赵、上饶二泉，典刑未泯"，二赵即赵汝谈、赵汝说兄弟。

【著作】　《易》、《书》、《诗》、《论语》、《孟子》、《周礼》、《礼记》、《荀子》、《庄子》、《通鉴》、《杜诗注》、《介轩诗集》、《南塘易说》三卷、《赵汝谈南塘文集》、《文献遵者》三卷。

【按语】 唐代从括州析永嘉、安固两县置温州，治永嘉。故而温州文化亦称永嘉文化。明黄淮《温州重修庙学碑》以为"温为江左望郡，其衣冠文物之鳅，号称小邹鲁"。《光绪永嘉县志》言"温为浙东文献名郡"。《宋元学案》卷六《士刘诸儒学案》以为儒志先生王开祖乃"永嘉后来问学之盛，盖始基之"。楼钥《攻媿集》卷九十五载陈傅良《陈公神道碑》明确："伊洛之学，东南之士，自龟山杨公时，建安游公酢之外，惟永嘉许公景衡、周公行己，数公亲见伊川先生，得其传以归。中兴以来言性理之学者宗永嘉。"叶适《水心集》卷十《温州新学记》则言"永嘉之学，必弥纶以通世变者，薛经其始而陈纬其终"。孙诒让《温州经籍志》载黄震以朱熹、陆九渊、陈亮、陈傅良为南宋四大家，而叶适"混然于四者之间"，全祖望评价陈傅良、叶适永嘉学派与朱子理学派、象山心学派鼎足而立。永嘉学者务实求真，不尚虚空的治学传统。可见永嘉学风之轨迹，温州永嘉朱子之学深有鸿基。陈埴之后，"永嘉学者渐祧艮斋一派矣"。

朱熹曾过化温州之地，大量学人追随。《光绪永嘉县志》列温州朱门十六人，谓"自宋及元，诸儒皆有，著述盛矣哉"。今人程继红、阙厝和《义乌朱子学的发育与发光》[①]以为朱子学在浙传播情况主要有六系，即义乌系、崇德系、永嘉系、黄岩系、金华系、四明系，而永嘉系以叶味道、陈埴为代表。《邑志遗事门》引《息园间识》，载温士在朱门者十二人：周端朝、叶味道、陈埴、戴蒙、林武、钱木之、徐寓、徐客、沈倜、蒋叔蒙、包定及侄显道、敏道、详道。方彦寿《朱子门人与书院考》只列温州门人十一人。

陈埴　　永嘉

【按语】 祖望谨案语载："永嘉为朱子之学者，自叶文修公与潜室始。文修之书不可考，《木钟集》犹有存焉。自是而永嘉学者渐祧艮斋一派矣。"而

① 程继红、阙厝和：《义乌朱子学的发育与发光》，《朱子学刊》总27辑，2016年，第128页。

《隆庆平阳县志》以为"至宋而大盛时，陈经正兄弟、陈埴、林湜诸君子皆从游于程朱之门"，陈埴宗朱学，又杂陆学。陈荣捷《宋明理学之概念与历史·朱子学派》以为"永嘉之为朱子学，自陈埴始。可谓浙江朱学之盛，陈埴其先锋也"。[①]

【小传】 陈埴，字器之，号潜室。陈烨（字民表）之子。永嘉（今温州市鹿城区）人。登嘉定七年（1214）进士。少师叶适，后从学于朱熹。为明道书院干官兼山长。《嘉靖温州府志》称"少颖悟，久从朱子于武夷"，而《乾隆平阳县志》载紫阳任浙东茶盐提举来瓯，与门人陈埴等同游南雁山，至经正书院，见陈氏肄业甚盛，因题曰"会邱书院"。以朱熹淳熙八年（1181）十二月到任，至次年九月罢官奉祠，参以《语类》余大雅所录为1178年后，知陈埴不迟于1182年从学。方彦寿《朱熹书院与门人考》考陈埴在淳熙十五年、绍熙元年、庆元三年之间分别在武夷精舍与建阳考亭问学。认定陈埴在淳熙十五年在武夷精舍始从朱子求学，依据不足。以《朱文公文集》卷五十八《答陈器之》曾问学《玉山讲义》，当在1195年初又从学。庆元四年冬朱子分委陈埴与李方子、李相祖、黄榦、林夔孙等诸生修撰《尚书》集注。庆元六年（1200）三月，陈埴等诸弟子往建阳考亭探望病中朱子。以《语类》所录，陈埴问学二十余则，问朱子以易学、诗学、仁说等。绍定间为明道书院山长，从学者甚盛。陈埴提出"工夫生熟"、孔颜乐处乐道说，以为"善问者如攻坚木，善待问者如撞钟"，留下"天下无不是底君"名句。宋赵顺孙的《四书纂疏》就尝征引数条"永嘉陈氏"说，足见其四书学深厚。埴请同学沈偶为父陈烨卜择墓地。叶适作有《陈民表墓志铭》。

【著作】 《禹贡辨》《洪范解》《王制章句》《木钟集》《四端说》。陈埴修永嘉菰田《明文戴氏宗谱》，后戴蒙重修。

黄显子　永嘉

【小传】 黄显子，字敬之。永嘉人。《经义考》《宋元学案补遗》以黄显

① 陈荣捷：《宋明理学之概念与历史·朱子学派》，"中央研究院"中国文哲研究所，1996年，第249页。

子为朱子传《易》《诗》弟子。《朱子语类》有六条为黄敬之问学。所记录者分别为徐寓、叶贺孙及万人杰，据《语类·姓氏》，万人杰庚子（1180）、徐寓庚戌（1190）、叶贺孙辛亥（1191）以后所录。《朱子门人》以万人杰所录有"谓黄敬之有书来"，提出黄敬之"与朱子关系十有余年矣"，此似有误。言万人杰庚子（1180）以后所录，并非黄敬之亦于此时始从朱熹。以淳熙十六年（1189）《朱文公文集》卷五十八《答黄令裕》"收书，虽见乡道之切"题下原注"一作黄敬之"。据《朱熹师友门人往还书札汇编》考，朱熹《答黄令裕》约撰于淳熙十六年（1189）间，又田中谦二考万人杰五次追随朱子，其中第二次为淳熙十五至十六年（1188—1189），故可知黄敬之从师朱子不晚于淳熙十六年（1189）。可推知朱熹《答黄令裕》时，黄敬之同时从师。

林士谦　　永嘉

【小传】　林士谦，《朱子门人》以为"士谦"为字。《儒林宗派》《理学通录》《宋元学案补遗》列为门人，但未标里籍。《浙江通志》卷一百二十六《选举》载"淳熙八年（1181）辛丑黄由榜：林士谦，永嘉人。"《永乐祁阊志》卷九《碑碣》载，开禧元年（1205）祁门知县林士谦撰《重建儒学大成殿记》。《语类》卷一百二十录有陈淳所记林士谦初见朱子情形，林士谦"问仁智自得处。曰：仁者得其为仁，智者得其为智，岂仁智之外更有自得？公此问不成问。且去将《论语》从'学而时习'读起，《孟子》将'梁惠王'读起，《大学》从'大学之道在明明德'读起，《中庸》从'天命之谓性'读起。某之法是如此，不可只摘中间一两句来理会，意脉不相贯"。以陈淳1190年、1199年两度见朱子，知林士谦为朱子晚年门人。

林武　　永嘉

【按语】　罗洪先《焦太史编辑国朝献征录》卷之九十九《广东布政司左参政项公乔墓表》谓："永嘉自有宋以来，专门理学者数十人，如林塘奥之介、二刘之厚、陈说书之直、周文忠之毅、林景文之质、许横塘之政事，皆足表著，使先生厕于其间，即善裁鉴者宜莫之辩也。"

【小传】 林武，字景文。永嘉人。《补遗》"钱先生木之"条梓材谨案："温州旧志于《永嘉林景文传》，称先生为同郡。"勤敏力学，博通经史，性孝友冲约。《考亭渊源录》载其徒步从文公讲道武夷，亲受《中庸》衣锦之旨，归而匾其室曰尚绚，且辑平昔所闻为《语录》数帙。《温州经籍志》以《万历温州府志》《雍正浙江通志》《乾隆永嘉县志》及《实纪》均言其著有《语类》。而《朱子门人》则以所见《语类》版本中未见林武问学记录，疑为因林子武所误。

沈僴　永嘉

【按语】《朱子语类》卷一百一十六以为其"工夫不耐久，如庄仲便是如此"。

【小传】 沈僴，字庄仲。《道南源委录》有"永嘉人，寓建阳"。《朱子实纪》《温州经籍志》等言其著《语类》，为戊午（1198）所闻池录。而庆元三年（1197）《朱文公文集》卷四十四《答方伯谟》就言，对《韩文外集考异》"庄仲为点勘，已颇详细矣"。明此时沈僴已从朱子学，且有协著之功。以《语类》沈僴所问为陈文蔚、黄义刚等所记，亦知其为晚年门人。《宋元学案》据《水心集》所载《陈民表墓志铭》记有庄仲为潜室（陈埴）卜葬父地而谓其精地理。

徐寓　永嘉

【按语】 朱子《漳州延郡士入学牒》称"永嘉学生徐寓，务学求师，志尚坚确"。叶适赞誉其为"江南隐君子"。朱子称仁父与居父有别，"其志趣正"。

【小传】 徐寓，字居父，真西山志包履常墓称先生为"盘洲叟"。永嘉平阳人。登乾道五年（1169）科进士，官永嘉县令。《康熙平阳县志》载，淳熙间朱子为浙东茶盐提举来瓯，与门人徐寓、徐容等同游南雁山。《光绪永嘉县志》称："绍熙庚戌朱子知漳州，会往从焉。请学《易》与《诗》，朱子告以且看《大学》《语》《孟》《中庸》四书精透，然后读他经。又曰随处可以用功患难，尤见得力。"朱熹延聘徐寓与郡士黄樵、陈淳等八人俱入漳州州学，为诸生表率焉。《语类·姓氏》徐寓所录乃在绍熙元年（1190）。《语类》记录徐寓"庚戌五月，初见先生于临漳"。以此，则《康熙平阳县志》所言徐寓、徐容等与朱子同游南雁山不准确。而《勉斋集》卷二十一《送徐居父归永嘉序》则载"淳熙甲辰始识包君定于武夷之下，越八年（1191）复识徐君居父于清潭之滨，既又因居父识其兄仁父（兄字为误），其外弟叶君味道。"《语类》又有徐寓自记"先生读书屏山书堂"，徐寓从学于崇安五夫屏山书堂。陈淳《送徐、杨二友序》亦言"绍熙改元，维夏之初，晦庵先生来临漳，越月而永嘉徐君居甫不远千里，受业于门下"。庆元元年又与永嘉陈埴、叶味道到武夷山向朱熹请教，六年三月徐寓伺朱子侧，直至去世方归。

【著作】 录师说《池录》二卷，《饶录》一卷。

徐容　永嘉

【小传】 徐容，字仁父，徐寓之弟。永嘉平阳（今泰顺县）人。乾道己丑科进士。方彦寿《朱熹书院与门人考》以为"曾与其兄徐寓于绍熙元年（1190）同往漳州师从朱熹"，然未见有所依据。《语录·姓氏》载徐容所录亦在绍熙二年（1191），当稍迟其兄从学于朱熹。朱子授之以《易》《诗》之学，王朝佐《东嘉录》（清影明抄本）载"仁父问知禘之说"。朱子称仁父与居父有别，"其志趣正"，对徐容也有较直接的批评，《朱子语类》卷一百一十五载："居甫、敬之是一种病，都缘是弱，仁父亦如此。"叶适《水心集》卷六有诗《徐仁父先大夫诗卷指其改补锅八句曰愿有请因疏下方》曰："江南隐君子，琢语冰段清。彼美补锅篇，义远有劝惩。烹饪一饷止，操持千载成。未须夸染指，岁晏期曲肱。"

叶味道　永嘉

【按语】 文公器重叶味道，谓其深得河洛之学，而能续夫道统之传者也。文公尝曰："味道贺孙有论古之才，直卿黄榦有讲今之学，此二子吾门高弟子也。"为永嘉木钟学派开创者之一，《宋元学案·木钟学案序录》有言："永嘉为朱子之学者，自叶文修公与潜室（即陈埴）始。"史称建阳为朱熹、蔡元定、刘爚、黄榦、熊禾、游九言、叶味道等"七贤过化"之乡。大明宣德其七世孙叶公《秋日告病遇旱怀友诗》跋亦言："文公嘉其志，教以穷理居敬之学，切问近思之功，留精舍二十余年，凡讲席、践行不舍昼夜，同门黄勉斋皆称重之。"现存建阳市图书馆《溪山叶氏宗谱》载《请谥文修公复议》云："若叶味道以道德著，以文章显，以事业则勉而宏之，得为完人矣。味道当未用时，寻其师友讲究渊源，得之于心，而体之于身。名之第也不为喜，其黜也不为戚，其学禁之严也不为动。致意于易，微旨奥义，条分缕析。其及用时，务领清简之职，广述其功，继往开来，顾不在此乎。至于应召入朝，进谏论列，莫非辅德嘉谟，恤民善政。有开边之议，尤为众见虑所不及，当时使尽用之，其功业岂小补哉？！"

【小传】 叶味道（1167—1237），初名贺孙，以字行，更字知道，《朱文公文集》卷五十八《答叶味道》言"改字不若只就旧名之为安"。号泉石，称溪山先生。《宋史》作"温州人"，《朱子语录·姓氏》为"括苍人，居永嘉"，《闽中》则"其先括苍人，后居建阳"。《弘治温州府志》称叶味道括苍人，徙永嘉。建阳《溪山叶氏宗谱》以味道为入闽始祖，录明崇祯五年建宁府知府徐景麟《宋儒叶文修先生传》载："其先浙处龙泉人，居温之永嘉，后徙闽潭崇泰里后山街。……顾或以为先生疑，谓《一统志》内，一为贺孙，龙泉人；一为味道，温州人。不知先生先龙泉，居温州，而迁潭阳者也。"《溪山叶氏宗谱》又录有宋淳祐四年（1244）建宁府事王遂撰《文修公行状》载"原系浙水永嘉人"。光绪十一年（1185）翰林院侍讲孙衣言《朝议大夫叶君墓志铭》，称："龙泉叶氏，自宋时来居吾州者，有两族。曰吏部侍郎文定公适，为水心族；曰秘书著作佐郎文修公味道，为南湖族。"叶氏自叶味道始寄籍福建建阳，以祖籍为标准言，叶味道当作永嘉县人。

　　味道少时励志圣贤之学，师从陈傅良。登嘉定十三年（1220）进士第，迁秘书著作佐郎而卒。《宋史·儒林传》记载："少刻志好古学，师事朱熹。试礼部第一，时伪学禁行，味道对学制策，率本程颐，无所避。"《道南源委》《闽中理学渊源考》卷二十谓："其先括苍人，后居建阳，与弟任道俱师事朱子。"戴璟《博物策会》亦谓"叶味道学于朱熹而有《大学讲义》一帙，探其流而溯其源也"。《朱子语类·姓氏》记"辛亥（1191）以后所闻"，《朱子门人》据此以为味道始师朱子。而《文修公行状》载言："淳熙八年（1181）辛丑三月庚戌，承父命入闽，就文公朱元晦先生游随云谷间，十年（1183）癸卯三月甲戌，始定居建阳之后山。十一年（1184）甲辰三月庚寅朔，始创一草舍。"又据端平三年福建安抚使浦城清叟徐直翁作《创溪山精舍记》："溪山精舍者，友人叶君味道，自入闽来，从朱文公于武夷。一旦游后山，见列峰凝翠、前后环绕，喜为文气所萃；又溪迤延流，叹曰：此考亭脉也。"淳熙甲辰（1184）春三月庚寅朔，购地拔而读书其中。庆元丙辰春，文公为书"溪山"二字，以称其意。陈文蔚《克斋集》卷十一《祭叶殿讲》亦谓："学而同门，固宜同道，心苟不同，未免异好。猗嗟叶兄，登门最早，同学语我，谓其深造。"言味道登门最早，必早于文蔚的从师1184年，故师从时间以《文修公行状》言淳熙八年（1181）为妥，这也可以作为《语类·姓氏》所载时间并非门人始从朱子学的时间的证据。

绍熙二年（1191）辛亥夏五月间，与友黄榦、潘谦之、赵舜和、郑成叔、徐居父同游闽鼓山。《勉斋集》卷二十《送徐居父归永嘉序》曾言："又因居父识其弟仁父、其外弟叶君味道。"五年（1194），考亭新书院告成，祀先圣先师，行释菜之礼。文公为献官，命叶味道为赞，黄直卿、徐居父分奠游子。蒙赞、敬之、掌仪，各受一职以执一事，尽其诚敬。出试，礼部推第一，遭黜下第，复从文公武夷讲学。蔡沈《朱文公梦奠记》载："庆元庚申三月初二日，先生简附叶味道来约沈下考亭，当晚即与味道至先生侍下。"朱子尝嘱："贺孙成吾《易》，沈成吾《书》。"文公疾卒。黄榦主丧礼，叶贺孙与蔡沈主丧役，皆尽心丧三年。叶味道谨遵师命，主持考亭沧洲精舍，传道授业。嘉定中，于建阳建溪山书院。嘉定八年（1215），叶贺孙与潘时举辑《朱子语录》四十三卷。

【著作】有《四书说》《大学讲义》《仪礼解》《周易会通》《经筵口奏》《故事讲义》《经筵讲义》《辑次朱子语录》《祭法宗庙庙享郊祀外传》，惜今皆佚而不存。

叶任道 永嘉

【小传】叶任道（？—1226），字潜仲，味道之弟。谢启昆《粤西金石略》录柳州石刻云："郡守永兴桂仲应以缙云叶任道于降尘次贾校文竣事相约来游。嘉定壬午中秋后十三日。"《粤西诗文载》卷四十七录有刘克庄《送陈东叙》称"金华叶潜仲"，又有"予从事广西经略使府，潜仲适佐漕幕，予二人考举及格同日出岭。潜仲还婺，予归莆，乃闻潜仲病卒"。理宗宝庆二年（1226），克庄改宣教郎，知建阳县，故任道卒于1226年，又参以《水心集》卷七《送叶任道教授之官静江》所云"太学奏文夸第一，国子先生里行立"，知叶任道曾任职国子监教授，后官广西静江县佐漕幕。《源委》《闽中》言味道"与弟任道俱师事朱子"，当是朱子松溪湛庐精舍讲学时随味道问学。《朱子语类》卷第十四、十六、十八、七十八，可见其兄叶味道、万人杰所录任道与朱子问答四条，叶任道问《尚书》。

周端朝　永嘉

【按语】　周端朝心事和平，内行纯备。其学源出家学，尝从蔡行之、叶水心、刘后溪、赵昌甫、陈傅良学，又得张栻、朱熹之真传，于百氏无不通，尤熟于典故，关注先秦诸子，其博采众家，尤兼顾文学、军事等。为南宋"永嘉派"代表。号蓝田书院十八门人之一。

【小传】　周端朝，据宋人吴泳《鹤林集》卷三十四《周侍郎墓志铭》载，"端平改元四月权刑部侍郎升同修撰，九月二十七日卒，享年六十有三"，其生卒为1172—1234年。《宋史》《宋元学案》等作"字子静"，《宗派》《东嘉录》《嘉靖浙江通志》《弘治温州府志》《嘉靖永嘉县志》《万历湖广总志》又作"字子靖"。独《考亭渊源录》作"字子清"。以吴泳《鹤林集》三十四《周侍郎墓志铭》称"周公端朝子静，真天下士也"，字当"子静"。号西麓，谥文忠。周鼎臣镇伯之子，叶适《周镇伯墓志铭》称镇伯"诸弟迭起各取科目，争为闻家，然皆由君教也"。族祖永嘉学术开山周行己曾经师事程颐，仲父去非为张栻高弟。嘉定三年（1210）试礼部第一，登嘉定四年进士第，终刑部侍讲。绍熙中入太学。庆元初（1195），因右丞相赵汝愚受贵戚诬陷贬黜，端朝与太学生杨宏中、张道、林仲麟、蒋傅、徐范六人上书辩诬抗争，号"六君子"。羁放江西信州上饶。《朱子门人》以《宋元学案》"学于蔡行之，于百氏无不通，尤熟于典故。又学于叶水心，又尝学于刘后溪、赵昌甫。或以为晦翁弟子者，非也"。然吴泳所撰墓志铭载，"摈上饶读书精舍，益励志古学，疑义有未莹，则请益于武夷朱文公，虽白道而会不问也"，知周端朝当在庆元（1195）放黜上饶不久师从朱子于武夷。《嘉靖永嘉县志》《考亭渊源录》《两浙名贤录》《雍正浙江通志》《万历湖广总志》皆言："早为叶适所知，继从朱熹于武夷，学业益进。"

【著作】《冠婚丧祭礼》二卷、《桂阳志》五卷、《周子靖集》，《文献通考》引西麓周氏《涉笔》，知《涉笔》为其著。《台州金石录》录有《东屿书房记》《重建黄岩县狱记》，《朱子实纪》言著《西麓文章稿》。

周僴　永嘉

【小传】周僴，《东嘉录》《光绪永嘉县志》作"字伯庄，亦称庄仲"，《朱子语类》有"周僴录"，又有"周庄仲说"等，符合《语类》所记主动问答门人用"字"，记录者用"名"的一般做法。《朱子门人》未列为门人或讲友，以为《考亭渊源录》列周僴为门人系重复卷十八沈僴而误为两人，以周僴与沈僴为一人，并提出其源于《朱子实纪》抄录《考亭渊源录》。据《嘉靖温州府志》卷三《曹叔远传》末附言："朱氏门人徐寓、徐容、沈僴、周僴、黄显子，永嘉人。"《东嘉录》亦载"永嘉人"。查《朱子语录》有周僴记录二十余条，以宋朱鉴《文公易说》《诗传遗说》、元董鼎编《书传辑录纂注》之《辑录所载朱子门人姓氏》分别载有"沈僴"与"周氏僴伯庄"，周僴与沈僴均录朱子问答。《浙江通志》据《万历温州府志》言鹿城书院四贤祠旁列从祀诸贤有周僴、沈僴等凡三十三人，皆程明道、程伊川、朱晦庵、张南轩四先生高弟也。由是可知周僴、沈僴均为朱子门人。而周僴、周庄仲系同一门人名与字。《东嘉录》明确指出，所录周僴见于《周易会通》。显然，《朱子门人》仅将《考亭渊源录》作为考察周僴为朱子门人的史源并不全面。

【著作】据董鼎《书蔡氏传辑录纂注》卷首《书蔡氏传辑录引用诸书》载周僴录有《师说》。

张扬卿　永嘉

【小传】张扬卿，字清叟。《渊源录》《实纪》作"瑞安人"，《朱子门人》作"永嘉县人"，而《朱文公文集》卷七《山北纪行十二章章八句》有"永嘉张扬卿清叟"，此永嘉州县不明。《朱文公文集》卷九十一《夫人徐氏墓志铭》有云"扬卿以从政郎为南康军学教授，与予联事相好也"。《朱文公文集》别集卷七《题寻真观》云"新安朱某仲晦、永嘉薛洪持志、永嘉张扬卿清叟……温陵许子春景阳、庐陵郭植廷植、长乐余隅占之、临淮张彦先致远，淳熙辛丑后三月丙戌至此"。淳熙八年（1181）闰三月二十九日至四月二日朱熹卸任南康后游览庐山，张扬卿与刘清之、王阮、周颐、林用中、赵希汉、陈祖永等俱行。

包定　乐清

【按语】《朱子实纪》载"朱子称其用意精密"。

【小传】 包定，字定之。董天工《武夷山志》卷之十七收录黄勉斋《送徐居父序》云："淳熙甲辰，始识君定于武夷。"《考亭渊源录》《理学宗谱》则言其名"君定"。而据黄榦《勉斋集》卷二十一《送徐居父归永嘉序》："淳熙甲辰始识包君定于武夷之下。越八年复识徐君，居父于清潭之滨，继又因居父识其兄（弟）仁父，其外弟叶君味道。"以是观之，则知"定"为名，非名"君定"。《朱子实纪》《考亭渊源录》《儒林宗派》作"永嘉人"，《雍正浙江通志》以包定为"永嘉人"。然此永嘉非指县域。《雍正浙江通志》"宋处士包定墓，《永嘉县志》：在象浦"。象浦在宋时乐成县（今乐清市），以祖籍地而言，包定为乐清人，而此时乐清市又有包公后裔包定字临清者，不知是否同一人。《雍正浙江通志》《温州府志》及所引《永嘉县志》载包定等"治《春秋》《书》《礼》三经，闻晦庵自同安归奉于家，讲学白鹿洞，相从论道"。以黄勉斋《送徐居父序》可知，淳熙甲辰（1184）包定始从学朱熹于武夷。《永嘉县志》诸志乘又言其"杜门证道，以终其身"。孙诒让《温州经籍志》引县志以为黎靖德编《语类》"采摭详博，绝无遗漏，而并无林武、包定所记，且《池州语录》为嘉定乙亥李道传所集"。

《乾隆温州府志》引弘治十六年刻本《永嘉县志》，言"闻晦庵自同安归，偕侄显道等奉于家"，将包定与显道、敏道、祥道诸札并提，以显道等为包定之侄。光绪《永嘉县志》略同。

钱木之　钱谥之　乐清

【按语】《白石钱氏宗谱》载"少颖悟，才思雄深"。

【小传】 钱木之，黎靖德编《朱子语类》《朱子语类·姓氏》《朱子五经语类》，明王朝佐《东嘉录》，清程川辑《朱子语类》作"字子山"，《宋元学案补遗》卷六误作"木之，字子升"，《实纪》《渊源录》及《经义考》皆误以为"子升"为"木之"另一字，其中《经义考》作"钱木之，子升，升一作山"。《朱子门人》以为《朱子语类》中的子山、子升实为两人，当属正确。钱谥之，乐清《钱氏宗谱》作"字子升"。钱木之，字子山。乐清《钱氏宗谱》载钱谥之、木之祖父朝彦，父钱寅绍熙四年进士，三叔宾、宽、宏。其中宏字文子又字文季，号白石。就其里籍，《朱子门人》作"常州晋陵县（今江苏武进县治）人，寓浙江永嘉县"，《经义考》作"晋陵钱木之，晋陵一作永嘉"，《朱子语类·姓氏》、程川辑《朱子语类》作"晋陵人，寓永嘉"。《宋元学案补遗》钱木之作"晋陵人"，又"梓材谨案温州旧《志》于《永嘉林景文传》称先生为同郡则本邑人"。钱文子（宏）为史容作《山谷外集注序》即署"晋陵钱文子"。《语类》编者以"晋陵人寓永嘉"著录实为误解。作"晋陵人"系乐清钱氏郡望，误以郡望为籍贯。《乾隆温州府志》作"钱寅，乐清人"。宋陈振孙《直斋书录解题》卷二载："《白石诗传》二十卷，宗正少卿乐清钱文子文季撰"，《文献通考》卷一百七十九载："《白石诗传》二十卷，陈氏曰宗正少卿乐清钱文子撰，所居白石岩因以为号"，《经义考》卷一百九"钱氏白石诗传"引魏了翁序言"永嘉钱公"。《同治忠州直隶州志》引元王崇简郡知县《创修怀忠堂记》按语载"博士永嘉钱木之"。《乾隆温州府志》引言《乐清县志》有万庠钱木之"。唐高宗上元二年（675），析括州之永嘉、安固二县置温州，治设永嘉（今温州市鹿城区），隶江南道。唐时析永嘉一部重置乐成县，属温州。五代后梁开乾二年（908），为避梁太祖父朱诚之讳，县名乐成改为乐清，永嘉、乐清均属温州。文献中"永嘉"多指永嘉郡非指县域，而乐清则指向县域。参之以乐清《钱氏宗谱》，当作温州乐清人。

《补遗》卷六以木子为"朱子授《诗》《易》《礼》弟子"。庆元三年（1197）就读于鹿城书院。以《语类》钱木之"丁巳所闻。池录三六"，知庆元丁巳三年（1197）师从朱熹。《乾隆平阳县志》说："紫阳朱子来瓯，与门人陈埴、徐寅、徐容、叶贺孙、钱木之及林湜、蔡与辈同游南雁山，至经正书院，见陈氏肄业甚盛，因题曰'会邱书院'，讲学旬余，有题咏'穷溪山之胜，极讲论之乐'，一时称胜事云。"淳熙八年（1181）十二月，朱子任浙东茶盐提举，至次年九月罢官奉祠，如《康熙平阳县志》记载准确，则朱子来瓯时间为淳熙九年（1182

上半年,钱木之此时已经从学朱子。《语类》所载"子升问"二十五则均系"木之"记,明钱谥之子升、木之子山同时问学于朱熹。

曹叔远　瑞安

【按语】《宋史》称其"正人端士""识者谓有史才"。于传统方志学多有贡献。世有"此江南好官员也"。叶适赋诗赞美"清廉刚直"。

【小传】　曹叔远(1159—1234),初名叔遐,字器远,一字器之,谥文肃。曹逢时子。陈荣捷《朱子门人》作"瑞安府瑞安人",不确。南宋咸淳元年(1265),改温州为瑞安府,统瑞安县,故称"温州瑞安人"为妥。据《朱子语类》卷一百二十记载,曹叔远年二十师事陈傅良,传其事功之学,为止斋学派的重要学者。宋吴子良《林下偶谈》卷四《贾谊传赞》载"曹器远侍郎称止斋最爱《史记》"。宁宗嘉定元年(1208)任太学博士时,辑录其师陈傅良遗稿,编成《止斋先生文集》五十一卷,并作序使其经国之学得以后传。淳熙十六年(1189)《朱文公文集》卷四十四《答蔡季通》提及"《史记》不知渠说好处是如何好,必须曾举一二尤紧切处。若只如曹器远辈所说,则亦不足言也"。似已及门,尚不明显。《嘉靖温州府志》言"后之武夷受学朱子"。绍熙二年(1191)朱熹自漳州归建阳以后,《朱文公文集》卷三十八《答陈君举》有云"近曹器之来访,乃得为道曲折"。又《朱文公文集续集》卷一《答黄直卿》言:"陈君举门人曹器远来此,不免极力为言其学之非,又生一秦矣。"可知,绍熙二年(1191)曹叔远已经从朱子学。以《语类》叶贺孙所记"曹叔远问陆子静教人"等记录,亦可为朱子晚年门人。绍熙三年,太守宛陵孙林嘱托曹叔远裒集《永嘉谱》二十四卷,创为义例。首创年谱、地谱、人谱、名谱总纲系目体例。据《直斋书录解题》记载,全书共分年、地、名、人四谱。年谱当编年以记沿革,人谱传郡中人物,地谱、名谱志郡中地理,借鉴纪传体史书,于传统方志学多有贡献。

【著作】《周礼地官补义》《中庸注疏》《诸经要解》《春秋书法起例》《宣和御寇记事》《蓬经集》《江阳谱》。编纂《永嘉谱》等。

蔡愿　平阳

【小传】 蔡愿,字行夫。平阳县人。《实纪》《宗派》《补遗》《渊源录》《东嘉录》均列为门人。饶本《语类》二十三卷行夫所记,为壬午(1192)所录。《康熙平阳县志》载,"淳熙间为浙东茶盐提举来瓯,与门人陈埴、徐寓、徐容、叶贺孙、钱木之及林湜、蔡愿辈同游南雁山,至经正书院,见陈氏肆业甚盛,因题曰'会邱书院',讲学旬余,各有题咏'穷溪山之胜,极讲论之乐',一时称胜事云。"朱子来瓯时间为淳熙九年(1182)上半年,故当此时蔡愿从学朱子。县志又言"有林湜、蔡愿走闽从学朱子,皆得其传以归递相授受,邑遂称小邹鲁焉"。

蒋叔蒙　平阳

【按语】 《朱子语类》卷一百二十有朱熹评论蒋叔蒙,以为:"器之看文字见得快。叔蒙亦看得好,与前不同。"

【小传】 蒋叔蒙,《朱子门人》据《嘉靖温州府志》作"平阳人",以为叔蒙与沈僩同时从学朱子。绍熙五年(1194)沧洲精舍落成祭祀,朱熹为献官,贺孙为赞,直卿、居甫为分奠,叔蒙为赞,敬之为掌仪。对书院祭祀,朱子在《朱文公文集》卷八十《信州州学大成殿记》中以为"礼先圣、先师于学宫,盖将以明夫道之有统"。池录《语类》卷三十六有钱木之所记蒋叔蒙问,皆从朱子游。《语类》卷十三又有徐寓、叶贺孙所记问答,叔蒙问:"程子说:'避嫌之事,贤者且不为,况圣人乎?'"《语类·姓氏》以徐寓在绍熙元年(1190)所闻,参以钱木之、叶贺孙所记,蒋叔蒙问学亦在绍熙元年后,为朱子晚年门人。

六、婺州门人

【按语】 南宋以来,朱熹、吕祖谦、张栻、刘基、胡翰、李遂、徐渭、李渔、朱彝尊、陈鹏年、刘国光等著名学者和文人,先后过化婺州、衢州。衢州为"南州之洙泗"、南孔圣地,自然地成为历代文人墨客竞相瞻仰的圣地,《民国衢县志》"数百年来，东南之士不克重跬，裹粮以登洙泗之堂者，俎豆羹墙于焉是"。而婺州、衢州以吕学为本，全祖望《说斋学案序》云："乾淳之际，婺学最盛。东莱（吕祖谦）兄弟以性命之学起，同甫（陈亮）以事功之学起，而说斋（唐仲友）则为经制之学。东莱、同甫互相讨论，臭味契合，东莱尤能并包一切，而说斋独不与诸子接，孤行其教。"婺州三家同时并兴。吕祖谦主讲丽泽书院，学术最为广袤。而闽学、湖湘之学、陆金溪之学乃至浙东永嘉之学传入婺州，尤以朱子之学为最，超越婺州之学。《金华征献略》卷四阐发其盛，以为："侨之外吾婺朱子门人曰杜斿、杜旃皆伯高弟，王瀚、王洽、王汉皆师愈子，王介、潘友端、潘友恭、潘友文、潘履孙皆金华人；傅定、郭津、李大同、马仲壬皆东阳人；巩丰，武义人；应纯之，永康人。"

郭津　东阳

【按语】　朱子为郭津父张九成门人郭钦止德谊撰《德谊公墓志铭》，称其"子弟服师儒之训，乡闾识逊弟之方，霍然其变豪杰之窟，焕乎其辟礼义之场"。又讲学于东阳石洞书院，理学得以在东阳传播。与东阳郭氏多有交集。由此亦对郭津兄弟多厚爱有加。《朱文公文集》卷五十四《答郭希吕》又谆谆教导郭津不可"汲汲然徒弊精神于科举文字之间"。

【小传】　郭津，字希吕。郭浩兄。东阳人。郭德谊创办东阳石洞书院，延聘当世大儒讲学。陆游《渭南文集》卷二十七有《跋郭德谊墓志铭》、戴咸弼《东瓯金石志》孙诒让案："朱子晦庵大全集有《答郭希吕书》，其仕履无考。"明郭铁《石洞贻芳》《东阳县志》《宋人传记资料索引》皆言与弟浩尝从朱、吕（祖谦）游。《补遗》列为东莱门人、晦翁门人。《金华征献略》称朱子以伪学之禁，游处甚久，钦止使其子浩、津皆从之游。似郭津、郭浩兄弟从朱子学在庆元之际。而据《朱熹师友门人往还书札汇编》考《朱文公文集》卷四十七《答吕子约》"自顷承书，有专介存问之约，日望其至。忽得郭希吕书，闻尝感疾不轻，甚以为虑"一书，约撰于淳熙十二年（1185），此最早记录。又考《朱文公文集》存《答郭希吕津》第一书约撰于淳熙十四年（1187）仲秋以后。淳熙十六年郭津曾请朱熹为重修书院撰记题匾。朱子以为"记文匾榜，尤是外事"，题写了"洞山""月峡""流觞"刻于石壁之上。庆元学禁属又追随朱子学。郭希吕与叶适、陆游等互交游。

郭浩　东阳

【小传】　郭浩,字希孟,津之弟。《朱子门人》已考《金华征献略》所言"钦止使其子淇、津皆从之游"中淇为浩之误。从吕祖谦、朱熹游。《朱子门人》及《宋人传记资料索引》载郭浩"知江山县,事建景行堂"。误。见"金华永康邵浩"条。

李大有　东阳

【按语】　宋魏了翁《鹤山集》卷七十五《太常博士李君墓志铭》言李大有习于礼,曾用朱文公及建安吴氏旧法为乡邑营社仓。乡居恢复古礼,"正岁乡之大夫士属于序,谦伸为正齿位,仿古饮酒礼"。宋宁宗书"怡怡堂"以旌之。大有以为"近世张栻、朱熹、吕祖谦阐而大之,而义理益明",主张"召宿儒崇置迩列,推明儒先之训,扶植治本于外"。其有功于朱子之学复兴。

【小传】　李大有,以魏了翁《太常博士李君墓志铭》载"谦仲卒之明年当宝庆之元","得年六十有六",明其生卒为1159—1224年。字谦仲。《朱子门人》以为朱子《敷文阁直学士李公墓志铭》为其父所作,且大有乃工部尚书李大同之兄。然朱子《敷文阁直学士李公墓志铭》载:"公讳椿,字寿翁……男二人,毅夫,承务郎,后公三年卒;正夫,宣义郎,广南西路提举常平司干办公事……孙男八人大有、大来皆修职郎,大谦迪功郎,大用、大临、大鼎、大观、大彍未仕。"魏了翁撰《太常博士李君墓志铭》:"谦仲本唐宗室,世为婺东阳人,曾大父悦,大父皓,父侃,赠奉议郎。"朱子墓志铭未言"东阳人",八孙中有"大有"无"大同"之名,且所记父辈名字与魏了翁撰墓志铭所及差异。故朱子墓志铭系为修职郎"李大有"祖父李椿所撰而非其父墓志铭。而《江西通志》卷二十二《书院》有:"新田书院在浮梁县新田都,宋绍兴间侍郎李椿年建,嘉定间李大有率乡人共新之,有大成殿及堂庑斋舍,置义田数百亩,教族子弟,延李德俊为师,今废。其地曰义学坞。"对照两墓志铭,朱子所撰墓志铭中"李大有"似非朱子私淑李大有。

李大有绍熙四年补博士弟子员,庆元二年中进士第,官至太常博士。魏了翁撰墓志铭载大有"幼与弟大同亲师力学，不幸早孤。遣大同受学于朱文公先生，而躬任家事不以遗母劳"，又《宋元学案》以为"私淑三先生（张栻、朱熹、吕祖谦）之学"。

另宋李大有，字仲谦，新喻人，绍圣间（1094—1098）举进士，知衢州。乃北宋人，与朱子无涉。

李大同　东阳

【小传】　李大同（—1243），《宋史》《南宋馆阁续录》卷七作"字从仲"，《金华理学粹编》卷五作"从仲"。《万姓统谱》作"字从中"。晚号蜗室老人。东阳人。嘉定十六年进士，累官至工部尚书宝谟阁学士。《宋元学案》亦载大同"学于成公与朱文公之门"（注：《朱子门人》笔误为成公张栻），《经义考》"学于吕成公、朱文公"，《明统一志》言受业吕东莱励志于学。以魏了翁撰墓志铭载大有"遣大同受学于朱文公先生"，又接叙"大有"绍熙四年补博士弟子员，大同受学当在此之前。《金华理学粹编》卷五载"受业于朱子，年十六"。以《闽中》"王迈"条，知李大同与王迈、真德秀、魏了翁及洪咨夔等交游。

【著作】　李大同撰有《群经讲义》十五卷《李从仲奏议》十卷《通鉴随录》六卷、《唐事类编》二卷、《群书就正》六卷。

吕祖俭　金华

【按语】　吕祖谦与朱熹、张栻并称"东南三贤"。《宋元学案》卷五十一《东莱学案》载："宋乾淳以后，学派分而为三：朱学也，吕学也，陆学也。三家同时，皆不甚合。"金华吕氏家有中原文献之传，吕氏一门七世入《宋元学案》十七人，《东莱学案》有祖谦及其弟吕祖俭、从弟吕祖泰及子吕康年、吕延年，从子吕乔年。吕祖俭为祖谦所创吕学（婺学）之中枢，接祖谦旗帜，传婺学道统，《宋史》卷四百五十五《吕祖俭传》载朱熹评价甚高："熹以官则高于子约，以上之顾遇恩礼则深于子约，然坐视群小之为，不能一言以报效，乃令子约独舒愤懑，触群小而蹈祸机，其愧叹深矣！"建丽泽书院，"四方之士争趋之"，婺州学风甚远，《宋元学案》卷七十三《丽泽诸儒学案》载："明招学者，自成公（吕祖谦）下世，忠公（吕祖俭）继之，由是递传不替，其与岳麓之泽，并称克世。……明招诸生，历元至明未绝，四百年文献之所寄也……为有明开一代学绪之盛。"戴良《九灵山房集》卷十二《送胡主簿诗序》有言："异时吾婺文献视他郡为独盛，自今观之，以忠节行谊显者，则有忠简宗氏、节愍梅氏、默成潘氏、毅斋徐氏；以道学著者，则有东莱、大愚二吕氏，北山何氏、鲁斋王氏、仁山金氏……白云许氏稍以金氏之学鸣于时。"宋元浙东婺学当以东莱、大愚与何、王、金、许北山四先生为著。袁燮《絜斋集》卷二十《居士阮君墓志铭》曰："乔年巽伯克肖厥父，议论劲正不阿。"又称从弟吕祖泰："性疏达，尚气谊，学问赅洽"。

【小传】　吕祖俭（？—1198），字子约，自号大愚叟，谥忠。原籍寿州（今安徽寿县），南宋初年"以恩封东莱郡侯"，始定居婺州，故为婺州金华（今金华市）人，《宋史》以为"受业祖谦如诸生"，而《宋元学案》并列为吕大器东莱家学。《陆子学谱》列象山门人，全祖望《奉临川帖子二》详辨非陆门。而《渊源录》《宗派》《补遗》《实纪》皆列为朱子门人。《朱子门人》不以为朱子门人，视为讲友。《朱文公文集》与子约书信近五十，《语类》关涉无数，子约与朱子相互论辩，相互尊重，互有吸收，子约存续东莱之学，坚守"中原文献之学"，又与明州四先生杨简、袁燮、舒璘、沈焕相与切磋讲磨，引导四明学术，故乔行简《敬乡录》卷十三《奏请谥陈龙川、吕大愚札子》以为"祖谦死，凡诸生皆承事祖俭，吕氏之学益明"。王柏《鲁斋集》卷十三《跋大愚四帖》："丽泽辍响，而大愚先生实嗣其音，故于同门朋友，拳拳笃叙若家人。"真德秀《西山文集》卷二十五《东莱大愚二先生祠记》赞文曰："大愚以一太府丞，抗疏显斥其奸，孤忠凛然，之死不悔。迨其晚年，义精仁熟，有成公之风焉。"通览朱子与子约言行，当为讲友，而不可以师生视之。

【著作】　《大愚集》。

吕乔年　金华

【小传】　吕乔年，字巽伯。乔年为吕祖谦之弟吕祖俭长子，沈端宪婿。嘉定初曾为太学上舍生。初吕乔年学于沈焕。《宋史》载吴柔胜为国子正"始以朱熹《四书》与诸生诵习，讲义策问，皆以是为先。又于生徒中得潘时举、吕乔年、白于长，擢为职事，使以文行表率，于是士知趋向伊、洛之学"。《渊源录》《宋元学案》《宗派》列为门人。吕乔年《震泽论说集录》主张"涵养良心，常有滋长"。吴师道《敬乡录》卷十一《三槐诗集序》曾言"路德章、巩丰、叶正则、吕乔年兄弟游江西"。周必大《文忠集》有"携故人子吕乔年状来请铭"。与徐侨、叶适友善。

【著作】《东莱吕太史年谱》一卷《年谱附录》三卷《拾遗》一卷，辑《丽泽论说集录》。

潘友端　金华

【按语】《张南轩先生文集》卷二《答潘端叔》称友端"其务实近本"。《朱文公文集》卷八十六《祭潘左司文》则称其"文学之华，行义之实"。《朱文公文集》卷三十五《答刘子澄》论及"潘德夫之子友端廷对甚切直，尤延之甚爱之。为同僚所抑，颇降其等。此不足计，渠兄弟皆好，此辈后生将来皆可望也"。陈亮《龙川集》言"稼轩辛幼安以为文叔爱其民如古循吏"。《会稽续志》卷五称潘友恭"详雅沈静，从晦庵朱公，深造理趣。居官可纪，居乡有行"。

【小传】潘友端，以乾道六年（1170）张栻《答朱元晦》云"潘友端年方十七"，知其生于绍兴二十四年（1154）。字端叔。潘时长子。《宋元学案》作"金华人"。《朱子门人》作"婺州金华县人"，《浙江通志》作"上虞人"，《朱熹师友门人往还书札汇编》作"婺州金华人，居绍兴上虞"。《上虞县志校续》指出《宋元学案》以友端、友恭为金华人乃本祖籍言。朱子撰《直显谟阁潘公墓志铭》以潘时为"婺州金华县人"。《宝庆会稽续志·人物》有曰："潘时，字德廊，家世婺之金华。"又："庄简以第五女归公，因家于绍兴上虞之五夫。"即因为李光之婿，举家从金华迁居五夫（今属驿亭镇），朱子为志其墓。故而潘友端亦为"婺州金华县人"，占籍上虞。孝宗淳熙十一年（1184）进士，官太学博士。《南轩集·跋西铭》明言"学生潘友端"。朱子《潘氏妇墓志铭》则明言"友恭兄弟皆来学"。元吴师道《敬乡录》卷二指出潘时"以尝与朱子雅契，遣子友端等从游"。《南轩集》卷二十二《答朱元晦》云潘友端"立志殊不凡，皆肯用力。潘今暂归省，俟其来，皆令拜书去求教"。朱熹于淳熙元年（1174）九月《答林择之》书二篇均涉及潘友端、恭叔，其言："潘丈之政为闽中第一，其爱民好士，近世诚少比，恨未识之耳。端叔向见钦夫称之，恭叔昨在建宁得一见，匆匆不能歆，然知其惑于世俗高妙之虚谈矣。"又云"端叔、恭叔惠书，极感其意"，知端叔、恭叔淳熙元年（1174）九月已书信问学，但此时，潘友端尚未见到朱子。《光绪上虞县志》载明潘府《月林书院兴废始末记》："按戴正心《跋朱子与潘恭叔书》，则知晦庵访李庄简于五夫，馆于月林书院。经略公因令诸子友端辈受学焉。予意，朱子最后为浙东提举，必又往来斯地，四方学者辏集，遂为讲道之所。"指淳熙四年丁酉（1177）李光及婿经略潘峙创办上虞月林书院，邀朱熹讲学，李光之子（当为婿）与端、友恭皆及门受学。《光绪上虞县志》卷三载，淳熙九年（1182）朱熹官浙东提举时，潘氏曾延朱子在此相与讲明性命之学。从学者有潘之子潘友文、潘友端、潘友恭及孙邦仁等。而方彦寿《朱熹书院与门人考》以为从学时间在淳熙十四年至绍熙三年（1187—1192）。朱子撰《直显谟阁潘公墓志铭》载"友端等又来学"，知绍熙二年（1191）末再次往建阳问学。与楼钥、赵蕃、孙应时等多有酬唱。朱子与潘端叔书多及四书与诗说。

【著作】《四书辨义》《经义》《朱子问答》。

潘友恭　金华

【小传】　潘友恭（1155—？），字恭叔，潘友端弟。婺州金华县人，居绍兴上虞。官至江淮宣抚司干官。与兄从朱子学。顾宏义《朱熹师友门人往还书札汇编》考朱熹《答林择之》"恭叔昨在建宁得一见"。该书推知其约撰于淳熙二年（1175）初，参以朱子《答刘子澄》，则恭叔在建宁见朱子为淳熙元年（1174）末。1182年朱熹《举潘友恭自代状》称："从事郎新明州司理参军潘友恭存心恳恻，造理精深，居家有孝友之称，持己有廉静之节，其于世务亦所该通。"方彦寿《朱熹书院与门人考》以为"潘友恭赴闽从学，当在朱熹讲学武夷精舍之时"，与上述"恭叔昨在建宁得一见"，方考属乾道末淳熙初为初识、顾宏义《朱熹师友门人往还书札汇编》推于淳熙二年（1175）初，有明显矛盾。淳熙十三年（1186）新海门尉金华潘友恭以书来约请朱熹，作《潘氏妇墓志铭》，言及"友恭兄弟皆来学"，但非指此时来闽学。而当在淳熙十三年（1186）九月前来闽，故朱熹《答吕子约九月十三日》才有："闻子约教学者读《礼》，甚善。然此书无一纲领，无下手处。顷年欲作一功夫，后觉精力向衰，遂不敢下手。近日潘恭叔讨去整顿，未知做得如何。"年末寄《仪礼》与潘友恭，致书询之。绍熙二年（1191）末，朱熹《答林井伯》论及"前日被潘恭叔来守乃翁志铭，略为草得一两纸"，指恭叔兄弟至建阳请朱子撰其父墓志铭并从学。以朱熹《与某人帖》"恭叔尚未到，只文叔到已两日矣"，知绍熙四年（1193）末五年初，恭叔在文叔后到问学。依《语类》所记，后又与叶贺孙同学建阳。朱子《答潘恭叔》数通，多及《礼书》编撰与《诗》学等。朱熹曾论及季随、友恭、伯寿诸人《中庸》之说。与孙应时友善，孙称其笃志近思。

【著作】《四书经义》《朱子问答》。

潘友文　金华

【小传】潘友文，字文叔，号栎庵。半山翁旬之长子，潘時从子。王柏《鲁斋集》卷十二《跋东邨得朱子帖》曰："吾乡如月林潘公之子端叔、恭叔，半山潘公之子文叔，皆在弟子列。"《儒林宗派》作金华人。《浙江通志》作婺州人，明王鏊《姑苏志》《江南通志》作"东阳人"，清潘思汉《五大夫志》记载，潘友文亦迁居上虞崧厦。宋庆元年间，伪学禁起，钱塘县潘升孙力引父友端、叔友恭迁居上虞崧厦，以金华本祖籍言当为金华县人。开禧初，知昆山县，宽慈爱人，人呼为"潘佛子"。明李氏刊本排印本《象山全集》卷十三《与潘文叔》下注："讳友文，金华府人，从学文安公。"诸史所列文叔或朱子门人或友不一。《宋元学案》、《万姓统谱》、《至正昆山郡志》、明王鏊《姑苏志》言与朱熹、吕祖谦皆友善。《朱子门人》则以为讲友，并认为朱熹与潘友文"大概始终未见面也"[1]。明李日华《六研斋三笔》卷一存朱熹《与某人帖》云："恭叔尚未到，只文叔到已两日矣，见约诚之在此相聚也。"元柳贯《待制集》卷十八《跋家中所藏文公帖》曰："云：'辛幼安过此，极谈佳政。'幼安，济南辛稼轩，于时必为本路监司。此或潘文叔未可知也。"宋濂《文宪集》卷十三《题

① 陈荣捷：《朱子门人》，华东师范大学出版社，2007年，第226页。

朱文公手帖》亦有载："帖中云：'恭叔尚未到，只文叔到已两日矣，见约诚之在此相聚也。'文叔名友文，恭叔名友恭，姓潘氏，二人实为兄弟。"均言及潘恭叔、文叔，且明确"文叔到已两日"，与朱子相见。《陈亮集》卷十六《信州永丰社坛记》亦云："吾友潘友文文叔之始作永丰也，……文叔，故中书舍人讳良贵之诸孙。少从张南轩、吕东莱学，步趋必则焉。而又方卒业于朱晦庵。"陈亮坛记当是潘友文任永丰令应邀而作。顾宏义《朱熹师友门人往还书札汇编》据朱熹《旌忠愍节庙碑》考永丰令潘友文于绍熙三年十月己酉"以书来请铭于熹"，绍熙四年五月戊寅成文，参以又朱熹《答潘文叔》云"承许官满见访，会面非远"，指潘友文永丰"官满"，推朱熹《与某人帖》约撰于绍熙四年（1193）末五年初。① 而方彦寿《朱熹书院与门人考》"考潘友文官永丰令在绍熙三年（1192），见朱熹《文集》卷八十九《旌忠愍节庙碑》所载。则陈亮所言'方卒业于朱晦庵'，当在绍熙三年以前。陈来《朱子书信编年考证》考定朱熹《答潘文叔》四书约作于淳熙十三年（1186）前后，据上文所揭，在淳熙十三年前后，两人尚未见面，则潘氏从学于朱熹，当在淳熙十四年至绍熙三年（1187—1192）之间"。② 其似乎以《朱文公文集》卷五十《答潘文叔》"恨相远，无由面论耳"而认为在淳熙十三年前后两人尚未见面，《答潘文叔》"恨相远，无由面论耳"不当作"未相见过"解，而应当是对此讨论"不能够面对面对话"缺少"面论"感到遗憾。以朱子作于1186年《潘氏妇墓志铭》言"友恭兄弟皆来学"，而此时又有《答潘文叔》书，讨论学问，故此"友恭兄弟"当包括潘友端、潘友恭、潘友文，亦没有直言已及门的潘友端。潘友文从学时间应该定为淳熙十三年（1186）。

又《答潘文叔》云"承许官满见访，会面非远"是邀约再次见面。《稼轩先生年谱》"据此碑记绍熙三年十月王道夫请建旌忠悯节庙，旋召还。四年五月后，芮、潘两令又更调而去"，时间在绍熙四年五月不久又见。朱熹所云"文叔到已两日矣"，明确文叔及门弟子。赵蕃《章泉稿》卷二《寄送潘文叔恭叔二首》"斯文失张吕，吾道属朱刘"（下注恭叔书来及朱刘二先生动静）。王柏《鲁斋王文宪公文集》之《跋东邨得朱子帖》谓"考亭设教，多士景从，登门而

---

① 顾宏义：《朱熹师友门人往还书札汇编》，上海古籍出版社，2017年，第2324、2208页。
② 方彦寿：《朱熹书院与门人考》，华东师范大学出版社，2000年，第113页。

问者类录其语，修书而问者则条其目，然记录易差，手笔无失也。吾乡如月林潘公之子端叔、恭叔，半山潘公之子文叔，皆在弟子列”。又《跋栎庵潘公帖》亦谓“公以契家子相过从，书问甚多，今存者五帖而已。公尝登考亭之门，亦有答问”。此亦一证。《江南通志》据《豫章书》云“陈同甫、辛幼安皆称其政。学本之朱、吕二先生”。淳熙十三年（1186）《朱文公文集》卷五十《答潘文叔》论“为学利病”，告诫“当实下功夫，就其所是，去其所非，久之自然有得力处”，明训导之语。如此诸多文献，明确文叔为门人，而《朱子门人》以为讲友，实标准难定，且全书有非门人之倾向。

潘履孙　金华

【按语】　清汪绂《理学逢源》以为朱子之门他若潘履孙等之徒，皆有以反复辨论讲明斯道，而陆学不能以与之争。

【小传】　潘履孙，以《晦庵集》卷九十二《潘氏妇墓志铭》朱子作于淳熙丙午年（1186），时履孙年十有三，《渊源录》亦明确淳熙丙午年（1186），履孙年十有三，可知其生于淳熙元年（1174）。字坦翁。潘友恭之子，潘時之孙。四库本《朱子语类·姓氏》作“婺州人，居绍兴”，张淏《会稽续志》卷五有言潘時“家世婺之金华，庄简以第五女归公因家于绍兴上虞之五夫”，朱子《直显谟阁潘公墓志铭》同，可知潘時已迁居绍兴上虞，以祖籍地言，孙履孙为绍兴上虞县人。《朱文公文集》卷九十二《潘氏妇墓志铭》载新海门尉金华潘友恭妻王氏“淳熙丙午某月某日卒。友恭生子曰履孙，用家君奏补将仕郎，年十有三矣。予昔从友恭尊君湖南公游，见其施于官者治，友恭兄弟皆来学，见其饬于身者严。履孙七岁侍立王父之旁，见其视听专一而进趋有度”，而《渊源录》记《金华理学粹编》为“淳熙丙午，年才十三。文公见其侍立祖父旁，视听专一，而进趋有度，遂授学焉”。《渊源录》直接言朱子见履孙侍立王父之旁，“遂授学”。以朱子铭文可知，淳熙七年（1180）七岁履孙已见朱子，但未言授学之事。淳熙丙午，履孙曾问学于武夷。文集有《答潘坦翁》一通，问《四书集注》，虽《朱子语类·姓氏》载潘履孙乃绍熙五年（1194）所闻，可知履孙曾有问学于武夷经历，然不可如《书信编年》定系于庆元元年（乙卯，1195）后，且由答书所论《四书集注》，专小学训诂之事，更似训年少意义。

【著作】《潘氏族谱》二卷（明钞本，存吉林大学）。

时源　金华

【按语】　宋时，金华时姓家族著名者时镐、时琼、时澜等，或从吕祖谦游，或受业于祖谦，号为"理学名门，婺学世家"。《东莱集》卷十三《金华时君德辅墓志铭》言"予与君兄之子铸皆癸未进士，自镐以下多从予游"。其中亦不乏从朱子者，时镐之子时沄、时源即为代表。

【小传】　时源，时镐之子。《朱子门人》载："查朱子《太孺人邵氏墓表》谓金华时镐使其子源求墓表于朱子。源称先师东莱夫子，朱子记邵氏之实以授源，使归刻石。盖《渊源录》不察，便以为字子源，又以为朱子门人，而《宗派》《补遗》均沿其误。"且不以为门人。然宋工柏《跋果斋时公帖》云"公讳阙，字子源"，知时源，字子源，号果斋。《朱子门人》依《考亭渊源录》作"婺州东阳县人"。《朱文公文集》卷七十九《慈教庵记》记为"金华清江时镐及其弟某"，《孺人邵氏墓表》言时镐母夫人邵氏"婺州金华县人，曾祖琼祖悦父之才，嫁其县清江时君汝翼"。《金华时君德辅墓志铭》："婺之群室以地系姓者皆其闻家，清江之时盖其一也。清江于婺为近郊，时氏之居百年于此。"元吴师道《敬乡录》卷十一"时氏居婺之清江"。光绪五年《龙门倪氏族谱》记载："宋徽宗宣和至宋理宗嘉泰年间，龙门倪氏第四世倪子正，字中夫，行百二，宣议郎，娶清江时氏，女适时宜民迪功郎。"宋时义乌江沿岸金华县即今金华市金东区塘雅镇溪干村一带有"清江"一地，故时源为婺州金华县（今金华市金东区）人，非东阳人氏。王柏又云公"自其先登丽泽之门，而公又师事朱子，有语录"。故《渊源录》以此谓其"先从吕祖谦学，后游考亭之门"，非《朱子门人》所言无据。淳熙十二年（1185）冬十月朱熹撰《太孺人邵氏墓表》，载时镐"使其子源"求墓表，亦可知此期间，时源已拜访朱子。

时沄　金华

【小传】　时沄，依吴师道《敬乡录》卷十一，字子云，又字伯江，号逊斋，时镐长子，澜从兄。婺州金华县（今金华市金东区）人。《朱子门人》以为"婺州兰溪县（今湖北蕲水）人"，实不辨地理，以唐之湖北兰溪县改置蕲水县（今湖北浠水县），以为浙江兰溪。且时沄为时镐长子，亦为婺州金华县人。从吕祖谦学，有学行，著《尚书周官余论》，未成卒，吕祖谦志其墓，执友私谥曰夷介先生。《考亭渊源录》《宗派》列"时子云"为朱子门人，《金华理学粹编》只列时子云为吕成公门人。《朱子门人》只以为讲友非门人。考王柏《跋时逊斋遗言》言"予生晚，不及拜逊斋时公，少年识公之名字于考亭、丽泽二集中，后闻公之言行于公之子若孙"。又《跋朱子与时逊斋帖》记言："昔紫阳之门四方之士云集，不旋踵而倍其师说者亦有之，未有一再世之后而能守之而不变者也。科举之坏人心，犹未若今日之甚，而朱子当时已谆谆言之，岂非逊斋后知自悟，必有以叮咛告诫其后人，所以东阿、遁泽俱废举业于少年。"此正延引《答时子云》，朱子答书以为："将古今圣贤之言剖析义利处反复熟读，时时思省义理何自而来，利欲何从而有，二者于人孰亲孰疏、孰轻孰重，必不得已，孰取孰舍、孰缓孰急。初看时似无滋味，久之须自见得合剖判处，则自然放得下矣。"俨然教训之语。

王瀚　金华

【按语】　金华王氏父子，师愈本以潘氏门人受教龟山，而又紫微学派干将，《朱文公文集》卷八十九《王公神道碑铭》称其"有本有文，德望隐然为东州之重"，王瀚、王洽、王汉兄弟入朱子之门，发挥性理之学不遗余力。真德秀《西山文集》卷十二《荐本路十知县政绩状》称"宣教郎知太平州当涂县王洽，故侍讲师愈之子，天资粹雅，操行洁修，其为邑也心乎爱人，用刑督赋，常有不得已之意，士民称诵翕然一词"。

【小传】　王瀚，《考亭渊源录》作"嘉定己未卒"，然嘉定期间无"己未"。字伯海，号定庵。以《朱文公文集》卷八十九《中奉大夫直焕章阁王公神道碑铭》载师愈公"世为婺州人，八世祖始自义乌之凤林徙居金华郡城下"，为婺州金华县人。官武当军节推朝奉郎，主管建昌军仙都观。《宋元学案》均言"师吕成公，亦逮事朱文公"。金仁山题《鲁斋文集》目后云："仙都公早从丽泽，又以通家子登沧洲之门。"王梓材以《金华征献略》以为瀚、洽、汉兄弟淳熙八年（1181）于丽泽书院执礼受学朱熹，肯定"皆及朱子之门"。然淳熙六年

（1179）四月，朱熹差知南康军时，王瀚与朱熹、丁克、魏愉、朱在等人共游，《朱文公文集别集》卷七《栖贤磨崖题名》载有"王翰"即"王瀚"。其子柏受学勉斋门人何基，号鲁斋。

王洽　金华

【小传】　王洽，字伯礼。王瀚之弟。知当涂县。《朱文公文集》卷五十四《答王伯礼洽》论及《易》添修，故王柏《鲁斋集》卷九《跋朱子帖第七卷》亦云："先大父与朱子契谊之密……叔父时执经讲下，故曰'伯礼所询数条，且以鄙意报之，亦乞有以订其失'。"《朱熹师友门人往还书札汇编》推定《朱文公文集》卷五十四《答王伯礼洽》作于淳熙十三年（1186）前后。《宋元学案》王梓材以《金华征献略》以为王洽三兄弟淳熙八年（1181）于丽泽书院执礼受学朱熹。瀚与洽兄弟亦属"丽泽诸儒学派"。

王汉　金华

【小传】　王汉，字伯纪，瀚之弟。仁和县尉。吴庆坻《蕉廊脞录》及《六艺之一录续编》卷七载"岊山朱文公题名"，载"绍熙甲寅（1194）闰十月癸未，朱仲晦父南归，重游郑君次山园亭，周览岩壑之胜，徘徊久之。林择之、余方叔、朱耀卿、吴宣之、赵诚父、王伯纪、陈秀参、李良仲、喻可中俱来"。庆元元年（1195）乙卯岁五月朱熹作《跋郭长阳医书》，言绍熙甲寅"明年夏，大病几死，适会故人子王汉伯纪自金华来访，而亲友方士繇伯谟亦自籍溪来同视"。后嘱咐王汉、方士繇雠正刊补，詹体仁刊刻于福州。

傅定　义乌

【按语】　《宋元学案》称："乾淳之际，婺学最盛。"东莱文献之学、唐仲友经制之学、婺州学派及陈亮永康学派鼎立一时。然其后婺学与永康之学呈现非主流地位，昭然若揭。永康婺学合流，以史学研究为导向，无意逐鹿之争，而程朱之学则挟天子之令，风卷四方。义乌传承朱子之学可分两途，傅定、徐侨为其一，另有黄榦又一脉。朱熹记言党禁之时，傅定与林夔孙依然紧随，且"读书颇有绪"，称其刻苦，不愧朱学坚定追随者。《嘉庆义乌县志》称其得朱子之微言奥旨。

【小传】 傅定，字敬子。杏溪先生傅寅从子。《宗派》记载"傅定"之名，《闽中》录有"傅敬子"。《宋元学案》《道南源委》等不见。《宗派》《渊源录》《朱熹师友门人往还书札汇编》作"婺州（今浙江金华）人"。《金华征献略》作"傅定、郭津、李大同、马仲壬皆东阳人"。因"《宋元学案》引《柳待制集》云濠谨案语"，《朱子门人》以为"义乌人"。吴师道《敬乡录》卷十三："傅寅，字同叔，号杏溪，义乌人。"《金华志》："傅寅，字同叔，义乌人，学者称之曰杏溪先生。"《嘉庆义乌志》卷十四《理学》列有傅定，故"义乌人"不误。《朱子门人》又列有"傅君定，婺州人"，始源于《朱子实纪》。实因误读庆元三年初（1197）朱熹作《答黄直卿》"书院中只有古田林子武及婺州傅君定在此，读书颇有绪"。子武为夔孙字，《渊源录》《闽中理学渊源考》均载"夔孙与傅定从文公讲论不辍"，傅定与傅君定当为一人。《宋元学案》又有"杏溪自程其子姓于学严而有节，晚乃遣先生远之建安受业文公之门，文公集中有与傅敬子书即其人也"。故"党禁起"（庆元元年）已经从学朱熹。

徐侨　义乌

【按语】 南宋义乌一地，堪称浙东朱学一脉。朱子传道金华，义乌傅定、徐侨皆得其亲传。《宋史·徐侨传》记："其学以真践实履为尚，奏对之言，剖析理欲，因致劝惩。若其守官居家，清苦刻厉，操尤人所难能。"朱熹称其为"明白刚直"。吴泳《鹤林集·徐侨授工部侍郎依旧兼国子祭酒兼侍讲制》载："端信而诚悫，直清而澹夷，在野则布衣躬耕，在朝则端冕敬色，学如可乐，弗违颜子之仁道。"明应廷育《金华先民传》谓："王祎尝称其学行纯笃风节高峻，诚可谓道学之宗师。"《义乌县志·儒林》载："乌自徐侨受业朱熹，以道学为东南倡，而叶由庚又得其精而益阐扬之。渊源流派，至于我朝，硕学之士往往辈出焉。虽所造浅深不同，然皆能遨游乎经籍之圃而步武乎先哲之躅矣。"真德秀自箴"居贫未若义乌之安"。明王祎《王忠文集》卷二十一有《义乌宋先达小传》。

【小传】 徐侨（1160—1237），字崇甫。文公以"毅"名其斋，号毅斋，谥文清。义乌人。登淳熙十四年（1187）进士，初授信州上饶县主簿。迁工部侍郎，奉内祠兼侍读，改宝谟阁待制奉外祠。郑瑶、方仁荣《景定严州续志》载"从东莱、晦庵二先生游"。而《宋元学案》作"从学吕东莱门人叶氏邽"。《宋史》、《宋元学案》、《明伦汇编官常典县佐部》、《钦定续通志》卷四百十三均载"调上饶主簿，始登朱熹之门"，徐侨任上饶主簿为1189—1191年间，朱子命其书房名"毅斋"。朱熹有言"崇甫明白刚直士也，讲学已有意趣"，"上饶主簿析理殊精，可从之游"。此后书信往还，讲绎辨质反复不置。《宋元学案》按语"文清卒业于晦翁，为朱门高弟，数传而后，如黄文献诸先生多称朱学，则文清学派宜入《沧洲诸儒学案》"。家居十七年，潜心研讨，使朱子学说大行于浙东。《金华征献略》赞其于朱子之学豁然贯通，可称"朱子之的传"。他与侍读真德秀等人，合力请准周敦颐、程颢、程颐、张载、朱熹从祠孔庙。其以实心行实政，吏畏民怀，久而不忘。戴殿江《金华理学粹编》卷五"朱子门人"载其学说："心体之流行，即天运之流行也，无乎不通而塞之，人其物也。"又"理义之悦我心，名利之害乎道"语。陈文蔚与徐侨人有心道心之辨。

【著作】《读易记》三卷《续史纪咏》一卷《杂说》一卷《毅斋诗集别录》一卷。

杜斿（游） 兰溪

【按语】 金华杜旟字伯高、杜旆字仲高、杜斿字叔高、杜旞字季高、杜旜字幼高并称"杜氏五高"，也称"金华五高"。语出明胡应麟《诗薮·杂编》卷五。《金华征献略·文学传》称：兄弟五人，皆攻诗文，同时陆游、叶正则、陈同甫等皆称其文，名重一时。陈廷焯《白雨斋词话》卷八："杜伯高词，气魄极大，音调又极谐，所传不多，然在南宋，可以自成一队。"朱子谓叔高曰"学贵适用"。陈亮评云："仲高丽句，晏叔原不得擅美。""叔高之诗，如干戈森立，有吞虎食牛之气。"叶适序杜旜《粹裘集》称："此文自经史诸子皆有论辩，学之博矣。论辩不苟，是非必折之于正，又所谓笃矣。"杜叔高斿与杜旜又传朱子之学。

【小传】 杜斿，亦作杜游，《朱文公文集》卷六十有《答杜叔高游》二书。

刘克庄《朝请郎直焕章阁林公墓志铭》载，绍定六年（1233）端平改元，"江西曾三异、金华杜斿各年八十余，起布衣入馆阁"。又宋郑兴裔《郑忠肃奏议遗集》："观绍兴中金华杜斿记言，自京口过扬州寻访旧事，往谒蕃禧观，故琼花犹在。"绍兴年为1131—1162年，故可推知杜斿当为1150年前生，1233年仍在世。字叔高，号癖斋。婺州兰溪人。宋婺州治所金华，明代升为金华府。淳熙十五年（1188）六月，杜作《从朱晦翁登钓台诗》，时朱熹经桐庐往临安，杜斿共游钓台。1188年，陈亮曾约朱熹在铅山与辛弃疾晤谈。后辛、陈赴会而朱熹爽约。1189年，朱子特遣杜斿往上饶拜访辛弃疾。《朱文公大全集》卷六十《答杜叔高》即是朱熹看到杜斿访辛弃疾的汇报后复函。故吴师道《吴礼部诗集·杜端公墨迹》有："叔高尝问道朱子，与幼安诸人游，端平以布衣召，入秘阁校雠。"《宋元学案》亦有言"尝问道于朱子，与辛幼安诸人游"。《陈亮集》卷十九《复杜仲高旃》评云："叔高之诗，如干戈森立，有吞虎食牛之气。"

【著作】《杜诗发微》《癖斋集》。

杜旃　兰溪

【小传】杜旃，《朱子实纪》"杜旃，字幼高，斿之弟"。《考亭渊源录》作"杜斿弟諯"。《金华征献略》作"朱子门人曰杜斿、杜旃，皆伯高弟"。

【著作】《粹裘集》十卷。

巩丰　武义

【按语】曲湖巩氏，家学渊源，明宋濂《宋学士全集》卷十《巩丰传》载："武义有巩氏，自庭芝始。南迁武义后，以所学化导如东平，故武义人士知尚义理之学自庭芝始，至其孙巩丰、巩嵘又从东莱吕祖谦游，于是中原文献，丽泽渊源，萃于一门。"巩丰兼学吕、朱，元戴表元《题巩仲至耳目志》评论道："往时朱吕二氏以私学教授其徒，不为时论所容。而二氏修于其家不废，其徒亦颠顿百折以从之，卒之俗成论定。常所受业者，皆去为名大夫，四方万里，虽妇人孺子闻而慕为正人不疑。二师及高弟既先后没，八九十年之间，门人涉猎其说而守之者，尚十数公。巩公仲至，学吕氏者也，然亦及学朱氏。

伏读此卷，典刑俨然。"叶适《水心文集》卷二十二《巩仲至墓志铭》赞誉巩丰著述既富且工，"其文无险怪华巧，而以理屈人，片词半牍，皆清朗得言外趣"。杨万里《诚斋集》卷一百十五在评点宋诗时，也称将巩丰仲至列"自隆兴以来以诗名者"。陆游《荐举人材状》则称"巩丰材识超卓，文辞宏赡"。

【小传】 巩丰，据叶适《巩仲至墓志铭》，生于绍兴十八年戊辰（1148），卒于嘉定十年丁丑（1217）。字仲至，号栗斋。全祖望《宋元学案》补传称巩岘为仲至兄。王梓材案语，或猜巩岘即栗斋之改名或疑杨夫人为巩君继室，长子岘当是前夫人之子。以《水心文集》卷十四有《杨夫人墓表》及沈志权《〈宋元学案〉巩丰、巩岘关系考订》[①]考定巩岘为巩丰伯父巩湘之仲子，乃巩丰之堂兄。巩丰祖巩庭芝于南宋建炎初由郓州须城（今山东东平县）迁居武义南乡曲湖之畔，故婺州武义人。《东莱吕太史文集附录》卷三"门人巩丰"："丰弱冠，即获拜先生于山林，追数门人，莫如丰旧。己丑、庚寅之岁先生迟次金华，分教严濑，已而校雠道山，丰皆获裹粮负笈以从。"即乾道五、六年（1169—1170），巩丰师从东莱明招山。淳熙八年辛丑（1181）登第。《武义县志》等谓"丰稍长，拜朱熹为师，又从吕祖谦学"，兼学二氏。《宗派》《实纪》等亦以为朱子门人。而《朱子门人》以为讲友非门人。《朱文公文集》卷六十四《答巩仲至》有书信二十通，所涉论文、论学、论友及政事、琐事等。以束景南《朱熹年谱长编》考证，朱熹《答巩仲至》第一通书信："闻名愿见为日久矣，兹辱枉顾，乃遂夙心，慰幸可量。别后又承惠问。"为朱熹与巩丰在庆元四年（1198）末与五年初，据束景南《朱熹年谱长编》考证，巩丰在赴福建叶翥帅幕期间初次相识后，巩丰有及门经历。冯云濠按语又谓巩丰复从朱子讲明义理之学。巩丰与朱子当视为亦师亦友，更为妥。

【著作】 《东平集》二十七卷《后耳目志》若干卷。清何德润编《武川备考》卷九《艺文考》辑有《东平仅存集》。

杨大法　武义

【小传】 杨大法，《武义县志》："杨大法，字元范。"《朱文公文集》卷

① 沈志权：《〈宋元学案〉巩丰、巩岘关系考订》，《杭州师范大学学报》2010 年第 11 期。

五十六《答吴申》作"杨广文元范",当又名广文。武义人。登淳熙二年进士,任南康军学教授,授知龙游县,累迁兵部侍郎。淳熙己亥(1179)朱晦翁来守南康,王懋竑《朱子年谱》载朱子"属教授杨大法、星子令王仲杰重建书院于其地",明桑乔《庐山纪事》、清毛德琦《白鹿书院志》同。《朱文公文集》卷三十四《答吕伯恭》言:"教授杨元范已作刘祠,因并立周像,配以二程先生,尚未成也。四、五日一到学中,为诸生诵说,只此一事,犹觉未失故步。"以朱子《答吕祖谦》等诸书,亦知淳熙六年五月朱子命军学教授杨元范等人在军学建立濂溪祠堂,主祀周敦颐,而以二程配。朱熹亲书《奉安濂溪先生祠文》。《康熙金华府志》言元范"与朱文公游,往还诗简甚多"。《朱文公文集》卷五十有朱熹淳熙六年(1179)到任不久《与杨教授书》及后之《答杨元范大法》二通书信,讨论易学,然前后称谓"杨教授"与"杨广文元范",明显不同,表明朱子与其身份及关系巨变。另朱熹《答吴申》:"所喻从祀曲折,乃向者令邸吏于监学画到如此,因问杨广文元范,渠住学久,亦云实然,遂依本画之。"杨与朱子为讲友。

【著作】《易说》。

邵浩　　永康

【按语】《朱文公文集》卷五十五《答邵叔义》以为:"邵侯读《大学》之书,而有感于絜矩之一言,其平居论天下事而有所不平,未尝不慨然发愤而抵掌太息也。"

【小传】　邵浩,字叔义。以淳熙本《朱文公文集》作"答永康邵浩叔义",可知为金华永康人。《浙江通志》卷一二五:"邵浩,金华人,主管机宜文字。"淳熙十六年(1189)官"豫章机幕"。《四库提要》载,邵浩自作《坡门酬唱引》,云:绍兴戊寅,浩年未冠,肄业成均,隆兴癸未,始得第以归,因取"两苏公"兄唱弟和及"门下六君子"平日属和两公之诗,摭而录之,曰《苏门酬唱》。淳熙己酉,浩官豫章,临江谢公为之作《序》,且更曰《坡门酬唱》,末题绍熙庚戌四月一日。《东莱集》附录卷三《朝请大夫主管成都府玉局观孙宪文》:"宣教郎新知衢州江山县主管劝农公事邵浩。"然《朱子门人》依清王梓材《补遗》以金华《东阳县志》而提出:《语类》《实纪》《渊源录》《经义考》

《宗派》等或因《朱子文集》卷七十九《衢州江山县学景行堂记》皆误"郭浩"为"邵浩"，《朱子门人》以为"《语类》邵浩录丙午（1186）所闻，亦郭浩之误"。郭浩，字希孟，婺州东阳人。《朱子语录·姓氏》明确："邵浩字叔义，金华人。丙午所闻。饶后录九。"邵浩、郭浩字号里籍均不相同。又宋赵希弁撰《郡斋读书志》卷五下《附志》："《晦翁先生朱文公语后录》二十卷，右东阳王佖记，杨方、黄榦、刘炎、黄灏、邵浩……所录也。"《浙江通志》卷二十八："景行堂，《衢州府志》：宋淳熙十二年知县邵浩建。朱子《景行堂记》。"《钦定续文献通考》卷一百九十七《经籍考》："邵浩《坡门酬唱集》二十三卷，浩字叔义，金华人。"参之以陆子《与邵叔义书》，《朱熹晦庵文集》卷七十九《衢州江山县学景行堂记》、淳熙本《朱文公文集》作"答永康邵浩叔义"等，更明确清邵浩叔义与郭浩希孟为不同的两人，王梓材《补遗》言《朱子文集》三书"邵浩"皆"郭浩"误，过于草率。隆兴癸未（1163）进士。淳熙十六年（1189）曾任豫章机幕。《宋元学案》作袁燮与象山门人，《陆子学谱》则作陆子门人，陆子有《与邵叔谊》二篇，《学谱》及陆子答书以为叔谊从陆子学，"尝述先生语，颇失本旨"，"尽失其义"。淳熙十二年（1185）八月朱熹应邵浩所请作县学堂记，县学记云："江山县学故有三贤堂，以祀正介先生周君颖、赠宣教郎徐君揆、逸平先生徐君存，而今知县事金华邵侯浩又益以故谏议大夫毛公注、赠朝请郎毛公桌，且更其匾曰景行之堂，而状其事，且为书来告曰：'愿有记也。'"可证邵浩此时与朱熹相识。县学堂记中朱子有评价邵浩《大学》认识。《朱文公文集》卷五十五《答邵叔义》教导："亦须真践其实"，"吾人所学，却且要自家识见分明，持守正当，深当以此等气象举止为戒耳。""必欲实为此学，亦当有以自致其力于日用之间，存心养气，读书穷理，积其精诚，循序渐进，然后可得，决非一旦慨然咏叹，而躐等坐驰之所能至也。"亦言及《大学》相关问题。《语类》中有邵浩问学及记录"为学做人"数十条，均为淳熙丙午（1186）后所闻。《道一编》附陆子《与邵叔义书》，朱子《与邵叔义书》又及"子静书来"，此书，《朱熹师友门人往还书札汇编》考为1189年撰，而王懋竑《朱子年谱考异·朱子论学切要语》明言"辛亥（1191）答邵叔义书云子静"，邵叔义参与了朱陆之辩，疑邵叔义兼学陆学。

【著作】《坡门酬唱集》二十三卷。

应谦之　永康

【按语】　永康应氏素有"进士世家"之称。应孟明，子应谦之、应懋之、应纯之和谦之长子松鉴、纯之三子文霦俱登进士。应孟明与陈亮、吕祖谦等于灵岩石洞创建濂洛正学书院，张子长《孝忠事实》"切磋讲学、阐明义理，慨然以修治之学自任"，《宋史》云"士论以此重之"。陈亮《龙川集》卷十五《送徐子才赴富阳序》："陈圣嘉、应仲实、徐子才独以为可。圣嘉之与人交，仲实之自处，子才之特立，皆余之所愿学也。晚与一世豪杰上下其论，而三人者每每不能去心，非直以交旧之情而已。"然应孟明倾向于朱子之学，而遣谦之、茂之、纯之师从考亭之学。

【小传】　应谦之（1156—1227），《续辑均州志》卷十二记石刻："嘉定丁丑（1217）后清明三日，郡太守应谦之亨甫……题于沧浪亭"，及今人作《永康宋代进士表》，知应谦之，字亨甫。孟明长子。永康县人。登绍熙元年（1190）进士。任广西提刑。《宗派》列有应谦之、应茂之、应纯之名。《宋元学案》载纯之"与兄谦之、茂之俱从朱子"。《语类》卷一百二十六记有谦之问佛老之学两条。

应茂之　永康

【小传】　应茂之（1168—1235），以魏了翁《鹤山集》卷九十六《人日南山约应提刑懋之》词、《水心集》卷十六《夫人林氏墓志铭》"县宣教郎通判临安府应懋之"以及《宋会要辑稿》职官七五"高邮军应懋之"，故又名"懋之"。家谱以孟明生谦之、复之、巽之、懋之、纯之、秀之六子。言懋之为第四子，而《水心集》墓志铭则言："应君，吏部侍郎孟明第三子。君能治宁国，号令清省，绝少笞扑，民爱信之异口同辞。"以魏了翁《鹤山集》卷七十《教授彭君子远墓志铭》载"同年友应文父懋之，时为转运判官"，及今人作《永康宋代进士表》，明应懋之，字文父（甫）。登庆元五年（1199）己未进士，累官至四川都大茶马使。

应纯之　永康

【小传】　应纯之（1175—1224），字纯甫，谦之五弟。嘉泰三年（1203）中进士。官至兵部侍郎、知楚州兼京东经略安抚使。《万姓统谱》言"知楚州崇儒术，兴学校，修城池，民赖其德"，金人入侵，力战而死。《宋元学案》载，与兄谦之、茂之俱从朱子。康熙《金华府志》依《宋史纲目—统志》亦有"与兄谦之、茂之受业考亭之门"记载。《宗派》《金华理学粹编》《金华征献略》列为朱子门人，以为"笃信考亭之学"。其刚毅自任。

七、衢州门人

【按语】　衢州处于闽浙赣区域，融汇浙学、闽学与江西之学，朱学发展更是光大。《民国衢县县志》载："紫阳来衢，发明伊洛之理，徐、柴、江、邹接踵而起。"

赵纶　常山

【小传】　赵纶，魏了翁《鹤山集》卷七十三《直焕章阁淮西安抚赵君纶墓志铭》云其嘉定十五年十二月属疾而卒，年五十九，故其生卒为1164—1222年。字君任，号时斋。忠简公鼎曾孙，祖父汾。《朱子门人》作"解州闻喜县人"。然赵纶曾祖赵鼎虽系解州闻喜县人，随高宗南渡寓居衢州常山，祖父汾亦已南迁，故作赵纶"闻喜县人"不妥，当作"衢州常山人"，后居萧山。官知庐州。《赵君纶墓志铭》《宋元学案》："年十九，从朱子于富沙（今建瓯市内）。"故1182年赵纶赴闽师从朱子，时朱子卸任浙东常平茶盐公事。赵忠定公汝愚以忠简故，召先生兄弟语，曰："远器也。"
【著作】《时斋集》二十卷。

邹补之　开化

【小传】邹补之，字公兖。诸史籍多作"开化人"。《宗派》作"西安"，宋时西安县仍为衢州治，属两浙路。绍熙四年（1193）进士，绍熙五年知休宁县事，新学校及诸神祠，累官通判江宁府。称邹补之、赵抃、唐魏谟、江景房、程俱、赵汝标、魏亨中县学七贤。《宋元学案》卷七十六《丽泽诸儒学案》载"受业朱、吕之门"。吴骞《桃溪客语》、《嘉靖浙江通志》、《天启衢州府志》、《宋诗纪事补遗》《经义考》《崇祯开化县志》之《鲁贞县学七贤堂记》均言"受业于朱子及东莱之门"。

【著作】《天启衢州府志》载：《春秋语孟注》、《诸经兵书解》、《宋朝职略》、《丛脞敝帚集》、《率山编》、《毗陵志》十二卷。

祝禹圭　西安

【小传】祝禹圭，字汝玉。《朱子门人》作"信安郡信安县（今浙江衢县）人"，而南朝陈永定三年（559），置信安郡，治信安县（衢州市区），领信安、定阳二县，唐武德四年（621），分婺州于信安置衢州。咸通中（860—874），改信安为西安，因西溪得名，仍隶衢州。南宋时依旧称西安县，衢州治所。故为衢州西安县（今浙江衢州）人。乾道二年进士，七年为全州教授，淳熙十四年知休宁县，为政清简，邑民安之。嘉定初除尚书右郎。《紫阳书院志》卷十六《会纪》："庆元二年丙辰九月，新安大会于郡城天宁山房，主教晦庵朱夫子，时乡先正受学者凡三十人。其学行最著及有纪述文字之可传者凡十有八人；其守令之师事文公者三人：徽守赵师端、余杭令赵师恕、休宁令祝汝玉。以上所录出《朱子实纪》及《南溪书院志》。"《紫阳书院志》卷二《建置》施璜序云："文公以宋宁宗庆元二年丙辰归省墓，主教于郡之天宁山房，从游者甚众，时赵公师端兄弟亦师事焉。"汪佑《紫阳书院建迁源流记》："庆元丙辰主教天宁，赵师端兄弟咸师事焉。"胡渊《紫阳书院会讲录序》："庆元丙辰，朱子年六十七矣，归新安，集一时学者会讲天宁。"而江永等不以为然。清程川辑《朱子语类》记有"祝禹圭云僖祖以上皆不可考"之语，及朱子答语。《朱子门人》等以不言"问"，又1188年朱子《徽州休宁县厅新安道院记》称休宁大夫信安祝侯汝玉为"予旧",以为非门人。而《朱子文集》卷六十六作有《求放心斋铭》："祝汝玉既为之铭。新安朱某掇其遗意,复为作此。"杨万里有《和祝汝玉作举子语之句》。祝禹圭与朱子在师友之间。

【著作】《东西铭解》一卷。

八、严州门人

詹仪之　遂安

【按语】《朱文公文集》卷八十七《祭詹侍郎文》感叹:"众亦咸谓商度财利,钩校米盐,本非所以烦儒学老成之士。莫不冀公之复起,而有以卒究其所学之蕴也。不谓归未及门而遽以病告,税驾未几而遂至于不起。此则有志于学者所以叹息流涕而遗恨于无穷也。"詹仪之与朱熹共论大学格致之学,有功于《大学章句》学说完备。张栻《答朱元晦》:"岂弟爱民,凡事可以商量,又趋向正,孜孜以讲学为事,时过细论,殊慰孤寂。旧在严陵相见,颇惑佛学,今却不然,亦得伯恭之力,其人恐有可望也。"

【小传】詹仪之(1123—1189),字体仁,与建阳詹体仁元善区别。号虚舟。祖父詹安,父亲詹棫。《朱子门人》作建德府遂安县人。顾宏义《朱熹师友门人往还书札汇编》作"严州(今浙江建德梅城镇)人"。桂林石刻《詹仪之陈昭嗣等八人北牖洞题名》及广东德庆三洲岩题名等则作"桐庐詹仪之"。《万历遂安县志》及历代史志均言瀛山书院为宋熙宁间邑人詹安辟建,其孙仪之与朱子论学于此。《万历严州府志》《雍正浙江通志》:"詹棫,遂安人。"隋代桐庐属遂安郡管辖,古人喜用古地名,宋为严州,故当作严州遂安县(今淳安县)。

学承家学渊源,年逾弱冠,练达笃慎。绍兴二十一年(1151),詹仪之登进士第,官至吏部侍郎、知静江府。《建炎以来朝野杂记》乙集卷十六《广西盐法》,詹仪之于淳熙十年四月至十三年九月间为广西帅。《宋元学案》之《南轩学案》载仪之为张南轩弟子,而《晦翁学案》称仪之为晦庵门人。《丽泽学案》又说:张宣公守严州,东莱分教,先生俱从之游。《景定严州续志》卷二载：乾道五年（1169），张栻知严州，吕祖谦分教郡庠，仪之方占家食，日以学问为事。淳熙四年（1177），詹仪之提点广南东路刑狱，改转运判官。"以濂溪（理学始祖周敦颐）旧治立祠曲江上"，张栻为之记。淳熙五年（1178），詹仪之易广西路转运判官建南楼，张栻为之记。又有"淳熙二年，公知信州，时朱文公、吕成公俱在鹅湖，往复问辨无虚日"。如此，信州知府詹仪之参加了鹅湖之会，《朱子门人》予以否认。以詹仪之为吕祖谦门人，又时任信州知府，理应与会。以《朱子年谱》、朱熹《三瑞堂记》，乾道七年（1171）、九年（1173）知詹仪之两次邀朱熹来瀛山书院讲学。淳熙七年（1180），詹仪之提点荆湖南路刑狱，刻印张栻《论语说》。《朱文公文集》卷二十七收入致詹仪之信四通，题作《答詹帅书》或《与詹帅书》皆作于詹氏广西帅司任内。《朱文公文集别集》卷三《答程沙随可久迥》云"广西盐法，近得詹丈书，极以为便"。《万历严州府志》《遂安县志》收录1185年朱子致詹仪之手札一通。淳熙十三年，刻印朱熹《四书集注》于桂林。《宋元学案》载詹仪之与彭龟年、吴猎、赵师恕、赵崇善、彭龟年等同学。

任忠厚　遂安

【按语】《朱子语类》卷一百二十谓正甫"精神专一"。

【小传】　任忠厚，字正甫。据《朱子语类》训门人作"遂安人"。只《万姓统谱》以为"郪（四川三台）人"，而《朱子门人》以为有两任忠厚者。《考亭渊源录》等诸史均列门人。《语类》卷一百二十所记录者为"倪"，考当为"游倪"，为绍熙四年（1193）所记，故任忠厚亦为朱子晚年时期门人。

方谊　桐庐

【按语】《朱文公文集》卷六十《答周南仲书》云："方宾王每书来，说得道理，尽有归著，知与游从，可谓得友。恐今已归嘉禾也。"《朱子实纪》载"朱子称其为学亲切的当，近日朋友讲习未有能及之者"，朱子以为其为学之意，亲切的当而不失其序。

【小传】　方谊，字宾王。《万历秀水县志》言"乾道间侍父务德徙居嘉兴"，

《朱熹师友门人往还书札汇编》亦以为"侍郎方务德子"。然宋方务德二女婿王明清《挥麈录·后录》卷七载方达源"生子三：元修，字时敏；时敏之子，即务德也"。韩元吉《南涧甲乙稿》卷二十一载其为方滋字务德作《方公墓志铭》明言方滋有"男三人：导，承直郎、两浙西路提点刑狱司干办公事；燮，将仕郎，蚤世；越，承务郎"，故方谊非方务德之子。《宋元学案》作"嘉禾人"，《朱子门人》作"嘉兴府嘉兴县人"。《一统志》卷三十九云"本（建德府）桐庐县人，徙嘉兴"。黄虞稷《千顷堂书目》、高儒《百川书志》作"钱塘人"。王明清《挥麈录·后录》卷七载所言方氏世居严州桐庐县。而《崇祯嘉兴县志》"自桐庐徙居嘉禾郡城北偏"，《光绪重修嘉善县志》"乾道四年徙居于嘉兴之北，分县后属嘉善"。桐庐，宣和三年改为严州遂安军节度，咸淳十年严州升为建德府。故当作"严州桐庐县人"。方谊自名其斋曰谨严。"家有希贤斋匾，亦文公所书也。"文公集中有相与问答语。《朱熹师友门人往还书札汇编》考《朱文公文集》卷五十六《答方宾王》诸书作于"1188—1196年间"，故不晚于1188年已经从学于朱子。

【著作】《千顷堂书目》《百川书志》《补辽金元艺文志》载方谊作《虎林高隐集》五卷附录一卷。

第五章　湖湘门人

【按语】　朱熹两次入湘，乾道三年（1167）九月访张栻。绍熙五年"五月五日到官。长沙士子，夙知向学，及邻郡数百里间，学子云集。朱子诲诱不倦，座席至不能容，溢于户外"。邓显鹤《沅湘耆旧集前编》卷二十三："楚自元公倡明绝学，上探洙泗之原，下启闽洛之绪，又得朱张两先生讲学唱相于此，湖湘之士翕然从风其从游。姓名可稽者，平江练溪之外，有李璠、李杞（《方志》误作李祀）、吴雄、邹轼、方锐、毛友诚。此外尚有湘潭钟震、湘乡周奭、彪虎臣、居正父子，醴陵黎贵臣，零陵蒋复、吴伦、义太初、吕陟、常宁、袭盖卿，衡山廖俣、廖谦，皆朱子门人。"以座席至不能容亦知，当有其他。又《湘学略·岳麓学略第五》载："湖南先儒，如周濂溪之讲学营道，杨龟山（时）之知浏阳，胡安国之提举湖南学事，倡明绝学，胡五峰之优游衡山，主讲碧泉，以及朱、张之会讲，述已如前矣。外此则真西山德秀以安抚使知潭州，用周、程、朱、张之学劝勉士子，魏了翁华甫以资政殿学士知潭州，崇重道学。建昌人李燔，以进士从朱子学，后判潭州。明时山阴张元忭常言：'朱、陆学本同原，后人妄分门户。'后浮沉湘，入武彝。万历间，李天植迎主岳麓。余姚王乔龄本阳明高弟，嘉靖中任长沙兵备，讲道岳麓，阐发良知。宋湘阴周式两为岳麓书院山长，真宗召见，拜国子学主簿。国史《经籍志》载，式有《毛诗笺传辨误》八卷。醴陵吴猎德夫，从学南轩，淳熙间，潘畤聘充岳麓堂长，有《畏斋文集》。同时其县人黎贡臣昭文，以贡生受业朱子，充岳麓讲书执事。湘乡彪居正德美，从胡文定父子讲明经学，不事进取，为岳麓堂长。淳祐进士欧阳守道公权运使，吴子良聘为岳麓山长，发明孟子正人心之论。明正德四年，学道陈凤梧以攸县诸生陈论志趣高迈，取为山长。论作《岳麓书院志》。福州人叶性，弘治中为善化教谕，充养有道，郡丞杨茂元聘充岳麓山长。而宋开宝中，朱洞守潭州，始创书院，以待四方学者。真宗时，李允则知潭州，兴学岳麓。崇安刘珙共父于乾道元年为湖南安抚，兴复书院，养士千人，延请南轩主教。鄞县陈钢，弘治初判长沙，访朱、张遗址，修建讲堂。同县杨茂元，弘治间为山东副使，以忤权贵谪同知，加意书院，表章紫阳遗迹。"

一、衡州门人

王居仁　常宁

【按语】　学正王居仁登张栻、朱熹之门，闻义利之旨造诣益深，《同治常宁县志》："居仁发明师说，引掖后学，以格致为先、诚正为本。潇湘之士翕然师之。"建鹅湖书院，开常宁一代学风。

【小传】　王居仁，《宋元学案》《湘学略》作"字习隐"，《湖南通志》《乾隆衡州府志》则以为"隐居不仕，自号习隐"。《康熙湖广通志》"晚号习隐"。《万历湖广总志》以为"别号习隐"。常宁人。乾道八年（1172）进士。江昱《潇湘听雨录》："《常宁志》载居仁登淳熙十四年王容榜进士，盖误也，应以石刻为正。"尝与袭盖卿同学于南轩。明薛纲《嘉靖湖广图经志书》载有陈楷《重修儒学记》，言常宁县"宋儒袭盖卿、王居仁之乡也。袭为朱晦庵门人，王亦受学张南轩"，然《康熙衡州府志》纂修周士仪称："按旧志，常宁县甲科惟袭盖卿、王居仁，二人为朱（熹）张（栻）二先生门人，姓名爵里稍可称述。"《同治常宁县志》载"时有袭梦锡、王习隐两先生从朱子、张南轩受学"。《潇湘听雨录》只以为"居仁，南轩张子门人，常宁人，与同里袭盖卿齐名。盖卿，朱子门人也"。倡助孔孟之道于湘山宜水间，常之人士翕然宗之。以心性相切劘。《光绪永明县志》："双蹲书院，宋儒龚盖卿、王居仁讲学处。"《朱子门人》未收。

【著作】　《质疑篇》。《直斋书录解题》录有"《刘忠肃救荒录》五卷，王居仁撰"，《湖南通志》载"《荒录》五卷，常宁王居仁撰。按，居仁，张栻门人。栻与琪世交，琪尝知潭州，或因此识居仁而辟之幕府，此当是相从江东所作，厥后《宋史·艺文志》于此书则竟署琪名，不复称居仁矣"。

袭盖卿　常宁

【按语】　袭盖卿与王居仁同隐故里林泉，有志义理之学，讲学书院，无愧开常宁一代学风。《勉斋集》卷二十二《书袭梦锡所编晦庵先生语录》载"袭兄梦锡所编朱先生《语录》字字皆格言也。学者所当留意焉"。

【小传】　袭盖卿，字梦锡。衡州常宁县（今湖南常宁市）人。乾道五年（1169）以明经擢进士第。官右正言，以直道事君，累迁国子监司成。早师事张栻。绍熙五年（1194）朱子再次入潭州，据《语类》载，甲寅八月三日"是晚集聚于先生之长沙郡斋，听讲请教者七十余人"。又作有"袭盖卿录甲寅所闻，出自《池录》卷二十九"。《朱子年谱》载："及邻郡数百里间，学子云集……座席至不能容，溢于户外。"而《渊源录》言"举进士，即往师文公"，则师事朱熹在乾道五年（1169）。庆元年间，袭盖卿又学于建阳考亭沧洲精舍。宋陈仁子《牧莱脞语》称以朱门弟子。庆元党禁，盖卿退居故里，设馆授徒，后人名其为"芹东书院"，又名"双蹲书院"。《语类》多有记录易学，以为传易传诗弟子。

【著作】　《正性篇》《反诚篇》《池州语录》。《嘉靖湖广图经志书》载袭盖卿《惠政碑》等。

廖谦　衡阳

【小传】　廖谦，字益仲，一字德之，廖俣族弟。衡阳（今衡阳市）人。《正德顺昌邑志》载，廖谦登绍兴二十四年（1154）甲戌张孝祥榜。《同治赣州府志》言，嘉定七年知宁都。《同治衡阳县志》记载："绍兴时同安簿朱熹监南岳庙……谦往请业。"《乾隆衡州府志》《楚纪》《乾隆湖南通志》等则作"淳熙间"。《语类目录》载廖谦"甲寅所闻"，知绍熙五年有追随朱熹经历，然非确定始从时间。朱熹教以打破举子程文应用诗文之厄，理会学问。谦毅然承之。朱熹器其才识劝以尽弃科举俗学，求圣贤之道，闭户覃思，布衣蔬食终其身。为衡阳最早传朱子学者。《朱子语类》卷一一六《训门人四》中，有训谦五条，教以为学、立志、实践、切己。

林子蒙　衡阳

【小传】　林子蒙，《朱子语类提要》作"林子蒙，字阙"，《朱子门人》以《语录》所记姓氏用名而定子蒙为名，许家星《朱子门人补正》据《桂胜》卷二"同游者十二人北岳王宗孟景醇、泉山赵庚叔初、林子蒙亨仲……庆元改元冬十一月二十有六日"，《桂胜》卷一"陈正仲铨讫之官，王景醇、林亨仲饮饯"，考其"字亨仲"。衡州衡阳人。以《语类》所记，知林子蒙为门人，多及易诗。以《朱文公文集续集》卷一《答黄直卿》"子约之亡，伤痛未定，而季通八月九日又已物故。……前日李彦中归道长沙，见子蒙及赵漕说得分明矣"，可知朱熹绍熙五年（1194）九月前已经知林子蒙，时朱熹于潭州，林子蒙记录朱熹之语。另有同时期福建晋江林子蒙，登淳熙五年戊戌科。

【著作】《朱子语录》一卷。

二、潭州门人

黎贵臣　醴陵

【小传】　黎贵臣，字昭文。醴陵人。《沅湘耆旧集前编》亦直言醴陵黎贵臣为朱子门人。《宋元学案》《楚纪》言"受业朱子"。《同治醴陵县志》载："尝从朱子游，讲明正学，一时士类多宗之。会朱子知潭州聘掌岳麓书院。"《光绪湖南通志》亦略同。黎贵臣曾二度从师朱子。乾道二年从游于入湘访张栻的朱熹，绍熙五年（1194）五月朱熹任荆湖南路安抚使兼知潭州时，再过醴陵，朱子颁《潭州委教授措置岳麓书院牒》《约束榜》，聘黎贵臣充岳麓书院讲书执事，与湘潭郑一之共同措置书院教务。而《同治醴陵县志》又载丁宗懋《重修朱子亭记》："当朱子帅潭州时讲学岳麓，邑先正如吴文定、黎贵臣实亲炙之……若黎贵臣为朱子所推重。"《朱子门人》以为门人，然又质疑其据。

吴猎　醴陵

【按语】《宋史·吴猎传》以为湖湘之学以衡山、潭州为中心，由胡宏开创，一出于正，猎实表率之。张宣公见吴猎弘裕疏畅，称誉："吾道其不孤矣。"《朱文公文集》卷四十五《答吴德夫》："承喻仁字之说，足见用力之深。"《勉斋集》卷十一《与金陵制使李梦闻书》谓："近日吴畏斋犹能以此得天下之誉。……尝观近日出而图惟国事，其能自有所为者，莫若辛幼安；不能自为而资人以有为者，莫若吴德夫；辛幼安之才，世不常有，如吴德夫者，常人可学而能也。"魏了翁《鹤山集》卷八十九《宋魏状敷文阁直学士赠通议大夫吴公行状》则言其："以湖湘之英历，款诸老先生之门，得张公父子为之依归，硕大宽深，山岳镇而江河流也。使不幸而不及事前辈，其亦幸而亲炙，如公者犹有以考言行而察世变焉。"周密《齐东野语》卷十二《姜尧章自叙》载姜夔自称："金陵吴公及吴德夫、项平甫、徐子渊、曾幼度、商翚仲、王晦叔、易彦章之徒，皆当世俊士，不可悉数，或爱其人，或爱其诗，或爱其文，或爱其字，或折节交之。"

【小传】　吴猎（1143—1213），字德夫，学者称为畏斋先生。谥"文定"。潭州醴陵（今湖南）人，迁居善化，《南宋馆阁续录》卷七："淳熙二年（1175）詹马癸榜同进士出身"，官至刑部侍郎。魏了翁撰《吴公行状》有："受业于里人陈仲思符、王明远公明，寻受易于陈善长元，会魏忠献张公寓长沙，太中公以易受知，因得交张宣公，于是年二十有三遂从宣公，卒业宣公。乾道三年（1167）冬，朱文公来会宣公，又获亲炙焉。"《宋史·吴猎传》同。《语类》录又直卿云："先生去国，其他人不足责，如吴德夫、项平父、杨子直合乞出。"先生曰："诸人怕做党锢。"《朱文公文集》卷四十五《答吴德夫》一通，论仁说，朱子肯定其"用力之深"，又指出"以不易变易为未发已发，恐未安"。《宋元学案》载吴猎"得于宣公求仁之学，而施之于经纶之大者，非区区迂儒章句之陋"，谓"圣贤教人莫先于求仁"，乃以孔门问答及周敦颐、程颢、程颐以来诸儒凡言仁者，萃类疏析以请教正。重视经世致用，提倡务实，身体力行。庆元党禁，吴猎被列入五十九人的"伪学逆党籍"之中。

【著作】《畏斋文集》《吴氏解经》《洙泗言仁录》《吴文定公奏议》。

黎季忱　湘潭

【按语】　清《湘潭县志》载：湖南学派之盛最有功绍熙，时有黎季忱，一作季成，受学朱熹，与醴陵吴猎等均为新安正传焉。《朱子语类》卷一百二十有教训"季成只是守旧窠窟，须当进步"。

【小传】　黎季忱，一作"季成"，以字行。《宗派》《渊源录》《朱子门人与朱子学》作"赣州宁都（今属江西）人"。清卜宝第《湖南通志》作"湘潭人"，《湘潭县志》列名。赵蕃《淳熙稿》卷二十注有："蕃舣舟湘西之明夕郑仲理、吴德夫、周伯寿、黎季成共置酒于书院，阁下追饯者邢广声、王衡甫。时戊申仲秋七日。"戊申为淳熙十五年（1188）。郑仲理、吴德夫、周伯寿均为湖南人，另《语类》《朱子语类》卷五二、卷五九、卷九七、卷一二〇载有龚盖卿、钟震所记黎季成问答，龚盖卿、钟震亦为湖南人，当在湖南问学时所记，《朱文公文集》卷五十《答郑仲礼》有云"季随、季忱为学如何？"郑仲礼为湘潭人。故推以作"湘潭人"为妥。受学时间亦在绍熙五年（1194），朱熹任湖南安抚使到长沙。《语类》卷一百二十录有黎季成问："向来工夫零碎，今闻先生之诲，乃见得人之所任甚重，统体通贯。"尝寓书问易，朱子答其书甚详，且论及读书次第。

郑一之　湘潭

【按语】　朱子答郑一之书，以为其"读《易》之说，甚善"。郑一之好明辨，尝与朱子论学往复不置。

【小传】　郑一之，《朱子门人》未收录，《朱熹师友门人往还书札汇编》作"郑仲礼，名不详，湘中（今湖南长沙一带）人"。《湖南通志》载"郑一之，字仲礼，一字仲履。湘潭人"。又作仲理，束景南考《朱子文集·潭州委教授措置岳麓书院牒》之"郑贡士"即"郑仲履""郑一之"。《湖南通志》又云其从张栻游，栻答其书云"示及所讲，深喜相与不废。栻没后，湖南学者每有讲论，胡大时为参决之，而复寄定于朱子，朱子独以一之言为是"。《湘阴县志》亦同。以作于绍熙五年（1194）《朱文公文集》卷五十《答郑仲礼》所言"一别二十余年，不复闻动静"，"既而乃知改名曲折"。可知，约在淳熙元年（1174）郑一之已与朱子熟知，至绍熙五年间互有书信，朱子感叹张栻去世湖湘之学不传。

陈国代《大教育家朱熹》以为"乾道二年朱熹入湘访张栻时,其曾问学于朱熹",但不知所据。绍熙五年（1194），朱熹任湖南安抚使，又从朱子受学。发布《措置岳麓书院牒》，聘黎贵臣充任书院读书职事，郑一之为学录掌管学规与辅助教授。朱熹《答郑仲礼》以为"读书固不可废，然亦须以主敬立志为先，方可就此田地上，推寻义理，见诸行事"。其深得朱熹之传。

钟震　湘潭

【小传】　钟震，字春伯。《嘉靖长沙府志》《湖广通志》《楚纪》称"主一先生"。《嘉靖湖广图经志书》则以为"自号主一"，《朱子门人》称"宗一先生"，此不知所据。诸史籍作"湘潭人"，邓庆平《朱子门人与朱子学》作"湘乡人"。登庆元二年（1196）进士第。累官吏部侍郎兼同修国史、实录院同修撰。绍熙五年（1194）夏秋间，朱熹守长沙讲学于岳麓书院时，其执贽门下，往复问难，教答为多。钟震恐遗忘，悉数笔录。同年八月送朱熹从长沙归闽。钟震深契程颐主一之旨，于湘潭筑主一书院，讲学其中，士人翕然从之。又嘉定真德秀帅潭州延典郡教。《实纪》载有绍定三年九月钟震行词《改追封徽国公制敕》。朱鉴《朱文公易说》引言钟震编次易学。《语类》训门人录有问学，当为朱子晚年门人。

【著作】　《甲寅所闻语录》。

舒高　湘乡

【小传】　舒高，《光绪湖南通志》"考《湘乡志》，宋时乡举有舒高。《语类》列名次萧佐"。《湘学略·紫阳学略》亦作"湘乡萧佐、舒高"，故为潭州湘乡人。以《语类》《实纪》载舒高"甲寅所闻。饶后录廿三"，推知绍熙五年（1194）夏秋间，师事于长沙、问学于岳麓书院。同年闰十月，朱熹罢侍讲去国，二十六日移住杭州西湖灵芝寺，送者渐少，舒高与李杞、林用中、余大猷、吴南、王汉等人问学于朱熹。宋《朱文公易说》载舒高多条录语，《朱子五经语类》亦有记言论《诗》，故而《朱子门人》所言"《经义考》以为传《易》授《诗》弟子，则太武断"为误判。

萧佐　湘乡

【小传】 萧佐，字定夫。萧佐为舒谊婿，学传之其。《宋元学案》作"潭州府湘乡人"。以魏了翁《鹤山集》卷五十七《湘乡萧定夫佐师友堂铭》，确定萧佐为湘乡人，《考亭渊源录》《朱子大全》《得树楼杂钞》以为南昌人或豫章人皆误。其父从胡宏学，与张栻为同门友。《湖南通志》言"谊学传之其婿萧佐"。《湘乡萧定夫佐师友堂铭》明载："佐繇是亦获拜宣公于长沙，宣公授以居敬一言。又十有五载，朱文公师帅湖湘，佐又从受学，以进德修业请问。"当在绍熙五年（1194）萧佐师从朱子。以《语类》"萧佐录甲寅所闻，先生六十五岁"，知其往建阳沧洲精舍续学，录朱熹之语若干。真德秀帅潭亦极相推挹。《西山文集》卷二十九有《跋萧定夫所藏胡文定碧泉诗卷》。朱鉴《朱文公易说》收有萧佐所录。

【著作】《朱子语录》一卷。

周奭　湘乡

【按语】 宋廖行之《省斋集》卷四《送周允升序》言周允升"以学问声湘中。其学于南轩者，以孔孟为宗，以孝弟为本，而践履则其事业"。张栻《南轩集》卷二十三《答朱元晦》以为"湘中士人有周奭者，旧尝相从。近来此相访，颇绝长进，似是后来可望者。盖天资元来刚介，今却肯作工夫耳"。周允升问学不已，兼学张栻、朱子与吕祖谦。

【小传】 周奭，字允升，号钦斋。潭州湘乡人。乾道间领乡荐，李心传《建炎以来朝野杂记》"有知归州周允升者"。入岳麓书院从张栻受业，称高弟，题其亭曰钦斋。编有《鬼神说》，张栻跋其后。《朱子门人》未收录。《朱文公文集》卷五十八《答宋深之》："戴监庙久闻其名，讲学从容，必有至论。季随、允升相聚，各有何说？因来一一录示，庶知彼中进学次第也。"此间，将周奭允升与宋深之、胡季随并列，且要"因来一一录示"，宋深之、胡季随为朱子门人。据《朱熹师友门人往还书札汇编》考朱子《答宋深之》约撰于淳熙十五年（1188）前后，周奭当于此时已从学朱子。而张栻《答朱元晦》已经言及"湘中士人有周奭者"，必在淳熙七年（1180）前，但尚未从朱子学。绍熙五年以朱子为湖南安抚，由是四方之学者日至，其又执礼问学朱熹于岳麓书院。《宋元学案》载"梓材谨案:先生又及戴岷隐之门说见胡季随传"。又《东莱集》卷十《答周允升》有吕祖谦教训其"操存体验之要"，明周允升好学兼学。后周颎创建涟滨书室以授徒，传播朱张理学。嘉定间真德秀帅潭，改书堂为书院，命其主濂溪书院教事。

【著作】《皇极经世节要》。

赵方　衡山

【按语】　衡山赵氏一门三代的仕宦，素有兵学传统，赵方对金元筹划战略、以力战发号施令"以社稷臣为诗书帅，近世儒帅殆鲜其匹"。《西山文集》卷五十五《祭赵制置文》以为"惟公刚毅之资，清修之节"。

【小传】　赵方（？—1222），字彦直。原赵常之子，因其兄赵棠无子，乃以赵方为赵棠之子，赵葵之父。潭州衡山人。登宋孝宗淳熙八年（1181）进士第，知青阳县。以大中大夫、权刑部尚书、荆湖制置大使。累赠太师，谥忠肃，称"端明殿大学士太帅卫国忠肃公"。《宋史》本传云："父棠，少从胡宏学。尝见张浚于督府，浚奇之，命子栻与棠交，方遂从栻学。"《宋元学案》、周圣楷《楚宝》、《弘治衡山县志》、《嘉靖衡州府志》未及从朱学。独元虞集《道园学古录》卷十三《赵文惠公神道碑》有："初胡文定公父子倡明伊洛之学于湖南，广汉张子实受而传之，与新安朱子共承绝学于百世之下。游张氏之门者唯长沙吴猎德夫氏得其传，而卫国事张子最久，又从朱子学，所闻不下于德夫氏，而克以学问任大事，赫然树勋业于当时，则过之矣。"除《宋史》修撰与虞集几同时，其他文献均为明清抄引，以虞集为赵琪祖辈赵方事迹不当恭维，《朱子门人》以谓从朱子学"或尊敬之词耳"无有可据。以《赵文惠公神道碑》以为赵方从学亦未尝不可。

廖倓　衡山

【按语】　廖谦为朱熹湘中传《易》学高弟子，号为衡阳传朱学第一人。杨万里《诚斋集》卷第七十荐举奏状称廖倓"学优行副，文赡气刚，吏事通明，民情练达"。

【小传】 廖俣，字季硕。《乾隆湖南通志》《道光衡山县志》《楚纪》等作"衡山人"。邓显鹤撰《沅湘耆旧集前编》作"衡山廖俣、廖谦。按俣籍衡山、谦籍衡阳，同族异籍往往有之"。仅《嘉靖延平府志》有廖俣十三人"并顺昌人"，《朱子门人》未明里籍，且不以为朱子门人。顾宏义《朱熹师友门人往还书札汇编》误作"开封（今属河南）人"。《南宋馆阁录续录》载乾道五年（1169）郑侨榜同进士出身进士第，开禧二年（1206）正月，以军器少监兼国史院编修官。《沅湘耆旧集前编》《楚纪》《乾隆衡州府志》《乾隆湖南通志》《道光衡山县志》均言，"淳熙间，朱文公谪监南岳，与衡山族人廖谦字益仲者从游"。时当为淳熙十三年（1186）。《朱文公文集》卷四十九《答廖季硕俣》有"诚斋荐语精当，真无愧词"之词，为《诚斋集》卷七十杨万里作于绍熙二年（1191）九月十七日《荐举奏状》称誉之词，非《朱熹师友门人往还书札汇编》所指杨万里上《淳熙荐士录》所载。又顾宏义《朱熹师友门人往还书札汇编》以言及"比日热暑"，推朱熹《答廖季硕俣》撰于淳熙十二年（1185）六月间，不确，该为绍熙二年（1191）九月十七日后不久。杨万里《荐举奏状》并载廖俣"寄居会稽之日，常平使者朱熹奉寿皇之诏以救荒，延士夫之贤而博议，首选俣而分委之，措置有方，民无流殍"。淳熙十年（1183）朱熹为常平使者，台州治荒之时，故明廖俣此时已经熟知朱熹，故而《补遗》《湖南通志》言"以杨万里荐，受业于朱熹之门"，确为误指，非杨万里所荐廖俣受业于朱熹之门。

龚舆　湘阴

【按语】 《万姓统谱》言其刚介廉洁，卒后家无余财。《光绪湘阴县图志》："自乾道以来，朱子之学盛行湖湘间，而纪载多失详。湘阴可纪者，龚舆一人而已。"

【小传】 龚舆，字德载。湖南湘阴人。《朱子门人》未收录。《嘉庆湖南通志》载乾道五年（1169）登进士第，历知湘乡县，《万姓统谱》载为"知萍乡"，终福建转运司干办公事。《光绪湘阴县图志》言其从朱子受学在甲寅帅潭之日（绍熙五年，1194）。《嘉靖湘阴县志》《乾隆长沙府志》《同治萍乡县志》均载"龚舆乾道进士，从朱子游"。《夷坚志甲》卷五有《龚舆梦》。

周椿　长沙

【小传】　周椿,字伯寿。《光绪湖南通志》作"潭州长沙人"。张鸣凤撰《桂胜桂故》、谢启昆《粤西金石略》、《嘉庆临桂县志》作"长安"人,似祖籍衢州西安县,居长沙。官至建康府通判。初师张栻。上之诸史籍又言"淳熙五年广汉张栻敬夫将以闰六月朔旦北归湖湘,前三日与长安周椿伯寿来游水东诸岩,以致其欲去之意,宾客相追寻于山间者十有二人,阳武方侯立中不倚、建安黄德琬廷瑞、八桂张仲宇德仪、蒋砺良弼、唐弼公佐、李祀南夫、延平张士佺子真、邯郸刘乘晋伯、长沙李撰起宗、吴猎德夫、宜春李逢原造道、东莱吕修年永叔"。《湖南通志》载"朱子帅潭又从学焉",指绍熙五年夏秋间,与袭盖卿同问学于岳麓书院,问"为人谋而不忠"。而《朱文公文集》卷五十三《答胡季随》二通,一论及季随、友恭、伯寿诸人《中庸》之说,一有答周椿伯寿,以为"惟能加涵养之功,则自然有省察之实"。依《朱熹师友门人往还书札汇编》考推知朱熹《答胡季随》约撰于淳熙十二年（1185）间,故此时周椿已从师朱子。《语类》录有"周伯寿云前此陈君举说长沙米仓酒库"等。

三、岳州门人

【按语】　清李元度《天岳山馆文钞》之《宋平江十三君子事略序》:"吾楚自濂溪周子得圣人之道于遗经,接千五百年不传之绪嗣,是关、洛继起,二程子、张子绍明绝学,再传得朱子,遂集诸儒之大成。宋南渡有朱子,犹周东迁有孔子也。乾道二年,朱子监南岳庙,与南轩张子讲学长沙,凡两月。绍熙五年,来知潭州,湖湘人士夙向学至是,争执贽门下,座席不能容,乃重建岳麓书院,穷日之力,治郡事夜,与诸生讲授无倦色。当是时,吾平李练溪、吴伯英、邹行之诸先生实亲承其指授。未半载,朱子还朝,邦人士私淑之者益众。于是许仲明、方明甫、毛竹闲、鲁宝潭、方叔行、万子静诸先生遂从李弘斋、黄勉斋、饶双峰、康叔临诸儒游,以阐紫阳绪论,实朱子再传三传弟子也。呜呼!大贤过化之地所,居不过数阅月,能使衡湘间比迹邹鲁,何其盛欤。"

康渊　巴陵

【小传】　康渊，字叔临。《宋元学案》言"不知何所人也，南渡后流寓巴陵"，《康熙岳州府志》记为"避世巴陵"，《同治巴陵县志》作"避世岳阳"，《沅湘耆旧集前编》则言康叔临得伊洛之传，避地岳阳因徙家巴陵。赵蕃《淳熙稿》卷二十五《代书寄候毛伯明李叔器康叔临张王臣》言"巴陵洞庭"。故康渊为寓居岳州巴陵县（今岳阳县）。康叔临为良佐高弟，得伊洛之传。《宋元学案》以"作《考亭渊源录》者以先生为朱子之徒谬"。《朱子门人》以《朱文公文集》卷六十二《答李敬之余国秀》录有"康叔临以为一物格则一知至。叔临又谓《或问》所谓内外昭融等格物之说"及《语类》引康叔临恻隐之仁，而以为"叔临似是讲友"。然文集《答李敬之余国秀》录有康叔临格物之说时，并列有李燔言论，李燔为门人，康叔临不可为门人？且《补遗》引《万姓统谱》言"吴雄见朱子于考亭，与黄直卿、康叔临、蔡伯静及其弟仲默讲贯明彻，具见《语录》"。《楚纪》《湖广通志》因袭其词。《宋元学案》作"平江李雄、李杞，朱子弟子，并质疑义于先生（康叔临）"。黄直卿、蔡伯静及弟仲默、吴雄、李雄、李杞均为朱子弟子，同时撰述康叔临，康叔临为朱子门人亦明矣。《朱子语类》卷三十六有龚盖卿录康叔临问致知，亦知两人同时学。

李璠　平江

【按语】　李元度《天岳书院新建君子祠记》说："夫以区区百里之邑，同时讲明正学者，如此其众，可谓甚矣。……朱子之说，先河后海之义也。诸君子，吾平之国故，又朱子之门人、弟子也。学者所读孔孟书，皆朱子诠释之书，即皆练溪、伯英、良仲、诸子讲肄叙录之书。"李璠从朱子游。后人在建阳修建朱子祠，平江李儒用、吴雄、李杞、李雄、李璠从祀。《宋元学案·上蔡学案·康氏门人》说："平江后进受学于朱子者最盛。"

【小传】　李璠，《一统志》《乾隆平江县志》《朱子门人》作"字草堂"，陈国代《大教育家朱熹》则以为"号草堂"。平江人。《补遗》依据《一统志》

载"朱子帅长沙，尝往受业"。郭嵩焘《光绪湘阴县图志》言朱子"绍熙五年知潭州，凡再至长沙，惟吴文定公猎从学南轩兼师朱子……其他可考见者平江李儒用、吴雄、邹辄、李杞、李璠"。《乾隆平江县志》亦有"朱子在长沙，璠从之游，归而讲性命之学，一时学者推之"。故李璠绍熙五年夏秋间问学朱熹于长沙。另清邓显鹤《沅湘耆旧集前编》言平江练溪之外有李璠，璠再传至方暹遂以其名闻于朝。

李儒用　平江

【按语】　清李元度《天岳山馆文钞》言"南宋时吾平有十三君子，若李练溪、吴伯英、邹行之、李良仲、李草堂和李先生雄则亲炙朱子者也。同入十三君子及郡邑乡贤之祠，可谓盛矣"。李儒用人品学识异于常人。朱熹称他"文字亦好"。李元度："学者所读孔孟之书，皆朱子诠释之书，即皆练溪、伯英、良仲诸子讲肄叙录之书。"后人以李儒用、吴雄、邹辄、毛友诚、许炳、方暹、鲁仕能、方轼、万镇共称九君子。建九君子祠以李儒用居首。李元度《爽溪书院记》："自朱子讲学岳麓，吾平闻风兴起者多，宋十三君子以族祖练溪先生居首，而木川草堂及雄公皆吾族先正也。"

【小传】　李儒用，字仲秉，号练溪。岳州平江人。《渊源录》《实纪》等诸史籍因岳州治所岳阳而误以"岳州岳阳人"。登嘉泰二年（1202）进士第，历官制干。《语类》载"己未所闻"，《万历湖广总志》等多记有"时朱仲晦寓岳麓，儒用受业门下"，故知绍熙五年夏秋间，于潭州与吴雄等同受业朱熹，往复辨难。李元度《天岳山馆文钞》目录八《朱霭堂师七十寿序》言"李文定燔为紫阳高弟，而吾乡李练溪、木川、草堂三先生又皆亲炙朱子。语在《宋元学案》及《宋史道学传》"。庆元三年至五年，两次入闽从学建阳考亭沧洲精舍。多所发明四书学，其长于《春秋》学，以史学问学于朱熹。

【著作】《理致集》，今佚。《朱子语录》，编入李道传池州刊本《朱子语录》卷四十三。另《练溪语录》。

李杞　平江

【小传】李杞，字良仲，号木川。岳州平江人。绍熙五年受学知潭州朱熹。李元度《天岳山馆文钞》卷二十六《宋平江十三君子事略序》称："吾平之及门者尚有李良仲先生杞及李先生雄。当伪学狱起，朱子去国，侨西湖灵芝寺送者寥寥，良仲独相从请业。《语类》中甲寅问答其所录也。两先生名迹仅见《宋元学案》，此外方志皆轶之，尤为可慨。"以"良仲独相从请业"言过其实，实绍李杞与舒高、林用中、余大猷、吴南、王汉等人侍侧问学，从容叩请，得穷理之学，有《甲寅问答》。丁敬撰《武林金石记》、吴庆坻《蕉廊脞录》、阮元《两浙金石志》载，绍熙甲寅（1194）闰十月癸未朱仲晦南归重游郑次山园亭，李良仲与林择之、余方叔、朱耀卿、吴宣之、赵诚父、王伯纪、陈秀参、喻可中俱来。庆元五年《朱文公文集》卷三十八《与刘德修光祖》言及"李良仲鸿飞冥冥，使人深羡，第恨不得扣其玄中之趣"。再《同治平江县志》言："邓氏增辑《楚宝·方暹传》后类及其姓名又误'杞'作'祀'，《一统志》《通志》《平江丙子志》皆误作'祀'，《沅湘耆旧集前编》始正其误。惟彭其位《学宫备考》云'尝两谒建阳'。"另嵇璜《续文献通考》案，宋有三李杞。其一为北宋人官大理寺丞与苏轼相倡和，见乌台诗案；一为朱子门人，字良仲，平江人，即尝录《甲寅问答》者；为作《周易详解》之李杞。均非一人，或混而同之者，误也。张鸣凤《桂胜桂故》、谢启昆《粤西金石略》、《嘉庆临桂县志》载"淳熙五年，广汉张栻敬夫将以闰六月朔旦北归湖湘，前三日与长安周椿伯寿来游水东诸岩，以致其欲去之意，宾客相追寻于山间者十有二人，阳武方侯立中不倚、建安黄德琬廷瑞、八桂张仲宇德仪、蒋砺良弼、唐弼公佐、李祀南夫、延平张士佺子真、邯郸刘乘晋伯、长沙李揆起宗、吴猎德夫、宜春李逢原造道、东莱吕修年永叔。"八桂李祀南夫为谁亦待考。

【著作】《紫阳传授录》，《四朝闻见录》按：是书散入《朱子语类》中，即旧志所谓《池州语录》。而《宋元学案》言"有《紫阳正传》校行于世"。《湖南通志》言："《改修三国志》六十七卷，平江李杞撰，《宋史艺文志》史载此书名，次郑樵《通志》、萧常《续后汉书》，其下乃为陈传良、蔡幼学等，则是南宋之良仲而非北宋之谦斋明矣。"

李雄　平江

【按语】《天岳山馆文钞》卷四十《平江县志论》称"吾平自李仲秉、吴伯英、邹行之、李木川、草堂暨李先生雄亲受业朱子之门"，理学大盛，同为平江理学先驱。

【小传】　李雄，雄名附见《续伊洛渊源录》《宋元学案》，《天岳山馆文钞》《同治平江县志》均称佚其字，不知《朱子门人》据何作"字子诚"。平江县人。《宋元学案》《同治平江县志》均言平江李雄、李杞皆朱子弟子，并质疑义于康叔临。《同治平江县志》："《语录》中多其问答。逮朱子还朝，李良仲、李草堂及李先生雄遂相随往学。"可知为绍熙五年朱子知潭州岳麓书院门人，并往建阳。《宋元学案》又于《康渊传》载李雄"与黄直卿、康叔临、蔡伯静及其弟仲默讲贯明彻"。诸志乘皆以朱子门人相称。《湖广通志》则以为亦是康叔临门人。

邹轼　平江

【小传】　邹轼，以朱子帅长沙道经平江，轼为书言"今四十有三年矣"，知其生于绍兴二十二年（1152）。字行之，又字孝行。岳州平江县人。陆心源《宋诗纪事补遗》引邹轼《道谒朱晦庵先生》载："今先生之来长沙也，岂惟长沙邦人之幸，邻境所仰慕而不可得者亦幸矣。且轼之未见先生也，山林一野人耳；既见先生，必当如时雨之化，作孔门颜子，非大言也。固有之性，均转移之功，速有为者亦若是矣。"明廖道南《楚纪》卷十八言"与方叔行、万子静、许春伯、方明甫师事李弘斋、饶双峰。安贫乐道，脱去时习，人咸重之。朱子帅长沙，道经平江，轼谒之道上。……谓文公者甚众，独先生获礼接焉，有集行于世，皆不事斧凿，寄兴高远"。《补遗》亦载："朱子帅长沙，道经平江，先生谒之，教以归取四书读之。"可知绍熙五年（1194），迎谒者甚众，邹轼与邑人李儒用、吴雄同往受业，轼为书自荐，问学平江。追随朱子，参与朱子考亭著述刊刻和各书院的游历讲学。晚将讲学处取号"自乐轩"。李元度《天岳山馆文钞》又言"许春伯、万子静、鲁宝潭、毛伯明、邹行之、方明甫、方叔行皆尝与李弘斋、黄勉斋、饶双峰、康叔临诸贤相师友"。

【著作】《自乐轩集》。

吴雄　平江

【按语】 张福锁《楚纪》言其"博学贯通，尤有志于当世，星纬、古候、孙吴兵法咸诣其妙，所与交游俱当世名贤"。吴雄为平江九君子之一。明邑人余廷瑚《过阳坪书院》有赞：一代吴夫子，阳坪辟讲堂；传经闻妙论，负笈至殊方；患难真能久，交游信不忘；迄今言往事，千载尚流芳。吴伯英"口不绝于六艺之文，手不绝披阅百家之言"。

【小传】 吴雄，字伯英，称阳坪先生。平江人。《楚纪》载："年二十时，客临安，遇西山蔡元定，导以见文公于考亭，遂受业于门。雅敬之。与黄直卿、康叔临、蔡伯静及其弟仲默讲贯明彻，具见所记《语录》。"诸志乘只言"蚤年客临安"。《平江县志·儒林》有"早岁客临安，遇西山蔡元定，论学，深有契"。以为朱子书赠吴雄"存忠孝心、行仁义事、立修齐志、读圣贤书"。郭嵩焘《光绪湘阴县图志》载朱子知潭州再至长沙，吴雄又受学朱子。《补遗》《万姓统谱》李儒用传引《一统志》亦言"与道人吴雄同受业于门"，当指 1194 年再从。明廖道南《楚纪》载"时党禁严，诸贤贬斥异地，或徙或死，雄不远千里，徒步赴之，曲为料理。或不能赴者俱问遗不绝，后其学盛行，从游者甚众，创阳坪书院以居之。……阳坪之学，指述西山，考亭论道，闯其贤辟。宏才博学，未见其班，问遗患难，身亲厥艰，担望梓里，若觌光颜。"《语类》录李壮祖、万人杰等记吴伯英问学《四书》等问答十余条，告诫"读书无甚巧妙，只是熟读"。

赵希汉　岳阳

【按语】 诸志乘称赵希汉"为人清正,有经略"。《朱文公文集别集》卷二《答刘智夫》以为"赵希汉，却有才，但当裁其过甚耳"。

【小传】 赵希汉，字南纪，宋太祖十世孙。《朱子实纪》作"岳阳人"，《考亭渊源录》作"岳阳人，侨居邵武军"，《正德福州府志》《嘉靖福清县志续略》《弘治八闽通志》《康熙福清县志》作"邵武人"，《八闽通志》卷之三十七言"邵武科名、人物志俱不载希汉，未详何谓"，或不在籍。朱熹《赠门人彦忠彦孝同榜登第诗册考》《山北纪行十二章章八句》《题寻真观》均作"洛阳赵希汉"，然此洛阳仅以望族称。进士及第后，知福清县时号赵阎罗。以朱子文集，可知淳熙间从学于朱熹知南康郡间。淳熙七年十月随朱熹等人同游落星寺，次年闰三四月教于九江濂溪书堂，与刘清之、林用中、黄榦等人同游寻真观、朱熹卸任时，其与刘清之、林用中、黄榦等人陪同游庐山，数次与希汉同陪朱子者，几为门人，《朱子门人》独以希汉非门人，似不当。绍熙五年夏秋间，迁长沙令，又问学于朱熹。赵蕃有《留别赵南纪》等。

四、兴国军门人

冯洽　大冶

【小传】　冯洽，字深之。兴国军大冶人。依《语类》卷四十七、八十三《问答》及《万姓统谱》确知为文公门人。《万历湖广总志》《嘉靖湖广图经志书》等各志乘均称"冯椅弟子"。手录《理性》诸书，诵说不厌。

万人杰　大冶

【按语】　《朱文公文集》卷四十四《与吴茂实英》以为万人杰"气象皆尽好，却是先于情性持守上用力"，"气质甚美，议论亦可，反复殊不易得"，曹建、万人杰无"有主先入，不肯舍弃"之病，以为正淳纯实而又昏钝。《陆子学谱》载象山言："吾门惟曹立之、万正淳、郑学古庶几可不为利害所动。"万人杰兼学朱陆，号称大冶千年一贤。

【小传】　万人杰，《同治大冶县志》作"万桢，字人杰，一字正淳"，《康熙湖广武昌府志》作"万祯，字正淳"，《湖广通志》作"万贞，字人杰"。《语类》《宋元学案》《考亭渊源录》《明一统志》作"字正淳"。朱子《答吕伯恭》云"兴国万人杰，字正纯"。《道一编》则为"万人杰，字正纯"。《朱子实纪》又作"万正淳，字人杰"。各有不同，以"万桢，又名人杰，字正淳"为妥。号止斋。诸史籍多作"兴国大冶（今湖北大冶）人"，《朱子门人》作"兴国军大冶县人"。详为大冶宫台里人，故《万氏宗谱》云："先贤之裔，宫台里之所出。"宋兴国军属于江南西道，治所在永兴县（今湖北省阳新县），下辖永兴县、通山县、大冶县三县，故《朱熹师友门人往还书札汇编》作"兴国（今湖北阳新）人"亦不妥。

《同治大冶县志》载万人杰为张唐卿科进士，以《宋史》所载，张唐卿榜为景祐元年（1034），故不可信。初师事陆九龄、陆九渊，与曹立之同为象山高弟。复师事朱子。淳熙七年（1180），《朱文公文集》卷五十一《答曹立之》曾谓："录示陆兄书，意甚佳。近大冶万正淳来访，亦能言彼讲论曲折，大概比旧有间矣，但觉得尚有兼主旧说，以为随时立教，不得不然之意。"《答吕伯恭》有云"子寿学生又有兴国万人杰字正纯者亦佳，见来此相聚"。《答吴伯丰必大》言"大冶近有万君人杰者见访，……适闻张荆州之讣"，张栻卒于淳熙七年（1180）二月初，再据《语类》所录有庚子以后问答及《年谱长编》卷上，参以淳熙庚子三月万正淳与蔡季通、汪清卿、程正思等陪朱子游庐山，朱子作《题落星寺》。知万人杰淳熙七年三月已来南康问学。以田中谦二考定1180—1199年间，万人杰至少五次追随朱子。万人杰博学多才，师事朱文公，多所阐发，又无门户之见，调和朱陆。主张先在情性修养和守持正道上下功夫。故《朱子语类》卷一百一十七记言"江西如万正淳亦纯实，只是昏钝，与他说，都会不得"。《朱文公文集》卷五十二《答吴伯丰》谓万人杰"向来议论，似亦伤太快，不仔细也"。陈文蔚曾与万正淳论辩《大学》。

【著作】《论语疑义》。

万人英　**大冶**

【小传】　万人英，兴国军大冶县人。《补遗》依程洺水集载"尝从朱子游"，以为门人。《嘉靖徽州府志》言休宁黄何知兴国大冶，"县有万人英者，朱文公熹高弟，延之学宫，启迪生徒"。

张丰应　**大冶**

【小传】　张丰应，大冶人。《嘉靖湖广图经志书》《明一统志》《宗派》《楚纪》等均以张丰应师事朱仲晦。讲学白鹿洞，曾讲《书周官》慎刑章，一时叹服。

人称通儒。而《康熙湖广武昌府志》又言"其与文公问答详见《朱子语录》"，然今未见。《朱子门人》以为认定张丰应为门人属证据不足。

吴必大　永兴

【按语】　吴必大虽为湖北兴国军人氏，然其学术当纳于"豫章"学派。时徐子颜、吴伯丰、李敬予等形成"豫章"学派，驰名江南。《朱文公文集》卷六十一《答林德久》以为"江西吴必大伯丰者相从累年，明敏过人，尽能思索，从事州县，随事有以及民，而自守劲正，不为时势所屈，甚不易得"。《朱子语类》卷一二二有称"伯丰有见识，力学不倦"。朱熹《答蔡季通》"吴伯丰在后生中最为警敏，肯着实用功，近年说得尽有条理。伯丰有才气，为学精苦，守官治事皆有方法"。《朱子语类》又卷一二二载曾祖道所记曰："先生问吕子约近况如何，……又言：'吴伯丰有见识，力学不倦。'祖道因言伯丰自植立事。曰：'此某知之有未尽，不意伯丰能如此。'"此乃论吴必大（字伯丰）生前事。故推知本书当撰于其间，约在庆元四年（1198）中。

【小传】　吴必大，字伯丰（1146—1197），陈来《朱子书信编年考证》推测吴必大卒于庆元三年末或四年初，石立善《朱子门人丛考》以《周益国文忠公集》之《平园续稿》卷三十九载《祭吉水吴伯丰县丞文》等考定庆元三年末。顾宏义《朱熹师友门人往还书札汇编》亦据周必大《周益国文忠公集·平园续稿》卷三十九《祭吉水吴伯丰县丞文》，吴必大卒于庆元三年冬。江南西道兴国军永兴县（湖北阳新县），斋名曰"存斋"。吴氏曾名其堂曰"同荣堂"。廖道南《楚纪》《万姓统谱》均称师事张南轩、吕东莱，晚从文公游。《兴国州志》载"早事张栻、吕祖谦，晚事朱子，其造诣亚于黄榦、李燔，与陈淳相伯仲"。田中谦二考吴必大淳熙十五、十六年(1188、1189)间、绍熙四年(1193)曾三次从学于朱熹，而方彦寿《朱熹书院与门人考》亦认为，吴必大先后从学于武夷精舍、考亭沧洲精舍。然《朱文公文集》卷五十二《答吴伯丰必大》言"子澄去秋相见甚款，近复招之，尚未有来信。大冶近有万君人杰者见访，见留之学中。适闻张荆州之讣"，知是书作于淳熙七年（1180）初。朱熹续集卷一《答黄直卿》书中言"近日朋友来者颇多，万正淳与黄子耕、吴伯丰皆在此。诸人皆见陆子静来，甚有议论"此为1181年陆九渊来白鹿洞书院讲学时，故淳熙七年吴伯丰已经问学朱子。淳熙十五年（1188）十一月吴伯丰又学武夷精舍。《语类·姓氏》载"戊申、己酉（1188—1189）所闻"，知又从学朱子，然非始从时间。淳熙十六年（1188）吴伯丰为编集刊刻朱子《诗集传》于豫章，朱熹《答吴伯丰》谓"此类皆失之不详，今当添入。然印本已定，不容增减矣，不免别作《补脱》一卷，附之《辨说》之后。此间亦无精力办得，只烦伯丰为编集"。方彦寿《朱熹书院与门人考》考绍熙四年（1193）曾往考亭。庆元二年，朱子召黄榦、吴必大、吕祖俭及李如圭等人编《仪礼集传集注》。朱子《答吴伯丰》以为"今世为学不过两种：一则径趋简约，脱略过高；一则专务外驰，支离繁碎。其过高者固为有害，然犹为近本；其外驰者诡谲狼狈，更不可言"。《语类》有其记录二百余条，论及《四书》《易》《尚书》等。其所言"性与心身都不相管摄"被朱子认可为邵雍之学与佛学相近之根据。吴伯丰提出《孟子序说》引《史记列传》，以为《孟子》之书孟子自作。《宋元学案》以为其"深究理学，议论操守，为儒林所重"。

【著作】 存有《岁寒三友除授集》一卷《无肠公子除授集》一卷。辑有《朱子语录集》即《师晦》（清张福镶《楚纪》称为《司诲集》）三卷附录一卷《吴伯丰祭礼从宜》，均佚。

五、永州门人

蒋复　零陵

【小传】 蒋复，据《嘉庆零陵县志》《康熙零陵县志》《隆庆永州府志》，字汝行，号澹岩。零陵人。与吴伦同受业于南轩。而清邓显鹤《沅湘耆旧集前编》有"零陵蒋复、吴伦、义太初、吕陟，常宁袭盖卿，衡山廖俣、廖谦，皆朱子门人"，则不知所据。志乘又言其"幼嗜学，博涉书史，隐居东山，介然有守，非其交不与也。"

【著作】《澹岩遗稿》。

义大初　零陵

【小传】　义大初，字冲远，《弘治永州府志》载"号东壶"。郭嵩焘《湖南金石志》、张福鑅《楚纪》等作"道州人"，邓显鹤撰《沅湘耆旧集前编》作"零陵"人。登淳熙五年姚颖榜进士第。《弘治永州府志》《嘉靖湖广图经志书》《八琼室金石补正》载"杨诚斋、朱晦庵、赵端明皆与之游"。《楚纪》言"从朱文公游，深有所得。杨诚斋、赵端明皆器重之"。《沅湘耆旧集前编》直言"零陵蒋复、吴伦、义太初，皆朱子门人"。然朱子《文集》《语类》等无。

【著作】　《冰壶诗》十卷、《易注》五卷、《文集》十卷，志载《鼓角楼记碑》。

吴伦　零陵

【小传】　吴伦，字子常。《宋元学案》《湘学略·南轩学略第三》有"吴伦，字子常，零陵人。南轩帅江陵，以先生从"。《补遗》转引。《朱子门人》以此以为子常即南轩门人吴伦之字。《万历湖广总志》《隆庆永州府志》《嘉庆零陵县志》《康熙零陵县志》均作"吴伦，字子常，零陵县人，南轩之帅江陵时，伦从受业"类似记载，而不见从师朱子记录。《语类》录有董铢所记吴子常问"学而时习"一章。此处未明确"吴子常"里籍。仅清《沅湘耆旧集前编》以为"零陵吴伦皆朱子门人"，无其他零陵吴伦（字子常）为直接与朱子关联史据。而南城吴伦（字子常）有朱子文集关涉，见江西吴伦条。《朱子门人》以为《宋元学案》之零陵吴伦即是《朱子语类》所录问"学而时习之"吴子常，似不妥，待考。

六、其他州郡门人

范筌　襄阳邓城

【小传】　范筌，字叔鲁，人称勿庵先生。《民国临海县志》言为参政觉民之孙。范觉民，名宗尹，襄阳邓城（今湖北襄樊）人。《弘治赤城新志》亦称襄阳范筌,故当为襄阳邓城人。寓居临海。《民国续修台州府志》《民国临海县志》据《康熙县志》以为:"从朱熹游尝。筑小轩,静坐其中,潜心理学。居乡授业,操履端严。"而《台学源流》又以为"谓范筌亦从晦庵,谢采伯师事晦庵高弟。李方子二十年,皆无所考证。姑志姓名以俟。"

李耆寿　江陵府江陵

【按语】　魏了翁称耆寿资性孝谨,临事有大虑,其修之家、行之官率多可纪。

【小传】　李耆寿,《鹤山集》卷七十九《知达州李君墓表》言"绍定三年(1230)二月甲子卒"。字南公。江陵府江陵县人。以祖父任补登仕郎,累官知达州。绍定初为达州守,卒于官。魏了翁直言"从朱文公、陆文安公受学",《宋元学案》亦同。张元德洽为其读书堂记。存留作于嘉定十一年(1218)六月十五日,李耆寿知沔州,著《灵岩叙别记》刻灵岩寺摩崖。师从朱熹其他事迹无考。北宋另有李南公字楚老者。

第六章　四川门人

【按语】　周敦颐署合州判官事时，士之从学者甚众，开四川理学之河。程颐谪涪州今编管，著作《伊川易传》，造就以弟子谯定为代表的涪陵学派。关学张载兄弟随父知涪州，影响四川理学。而北宋理学形成，苏轼亦有成就，与苏洵、苏辙合力完成《苏氏易传》，独著《书传》《论语说》等，极为重要。湖湘学派的代表张栻，虽其学术活动主要是在湖南，但南轩先生讲学湘中，蜀人多从之。全祖望《宋元学案》卷七十二《二江诸儒学案》评述南轩之学以为"宣公居长沙之二水，而蜀中反疏，然自宇文挺臣、范文叔、陈平甫传之入蜀，二江之讲舍不下长沙。黄兼山、杨浩斋、程沧州砥柱岷、峨，蜀学之盛终出于宣公之绪"。湖湘学由张栻经吴猎回流四川，得以传承。度正《性善堂稿》卷十一《敷文阁直学士安抚制置使长沙吴公生祠记》有言："自汉以来，孔子孟子之所为学者隐而不章、晦而不明、物极而通迨乎。本朝舂陵周子实始得之五传，而至长沙吴公，盖公之学得于南轩先生，南轩得于五峰，五峰得于其父文定公，文定公亲见伊川门人谢显道侯师圣，而考论之其渊源远矣。"朱子虽未亲往蜀地，然朱熹而后最为重要乃四川魏了翁。朱玉《朱子文集大全类编·文公门人》所列"及门受业四百二十人"，川籍人士可确定门人则有度正、晏渊、宋之源、宋之润、宋之汪、李元翰等。

度正　合州巴川

【按语】　朱熹评价度正"志趣不凡，终教之也"。《宋史》载度正"首诲以求放心为本"，又引叶味道言以为"吾党中第一人"。吴泳《鹤林集》卷七《度正授试礼部侍郎兼侍读制》称其："博蔚有大儒之风，词赡理精，真得讲官之体，笃守师说。"曹彦约《昌谷集》卷七《跋性善堂后集》谓："论交于度周卿者十年，识其为人矣，守师道如守孤城，持正论如持盘水。……悦晦庵先生之道，南学于考亭，孟子所谓豪杰之士不是过也。"卷九《举度正自代状》更有盛誉："以孝事亲，以廉处己，履行端悫。讲学精详分教则士得师承。作为文章出入经传、见于诸书序引皆有据。"《四库全书总目提要·性善堂稿》亦记载："正游于朱子之门，文章质实，大都原本经济，不为流连光景之语。其条奏便民诸疏，不下万余言，指陈利弊，明晰剀切，亦可谓留心世务，不徒为性命空谈。……悉于师说笃信不疑，宜其一步一趋矣。"尤度正倡导"盖天下大物也，非一人一手之所能独运也，合天下之智力以运之，而天下日趋于治矣"。可谓度正笃守师说又有所发展，其道统有别程朱，肯定汉唐诸儒。

【小传】 度正，顾宏义《朱熹师友门人往还书札汇编》作"1167—1235 后"，以何忠盛《〈全宋诗〉〈全宋文〉度正小传补正》（《中华文化论坛》，2014）考度正生于乾道二年（1166）、卒于端平二年（1235）。《度正性善堂稿》卷七《任尚书伯起书》谓："正也不幸，生于远方，又不幸年方十五、六时，张子、吕子已相继殂谢，独惟晦庵先生在焉。"张子、吕子分别逝于 1180、1181 年，亦当为 1166 年。周广业《过夏杂录》作"字周卿，又字伯周"。《朱子门人》以为别名性善，号性善。魏了翁《鹤山集》卷六十一《跋遂宁傅氏所藏濂溪伊川真迹》作"濮阳度周卿"，周广业《过夏杂录》作"四川遂宁人"。翁方纲《粤东金石略》作"山阳度正"。宋晁公武《郡斋读书志》作"巴川人"。朱子《跋度正家藏伊川先生帖后》度正自称"后学乐活"，即合州巴川县乐活镇，"山阳"是指合州巴川县的巴山之阳，当以《朱子门人》合州巴川（今重庆市铜梁县）人为是。

登绍熙元年进士。累官礼部侍郎。应试回川族人度伯兼荐于郭雍问学，绍熙二年（1191）拜刘光祖为师。《任尚书伯起书》谓："是时伪学之论方炽，士怵于利害，畔而去者往往而有，先生察其来之远，壮其志之高，灼其中之无所畏而外行之无所迁也，于是接之加异焉。穷其已知而后告之以其所未知，极其所已到而后语之以其所未到，及其言之有会于心，则欣然而与之言之于人，而称其所以博而约之者，盖无所不至。而正亦退而自谓有得于先生焉。"《性善堂稿》卷五《怀安到任谢表》又言："臣宁身之厄，誓志不回，奋然为云谷之游，直欲适风雩之乐，往返万里，夷险一心。遂得收放心一言以归。乃知'不远复'三字之训。……问道于伪学禁锢之时。"参朱熹《跋度正家藏伊川先生帖后》，并示家中所藏伊川程颐手帖请朱子作跋，明庆元三年（1197）七月前后，度正往返万里赴建阳考亭问学于朱熹，度正《南峰黄氏第一峰修路记》追忆"正尝从行都趋建阳，见晦庵先生，道江山，登栖霞"。庆元四年（1198），朱熹嘱度正访周敦颐遗文，度正《跋太极图说》有载："遂宁傅耆伯成未第时，尝从周子游而接其议论，先生闻之，命正访其子孙，而求其遗文焉。"《书濂溪目录后》亦称，"正往在富沙，先生语及周子在吾乡时，遂宁傅耆伯成从之游，其后尝以《姤说》《同人说》寄之。先生乃属令寻访，后书又及之。正于是遍求周子之姻族，与夫当时从游于其门者之子孙"。以《过夏杂录》知朱子深契重之，以"性善"额其堂。适太庙灾，为二说以献，其一则用朱熹之议，其一则因宋朝庙制而参以熹之议。度正嘉定间通判嘉定任内刊刻《语录》，魏了翁作《朱子语类原序》。嘉定元年（1208），吴猎命知成都府华阳县度正在成都府学汉文翁石室建"三先生祠堂"，以祠周敦颐、程颢、程颐，并配祠朱熹、张栻，度正代吴猎作《祭府学三贤文》。曾与叶味道一起为理宗讲授经学。后主教于涪州北岩书院。

【**著作**】 嘉定十四年（1221）撰成《周敦颐年谱》。著《性善堂稿》十五卷，曹彦约为之序。

晏渊　涪陵

【**按语**】 朱熹训晏渊时称其"有志于当世"，同门度正《性善堂稿》卷五《权夔宪举晏亚夫遗逸奏状》指出："熹之门人众矣，惟渊从之为最久，闻其言最详，记其说为最备，故其得之为最精。"阳枋《莲荡先生坟亭记》言"先生禀刚健之资，负盖世之志，特立独行，起家力学，求师取友圣经贤传之外，深明四书之旨归，洞究羲画之蕴奥，与吾乡性善先生同为文公高弟，蜀中名儒巨公"，又"问《易》考亭，得《易》涪乡，见知闻知，融明寸方"，形成特色《易》学。王立道《具茨集》"晏亚夫进学意气颇多激昂"，王祎《王忠文公集》、戴殿江《金华理学粹编》皆称其"朱子高弟子"也。涪州志乘则以为晏亚夫性恬淡高洁，博学嗜古，不乐仕进，郡人咸称其贤，而言度正理学与晏渊齐名。

【小传】晏渊，度正《权夔宪举晏亚夫遗逸奏状》作于嘉定十四年（1221），称时"渊已衰老"，故《朱熹师友门人往还书札汇编》以 1135—1198 为生卒当误。字亚夫。《宋元学案》作"号莲塘"，并以《朱子实纪》"号莲荡"为误。然其门人阳枋《字溪集》卷八有《莲荡先生坟亭记》。各史志引早于《宋元学案》的曹学佺《蜀中广记》皆作"号莲荡"，可知《实纪》不误。《朱熹师友门人往还书札汇编》只言其"世居襄阳（今属湖北），后徙居蜀，家涪坪山"。而度正《性善堂稿》直称"涪州布衣晏渊"，元吴莱《渊颖集》《宋元学案》《朱子实纪》《考亭渊源录》均作"涪陵人"。

就晏渊师事朱熹的时间，万斯同《群书疑辨》称"渊从学于朱子，亲受其晚年之论"，《朱子语类·姓氏》列晏渊"癸丑所闻"。而林恪所录卷《训门人四》训晏渊四条之第一条载晏渊问学情景："先生问晏渊：'平日如何做工夫？看甚文字？'曰：'旧治《春秋》并史书。'曰：'《春秋》如何看？'曰：'只用刘氏说看。'曰：'公数千里来见某，其志欲如何？'曰：'既拜先生，只从先生之教。'"《朱子语类·姓氏》载林恪为绍熙四年（1193）所闻。《朱子门人》以为从学一年。粟品孝《朱熹与宋代蜀学》据《莲荡先生坟亭记》而以为绍熙二年（1191）从学朱熹，绍熙五年（1194）八月在长沙分别，从学朱熹共三年①。而束景南《朱熹年谱长编》则以《朱子语类》《文集》言晏渊绍熙三年自蜀来考亭受学，至绍熙五年四月随朱同赴长沙，八月朱赴临安，晏则西归入蜀。李胜《晏渊事迹征略》②一文对于晏渊生平考证甚详，以为晏渊从学三年时间是绍熙四年至庆元元年初矣。然度正《权夔宪举晏亚夫遗逸奏状》载晏渊"少从故礼部侍郎李焘游，焘爱其志。中年又往建宁从故侍读朱熹，熹亦爱之，留之门，使与诸孙校书。熹之门人众矣，惟渊从之为最久"。"从之为最久"不当只有三年。阳枋《莲荡先生坟亭记》谓"闻建安朱文公深得羲、文、周、孔之奥，万里往考亭而师焉。越三年，尽得其说以归"。未言及长沙，其所"归"不特指"绍熙五年随同朱赴长沙"，以绍熙四年（1193）往考亭，

① 粟品孝：《朱熹与宋代蜀学》，高等教育出版社，1998 年，第 174 页。
② 李胜：《晏渊事迹征略》，《重庆师大学报》2006 年第 4 期。

绍熙五年长沙辞归，仅为两年。又阳枋《字溪集》卷九《晏莲荡祝文》："先生宁宗朝毅然志道，万里寻师，阅三年，而后闻易于考亭以归，十有余年至于戊子（1228）而先生之学始传，又二十有余年至淳祐庚戌从祀于北岩，而先生之学始显甚矣。"阳枋言"宁宗朝毅然志道，万里寻师"显误。晏渊参与了朱熹《易》说及朱熹《语录》的辑录工作，后被刊印成书流行。晏渊少从李焘治史，平生好《易》，于"古今易学靡不研究"，度正《权夔宪举晏亚夫遗逸奏状》有："今建阳书坊所刊朱熹《经说》，渊之所录，《易说》实居其首，故江东提举李道传所集朱熹《语录》，渊之所录亦附载其中。"《四库全书本提要》评阳枋《字溪集》："朱子《语录》序称，诸书答问之际多所异同，而易为甚。晏渊所录一编与本义异者十之三四。枋殆述晏渊之所授，故持论不同欤"，而王懋竑《读书记疑》指出："李性传饶录序云：晏渊所录一编与本义异者十之三四，大率多合先君文昭本传之说"，渊笔录间或不能尽然反映朱子《易本义》之意。且曹学俭《蜀中广记》载晏渊"尝言淳熙四年文公年四十八注孟子"，而作《注孟子》。如此，不知何故，有晏渊作早、未见朱子晚年确论之疑。故求学时间尚待深入。后有书信三通，时朱子年近七十。

【著作】《注孟子》、《易说》、《朱子语类》一卷。

宋之源　宋之润　宋之汪　**成都双流**

【按语】 时人常环作《丛桂堂记》："双流以进士起家始于宋氏。……邑人既荣宋氏登科之始，又荣宋氏登科之多。"郡守宋之源曾师从清江学派刘清之、永嘉戴少望及朱子，其不名一师，好学如此，墓志铭文曰其"万里寻师，难疑反复，师不倦诲，友不虑渎"。既属考亭一脉，又为清江学派干将。

【小传】 宋之源，以魏了翁《知嘉定府宋君之源墓志铭》载嘉定十四年（1221）卒于官。字积之，朱子更曰深之。《晦庵集》卷九十三《运判宋公（若水）墓志铭》知宋之源为成都府双流县人。《南宋馆阁录续录》卷七，宋若水淳熙十年六月除秘书丞，九月为福建提举常平，十三年到任湖南提刑。淳熙十一年（1184），其父宋若水扶持建阳长滩社仓事，与朱子友善。淳熙十四年（1187）湖南提刑邀请朱子作《衡州石鼓书院记》。之源弟之润，字泽之；之汪，字容之。宋之源因父致仕，累官知雅州、知嘉定府。魏了翁《墓志铭》有云"史部（宋若水）使闽，未遑他务，而访道于文公，遣其三子从之游"，故而《考亭渊源录》等言"父若水转漕闽中，之源兄弟皆获从学于文公"。魏了翁《墓志铭》云"吏部使湖南，刘子澄清之守衡阳。文公谓五峰胡子、南轩张子流风遗韵多在湖湘，俾君即刘访焉。至衡，则又得永嘉戴少望从而师之，由是闻见日广"。《宋元学案》所言同，明宋之源奉教，师从清江学派刘清之，又师永嘉戴少望。朱熹《答宋深之》"熹往者入城，幸一再见"即指此。故宋氏三兄弟均为及门弟子，《朱子门人》前承认"以后恐未再面而以书问学"，后又言"既未见面，应以私淑视之"，显然有误。《墓志铭》言宋之源"他日又出文公所与问答曰中、曰性、曰知止、曰格物此类凡数帖。方文公以讲道云谷，四方学者皆归之。君之群从首得其《语》《孟》《中庸》《大》《小学》诸书。且吏部使闽，未遑他务，而访道于文公，又遣其三子从之游。彼之俗吏能知是乎？三子克承父志，数以经史疑义请问于文公，今见于书疏者凡五六往返。彼居骄习靡者能知是乎？三子年少初学，而文公已汲汲然翕受而循诱之降心空臆，若施诸大徒高弟者。既又以见此道孤立，苟以是心至，则未尝无诲也"。朱熹《答宋深之》《答宋容之》均以为"科举之学坏了心术"。

【著作】 以《嘉庆成都县志》知之源作《龙门续志》。

李元翰　成都

【小传】 李元翰，成都人。《理学通录》列为门人。以《朱文公文集》卷五十九《答李元翰》及《语类》卷四十一有李元翰问"克去己私""仁与心"两则，知元翰为朱子门人，而《语类》李元翰二问均周明作所记，周明作系绍熙三年（壬子，1192）以后所闻。

第七章 岭南门人

【按语】《朱熹年谱长编》考，绍兴二十五年（1155）朱熹奉檄至漳州，南下梅阳（今梅州）访宗杲，到揭阳访同年郑国翰。淳熙十一年（1184）朱熹应梁克家所约为揭阳县渔湖都京岗乡孙氏书斋撰《隐相堂序》："予曾游麻田旧胜，访吴子野夫子讲学问道之场。"

明黄一龙修、明林大春纂《隆庆潮阳县志》："论曰：吾潮虽故称邹鲁，尊崇孔氏而兴于斯文，然自赵宋道学大明之时，慨然以正学自任，卓为一郡儒宗者，实自二先生（郑南升、郭叔云）始。今晦庵《家礼》一书，与蒙谷所定《宗法》，潮人遵行之不废，二先生之力也。"

郑南升 潮阳

【按语】 朱熹以为"看文字该以郑文振为法"，"文振近看得文字较细"，又云"郑文振能平心看文字，看得平正周匝，只无其精神"。称誉其为郑神童。其以重礼教、重实践学风，教化潮州，厥功至伟。《嘉靖潮州府志》言其躬身实践工夫，推重礼教。

【小传】 郑南升，字文振。潮州潮阳县人。《宋元学案补遗》载，绍兴中，朱子倡道东南，与郭叔云同往从之。指宋绍兴二十六年（1156）七月，朱熹至潮州讲学，郑南升与揭阳郭淑云相携前往师之。《朱子语类·姓氏》以为其"癸丑（绍熙四年，1193）所闻，饶录廿五"。方彦寿《朱熹书院与门人考》认为，郑南升从学在绍熙四年（1193）。当绍熙三年十二月朱子除知静江府、广南西路经略安抚使后郑南升在静江府所录。《语类》有朱子以郑为神童，知文振时为少儿时期已就学。《朱子语类》关郑南升者 104 条，多涉及《论语》《孟子》。同学者有郭叔云、潘立之、廖晋卿等。亦明文振追随朱子四十余载。王柏《鲁斋集》卷十二《郑文振帖跋》谓："郑公文振，讳南升，建人，受业考亭，有语录，时考亭弟子多登先大父之门。"王柏并称郑南升为建人。庆元三年（1197），朱子撰《韩文考异》成，郑南升等不顾党禁，在潮州刻版。《朱文公文集》卷四十五《答廖子晦》载："《韩文考异》，袁子质、郑文振欲写本就彼刻版，恐其间颇有伪气，引惹生事，然当一面录付之。但开版事，须更斟酌耳。若欲开版，须依此本别刊一本《韩文》方得，又恐枉复劳费工力耳。"

【著作】《晦庵语录》。

吴恭之　潮阳

【小传】　吴恭之，字叔惠。潮阳人。《北溪大全集》卷四十《答陈伯澡问辨诸丈人心道心之论》注有"淮阳吴恭之字叔惠"。《宋元学案补遗》卷六十九《王梓材案》："谢山（即全祖望）学案谓先生与张先生显父，并叔云皆当是朱子弟子。"

【著作】《经说》。

郭叔云　揭阳

【按语】　朱子任同安时，即往梅州、潮州，访友过化。李龄《宫詹遗稿》卷之六《庆李君朝质建乡贤祠序》"晦庵朱先生当宋淳熙间倡道闽南。窃疑我潮与闽接壤，当时已有海滨邹鲁之称，学者宜少知趋向"，"有郑南升、郭子从二先生亲炙其门，问难论辨之功居多"。陈淳《燕食堂记》言郭叔云"独能酌古参今，举而行之于家，可谓笃信实践而不为虚文之学者矣"。而《嘉靖潮州府志》以为"叔云于晦翁之学得之最深与黄榦相后"。郭氏主张"依礼归仁"。

【小传】　郭叔云，字子从。《实纪》《渊源录》《经义考》作"潮阳人"，《宋元学案补遗》《宗派》《明一统志》及《嘉靖潮州府志》各志乘作"揭阳人"，《朱子门人》以《渊源录》早于《宗派》而以为"潮阳人"。而考之龙溪陈淳为郭子从撰《宗会楼记》《燕食堂记》有源流，载明"塘口郭氏家法"即是《雍正揭阳县志》揭阳渔湖塘口，虽陈淳《北溪大全集》卷二十三《与朱寺正敬之》又有"得潮阳郭子从寄示先生行状"，此"潮阳"似为古"潮阳郡"名，故郭叔云为潮州揭阳县人。职官州文学。淳熙中，晦庵朱子倡道东南，郑南升与郭叔云负笈往从之。《朱子语类》载郭叔云刚见到朱熹，郭叔云："初见朱子求格致之要，朱子以原本身心实效语之，由是专务躬修。举礼经所疑二十余条以质正于朱子。"《明一统志》、《广东通志》卷四十四同载。《台学源流》记临海林叔恭"曾见郭叔云问为学否？某告之曰'为学切须收敛端严，就自家身心上作工夫，自然有得'。"《粤大记》卷十四载，文公朱熹没，郭叔云与北溪陈淳讲论先后天太极图、易书之旨卓然自得云。讲明格致之学推重礼教。建宗会楼，为四时会合宗人之所。又匾其寝堂曰燕食，龙溪陈淳撰《宗会楼记》《燕食堂记》。《燕食堂记》载，"子从又曾编《宗礼》《宗义》二篇，附以《立宗文约》《公状》《家约》《家谱》于其后，及晦庵、蒙谷二先生《宗法》各一册，并藏诸堂中，以为后代维持之计者甚悉，惟后人之考焉"。

【著作】《礼经疑》、《宗礼·宗义》二篇、《朱子蒙谷宗法》。

许敬之　**潮州**

【小传】　许敬之，潮州人。《朱熹集》卷三十九《答许顺之》称："潮州有一许敬之者，闻尝相过甚好，不知谢簿识之否？烦为问云今在何处，因书报及。"《书信编年》系于淳熙元年（1174），许顺之1185年逝世，推许敬之见朱子在1174年之前。又《道南源委录》《闽中理学渊源考》载许顺之"遍交四方材识之士，若范伯崇、廖德明、林择之、许敬之等辄相过，或致书往来论道"。均为朱子门人，可知许敬之与许顺之等同学。《朱子语类》有陈淳记许敬之问答一条，载："许敬之侍教屡与言不合。曰学未晓理亦无害，说经未得其意亦无害，且须静听说话，寻其语脉是如何，一向强辨全不听所说，胸中殊无主宰，少间只成个狂妄人去。"陈淳1190、1199年两次面见朱子。另《语类》有"敬之"记录五六十条，《朱子门人》以为张显父敬之，然陈淳所记许敬之问答一条，载明言"许敬之侍教屡与言不合"，当多次，《语类》之"敬之"记录亦可能许敬之。《水心集》有"许敬之用余言作《松山草堂》，然游山之意犹未已也，申以为箴，许子家住松山边"。

袁子质　潮州

【小传】　袁子质，潮州人。《朱熹集》卷四十五《答廖子晦》说："《韩文考异》，袁子质、郑文振欲写本就彼刻版，恐其间颇有伪气，引惹生事。然当一面录付之。但开版事须斟酌耳。若欲开版，须依此本别刊一本《韩文》方得，又恐枉复劳费工力耳。"朱熹修订《韩文考异》完成于庆元三年（1197），即由朱熹弟子袁子质、郑文振初刻于潮州。

谢教　潮州

【小传】　谢教，据许家星《朱子门人补正》考为潮州人。以方大琮《铁庵集》卷九有"本府诸州官谢教同年"知谢教登开禧元年（1205）进士。《语类》录陈淳记谢教问三通，当朱子晚年门人。谢教精于《尚书》，《北溪大全集》卷二十五《答郭子从》即称"仙乡多同门老成想时有切磨之乐。前年道间遇潮人说及谢教有《书解》自刻往未委是自著，是编集因一书求之，未蒙回答。更仗吾友求本示及为幸"。

第八章 江苏等门人

汤泳　丹阳

【小传】　汤泳，字叔永，称静一先生，江淮制置使东野之孙。丹阳县人。官南廊簿领未赴卒。《补遗》言："润州学者，自窦氏兄弟从朱子游，继之者为先生。漫塘以前辈严事之。"《宋元学案》载刘宰"少志伊洛之学，其时丹阳有窦文卿兄弟、汤叔永皆尝从晦翁游，从之讲习"。《语类》载"乙卯（1195）所闻。池录三三"。汤泳曾问《先天图》。

汤沂　丹阳

【小传】　汤沂，汤泳弟。《江南通志》卷一百六十三载汤泳"粹于理学，与弟沂同游考亭之门"，汤沂曾任两浙转运副使。事朱子史籍待考。

章康　平江府吴县

【按语】　《宋元学案》卷六十九："章安贫乐道，居城西，人称之曰聘君。"
【小传】　章康，《朱子门人》依《宋元学案》"淳祐五年卒，年七十九。参正德《姑苏志》"，认为生卒为1167—1245年。然据《姑苏志》所载"淳祐五年，忽谓其子仲肯曰'吾死有期预书墓盖'以明年卒，年七十九"，《洪武苏州府志》《康熙吴县志》同，知其生卒为1168—1246年。字季思。郑思肖

《中兴集·自序》作"章雪崖康"及《永乐大典》(卷之二千三百六十七)"自号雪厓",知其号"雪崖",《宋诗纪事》《宋元学案》"人称曰聘君"。《万姓统谱》《宋元学案》《朱子门人》《朱子门人与朱子学》《朱熹师友门人往还书札汇编》作"吴人"或"吴县(今属江苏)人"。《宋诗纪事》卷六十三载"浦城人,居吴,隐居不仕"。而《纪事》卷六十六作"平江人"。故陆心源《宋诗纪事小传补正》已指明《宋诗纪事》"分一人为二"。清汪师韩《韩门缀学》作"浦城人"。车若水《脚气集》作"平江隐君子也"。《常熟破山兴福寺志》:"宋浦城人,居吴。"元王毅《木讷斋文集》卷之一《送章雪崖序》:"建安章氏自郇公以来世有显人,文献之传三百年于兹矣,其后有徙家龙泉之章口。"明张昶《吴中人物志》卷十三谓"康,字季思,都官郎中甫之四世孙,居吴"。都官郎中章甫(字端叔),属建州浦城章氏珠林之族。杨时《龟山集》卷三十五《章端叔墓志铭》载章甫"崇宁五年六月八日以疾终于平江府之私第,享年六十二,以其年十二月十六日葬于吴县长山乡"。故而《吴中旧事》:"章季思其先池州人,中徙浦城,后因高祖葬吴,遂为郡人焉。"范成大《吴郡志》卷二十六《人物》亦言章甫,"自建徙居于吴",故章康先祖建安浦城,祖迁"平江府吴县(江苏)"。

诸史籍言章康"尝问学于朱子,默有所契"。《韩门缀学》言"登朱子之门",独车若水《脚气集》以为"不曾见晦翁,而时时有书问道,晦翁答书见存"。有学者以为不及门。朱熹《答章季思康》一通,明显是问学答疑,有书信往来问学,当为弟子,不为私淑。《朱熹师友门人往还书札汇编》言"章康问学朱熹,当在年二十以后,姑系于淳熙十六年(1189)"。从学标准过于随意,不知所据。章康曾祖以下皆隐居不仕,四方之士无不知有章季思,以不见为歉。

【著作】《雪崖文集》又作《雪厓集》十卷,《诗集》五十卷。

王介　平江府吴县

【按语】吴师道《敬乡录》载曰"楼公大防尝言王元石不可干以私,真德秀《西山集》卷四十六《宋集英殿修撰王公墓志铭》称其所立有汲长孺王元之之风"。又称"先生论谏皆根柢忠孝,足以扶植纲常,与讦直者迥异"。《金华理学粹编》则称:"王元石学行并优,其有得于朱子之教者深矣。至于出身事主则必引君当道特立而不移,又莫非朱子家法。当是时,吾婺理学之盛,

甲于他郡，王氏一门后先辉映者，实繁有人。如元石则幼学壮行尤着，王臣
蹇蹇之节，孰谓讲学之家徒有体而无用也耶？"真德秀《王舍人元石家传》载：
"以公之忠诚亮节、正学远识，使得尽发所蕴施之朝廷。"

【小传】 王介（1158—1213），《宋史》、真德秀《宋集英殿修撰王公墓志
铭》、戴殿江《金华理学粹编》作"字元石"，自号浑尺居士，谥忠简。《宋史》、
元吴师道《敬乡录》、《宋诗纪事补遗》、《考亭渊源录》、《朱子实纪》、顾宏义
《朱熹师友门人往还书札汇编》等作"婺州金华人"，明《姑苏志》作"郡人"，
《同治苏州府志》有"介本郡人，因学于吕祖谦，徙居婺州之金华，旧志相承
如此，事或有据"。而董斯张《吴兴备志》作"东阳郡人"，三国吴宝鼎元年（266）
置郡名东阳，以郡在瀫水（即衢江）之东、长山之阳得名。东阳郡属扬州，
南齐东阳郡郡治在金华，指向不明。《宋元学案》作"金华人"又附"梓材谨
案《姑苏志》载先生为郡人"。诸史又言"介初学于吕祖谦徙居金华"。《钦定
续通志卷》言"本吴人，徙居金华"。《朱子门人》以为"由姑苏郡（今江苏
吴县）徙婺州金华县"。王元石里籍，有真德秀《西山先生真文忠公文集》卷
四十六《宋集英殿修撰王公墓志铭》所载"世家于吴，后徙婺之金华。曾祖矩，
祖敏泰州助教"。1113 年升苏州为平江府，治吴县，以此王介当为平江府吴县
人，徙居婺州金华县，占籍金华县。登绍熙庚戌（1190）龙飞进士第三人及第，
官集英殿修撰知庆元府兼沿海制置使。《宋史》谓"从朱熹、吕祖谦游"。《渊
源录》等从之列为门人。《朱文公文集》卷六十三《与王元石》言及抄录《礼书》，
参以《朱文公文集》卷六十四《答巩仲至》（两承惠书）所云"王元石亦要抄
一本"，当在朱子临终前夕。真德秀作墓志铭称："公性孝忠，始受学于东莱
吕成公，接中原文献。娶郑夫人，其考知枢密院益国公侨实、婿端明殿学士
汪公应辰，又探两丈人问学。"不知何故，真德秀只言"皆发明成公"而未及
朱子。元石以为"人主而不尊道学，士大夫而不明道学，天下为讳，则何以
立国"。王介通诸经，尤精《周礼》。元石子埜又从其学，而未及朱子。

【著作】 真德秀称著诗文奏议外制等二十五卷，《春秋臆说》十卷，《通
鉴解标》十五卷，《敬乡录》。

窦从周　镇江

【按语】　窦从周为岳麓学派骨干。《京口耆旧传》卷五言"时润居淮、浙之间，见闻尤隘，后来者乡方不迷，实自从周始"。《补遗》言"润州学者，自窦氏兄弟从朱子游"。《宋元学案》存有漫塘刘文清公尝称之曰："窦君求道之切，世所罕见。近世吴门叶元老，忘其年之长，往从鹤山于渠阳，可以比之。"亦以为"京口一带，向未尝宗朱、张之学，导山导水，实自文卿，而漫塘大之"。其与日本禅僧明庵荣西交游，传朱子之学于日本。

【小传】　窦从周，《京口耆旧传》卷五载其庆元丙辰卒，年六十二。参以《万姓统谱》，明其生卒 1135—1196 年。字文卿。镇江人。官居礼部尚书。游九言《默斋遗稿》卷下《送窦君入闽序》谓："镇江窦君文卿素不相闻，忽以谒入，心固疑之。坐顷，问其所需，则曰：'吾安居里门，未尝远游，且岁时腊享，有以自给。闻子闽人也，子之乡有晦庵朱先生者，愿往见之，因一游武夷、九曲而归，足矣！'……其视君不远千里，求见先生名儒，探寻山水之幽丽，此行何啻登仙！"知从周 1185 年拜访游九言于临安。《朱子语类》卷一一四记丙午（1186）四月五日初见先生，据《朱子语类》卷一一四曰："丙午四月五日见先生，坐定，问：'从何来？'某云：'自丹阳来。'问：'公如何用心？'某说：'收放心。慕颜子克己气象，游判院教某常收放心，常察忘与助长。'"可知，从周先师默斋再从学朱子。《京口耆旧传》载其闻朱熹"方讲道建阳，翻然弃家往从之"，"遂得操心之要。既归，乃屏旧习一切，从事于为己之学"。《至顺镇江志》载年过五十，得友言"当世问学惟侍讲朱公熹，得其正，于是弃家往建阳从之"。《万姓统谱》以窦从周往建阳从朱熹学时年五十，而《宋元学案》则载："年过五十，从游默斋（游九言）学。后闻朱子讲席之盛，即裹粮从之。"从周问学朱子"格物之学、人心道心等。"宋淳熙十四年（1187）日本禅僧明庵荣西到建阳，窦从周、钟唐杰与之往来甚密。明庵荣西是最早将朱子学传入日本的人。《嘉定镇江志》所"少从朱子学为己之学"，无据。

窦从澄　镇江

【小传】　窦从澄，《宋元学案》《万姓统谱》名作"澄"，《至顺镇江志》名作"从澄"，字叔清。与从周为兄弟。镇江人。《朱子语类》卷一一四曰言窦从澄"丙午四月五日见先生"。以《万姓统谱》卷一一〇，窦从周往建阳从朱熹学时年五十，其弟澄同行。时在淳熙十三年（丙午）四月。《万姓统谱》《宋元学案》亦载窦澄随从周同时学于朱子。从周兄弟"闻道而归，相与筑室邱园，士友造门无虚日"。

郭友仁　楚州山阳

【小传】　郭友仁，字德元。《宗派》《经义考》作"山阳（楚州山阳县，今江苏淮安市）人"。《朱子实纪》《语类·姓氏》作"山阳人，寓临安"。《语类·姓氏》言其录"戊午（庆元四年，1198）所闻，池录四二"，先生六十九岁，为晚年门人。三十余条，涉关问禅者、老子等。《朱子语类》卷一百一十六有朱熹训郭友仁八则朱熹教之静坐读书及《诗集传》"邵子之学"等，尤其《语类》录朱子告郭友仁有"半日读书半日静坐"之说，引发学术公案。吴光酉《陆稼书先生年谱定本》（清雍正三年清风堂刻乾隆六年增刻本）言："第十八卷朱子告郭友仁'有半日读书半日静坐'之说，郭是从禅学入门者，恐此所述未确用"，陆陇其《松阳钞存》卷上以为"德元曾学禅，此语系德元所记，恐失其真"。清颜元《朱子语类评》对此强烈批评，而近人陈荣捷先生以为其《朱子语类评》，志在攻击朱子，故不惜扭曲穿凿，以朱子一时训一门徒之言，为一般教人之方。刘宗周、钱穆等均有评说。陆陇其《三鱼堂剩言》引《考亭渊源录》言"郭是从禅学入门者，恐此所述未必确"。郭友仁记曰："郑子上因赴省经过，问《左传》数事。"郭友仁与郑子上同学。查慎行《得树楼杂钞》亦列为门人。

【著作】　依宋何希之《鸡肋集》有《书永丰郭友仁佩觽集》，郭友仁著《佩觽集》。

吴仁杰　洛阳

【按语】　《朱文公文集》卷五十九《答吴斗南人杰》称吴仁杰："《古易》《刊误》二书，所以见属之意甚勤且厚，非熹浅陋之所能堪也。""不能去手，可谓极精博矣。"《汉书刊误》固多熹所未讲,然其暗合者亦多。"云及《草木疏》用力多矣"。《朱文公文集别集》卷六《答黄商伯》又有"向见吴斗南说五事(水火木金土),庶证皆当依此为序,其言似有理,幸试推之"。周必大以"博物洽闻"称之,诗文名一时。其《离骚草木疏》征引宏富,考辩典核,《四库全书书目提要》称"艺林之珍笈"。仁杰精于易图,潘耒《遂初堂文集》之《易图论》评论有"若夫朱子发、刘长民、吴斗南、林谷水、张仲理、税与权之流,演《易》为图者甚众,其中非无精确者"。陆游《寄题吴斗南玩芳亭》赞誉其"北斗以南有吴侯,人物知非第二流。读书不放一字过,闭户忽惊双鬓秋。平生离骚读千遍,屈沱秭归要亲见"。年谱兴于宋,而吴斗南之《陶潜年谱》,其为最先之一。

【小传】 吴仁杰,一作人杰,字斗南,一字南英,别号蠹隐居士。《乾隆江南通志》《朱熹师友门人往还书札汇编》作"昆山人"。朱彝尊《曝书亭集》有《吴氏两汉刊误补遗跋》,言本昆山人,其称河南者,举郡望而然。《四库书目提要》亦同。《朱子门人》作"其先洛阳(河南)人,居昆山"。吴仁杰《离骚草木疏后序》自称云"河南吴仁杰"。赵与时《宾退录》卷八言及《夷坚志》载"济南吕义卿、洛阳吴斗南适以旧闻寄,似度可半编帙,于是辑为《庚志》"。《夷坚志》卷九《吴氏父子二梦》载"吴信,字正之,洛阳人。是岁(丙子岁)其子仁杰荐名乡试,竟用此举免解登科"。故以洛阳人为是。登淳熙五年(1178)进士。官国子学录。博洽经史,为时硕儒。《朱子门人》以为朱子讲友。《文集》录有朱熹绍熙元年始与吴斗南书信多通,所涉广博。顾宏义《朱熹师友门人往还书札汇编》以朱熹绍熙元年赴漳州任前致书信,以为此时尚未谋面。以《语类》陈淳、黄义刚同录语录,黄义刚淳熙十六年始学于考亭,陈淳1190年、1199年底两次师从朱熹,又《朱子语类》林学蒙、黄榦所记云"有罗田宰吴仁杰云"语,林学蒙、黄榦所记,林学蒙大体上是淳熙末至绍熙初年朱熹的语录,故知1190年末至1991年初吴斗南有见朱熹于考亭。又《四库书面提要》载《两汉刊误补遗》:"是书前有淳熙己酉(1189)曾绛序,称仁杰知罗田县时载自刊板。"《夷坚志》卷九又载:"淳熙十二年(1185),仁杰调官明州慈溪令……明日,至相府,遇同年生赵善锯,访知所授,曰:'慈溪不可为也!'于是更蕲之罗田。"故知淳熙十二年至末年吴仁杰任罗田县宰。顾宏义《朱熹师友门人往还书札汇编》引吴仁杰《离骚草木疏后序》云"岁在庆元丁巳四月三日,通直郎行国子录河南吴仁杰书",又庆元庚申中秋日方灿作《跋》,推吴仁杰撰成《离骚草木疏》后寄朱熹请正,朱熹与吴仁杰书约撰于庆元三年(丁巳,1197)或稍后。然其未详审其序及题跋,方灿作《跋》:"国录吴先生……以《离骚草木疏》见属刊于罗田县庠,吁远矣哉。"明《离骚草木疏》作吴仁杰为罗田县宰时,而非官国子学录。吴仁杰补作《后序》,故云"通直郎行国子录河南吴仁杰"。由此,顾宏义《朱熹师友门人往还书札汇编》所推朱熹与吴仁杰书约撰于庆元三年(丁巳,1197)或稍后不妥。

【著作】 据《宋史艺文志》载仁杰《古周易》十二卷、《易图说》三卷、《集古易》一卷。另《两汉书刊误补遗》十卷、《离骚草木疏》四卷、《盐石论》丙丁二卷。《直斋书录解题》载蜀本《靖节先生集》有吴斗南《年谱》一卷。《乐舞新书》《洪范辨图》诸编。

林至　嘉禾郡华亭

【按语】《朱文公文集》卷六十一《答林德久》。"所论敬为求仁之要,此论甚善。所谓'心无私欲即是仁之全体',亦是也。"林氏之易学为门人后学易学顶梁。清胡渭《易图明辨》评说"考亭不能废图书之说而林德久斥之以为纬候之流。呜呼,之二子(注:郭子和与林德久)者,岂非豪杰之士哉"。

【小传】 林至,字德久,《朱子门人》《朱熹师友门人往还书札汇编》均作"嘉兴府华亭县(今上海松江)人",《宋元学案》作"华亭人",《书录解》题"作檇李人",《崇祯嘉兴县志》作"嘉兴人",宋桑世昌《兰亭考》作"华亭林至",《四库全书书目提要》作"松江人",《经义考》作"松江府人",《易裨传序》作"谷水林至"。《水经注》卷二十七"沔水"有"谷水有东南迳嘉兴县城西",后以谷水为嘉兴别称。《中兴馆阁续录》云:林至,嘉兴府华亭人,盖华亭在宋为县,属两浙路嘉兴府,元升县为华亭府,寻改松江。是宋称檇李,元称松江,北宋改秀州加号嘉禾郡,南宋宁宗庆元元年(1195)升郡为府,后改嘉兴军。元世祖至元十三年(1276)改嘉兴军为嘉兴府安抚司,故以嘉禾郡华亭(今上海松江)人为妥。淳熙四年(1177)上舍释褐出身,官至秘书省正字。宋杨潜纂《绍熙云间志》有"师朱晦庵"。绍熙五年信州教授林至重修大成殿,请朱熹"一言以记之",朱熹作《信州州学大成殿记》云:"熹自长沙蒙恩召还,道过上饶。其州学教授嘉兴林君某来见，请问所以为学之意甚勤。"《朱子门人》疑"州学教授嘉兴林君某"非为林至，而参以《朱子语类》卷六十王过记"后见信州教授林德久未甚信此说"，可明即为林至，亦知其请问甚勤。《文集》所存《答林德久》十一通，在绍熙五年（1194）至庆元五年（1199），主要论及《易》、鬼神等。清纳兰性德《通志堂集》言："朱子门人易义有成书者瓜山潘氏、盘涧董氏、谷水林氏。"清人陈梦雷《古今图书集成·山川典》曾谓："建郡人林至从游晦翁先生之门，刻有《龟山问答录》。"《朱子语类》记载林至与朱门弟子王过曾讨论《孟子·尽心上》。

【著作】《易裨传》二卷、《外篇》一卷、《释骚》。晁公武《郡斋读书志》：《楚辞故训传》六卷、《楚辞草木疏》一卷、《楚辞补音》一卷。

赵善待　开封

【小传】赵善待（1128—1188），字时举，濮安懿王之五世孙，士说之孙，不柔之子。《朱子门人》以《朱子语类》卷一百一十四的训语"子善别后做甚工夫"，说明赵善待"一字子善"，错误。《朱子门人》就《朱子语类》的体例，指出："《语类》用例，凡记录者用本人之名，问答中自称亦然，称他人如：'某某问'则用字，以示敬意。……如《语类》记录者自称'时举'，则'时举'是名，其他记录者自称用名，亦同此例。"然又错误将《朱子语类》卷一百一十四的训语，以为同时训赵善待、潘时举。《朱子门人》作"解州闻喜人，寓四明"。《雍正浙江通志》作"鄞人"。《浙江通志》卷一百九十五载赵不柔"开封人"，"绍兴初避地于台"。《台州府志·赵不柔传》载不柔"每悼其父死靖康之难，不乐仕进。绍兴初，秦桧当国，避地天台，招之不出"。袁燮《絜斋集》卷十七《宋朝请大夫赠宣奉大夫赵公墓志铭》载善待"当绍兴甲戌之岁，监四明作院，秩满，因寓居焉"，故当为"开封人，寓居台州"。登隆兴元年进士。王梓材《宋元学案补遗》卷六九所载赵善待曾从朱熹学。《朱子语类》记录"时举"当别于"潘时举"，问学四十余条，多及四书五经与问学工夫。

【著作】《杂著》十卷。

李之翰　济南

【按语】《水心文集》卷九《李氏中洲记》评论李周翰"反伦类者易知，合性命者难辨，于是诚得其所以不同者，故其修身教人出于仁义道德之本，统而知入德之有门"。张南轩与朱子书以为李周翰"蕲州之说浅陋不足动人"。

【小传】　李之翰，叶适《李氏中洲记》称李周翰"君已七十"，其推知其当生于宣和五年（1123）。然无依据证实叶适《李氏中洲记》亦撰于绍熙三年。且《中州集》《宋元诗会》《御选宋金元明四朝诗》《乾隆历城县志》《金史纪事本末》等均言及"宋宣和末擢第"，故以宣和五年（1123）为生年不妥。《渊源录》《宗派》《宋元学案》《补遗》列为门人。《朱熹师友门人往还书札汇编》以叶适绍熙三年正月四日撰《烟霏楼记》称"直通判厅之西其下中洲隐士李之翰所居"，又《渊源录》《宗派》《宋元学案》以周翰为名。然考《朱子文集·蕲州教授厅记》有"李君之翰"，《李氏中洲记》则言"李氏，名之翰，字周翰。君隐约于蕲久矣，在城西中洲"。又葛万里《别号录》"李之翰，字周卿"。《中州集》《宋元诗会》《御选宋金元明四朝诗》《乾隆历城县志》《金史纪事本末》等均作"李之翰，字周卿，济南人"。而张孝祥《于湖集》卷十五《李周翰所藏洮石铭》注云"周翰，蕲州人，中洲乃其隐号也"。《嘉靖浙江通志》《雍正处州府志》均载："适出知蕲州，一以静治处士李之翰居中洲通性命之学，适每及门相与切劘。"由以上可知"周翰"是字，"之翰"是名，中洲为其号。当为济南人，南渡隐居"蕲州"，故《宋元学案》《朱子门人补正》《朱子门人》依张南轩与朱子书"季克（吕胜己）得蕲州李士人周翰一文来"及按语"李伯谏教授于蕲。南轩云，为其所转。则先生为蕲州人也"。以其在蕲州，而称李周翰为湖北蕲州人不妥。登宣和（1119—1125）末进士。《李氏中洲记》又云"始学于佛，既悟其说，然后归而求之圣人之道"。观《文集》与《语类》所记问答，周翰当为朱子门人。《朱文公文集续集》卷八《答李伯谏》有"周翰书词倾倒，相与甚至，恨未识面耳"，《朱熹师友门人往还书札汇编》推知本书约撰于乾道九年（1173）八月间，此时李周翰尚未见朱子，但"周翰书词倾倒"已明互有书信往来，非如《年谱长编》、许家星《朱子门人补正》所言，《文集》所收朱子六十岁（淳熙十六年）《答李周翰》为始通书时间。《东莱集别集》卷八《与朱侍讲元晦》有云某近尝到会稽，李伯谏数次聚话，祖述李周翰之说，不敢复回。书撰于淳熙三年（1176）十月张南轩《与朱子书》曰：李周翰"蕲州之说，浅陋不足动人"，故推知本书约撰于淳熙四年（1177）初。李周翰此时与朱熹等熟知。《朱子门人》以《语类》所录李周翰问答者叶贺孙为1191年所闻，而以为"朱子晚年，周翰乃趋请教"，不妥。以《语类》叶贺孙所记，李周翰绍熙五年，曾往建阳问学。朱子答书曾批评李周翰好佛之说。

【著作】 有《漆园集》行于世。以朱子答书，李周翰作有《原说》。

辅广　　庆源府

【按语】《宋元学案》卷二十《元城学案》全祖望以为："咸、淳而后，庆源辅氏之《传》始至甬上。则论吾乡《诗》学者，得不推先生为首座与！"卷六十四《潜庵学案》全祖望又指出："朱门弟子，潜庵其眉目也。"潜庵自成学派，学说流传甚广，发挥朱子学不遗余力，卷六十四《潜庵学案》黄宗羲指出："先生之学，入闽者熊勿轩（熊禾）、陈石堂（陈普）其尤也；入东浙者韩庆节（韩性）、黄东发（黄震）其尤也。逮至明初，而韩古遗及吾族祖黄菊东尚接其传。"黄百家亦指出"所传之学，蜀则有魏鹤山了翁，闽则有熊勿轩禾、陈石堂普，吾东浙自韩恂斋翼甫传子庆节性，余端臣再传，而有黄文洁震，逮至有明，传其学者不绝"。《宋史·魏了翁传》载："丁生父忧，解官心丧，筑室白鹤山下，以所闻于辅广、李燔者开门授徒，士争负笈从之，由是蜀人尽知义理之学。"《朱文公文集》卷五十九《答辅汉卿》又赞："汉卿身在都城俗学声利场中，而能闭门自守，味众人之所不味，虽向来金华同门之士，亦鲜有见其比者。"魏了翁《眉州刊朱子语类序》云："开禧中，予始识辅汉卿于都城。汉卿从朱文公最久，尽得公平生语言文字。"魏了翁《跋朱文公所与辅汉卿帖》云："亡友汉卿端方而沉硕，文公深所许。"熹曾以为"汉卿看文字忒快，如今理会得了，更要熟读，方有汁水"。

【小传】 辅广，字汉卿，号潜庵，学者称传贻先生。明吕元善《圣门志》作"嘉兴府崇德县人"。《朱子门人》作"嘉兴府崇德县（浙江）人。其先庆源（今河北赵县）人，父南渡居崇德。《渊源录》云居嘉兴。嘉兴，崇德旧名也"。迁居崇德永新乡。《万历嘉兴府志》"本庆源人，南渡徙崇德"。《宋元学案》以为："其先赵州庆源人也。父逵，字彦达，南渡……老居崇德之晚村，遂为崇德人。"《四库全书书目提要》则作"其父本河朔人,南渡居秀州之崇德县……世所称庆源辅氏也"。《考亭渊源录》及《语类·姓氏》作"庆源人,居嘉兴"。《朱熹师友门人往还书札汇编》作"秀州崇德（今浙江桐乡西南）人"。《朱子实纪》作"庆源府人,居崇德"。政和七年（1117）,赐秀州名为嘉禾郡。崇德县隶嘉禾郡。南宋庆元元年（1195）,升秀州为府,改称嘉兴府。嘉定元年（1208）,又升嘉兴府为嘉兴军节度。崇德仍隶属嘉兴。宣德五年（1430）,嘉兴府从崇德县析出桐乡,永新乡归桐乡。故南宋辅广时代,崇德县隶嘉禾郡、嘉兴府、嘉兴军,嘉兴非崇德旧名,乃崇德隶属嘉兴。以祖籍而言,为宋庆源府（治所今河北赵县）人,世多以"庆源辅氏"称之,不称"赵州庆源"。以占籍而言,辅广为嘉禾郡崇德（今桐乡市洲泉镇）人。

《宋元学案》宗羲案:"旧志言魏文靖公出先生门。案文靖跋文公与先生帖云:'亡友汉卿,端方而沉硕,文公深所许。'此可以证其非弟子矣。"辅广淳谨勤恪,少读濂洛书,慨然愿学,从吕祖谦会,复师事朱熹,与黄榦并称。伪学禁严,学徒多避去,先生不为动。文公曰:"当此时立得脚定者甚难,惟汉卿风力稍劲。"辅广与黄榦、魏了翁等友善。建传贻书院,教授,学者称为传贻先生,从学者有董槐、黄震、陈普、熊禾等。《弘治嘉兴府志》言辅广于"成公没,执弟子礼登朱文公门"。东莱没于1181年。《朱熹师友门人往还书札汇编》"据《朱子语类·姓氏》,辅广从学始于绍熙五年。《朱文公文集》卷四十六《答吕子约》云及'今日辅汉卿忽来,甚不易。渠能自拔,向在临安相聚,见伯恭旧徒无及之者',故推知辅广乃朱熹至临安赴侍讲任时从学"。《朱熹年谱长编》亦考证,绍熙五年（1194）,朱熹与辅广相识于临安,此时朱熹在临安任侍讲。田中谦二的《朱门弟子师事年考》考辅广1194年、1197年、1198年从师问学。以朱熹《答黄直卿》所言"辅汉卿、万正淳皆留此两月而去,其他朋友数人亦将去矣"。知庆元二年（1196）,辅与万人杰从学于竹林精舍。就《四书章句集注》,辅广多有补充与修正。《语类》载"或谓汉卿多禅语。贺孙因云:'前承汉卿教训,似主静坐澄清之语。'汉卿云:'味道煞笃实'云云"。《宋史·文靖列传》影响其词,谓"了翁筑室白鹤山下,以所闻于辅广、李燔者开门授徒",盖本《文靖语类序》而分疏不详。志则本《宋史》而辗转失实。潜庵自成学派恪守朱熹之说,"用功本诸四书",以为"四书通,然后求之六经"。魏了翁与辅广最早整理朱熹讲学语录,度正于嘉定初率先编刊了朱熹语录。

【著作】《宋元学案》载："著有《语孟学庸答问》《四书纂疏》《六经集解》《诗童子问》《通鉴集义》《潜庵日新录》《师训编》。"《考亭渊源录》则称："著《五经注释》《语孟答问》一云《纂疏》《诗童子问》《通鉴集义》《日新录》《师训编》。"《朱熹师友门人往还书札汇编》："著有《五经注释》《四书问答》《通鉴集义》《日新录》《师训编》诸书。"独漏《诗童子问》不提。据《朱子语类后序》，《朱子语类》综合了九十七家所记载的朱熹语录，其中辅广所录的一部分，曾经朱熹本人审阅。另有《朱子读书法》三种。

辅万　庆源府

【小传】辅万，辅广从弟，庆源府人。《实纪》《宋元学案》均列为门人，以为辅万与辅广亦事朱子 。《朱子语类》卷一百七十载，知庆元二年（1196）季通被罪之时，辅万与辅广在建阳从朱熹，时叶贺逊同学。庆元元年（1195），辅广到武夷山初次相见朱熹问学，则辅万为朱子晚年门人。

第九章　里籍不明门人

陈超宗

【小传】　陈超宗，《朱文公文集》卷五十四《答傅子渊》言："超宗远来，殊未有以副其意者，却似于己分着实处未知用力，又与诸兄大相反也。"顾宏义《朱熹师友门人往还书札汇编》推《答傅子渊》淳熙七年，陈超宗淳熙七年已师从朱子。《朱文公文集》卷五十五《答陈超宗》三通，关涉为学、立志，教训超宗"须略见义理大概规模，于自己方寸间若有个惕然愧惧、奋然勇决之志，然后可以加之讨论玩索之功、存养省察之力"，"真实做工夫底人"。

陈莘　陈华

【小传】　陈莘，字仲亨。陈华，字仲蔚。《渊源录》《宗派》《补遗》列陈仲蔚为门人。《语类》卷一百三十八载黄义刚记陈光泽为二子求字。"先生字莘曰'仲亨'，云：'莘便亨，凡物积之厚而施之也广，如水积得科子满，便流。'又字华曰'仲蔚'，云：'君子豹变，其文蔚也。'变谓变其态。若里面变得是虎，外面便有虎之文；变得是豹，外面便有豹之文。"《语类》录有问答数十则。《语类》有陈仲亨《周书》、老学、问诸儒才、德之说等。陈仲蔚有问"冠仪""哀公问何为则民服章""何为则民服"及"使民敬忠以劝"二章以及知其理一，所以为仁。多为黄义刚绍熙四年（1193）癸丑后所记。

陈德本

【小传】 陈德本。《语类》一百二十周焘录"看文字，不可过于疏，亦不可过于密。如陈德本有过于疏之病"。《道南源委录》据文公语录亦引。另《朱子语类》注载"陈德本云，柔直与李丞相极厚善其卒也"。是否门人待考。

陈公直

【小传】 陈公直，《渊源录》《儒林宗派》《补遗》列为门人。清程川辑《朱子语类》、《理学通录》、《考亭渊源录》记："先生语公直曰：读书且逐些子理会，莫要搅动他别底。今人读书多是从头一向看到尾都搅浑了。"《语类》注"道夫"，当为杨道夫，杨道夫从学朱熹时间为最迟于绍熙元年（1189），陈公直为朱子晚年门人。

陈厚之

【小传】 陈厚之，《万历绍兴府志》录其名。《乾隆海宁县志》载"嘉定元年始辟迪功郎陈厚之为正官"。《理学通录》以《语类》所记问答列为门人。戴栩《陈民表挽词》题注云"陈厚之同年之父"，同年指陈埴，陈厚之与其子同登嘉定七年（1214）进士。据《嘉靖温州府志》，戴栩、陈埴皆温州人，可推陈厚之亦温州人。《语类》有郑可学录陈厚之问"寂然不动感"。为1187年以后郑可学所记。《朱文公易说》《周易会通》《朱子五经语类》亦然。

陈敬之

【小传】 陈敬之，《崇祯长乐县志》卷之八《选举》载："嘉定元年，陈敬之，大理评事。"疑为长乐人。《朱子语类》王过录有"陈敬之说孝弟为仁之本一章"。元倪士毅《四书辑释》、明鹿善继撰《四书说约》转引。《语类》王过所记为甲寅（1194）后所闻，明陈敬之为晚年弟子。《西山先生真文忠公文集》卷三十八《戊寅上丞相书》言及"陈敬之畏天之戒"。

陈克己

【小传】 陈克己,《朱文公文集》卷二十六《与王枢使札子》载："前件陈克己者尤其详尽,其间历数谬政无一可者,迹其所闻皆有实。"王枢使即王淮,淳熙二年（1175）至淳熙九年（1182）签书枢密院事,累迁右丞相兼枢密使。当在淳熙六年朱子知南康军。又《朱文公文集》卷三十五《答刘子澄》："陈君克己来见,云在建昌解逅,亦不易得。"顾宏义《朱熹师友门人往还书札汇编》考《答刘子澄》作于淳熙六年秋八月。故而,陈克己为朱子白鹿洞书院时门人。

陈日善

【小传】 陈日善,《语类》吴稚录有其问"内卦为贞,外卦为悔"之意。吴稚绍熙二年（1191）至庆元五年（1199）问学朱子,陈日善之问亦当其间。

陈希真

【小传】 陈希真,《朱子语类》等有叶贺孙、潘时举所录陈希真问《论语》《孟子》"使民以时""去齐章""先事后得,非崇德与"等多则。以叶贺孙、潘时举为朱子晚年弟子所记,知陈希真亦有晚年从学经历。《朱文公文集续集》卷八《跋陆务观诗》有为陈希真所藏诗记。"季札闻歌《小雅》,而识其思而不贰、怒而不伤者；近世东坡公读柳子厚《南涧中题》,乃得其忧中有乐、乐中有忧者,而深悲之。放翁之诗如此,后之君子,其必有以处之矣。庆元己未（1199）七月二十日,云谷老人观陈希真所藏,为记其后"。又陆游《剑南诗稿》卷七十二《题尊信斋并序》言 "吾友陈希真求序名其书斋",推陈希真与朱子亦师亦友。

陈仲卿

【小传】 陈仲卿,《语类》录有其问《论语》"修己以敬"、问 "子使漆雕开仕"章、"修己如何能安人？"分别由潘时举、甘节所记，皆绍熙癸丑（1193）后问学朱子。

陈子安

【小传】 陈子安，《语类》卷十四录有董铢所记陈子安"问知止至能得其间有工夫否"及"至善须是明德否？"《圣学宗传》转引。

戴迈

【小传】 戴迈，《考亭渊源录》《儒林宗派》列为门人。绍兴二十四年（1154），朱子于同安县学为诸生讲《论语》二十篇，《年谱长编》云戴即从学，《书信编年》考绍兴二十五年（1155）。《朱文公文集》卷三十九《答戴迈》教导"为己之学"教学宗旨，以为"学期以自得之而已"。以柯国材、陈齐仲均为同安（今属福建）人，戴迈又从朱学于同安县学，参之以朱子当时声望，似戴迈为同安人。朱子《答柯国材翰》称"戴（迈）、陈（陈齐仲）二生趣向文辞皆可观，固知其所自矣"。

戴明伯

【小传】 戴明伯，《渊源录》《儒林宗派》《理学通录》列门人，且引《语类》戴明伯请教读书，由吴必大所记。知在淳熙十五、十六年间问学。

戴智老

【小传】 戴智老，《语类》录有问《论语》"父在观其志"及"子张学干禄章"，分别由董铢、潘时举所记。朱子晚年门人。

德先

【小传】 德先，此为门人之字，而不知姓名与里籍。《语类》卷十九载有包扬所记问《孟子》致命之义，可知为朱子中年门人。《宋元学案》同时期列有四川浦江魏天佑字德先、陈亮门人陈炳亦德先，《朱子门人》"均不以为朱子弟子"，然或有所同亦未尝不可。

邓子礼

【小传】 邓子礼，《语类》有叶贺孙所记两问"孟子恁地，而公孙万章之徒皆无所得？"及"庙主自西而列，何所据？"而《勉斋集》卷四《与晦庵先生书》论及"邓子礼尚留此，九月可与之同归"，下注"此书称主管修撰，先生乃八月十日书也"，勉斋书于淳熙十六年（1189）。当此前已从学。

丁仲澄

【小传】 丁仲澄，《朱子门人》以文集答书目录以字，以为"仲澄"为字。顾宏义《朱熹师友门人往还书札汇编》则因"《朱文公文集别集》卷五《答丁仲澄》题下注云'见《临漳语录》，故推知其或为漳州（今属福建）人"，题下注云"见《临漳语录》"，应作朱熹绍熙元年（1190）在漳州时问答以教诲丁仲澄理解，并不能推为"漳州人"，明显不合事理。《考亭渊源录》《朱子实纪》等列为门人，《朱子门人》则因朱子答书中称"老兄""吾友"等而断定为讲友，过于苛刻。

方毅父

【小传】 方毅父，字号里籍不明。《语类》有问《论语》"礼之本""远暴慢"及"知者不惑"章。以《语类》为潘时举、董铢为方毅父问所记，知1193年及1196年方毅父曾问学朱熹。

冯德英

【小传】 冯德英，又有作冯德贞，《渊源录》《儒林宗派》《理学通录》依《语类》列为门人，而《补遗》不以为门人。《语类》训门人有叶贺孙所录朱子"与冯德贞说为己、为人"一则。冯德英为朱子晚年门人。《涧泉集》存韩淲《又送冯德英》诗。

甘叔怀

【小传】 甘叔怀，合皂山道士。《朱文公文集》卷九《诗送碧崖甘叔怀游庐阜兼简白鹿山长吴兄唐卿及诸耆旧三首》诗注曰："诸人已致书者，此不复及。此外更有陈胜私在九迭屏下田舍，彭师范在隔江都昌县界中，皆胜士也。赵南纪病卧城中，不知今能出入否？叔怀皆可为一访致鄙意，不敢辄以为迹相污染也。山间胜处，皆有前贤题咏可寻，独新泉近出，最名殊胜，非三峡漱石所及，而余未之见，故诗中特言之。"以朱熹知南康军时，白鹿洞书院山长为吴唐卿，可知甘叔怀见朱熹游庐阜时间亦在淳熙八年（1181）以前。陈胜私、彭师范等均为门人，叔怀亦有可能为门人。《朱文公文集续集》卷二《答蔡季通》曾有"前日所说磨崖刻《河》《洛》《先天》诸图，适见甘君说合皂山中新营精舍处有石如削，似可镌刻，亦告以一本付之"，而《朱文公文集》卷八十四《书河图洛书后》所落款时间有"合皂甘君叔怀欲刻二图山中。……庆元丁巳上元节日遁翁书"，可知甘叔怀于庆元三年初又来访。

龚粟

【按语】《孝经集义序》言"龚公于此用力甚勤，辞义之间虽若小有未莹，而其大指则炳然矣"。

【小传】 龚粟，《儒林宗派》《补遗》列为门人。四库全书本《西山文集》及景江南图书馆藏明正德刊本《西山先生真文忠公文集》卷二十九《孝经集义序》载："予友龚公粟笃志好学，乃本朱子之意，采众说之长而折中之。又以生事葬祭之礼见于他书者，汇而辑之，以为此经之羽翼。龚公之为此书，欲为士者知孝之为孝俯焉,以尽其力而无不能。"吕维祺《孝经大全》朱鸿《孝经总类》亦以为西山作序。然《补遗》案语云"此序有属之刘云范者"。又民国豫章丛书本宋人曾协《云庄集》亦收录此文,未言西山。《朱子门人》以《语类》姓氏杨与立注"同刘黻、龚栗证见"定为门人。杨与立、刘黻为绍熙三年考亭门人,则龚栗亦同时。

【著作】《孝经集义》。

黄景申

【小传】 黄景申,字嵩老。《朱子语类》卷五十三载叶贺孙记有与周季俨、黄景申论"孟荀言性及仁兼四端"之说,朱子赞同黄嵩老所云"韩子欠说一个气禀不同"。《朱文公文集》卷五十八《答黄嵩老》以为:"大抵人情苦于犹豫,多致因循,一向懒废。今但心所欲为,向前便做,不要迟疑等待,即只此目下顷刻之间,亦须渐见功效矣。年运易往,时不待人,况中岁以后,尤宜汲汲也。"以叶贺孙 1191 年后所记,知黄景申中年拜朱子为师。

季容甫

【小传】 季容甫,《语类》卷九十七,有黄会所记朱子与季容甫问答"中理在事,义在心"。

蒋端夫

【小传】 蒋端夫,《语类》记有钟震所闻蒋端夫问致知在格物及"闻知、见知,所知者何事"两则。钟震绍熙五年(1194)后求学,蒋端夫亦同时。

蒋明之

【小传】 蒋明之,《语类》记有钟震所闻蒋明之问韩愈"原道及问太极之学"两则。亦绍熙五年(1194)后求学。

蒋櫄

【小传】 蒋櫄,《朱子门人》以为讲友,并言《语类》不见,或因版本不同。《经义考》《补遗》以为传易弟子。宋朱鉴《朱文公易说》、元真卿《周易会通》均载"蒋櫄问以性情言之谓之乾",而清程川《朱子语类》《朱子五经语类》《朱子全书》作"元兄问以性情言之谓之乾",则蒋櫄,或字元兄。又蒋櫄为朱熹传易弟子,当有依据。

蒋元进

【小传】 蒋元进,《语类》录有裘盖卿所记朱子与蒋元进、郑仲履讨论"太极"。元进曰:"如君之仁,臣之敬,便是极。"先生曰:"此是一事一物之极。总天地万物之理,便是太极。"以裘盖卿事迹,疑在绍熙五年(1195)潭州问学之时。

李伯诚

【按语】 宋时虽学派林立,然兼从师者现象普遍,门户之见非入今人所论。尤其先师陆子再转师从朱子为多,此因象山早亡,非因弃陆学而独信朱学。

【小传】 李伯诚,《陆子学谱》"谓伯诚即先生集中所与书之省干也",其名或为"省干",然杨万里《诚斋集》有"代李省干直卿通长沙师刘舍人恭父启",称"李省干直卿",不知谁否。《陆子学谱》言"或云庆元人也",今浙江丽水庆元县。《儒林宗派》《宋元学案》等据《语类》所云黄义刚记有"李伯诚曰:'打坐时意味也好。'朱子曰:'坐时固是好,须是临事接物,长如坐底时方好。'"列朱子门人。《陆子学谱》载李伯诚"与杨、袁、沈、舒四君子同事先生",《慈湖遗书》有《代李伯诚祭先生文》,伯诚亦受教,而"所造亦已高矣"。

李德　李德之　李从之

【按语】《朱子语类》与《文集》等史籍所录门人名字里籍多有不明之处,

且宋人名、字、号各异，考其事迹蔚为困难，李德、李德之、李秉文、李从之孰是孰非，即为典型，不可不慎之。以所存史籍当知皆为不同者。

【小传】 李德，《朱子门人》以为《语类》未见此名，疑李德为李德之之误，朝鲜古写徽州本《朱子语类》卷八十六有"德"所记语录一条："《周礼》胡氏父子以为是王莽令刘歆撰，此恐不然。《周礼》是周公遗典也。"而《渊源考》《儒林宗派》亦单独载"李德，字季元"，显将李德与李德之区别。

【小传】 李德之，据《闽中理学渊源考》"字秉文"。《朱子门人》列李秉文一条，独断非弟子，以为仅《纪实》因"凡从游者皆弟子"之故视为门人。朱子淳熙庚子（1180）十月十三日《题落星寺张于湖题字后》："朱某奉处士叔父同王南卿、俞子寿、吴唐卿、李秉文、陈胜私、赵南纪及表侄俞洁己、甥魏愉、季子在俱来。"

【小传】 李从之，《朱子门人》疑《语类》李从之问为李德之之误。李从之两问："颜子省其私，不必指燕私，只是他自作用处。'壹是皆以修身为本'，何故只言修身？"均朱子中年时就师从的黄𪏽子耕所记，而有别李长民德之多有晚年弟子龚盖卿所记。不可轻易否定另有门人李从之。

李梦先

【小传】 李梦先，《语类》录有李梦先问"庄子孟子同时，何不一相遇？又不闻相道及"以及"问情与意之别"二则，时黄义刚、林夔孙均在场，当绍熙四年（1193）以后所闻，李梦先为朱子晚年门人。

李维申

【小传】 李维申，仅《语类》有吴稚录李维申说："合于心者为仁。"朱子曰："却是从义上去，不如前日说'存得此心便是仁'，却是。"为朱子晚年门人。

李塾

【小传】 李塾，《万姓统谱》卷七十二"李师愈"言"朱文公高弟李塾尝访师愈，有诗称之"。故《补遗》卷六十九列为门人。

李约之

【小传】 李约之，《朱子语类》卷十四李约之问朱子《大学》"安而后能虑"。由林学蒙所记，为晚年门人。

廖晋卿

【小传】 廖晋卿，《宋元学案》依《儒林宗派》列为门人。《语类》有段门人郑文振南升、潘立之植、廖晋卿、郑神童（郑兄）与朱子集体讨论。朱子以为看文字须以郑文振为法。《语类》：先生曰："文振近来看得须容易了。"南升曰："不敢容易看。但见先生集注字字着实，故易得分明。"先生曰："潘兄郑兄要看文字，可明日且同文振从后段看起，将来却补前面。廖兄亦可从此看起。"谓潘立之、郑神童、廖晋卿也。郑兄即郑神童，名里未知。郑南升绍熙（1190—1194）中从师朱熹，则廖晋卿亦此时从学。《语类》又有廖晋卿请问所读书。朱子云："公心放已久，精神收拾未定，且收敛精神，方可商量读书。"

林赐

【小传】 林赐，字闻一。《渊源录》《儒林宗派》《实纪》《经义考》列为门人。陆心源《仪顾堂题跋》引董真卿《周易会通》朱子门人亦有林赐。《语类》有林闻一问"林放问礼之本""西铭"等十余条及林闻一所记多条。《语类·姓氏》载其乙卯（1195）以后所闻。田中谦二以为林闻一 1197 年及 1199 年两次及门。林赐与蔡沈、甘节、沈侗、钱木之等同学。

林恭甫

【小传】 林恭甫，《渊源录》《儒林宗派》《补遗》《理学通录》列为门人。

《语类》载有朱子问林恭甫："看《论语》至何处？"告诫其当缓缓理会。《语类》有黄义刚所记七条，涉及《论语》及《尚书》"允执厥中"。为朱子晚年门人。

林性之

【小传】 林性之,《源委》卷四、《补遗》《光绪闽县乡土志》言曾逢震"与林性之俱从朱熹游。"

林仲参

【小传】 林仲参,《渊源录》《儒林宗派》《理学通录》《万姓统谱》《补遗》均以《语类》卷一百二十《训门人》有其一问,列为门人。《语类》载:林仲参问:"下学之要受用处。"曰:"泼底椅桌在屋下坐,便是受用。若贪慕外面高山曲水,便不是受用底。"由董铢所记。

林子渊

【小传】 林子渊,仅《朱子语类》有叶贺孙所录林子渊问《大学或问》、问《大学》"知止至能得"及《孟子》"舜事亲处"等六问,《大学或问》作于淳熙十六年（1189），尤以叶贺孙所录载1191年后,当为朱子晚年门人。

刘成道

【小传】 刘成道,字择之。蔡九峰《梦奠记》载,庆元六年（1200）三月初八日癸亥,精舍诸生来问病,先生起坐曰:"误诸生远来,然道理只是恁地。但大家倡率做些坚苦工夫,须牢固着脚力,方有进步处。"时在座者林子武夔孙、陈器之埴、叶味道贺孙、徐居父寓、方伯起、刘择之成道、赵惟夫、范益之元裕及沈。《朱子年谱考异》所记略同。四库全书本宋《两朝纲目备要》载言"夜分令蔡沈检巢氏病源,医生刘择之云'待制脉绝已三日矣,只是精神定把得如此分明'"。刘择之从医。时有永嘉四灵诗派刘植,字成道者。与蔡九峰《梦奠记》载，显非同一人。吴泳《鹤林集》卷三二《答刘成道书》，此刘成道是否门人待考。

刘源

【小传】 刘源，《语类》录有刘源问"知止而后有定"。曰："此一节，只是说大概效验如此。'在明明德，在新民，在止于至善'，却是做工夫处。"为吴稚绍熙二年（1191）至庆元五年（1199）问学朱子期间所记。

卢淳

【小传】 卢淳，根据朝鲜古写徽州本《朱子语类》本卷首有"卢淳"为"增多三十八家"之一，属池本中所包含的抄录者。《考亭渊源录》卷二十三之考亭门人记述中载卢淳，但无字、里。《儒林宗派》亦记为朱子门人。《民国龙游县志》载"宋淳熙三年进士卢淳曾为衢州太守莆莅郡，以足疾谢事隐居柯山之右，为衢州始迁祖。"不知是否属同一人。

鲁可几

【小传】 鲁可几，《儒林宗派》《渊源录》《实纪》《补遗》列为门人。朱子告诫鲁可几曰"事不要察取尽"。《语类》记有鲁可几与汪季良问朱子"论尚书"、鲁可几问"古之巡狩"、鲁可几与甘节问释氏"因缘"之说，又问朱子论易，鲁可几曰："象是总一卦之义。古之卜筮，恐不如今日所谓火珠林之类否？"宋阳枋《字溪集别集类》三《与宋东山书》收录问火珠林事等。《语类》凡七条均为杨道夫所记，则鲁可几当淳熙十四年（1187）后门人。

陆伯振

【小传】 陆伯振，《语类》载万人杰所录陆伯振云："象山以有子之说为未然。仁，乃孝弟之本也。"朱子以为有子"想是一个重厚和易底人，当时弟子皆服之，所以夫子没后，欲以所事夫子者事之也"。万人杰 1180—1199 年间从游朱子，无法推知陆伯振师从时间。

吕道一

【小传】 吕道一，朱熹《答吕士瞻竦》有云"道一远来，甚慰孤陋。天资明敏，极不易得。……观其意趣，事事通晓，但于为己一着未有肯心，此区区所深惜。故其告归，再三留之，今日乃言有信得及处"。似与吕士瞻竦为族人或家人。《朱子门人》不以为门人，且以为《实纪》虚言"天资明敏"，虽泰斗亦难免失察之处。明在朱熹答吕士瞻书前道一已面见朱子。"言有信得及处"，即朱子《答吕道一》写于同时。然《朱子年谱考异》下已考"甲辰与吕士瞻书"淳熙十一年（1184），吕道一为朱子武夷精舍门人。检答吕士瞻书告诫道一"须更于过庭之际，入大炉鞴，与之锻炼，始可放行耳"。而答道一书直言："大凡论学，当先辨其所趋之邪正，然后可察其所用之能否。""当熟读圣贤之书而以渐求之耳""为学之功且要行其所知"，均属劝学，可知道一为朱子门人无误。陆陇其《读朱随笔》论《答吕道一》言朱子之说与正蒙小异处。《张横渠集》有《答吕道一》。

马节之

【小传】 马节之，《经义考》《补遗》以为门人。《语类》录有袭盖卿所记问《诗经》"无遏尔躬"。曰："无自遏绝于尔躬，如家自毁，国自伐。"以袭盖卿记则马节之当为从学晚年朱子。

邵汉臣

【小传】 邵汉臣，诸史籍未列。《语类》录有叶贺孙所记朱子"问邵汉臣为政以德然后无为是如何"一则，言及"邵因举《集注》中所备"，另二则潘时举、叶贺孙分记"邵汉臣说父在观其志一章""问颜渊仲尼不同"。以《集注》及潘时举、叶贺孙，知邵汉臣列朱子晚年门人。

苏实

【小传】 苏实，田中谦二以为或"苏宜久"之误。《语类》录有潘植所记苏实问"问人于他邦，再拜而送之"，其间潘子善"言浙中若纳妇嫁娶盛礼"。《朱子门人》以潘子善与潘植绍熙四年（1193）从学，认定此条为1193年记，然据考潘植兄弟不迟于1183年师从朱子，不当以《朱子语类·姓氏》"癸丑（绍熙四年）"为潘植兄弟始从学时间。

苏宜久

【小传】 苏宜久，《渊源录》《经义考》《补遗》《儒林宗派》列为门人。《语类》录有沈僴所记三则，载"问《常棣》诗一章"，又有"苏宜久欲归，先生蹙然曰：观某之疾如此，非久于世间者，只是一两年间"，其间并记陈才卿问"程先生如此谨严，何故诸门人皆不谨严"以及"苏宜久辞归，问归去意欲观《易》如何"。以沈僴1198年所闻及朱子自言"非久于世间"，知苏宜久亦朱子晚年门人。

谭兄

【小传】 谭兄，不知名与字。仅《语类》录有甘节所记谭兄问作时文。朱子曰："略用体式，而隐括以至理。"为朱子晚年门人。

唐总卿

【小传】 唐总卿，象山《与唐司法》言："鄙文纳去数篇，第今时人偏党甚众，未必乐听，斯言总卿从朱丈游。"《道一编》所引同。《补遗》以此列为门人。官司法。其他无不知。《朱子门人》误作"从朱丈文游"。

陶安国

【小传】 陶安国，《渊源录》及《儒林宗派》以为门人，《补遗》注不知名或字，

《朱子门人》认定为字。《语类》有甘节等所记陶安国问朱子絜矩之道、事物穷源、玄武及千蹊万径皆可适国等。

汪正甫

【小传】 汪正甫，《朱子语类》录有郑南升所记汪正甫、黄榦、晏亚夫与"仁者爱之理"，汪正甫问："三仕三已不为仁，管仲又却称仁，是如何？"绍兴中郑南升已从朱子。非《朱子门人》以《语类·姓氏》为1193年才问学。

王景仁

【小传】 王景仁，《语类》录有壮祖所记王景仁问仁，曰："无以为也，须是试去屏叠了私欲，然后仔细体验本心之德是甚气象，无徒讲其文义而已也。"及问程子言："'曾点与漆雕开已见大意'，何也？"

王壬

【小传】 王壬，《语类》录有吴稚所记王壬问："南轩类聚言仁处，先生何故不欲其如此？"朱子工夫论上认可程氏类聚观仁之说。以吴稚所记，知王壬在1191—1195年间从学。

王子充

【小传】 王子充，《朱子门人》等未列名里。南宋时同一时段有两王子充，一为《朱文公文集》卷九十二《迪功郎致仕王君墓碣铭》所载王彦晖，字子充，番阳人，迪功郎致仕，淳熙十一年八月卒。清钱保塘辑《历代名人生卒录》"王彦晖淳熙十一年八月卒，年七十二"，因朱熹于《墓碣铭》有云"予虽不及识王君"。又《民国福建通志》所存《福建金石志》卷十载"绍熙辛亥（1191）九月二十日，赵子直同林择之、姚宏甫来游崇德，崇范、崇度侍，待王子充、林井伯，不至"。故番阳王子充非朱子门人。元纳新《金台集》卷三元顾瑛辑《玉山名胜集》卷二有"金华王子充"，且《玉山名胜集》言"盖子充，黄太史里人，又其高弟门生"，疑黄太史"为吕太史"之误。《朱文公文集》卷四十六《答王子充》书信一通。论"今日之弊，务讲学者多阙于践履，而专践履者又遂以讲学为无益"，朱熹称王子充："老兄深静笃实，天资甚美，平时于辈流中心所敬仰。"王子充为朱子门人无疑，而朱熹亦称"老兄"，可见《门人》否认以"老兄""老丈"等相称者为门人，过于偏激。《书信编年》考该书在淳熙十三年（1186）前后。《朱子语类》卷九、十九载黄榦所记王子充问学。

王子周

【小传】 王子周，惟《语类》录有叶震所记王子周问知止至能得。朱子一再强调"知止"与"止于至善"，以为"不说知止，则无下工夫处"。南宋淳熙九年（1182）朱熹巡历松阳时，叶震即从学。

魏丙

【小传】 魏丙，依《语类》魏丙材仲问"元亨利贞""魏才仲侍侧"二条，知其字材仲，又作才仲。《语类》录有郑可学所记魏才仲初次请见朱子情形，时魏才仲三十七岁，然此条无法推论《朱子门人》所言才仲与可学为同时始从朱子，亦不可推魏丙淳熙十五年（1188）从学。据郑可学条考，淳熙十四年（1187）问学朱子，《朱子门人》作郑可学淳熙十四年（1188）问学。约撰于庆元四年（1198）九月朱熹《答黄直卿》云及"子约之亡，伤痛未定，而季通八月九日又已物故。……但其家至今未得的信，只魏才仲自桂林写来"，此前才仲必已师从朱子。以《语类》，才仲所问涉及极为广泛，"学而时习之""元亨利贞""善人之道""执德不弘，信道不笃"《诗关雎》注"论释氏""子问公叔文子""惟天下至诚为能经纶"以下、"太史公赞文帝为善人"等。记录者有李闳祖、杨道夫、舒璘、叶贺孙、方伯谟等。

吴伯游

【小传】 吴伯游，《语类》录有董铢、时举同时所记吴伯游问"道千乘之国"及"杨氏谓'未及为政'"一则，知为朱子晚年门人。

吴 南

【小传】 吴南，字宜之，《渊源录》《宗派》误作"直之"。《语类》录有李闳祖、郑可学记吴宜之问性气、记朱子教导吴宜之看易等三则。文集收有《答吴宜之》"所喻《易》说诚是太略"等答书五通。顾宏义《朱熹师友门人往还书札汇编》推朱子答所喻《易》书在淳熙十五年（1188）。以《语类》李闳祖所闻载 1188 年后，吴宜之问学当在此年。而以郑可学记录，1191 年又曾有从学建阳经历。考《文集》《语类》，知吴宜之用心于《易》学与史学。朱子答书指出："以宜之才气，若稍加静重，潜心向学，何所不至？今乃一味浮躁，自立一种苟简自恕议论，读之令人腹烦。"又以为"史论正亦未须遽作，且务穷经观理，深自涵养了取自家身上事为佳"。具有"先经后史""经本史末"意义。许棐《梅屋集》卷一《寄吴宜之》诗云："文公徒弟无多在，学术应如寿数高。好句先教诸子和，垫巾翻被俗人嘲。湖边茶店同谁坐，井畔柴扉许我敲。昨夜相思眠不稳，月眉斜印落花梢。"杨万里作《寄吴宜之》诗。

吴仁甫

【小传】 吴仁甫，《语类》录董铢、杨道夫记吴仁甫问："诚意在致知、格物后"，"有诸己而后求诸人"等多则，董铢最迟 1180 年已从学，杨道夫于 1190 年后从学。而钱木之录吴仁甫问"夷齐之事"，钱子升亦参与讨论，钱木之与钱子升 1197 年曾问学朱子。故而难以判断从学时间。

吴仁父

【小传】 吴仁父，《渊源录》《儒林宗派》《补遗》等均因《语类》所记列为门人。朱子曾语吴仁父曰："某《语孟集注》，添一字不得，减一字不得，公仔细看。"又曰："不多一个字，不少一个字。"《语类》所记吴仁父问及"平旦之气""非乐不足以语君子"、"意、必、固、我"等吴仁父说及陆氏之学。曰："只是禅。初间犹自以吾儒之说盖覆，如今一向说得炽，不复遮护了。""盖谓其本是禅学，却以吾儒说话摭掩。""为学若不靠实，便如释老谈空，又却不如他说得索性。"分由甘节、潘时举、沈僩、钱木之、董铢录。《语类》言潘时举、甘节绍熙癸丑（1193）所闻。而钱木之、沈僩均庆元三年丁巳（1197）后师从朱熹，董铢淳熙间已承朱熹门下，庆元间，朱熹延聘其为考亭堂长管理事务。以此知吴仁父当为朱子晚年考亭学生。吴仁父或与吴仁甫为同一人，待考。

吴知先

【小传】 吴知先，《朱子门人》只言《语类》有董铢所记吴知先两条，其问"学习"二字，问及"过则勿惮改"，并有时举录云："最要在'速'字上着力。"而《语类》实另有甘节所记吴知先问："夜气如何存？"以董铢、甘节及潘时举从学朱子时间，吴知先当在 1193 年后师从。

萧景昭

【小传】 萧景昭，《朱子语类》卷二十五、卷二十六分别录有潘时举、董铢所记萧景昭问学。卷二十五一则记：萧景昭举杨氏曰："道学不明，而王、伯之略混为一途，故闻管仲之器小，则疑其为俭；以不俭告之，则又疑其知礼。"先生曰："恐'混为一途'之下，少些曲折。盖当时人但见有个管仲，更不敢拟议他，故疑器小之为俭，又疑不俭之为知礼。"卷二十六记：萧景昭问："而今做工夫，且须利仁。"曰："唯圣人自诚而明，合下便自安仁。若自明而诚，须是利仁。"与朱子讨论《论语》。虽然时举为 1193 年后所录，而董铢从师时间早，不可仅以时举所记定萧景昭从师时间。

萧增光

【小传】 萧增光,《朱子门人》以为与萧景昭或为一人,又因字则可区别为两人。只《朱子语类》卷六十三有吴稚所记萧增光问"鬼神造化之迹"。

辛适正

【小传】 辛适正,《语类》录有陈淳所问"林放问礼之本",当晚年门人。据朝鲜古写徽州本《朱子语类》卷首"今增多三十八家"有"庚、辛,此系二家,无姓名"。此"辛"或是"辛适正"。

徐孟宝

【小传】 徐孟宝,《语类》录有余大雅所记徐孟宝问《孟子》"好名之人能让千乘之国"《中庸》如何是不可能?"及"扬子言酒诰之篇俄空焉"三则。

徐元震

【小传】 徐元震,《朱子语类》有黄𩥑所录徐元震三问,问"自十一月至正月方三阳""中庸体物而不可遗"及"恶不仁如何",《语录·姓氏》录黄𩥑所记为淳熙十五年(1188)。宋朱鉴撰《朱文公易说》有叶贺孙录徐元震问"一阳来复至四阳方雷出地",知元震为朱子晚年门人。

许进之

【小传】 许进之,《理学通录》列为门人。朱熹《答许进之》言:"人生诸事,大抵且得随缘顺处,勉力读书,省节浮费,令稍有赢余,以俟不时之需,乃佳耳。前书所论《孟子》,偶以病中,不暇细看,今寻不见。读书且熟读细看,自当渐见意味,不可支离穿凿以求见解也。"朱熹《题嗣子诗卷》云"大儿……既没后,许进之乃出其所与唱和诗卷示予",朱子长子朱塾绍熙二年二月没,知在此前许进之已经师从。

袁子节

【小传】 袁子节，《朱子语类》卷二十一、卷四十二录有潘时举记袁子节问"贤贤易色"及"克己复礼"章。推为朱子晚年门人。

俞洁己

【小传】 俞洁己，字季清。《同治星子县志》载朱熹"及表侄俞洁己、甥魏愉、季子在俱来，观故张紫微安国题字"。《朱文公文集别集》卷七《题落星寺》亦有："朱公永仲晦、蔡季通、汪清卿、程正思、邓邦老、陈彦忠、万正淳、俞季清来，朱氏子在侍。淳熙庚子三月丁卯。"《憨山老人梦游集》卷二十五《庐山五乳峰法云寺记》则明记："晦庵携其子，与门人陈正思、陈彦忠、俞季清、甥魏愉，时游其中。"知其为淳熙庚子（1180）三月已从朱熹学于白鹿洞书院。

张仁叟

【小传】 张仁叟，《渊源录》《儒林宗派》《补遗》列为门人。《朱子门人》言《语类》载张仁叟问学二则，查《语类》当有四则。潘时举录问"致知格物"，甘节录问《论语或问》及"义亦可为心之德？"二则，另有董铢录问静坐工夫。潘时举、甘节均1193年后记，董铢所录载1196年后，当为晚年门人。

张西和

【小传】 张西和，度正《性善堂稿》录有《送张西和南归》谓："长记春风拂拂吹，乌奴江上濯涟漪，便论盘叟心传日，更及南翁指授时。"下注："公盘涧人，晦庵弟子。"盘涧为何地不明。

詹观

【小传】 詹观，据《朱子别集》卷五《答詹尚宾观》，知字尚宾。《朱熹师友门人往还书札汇编》据《别集》卷五《答詹尚宾》题下有"见《南溪祠志》"字，参《福建通志》卷七一李韶南《溪书院记》疑詹观乃尤溪人。待考。《朱子实纪》《渊源录》《儒林宗派》《补遗》均列为门人。《答詹尚宾》载有詹尚宾问孟子曰："人有不为也而后可以有为。"又曰："狷者有所不为。"

郑光弼

【小传】 郑光弼，字子直。《渊源录》《儒林宗派》《补遗》及《理学通录》列为门人。《经义考》以《语类》所记以为授《易》弟子。《语类》录有杨道夫所记"先生谓郑光弼子直曰：'书虽是古人书，今日读之，所以蓄自家之德。却不是欲这边读得些子，便搬出做那边用。易曰："君子以多识前言往行，以蓄其德。"公今却是读得一书，便做得许多文字，驰骋跳踯，心都不在里面。如此读书，终不干自家事。'又曰：'义利之辨，正学者所当深知。'"杨道夫从学朱熹的时间最迟于绍熙元年（1190），子直应为朱子晚年门人。

郑太锡

【小传】 郑太锡，《门人》以其名与郑天禧构成"天锡鸿禧"之义，而疑为同一人。依据不足。《语类》卷五十二有叶贺孙所录郑太锡问《孟子》"志至焉，气次焉"。

郑天禧

【小传】 郑天禧，《语类》卷五十二有黄卓所录郑天禧"问必有事焉而勿正当作绝句否"。

郑仲履

【小传】 郑仲履,《渊源录》《纪实》《儒林宗派》《补遗》《经义考》列为门人。《语类》有其问学多则,由袭盖卿所录,而盖卿绍熙五年(1195)八月朱子再次入潭州后问学。朱熹曾谓:"郑仲履之学,只管从小小处看,不知经旨初不如此,观书当从大节目处看。"《语类》所及"性无不善""太极便是人心之至理""致知乃本心之知""易者何止取九卦"等,尤关易学,元董真卿撰《周易会通》转引。

周李卿

【小传】 周李卿,《门人》未列。《语类》录有黄义刚所记周李卿"问造次之义"一则。

周季伾

【小传】 周季伾,曾任兴化摄学事,然不当作福建兴化人。与诸生讨论《孟子》。仅《语类》记有朱子与周季伾、黄嵩老及叶贺孙同论孟子、荀子与韩愈性说。周季伾云:"在兴化摄学事,因与诸生说得一部《孟子》"。亦为晚年门人。

周朴

【小传】 周朴,字纯仁。《朱子语类》录有孙自修所记"周朴纯仁问致中和字"。以《朱子语类·姓氏》,孙自修乃甲寅所闻,知周朴绍熙五年(1194)后从学朱子。朱熹《答潘子善》云"纯仁可念,此间方为季通远谪作恶,忽又闻此,其祸乃更甚于季通,使人不能忘怀",以季通远谪,知庆元三年(1197)春间周纯仁事朱子。

周桩

【小传】 周桩，字伯寿。《朱子语类》录有问答数则，涉及《论语》、修城事等。《朱子语类》训门人七朱熹教导谓："凡人所以立身行己，应事接物，莫大乎诚敬。……学者之心，大凡当以诚敬为主。"对此则问答，明人杨应诏《闽南道学源流》以为训魏椿之语。而《朱子门人》既以为是训周椿语，又以为是训魏椿之语，说法自相矛盾。《语类》所及魏椿均以"魏元寿"，非单用"椿"。

朱季绎

【按语】 朱季绎，兼学朱陆，为学驳杂，象山与朱季绎说："季绎与显道一般，所至皆勉励人，但无根者多，其意似欲私立门户，其学为外不为己。"更有甚者，批评季绎"禅学是异端之说"，欲救其失。朱子与门人书亦举象山此言。

【小传】 朱季绎，《陆子学谱》言象山《与包显道》书云朱绎之归，不及作书，绎之恐是季绎之名，则亦南城人也"。象山文集多次"朱绎之"，然无他证，《绍熙云间志》载"乾道二年萧国梁榜：朱绎之，用湖州贯，兵郎中，甲科，字贵言"。名里待考。方彦寿《朱熹书院与门人考》认为，朱季绎从学于朱门，应在绍熙四、五年（1193、1194）间。《语类》训门人载万人杰所记："季绎劝蔡季通酒，止其泉南之行。蔡决于先生，先生笑而不答。良久，云：身劳而心安者为之，利少而义多者为之。"辅广略同。又叶贺孙所记：先生看糊窗，云："有些子不齐整，便不是他道理。"朱季绎云："要好看，却从外糊。"直卿云："此自欺之端也！"由此亦见朱季绎之学偏杂。

图书在版编目（ＣＩＰ）数据

朱子门人学案 / 徐公喜著. -- 南昌：江西人民出
版社，2018.12

ISBN 978-7-210-10972-3

Ⅰ.①朱… Ⅱ.①徐… Ⅲ.①朱熹(1130-1200)—哲
学思想—研究 Ⅳ.①B244.75

中国版本图书馆CIP数据核字(2018)第282673号

朱子门人学案

徐公喜 著
特约编辑：孙燕红
责任编辑：李月华 李鉴和
封面设计：同异文化传媒
出　　版：江西人民出版社
发　　行：各地新华书店
地　　址：江西省南昌市三经路47号附1号
编辑部电话：0791-86898702
发行部电话：0791-86898893
邮　　编：330006
网　　址：www.jxpph.com
E-mail:jxpph@tom.com　web@jxpph.com
2018年12月第1版　2018年12月第1次印刷
开　　本：787毫米×1092毫米　1/16
印　　张：29
字　　数：450千字
ISBN 978-7-210-10972-3
定　　价：98.00元
承 印 厂：江西华奥印务有限责任公司
赣版权登字—01—2018—944